●収録内容一覧

■2025年度中学受験用

聖光学院中学校

4年間(＋3年間HP掲載)スーパー過去問

入試問題と解説・解答の収録内容

2024年度　１回	算数・社会・理科・国語	実物解答用紙DL
2024年度　２回	算数・社会・理科・国語	実物解答用紙DL
2023年度　１回	算数・社会・理科・国語	実物解答用紙DL
2023年度　２回	算数・社会・理科・国語	実物解答用紙DL
2022年度　１回	算数・社会・理科・国語	実物解答用紙DL
2022年度　２回	算数・社会・理科・国語	実物解答用紙DL
2021年度　１回	算数・社会・理科・国語	
2021年度　２回	算数・社会・理科・国語	

2020～2018年度(HP掲載)

「カコ過去問」
(ユーザー名) koe
(パスワード) w8ga5a1o

問題・解答用紙・解説解答DL

◇著作権の都合により国語と一部の問題を削除しております。
◇一部解答のみ（解説なし）となります。
◇９月下旬までに全校アップロード予定です。
◇掲載期限以降は予告なく削除される場合があります。

～本書ご利用上の注意～　以下の点について，あらかじめご了承ください。

★別冊解答用紙は巻末にございます。実物解答用紙は，弊社サイトの各校商品情報ページより，一部または全部をダウンロードできます。
★編集の都合上，学校実施のすべての試験を掲載していない場合がございます。
★当問題集のバックナンバーは，弊社には在庫がございません（ネット書店などに一部在庫あり）。
★本書の内容を無断転載することを禁じます。また，本書のコピー，スキャン，デジタル化等の無断複製は著作権法上での例外を除き禁じられています。

☆さらに理解を深めたいなら…動画でわかりやすく解説す
声の教育社ECサイトでお求めいただけます。

JN008311

合格を勝ち取るための

『スーパー過去問』の使い方

本書に掲載されている過去問をご覧になって，「難しそう」と感じたかもしれません。でも，多くの受験生が同じように感じているはずです。なぜなら，中学入試で出題される問題は，小学校で習う内容よりも高度なものが多く，たくさんの知識や解き方のコツを身につけることも必要だからです。ですから，初めて本書に取り組むさいには，点数を気にしすぎないようにしましょう。本番でしっかり点数を取れることが大事なのです。

過去問で重要なのは「まちがえること」です。自分の弱点を知るために，過去問に取り組むのです。当然，まちがえた問題をそのままにしておいては意味がありません。

本書には，長年にわたって中学入試にたずさわっているスタッフによるていねいな解説がついています。まちがえた問題はしっかりと解説を読み，できるようになるまで何度も解き直しをしてください。理解できていないと感じた分野については，参考書や資料集などを活用し，改めて整理しておきましょう。

このページも参考にしてみましょう！

◆どの年度から解こうかな　「入試問題と解説・解答の収録内容一覧」

本書のはじめには収録内容が掲載されていますので，収録年度や収録されている入試回などを確認できます。

※著作権上の都合によって掲載できない問題が収録されている場合は，最新年度の問題の前に，ピンク色の紙を差しこんでご案内しています。

◆学校の情報を知ろう!!「学校紹介ページ」

このページのあとに，各学校の基本情報などを掲載しています。問題を解くのに疲れたら息ぬきに読んで，志望校合格への気持ちを新たにし，再び過去問に挑戦してみるのもよいでしょう。なお，最新の情報につきましては，学校のホームページなどでご確認ください。

◆入試に向けてどんな対策をしよう？「出題傾向＆対策」

「学校紹介ページ」に続いて，「出題傾向＆対策」ページがあります。過去にどのような分野の問題が出題され，どのように対策すればよいかをアドバイスしていますので，参考にしてください。

◇別冊「入試問題解答用紙編」

本書の巻末には，ぬき取って使える別冊の解答用紙が収録してあります。解答用紙が非公表の場合などを除き，（注）が記載されたページの指定倍率にしたがって拡大コピーをとれば，実際の入試問題とほぼ同じ解答欄の大きさで，何度でも過去問に取り組むことができます。このように，入試本番に近い条件で練習できるのも，本書の強みです。また，データが公表されている学校は別冊の１ページ目に過去の「入試結果表」を掲載しています。合格に必要な得点の目安として活用してください。

本書がみなさんの志望校合格の助けとなることを，心より願っています。

株式会社　声の教育社　編集部

聖光学院中学校

所在地 〒231-0837 神奈川県横浜市中区滝之上100
電　話 045-621-2051
ホームページ https://www.seiko.ac.jp/
交通案内 JR根岸線・京浜東北線「山手駅」より徒歩8分
市バス21・103系統「滝の上」下車徒歩5分

くわしい情報は
ホームページへ

トピックス
★入学試験の合否は4教科の総合点で評価(参考：昨年度)。
★例年，学校説明会は，6月と9～10月頃に開催。

創立年
昭和33年

男子校

高校募集
なし

応募状況

年度	募集数	応募数	受験数	合格数	倍率
2024	①175名	691名	665名	211名	3.2倍
	② 50名	753名	635名	122名	5.2倍
2023	①175名	740名	711名	219名	3.2倍
	② 50名	718名	587名	120名	4.9倍
2022	①175名	650名	620名	218名	2.8倍
	② 50名	628名	496名	121名	4.1倍
2021	①175名	623名	596名	221名	2.7倍
	② 50名	622名	500名	124名	4.0倍

入試情報（参考：昨年度）

○出願期間〔インターネット出願〕
・第１回…2024年１月14日９：00
　　～2024年２月１日23：59
・第２回…2024年１月14日９：00
　　～2024年２月３日23：59
○試験日
・第１回…2024年２月２日
・第２回…2024年２月４日
○合格発表〔インターネット〕
・第１回…2024年２月３日９：00
・第２回…2024年２月５日９：00

本校の特色

・**聖光塾**：教養を高めることを目的とした聖光塾を，学年を限定しない自由参加で，授業期間中や夏休みなどに１日から数日を使い，開講します。年間25講座以上あり，本校教員のみならず外部から特別講師を招き，大学で学ぶような本格的でアカデミックな内容を盛り込んだ生きる力を育むための体験的な学習を実現しています。
・**選択芸術講座**：中２の毎週土曜日３・４時間目に，国際人としての豊かな感性を育む選択芸術講座を開講しています。フルートや絵画などの講座があり(参考：昨年度)，講師１人あたり20人以下の少人数グループに分かれて実施します。
・**選択社会科演習**：実地体験で現代社会にふれる宿泊体験行事が，選択社会科演習です。中３の秋に複数の講座の中から生徒それぞれが選択し，フィールドワークなどを行います。

2023年度の主な大学合格実績

<国公立大学・大学校>
東京大，京都大，東京工業大，一橋大，東北大，北海道大，筑波大，横浜国立大，東京医科歯科大，電気通信大，九州大，防衛大，防衛医科大，横浜市立大
<私立大学>
慶應義塾大，早稲田大，上智大，国際基督教大，東京理科大，明治大，青山学院大，立教大，中央大，法政大，学習院大，明治学院大，東京慈恵会医科大，順天堂大，昭和大，日本医科大，東京医科大，自治医科大

編集部注―本書の内容は2024年3月現在のものであり，変更されている場合があります。正確な情報は，学校のホームページ等で必ずご確認ください。

算数 出題傾向＆対策

◆基本データ(2024年度1回)

試験時間／満点	60分／150点
問題構成	・大問数…５題 計算・応用小問１題(３問) ／応用問題４題 ・小問数…17問
解答形式	解答らんには必要な単位などがあらかじめ記入されている。また，グラフの完成も出題されている。
実際の問題用紙	Ａ４サイズ，小冊子形式
実際の解答用紙	Ｂ４サイズ

◆過去４年間の出題率トップ５

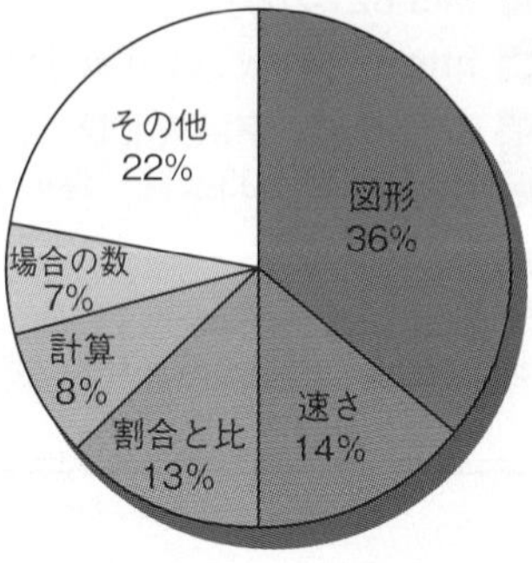

※　配点(推定ふくむ)をもとに算出

◆近年の出題内容

【　2024年度１回　】			【　2023年度１回　】		
大問	1	逆算，集まり，数列，仕事算，周期算	大問	1	逆算，仕事算，条件の整理
	2	図形と規則		2	平面図形－図形上の点の移動，相似
	3	立体図形－図形の移動，体積，構成，面積		3	場合の数，条件の整理，素数の性質
	4	グラフ，旅人算，周期算		4	立体図形－分割，面積，体積
	5	割合と比，条件の整理，平均とのべ		5	時計算，速さと比

◆出題傾向と内容

全体を見わたすと，**推理的な思考力を必要とするものが多く**，公式をあてはめるだけで解けるものはありません。

●計算・応用小問…比較的シンプルなものが多く，逆算で□を求める計算問題や，数の性質，割合と比，特殊算などの基本的な知識をためす問題が見られます。ただし，問題文の条件を正確に読み取らないと，正解できないものが多くあります。

●応用問題…図形，数の性質，特殊算が好んで取り上げられる傾向にあります。図形は毎年１～２題出されており，図形を回転移動させるもの，切断した立体の見取り図をかかせたり，体積を求めさせるものなど，手ごわい問題がそろっています。数の性質では，場合の数に関する問題がよく出されており，ほとんどは複雑な条件を整理し，筋道立てて考える必要のあるものです。特殊算は，旅人算，推理算，消去算などがよく見られますが，問題文が長いことが多く，図や表を作って状況を整理しないと解けないものが目立ちます。どの問題もひとくふうされたもの(他分野との複合問題など)になっています。

◆対策～合格点を取るには？～

本校受験のために重要なのは，図形，数の性質，特殊算の３分野をマスターすることです。**これまでにやったテストの答案をそのままにせず，まちがえた部分を調べて，自分の弱点を発見することが大切です。**そして，類題にあたって練習をくり返しましょう。

図形対策としては，まず各種の求積公式をしっかり身につけ，問題演習を行って使いこなせるようにすること，また立体もよく出題されているので，展開図，切り口，対角線などさまざまな角度から立体のセンスを養っておくことが必要でしょう。数の性質では，考え方そのものが決め手ですから，数多くの問題を研究して解答要領をつかんでおくこと。特殊算では，旅人算や流水算といった速さにからんだものをはじめ，あらゆる単元がはば広く取り上げられるので，それぞれの基礎的な考え方を十分に身につけてください。以上のような問題演習を地道に行っていくことが，合格への近道です。

算数　出題分野分析表

分野		2024 1回	2024 2回	2023 1回	2023 2回	2022 1回	2022 2回	2021 1回	2021 2回
計算	四則計算・逆算	○	○	○	○	○	○	○	○
	計算のくふう								
	単位の計算								
和と差	和差算・分配算								
	消去算					○			
	つるかめ算							○	○
	平均とのべ	○							
	過不足算・差集め算								
	集まり	○							
	年齢算								
割合と比	割合と比	○			◎				
	正比例と反比例								
	還元算・相当算								
	比の性質		○						◎
	倍数算								
	売買損益				○		○		
	濃度								
	仕事算	○		○		○			
	ニュートン算								
速さ	速さ		○						
	旅人算	○				○	○	○	○
	通過算								
	流水算		○						
	時計算			○			○		
	速さと比		○	○				○	○
図形	角度・面積・長さ	○	○	○	○		◎	◎	◎
	辺の比と面積の比・相似		◎	○	○		○	○	
	体積・表面積	○		○	○		○	○	○
	水の深さと体積								
	展開図								
	構成・分割	○		○	○			○	
	図形・点の移動	○	○	○	○	◎	○		◎
表とグラフ		○			○	○			
数の性質	約数と倍数								
	N進数								
	約束記号・文字式								
	整数・小数・分数の性質			○					
規則性	植木算								
	周期算	◎							
	数列	○							
	方陣算								
	図形と規則	○					○	○	
場合の数			○	○	○	◎		○	○
調べ・推理・条件の整理		○	○	◎	○			○	
その他									

※ ○印はその分野の問題が１題，◎印は２題，●印は３題以上出題されたことをしめします。

社会 出題傾向＆対策

◆基本データ（2024年度１回）

試験時間／満点	40分／100点
問題構成	・大問数…４題 ・小問数…27問
解答形式	用語の記入と記号選択がほとんどだが，字数制限のある記述問題も見られる。用語の記入には漢字指定のものもある。記号選択は複数選ぶものもある。
実際の問題用紙	Ａ４サイズ，小冊子形式
実際の解答用紙	Ｂ４サイズ

◆過去４年間の分野別出題率

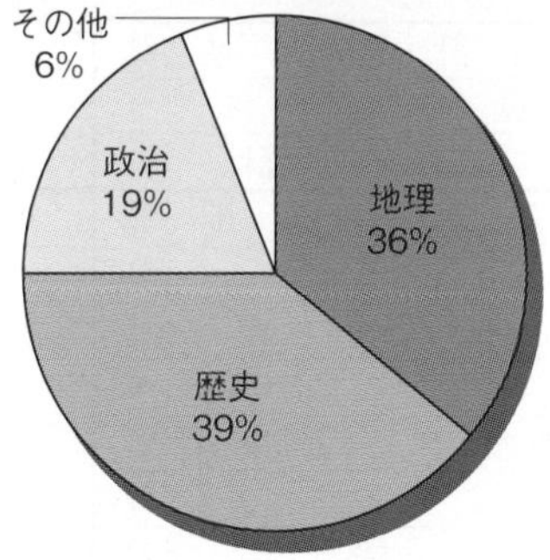

※　配点（推定ふくむ）をもとに算出

◆近年の出題内容

【　2024年度１回　】		【　2023年度１回　】	
大問	①〔政治〕小問集合問題	大問	①〔政治〕小問集合問題
	②〔歴史〕短歌や俳句を題材とした問題		②〔歴史〕人名を題材とした問題
	③〔地理〕商店街を題材とした問題		③〔地理〕里山を題材とした問題
	④〔総合〕女性の解放を題材とした問題		④〔総合〕交通事故を題材とした問題

◆出題傾向と内容

問題量が多い（特に，設問にいたるまでの説明文が長い）ので，**文章を速く正確に読むことが必要**です。また，記号選択では，まぎらわしい選択肢が多くふくまれているので，細かい部分にまで注目することが大切です。

問題は地理，歴史，政治の３分野からバランスよく出題されており，年度によって環境問題や時事問題などが加わります。また，エコ意識，情報化社会，商品と消費者，年中行事や冠婚葬祭，季節と生活・文化など，生活に関することが題材にされることも多いようです。さらに，**本校のある横浜市や神奈川県，またはその周辺地域に関連した問題もよく出されています。**神奈川県を中心とした日本の歴史，横浜港の貿易，京浜工業地帯など，受験勉強で一度は触れるものから，山下公園，ランドマークタワーといったものまであり，実にユニークです。

●**地理**…地図・表・グラフを読み取って答える総合的な問いが多く，また細かく知識をためす傾向があります。

●**歴史**…説明文や年表から歴史の流れをはば広く出題するので，歴史上のできごとのつながりをどれだけおさえているかがポイントです。

●**政治**…日本国憲法や政治のしくみ，国際社会の動きなどが，時事的なことがらとからめて出題されることが多いようです。

◆対策～合格点を取るには？～

地理分野では，地図とグラフを参照しながら，**白地図作業帳を利用**して地形と気候，産業のようすなどをまとめてください。なお，世界地理は小学校で取り上げられることが少ないため，日本とかかわりの深い国については，自分で参考書などを使ってまとめておきましょう。

歴史分野では，教科書や参考書を読むだけでなく，**自分で年表を作って覚える**と学習効果が上がります。また，資料集などで，史料や歴史地図にも親しんでおくとよいでしょう。

政治分野では，**日本国憲法を中心に学習**してください。さらに，時事問題や環境問題にも対応できるよう，最近話題になったできごとにも注意を向ける必要があります。テレビ番組や新聞などでニュースを確認し，今年の重大ニュースをまとめた**時事問題集を活用すると効果的**です。

社会 出題分野分析表

分野			2024		2023		2022		2021	
			1回	2回	1回	2回	1回	2回	1回	2回
日本の地理		地図の見方	○	○	○	○				○
日本の地理		国土・自然・気候	○	○	○	○	○	○	○	○
日本の地理		資源		○					○	○
日本の地理		農林水産業	○	○		○	○		○	○
日本の地理		工業	○	○	○	○	○			○
日本の地理		交通・通信・貿易	○	○					○	○
日本の地理		人口・生活・文化	○	○		○			○	
日本の地理		各地方の特色		○			○	○		
日本の地理		地理総合	★		★	★		★	★	★
世界の地理				○		○		○		
日本の歴史	時代	原始～古代	○	○	○	○	○	○	○	○
日本の歴史	時代	中世～近世	○	○	○	○	○	○	○	○
日本の歴史	時代	近代～現代	○	○	○	○	○	○	○	○
日本の歴史	テーマ	政治・法律史								
日本の歴史	テーマ	産業・経済史								
日本の歴史	テーマ	文化・宗教史								
日本の歴史	テーマ	外交・戦争史								
日本の歴史	テーマ	歴史総合	★	★	★	★	★	★	★	★
世界の歴史			○							
政治		憲法	○	○	○	○	○	○	○	★
政治		国会・内閣・裁判所					○	○		
政治		地方自治								
政治		経済		○	○	○		○		
政治		生活と福祉	○				○			
政治		国際関係・国際政治	○	○		○	★		○	
政治		政治総合	★	★	★	★	★	★	★	
環境問題					○					○
時事問題			○		○	○			○	★
世界遺産				○						
複数分野総合			★	★	★	★	★	★	★	

※ 原始～古代…平安時代以前，中世～近世…鎌倉時代～江戸時代，近代～現代…明治時代以降

※ ★印は大問の中心となる分野をしめします。

理科　出題傾向＆対策

◆基本データ(2024年度1回)

試験時間／満点	40分／100点
問題構成	・大問数…4題 ・小問数…27問
解答形式	記号選択と適語・数値の記入がほとんどだが，短文記述も見られる。記号選択は，あてはまるものを複数選択するものもある。作図の問題は出ていない。
実際の問題用紙	A4サイズ，小冊子形式
実際の解答用紙	B4サイズ

◆過去4年間の分野別出題率

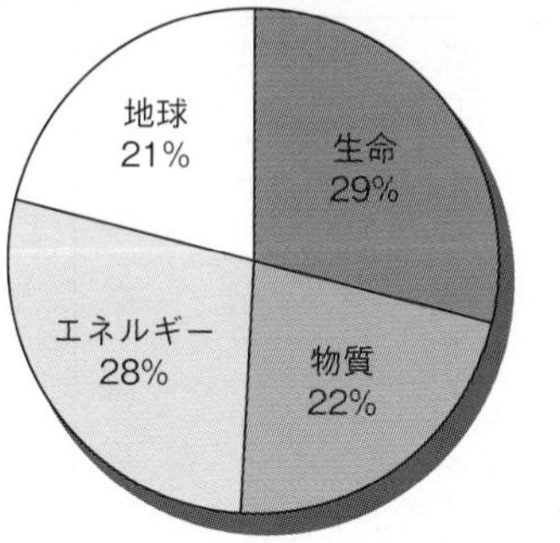

※　配点(推定ふくむ)をもとに算出

◆近年の出題内容

【　2024年度1回　】			【　2023年度1回　】		
大問	1	〔生命〕植物，動物	大問	1	〔生命〕植物のからだのつくり
	2	〔地球〕人工衛星，地殻変動		2	〔地球〕時刻の決め方
	3	〔物質〕ものの溶け方		3	〔物質〕物質の変化，マグネシウム
	4	〔エネルギー〕棒のつり合い		4	〔エネルギー〕ふりこの動き

◆出題傾向と内容

本校の場合,「生命」「物質」「エネルギー」「地球」の各分野から出題され，年度・回によって取り上げられない分野があるものの，**各分野からバランスよく出題される**と考えてよいでしょう。また，実験・観察・観測をもとにした問題が多くなっています。

●**生命**…植物・動物・人体が入れかわり出題されており，なかにはかなりしっかりした知識がないと解答できないような設問も見られます。また，生物どうしのつながりについても，さまざまな角度で出題されています。

●**物質**…水溶液の性質と中和反応，水溶液の特ちょうと区別の仕方，ものの溶け方，気体の発生などが出題されています。

●**エネルギー**…浮力と密度・圧力，光の進み方，ふりこの運動，電気回路，磁石・電磁石などが出題されています。

●**地球**…太陽の動きと時刻，人工衛星の軌道，2つの公転面の角度を問うもの，大気中の水の状態変化と気象，曲がって流れる川のようす，月の動きと満ち欠け，地層と岩石のでき方などが出題されています。

◆対策～合格点を取るには？～

各分野からまんべんなく出題されていますから，**基礎的な知識をはやいうちに身につけ，そのうえで問題集で演習をくり返しながら実力アップをめざしましょう**。「生命」は，身につけなければならない基本知識の多い分野ですが，楽しみながら確実に学習する心がけが大切です。「物質」では，気体や水溶液，金属などの性質に重点をおいて学習しましょう。「エネルギー」は，かん電池のつなぎ方や浮力と密度などの出題が予想されます。「地球」では，太陽・月・地球の動き，季節と星座の動き，天気と気温・湿度の変化，地層のでき方などが重要なポイントです。

なお，環境問題や身近な自然現象に日ごろから注意をはらい，テレビの科学番組，新聞・雑誌の科学に関する記事，読書などを通じて多くのことを知り，気になったテーマをノートにまとめておくことも大切です。

理科　出題分野分析表

分野	年度	2024		2023		2022		2021	
		1回	2回	1回	2回	1回	2回	1回	2回
生命	植物	○	○	★		○	○		○
	動物	○	★					★	○
	人体	○							
	生物と環境				★	★			
	季節と生物								
	生命総合	★					★		
物質	物質のすがた					★			
	気体の性質		★				○		
	水溶液の性質								
	ものの溶け方	★			★		○		
	金属の性質			★					★
	ものの燃え方								
	物質総合						★	★	
エネルギー	てこ・滑車・輪軸	★				★		○	
	ばねののび方								
	ふりこ・物体の運動			★					
	浮力と密度・圧力		○					★	○
	光の進み方				★				★
	ものの温まり方		★						
	音の伝わり方								
	電気回路				★				
	磁石・電磁石						★		
	エネルギー総合								
地球	地球・月・太陽系	○		★					★
	星と星座					★			
	風・雲と天候						○	★	
	気温・地温・湿度						★		
	流水のはたらき・地層と岩石	○	★						
	火山・地震	○							
	地球総合	★							
実験器具									
観察									
環境問題						○			
時事問題		○							
複数分野総合									★

※　★印は大問の中心となる分野をしめします。

国語 出題傾向＆対策

◆基本データ（2024年度１回）

試験時間／満点	60分／150点
問題構成	・大問数…４題 文章読解題２題／知識問題２題 ・小問数…26問
解答形式	記号選択が中心だが，文章中のことばを使ってまとめる記述問題（字数制限あり）も出題されている。
実際の問題用紙	Ａ４サイズ，小冊子形式
実際の解答用紙	Ｂ４サイズ

◆過去４年間の分野別出題率

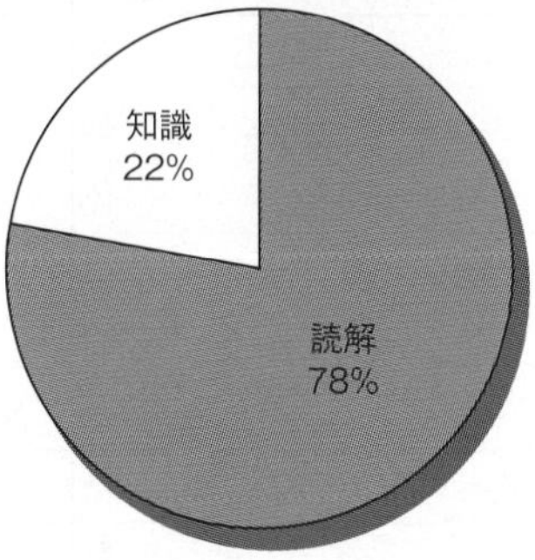

※　配点（推定ふくむ）をもとに算出

◆近年の出題内容

【　2024年度１回　】			【　2023年度１回　】		
大問	一	〔知識〕漢字の書き取り	大問	一	〔知識〕漢字の書き取り
	二	〔知識〕ことばの知識		二	〔知識〕慣用的な表現の完成
	三	〔小説〕冬森灯『すきだらけのビストロ―うつくしき一皿』（約6400字）		三	〔小説〕坂井希久子『たそがれ大食堂』（約5900字）
	四	〔説明文〕戸谷洋志『友情を哲学する―七人の哲学者たちの友情観』（約3600字）		四	〔説明文〕古田徹也『いつもの言葉を哲学する』（約6000字）

◆出題傾向と内容

本校の国語は，**文章の内容が的確に読み取れるかどうかを，表現力もためしながらあわせて見ようとする問題**だといえます。

●**文章読解題**…小説・物語文から１題，説明文・論説文から１題という組み合わせが多く見られます。平明な表現で書かれた作品を取り上げ，難しいことばには説明が加えられているので，分量のわりには全体を読みとおすのに苦労することはありません。設問の内容は，小説・物語文では登場人物の心情のはあく，説明文・論説文では内容の理解が中心で，語句の意味，適語の補充，表現効果，段落の吟味などが加わります。記号選択問題では，選択肢がそれほど単純ではなく，特に心情を問うものはまぎらわしいものが並ぶので，ぼう線で指示された部分およびその前後をていねいに読み取り，かつ全体の内容も加味して考える必要があります。

●**知識問題**…漢字の書き取りとことばの知識が出されています。漢字では，パズル式に仕立てられたものなども見られます。ことばの知識の問題は，同じ読みの熟語，慣用句・ことわざ，くり返しのことばなどが取り上げられています。よく見られる問題形式と，ひねられた問題形式が組み合わされていることも多く，難度はやや高めといえるでしょう。

◆対策～合格点を取るには？～

本校の国語は，読解力を中心にことばの知識や漢字力もあわせ見る問題ですが，その中でも大きなウェートをしめるのは**長文の読解力**です。したがって，読解の演習のさいには，以下の点に気をつけましょう。①「それ」や「これ」などの指示語は何を指しているのかを考える。②段落や場面の構成を考える。③筆者の主張や登場人物の性格，心情の変化などに注意する。④読めない漢字，意味のわからないことばが出てきたら，すぐに辞典で調べ，ノートにまとめる。

また，**知識問題は**，漢字・語句（四字熟語，慣用句・ことわざなど）の**問題集を一冊仕上げる**とよいでしょう。

国語 出題分野分析表

分野＼年度			2024		2023		2022		2021	
			1回	2回	1回	2回	1回	2回	1回	2回
読解	文章の種類	説明文・論説文	★	★	★	★	★	★	★	★
		小説・物語・伝記	★	★	★	★	★	★	★	★
		随筆・紀行・日記								
		会話・戯曲								
		詩								
		短歌・俳句								
	内容の分類	主題・要旨								
		内容理解	○	○	○	○	○	○	○	○
		文脈・段落構成		○				○		
		指示語・接続語	○			○		○		
		その他	○	○	○	○	○	○	○	○
知識	漢字	漢字の読み								
		漢字の書き取り	★	★	★	★	★	★	★	★
		部首・画数・筆順								
	語句	語句の意味	○	○	○		○	○	○	
		かなづかい								
		熟語								
		慣用句・ことわざ	○	○	★	★	★	★		
	文法	文の組み立て								
		品詞・用法								
		敬語								
	形式・技法									
	文学作品の知識									
	その他		★	★	○				★	★
	知識総合									
表現	作文									
	短文記述									
	その他									
放送問題										

※　★印は大問の中心となる分野をしめします。

カコを追いかけ
ミライをつかめ
「今の説明、もう一回」を何度でも
web過去問
ストリーミング配信による入試問題の解説動画
もっと古いカコモンないの？
カコ過去問
「さらにカコの」過去問をHPに掲載（DL）
声の教育社
詳しくはこちらから

2024年度 聖光学院中学校

【算　数】〈第１回試験〉（60分）〈満点：150点〉

1 次の問いに答えなさい。

(1) 次の計算の □ にあてはまる数を答えなさい。

$$3 \div \left\{\left(\square + \frac{1}{3}\right) \times \frac{9}{11}\right\} - 1.375 = 1\frac{5}{6}$$

(2) １から120までの整数のうち，３でも５でも割り切れない数の総和を求めなさい。

(3) ある仕事を終わらせるのにＡさんだけでは60日，Ｂさんだけでは50日，Ｃさんだけでは40日かかります。

この仕事を，１日目はＡさんとＢさんがおこない，２日目はＢさんとＣさんがおこない，３日目はＣさんとＡさんがおこない，４日目はまたＡさんとＢさんというように，３日周期でおこなうと，始めてから何日目に終わりますか。

2 以下のように，長方形から新たな長方形を作る操作を定めます。

［操作］

長方形ABCDの縦の辺ABと辺CDの真ん中の点をそれぞれＥ，Ｆとします。下の図のように，Ｅ，Ｆを通る直線で長方形ABCDを切って２つに分けて，辺AEを辺FCに重ねて新たな長方形EBFDを作ります。

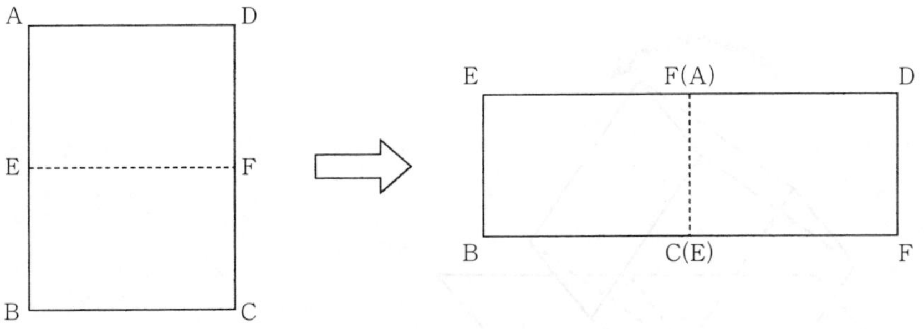

たとえば，縦４cm，横５cmの長方形にこの操作をおこなうと，縦２cm，横10cmの長方形になります。

縦［　ア　］cm，横［　イ　］cmの長方形Ｒにこの操作を続けて何回かおこなうことを考えます。［ア］，［イ］は整数であるものとして，次の問いに答えなさい。

(1) 長方形Ｒにこの操作を７回続けておこなったところ，正方形ができました。［ア］：［イ］を最も簡単な整数比で答えなさい。

(2) 長方形Ｒにこの操作をおこなうごとにできた長方形の周の長さを計算したところ，８回目の操作後に初めて周の長さが奇数になりました。［ア］として考えられる整数のうち，３けたのものは何個ありますか。

(3)　長方形Rにこの操作をおこなうごとにできた長方形の周の長さを計算し，操作前と操作後の周の長さを比べて増加しているか減少しているかを調べたところ，４回目までの操作の前後ではすべて減少し，５回目の操作の前後では増加しました。

ア÷イの商として考えられる整数は何個ありますか。

3　図１のような，１辺の長さが10cmの正方形４つからなるマス目が書かれた紙に，５点O，P，Q，R，Sがあります。まず，図２のように１辺の長さが10cmの立方体ABCD-EFGHを辺HEがOPに，辺HGがOQに重なるように紙の上に置きます。次に，以下の操作を順におこない，図３のように紙の上で立方体を回転させていきます。

(操作１)　直線OQを軸《じく》として立方体を90度回転させる。

(操作２)　直線ORを軸として立方体を90度回転させる。

(操作３)　直線OSを軸として立方体を90度回転させる。

(操作４)　直線OPを軸として立方体を90度回転させる。

このとき，あとの問いに答えなさい。ただし，円周率は3.14とします。

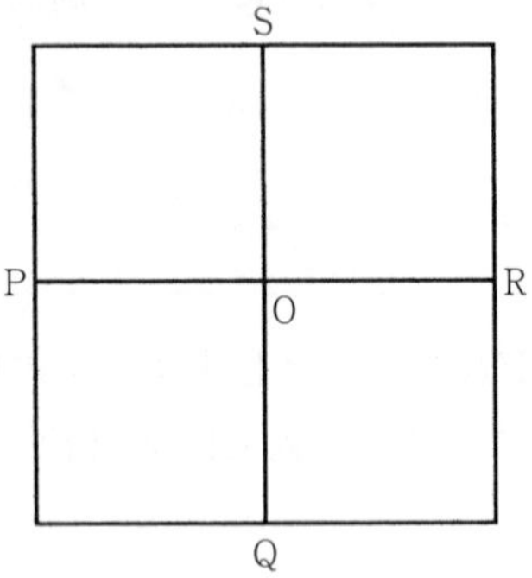

図１

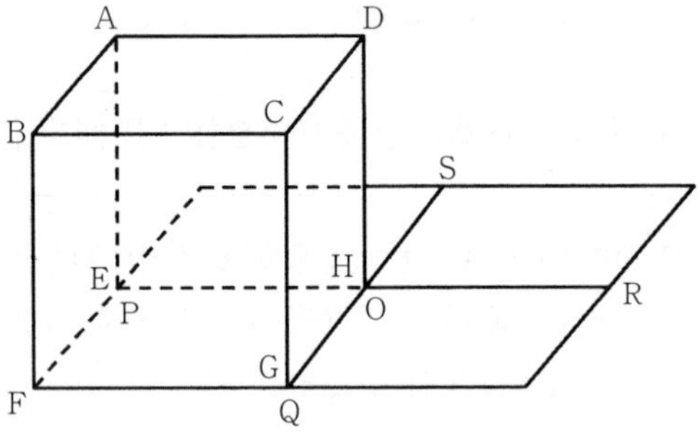

図２

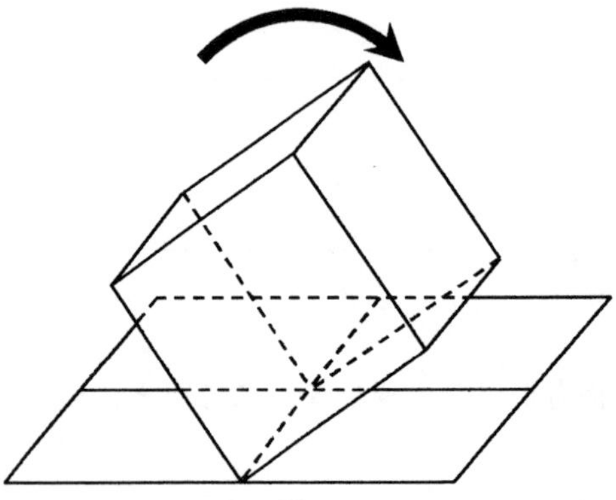
図３

(1)　(操作１)をおこなうとき，正方形ABFEが通過する部分の体積は何cm³ですか。

(2)　(操作１)〜(操作４)をこの順に続けておこなうとき，立方体ABCD-EFGHは元の位置に戻《もど》りますが，頂点は元の位置とは異なるものがあります。たとえば，頂点Fは頂点 ア の位置に，頂点Gは頂点 イ の位置にそれぞれ移ります。一方，頂点 ウ は４つの操作後に元の位置に戻ります。ア と イ にあてはまる頂点を，A〜Hの中からそれぞれ１つずつ選びなさい。また，ウ にあてはまる頂点を，A〜Hの中からすべて選びなさい。

(3)　(操作１)～(操作４)をこの順に続けておこなうとき，直線FGが通過する部分の面積の総和は何 cm² ですか。

4　聖《たかし》さん，光《ひかる》さん，学《まなぶ》さんの３人が，９km 離《はな》れたＰ地点とＱ地点の間を移動します。聖さんはＰ地点を出発してから９分間は毎分 200m で移動します。その後の４分間は毎分 200m，次の４分間は毎分 150m，次の４分間は毎分 100m で移動し，以降も４分ごとに毎分 200m，150m，100m と速さを変えながらＱ地点まで移動します。光さんは聖さんよりも３分30秒早くＰ地点を出発し，毎分 150m でＱ地点まで移動します。このとき，次の問いに答えなさい。必要があれば，あとの**【下書き欄《らん》】**を使用してもかまいません。

(1)　聖さんが出発してから21分間の移動の様子を，解答欄のグラフに図示しなさい。ただし，グラフの１マスは，横軸《じく》が１分，縦軸が 200m とします。

(2)　聖さんがＱ地点に到着《とうちゃく》する前に，聖さんのほうが光さんよりもＱ地点側にいた時間の合計は何分ですか。

(3)　聖さんが出発してから20分後に，学さんがＱ地点からＰ地点へ毎分 80m 以上 240m 以下の一定の速さで移動します。先に聖さんとすれ違い，その後，光さんとすれ違うとき，学さんは毎分［ア］m より早く毎分［イ］m 未満で移動すればよいことがわかります。［ア］と［イ］にあてはまる数をそれぞれ答えなさい。

【下書き欄】

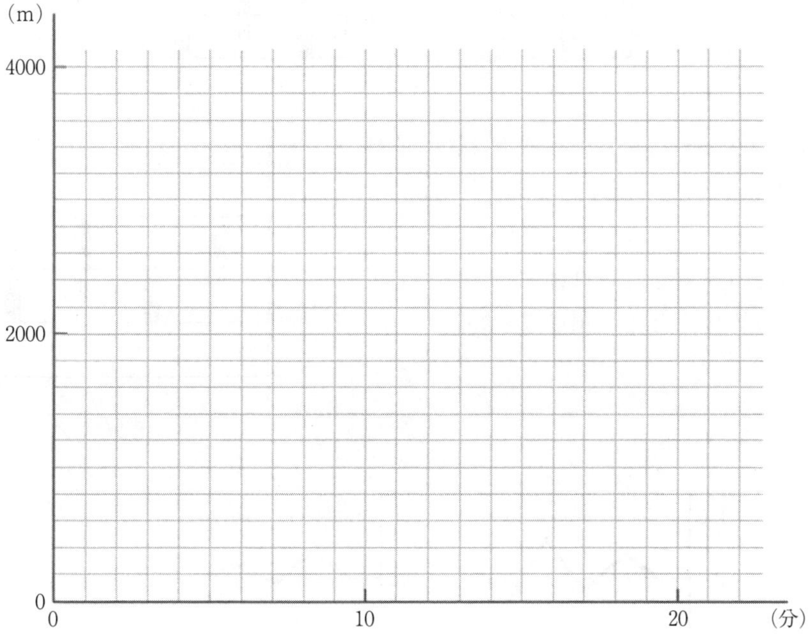

5　次の問いに答えなさい。ただし，解答は解答欄の番号を○で囲んで答えなさい。

(1)　あるスーパーの１か月の食品の売り上げについて，前月からの増減で考えます。たとえば，１月の売り上げが100万円だった食品が，２月に120万円になると20％の増加，逆に80万円になると20％の減少となります。

図１は，食品Ａの2023年１月から４月の売り上げを折れ線グラフで表したものです。なお，２月から４月までは一直線となっています。

食品Ａの２月から４月の売り上げについて，前月からの売り上げの増減の割合を表したグラフとして正しいものを，次の①～⑥の中から１つ選びなさい。

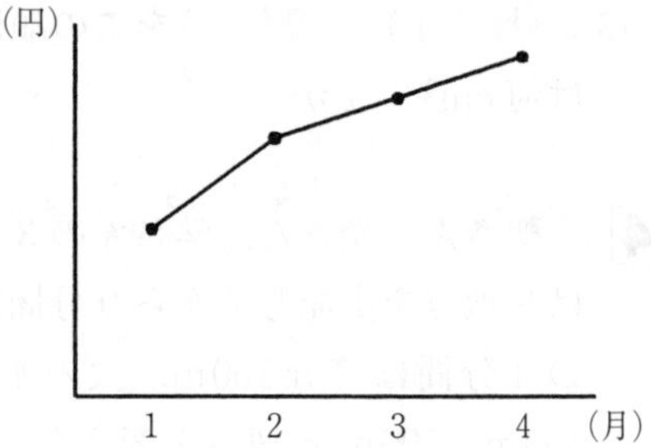

図１

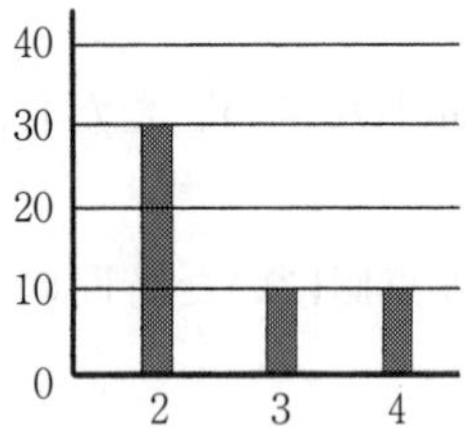

①

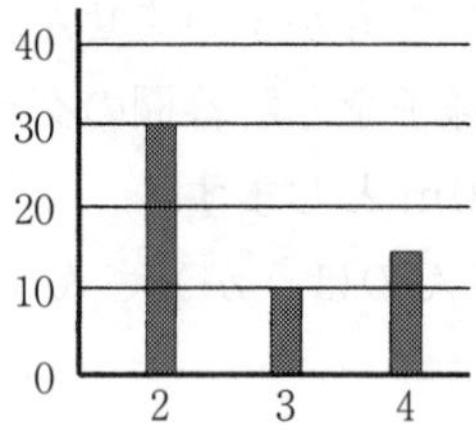

②

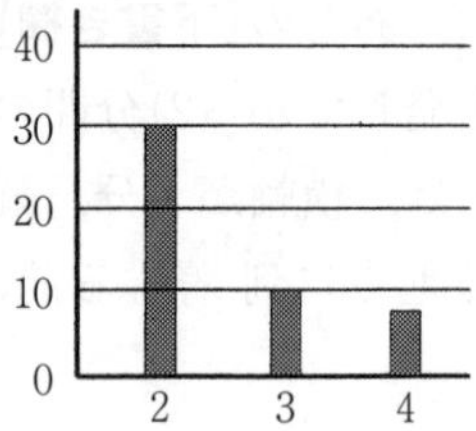

③

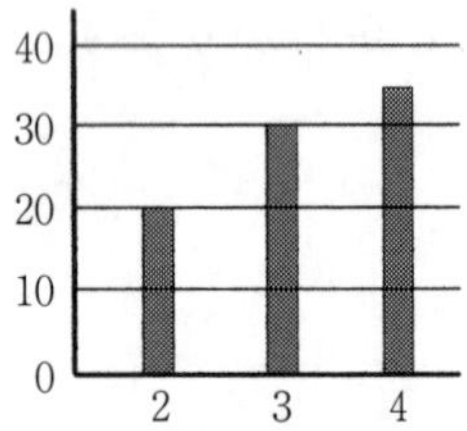

④

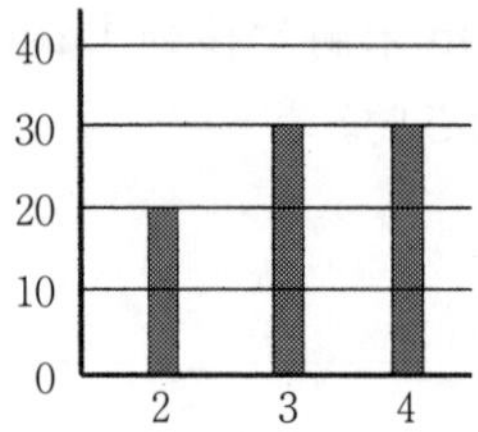

⑤

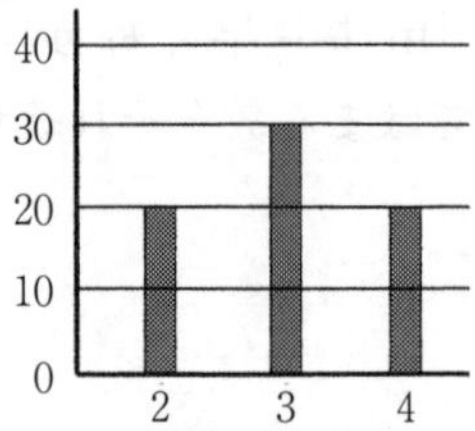

⑥

(2)　図２は，ある食品Ｂの２月から５月の売り上げの，前月からの増減の割合を表したグラフです。なお，「－20」は前月から20％減少していることを表しています。

１月から５月の売り上げを表した折れ線グラフとして正しいものを，次の①～⑥の中から１つ選びなさい。

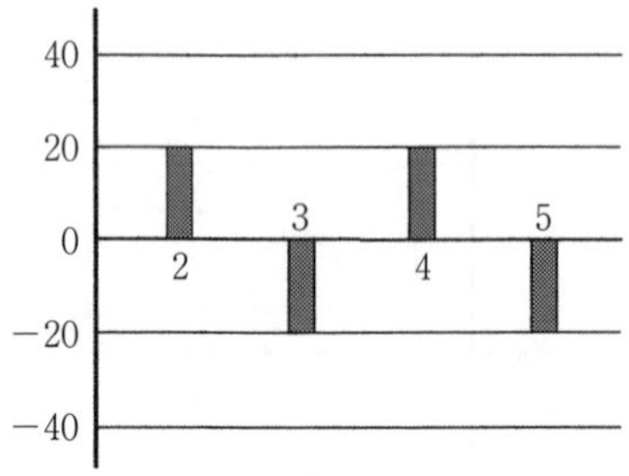

図２

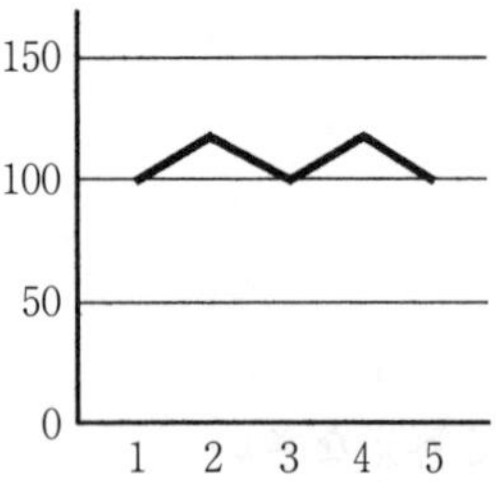

①

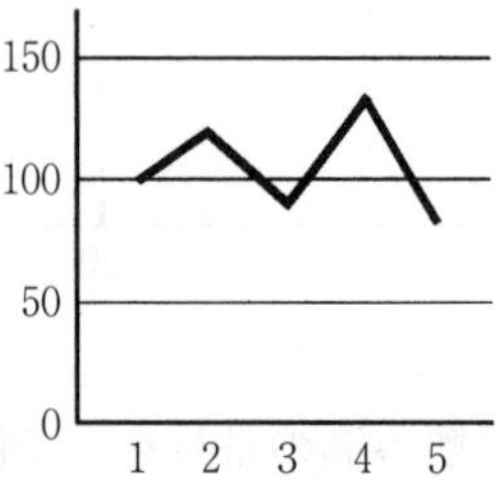

②

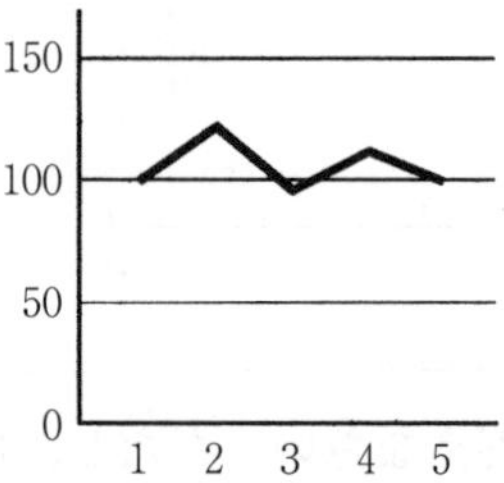

③

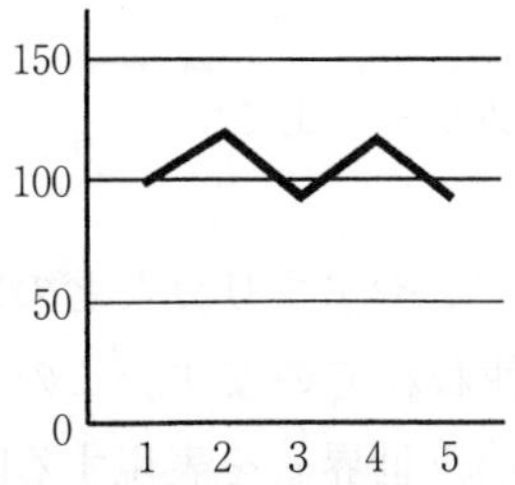

④

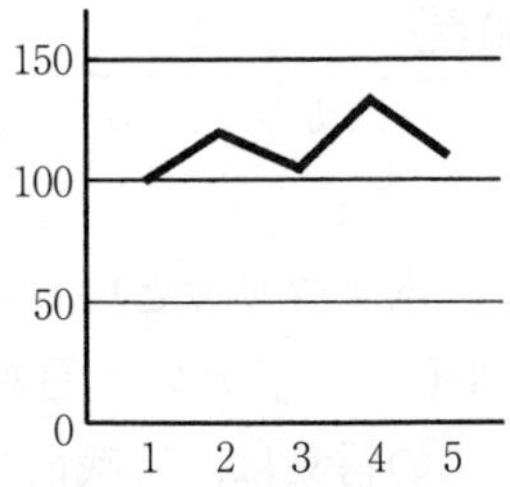

⑤

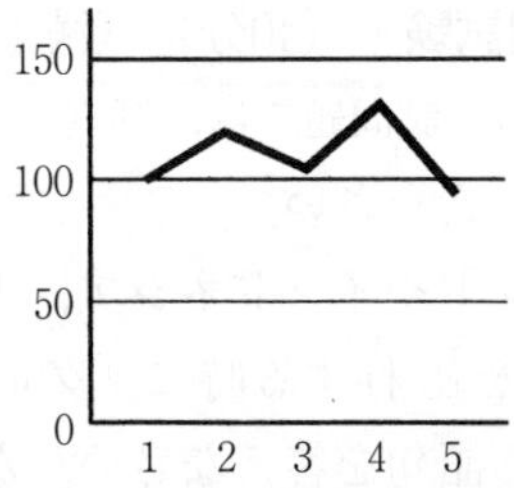

⑥

(3)　ある食品Cは，１月の売り上げと３月の売り上げが同じ100万円で，２月は，１月と３月よりも売り上げが多いことがわかっています。つまり，２月は１月と比べて [ア] ％売り上げが増加していて，３月は２月と比べて [イ] ％売り上げが減少しています。

[ア] と [イ] にあてはまる数の組について，正しく述べた文を，次の①～⑥の中からすべて選びなさい。

①　[ア] にあてはまる数は必ず100よりも小さくなる。

②　[イ] にあてはまる数は必ず100よりも小さくなる。

③　[イ] にあてはまる数は100よりも大きくなることがある。

④　[ア] にあてはまる数は [イ] にあてはまる数よりも必ず大きい。

⑤　[ア] にあてはまる数は [イ] にあてはまる数よりも必ず小さい。

⑥　[ア] にあてはまる数は [イ] にあてはまる数よりも小さくなることがあり，[ア] にあてはまる数は [イ] にあてはまる数よりも大きくなることもある。

(4)　食品Dは，2020年１月に販売開始してから2023年12月に至るまで，毎月，売り上げが前月の５％ずつ増加しています。食品Dの売り上げについて述べた文としてふさわしいものを，次の①～④の中から２つ選びなさい。

①　2022年７月には，2020年１月の売り上げの２倍以上になっている。

②　2023年12月になっても，2020年１月の売り上げの２倍以上になることはない。

③　2020年１月の売り上げの２倍を超えるまでの期間は，2020年１月の売り上げの２倍を超えてから３倍を超えるまでの期間とほぼ等しい。

④　2020年１月の売り上げの２倍を超えるまでの期間は，2020年１月の売り上げの２倍を超えてから４倍を超えるまでの期間とほぼ等しい。

表１は，食品Eの2022年の月ごとの売り上げを示したものです。

表１

月	1	2	3	4	5	6	7	8	9	10	11	12
売り上げ（万円）	100	120	120	130	120	160	180	200	160	130	120	80

(5)　このデータについて正しく述べた文を，次の①～④の中からすべて選びなさい。

①　12か月の売り上げの平均を上回る月の数は，半分の６である。

②　７番目に売り上げの高い月は12か月の売り上げの平均を下回っている。

③　12か月の売り上げの平均を上回る月の売り上げの合計は，１年間の売り上げの40％を超えている。

④　売り上げの高い２つの月と，低い２つの月を除いた８つの月の売り上げの平均は，すべての月の売り上げの高いほうから５番目と７番目の間にある。

【社　会】〈第１回試験〉（40分）〈満点：100点〉

〈編集部注：実物の入試問題では，写真と絵とグラフはカラー，図も一部はカラー印刷です。〉

1　次の問いに答えなさい。

問１　近年，インドやインドネシア，トルコ，南アフリカといったアジアやアフリカなどの新興国・途上国《とじょうこく》を総称《そうしょう》する時に「グローバル(　　)」という言葉が使われています。この(　)にあてはまる語句を答えなさい。なお，この言葉は，冷戦後の「第三世界」を表現する時や，立場の弱い南の国々の政治的連帯を指す呼称《こしょう》としても使います。

問２　2023年10月に発表された「生活の豊かさを示す指標」の１つが，過去43年間で最も高い29％に達しました。この指標は家計の消費支出に占《し》める食料費の割合を示したもので，その割合が小さいと，生活が豊かになっていると解釈《かいしゃく》します。この指標のことを「〇〇〇〇係数」といいます。〇〇〇〇にあてはまる言葉を，カタカナ４字で答えなさい。

問３　日本国憲法第７条[抜粋《ばっすい》しています]の(１)～(３)にあてはまる語句の組み合わせとして正しいものを，あとの**ア**～**ク**の中から１つ選び，記号で答えなさい。

> 天皇は，(　１　)の助言と承認により，国民のために，左の国事に関する行為を行ふ。
> １　憲法改正，法律，政令及び条約を公布すること。
> ２　国会を(　２　)すること。
> ３　(　３　)を解散すること。
> ４　国会議員の総選挙の施行《しこう》を公示すること。

ア　(１)：国会　(２)：召集　(３)：衆議院
イ　(１)：国会　(２)：召集　(３)：参議院
ウ　(１)：国会　(２)：招集　(３)：衆議院
エ　(１)：国会　(２)：招集　(３)：参議院
オ　(１)：内閣　(２)：召集　(３)：衆議院
カ　(１)：内閣　(２)：召集　(３)：参議院
キ　(１)：内閣　(２)：招集　(３)：衆議院
ク　(１)：内閣　(２)：招集　(３)：参議院

問４　働き方改革関連法の施行により本年４月１日以降，自動車運転業務の年間時間外労働時間の上限が960時間に制限されることになりました。このことによって起こる良い影響《えいきょう》として，トラックドライバーの労働環境《かんきょう》の改善が想定されます。一方で，このことによって起こる悪い影響として想定される具体的な事例を１つ，10字以上20字以内で答えなさい。

2　次の文章を読んで，あとの問いに答えなさい。なお，引用した史料の中には読みやすく変えているものもあります。

みなさんは，小学校の国語の授業で，短歌や俳句の勉強をしたことと思います。なかには，「小倉百人一首」でカルタ遊びをした人もいるでしょう。ここでは，短歌や俳句などの歴史についてみていきましょう。

短歌は，「５・７・５・７・７」の計31音で成り立っています。一般《いっぱん》に「和歌」といえば

「５・７・５・７・７」の短歌を指しますが，実は，「５・７・５・７・７」ではない和歌も存在します。

たとえば，①『万葉集』には，短歌のほかに，「５・７・７・５・７・７」の旋頭歌《せどうか》，「５・７」を３回以上くりかえして，最後に７音の一句を置く「長歌《ちょうか》」，「５・７・５・７・７・７」の「仏足石歌《ぶっそくせきか》」などの形式の和歌も収録されています。また，『万葉集』には，天皇や貴族だけではなく，東国の人が詠《よ》んだ東歌《あずまうた》や，東国から九州北部へ防衛のために派遣《はけん》された（　１　）が詠んだ和歌も収録されています。山上憶良が詠んだ「貧窮問答歌」も，『万葉集』にあります。しかし，しだいに短歌以外の和歌は詠まれなくなったため，「和歌」といえば短歌を指すようになりました。

平安時代になると，勅撰和歌集として，紀貫之らにより『古今和歌集』がつくられました。『古今和歌集』は，その後，和歌(短歌)の手本として，長い間，重要視されました。②鎌倉時代になると，藤原定家らによって『新古今和歌集』が，鎌倉では３代将軍の（　２　）によって『金槐和歌集』がつくられました。なお，藤原定家は，「小倉百人一首」ゆかりの人物でもあります。

また，鎌倉時代には，短歌を「５・７・５」(長句)と「７・７」(短句)に分け，何人かで集まって長句と短句をかわるがわるに詠んでいく連歌《れんが》(長連歌《ちょうれんが》)がひろまり，建武の新政の頃《ころ》には大変流行していたことが，③「二条河原の落書」に記されています。連歌では，最初の句を「発句《ほっく》」，最後の句を「□」といいます。「最後の最後には」という意味の慣用句「□の果て」は，実は連歌に由来しているのです。

連歌から発句だけを独立させたものが俳句です。俳句を新しい芸術として確立したのが，『奥の細道』の作者として知られる松尾芭蕉です。俳句には，（　３　）が必要です。これに対して，同じ「５・７・５」の形式ながら，（　３　）がなく，社会や世相を批判したり，おもしろさを求めたりしたものが川柳《せんりゅう》で，老中（　４　）の政治を批判した「役人の　子はにぎにぎを　よく覚え」が有名です。また，短歌の形式でおもしろさを求めたものを狂歌《きょうか》といい，④寛政の改革を批判した「世の中に　蚊《か》ほどうるさきものはなし　ぶんぶというて夜もねられず」などがあります。

俳句は，江戸時代後期になると，ありきたりな句を詠むことが良いとされましたが，明治時代になると正岡子規があらわれて，俳句・短歌に革新をもたらしました。「柿《かき》食へば　鐘《かね》が鳴るなり　⑤法隆寺」という俳句は，正岡子規の代表作です。明治時代後半には，⑥与謝野晶子が情熱的な短歌を詠み，石川啄木は自分の生活に基《もと》づいたすぐれた短歌を残しました。その後，⑦昭和の終わりには，歌人の俵万智《たわらまち》が，日常会話を用いて短歌を詠み，短歌の世界に新たな風を吹《ふ》き込《こ》みました。

現在でも，新聞には短歌や川柳の投稿欄《とうこうらん》がありますし，芸能人が俳句を詠んで，その出来ばえを競《きそ》う⑧テレビ番組もあります。和歌・俳句・川柳は，今でも私たちの身近にある存在といえるでしょう。

問１　文中の(１)～(４)にあてはまる語句や人名を漢字で答えなさい。

問２　文中の□にあてはまる語句を，**ひらがな３字**で答えなさい。

問３　下線部①について述べた文ａ～ｄのうち，正しいものの組み合わせを，あとの**ア**～**エ**の中から１つ選び，記号で答えなさい。

ａ：『万葉集』は，現在伝わっている和歌集としては日本最古である。

ｂ：『万葉集』は，持統天皇の命令によって奈良時代につくられた。

ｃ：『万葉集』には，たくさんの和歌がひらがな表記で収録されている。

ｄ：『万葉集』には，「令和」の由来となった文章が収録されている。

ア　ａ・ｃ
イ　ａ・ｄ
ウ　ｂ・ｃ
エ　ｂ・ｄ

問４　下線部②に起きた出来事として誤っているものを，次の**ア**～**エ**の中から１つ選び，記号で答えなさい。

ア　後白河上皇が承久の乱を起こしたが，幕府軍にやぶれて隠岐に流された。
イ　執権北条泰時が，源頼朝以来の先例や道理に基づいて御成敗式目を制定した。
ウ　元の大軍が２度にわたって日本に攻《せ》めてきたが，幕府は防衛に成功した。
エ　幕府は，困窮《こんきゅう》した御家人を救うために永仁の徳政令を出したが，混乱を招いた。

問５　下線部③の書き出しと，落書の内容について述べた文の組み合わせとして正しいものを，あとの**ア**～**エ**の中から１つ選び，記号で答えなさい。

【落書の書き出し】

Ｘ：祇園精舎《ぎおんしょうじゃ》の鐘の声　諸行無常《しょぎょうむじょう》の響《ひび》きあり

Ｙ：この頃《ごろ》都にはやる物　夜討《ようち》・強盗《ごうとう》・謀綸旨《にせりんじ》

【落書の内容】

あ：後醍醐天皇の政治が京都にもたらした混乱について記されている。

い：天皇に忠義を尽《つ》くした楠木正成が戦死した悲しさについて記されている。

ア　Ｘ・あ
イ　Ｘ・い
ウ　Ｙ・あ
エ　Ｙ・い

問６　下線部④について述べた文として正しいものを，次の**ア**～**エ**の中から１つ選び，記号で答えなさい。

ア　湯島聖堂の学問所で，朱子学以外の儒学を教えることを禁じた。
イ　足高の制を設けて，幕府による人材登用をおこないやすくした。
ウ　水田を増やそうとして，印旛沼や手賀沼の干拓《かんたく》工事を実施《じっし》した。
エ　上知令を出して，江戸・大坂周辺を幕府領にしようとした。

問７　下線部⑤について述べた文として正しいものを，次の**ア**～**エ**の中から１つ選び，記号で答えなさい。

ア　天武天皇が，妻の病気が良くなることを願って建立した。
イ　日本で最初の本格的な寺院として，飛鳥の地に建立された。
ウ　唐から招いた高僧《こうそう》のために，朝廷から提供された土地に建立された。
エ　金堂や五重塔，回廊《かいろう》の一部は，現存最古の木造建築と考えられている。

問８　下線部⑥の与謝野晶子と石川啄木について述べた次の文中の［Ｘ］・［Ｙ］にあてはまる語

句の組み合わせとして正しいものを，あとの**ア**～**エ**の中から１つ選び，記号で答えなさい。

> 与謝野晶子は，［ X ］に出征《しゅっせい》する弟の無事を願う「君死にたまふことなかれ」という詩を発表したことでも知られている。石川啄木は，［ Y ］に際して，「地図の上　朝鮮国に　くろぐろと　墨《すみ》を塗《ぬ》りつつ　秋風を聴《き》く」という短歌を詠んでいる。

ア　X：日清戦争　Y：韓国併合

イ　X：日清戦争　Y：江華島事件

ウ　X：日露戦争　Y：韓国併合

エ　X：日露戦争　Y：江華島事件

問９　下線部⑦に関連して，昭和時代末に国内外で起きた出来事として正しいものを，次の**ア**～**エ**の中から１つ選び，記号で答えなさい。

ア　ニューヨークのワールドトレードセンターに，ハイジャックされた飛行機が突《つ》っ込《こ》むテロ事件が起きた。

イ　阪神淡路大震災や地下鉄サリン事件が立て続けに起き，日本の安全神話が大きくゆらいだ。

ウ　ソ連のチェルノブイリ(チョルノービリ)原発で事故が起き，周辺の環境《かんきょう》に大きな影響《えいきょう》を与《あた》えた。

エ　第１次オイルショックが発生し，石油の価格だけではなく，さまざまな物の価格が高騰《こうとう》した。

問10　下線部⑧に関連して，日本のテレビ放送について述べた文として正しいものを，次の**ア**～**エ**の中から１つ選び，記号で答えなさい。

ア　日本のテレビ放送は，大正時代に東京で始まった。

イ　初期のテレビ番組としては，プロレスの生中継《なまちゅうけい》が人気であった。

ウ　カラーテレビの受信機は，家電の「三種の神器」の１つに数えられた。

エ　21世紀に映画館が普及《ふきゅう》すると，テレビ番組の視聴率《しちょうりつ》はふるわなくなった。

問11　波線部について，次の史料は「貧窮問答歌」の終わりの部分です。この「貧窮問答歌」の形式として正しいものを，あとの**ア**～**エ**の中から１つ選び，記号で答えなさい。

> 竈《かまど》には　火気《ほき》ふき立てず　甑《こしき》には　蜘蛛《くも》の巣懸《すか》きて　飯炊《いいかし》く　ことも忘れて　ぬえ鳥ののどよひ居《お》るに　いとのきて　短き物を　端截《はしき》ると　云《い》へるがごとく　しもと取る　里《さと》長《おさ》が声は　寝屋戸《ねやど》まで　来立《きた》ちよばひぬ　かくばかり　すべなきものか　世の中の道

ア　短歌

イ　長歌

ウ　旋頭歌

エ　仏足石歌

3　東京都の郊外《こうがい》に住むセイイチさん・トオルさん・トシコさん・ミキさんのグループは，小学校の授業で近くにある商店街とスーパーマーケットを調査し，説明を加えて次の地図(図１)をつくりました。これについて，あとの問いに答えなさい。

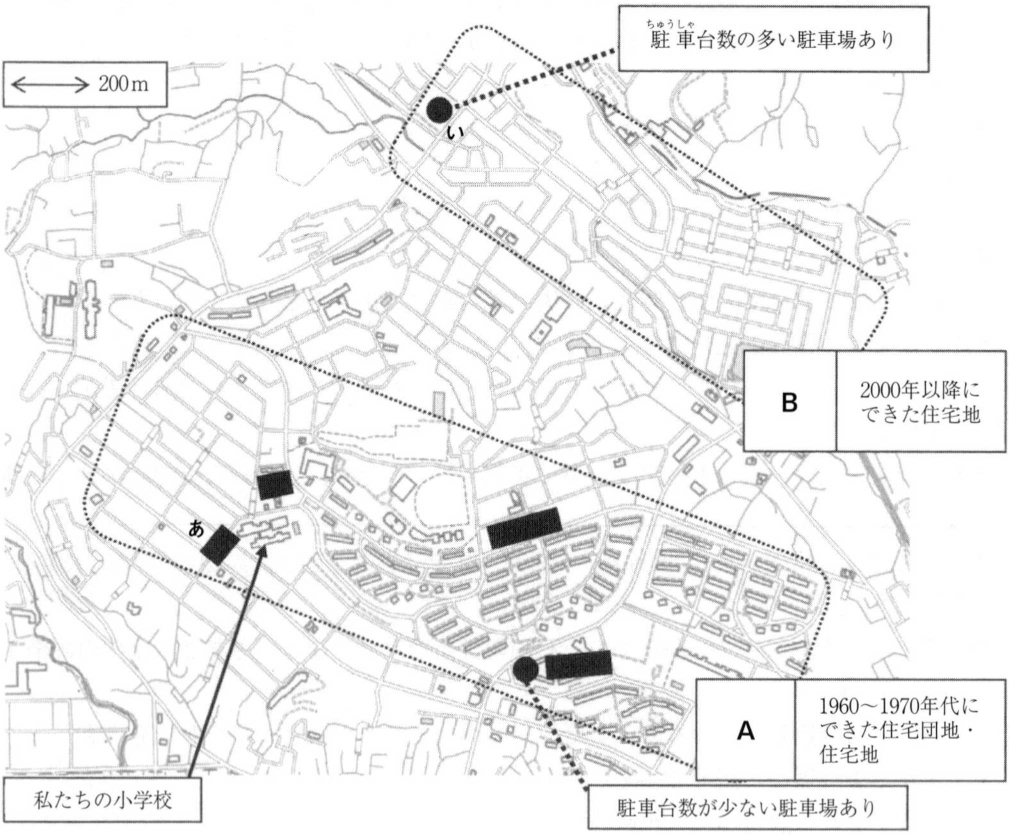

■：小規模の店が並ぶ商店街　　●：大規模なスーパーマーケット

図１　私たちの小学校付近の地図

（白地図は地理院地図 vector 白地図より作成）

問１　セイイチさんたちは，1960～1970年代にできた住宅団地・住宅地の範囲《はんい》 A と2000年以降にできた住宅地の範囲 B を，図１中に ⬚ で示しました。さらに小規模の店が並ぶ商店街の位置を ■，大規模なスーパーマーケットの位置を●で示しました。そしてこの２つの範囲に住む人々の買い物のようすを考察し，次の文にまとめました。文中の □ にあてはまる文を，解答欄《かいとうらん》の文字に続けて２行以内で答えなさい。

なお，解答の内容は，□ の前後の文を参考にすること。また，解答の文中に ■ や●の記号を使ってもかまいません。

> A の住民は，その範囲内に ■ が複数あり，毎日の生活に必要な食品や商品を買いに，近くの ■ や●へ徒歩や車などで行っていると考えられます。
>
> しかし，B の住民は，その範囲内に □。そのこともあって，B にあるコンビニエンスストアでは，野菜や肉が売られていると考えられます。

問２　トオルさんは，学校のすぐ近くにある商店街**あ**の1980年頃《ごろ》のようすと2023年のようすを商店街の方に聞き取りをして，図にしました。次の図２中の（１）～（４）には，空き地・魚屋・整骨院・豆腐屋《とうふや》のいずれかがあてはまります。（３）・（４）にあてはまる語句の組み合わせとして最もふさわしいものを，あとの**ア**～**カ**の中から１つ選び，記号で答えなさい。

（１）	道路	米屋
肉屋		八百屋
パン屋		（２）
美容院		薬屋

1980年頃のようす

（３）	道路	米屋
肉屋		（４）
たこ焼き屋		居酒屋
花屋		一般《いっぱん》住宅

2023年のようす

図２

ア　（３）：豆腐屋　（４）：整骨院
イ　（３）：豆腐屋　（４）：空き地
ウ　（３）：豆腐屋　（４）：魚屋
エ　（３）：整骨院　（４）：空き地
オ　（３）：整骨院　（４）：魚屋
カ　（３）：魚屋　　（４）：空き地

問３　トシコさんは大規模なスーパーマーケット**い**の果実担当の方に，ドラゴンフルーツ・なし・ぶどう・みかんについて，次のⅠ～Ⅳの質問をしました。あとのＡ～Ｄの文は，その質問を受けて果実担当の方が話した内容です。Ⅰ～ⅣとＡ～Ｄの組み合わせとして正しいものを，あとの**ア**～**ク**の中から２つ選び，記号で答えなさい。

Ⅰ　この果実の生産地は日本列島の太平洋側の県を中心に数多くあるようですね。東京から遠い地域での生産や生産地の地形の特色などはありますか？

Ⅱ　この果実は岐阜県の飛騨地方でも栽培《さいばい》されているようですね。この果実は主に日本では沖縄県などで栽培されているものですが，どうして飛騨地方が産地なのですか？

Ⅲ　この果実は隣《となり》の県で生産量が多く，東京へ高速道路で輸送されているようですね。生産地との距離《きょり》の近さとともに，この果実の生産量が多くなる理由はありますか？

Ⅳ　この果実は私たちの小学校の近くの多摩川沿いにある農家でも生産されているようですね。この店の近くにある農家からも仕入れをする利点はありますか？

Ａ　一番早い早生《わせ》とよばれるものは，９月から収穫《しゅうかく》が始まります。南向きの急な斜面《しゃめん》で栽培されることも多く，なかでも海が望める斜面では，海からの太陽光の反射を受けてよく育つともいわれているようです。

Ｂ　遠い地域などからも同じ果実は入荷《にゅうか》するのですが，輸送に時間がかかるので甘《あま》くならないうちに実を収穫してしまいます。しかし，生産する農家がこの店の近くにある場合，長く木に実らせ熟して甘くなったものを，すぐに売ることができます。

Ｃ　生産地の周囲は山地であり降水量が少なく，かつ日照時間が長くなることが一因です。また，その県の中央部には盆地があり，その盆地の周囲では多くの扇状地があるので，この果実の栽培に適しているからです。

D　生産している農園の近くで湧《わ》き出す温泉を利用し，温泉の熱でビニールハウスを温めることができるので，その果実を栽培することができるからです。

ア　Ⅰ：B　**イ**　Ⅰ：C　**ウ**　Ⅱ：A
エ　Ⅱ：D　**オ**　Ⅲ：A　**カ**　Ⅲ：D
キ　Ⅳ：B　**ク**　Ⅳ：C

問４　ミキさんは野菜担当の方から，同じ野菜でも年間ではいろいろな産地から仕入れていることを聞きました。そこで東京都中央卸売《おろしうり》市場で取《と》り扱《あつか》われる野菜の生産地を，月ごとに調べてみました。次の図は，きゅうり・だいこん・ほうれんそう・レタスの夏(2022年７月)と冬(2022年12月または2023年１月)の取り扱い量が多い５都道府県を示したものです。だいこんとほうれんそうを示しているものを，次の**ア**～**エ**の中からそれぞれ１つずつ選び，記号で答えなさい。

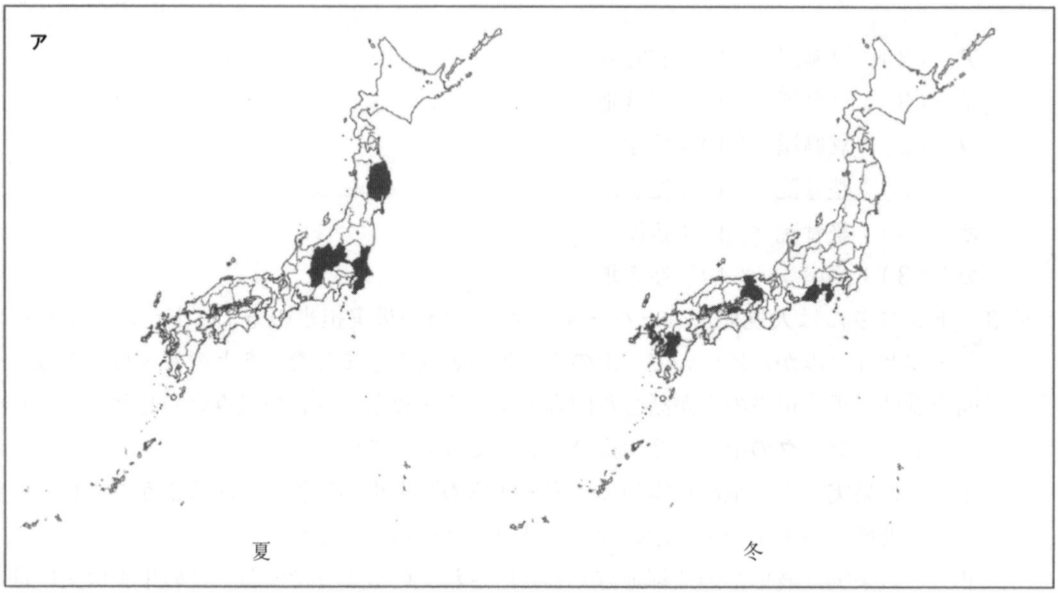

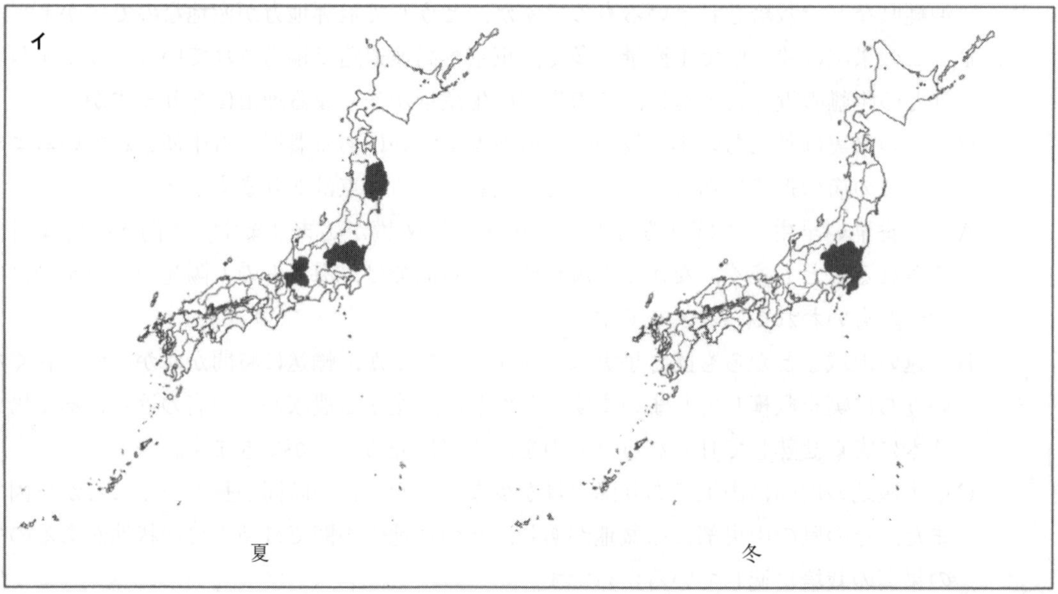

ウ

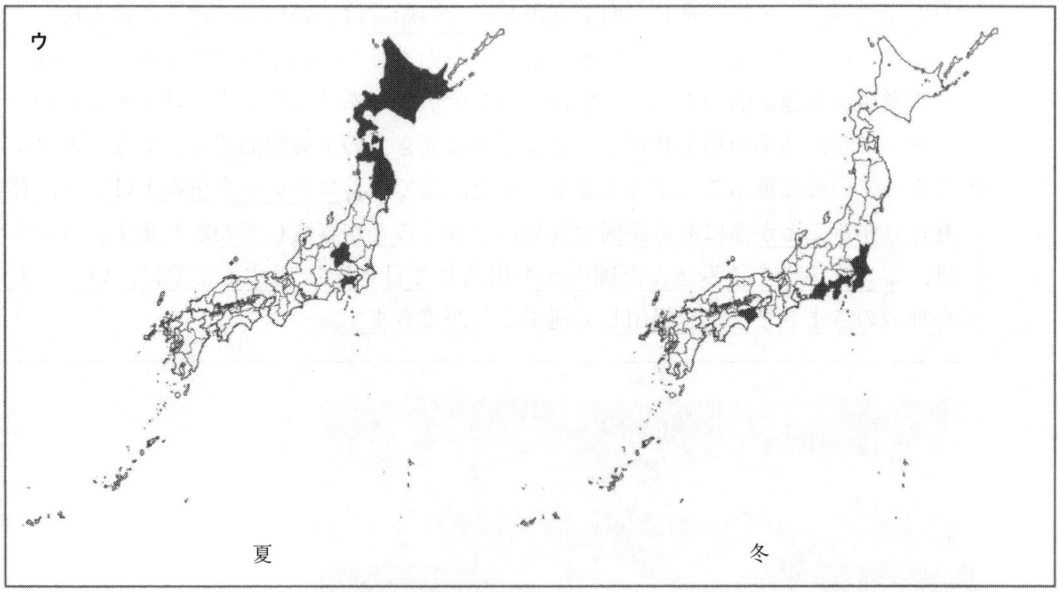

エ

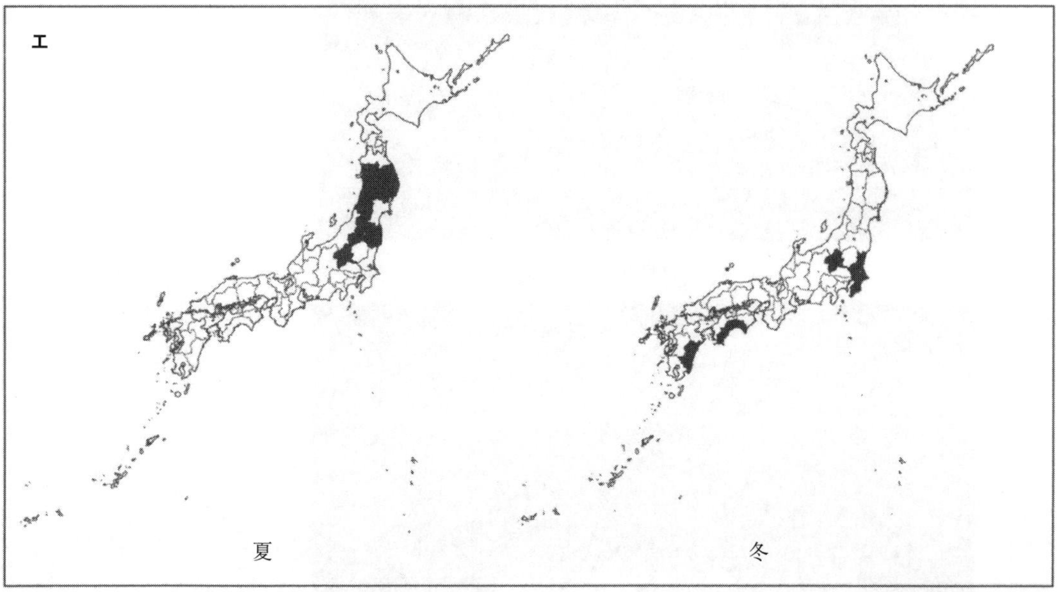

（東京都中央卸売市場資料より作成）

問５　セイイチさんは日用品担当の方から，日用品に多くみられるプラスチック製品について聞き取りをし，次の文にまとめました。文中の下線部**ア**～**エ**の中から誤りのあるものを１つ選び，記号で答えなさい。

プラスチックの原料は原油であり，日本は多くの割合を輸入に頼《たよ》っています。また，プラスチック製品の完成品も，そのまま輸入されています。

原料の原油を輸入する際に使用される船は，主にタンカーです。タンカーは，原油を安全に運ぶために写真Ａのような形をしており，**ア**主に西アジアの国々の港で積《つ》み込《こ》んだ原油を，直接日本の港へ運びます。また，電力・動力などをつくるための石炭を輸入する際に使用される船は，主にばら積み船です。ばら積み船は，**イ**形の定まらない石炭を安全に運ぶために写真Ｂの船を利用し，その船倉は船の揺《ゆ》れに耐《た》え，積み荷がずれにくい構造をしています。石炭は主に南半球や赤道直下の国から直接日本の港へ運びます。

　工業製品を運ぶ船の１つとしては，コンテナ船があげられます。コンテナという世界で統一された基準の箱を利用し，さまざまな大きさの工業製品であってもそのコンテナに入っていれば運ぶことができます。また，港では**ウ**コンテナを積み上げたり，移動させたりすることが港にある設備で容易にできることが写真Ｃでわかります。コンテナ船は，**エ**コンテナを積み込んだ国の港を出港して日本に到着《とうちゃく》するまでに，いくつもの国や地域のさまざまな港を経由して運ぶことができます。

写真Ａ

写真Ｂ

写真C

問６　トオルさんは，日本国内でつくられる工業製品について興味をもち，各都道府県の製造品出荷額《しゅっかがく》等の総額に占《し》める割合のうち，１つの産業で30％以上を占める都道府県を取り上げて分類してみました。右の表中の(２)にあてはまる産業として正しいものを，次の**ア**～**オ**の中から１つ選び，記号で答えなさい。

（１）	群馬県・愛知県・広島県・福岡県
（２）	北海道・鹿児島県・沖縄県
（３）	山口県・徳島県
生産用機械	山梨県

(矢野恒太記念会編『データでみる県勢 2023』より作成)

ア　化学　　**イ**　食料品

ウ　石油・石炭製品　　**エ**　電子部品

オ　輸送用機械

問７　トシコさんは，外国からの輸入農産物が多くなる中で，地域の農業の活性化をはかることも必要だと思い，このスーパーマーケットを通じて「地産地消」の取り組みを今後さらに進めていく場合に，どのような方法をとればよいかを考えました。その取り組みとして**ふさわしくない**ものを，次の**ア**～**エ**の中から１つ選び，記号で答えなさい。

ア　このスーパーマーケットに，近くの農家の農産物を販売《はんばい》するコーナーをつくり，生産者のプロフィールを書いた掲示物《けいじぶつ》を添《そ》えておく。

イ　このスーパーマーケットで，近くの農家で生産される農産物を利用したレシピを募集《ぼしゅう》し，そのレシピでつくったおかずを販売する。

ウ　このスーパーマーケットがもつ全国の店舗《てんぽ》に，地元の農産物を全国の農産物と一緒《いっしょ》に混ぜて流通させて，近くの農家へ安定収入があるようにする。

エ　このスーパーマーケットが主催者《しゅさいしゃ》となって，近くの農家と店舗利用者との交流会を企画《きかく》し，農産物の試食会などをおこなう。

問８　セイイチさんたちは，聞き取りをしたスーパーマーケットが，図３中の**C**～**F**地点に新しい店舗を出店すると仮定して，各地点に店舗を出店する際の利点やその店舗の経営戦略を話し合って，それぞれの地点について**ア**～**エ**のカードにまとめて発表しました。

E・**F**地点の発表として正しいものを，あとの**ア**～**エ**の中からそれぞれ１つずつ選び，記号で答えなさい。

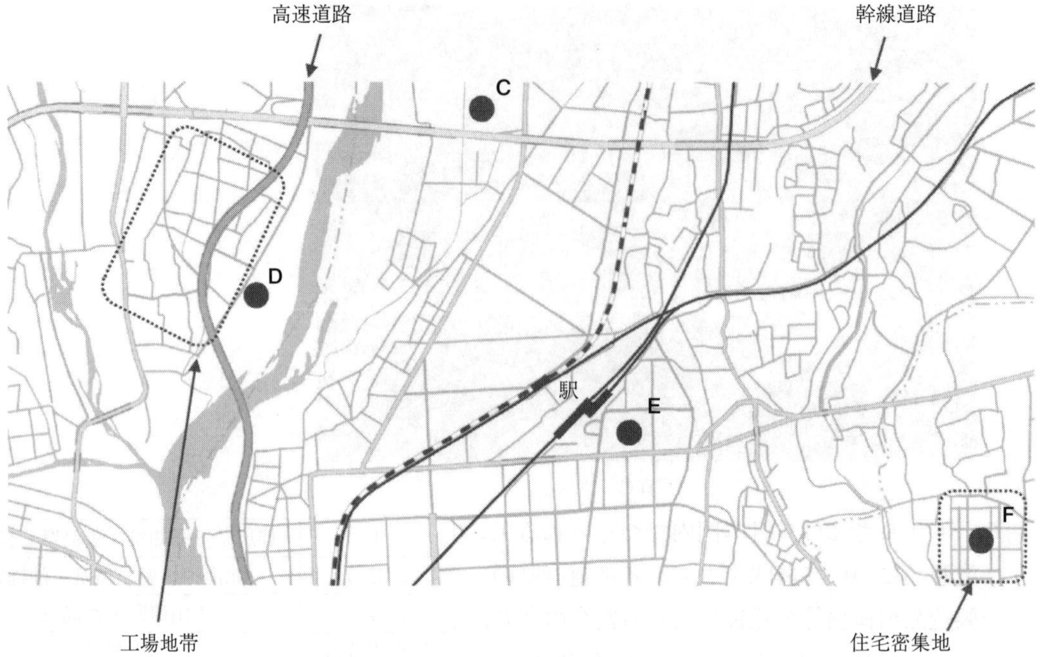

図３

（白地図は地理院地図 vector 白地図より作成）

ア　セイイチさん

ここは近隣《きんりん》から毎日徒歩で訪れる客を多く見込むことができます。日々の生活に必要とする量に対応できるように，小分けのパッケージングをするなどして，日常生活の利便性が高くなるような戦略をとります。

イ　トオルさん

ここは徒歩で訪れる客を多く見込むことができます。近隣のオフィスビルで働く人の昼食や夕食向けの持ち帰り弁当・おかずなどの販売をしたり，他店より高級食材を含《ふく》めた幅広い価格帯の商品を扱ったりする戦略をとります。

ウ　トシコさん

ここは乗用車による広範囲からの集客を見込むことができます。広い駐車場をつくり，売り場面積も広くとり，多品種の商品をそろえることで，さまざまな商品のまとめ買いの利便性が高くなるような戦略をとります。

エ　ミキさん

ここは近隣の会社に勤める従業員の集客を見込むことができます。日々の仕事に必要となる作業に対応できるような専門性の高い商品や，昼食向けの弁当の販売などで利便性が高くなるような戦略をとります。

４　次の文章を読んで，あとの問いに答えなさい。

「人は女に生まれるのではない　女になるのだ」

20世紀のフランスの哲学者《てつがくしゃ》シモーヌ・ド・ボーヴォワールがその著『第二の性』で記した有名な言葉です。彼女《かのじょ》は「女は生まれてすぐに男よりも劣《おと》ったものと教え込まれ，そのようなものとして振《ふ》る舞《ま》うことを強制されている」と言い，女性の解放を訴《うった》えました。

男女の社会的役割が強調されるようになったのは19世紀のことといわれています。西洋各国で工場の機械化が進むと，「男は外で働き，女は家庭を守る」という生活スタイルが理想と考えられるようになりました。その一方，現実には工場での長時間・低賃金労働に苦しむ女性も増えるようになっていきました。

①明治時代の日本にも，こうした考え方や生活様式が流入します。その頃の法律において，親権や財産権など非常に大きな権限を，家長とよばれる父親やその長男が行使し得たことは，②参政権問題とともに男女間の格差の法的側面を表すものでした。戦後，女性参政権は実現しましたが，現在でもその格差がなくなったとはいえません。

③国際的には両性の平等を促進《そくしん》する動きは活発で，1979年には女性差別撤廃《てっぱい》条約が国際連合で採択《さいたく》され，1985年には日本でも男女雇用《こよう》機会均等法が成立しました。現在では「男らしさ」・「女らしさ」の社会的通念も大きく変わり，これまで女性のものとされてきた職業を男性が担《にな》ったり，男性のものとされてきた職業を女性が担ったりすることも多くなりました。少しずつではありますが，④男女間の平等はさまざまな分野で進んできています。

また，2023年6月にはLGBT理解増進法が制定されるなど，男女という性別をめぐる議論が多様化しています。

問1　下線部①に関連して，当時の日本にも社会的に活躍《かつやく》した女性を見ることはできます。次の紙幣《しへい》に描《えが》かれた女性がアメリカ留学に出発した時期を，あとの〔**史料**〕を参考にしながら，〔**年表**〕中の**ア**～**オ**の中から1つ選び，記号で答えなさい。

(SPECIMENは見本の意味)

(国立印刷局ウェブサイトより)

〔**史料**〕「開拓使長官黒田清隆の建議書」

> 人材育成には子どもたちを教育することが大切である。今や欧米《おうべい》諸国では，母親は学校を卒業し，子どもを熱心に教育している。…だから女子教育は，人材育成の根本であり，不可欠なものである。…そこで幼い女子を選び，欧米に留学させようと思う。
>
> (わかりやすく書き直してあります)

〔**年表**〕

1867年	大政奉還
	ア
1869年	版籍奉還
	イ
1873年	征韓論争勃発
	ウ
1881年	開拓使官有物払下げ事件
	エ
1894年	条約改正(治外法権撤廃)
	オ
1902年	日英同盟締結《ていけつ》

問２　下線部②について，次の(a)・(b)の問いに答えなさい。

(a)　欧米諸国では19世紀中頃から女性参政権運動が盛り上がりを見せましたが，女性参政権に反対する声も強かったといわれます。なぜ女性参政権に反対する声が強かったのでしょうか。本文(16～17ページ)と右の絵を参考に25字以上35字以内で説明しなさい。

私の妻は，今夜，どこをほっつき歩いているんだ？

（ウィスコンシン大学マディソン校図書館ウェブサイトより）

(b)　右の〔**年表**〕は，主要国において女性参政権が実現した時期を表します。各国で女性参政権が実現した経緯《けいい》についての説明として正しいものを，次の**ア**～**エ**の中から１つ選び，記号で答えなさい。

〔**年表**〕　主要国において女性参政権が実現した年

1918年	イギリス
1919年	ドイツ
1920年	アメリカ
1944年	フランス
1945年	イタリア・日本

ア　日本では，第２次世界大戦後に施行《しこう》された日本国憲法の規定に従って，翌年に女性参政権が実現した。

イ　フランスでは，フランス革命期に特権階級の打倒に活躍した女性たちは，権利の拡大を主張し，女性参政権の獲得《かくとく》に成功した。

ウ　アメリカでは，第１次世界大戦中に，戦争への女性の協力を促《うなが》すため女性参政権問題が協議されたが，実現したのは第１次世界大戦後のことであった。

エ　ドイツではナチス政権崩壊《ほうかい》後の民主化の動きの中で，新たに民主的な憲法が制定され，女性参政権が実現した。

問３　下線部③について，世界経済フォーラムが2023年に発表した，男女の社会的格差に関する各国間比較《ひかく》で，日本は146か国中125位に位置づけられました。これは政治・経済・教育・健康の４分野にわたる男女格差を比較するもので，あとのグラフはこれを数値化したものです。グラフのＡとＤにあてはまるものを，あとの**ア**～**エ**の中から１つずつ選び，記号で答えなさい。なお，政治・経済・教育・健康の各分野において評価対象となったのは次の項目です。

政治：国会議員の男女比，閣僚《かくりょう》の男女比など
経済：同一労働における賃金の男女格差，管理職の男女比など
教育：識字率の男女比，初等・中等・高等教育就学率の男女比
健康：出生男女比，健康寿命《じゅみょう》の男女比

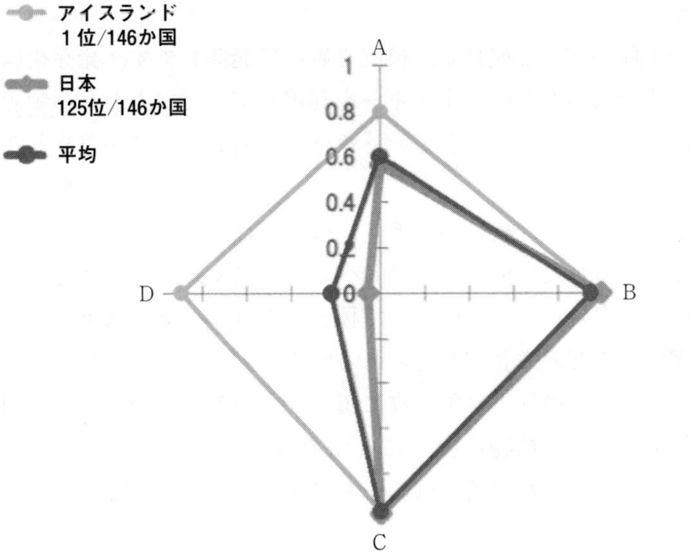

※グラフ中の数字はジェンダーギャップ指数（０が完全不平等，１が完全平等を示し，数値が小さいほど男女間の格差が大きいことを表します）

（内閣府男女共同参画局ウェブサイトより作成）

ア　政治　　**イ**　経済　　**ウ**　教育　　**エ**　健康

問４　下線部④について，「イクメン」という表現が一般化《いっぱんか》してきていますが，これが「差別的表現」であるという意見もあります。「イクメン」の意味を説明した上で，その語が「差別的表現」と考えられる理由について，本文（16～17ページ）を参考に２行以内で説明しなさい。

【理　科】〈第１回試験〉（40分）〈満点：100点〉

1　次の文章を読んで，あとの(1)～(9)の問いに答えなさい。

私たち人間は，生きていくために必要な栄養を食事から得ています。肉や魚などの動物を食べることもあれば，果物や野菜，穀物などの植物を食べることもあります。私たちが食べている動物も，動物や植物を食べており，私たちが必要とする栄養は，もとをたどれば主に植物によって作られているといえます。私たちの生活を支えている植物の一生について考えてみましょう。

植物の中で，種子を作ってふえる植物を①種子植物といいます。種子植物の一生は種子から始まります。種子は，そのつくりの特徴《とくちょう》から大きく２つに分けることができ，それぞれ有胚《はい》乳《にゅう》種子，無胚乳種子といいます。有胚乳種子は，胚乳の部分に発芽に必要な栄養を蓄《たくわ》えている種子です。無胚乳種子は，胚乳が退化して消えてしまった代わりに，②胚の一部に発芽に必要な栄養を蓄えている種子です。

種子の中の胚は，③必要な条件が整うと成長し，種皮を破って発芽します。発芽後は根から水分と④肥料分を吸収し，⑤葉で太陽からのエネルギーを利用してでんぷんなどの栄養を作って成長します。茎《くき》を伸《の》ばしながら葉や側芽《そくが》ができていくなかで，必要な条件が整うと花芽《かが》ができて花が咲《さ》きます。

花には外側から，がく，花弁，おしべ，めしべがあり，種子が作られるのはめしべの（ あ ）内です。おしべの先端《せんたん》のやくで作られた（ い ）が，めしべの先端にくっつくことを（ う ）といいますが，（ う ）のあとに（ あ ）内の（ え ）が成長して種子になり，（ あ ）は果実になります。植物の種類によっては，果実に糖などの栄養が蓄えられるため，動物によって食べられることがあります。しかし，そのような植物の種子は堅《かた》い皮に覆《おお》われていることが多く，動物によって消化されることなく排出《はいしゅつ》されます。植物は動くことができませんが，このような植物は⑥種子が動物によって運ばれ，生えていた場所とは異なる場所でまた条件が整ったときに発芽し，生える場所を広げていきます。

(1)　(あ)～(え)にあてはまる言葉を答えなさい。

(2)　次の文の(お)～(き)にあてはまる漢字１文字をそれぞれ答えなさい。

主に植物を食べる動物を（ お ）食動物，主に動物を食べる動物を（ か ）食動物，動物も植物も両方とも食べる動物を（ き ）食動物といいます。

(3)　食べ物を消化するために，ヒトは体内で消化酵素《こうそ》を作っています。ヒトが体内で作ることのできる消化酵素を，次の(ア)～(カ)の中から２つ選び，記号で答えなさい。

(ア)　アミラーゼ　　(イ)　カタラーゼ　　(ウ)　セルラーゼ
(エ)　ペプトン　　(オ)　マルターゼ　　(カ)　胆汁《たんじゅう》

(4)　下線部①について，種子植物を次の(ア)～(カ)の中から２つ選び，記号で答えなさい。

(ア)　イチョウ　　(イ)　スギゴケ
(ウ)　スギナ　　(エ)　マツバラン
(オ)　モウセンゴケ　　(カ)　ワラビ

(5)　下線部②について，胚の一部とは主にどの部分ですか。漢字で答えなさい。

(6)　下線部③について，発芽に必要な条件は植物の種類によって異なります。イチゴの種子の発芽に必要な条件を調べるため，次のような実験をおこないました。これについて，あとの(a)～

(c)の問いに答えなさい。

［実験］　イチゴの種子をたくさん集めました。２％の食塩水にイチゴの種子を入れ，沈《しず》んだもの(グループA)と浮《う》いたもの(グループB)に分けました。両方の種子をよく洗い，しっかりと乾《かわ》かしたあと，A・B両方のグループの種子を10粒《つぶ》ずつ組分けして，下にあるような処理１・２を一部の組におこないました。そのあと，下にあるような条件１～３でそれぞれの組を３週間育て，期間中にその組の中でいくつの種子が発芽したかを数え，表１にまとめました。表の中の“○”は処理をおこなったことを，“—”は処理をおこなわなかったことを示しています。

処理１：種皮を柔《やわ》らかくするため，沸騰《ふっとう》した水の中で１時間ゆでる。

処理２：一度休眠《きゅうみん》させるため，冷蔵庫に入れて１週間冷やす。

条件１：25℃の暗い室内で，水を十分に含《ふく》ませたスポンジ上で育てる。

条件２：25℃の明るい室内で，水を十分に含ませたスポンジ上で育てる。

条件３：10℃の暗い室内で，水を十分に含ませたスポンジ上で育てる。

表１

グループ	処理１	処理２	発芽した種子の数		
			条件１	条件２	条件３
A	○	○	0	0	0
A	○	—	0	0	0
A	—	○	0	8	0
A	—	—	0	0	0
B	○	○	0	0	0
B	○	—	0	0	0
B	—	○	0	9	0
B	—	—	0	0	0

(a)　一般《いっぱん》的な種子の発芽に必要な条件を３つ答えなさい。

(b)　今回の実験の結果から判断できる，イチゴの種子の発芽について説明した文として適したものを，次の(ア)～(ケ)の中から３つ選び，記号で答えなさい。

(ア)　食塩水に浮く種子でないと発芽しない。

(イ)　食塩水に沈む種子でないと発芽しない。

(ウ)　１時間ゆでた種子でないと発芽しない。

(エ)　冷蔵庫に入れて１週間冷やした種子でないと発芽しない。

(オ)　明るいと発芽しない。

(カ)　暗いと発芽しない。

(キ)　室温10℃では発芽しない。

(ク)　室温10℃でも発芽する。

(ケ)　室温10℃で発芽するかどうかは分からない。

(c)　実験の条件を１つだけ変えておこない，比較《ひかく》するための実験を対照実験といいます。今回の実験においてイチゴの発芽に水が必要かどうかを調べるためには，グループAの種子を用いてどちらの処理とどのような条件で対照実験をおこなえばよいですか。その処理の番号と，条件の内容を答えなさい。

(7)　下線部④について，植物の生育に必要な肥料分として，窒素《ちっそ》，リン酸，カリウムが知られています。窒素は大気中にも多く含まれていますが，なぜ肥料として土にまく必要があるのでしょうか。その理由として最も適したものを，次の(ア)～(オ)の中から１つ選び，記号で答えなさい。

(ア)　大気中の窒素は気孔《きこう》を通ることができないから。

(イ)　大気中の窒素は他のものにつくり変えづらいから。

(ウ)　大気中の窒素はすぐ液体になってしまうから。

(エ)　大気中の窒素を取り込《こ》むつくりが植物の根にあるから。

(オ)　大気中の窒素は水に溶《と》けやすく，根から吸収しやすいから。

(8)　下線部⑤について，このことを何といいますか。漢字で答えなさい。

(9)　下線部⑥について，種子が動物のからだの表面にくっつくことで運ばれて，生える場所を広げる植物の名前を１つ答えなさい。

2　次の文章を読んで，あとの(1)～(6)の問いに答えなさい。

2023年３月，JAXA と三菱《みつびし》重工業が開発したH3型ロケットが(あ)宇宙センターから打ち上げられましたが，うまく軌道《きどう》に乗らず打ち上げ失敗に終わりました。このロケットには，地上のようすを観測する(い)３号という最新の人工衛星が搭載《とうさい》されており，これを失ったことは大きな痛手です。2014年に打ち上げられた(い)２号は，これまでさまざまな地殻《ちかく》変動を観測するために活用されてきました。(い)２号は，地面に対し電波を送信し，地面に当たってはね返ってきた電波を受信します。これを定期的に同じ地域に対して行うことで，地面の動きを観測することができます。この地面の動きを観測する方法を，InSAR(インサー)とよびます。

人工衛星によって地面の動きを観測する方法は，InSAR だけでなく，スマートフォンにも使われる(う)を用いたものもあります。(う)衛星はアメリカ合衆国が世界中に展開する人工衛星で，この人工衛星からは衛星自身の位置と送信した時刻の情報をのせた電波が送られてきます。この電波を受信することで，地上にあるスマートフォン等の機器と人工衛星との距離《きょり》を測り，機器自身の位置を測定できます。①(う)を利用した機器を地上にたくさん設置することで，その地域の地面の動きを観測できます。近年，自動車の自動運転をはじめとしたさまざまな場面で(う)が活用されるようになってきています。②高い精度で位置を測定するためには，常に観測機器の真上付近に人工衛星が必要です。なぜなら，真上付近にない人工衛星からの電波は建物などにさえぎられてしまうためです。そこで，日本の上空を頻繁《ひんぱん》に通過する日本独自の人工衛星が追加で打ち上げられ，精度の向上が図《はか》られています。この日本の人工衛星システムは，(え)とよばれます。(う)や(え)のほか，ヨーロッパ連合やロシア，中国なども独自の人工衛星を打ち上げています。それらの人工衛星システムの総称《そうしょう》を GNSS とよびます。

実際の地殻変動の観測においては，ある地域をまんべんなく観測できる一方で２～３か月に一度しか観測できない InSAR と，各観測点でしか観測できない一方で常に観測できる GNSS の，それぞれの利点が活《い》かされています。

(1)　(あ)にあてはまる地名を漢字３文字で答えなさい。

(2)　(い)・(え)にあてはまる言葉の組み合わせを，次の(ア)～(カ)の中から１つ選び，記号で答えなさい。

	(い)	(え)
(ア)	だいち	かぐや
(イ)	だいち	みちびき
(ウ)	みちびき	だいち
(エ)	ひまわり	みちびき
(オ)	ひまわり	だいち
(カ)	かぐや	ひまわり

(3) (う)にあてはまる言葉をアルファベット3文字で答えなさい。

(4) 次の文は，(あ)に宇宙センターが設置された理由の1つを説明したものです。□にあてはまる言葉を答えなさい。

高緯度《いど》よりも低緯度の方が□が速く，東向きにロケットを打ち上げる際に必要なエネルギーが少なくてすむから。

(5) 下線部①について，短時間に大きな地殻変動を引き起こす現象の1つが地震《じしん》です。次の(a)～(c)の問いに答えなさい。

(a) 図1のように，断層をまたいで設置された2つの観測点A，Bがあります。地震によって，観測点A，Bの間の距離が縮まったとします。この場合の断層の動きかたを，漢字3文字で答えなさい。ただし，観測点A，Bの間の距離は十分大きいものとします。また，観測点A，Bを結ぶ線と，地表面に現れている断層CDは直交するものとします。

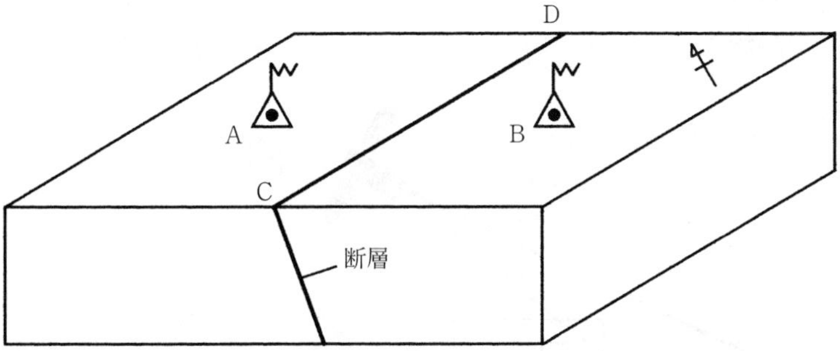

図1

(b) 図1の断層が完全に(a)のような動きをした場合，観測点A，Bの地震前後での水平方向における動いた向きと，上下方向の動きかたの組み合わせとして最も適したものを，次の(ア)～(エ)の中から1つ選び，記号で答えなさい。

	Aの水平方向	Aの上下方向	Bの水平方向	Bの上下方向
(ア)	北西	隆起《りゅうき》	南東	沈降《ちんこう》
(イ)	北西	沈降	南東	隆起
(ウ)	南東	隆起	北西	沈降
(エ)	南東	沈降	北西	隆起

(c) 大きな地殻変動を引き起こした地震の例として，2016年4月16日に発生した熊本地震があります。この地震では2m程度の断層のずれが生じました。震度《しんど》7の揺《ゆ》れを記録し，熊本城などにも被害《ひがい》を出した大災害ですが，地震の規模は2011年3月11日の東北地方太平洋沖地震(マグニチュード9)と比べると約1000分の1程度です。熊本地震のマグニチュードはどの程

度だと考えられますか。最も適したものを，次の(ア)～(オ)の中から１つ選び，記号で答えなさい。

(ア)　4　　(イ)　5　　(ウ)　6　　(エ)　7　　(オ)　8

(6)　下線部②について，真上付近にない人工衛星からの電波が観測点まで届いたとしても，正しい位置が測定されるとは限りません。図２は，観測点まで電波が届いたものの正しい位置が測定されなかった場合の例を示しています。その理由を説明した次の文章の（お）～（く）にあてはまる言葉の組み合わせとして正しいものを，あとの(ア)～(ク)の中から１つ選び，記号で答えなさい。

人工衛星と観測点との最短経路は図２の（　お　）で表されるが，実際は建物にさえぎられるため，観測点に届いた電波の経路は（　か　）で表される。そのため，人工衛星から観測点までの距離が実際よりも（　き　）ことになってしまい，（　く　）の位置を正しく測定できないから。

	（お）	（か）	（き）	（く）
(ア)	実線	点線	小さい	人工衛星
(イ)	実線	点線	大きい	人工衛星
(ウ)	点線	実線	小さい	人工衛星
(エ)	点線	実線	大きい	人工衛星
(オ)	実線	点線	小さい	観測点
(カ)	実線	点線	大きい	観測点
(キ)	点線	実線	小さい	観測点
(ク)	点線	実線	大きい	観測点

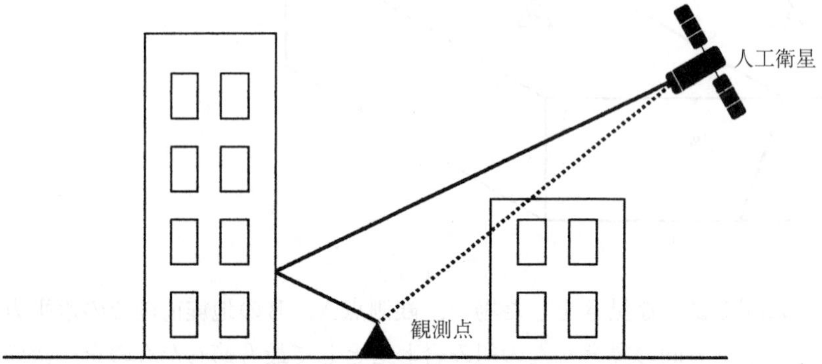

図２

3　水にショ糖や硝酸《しょうさん》カリウムを溶《と》かす［実験１］～［実験４］をおこないました。あとの(1)～(7)の問いに答えなさい。

［実験１］　ビーカーに20℃の水を入れ，その中に糸のついた氷砂糖を入れてつるしました。すると，ビーカーの中にもやもやしたものがゆらいでいるようすが見られました。

(1)　［実験１］のビーカーの中のようすについて説明した文として最も適したものを，次の(ア)～(オ)の中から１つ選び，記号で答えなさい。

(ア)　もやもやしたものは，氷砂糖から主に上向きに移動している。

(イ)　もやもやしたものは，氷砂糖から主に下向きに移動している。

(ウ)　もやもやしたものは，氷砂糖から主に水平方向に移動している。

(エ)　もやもやしたものは，氷砂糖からあらゆる方向に同じように移動している。

(オ)　もやもやしたものは，氷砂糖付近から移動していない。

［実験２］　水槽《すいそう》と小さな容器，濃度《のうど》が異なる２種類のショ糖水《すい》溶液《ようえき》を用意します。水槽にどちらか一方のショ糖水溶液を十分な量入れます。そして，小さな容器にもう一方のショ糖水溶液をいっぱいに入れて空気が入らないようにラップでふたをし，図１のように，小さな容器を水槽の底に沈《しず》めます。そのあと，静かにラップに穴をあけ，ようすを観察します。ただし，実験で使ったすべての物質の温度は，20℃で変わらないものとします。

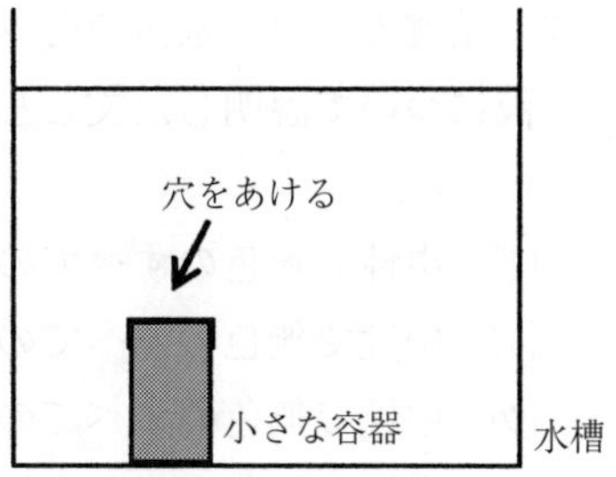

図１

(2)　質量パーセント濃度が30％のショ糖水溶液を水槽に入れ，小さな容器に入れるショ糖水溶液の濃度を変えて，［実験２］の操作をおこなったところ，もやもやしたものがラップの穴から主に上向きに移動しているようすが見られました。小さな容器に入れたショ糖水溶液の質量パーセント濃度として適したものを，次の(ア)～(オ)の中からすべて選び，記号で答えなさい。

(ア)　５％　　(イ)　15％　　(ウ)　25％　　(エ)　35％　　(オ)　45％

(3)　小さな容器にある濃度のショ糖水溶液を入れ，水槽に入れるショ糖水溶液の濃度を変えて，［実験２］の操作をおこないました。このとき，もやもやしたものがラップの穴から主に上向きに移動しているようすが見られるかどうかを観察し，その結果を表１に示しました。小さな容器に入れたショ糖水溶液の濃度について説明した文として最も適したものを，あとの(ア)～(エ)の中から１つ選び，記号で答えなさい。

表１

水槽に入れるショ糖水溶液の質量パーセント濃度	15％	25％	35％	45％
もやもやしたものがラップの穴から主に上向きに移動しているようす	見られなかった	見られた	見られた	見られた

(ア)　小さな容器に入れたショ糖水溶液の質量パーセント濃度は，15％未満である。

(イ)　小さな容器に入れたショ糖水溶液の質量パーセント濃度は，15％より大きく，25％未満である。

(ウ)　小さな容器に入れたショ糖水溶液の質量パーセント濃度は，25％である。

(エ)　小さな容器に入れたショ糖水溶液の質量パーセント濃度は，25％より大きい。

［実験３］　ビーカーに20℃の水100ｇを入れ，その中に硝酸カリウムの結晶《けっしょう》42.6ｇを入れたあと，ふたをしました。すると，もやもやしたものがゆらいでいるようすが見られました。しばらく放置すると，もやもやしたものが見られなくなり，飽和《ほうわ》水溶液となりましたが，硝酸カリウムの一部が溶け残っていました。そこで，溶け残った硝酸カリウムを回収しました。回収直後のぬれた硝酸カリウム全体の重さは15.7ｇでしたが，完全に乾燥《かんそう》させると，重さは12.1ｇになりました。ただし，実験で使ったすべての物質の温度は，20℃で変わらないものとします。

(4) 20℃の水 100g に溶ける硝酸カリウムの最大の重さは何 g ですか。ただし，ビーカーから水は蒸発しないものとします。また，答えが割り切れない場合は，小数第２位を四捨五入して小数第１位まで答えなさい。

(5) 硝酸カリウム水溶液とショ糖水溶液は，ともに中性で無色の水溶液です。中性で無色の水溶液について説明した文として正しいものを，次の(ア)～(カ)の中からすべて選び，記号で答えなさい。

(ア) 中性で無色のすべての水溶液は，電気を通しにくい。

(イ) 中性で無色のすべての水溶液は，無臭《むしゅう》である。

(ウ) 中性で無色のすべての水溶液は，BTB 溶液を加えると緑色を示す。

(エ) 中性で無色のすべての水溶液は，フェノールフタレイン溶液を加えると赤色を示す。

(オ) 中性で無色のすべての水溶液は，赤色リトマス紙に付着させても，赤色リトマス紙を青色に変化させない。

(カ) 中性で無色のすべての水溶液は，加熱して水を蒸発させると，固体が残る。

［実験４］ ビーカーに30℃の水 100g を入れ，その中に硝酸カリウムの結晶 50g を入れました。すると，もやもやしたものがゆらいでいるようすが見られました。このとき，ビーカーにふたをするのを忘れてしまいました。しばらく放置すると，もやもやしたものが見られなくなり，飽和水溶液となりましたが，硝酸カリウムの一部が溶け残っていました。そこで，溶け残った硝酸カリウムを回収しました。回収直後のぬれた硝酸カリウム全体の重さは 16g でしたが，完全に乾燥させると，重さは 13.6g になりました。ただし，実験で使ったすべての物質の温度は，30℃で変わらないものとします。

(6) 30℃の水 100g に溶ける硝酸カリウムの最大の重さを 45.5g とします。［実験４］で，ビーカーから蒸発した水は何 g ですか。ただし，ビーカーから水が蒸発したのは，実験開始から溶け残った硝酸カリウムを回収したときまでとします。

(7) 硝酸カリウムの溶解度《ようかいど》に関する文として正しいものを，次の(ア)～(カ)の中からすべて選び，記号で答えなさい。ただし，５℃の水 100g に溶ける硝酸カリウムの最大の重さを 17g，25℃の水 100g に溶ける硝酸カリウムの最大の重さを 38g とします。また，水は蒸発しないものとします。

(ア) 温度60℃で質量パーセント濃度10％の硝酸カリウム水溶液をつくり，そのあと冷却《れいきゃく》し，５℃を保ってしばらく放置すると，結晶が析出《せきしゅつ》する。

(イ) 温度60℃で質量パーセント濃度20％の硝酸カリウム水溶液をつくり，そのあと冷却し，５℃を保ってしばらく放置すると，結晶が析出する。

(ウ) 温度60℃で質量パーセント濃度30％の硝酸カリウム水溶液をつくり，そのあと冷却し，５℃を保ってしばらく放置すると，結晶が析出する。

(エ) 温度60℃で質量パーセント濃度10％の硝酸カリウム水溶液をつくり，そのあと冷却し，25℃を保ってしばらく放置すると，結晶が析出する。

(オ) 温度60℃で質量パーセント濃度20％の硝酸カリウム水溶液をつくり，そのあと冷却し，25℃を保ってしばらく放置すると，結晶が析出する。

(カ) 温度60℃で質量パーセント濃度30％の硝酸カリウム水溶液をつくり，そのあと冷却し，25℃を保ってしばらく放置すると，結晶が析出する。

4　図１のように，棒の真ん中を支点とした実験用てこがあります。このてこの左うでと右うでには１～５の目盛りが等間隔《かんかく》につけられていて，そこにおもりや物体などがぶら下げられるようになっています。あとの(1)～(5)の問いに答えなさい。ただし，すべてのおもりの大きさは考えないものとします。

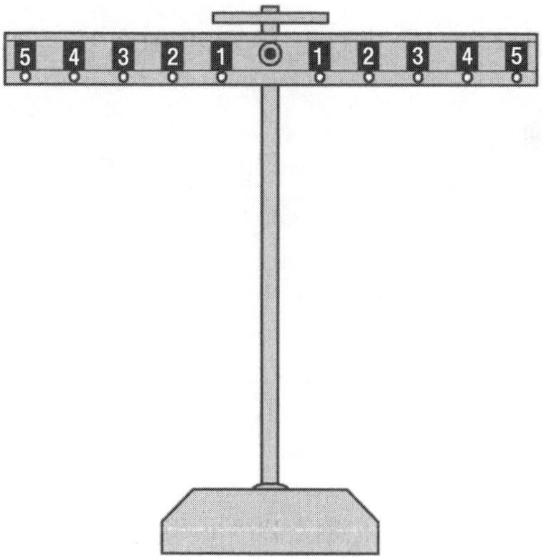

図１

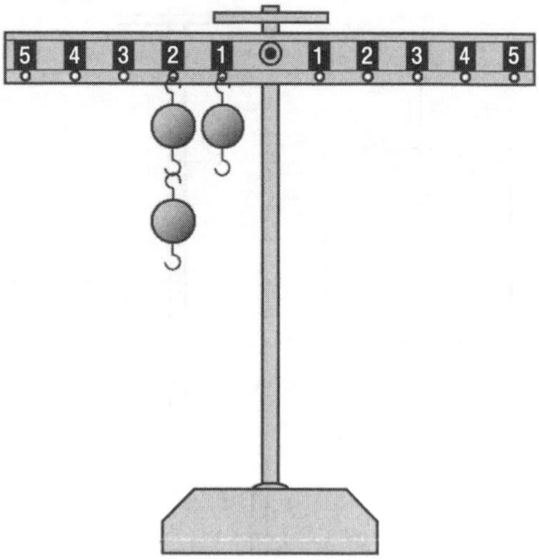

図２

(1)　図２のように，重さが10ｇのおもりＡを左のうでの目盛り１に１個，目盛り２に２個ぶら下げました。このとき，図２の右のうでのどこかに，おもりＡと重さが等しいおもりＢを１個ぶら下げたところ，棒を水平にすることができました。おもりＢをぶら下げた位置はどこですか。目盛り１～５の中から１つ選び，番号で答えなさい。

(2)　図２の右のうでのどこかに，おもりＢをいくつかぶら下げて，図２の棒を水平にする方法は，(1)の方法以外に何通りありますか。

(3)　重さがわからないおもりＸを左のうでのどこかに１個ぶら下げました。このとき，右のうでの目盛り４と５におもりＡを１個ずつぶら下げたところ，棒を水平にすることができました。次に，右のうでにぶら下げていたおもりＡをすべて取り外し，おもりＸの下におもりＢを１個ぶら下げて，右のうでの目盛り３のみにおもりＢをいくつかぶら下げると，棒を水平にすることができました。次の(a)～(c)の問いに答えなさい。必要があれば，右の図を使いなさい。

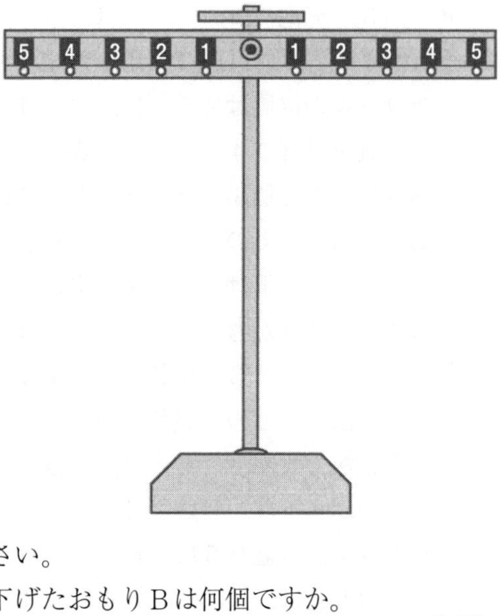

(a)　おもりＸの重さは何ｇですか。

(b)　おもりＸをぶら下げた位置はどこですか。
目盛り１～５の中から１つ選び，番号で答えなさい。

(c)　下線部について，右のうでの目盛り３にぶら下げたおもりＢは何個ですか。

(4)　図３のように，左のうでの目盛り５に一辺が20cmの立方体の形をした重さ200ｇの発泡《はっぽう》スチロールをぶら下げました。そして，棒を水平にしようとして，右のうでの目盛り５に重さ

200ｇのおもりＣを１個ぶら下げました。しかし，棒は水平にならずどちらかに傾《かたむ》いてしまいました。この原因は，発泡スチロールに上向きの「ある力」がはたらいているからです。あとの(a)～(e)の問いに答えなさい。ただし，図３には棒が傾いたようすは描《か》かれていません。また，空気の密度を0.001g/cm³とします。

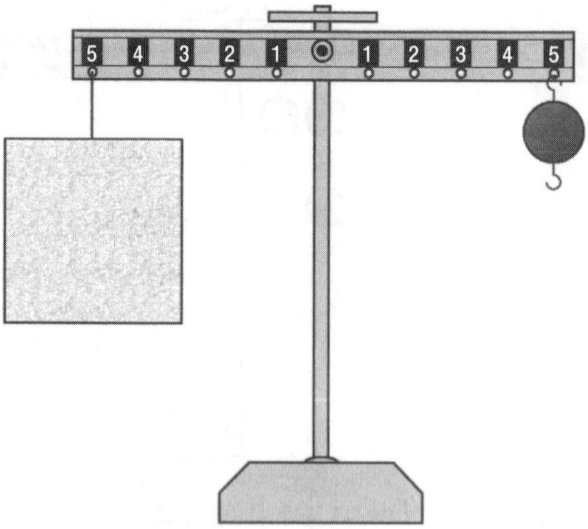

図３

(a)　図３の左のうでにぶら下げた発泡スチロールの密度は何g/cm³ですか。

(b)　発泡スチロールに上向きにはたらいている「ある力」は，何とよばれますか。

(c)　(b)で答えた「ある力」によって飛んでいるものはどれですか。最も適したものを，次の(ア)～(カ)の中から１つ選び，記号で答えなさい。

(ア)　飛行機　(イ)　ヘリコプター　(ウ)　ツバメ
(エ)　気球　(オ)　モンシロチョウ　(カ)　パラグライダー

(d)　図３の発泡スチロールにはたらいている「ある力」の大きさは何ｇですか。

(e)　図４のように，図３で用いた発泡スチロールの位置は変えずに，おもりＣの位置を目盛り４に変え，目盛り１におもりＡを２個ぶら下げました。このあと，右のうでのどこかにおもりＢをいくつかぶら下げて，棒を水平にする方法は何通りか考えられます。これらのうち，おもりＢの個数を最も少なくする方法は，どの目盛りに何個ぶら下げる方法ですか。たとえば，目盛り１に１個ぶら下げ，目盛り２～４にはぶら下げず，目盛り５に３個ぶら下げる場合の答えは，「10003」となります。

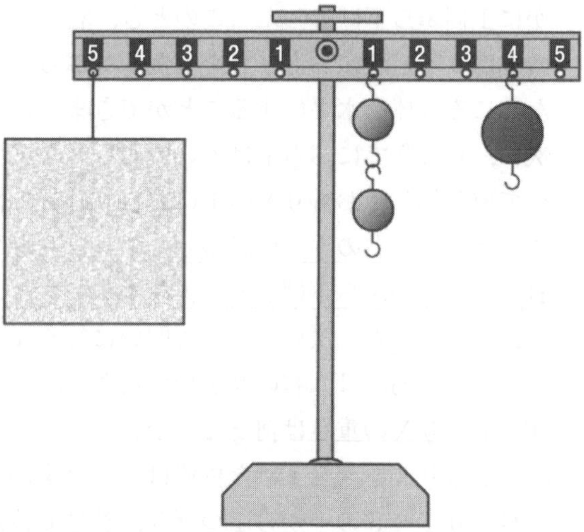

図４

(5)　図４のおもりＡをすべて取り外し，実験用てこの左のうでのどこかに小さな穴をあけて，そこに発泡スチロールをぶら下げました。すると，棒を水平にすることができました。そのあと，これらを大きな容器に入れ，その容器の中を真空にしました。このとき，実験用のてこはどうなりますか。次の(ア)～(カ)の中から１つ選び，記号で答えなさい。

(ア)　棒は水平を保ったままであり，実験用のてこが容器内で浮《う》き上がる。

(イ)　棒の左のうでが下がり，実験用のてこが容器内で浮き上がる。

(ウ)　棒の右のうでが下がり，実験用のてこが容器内で浮き上がる。

(エ)　棒は水平を保ったままであり，実験用のてこが容器内で浮き上がることはない。

(オ)　棒の左のうでが下がり，実験用のてこが容器内で浮き上がることはない。

(カ)　棒の右のうでが下がり，実験用のてこが容器内で浮き上がることはない。

記号で答えなさい。
ア　どんなに早くから並んでいたとしても、会員でなければ入場してはならない。
イ　入院している患者《かんじゃ》は、勝手におやつを食べてはならない。
ウ　怖《こわ》い先生が見ているところでは、礼儀《れいぎ》正しくしなければならない。
エ　たとえ家族のためだとしても、嘘《うそ》をついてはならない。
オ　生徒は、先生用の通用口を使ってはならない。

問四　――線部③に「友達に本音を言えるためには、友達が自律的であることを信頼《しんらい》できなければならない」とありますが、それはどうしてですか。その説明として最もふさわしいものを、次のア～オの中から一つ選び、記号で答えなさい。
ア　お互《たが》いに自律的な人間であることを認め合うことができないと、本当の友情と言えないから。
イ　友達だとしても、自分の欲求から自由になっていない人は、自分の利益を優先してしまうから。
ウ　友人の自律性を信頼するという普遍《ふへん》的な義務に従うことが、友情を育むために不可欠だから。
エ　本音を言いたい気持ちをお互いに持っていることが確認《かくにん》できて、初めて相手を信用できるから。
オ　感情のコントロールをすることができないような相手とは、友人関係を維持《いじ》できないから。

問五　――線部④に「他者を『私』の目的のための手段として利用する」とありますが、そのような状況《じょうきょう》を表している慣用表現を、次のア～オの中から一つ選び、記号で答えなさい。
ア　反故《ほご》にする　イ　だしにする　ウ　袖《そで》にする
エ　こけにする　オ　二の次にする

問六　――線部⑤に「二つの人格が相互《そうご》に等しい愛と尊敬とによって結合する」とありますが、それはどういうことですか。六十字以内で説明しなさい。

問七　――線部⑥に「伝統的な友情観を、根本的にアップデートした」とありますが、それはどういうことですか。八十字以内で説明しなさい。

ることに等しい。そしてそれは、他者が自分の思い通りにならないということ、他者には「私」が侵《おか》すことのできない自由があるということを、認めることである。それは、ある意味では、他者を「私」から隔たったものとして受け入れることでもあり、「私」と他者の間に距《きょ》離《り》を維持《いじ》することを意味する。このような観点から、カントは、尊敬を「**斥力**《せきりょく》」に喩えている。斥力とは、二つの物体が遠ざけ合う力に他ならない。

前述の通り、友達の秘密を暴露しない、という規範は、友情に課せられる一つの義務である。このような義務に従って行為できる人間を、私たちは尊敬する。飲み会の席であっても、決して友達の秘密を語らない人は、それだけで尊敬に値《あたい》するのだ。そして、そのように尊敬するからこそ、「私」はその人間を道具のように扱ってはならないと感じる。そうした尊敬がなければ友情は成立しないのである。

カントによれば道徳的友情は、こうした、引力としての愛と斥力としての尊敬が均衡《きんこう》することによって、成立する。彼は言う。「友情(その完全性においてみられた)とは、⑤二つの人格が相互《そうご》に等しい愛と尊敬とによって結合することである」。これこそカントの考える理想的な友情に他ならない。

カントはアリストテレスの友情論をどのように訂正《ていせい》したのだろうか。それは、友情が愛だけでは成り立たない、としたことだろう。なぜなら愛は自由ではないからである。私たちは、ただ相手を愛しているだけでは、依然として欲求に従っているし、他律的かも知れない。そして、そのように自分の感情に無抵抗《むていこう》でいるなら、状況《じょうきょう》が変われば、友達の秘密を暴露したいという欲求にも勝てなくなり、それによって友情を破綻《はたん》させてしまうかも知れない。だからこそ、友情には欲求に抵抗する力、愛に抵抗する別の力が必要なのだ。それが、相手の自律性を尊重するということ、すなわち友達への尊敬なのである。

この意味において、カントは友情が自律的な関係であるという⑥伝統的な友情観を、根本的にアップデートしたと言えよう。

――戸谷《とや》洋志《ひろし》『友情を哲学する　七人の哲学者たちの友情観』による

(問題作成上の都合から一部原文の表記を改めた)

(注)　＊1　カント…ドイツの哲学者。
＊2　前章…本文より前の箇所《かしょ》を指す。
＊3　アリストテレス…古代ギリシャの哲学者。

問一　A ～ D にあてはまる言葉を、次のア～エの中からそれぞれ一つずつ選び、記号で答えなさい。ただし、同じ記号は二回以上使えないこととします。

ア　したがって　　イ　しかし
ウ　たとえば　　エ　では

問二　――線部①に「欲求が人間を不自由にする」とありますが、それはなぜですか。その説明として最もふさわしいものを、次のア～オの中から一つ選び、記号で答えなさい。

ア　人が自らの欲求に従ううちに、文化的な秩序《ちつじょ》が崩《くず》れて社会全体が窮屈《きゅうくつ》なものになるから。
イ　自分が何を求めるのかも、実は第三者の意図によってあらかじめ決められているから。
ウ　自らの意志で選択《せんたく》した行為《こうい》が、かえって自らの行動の可能性を狭《せば》めることになるから。
エ　自分の望みを満たしているつもりでも、その欲求を持つこと自体は自分で選択できないから。
オ　人のむき出しの欲望の中には倫理《りんり》的でないものもあり、常に自省する必要に迫《せま》られるから。

問三　――線部②に「私たちが従うべき義務」とありますが、その具体例として最もふさわしいものを、次のア～オの中から一つ選び、

だから、きっと「私」は多くの利益を享受《きょうじゅ》することができるだろう。

では、この規範は「私」を自由にしていると言えるだろうか。

「私」が自分の利益を追い求める、ということは、「私」が自分の欲求に支配されていることを意味する。欲求は人間を不自由にする。そうである以上、この規範が「私」を自由にしているとは言えない。自分だけを例外扱いする規範を望むとき、「私」は依然《いぜん》として自分の欲求の奴隷《どれい》になっているのであり、他律的に生きていることになるからである。

［D］、自律的な人間が従うべき義務とは、すべての人々に等しく当てはまる規範でなければならない。たとえば、先ほどの嘘の例でいうなら、自律的な人間が従うべき規範は、「嘘をついてはいけない」と定式化されなければならない。自分だけを例外扱いしてはいけないのだ。

整理しよう。人間には本音が言える友達が必要である。③友達に本音を言えるためには、友達が自律的であることを信頼できなければならない。人間が自律的であるためには普遍的な義務に従うことができなければならない。したがって、そうした義務に従って行為できる人間同士が、真の友情を交《か》わすことができる、ということになる。「友達の秘密を暴露してはいけない」という規範もまた、こうした道徳的な義務の一つなのである。

カントは、このように相手に対して本音を言うことができる関係を、「**道徳的友情**」と呼ぶ。それは、互《たが》いに欲求に対して抵抗することができ、普遍的な義務に従って行為することのできる者同士の、友情である。

＊2前章で紹介《しょうかい》した＊3アリストテレスは、友情を愛によって結びつくものとして捉《とら》えていた。しかし、私たちが何を愛するかは、私たちには決められない。したがって愛だけでは友情を完全に自律的にすることはできない。それに対してカントは、友情を成り立たせる感情として、愛とともに「**尊敬**」を挙げている。道徳的友情とは、愛と尊敬によって形成される関係性なのだ。

もしかしたら、愛と尊敬はよく似た概念《がいねん》であるように思われるかも知れない。しかし、カントにとって両者はまったく異なる概念である。

愛とは、他者の目的を、「私」の目的とする感情のことである。要するに、相手のことを自分のことのように思う、ということだ。他者が喜ぶことを「私」も喜び、他者が悲しむことを「私」も悲しむ。そのように他者に共感する、あるいは同情することが愛に他ならない。他者を愛するということは、他者が「私」から区別された、「私」と無関係な人物であると見なすことではなく、他者を「私」とある意味で同一視することなのである。

カントは、こうした意味での愛を「**引力**」に喩《たと》えている。すなわちそれは「私」と他者の間にある隔《へだ》たりを解消しようとする働きであり、互いに近づき、できることならば一つになろうとすることなのである。

これに対して尊敬は、④他者を「私」の目的のための手段として利用することはできない、という感情のことである。カントは、どのような人間も単なる手段として扱われてはならない、と考えた。それが人間の尊厳である。そうした尊厳を尊重することは、他者を自分の道具や駒《こま》にすることを、自分に禁じることに他ならない。

なぜ、人間には尊厳があるのだろうか。カントによれば、それは、人間が自律的な存在だからである。人間以外の動物は、衝動《しょうどう》的な欲求に従って生きているだけであり、不自由である。それに対して人間は、道徳的な義務に従うことができ、その点で自律的であり、自由である。この自由こそが人間の尊厳の根拠なのだ。

したがって、他者を尊敬するということは、他者の自律性を尊重す

術館で目当ての作品がなくて落ち込んでいた織絵さんの心の変化に、「僕」も納得《なっとく》できたということ。

問八　――線部⑦に「こんなふうになれたらいいな」とありますが、織絵さんがこのように思うのはどうしてですか。「こんなふうに」の内容を明らかにしながら、六十字以内で説明しなさい。

問九　――線部⑧に「きっといま、絵画が、生まれる」とありますが、どういうことですか。三十字以内で説明しなさい。

四　**次の文章を読んで、あとの問いに答えなさい。**

①欲求が人間を不自由にする。それはどういうことだろうか。別の例を使って考えてみよう。

たとえば「私」が空腹になって、ハンバーガーを食べたいと欲求したとする。このとき、実際にハンバーガーショップに行って、ハンバーガーを買って食べることができれば、「私」は自分の欲求を叶《かな》えることができる。

［　A　］、そもそも「私」は、空腹になること自体を自分で望んでいたわけではない。空腹を満たすためにハンバーガーショップに行くか否《いな》かは、自分で選択《せんたく》することができる。だが、そもそも自分が何かを食べたいと思うということを、自分で選択したわけではない。つまり食欲という欲求は、この意味で、「私」が自分で選んだものではなく、自分の意に反して強制されたものなのだ。だからこそ、食欲に従って行為《こうい》することは、自分で選んだわけではないものに支配されることを意味する。つまりそれは「**他律的**」に行為することである。

これと同じことが、友達の秘密を暴露《ばくろ》したい、という欲求にも言える。私たちは飲み会の席でつい注目を集めたいと欲求する。しかしその欲求は、「私」が自分で選んだものではなく、「私」に対して強制的に課せられたものに過ぎない。だからこそ、この欲求に従って友達の秘密を暴露するという行為は、自分の自由を放棄《ほうき》すること、他律的に行為することを意味するのである。そして、そうした他律性を乗り越《こ》えるためには、欲求とは異なる行動原理によって、つまり義務に従って行為することが必要である。

そうであるとすると、友達に本音を言えるためには、その友達がこうした欲求に抵抗《ていこう》することができる、という信頼《しんらい》が必要である。

*1カントは、このように欲求に屈《くっ》することなく義務に従って行為することを、「**自律性**」と呼ぶ。そして、自律性こそが人間の自由に他ならない。

［　B　］、②私たちが従うべき義務とはいったいどのようなものなのだろうか。友達の秘密を暴露してはならない、ということは、一つの義務である。義務は、それが欲求を乗り越えさせるものである以上、欲求から導き出されるものであってはならない。では、義務はどこにその根拠《こんきょ》を持つのだろうか。ここからがカント哲学《てつがく》の難解な部分ではあるが、できるだけ簡略化して彼《かれ》の論理を再構成してみる。

義務とは一つの規範《きはん》である。規範には大きく分けて二つの種類がある。一つは、「私」に対して、あるいは特定の人々に対してだけ当てはまる規範であり、もう一つは、すべての人々に当てはまる規範である。前者は特定の人々を特別扱《あつか》いする規範であり、後者はすべての人々に等しく当てはまる規範である、と言える。後者は、やや形式的な言い方をするなら、普遍的《ふへん》な妥当性《だとう》をもった規範である、と表現することもできる。

［　C　］、「私以外の人は嘘《うそ》をついてはいけない」という規範について考えてみよう。この規範は、自分を特別扱いする規範だろうか、それともすべての人々に等しく当てはまる規範だろうか。明らかに前者である。もしも「私」がこの規範に従って行為するなら、「私」以外のすべての人は正直なのに、「私」だけは嘘をつくことができるの

いることを感じ取り、もうプロポーズはできないと諦《あきら》めている。

問四　――線部③に「織絵さんは、瞳《ひとみ》をゆらして、視線を落とした」とありますが、このときの織絵さんについて説明した文として最もふさわしいものを、次のア～オの中から一つ選び、記号で答えなさい。

ア　山吹《やまぶき》くんへの信頼《しんらい》が揺《ゆ》らぐ事態に直面して衝撃《しょうげき》を受け、言葉を失っている。

イ　山吹くんが美術のことを好きなふりをして自分をだましていたと気づき、怒りを覚えている。

ウ　山吹くんにはもっと自分の言葉で美術について語ってほしい、という思いを飲み込《こ》んでいる。

エ　山吹くんは自分に合わせて美術館に付き合ってくれていたのだと気づき、罪悪感を覚えている。

オ　山吹くんは美術の好みが自分と根本的に合わないのではないかと悲観している。

問五　――線部④に「おや、なにかお口に合いませんでしたか？」とありますが、どうしてギャルソンはこのように声をかけたのだと考えられますか。二十字以内で説明しなさい。

問六　――線部⑤に「色とりどりのソースが囲んでいた」とありますが、このような料理を作っているシェフの思いはどのようなものですか。その説明として最もふさわしいものを、次のア～オの中から一つ選び、記号で答えなさい。

ア　意のままに絵を描《えが》き出すことで見る人を魅了《みりょう》したマティスのように、色とりどりのソースを用いた特別な料理を作ることで、人々を日常から解放する魔術師《まじゅつし》でありたいという思い。

イ　マティスの作品に触発《しょくはつ》されて作った、色とりどりのパレットに見立てた料理が、食べた人々の心と体を満たし、辛《つら》いこともある日常を喜びに満ちた日々に変えたいという思い。

ウ　多彩《たさい》な色彩を駆使《くし》して人々を楽しませるマティスの絵画のように、さまざまな好みを持った人々の個性に合わせて自分らしく生きていくことの喜びを提供したいという思い。

エ　マティスが様々な色を用いたのと同様に、自分が作る料理もパレットのように色鮮《あざ》やかに配色することで、このレストランを人々に喜びを与《あた》える美術館の代わりにしたいという思い。

オ　画家が喜びを描き出す源であるパレットをモチーフにした料理が看板メニューのレストランなので、織絵さんのような絵がわかる人にこそ、この料理を堪能《たんのう》してほしいという思い。

問七　――線部⑥に「すべてがつながった」とありますが、それはどういうことですか。その説明として最もふさわしいものを、次のア～オの中から一つ選び、記号で答えなさい。

ア　織絵さんが真剣《しんけん》に絵と向き合う人だと気づいたことで、絵がわからないと言った「僕」の発言になぜ落胆《らくたん》していたのかがはっきりしたということ。

イ　この料理が織絵さんが見たかったマティスの作品を元にしていると気づいたことで、彼女《かのじょ》のことが好きな「僕」の心の中でも、ようやく料理と絵画が芸術的喜びとして調和したということ。

ウ　きちんと絵に向き合えば見えなかったものが見えてくると気づいたことで、織絵さんが「僕」の嘘《うそ》にも気づかないふりをして楽しそうに振《ふ》る舞《ま》ってくれていた理由がわかったということ。

エ　絵の中の料理について想像を膨《ふく》らませる楽しさに気づいたことで、今までは美術がわからないと逃《に》げてしまっていた「僕」も織絵さんの気持ちを理解できるようになったということ。

オ　棚《たな》の上の絵がマティスの作品だと気づいたことで、先ほど美

いお茶を出す。

B　「奇をてらう」

ア　彼《かれ》は自分の心の中にある奇をてらうために座禅《ざぜん》の修行《しゅぎょう》に励《はげ》んでいる。

イ　九回裏の攻撃《こうげき》で逆転を狙《ねら》うバッターに奇をてらう思いで声援《せいえん》を送った。

ウ　寝《ね》ている最中に地震《じしん》で起こされた母は、奇をてらうような声で叫《さけ》んでいた。

エ　些細《ささい》なことでけんかしたまま、奇をてらうこともできずに親友は転校してしまった。

オ　単に注目を浴びたいという理由で、奇をてらう行動をとる人の気持ちがわからない。

C　「おずおずと」

ア　ひさしぶりの休みなので車をおずおずと飛ばしてドライブする。

イ　楽しみにしていた誕生日のケーキをおずおずと待っている。

ウ　とっくに締《し》め切りを過ぎた算数の宿題を、先生におずおずと提出した。

エ　クリスマスプレゼントをもらった弟は、喜びのあまりおずおずと飛び跳《は》ねた。

オ　大切な試合でミスをした悔《くや》しさでおずおずと泣く僕《ぼく》を、みんながなだめてくれた。

問二　――線部①に「少し迷いながら、小箱を鞄《かばん》の中へ滑《すべ》らせた」とありますが、このときの「僕」の心情について説明した文として最もふさわしいものを、次のア～オの中から一つ選び、記号で答えなさい。

ア　もしかしたら、このあと指輪を渡《わた》すことができるかもしれないと思っている。

イ　このまま指輪を織絵《おりえ》さんの鞄の中に入れてしまっても良いのだろうかと思っている。

ウ　未練はあるものの、指輪のことはもう考えたくないと思っている。

エ　織絵さんに渡す大切な指輪なので、なくさないように気をつけようと思っている。

オ　このレストランでは、指輪を渡す機会は訪《おとず》れないだろうと思っている。

問三　――線部②に「試《ため》されているようで、手のひらにじっとりと汗《あせ》がにじむ」とありますが、このときの「僕」の心情について説明した文として最もふさわしいものを、次のア～オの中から一つ選び、記号で答えなさい。

ア　今までは織絵さんの趣味《しゅみ》に一生懸命《いっしょうけんめい》に合わせてきたが、食事の席でまで自分に趣味を押《お》しつけてくる織絵さんの態度に我慢《がまん》の限界が来て、怒《いか》りが湧《わ》き上がっている。

イ　美術館ではお金に余裕《よゆう》があるようなそぶりを通してきたが、上品なレストランの雰囲気《ふんいき》に圧倒《あっとう》され、見栄《みえ》を張っていたことがばれてしまうのではないかと慌《あわ》てている。

ウ　美術館では予習してきた内容を堂々と語って格好をつけていたが、美術の知識がないことが織絵さんに既《すで》に気づかれていたという予想外の展開に戸惑《とまど》っている。

エ　美術に詳《くわ》しいふりをして織絵さんにいいところを見せようとしてきたが、この絵について話せる情報は何もなく、このままでは幻滅《げんめつ》させてしまうと焦《あせ》っている。

オ　自分が織絵さんに見合う相手であることを示そうと頑張《がんば》ってきたが、織絵さんの即興《そっきょう》の質問が、自分の知識不足を責めて

「この絵も？」
「うん。同じ場所にいても、お互いに別な場所を見つめているところが好きなの。そういうひととなら、面白い毎日を過ごせそうな気がする。今日気づいたのは、正面を向いたこのひとが、ちょっと山吹くんに似てること」
「えっ」
「微笑《ほほえ》んでるけど、なにか企《たくら》んでそうな感じが、そっくり」
　織絵さんがこの絵に見ていたのは、音楽家だとか女性同士という表面に描かれたことではなくて、もっと本質的な、ひとの在り方みたいなものらしい。僕はやっぱり、彼女のことがわからないと思った。そして、たぶんずっと、面白いと感じるだろうと。
　モンブランにフォークを刺《さ》し入れると、予想外のさっくりとした手応えがあった。栗のクリームと生クリームに埋《う》もれて、さくさくのメレンゲが姿を現す。それは秘密の宝物のようだった。
　僕は、鞄の中の小箱に手を伸《の》ばす。織絵さんに似合うだろうと選んだアクアマリンは、幸せな結婚《けっこん》という意味を持つそうだ。
「テーブルの上に赤いハートが描かれてるね。信頼《しんらい》の証《あかし》かもしれないよ」
　織絵さんは、あのとろけるような笑顔《えがお》を僕に向けた。
「知識や背景を知るのも楽しいけど、私、山吹くん自身の言葉の方が、ずっと好き。さっき言おうと思ったの。もしかして山吹くんて、美術をもっと楽しめるんじゃないかって」
　織絵さんは絵の中のハートを見て、目を細めた。
　どんな反応や返事がくるのか、僕にはわからない。だけど、それを未来に預けてみようと思う。
　ほんの少しだけ、絵の奥《おく》に秘《ひ》められたあのなにかが、わかったような気がした。
　このあふれるような、言葉にできない想《おも》いの欠片《かけら》を、画家たちは筆に込めて、描き込むのではないだろうか。渦巻《うずま》くような、うねるような、かがやく思いを、永遠に留《とど》めるために。
　僕の差し出す手のひらの上、リボンの結ばれた小箱に、織絵さんが目を見開いた。
⑧きっといま、絵画が、生まれる。

――冬森《ふゆもり》灯《とも》『すきだらけのビストロ　うつくしき一皿』による

（問題作成上の都合から一部原文の表記を改めた）

（注）＊1　ギャルソン…食事を運ぶ店員のこと。
＊2　スペシャリテ…ここでは、コース料理の中心となる一皿。
＊3　アンリ・マティス…フランスの画家。

問一　～～線部A「取り繕《つくろ》う」、B「奇《き》をてらう」、C「おずおずと」について、これらの言葉を本文中と同じ意味で使っている文として最もふさわしいものを、あとのア～オの中からそれぞれ一つずつ選び、記号で答えなさい。

A「取り繕う」
ア　来店したお客さんの体型に合うように、スーツのサイズを丁寧《ていねい》に取り繕う。
イ　晴れた日には、ひなたで毛並みを取り繕う猫《ねこ》の姿をよく見かける。
ウ　牛乳をこぼしたことを笑顔《えがお》で取り繕う弟の姿が、かわいくて微笑《ほほえ》ましい。
エ　失敗した時には、思い切って取り繕うような誠実な姿勢が大切だ。
オ　エアコンを取り繕うためにやってきた電気屋さんに、冷た

「憂き世の中につくしがあると、憂き世は、う『つくし』き世に、なる？」

シェフは大きく頷きながら、大きなクリームパンのような手で、僕の手をぎゅっと握《にぎ》った。

「心もお腹も満ちる一皿を、お届けしたいと思いましてね」

テントの外から、小さな咳払いが聞こえた。

「その一皿、ただちにお願いしたいものです。お客さまがお待ちですよ」

シェフは、ギャルソンと入れ替《か》わるように外へ出ると、鼻歌を歌いながらキッチンカーへのんびり歩いていく。その背中が、大きく見えた。

「デザートをお持ちいたしました。和栗《わくり》のモンブランに、柿《かき》のガトーショコラ。エスプレッソとお召しあがりください」

銀のポットから、あつあつのエスプレッソを注ぐギャルソンを、織絵さんがのぞき込んだ。

「あの作品、どうしてここにあるんでしょう？　私たち、あの作品が観たくて美術館に行ったんです。でも展示替えでもうそこにはなかった。それが、どうしてここに？」

ギャルソンは、織絵さんと僕を順繰《じゅんぐ》りに見て、にやりと笑った。

「それは驚きますね。もしこれが本物なのであれば」

「ああなるほど、複製画なんですね」

僕のひとことをギャルソンは肯定《こうてい》も否定もせず、ただ笑《え》みを浮かべていた。たしかに、美術館に飾られるような作品が、街の片隅《かたすみ》の店にあるはずはない。彼が立ち去ったあとも、織絵さんはまだ疑っているようで、絵にじっと目を凝《こ》らしていた。

「真贋《しんがん》を見分けるのはプロでも難しいっていうけど、この作品にはなにかを感じるんだけどな。本物にだけ宿る、特別な気配みたいなものを」

織絵さんの感じるそのなにかは、僕が美術館で感じたことと、似ているだろうか。あの濃密《のうみつ》な、深いところがかがやいているような、あの感じと。

「この絵が、織絵さんが観たかった絵なんだね」

改めて、赤い背景に佇むふたりの女性の姿を見てみる。

「うん。私、山吹くんと⑦こんなふうになれたらいいなって思ってて。一緒に観たかったの」

描かれたふたりは、友人か音楽仲間のように見える。少なくとも、愛や恋《こい》といった雰囲気《ふんいき》ではなさそうだ。

僕は鞄の中の指輪を思った。残念ながら、出番はないらしい。

エスプレッソの苦みを全身で味わいながら、ガトーショコラをつつく。柿のねっとりした甘みと、洋酒の利いたほろ苦いチョコレートケーキが互《たが》いを引き立てて、大人びた味わいがした。

「私もいろいろわからないよ。おいしいソースがどうできるのかも、あの絵がなぜここにあるのかも。だけど、おいしいし、楽しい。わからないって、窓を閉めることじゃなくて、むしろ開くことなのかも。わかったときの楽しさやうれしさを、未来に預けるみたいなこと」

織絵さんはガトーショコラをあっという間に食べ終え、モンブランに取りかかる。その目が一瞬、大きく見開かれたように見えた。

「もしかすると、一生わからないのかもしれない。芸術には答えがないから。触《ふ》れるたびに新しい発見に出逢《であ》う気がする。だから、飽《あ》きないのかも。ずっとわからないから、少しでもわかりたくて、ずっと面《おも》白《しろ》く感じる」

織絵さんが語るのは、彼女自身のことのように思えた。

僕には彼女こそ、わからないから、少しでもわかりたくて、ずっと面白く感じられる。

から C おずおずと声がした。

「お楽しみいただけましたか？」

大きな身をよじって、コックコートに身を包んだシェフが、テントに入ってきた。

もごもごと挨拶《あいさつ》を述べていた彼《かれ》は、僕らの皿がほとんど空になっているのを見ると、にんまりと頬《ほお》を盛りあげて、饒舌《じょうぜつ》になった。

「ここに飾《かざ》った作品から想像を広げておつくりしました。〈色彩の魔《ま》術師《じゅつし》〉と呼ばれた彼にちなんで、たくさんの色を召しあがっていただこうと思いましてね。画家がよろこびを描き出す源、パレットのように仕立てました。彼の作品を見ると私はどうにも動き出したくなって、ソースが予定より多くなってしまったんですが」

その〈色彩の魔術師〉というフレーズには聞き覚えがあった。美術館へ向かう電車の中で、織絵さんから聞いたような気がする。誰《だれ》のことだったろうか。

「わかります、その感じ」

織絵さんが頷《うなず》くと、シェフはうれしそうに赤い絵に近づき、織絵さんと僕を呼び寄せる。

「ほら、ここのテーブルに、果物とかお菓子が描かれているでしょう。茶色い長方形のはガトーショコラじゃないかと思うんですよ。それで仔牛肉にチョコレートのソースを添えようとしたんですが、店の者に、肉よりデザートがいいと言われましてね」

シェフと織絵さんにならって、僕も絵と向き合った。ガトーショコラの横には、赤いハートが描かれている。ケーキかなにかだろうか。ふと赤く塗《ぬ》られた床《ゆか》の隅《すみ》に、文字があるのに気づいた。Hからはじまる文字の後半は、マティスと読める。

その瞬間《しゅんかん》、〈色彩の魔術師〉とは＊3アンリ・マティスのことだとも、織絵さんがここへ来てからあんなに上機嫌だった理由も、⑥すべてがつながった。

織絵さんとシェフは、並んで絵を見つめながら、楽しそうに言葉を交《か》わす。

「この黄緑色の皮をした果物はなんでしょうね。洋梨かな」

「でもお嬢《じょう》さん、これ丸いでしょう。青りんごかもしれませんよ。それより、この背景に描かれた模様。これ見ると私、エピってパンが食べたくなるんです。麦の穂《ほ》の形をしたパンでしてね、ベーコンを挟《はさ》んで焼いたのなんて、たまらないですよ。黒胡椒《こしょう》たっぷりで、ワインと合わせるとなお」

絵と直接関係のない話をしているのに、織絵さんはひどく楽しそうに見える。

そこで僕は、自分がなにか重大な間違《まちが》いを犯《おか》していたんじゃないか、と気づいた。知識や背景で取り繕うよりも、こんなふうにただ素直《すなお》に絵と向き合えばよかったんじゃないか、と。

「シェフは、美術がお好きなんですね」

「もちろん。美術も、音楽も、芸術全般《ぜんぱん》が大好物です。心のごちそうですからね。私はね、心が満ち、お腹《なか》も満ちたら、それは世界で一番おいしい料理なんじゃないかって、思うんですよ」

「その一番ってただひとつじゃなくて、いっぱいありそうですね。うれしいことや楽しいことは、ひとつでも多い方がいいもの。たくさん一番を見つけられたら、それだけ世の中がすてきな場所に思えそう」

「世の中ってやつには、憂《うれ》いが多いですがね。すばらしい芸術と、おいしい料理があれば、憂《う》き世《よ》を乗り越《こ》えていける気がするんです。だから、店の名は、つくし、とつけました。わかります？」

織絵さんと僕はしばし考える。

もしかして、と口にした僕に、シェフの包み込むようなまなざしが注がれた。

いることを。もし気づいているのだとしたら、さっさと謝《あやま》ってしまった方がよいだろうか。A取り繕《つくろ》う余地はあるだろうか。

言うべきか。言わざるべきか。

こめかみのあたりから、汗がつうと流れ落ちる。

「もしかして、山吹くんて、美術を」

「ごめん！　わからないんだ」

間髪《かんはつ》を容《い》れず僕は頭を下げた。

今日は記念日なんかじゃなく、忘れたくても忘れられない、悲しい日になるのかもしれない。

「わからないんだ、絵のことなんて。美術館で話したのは、あの場で必死に調べたこと。ごめん。本当はなにもわからないんだ」

③織絵さんは、瞳《ひとみ》をゆらして、視線を落とした。

＊

「④おや、なにかお口に合いませんでしたか？」

テントの入口から、ギャルソンがするりと入ってきた。すっかり空になった皿を片付けてテーブルを整えると、小さく咳払《せきばら》いする。

「お待たせいたしました。本日の＊2スペシャリテ、マエストロのプレジールは、巨匠《きょしょう》のよろこびに思いを馳《は》せた一皿。お料理は、仔牛《こうし》のポワレ、パレット仕立てでございます。やわらかな仔牛肉を、色彩《しきさい》ゆたかなソースでお楽しみください」

目にも鮮《あざ》やかな一皿だ。

皿の中央に並んだ数切れが、仔牛のポワレらしい。断面はきれいな薔薇《ばら》色で、上部にはパン粉のようなものがまぶされている。その周囲を、絵の具を筆でぽってり置いたような、⑤色とりどりのソースが囲んでいた。赤や黄緑、黄色、白、紫《むらさき》に濃茶《こいちゃ》。余白にはクレソンや青い小花が彩《いろど》りを添えている。

小さなローストビーフの塊《かたまり》を思わせる仔牛肉は、ナイフがすんなり通った。最初のひとくちは、ソースをつけず、そのまま食べてみる。ほどよい弾力《だんりょく》があって、とてもやわらかい。嚙《か》むたびにあふれてくる肉汁《にくじゅう》には癖《くせ》がなくて、パン粉のさくさくと軽《かろ》やかな歯ざわりになじみ、いつまでも味わっていたくなる。

ソースをまとわせて食べると、味の印象がそれぞれに変わった。

トマトの赤いソースは爽《さわ》やかな酸味が肉の味わいを深めてくれ、黄緑のソースに混ざる砕《くだ》いたピスタチオの風味はあっさりした肉にほどよいコクを加えてくれた。バターの香る黄色いソースや、ワインとチーズの香る白いソースは重厚感《じゅうこうかん》で、紫と濃茶のソースはベリーとバルサミコの個性的な甘みと酸味で、肉のうまみをぐっと前面に引き出してくれる。

ギャルソンおすすめの赤ワイン、サン・テミリオンは重すぎず、果実感ある味わいが肉とソースの味わいをさらに深めて、体の奥底《おくそこ》から深い満足感がしみじみと湧《わ》いてくる。

「おいしいね」

織絵さんが小さく呟いた。

「うん、おいしい」

もしかしたらこれは僕たちが一緒に食べる、最後の食事になるかもしれない。そんな悲しい食事だとしても、料理は、沁《し》みわたるように、おいしかった。

B奇《き》をてらうわけでもなく、無理に味をつけるのでもなく、素材の味を自然に引き出して、よりおいしくしている、そんな真っ当な料理に思えた。

「私も、わからないな」

織絵さんがぽつりと呟く。言葉の意味を確かめようとした時、入口

とりわけ目を惹《ひ》くのは、一枚の絵画だ。

クラシカルな猫脚《ねこあし》の棚の上で、ぱっと目を惹く赤が、どんな照明よりも、部屋を明るくしていた。織絵さんはうっとりと絵を見つめていた。

描《えが》かれているのは、赤い室内に佇《たたず》むふたりの音楽家らしき女性たちだ。ひとりは小型のギターを、もうひとりは楽譜《がくふ》を手にしている。傍《かたわ》らのテーブルには花や果物、菓子《かし》が置かれ、赤い背景には葉や花のような線と、アーチ模様が装飾《そうしょく》的に描かれている。

コートを掛《か》け、①少し迷いながら、小箱を鞄《かばん》の中へ滑《すべ》らせた。

ほどなく＊1ギャルソンがやってきて、僕たちは白いクロスに覆《おお》われた楕円形《だえんけい》のテーブルに着いた。

「旬《しゅん》のフルーツシャンパンです。洋梨の風味をお楽しみください」

織絵さんが頼《たの》んでくれていたらしい。金色のシャンパンの中、三日月のような洋梨が、ほの白い肌《はだ》に泡《あわ》をまとってきらめいている。グラスに鼻を近づけた織絵さんが、いい香り、と呟《つぶや》いた。

続いて並べられた皿には、どれから手をつけようか迷うほど、前菜が盛り付けられていた。

「左から、ゴボウのポタージュ、秋ナスのベニエ、芽キャベツとブロッコリーのソテー、ホウレンソウとくるみのキッシュ、サーモンのテリーヌです。ごゆっくりお召《め》しあがりください」

ほどよく色付いたバゲットがふたりの間に置かれるのをじりじりと待ち、僕たちは乾杯《かんぱい》した。

洋梨とシャンパンを一緒《いっしょ》に口に含《ふく》むと、洋梨特有の魅惑《みわく》的な香りがシャンパンの華《はな》やかさと重なり合って、極上《ごくじょう》の香水《こうすい》のように薫《かお》った。

デミタスカップに入ったポタージュには、カリカリに揚《あ》げたゴボウの薄切《うすぎ》りが添《そ》えられ、まろやかなゴボウの滋味《じみ》があふれた。ニンニクと唐辛子《とうがらし》が利《き》いた芽キャベツとブロッコリーは、歯応えもよく食欲をそそる。薄い衣《ころも》のついた揚げナスは、表面はさっくり、中はとろりとして、スパイスの利いた塩で食べると異国の味がした。あたたかなキッシュからはほのかにチーズの香りが立ちのぼり、ホウレンソウの甘《あま》みとくるみの歯ざわりが、絶妙《ぜつみょう》なバランスで口を満たした。イクラを添えたサーモンのテリーヌもいい。淡《あわ》いオレンジ色のテリーヌは口の中でふわふわとほどけ、ぷちっと弾《はじ》けるイクラの食感も楽しい。

「おいしいね」

「うん、おいしい」

その言葉以外思い付かず、僕と織絵さんは、ひとことだけで会話した。この一皿で十分に満足しそうなほど魅入《みい》られて、言葉を忘れた僕たちは、料理を夢中で口に運んだ。

「おいしい食べ物飲み物に、すてきな作品。最高だね」

織絵さんは、さっきの落ち込みぶりが想像できないほど上機嫌《じょうきげん》になり、食事の合間も、棚の上の絵をたびたび観《み》ていた。あの絵がよほど気に入ったらしい。

「山吹くんはどう?」

絵のことだと気づくまで、時間がかかった。

「いい絵だね」

「それだけ? さっきはあんなにいろいろ話してたのに」

織絵さんは口を尖《とが》らせるようにして、先を促《うなが》してくる。仕方なく視線を絵に移したが、話せることなんて思い浮《う》かばない。この絵について調べようがないからだ。美術館と違《ちが》って、作品名も画家もわからない。よく見ればどこかにサインがあるのかもしれないが、ここからは見えなかった。織絵さんにそんなつもりはないのだろうが、②試《ため》されているようで、手のひらにじっとりと汗《あせ》がにじむ。

黙《だま》りこくる僕を、織絵さんがいぶかしげに見た。

もしかすると彼女は、気づいているのだろうか。僕が虚勢《きょせい》を張って

2024年度

聖光学院中学校

【国　語】〈第一回試験〉（六〇分）〈満点：一五〇点〉

［注意］　字数指定のある問題では、句読点やカッコなども字数に含《ふく》みます。

一　**次の①～⑤の文の――線部のカタカナを、それぞれ漢字に直しなさい。**

① 夜の上野駅のホームには、ケイテキが鳴り響《ひび》いていた。

② 寂《さび》しげな自分の姿が、寝台《しんだい》特急のシャソウに映っている。

③ この海峡《かいきょう》のエンガン付近は、カモメの繁殖地《はんしょくち》として知られている。

④ その女性は、ヒツウな表情を浮《う》かべながら桟橋《さんばし》で船を待っていた。

⑤ 私はひとり、雪が降り積もるゲンカンの大地を旅する。

二　**次の①～⑤の文の～～線部は、（　）内の意味を表す言葉です。例にならって、□にあてはまる言葉をひらがなで答えなさい。ただし、□には［　］内の文字数のひらがなが入ります。**

例
時間がないので話のさ□だけでも聞かせてください。（中心となる部分）［二］　↓〈答〉わり

① 窮地《きゅうち》に陥《おちい》った彼《かれ》は、こ□な手段を用いて難を逃《のが》れた。（一時しのぎの）［二］

② 彼は私のき□に触《ふ》れる、熱のこもった演技をした。（心を打つ）［三］

③ 文章の一部をか□する。（やむをえず省略する）［三］

④ 集まった人を見回して、お□に立ち上がった。（ゆっくりと）［三］

⑤ 部下が作成したお□な書類の件で注意する。（その場しのぎでいい加減な）［三］

三　**次の文章は、冬森灯《ふゆもりとも》の『すきだらけのビストロ　うつくしき一皿』の一節である。「山吹《やまぶき》くん」（「僕《ぼく》」）と「織絵《おりえ》さん」は二人で美術館を訪《おとず》れたが、目当ての絵を見ることができなかった織絵さんは落ち込《こ》んでしまった。そのため、「僕」は指輪を渡《わた》してプロポーズをするタイミングをつかめずにいた。二人は、美術館からの帰り道に織絵さんが見つけた風変わりなレストランに入ることにした。問題文は、そのあとの場面である。これを読んで、あとの問いに答えなさい。**

変わった店だという印象は、サーカステントの中をのぞき込むと、いっそう強くなった。

ここは本当に野外のテントなんだろうか、プチホテルの一室とか映画のセットではなく？

イルミネーションの光る入口から一歩足を踏《ふ》み入れると、ふかふかした絨毯《じゅうたん》に驚《おどろ》いた。靴《くつ》のまま踏むのが申し訳ないような毛足の長い濃紺《のうこん》の絨毯には、花かご模様が織られている。室内に並ぶ棚《たな》や椅子《いす》は見るからにアンティークだ。よく手入れされ、どれもはちみつをかけたようにつやつやしている。テントを支える中央のポールにはシャンデリアがきらめき、ところどころに置かれたスタンドライトや大小のランタンが、室内をあたたかく照らしている。円筒形《えんとうけい》のストーブには青い炎《ほのお》がゆらめき、その横にある深い緑色のヴェルヴェットのソファで、織絵さんはすっかりくつろいでいた。

2024年度
聖光学院中学校 ▶解説と解答

算　数　＜第１回試験＞（60分）＜満点：150点＞

解　答

[1] (1) $\frac{17}{21}$　(2) 3840　(3) 25日目　[2] (1) 16384：1　(2) 4個　(3) 383個　[3] (1) 785cm^3　(2) ア A　イ E　ウ B，H　(3) 392.5cm^2　[4] (1) 解説の図１を参照のこと。　(2) 36分　(3) ア $82\frac{46}{47}$　イ $227\frac{17}{29}$　[5] (1) ③　(2) ④　(3) ②，④　(4) ①，④　(5) ②，③

解　説

[1] 逆算，集まり，数列，仕事算，周期算

(1)　$3\div\left\{\left(\square+\frac{1}{3}\right)\times\frac{9}{11}\right\}-1.375=1\frac{5}{6}$より，$3\div\left\{\left(\square+\frac{1}{3}\right)\times\frac{9}{11}\right\}=1\frac{5}{6}+1.375=1\frac{5}{6}+1\frac{3}{8}=1\frac{20}{24}+1\frac{9}{24}=2\frac{29}{24}=\frac{77}{24}$，$\left(\square+\frac{1}{3}\right)\times\frac{9}{11}=3\div\frac{77}{24}=3\times\frac{24}{77}=\frac{72}{77}$，$\square+\frac{1}{3}=\frac{72}{77}\div\frac{9}{11}=\frac{72}{77}\times\frac{11}{9}=\frac{8}{7}$　よって，$\square=\frac{8}{7}-\frac{1}{3}=\frac{24}{21}-\frac{7}{21}=\frac{17}{21}$

(2)　右の図のかげの部分にあてはまる数の総和を求める。１から120までの整数の中に，３の倍数は，120÷３＝40(個)あり，これらの和は，３＋６＋…＋120＝(３＋120)×40÷２＝2460となる。同様に，５の倍数は，120÷５＝24(個)あり，これらの和は，５＋10＋…＋120＝(５＋120)×24÷２＝1500とわかる。また，３と５の公倍数(15の倍数)は，120÷15＝８(個)あり，これらの和は，15＋30＋…＋120＝(15＋120)×８÷２＝540となる。よって，３または５で割り切れる数の総和は，2460＋1500－540＝3420と求められる。さらに，１から120までの整数の和は，１＋２＋…＋120＝(１＋120)×120÷２＝7260なので，３でも５でも割り切れない数の総和は，7260－3420＝3840となる。

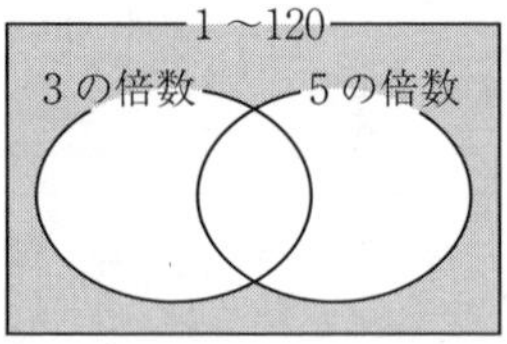

(3)　Aさん，Bさん，Cさんが１日にする仕事の量の比は，$\frac{1}{60}:\frac{1}{50}:\frac{1}{40}=10:12:15$であり，この比を用いると，仕事全体の量は，10×60＝600となる。また，１日目，２日目，３日目におこなう仕事の量はそれぞれ，10＋12＝22，12＋15＝27，15＋10＝25だから，３日間で，22＋27＋25＝74の仕事をおこなうことをくり返す。これを周期とすると，600÷74＝８余り８より，８周期終えたときに８の仕事が残り，残った仕事は１日で終えることができる。よって，仕事が終わるのは，３×８＋１＝25(日目)である。

[2] 図形と規則

(1)　この操作を１回おこなうごとに，縦の長さは$\frac{1}{2}$倍になり，横の長さは２倍になる。そこで，２×２＝②，２×２×２＝③，…のように，２をN個かけることをⓃと表すことにすると，この操作を７回おこなった後の縦の長さは，ア×$\frac{1}{\text{⑦}}$(cm)，横の長さは，イ×⑦(cm)と表すことができる。これが等しいから，ア×$\frac{1}{\text{⑦}}$＝イ×⑦より，ア：イ＝⑦：$\frac{1}{\text{⑦}}$＝(⑦×⑦)：１＝⑭：１となる。そして，

①，②，③，…，⑭を順に計算すると，２，４，８，16，32，64，128，256，512，1024，2048，4096，8192，16384となる。よって，ア：イ＝16384：１とわかる。

(2)　周の長さは，｛(縦の長さ)＋(横の長さ)｝×２で求められるので，｛　｝の中が整数のとき，周の長さは必ず偶数《ぐうすう》になる。よって，周の長さが奇数《きすう》になるのは，｛　｝の中が整数でないときである。また，横の長さはつねに整数だから，｛　｝の中が初めて整数でなくなるのは，縦の長さが初めて整数でなくなるときである。つまり，２で割って初めて整数でなくなるときなので，８回目の操作後の縦の長さは，0.5cm，1.5cm，2.5cm，…が考えられる。0.5cmの場合，初めの長さは，0.5×２×２×２×２×２×２×２×２＝128(cm)となり，３けたという条件に合う。また，1.5cm，2.5cm，…の場合の初めの長さは，128cmを３倍，５倍，…したものである。999÷128＝７余り103より，７倍までできることがわかるから，アとして考えられる３けたの整数は４個ある。

(3)　５回目までの縦，横の長さの和をまとめると，右の図のようになる。初めよりも１回目のほうが短いので，ア＋イ＞ア×$\frac{1}{2}$＋イ×２より，ア×$\left(1-\frac{1}{2}\right)$＞イ×(２－１)，ア×$\frac{1}{2}$＞イ×１，$\frac{\text{ア}}{\text{イ}}$＞１÷$\frac{1}{2}$＝２(…Ⅰ)とわかる。また，１回目よりも２回目のほうが短いから，ア×$\frac{1}{2}$＋イ×２＞ア×$\frac{1}{4}$＋イ×４，ア×$\left(\frac{1}{2}-\frac{1}{4}\right)$＞イ×(４－２)，ア×$\frac{1}{4}$＞イ×２，$\frac{\text{ア}}{\text{イ}}$＞２÷$\frac{1}{4}$＝８(…Ⅱ)となる。同様に，２回目よりも３回目のほうが短いので，$\frac{\text{ア}}{\text{イ}}$＞４÷$\frac{1}{8}$＝32(…Ⅲ)，３回目よりも４回目のほうが短いから，$\frac{\text{ア}}{\text{イ}}$＞８÷$\frac{1}{16}$＝128(…Ⅳ)になり，４回目よりも５回目のほうが長いので，$\frac{\text{ア}}{\text{イ}}$＜16÷$\frac{1}{32}$＝512(…Ⅴ)となる。よって，ア÷イの商として考えられる整数は，Ⅰ～Ⅴの条件を同時に満たす129以上511以下の，511－129＋１＝383(個)ある。

初め	ア×１＋イ×１
１回目	ア×$\frac{1}{2}$＋イ×２
２回目	ア×$\frac{1}{4}$＋イ×４
３回目	ア×$\frac{1}{8}$＋イ×８
４回目	ア×$\frac{1}{16}$＋イ×16
５回目	ア×$\frac{1}{32}$＋イ×32

3　立体図形―図形の移動，体積，構成，面積

(1)　操作１をおこなうときに正方形ABFEが通過するのは，右の図①のかげの部分を底面とする高さが10cmの立体である(太線部分が正方形ABFE)。また，図①の斜線《しゃせん》部分を矢印のように移動すると，かげの部分は，半径が□cmの四分円と半径が10cmの四分円にはさまれた部分になる。ここで，□×□÷２＝10×10＝100(cm^2)より，□×□＝100×２＝200(cm^2)となるから，かげの部分の面積は，□×□×3.14×$\frac{1}{4}$－10×10×3.14×$\frac{1}{4}$＝200×3.14×$\frac{1}{4}$－100×3.14×$\frac{1}{4}$＝(200－100)×3.14×$\frac{1}{4}$＝25×3.14(cm^2)とわかる。よって，正方形ABFEが通過する部分の体積は，25×3.14×10＝250×3.14＝

図①

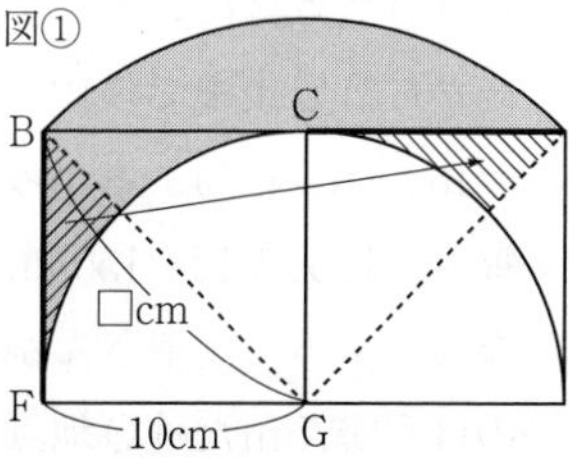

図②

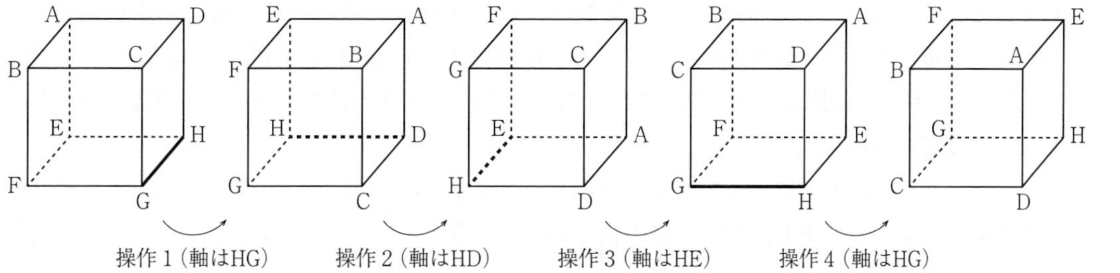

785(cm^3)と求められる。

(2)　頂点の位置は上の図②のように変化する。よって，頂点Fは頂点A(…ア)の位置に，頂点Gは頂点E(…イ)の位置にそれぞれ移る。また，頂点B，H(…ウ)は元の位置に戻《もど》る。

(3)　図②を利用して考える。操作１で直線FGが通過するのは半径が10cmの四分円なので，面積は，$10\times10\times3.14\times\frac{1}{4}=25\times3.14$(cm^2)となる。また，操作２で直線FGが通過するのは図①のかげの部分であり，面積は(25×3.14)cm^{2}である。次に，操作３で直線FGが通過するのは，右の図③のかげの部分のように，半径が10cmの四分円を底面とする高さが10cmの立体の一部であり，面積は，$10\times2\times3.14\times\frac{1}{4}\times10=50\times3.14$(cm^2)とわかる。さらに，操作４で直線FGが通過するのは操作１と同じ四分円だから，面積は(25×3.14)cm^{2}である。よって，これらの面積の和は，$25\times3.14\times3+50\times3.14=(75+50)\times3.14=125\times3.14=392.5$(cm^2)と求められる。

図③
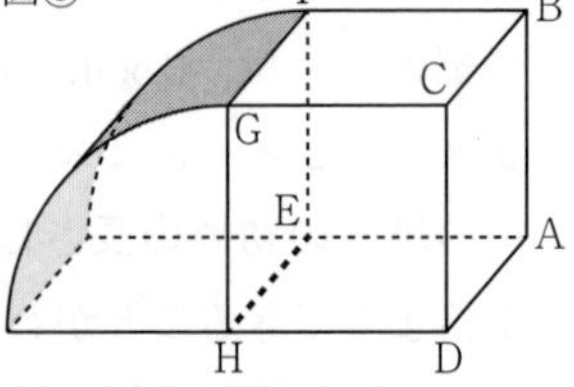

(操作２の後)

4　グラフ，旅人算，周期算

(1)　聖さんは初めの９分間で，$200\times9=1800$(m)移動し，その後は４分ごとに，$200\times4=800$(m)，$150\times4=600$(m)，$100\times4=400$(m)ずつ移動するから，21分間の移動の様子は右の図１のようになる。

図１
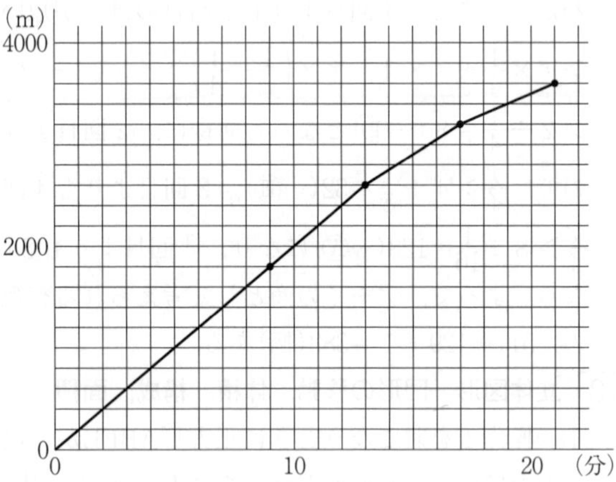

(2)　聖さんが出発してから９分後までに，光さんが移動する道のりは，$150\times\left(3\frac{30}{60}+9\right)=150\times12.5=1875$(m)なので，９分後には光さんのほうが，$1875-1800=75$(m)だけQ地点側にいる。また，聖さんは９分後から21分後までの12分間で，$3600-1800=1800$(m)移動するから，この間の聖さんの平均の速さは毎分，$1800\div12=150$(m)となり，光さんの速さと等しくなる。よって，聖さんが出発してから21分後にも，光さんのほうが75mだけQ地点側にいることになるので，９分後以降は12分を周期として右の図２の移動の仕方をくり返す。図２で，$200-150=50$(m)，$150-100=50$(m)より，かげの部分の速さの差はどちらも毎分50mだから，かげの部分の時間はどちらも，$75\div50=1.5$(分)である。したがって，１つの周期の中で聖さんのほうがQ地点側にいる時間は，$12-1.5\times2=9$(分)とわかる。さらに，聖さんが，$9\times1000=9000$(m)離《はな》れたQ地点に到着《とうちゃく》するまでには，$(9000-1800)\div1800=4$(周期)ある。以上より，聖さんのほうがQ地点側にいる時間の合計は，$9\times4=36$(分)と求められる。

図２
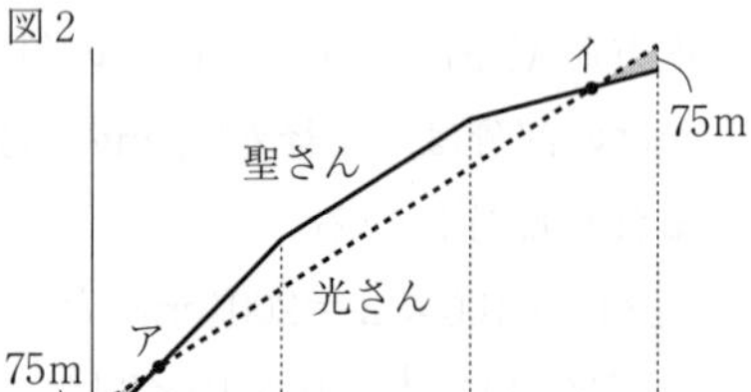

(3)　学さんが聖さんとすれ違《ちが》ってから光さんとすれ違うためには，学さんは何周期目かに図２のアとイの間を通る必要がある。聖さんが出発してからの時間と聖さんの位置を考えると，１周期目の

アの時間は，９＋1.5＝10.5(分)であり，そのときのＰ地点からの道のりは，1800＋200×1.5＝2100(ｍ)となる。また，１周期目のイの時間は，21－1.5＝19.5(分)であり，そのときのＰ地点からの道のりは，3600－100×1.5＝3450(ｍ)とわかる。その後は12分間で1800ｍ移動することをくり返すので，各周期におけるア，イの時間とＰ地点からの道のりをまとめると，右上の図３のようになる。次に，１周期目はまだ学さんが出発していないから，２周期～４周期目について調べることにする。学さんが２周期目の31.5分後にＰ地点から5250ｍの地点を通るとすると，学さんの速さは毎分，(9000－5250)÷(31.5－20)＝326.0…(ｍ)となり，条件に合わない。次に，学さんが３周期目の43.5分後にＰ地点から7050ｍの地点を通るとすると，学さんの速さは毎分，(9000－7050)÷(43.5－20)＝$82\frac{46}{47}$(ｍ)となり，34.5分後にＰ地点から5700ｍの地点を通るとすると，学さんの速さは毎分，(9000－5700)÷(34.5－20)＝$227\frac{17}{29}$(ｍ)となる。これは条件に合うので，学さんは毎分$82\frac{46}{47}$ｍより速く毎分$227\frac{17}{29}$ｍ未満で移動すればよい。

図３

	ア	イ
１周期目	10.5分後(2100ｍ)	19.5分後(3450ｍ)
２周期目	22.5分後(3900ｍ)	31.5分後(5250ｍ)
３周期目	34.5分後(5700ｍ)	43.5分後(7050ｍ)
４周期目	46.5分後(7500ｍ)	55.5分後(8850ｍ)

5 割合と比，条件の整理，平均とのべ

⑴　問題文中の図１のようになる売り上げの例としては，１月(100万円)から２月にかけて20万円増加し，２月から３月，３月から４月にかけて10万円ずつ増加するものが考えられる。この例の場合，前月からの売り上げの増加の割合は，２月が，20÷100×100＝20(％)，３月が，10÷(100＋20)×100＝10÷120×100＝8.3…(％)，４月が，10÷(120＋10)×100＝10÷130×100＝7.6…(％)となり，しだいに減少するので，③が選べる。

⑵　たとえば１月の売り上げを100万円とすると，問題文中の図２より，２月は１月から20％増加して，100×(１＋0.2)＝120(万円)になる。また，３月は２月から20％減少して，120×(１－0.2)＝96(万円)とわかる。さらに，４月は３月から20％増加して，96×(１＋0.2)＝115.2(万円)となり，５月は４月から20％減少して，115.2×(１－0.2)＝92.16(万円)と求められる。よって，少ないほうから順に５月，３月，１月，４月，２月となるので，正しいグラフは④である。

⑶　２月の売り上げを，１月と３月の売り上げの100万円より20万円多い，100＋20＝120(万円)とすると，売り上げの増減の割合は右の図Ⅰのａ，ｂのようになる。同様に，２月の売り上げを，１月と３月の売り上げの100万円より200万円多い，100＋200＝300(万円)とすると，右の図Ⅱのｃ，ｄのようになる。

図Ⅰ

・２月の売り上げが120万円の場合
１月から２月　20÷100×100＝20(％)増加　…ａ
２月から３月　20÷120×100＝16.6…(％)減少…ｂ

図Ⅱ

・２月の売り上げが300万円の場合
１月から２月　200÷100×100＝200(％)増加　…ｃ
２月から３月　200÷300×100＝66.6…(％)減少…ｄ

ｃより，①は正しくないことがわかる。また，ｂ，ｄの下線部の計算で，割られる数は割る数よりも必ず小さくなるから，②は正しく，③は正しくない。さらに，ａとｂ，ｃとｄの下線部の計算はどちらも割られる数が等しいので，④は正しく，⑤，⑥は正しくない。

⑷　2020年１月の売り上げを１とすると，１月から２月までの増加分は，１×0.05＝0.05になる。すると，２月はもとにする金額が，１＋0.05＝1.05になるので，２月から３月までの増加分は0.05よりも大きくなる。このように増加分は毎月大きくなるが，仮に0.05ずつ増え続けたとしても，１

÷0.05＝20(か月)後には２倍になる。一方，2022年７月は2020年１月の，12×２＋(７－１)＝30(か月)後だから，2022年７月には２倍以上になっていることがわかる。よって，①は正しく，②は正しくない。次に，右の図Ⅲのように，2020年１月の売り上げを１とし，それが２倍になるまでの期間をXとする。さらに，２倍になったときの売り上げを新たに１とし，その売り上げが２倍になるまでの期間をYとすると，XとYは一致《いっち》する。このとき，(　)にあてはまる数は，２×２＝４なので，④は正しく，③は正しくない。

図Ⅲ

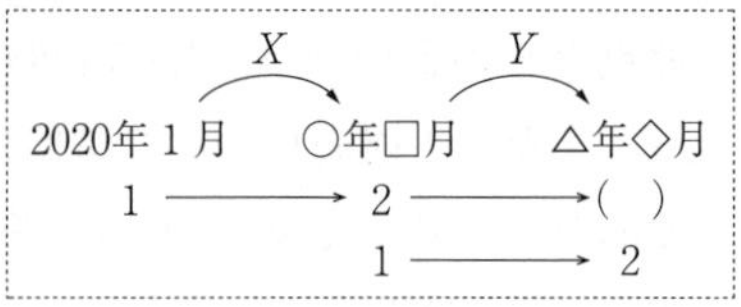

(5)　問題文中の表１について，売り上げが低い順にまとめると，右の図Ⅳのようになる。図Ⅳより，１年間の売り上げの合計は，80×１＋100×１＋120×４＋130×２＋160×２＋180×１＋200×１＝1620(万円)とわかるから，12か月の平均は，1620÷12＝135(万円)と求められる。これを上回る月の数は４なので，①は正しくない。また，７番目に売り上げが高いのは120万円の月だから，②は正しい。さらに，12か月の平均を上回る月の売り上げの合計は，160×２＋180×１＋200×１＝700(万円)であり，これは１年間の売り上げの，700÷1620×100＝43.2…(％)にあたるので，③は正しい。最後に，売り上げの高い２つの月と低い２つの月を除いた８つの月の平均は，(120×４＋130×２＋160×２)÷８＝1060÷８＝132.5(万円)であり，これは高いほうから４番目と５番目の間にあるので，④は正しくない。

図Ⅳ

売り上げ	月
80	12
100	1
120	2，3，5，11
130	4，10
160	6，9
180	7
200	8

社　会　＜第１回試験＞（40分）＜満点：100点＞

解　答

1 **問１**　サウス　**問２**　エンゲル　**問３**　オ　**問４**　(例)　ドライバー不足で物流がとどこおること。　**2** **問１**　**1**　防人　**2**　源実朝　**3**　季語　**4**　田沼意次　**問２**　あげく　**問３**　イ　**問４**　ア　**問５**　ウ　**問６**　ア　**問７**　エ　**問８**　ウ　**問９**　ウ　**問10**　イ　**問11**　イ　**3** **問１**　(例)　毎日の生活に必要なものを売っている■がなく，●も住宅地の外れに１か所しかないため，遠くまで買い物に行かなくてはならず不便です　**問２**　エ　**問３**　エ，キ　**問４**　**だいこん**…ウ　**ほうれんそう**…イ　**問５**　イ　**問６**　イ　**問７**　ウ　**問８**　**E**　イ　**F**　ア　**4** **問１**　イ　**問２**　(a)　(例)　女性の役割とみなされていた家事や育児ができなくなるかもしれないから。　(b)　ウ　**問３**　**A**　イ　**D**　ア　**問４**　(例)　積極的に育児にかかわる男性を意味する「イクメン」は，育児をするのは女性であるという前提にもとづく表現だから。

解　説

1　現代社会と日本国憲法の条文についての問題

問１　近年，インド，インドネシア，トルコ，南アフリカといったアジアやアフリカなどの新興国・途上国を総称《そうしょう》するときに，グローバルサウスという言葉が使われることがある。これらの国々が南半球に多いことから南という意味の「サウス」が用いられており，先進国と途上国との経済的な格差を表す「南北問題」の「南」にあたる。なお，これらの国々は第二次世界大戦(1939～45年)後の冷戦時代に先進資本主義諸国(第一世界)，社会主義諸国(第二世界)のどちらにも接近しなかったため，「第三世界」とも呼ばれる。

問２　家計の消費支出に占《し》める食料費の割合をエンゲル係数という。食料費は，生活していくうえで欠かせない費用なので，所得が低いほどその割合が大きくなる。そのため，エンゲル係数は生活水準を測る指標とされている。

問３　１　日本国憲法の下《もと》では天皇に政治的な権限はなく，憲法に定められた国事行為《こうい》を内閣の助言と承認にもとづいて行うものと定められている。　２　国会を召集《しょうしゅう》することは，天皇の国事行為の１つである。なお，「召集」は国会，「招集」は地方議会に用いられる。　３　衆議院には解散の制度があるが，参議院にはない。

問４　物流業界にはもともと，トラックドライバーの人手不足や長時間労働が深刻な問題としてあった。2024年４月に働き方改革関連法が施行されると，年間時間外労働時間の上限が設けられるため，長時間労働が減るといった労働環境《かんきょう》の改善が想定されている。一方で，人手不足が解消される見通しは立っていないので，物流がとどこおるおそれがある。

２　短歌や俳句を題材とした歴史についての問題

問１　**１**　律令制度の下，九州北部の防衛にあたった兵士を防人《さきもり》という。兵役により徴集《ちょうしゅう》された諸国の兵士の中から選ばれた者が，３年を任期として九州に派遣された。旅立つときの悲しみや切なさを詠《よ》んだ防人の歌は，『万葉集』に100首ほど収められている。　**２**　鎌倉幕府の第３代将軍源実朝《さねとも》は，第２代将軍源頼家の子である公暁《くぎょう》により鶴岡八幡宮《つるがおかはちまんぐう》(神奈川県)で暗殺された。実朝は和歌にすぐれ，『金槐《きんかい》和歌集』を残している。　**３**　俳句は「５・７・５」の十七音からなる定型詩で，季節を表す季語を入れて詠むのが一般《いっぱん》的である。　**４**「役人の　子はにぎにぎを　よく覚え」は江戸幕府の老中田沼意次《おきつぐ》の時代の政治を皮肉った川柳《せんりゅう》で，「にぎにぎ」は役人がわいろをこっそりとにぎって受けとる様子を表している。意次は株仲間(商工業者の同業組合)を奨励《しょうれい》し，商人の経済力を利用して幕府財政の建て直しを図ったので，商人が特権を得ようとしてわいろが横行するなど，政治が乱れた。

問２「あげく(挙げ句)の果て」は，“最後の最後に”という意味の慣用句。ふつう，好ましくないことに使う。

問３　a　『万葉集』は日本最古の歌集なので，正しい。　b　『万葉集』は奈良時代につくられたが，持統天皇は飛鳥時代に生きた人物なので，誤っている。　c　奈良時代には，かな文字(カタカナ，ひらがな)はまだつくられておらず，漢字の音や訓をかりて日本語を表記する「万葉がな」という漢字が用いられた。よって，誤っている。なお，かな文字は国風文化が栄えた平安時代半ばに，真名《まな》(漢字)をもとにつくられた。　d　元号「令和」は，『万葉集』所収の歌の序文の一部から考えられたので，正しい。

問４　承久《じょうきゅう》の乱(1221年)を起こしたのは「後白河上皇」ではなく「後鳥羽《ごとば》上皇」なので，アが誤っている。なお，後白河上皇(天皇)は，源平の争乱の時期に上皇の地位にあった人物である。

問５「二条河原の落書《らくしょ》」は，鎌倉幕府を倒《たお》した後醍醐《ごだいご》天皇が建武の新政を始めたさいの混乱ぶりを風刺《ふうし》したもので，京都の二条河原に掲《かか》げられた。夜討ちや強盗《ごうとう》，偽綸旨《にせりんじ》(天皇の偽の命令)が京都ではやっていることや，地方武士が公家のまねをする様子などが書かれている。よって，組み合わせはウが正しい。なお，Ｘは『平家物語』の書き出し，「い」は『太平記』の一部に書かれている内容である。

問６　江戸幕府は儒学《じゅがく》の中でも朱子《しゅし》学を奨励し，武士たちにこれを学ばせた。江戸時代中期になると，朱子学以外の学派もさかんになっていたが，老中松平定信は寛政《かんせい》の改革の中でそれらを「異学」として湯島聖堂で教えることを禁止し，聖堂の名を昌平坂《しょうへいざか》学問所と改めて，「正学」である朱子学の講義だけを行う幕府直営の教育機関とした(寛政異学の禁)。よって，アが正しい。なお，イは第８代将軍徳川吉宗が行った享保《きょうほう》の改革，ウは老中田沼意次の政治，エは老中水野忠邦《ただくに》が行った天保《てんぽう》の改革について述べた文である。

問７　法隆寺は607年に聖徳太子が奈良の斑鳩《いかるが》に建てた寺院で，五重塔，金堂，中門，回廊《かいろう》が現存する世界最古の木造建築物である。よって，エが正しい。なお，アは薬師寺(奈良県)，イは飛鳥寺(奈良県)，ウは唐招提《とうしょうだい》寺(奈良県)について述べた文である。

問８　Ｘ　与謝野晶子は日露戦争(1904～05年)のさいに「君死にたまふ《(も)(う)》ことなかれ」という戦争に批判的な詩を発表したことで知られる。　Ｙ　「地図の上～」は韓国併合《へいごう》(1910年)のさいに石川啄木《たくぼく》が詠んだ短歌で，韓国(朝鮮)の民衆の心情に思いを寄せた作品といわれる。

問９　昭和時代(1926～89年)末に発生したのは，ウのチェルノブイリ(チョルノービリ)原発事故(1986年)である。なお，アのアメリカ同時多発テロ事件(2001年)とイの阪神淡路大震災《だいしんさい》や地下鉄サリン事件(ともに1995年)は平成時代(1989～2019年)前期，エの第１次オイルショック(1973年)は昭和時代後期に発生した。

問10　ア　「大正時代」ではなく「昭和時代」が正しい。なお，大正時代にはラジオ放送が始まった。　イ　初期のテレビ番組としてはプロレス(見世物的なレスリング)の生中継《ちゅうけい》が人気だったので，正しい。　ウ　「カラーテレビ」ではなく「白黒テレビ」が正しい。高度経済成長期(1950年代後半～1970年代初め)の前半には白黒テレビ・電気洗濯《せんたく》機・電気冷蔵庫が各家庭に普及《ふきゅう》して「三種の神器」と呼ばれ，後半にはカラーテレビ・クーラー(エアコン)・カー(自動車)が普及して「新三種の神器(３Ｃ)」と呼ばれた。　エ　「映画館」ではなく「インターネット」が正しい。

問11　史料では，「５・７」が９回くりかえされ，最後に７音の一句が置かれている。本文の第二，第三段落で和歌の形式が説明されており，「『５・７』を３回以上くりかえして，最後に７音の一句を置く『長歌』」とあるので，イが選べる。

3　**近くにある商店街とスーパーマーケットの調査結果についての問題**

問１　Ａには▬(小規模の店が並ぶ商店街)が複数あるほか●(大規模なスーパーマーケット)もあるので，Ａの住民は買い物に不便がないと判断できる。一方，Ｂには▬が１つもなく●も住宅地の外れに１か所しかないので，Ｂの住民は買い物が不便だと考えられる。

問２　1980年代末～1990年代初めに規制が緩和されるまで，現在スーパーマーケットで販売《はんばい》されている魚や豆腐《とうふ》などは，個人商店で販売されることが多かった。よって，１，２の一方には魚屋，もう一方には豆腐屋が入る。すると，３，４の一方には空き地，もう一方には整骨院が入るので，エが選べる。

問３　Ⅰは，主産地が太平洋側に多くあることから，温暖な気候と日当たりのよい土地を好むみかんとわかる。Ⅱは，日本では主に沖縄県で栽培《さいばい》されていることから，熱帯地方原産のドラゴンフルーツと考えられる。Ⅲは，「隣の県」をトシコさんが住む東京都の西に隣接《りんせつ》する山梨県と考えると，山梨県が生産量全国第１位であるぶどうと判断できる。Ⅳは残ったなしである。また，Ａは，「南向きの急な斜面《しゃめん》で栽培される」ことも多いので，みかんとわかる。Ｂは，「生産する農家がこの店の近くにある場合，長く木に実らせ熟して甘《あま》くなったものを，すぐに売ることができます」が，Ⅳの「この店の近くにある農家からも仕入れをする利点」にあたるので，なしである。Ｃは，降水量が少なくて日照時間が長い，盆地の周囲の扇状地《せんじょうち》が栽培に適しているので，水はけがよく日当たりのよい土地を好むぶどうと判断できる。Ｄは，「温泉の熱でビニールハウスを温めることができるので」が，Ⅱの「どうして飛騨《ひだ》地方が産地なのですか？」の答えにあたるので，ドラゴンフルーツと考えられる。よって，組み合わせとして正しいのはエ，キである。

問４　アは，夏に長野県と群馬県の取り扱《あつか》い量が多いので，レタスとわかる。レタスやキャベツ，はくさいなどはすずしい気候を好む作物なので，通常は秋から春にかけて生産・出荷されるが，長野県や群馬県では高原の夏でもすずしい気候を利用して，収穫《しゅうかく》時期を通常よりも遅《おそ》くする抑制《よくせい》栽培(高冷地農業)がさかんである。エは，冬に宮崎県と高知県の取り扱い量が多いので，きゅうりと考えられる。きゅうりやピーマン，なすなどは暖かい気候を好む作物なので，通常は春から秋にかけて生産・出荷されるが，宮崎県や高知県の平野部では，冬でも暖かい気候やビニールハウス・温室などの施設を利用して収穫時期を通常よりも早くする促成《そくせい》栽培がさかんである。残ったイ，ウのうち，夏も冬も東京都の近郊の取り扱い量が多いイは，ほうれんそうと判断できる。ほうれんそうや小松菜などは鮮度が要求される野菜で，近郊農業(大都市に近い場所で行われる農業)を代表する農作物として知られる。ウは，夏に北海道や青森県の取り扱い量が多いので，すずしい気候を好むだいこんと判断できる。

問５　写真Ｂは，LNG(液化天然ガス)を運ぶLNGタンカーであるので，イが誤っている。球形や円筒《えんとう》形のタンクが特徴《とくちょう》で，これはLNGを低温・高圧の状態で安全に積むためである。

問６　２は，農業産出額全国第１位の北海道，第２位の鹿児島県，重化学工業の発達していない沖縄県がふくまれているので，食料品と判断できる。なお，１はオの輸送用機械で，群馬県，愛知県，広島県，福岡県では自動車工業がさかんである。３はアの化学で，山口県の宇部市・小野田市，周南市などには大規模な石油化学コンビナートがあり，徳島県にはLED(発光ダイオード)や電気自動車向け電池の材料などをつくる企業(日亜《にちあ》化学工業)の本社がある。

問７　地産地消は，地元で生産された食材を地元で消費することである。輸送の費用が安く済む，地域経済の活性化につながるといった効果などのほか，フードマイレージ(食材輸送による環境への負荷)を減らす目的もある。ウは，フードマイレージを増やすことにつながるので，ふさわしくない。なお，フードマイレージは，食べ物が生産地から運ばれてきた距離《きょり》に注目する考え方で，食料の重さ(トン)と輸送距離(キロメートル)をかけあわせた数値で示される。

問８　Ｃは幹線道路沿いにあるので，「乗用車」「駐車場」とあるウが合う。次に，Ｅは出社・帰宅時の利用者が多い駅の近くにあるので，「近隣のオフィスビルで働く人の昼食や夕食向けの持ち帰り弁当・おかずなどの販売」とあるイが選べる。すると，住宅密集地内にあるＦは「徒歩」「日常生活」とあるア，工場地帯の近くにあるＤは「近隣の会社」とあるエと判断できる。

４　女性の解放と男女平等についての問題

問１　示されている紙幣《しへい》は2024年７月から発行される予定の新五千円札で，肖像《しょうぞう》画には津田梅子が描かれている。梅子は明治時代初め，岩倉使節団とともにアメリカへ渡り，初の女子留学生となった。また，〔年表〕中の「征韓《せいかん》論争」は，使節団に加わっていなかった西郷隆盛，板垣退助ら(朝鮮を武力で開国させようという考え方)と，帰国した使節団の岩倉具視《ともみ》，木戸孝允《たかよし》，大久保利通ら(国内の体制の確立を優先すべきという考え方)との間で起こった。よって，イが選べる。なお，岩倉使節団の派遣は1871～73年の出来事である。

問２　(a)　示されている絵を見ると，子どもを抱《だ》きかかえる男性のそばには，集会で演説する女性や聴衆が描かれている。また，本文の第二段落に「19世紀」には「『男は外で働き，女は家庭を守る』という生活スタイルが理想と考えられるようになりました」とあることから，当時は性別役割を固定化する考え方が一般的だったことがわかる。したがって，女性が政治に参加するようになると，家事や育児がおろそかになるというおそれから，女性参政権に反対する声が強かったと判断できる。「私の妻は，今夜，どこをほっつき歩いているんだ？」は，女性参政権に反対する男性の言葉と考えられる。　(b)　ア　〔年表〕に「1945年　イタリア・日本」とあり，日本国憲法が施行されたのは1947年なので，誤りとわかる。なお，日本の女性参政権は，1945年12月，GHQ(連合国軍最高司令官総司令部)の指示にもとづいて衆議院議員選挙法が改正され，満20歳以上のすべての男女に選挙権が認められるようになったことで実現された。　イ　〔年表〕に「1944年　フランス」とあり，フランス革命は18世紀末(1789～99年)の出来事なので，誤りと判断できる。　ウ　〔年表〕に「1920年　アメリカ」とあり，第一次世界大戦は1914～18年の出来事なので，正しいとわかる。　エ　〔年表〕に「1919年　ドイツ」とあり，ナチス政権崩壊《ほうかい》は第二次世界大戦(1939～45年)の末期(1945年)なので，誤りと判断できる。

問３　アイスランド，日本はどちらも先進国なので，教育と健康については，どちらも高水準で男女間の格差がほとんどない(ジェンダーギャップ指数が１に近い)と考えられる。よって，Ｂ，Ｃは，一方が教育で，もう一方が健康である(実際には，Ｂが教育，Ｃが健康)。また，示されている「評価対象」を見ると，経済について「同一労働における賃金の男女格差」とあり，これについては日本でも労働基準法で定められているが，「管理職の男女比」には格差(男性の方が多い)があるので，日本の指数が平均よりわずかに低くなっているＡは経済と判断できる。すると，残ったＤが政治となる。

問４　「イクメン」は，育児に積極的にかかわる男性という意味である。このような男性を好意的に評価する表現ではあるが，育児は本来，両親が一緒《いっしょ》に担うべきものである。したがって，「イクメン」という表現は，女性が育児をするのが普通だという考え方が根底にある，「差別的表現」ともいえる。

理　科　＜第１回試験＞（40分）＜満点：100点＞

解　答

１　(1)　**あ**　子房　**い**　花粉　**う**　受粉　**え**　胚珠　(2)　**お**　草　**か**　肉　**き**　雑　(3)　(ア)，(オ)　(4)　(ア)，(オ)　(5)　子葉　(6)　(a)　水，適当な温度，空気(酸素)　(b)　(エ)，(カ)，(ケ)　(c)　**処理**…２／**条件**…(例)　25℃の明るい室内で，乾いたスポンジ上で育てる。

(7) (イ)　(8) 光合成　(9) (例) オナモミ　**2** (1) 種子島　(2) (イ)　(3) GPS　(4) (例) 自転による速さ　(5) (a) 逆断層　(b) (エ)　(c) (エ)　(6) (ク)　**3** (1) (イ)　(2) (ア), (イ), (ウ)　(3) (イ)　(4) 31.6 g　(5) (ウ), (オ)　(6) 17.6 g　(7) (イ), (ウ), (カ)　**4** (1) 5　(2) 6通り　(3) (a) 30 g　(b) 3　(c) 4個　(4) (a) 0.025 g/cm^3　(b) 浮力　(c) (エ)　(d) 8 g　(e) 00012　(5) (オ)

解　説

1 植物や動物についての問題

(1) **あ**　めしべのもとのふくらんだ部分を子房《しぼう》といい，これが成長すると果実になる。　**い**　おしべの先端《せんたん》にある袋《ふくろ》をやくといい，中では花粉が作られている。　**う**　めしべの先端を柱頭といい，ここに花粉がつくことを受粉という。　**え**　子房の中には胚珠《はいしゅ》が入っており，受粉後は種子に育っていく。

(2) 主に植物を食べる動物を草食動物，主に動物を食べる動物を肉食動物，動物と植物の両方を食べる動物を雑食動物という。

(3) 口の中には唾液《だえき》を分泌《ぶんぴつ》する唾液腺《せん》があり，唾液の中には，でんぷんを消化して麦芽《ばくが》糖などの糖に変えるアミラーゼという消化酵素《こうそ》が含《ふく》まれている。また，肝臓《かんぞう》は，脂質《ししつ》の消化を助ける胆汁《たんじゅう》(胆液)を作る。胆汁は，消化酵素を含んでおらず，胆のうという袋状の器官にいったん蓄《たくわ》えられ，胆のうから十二指腸(小腸のはじめの部分)に分泌される。胃で分泌される胃液には，ペプシンという消化酵素が含まれている。ペプシンはタンパク質をペプトンに変化させる。そして，すい臓から十二指腸に分泌されるすい液に含まれる消化酵素や小腸の壁《かべ》に存在する消化酵素であるマルターゼによって，小腸では麦芽糖やペプトンなどがさらに分解される。なお，カタラーゼは肝臓で作られ，過酸化水素(体内でできた毒)を分解する酵素であるが，消化酵素ではない。セルラーゼは細菌《さいきん》や植物が持っている酵素で，植物の細胞壁《さいぼうへき》に含まれるセルロースを分解する。

(4) 種子植物は，子房がなく胚珠がむき出しになっている裸子《らし》植物と，胚珠が子房の中にある被子《ひし》植物に分類される。(ア)のイチョウは裸子植物である。また，(オ)のモウセンゴケは，「コケ」とついているが被子植物である。なお，(ウ)のスギナ，(エ)のマツバラン，(カ)のワラビはシダ植物，(イ)のスギゴケはコケ植物で，どれも花が咲《さ》かず，胞子《ほうし》でふえる(胞子植物という)。

(5) 種子の中の胚は，発芽して根，茎《くき》，葉になる部分である。無胚乳種子は，胚の一部である子葉に，発芽に必要な栄養を蓄《たくわ》えている。ダイズ，インゲンマメなどのマメ類や，アブラナ，クリ，ヒマワリなどは無胚乳種子である。これに対して，カキやイネなどは有胚乳種子である。

(6) (a) 一般《いっぱん》的に，種子が発芽するためには水，適当な温度，空気(酸素)の３つの条件が必要である。　(b) (ア)，(イ)　グループＡ，グループＢのどちらにも発芽している種子があるので，食塩水に浮《う》く，沈《しず》むは発芽に関係しないことがわかる。　(ウ)　処理１をおこなった種子はどれも発芽していないので，誤っている。　(エ)　処理２をおこなった種子の中には発芽しているものがあり，処理２をおこなっていない種子はどれも発芽していないので，正しい。　(オ)　条件２で育てた種子の中に発芽しているものがあるので，誤っている。　(カ)　条件１，条件３で育てた種子はすべて発芽していないので，正しい。　(キ)～(ケ)　条件３の「暗い」を「明るい」に変えた実験をおこなっていないので，(ケ)があてはまる。　(c) 表１では，処理２をおこない，条件２で育てた種子だけが発芽している。したがって，発芽に水が必要かどうかを調べるための対照実験としては，発芽した条件２から水を除いた条件で実験をおこなえばよい。

⑺　大気中の窒素《ちっそ》が他のものにつくり変えやすければ，自然界でもつくられるので，わざわざ肥料として土にまく必要はないと考えられる。よって，(イ)が選べる。

⑻　植物は，体内にある葉緑体で光のエネルギーを利用して，気孔《きこう》から取り入れた二酸化炭素と根から吸った水を材料に，養分(でんぷん)を作り出している。このはたらきを光合成といい，このとき酸素も作り出されて放出される。

⑼　オナモミの実を包む総包の表面には，トゲのようなものがたくさんある。また，センダングサの実を包む総包は１～２cmほどの棒状で，先端に数個のトゲがついている。これらの植物は，実のトゲで動物のからだの表面にくっつくことで運ばれて，生える場所を広げている。

2　人工衛星と地殻《ちかく》変動についての問題

⑴　JAXA(宇宙航空研究開発機構)のロケット発射基地である「種子島《たねがしま》宇宙センター」は，鹿児島県の種子島にある。

⑵　「だいち」は地図作成や資源調査などの目的で打ち上げられた陸域観測技術衛星，「かぐや」は大型月探査機や月周回衛星，「みちびき」は衛星からの電波によって位置情報を計算する準天頂衛星測位システム，「ひまわり」は気象衛星である。したがって，(イ)が選べる。

⑶　スマートフォンやカーナビゲーションなどに利用されている，人や自動車の現在位置を知らせるしくみをGPSという。全地球測位システムともよばれるこのしくみは，人工衛星が発する電波信号を利用することで，地球上での現在位置を正確に測定するものである。

⑷　地球は球形をしているので，赤道に近い地点ほど(つまり，高緯度《いど》よりも低緯度の方が)，地軸《じく》からの距離《きょり》が長く，自転による速さが速い。よって，地球は西から東に自転しているので，低緯度で東向きにロケットを打ち上げれば，打ち上げに必要なエネルギーが少なくなる。

⑸　(a)　断層では，断層面の上側にある層を上盤《うわばん》，下側にある層を下盤《したばん》という。水平に引かれるような力が地層にはたらくと，上盤がずり下がる向きに地層がずれる。このような断層を特に正断層という。逆に，水平に押《お》されるような力が地層にはたらくと，上盤がずり上がる向きに地層がずれる。このような断層を特に逆断層という。図１で，観測点Ａと観測点Ｂの間の距離《きょり》が縮まるのは，上盤がずり上がる向きに地層がずれるときなので，この場合の断層は逆断層である。　(b)　図１では，観測点Ｂのある上盤が北西方向，観測点Ａのある下盤が南東方向に動く。また，上盤は隆《りゅう》起《き》し，下盤は沈降《ちんこう》する。　(c)　地震《じしん》そのものの規模(放出したエネルギーの大きさ)を示す尺度をマグニチュードといい，値が１大きくなると地震の規模は約32倍になり，値が２大きくなると地震の規模は1000倍になる。熊本地震は東北地方太平洋沖地震(マグニチュード９)の約1000分の１の規模であると述べられているので，熊本地震のマグニチュードは，９－２＝７と求められる。

⑹　お，か　図２で，実線は建物に反射して観測点に届いた電波の経路，点線は人工衛星と観測点との最短経路を表している。　き，く　実線の長さは点線の長さより長いので，人工衛星から観測点までの距離が実際よりも大きいことになる。そのため，観測点の位置を正しく測定できない。

3　ものの溶《と》け方についての問題

⑴　水溶液《すいようえき》などの一様な物質の中に濃度《のうど》のちがう部分があると，そこで光の通り方が変化するために，もやもやしたものが見える。水の中に氷砂糖をつるした場合，その周りに氷砂糖が溶けた水溶

液ができ，周りの水より濃度が大きいので，もやもやして見える。また，濃度が大きい水溶液は，密度も大きい。よって，(イ)がふさわしい。

⑵　もやもやしたものがラップの穴から主に上向きに移動しているようすが見られたので，小さな容器に入っているショ糖水溶液の方が，水槽《すいそう》に入っている30％のショ糖水溶液より密度が小さい(つまり，濃度も小さい)。したがって，(ア)，(イ)，(ウ)があてはまる。

⑶　以下では，「質量パーセント濃度」を「濃度」と表す。表１より，小さな容器に入っているショ糖水溶液の密度は，濃度15％のショ糖水溶液より大きく，濃度25％のショ糖水溶液より小さい。よって，(イ)が正しい。

⑷　回収した硝酸《しょうさん》カリウムの結晶《けっしょう》から蒸発した水の重さは，15.7－12.1＝3.6(ｇ)なので，結晶を回収したあとの飽和《ほうわ》水溶液中の水の重さは，100－3.6＝96.4(ｇ)である。また，飽和水溶液中の硝酸カリウムの重さは，42.6－12.1＝30.5(ｇ)である。したがって，20℃の水100ｇに溶ける硝酸カリウムの最大の重さは，$30.5\times\frac{100}{96.4}=31.63\cdots$より，31.6ｇと求められる。

⑸　(ア)　酸性やアルカリ性の水溶液は電気を通す。また，中性の水溶液には，食塩水のように電気を通すものと，アルコール水溶液や砂糖水のように電気をほとんど通さないものがある。食塩水，アルコール水溶液，砂糖水は，いずれも無色である。　(イ)　アルコール水溶液のように，中性で無色だが臭《にお》いのある水溶液もある。　(ウ)　BTB溶液は酸性で黄色，中性で緑色，アルカリ性で青色を示すので，正しい。　(エ)　フェノールフタレイン溶液は酸性と中性で無色，アルカリ性で赤色を示すので，正しくない。　(オ)　赤色リトマス紙は，アルカリ性の水溶液をつけると青色に変化するが，中性や酸性の水溶液をつけても赤色のままで変化しない。よって，正しい。　(カ)　固体が溶けている水溶液を加熱すると，水が蒸発したあとに固体が残るが，気体や液体が溶けている水溶液を加熱しても，溶けている物質は空気中に逃《に》げていくので，水が蒸発したあとには何も残らない。たとえば，アルコール水溶液は液体のアルコールの水溶液で，加熱して水分を蒸発させると，あとには何も残らない。

⑹　回収した硝酸カリウムの重さは13.6ｇなので，飽和水溶液に溶けている硝酸カリウムの重さは，50－13.6＝36.4(ｇ)となる。よって，飽和水溶液中の水の重さは，$100\times\frac{36.4}{45.5}=80$(ｇ)である。一方，回収した硝酸カリウムについていた水の重さは，16－13.6＝2.4(ｇ)である。したがって，ビーカーから蒸発した水の重さは，100－(80＋2.4)＝17.6(ｇ)とわかる。

⑺　(ア)～(ウ)　５℃のときの飽和水溶液の濃度は，17÷(17＋100)×100＝14.52…(％)なので，60℃での濃度がおよそ14.5％よりも低い水溶液は，５℃まで冷却《れいきゃく》しても結晶が析出《せきしゅつ》しない。逆に，60℃での濃度がおよそ14.5％よりも高い水溶液は，５℃まで冷却したときに結晶が析出する。よって，(ア)は正しくないが，(イ)，(ウ)は正しい。　(エ)～(カ)　25℃のときの飽和水溶液の濃度は，38÷(38＋100)×100＝27.5…(％)である。(ア)～(ウ)と同様に考えると，(エ)，(オ)は正しくないが，(カ)は正しい。

4　棒のつり合いについての問題

⑴　棒のつり合いは，棒を回転させようとするはたらき(以下，モーメントという)で考える。モーメントは，(加わる力の大きさ)×(回転の中心からの距離)で求められ，左回りと右回りのモーメントが等しいときに棒はつり合って静止する。おもりＢをぶら下げた位置の目盛りを□とすると，(10＋10)×２＋10×１＝10×□が成り立ち，□＝50÷10＝５とわかる。

⑵　右回りのモーメントが50となるように，おもりＢをぶら下げる。50＝50×１，50＝40＋10＝20

×２＋10×１＝10×４＋10×１，50＝30＋20＝10×３＋20×１＝30×１＋10×２＝10×３＋10×２より，⑷の(e)のように表すと，「50000」「12000」「10010」「20100」「31000」「01100」の６通りとなる。

⑶　右のうでの目盛り４と目盛り５におもりＡを１個ずつぶら下げたときの右回りのモーメントは，10×４＋10×５＝90である。よって，90＝90×１＝30×３より，おもりＸの重さが90ｇで目盛り１にぶら下げられている場合と，おもりＸの重さが30ｇで目盛り３にぶら下げられている場合が考えられる。ここで，おもりＸの下におもりＢを１個ぶら下げたときの左回りのモーメントは，おもりＸの重さが90ｇ，30ｇの場合でそれぞれ，(90＋10)×１＝100，(30＋10)×３＝120となる。また，このときは右のうでの目盛り３のみにおもりＢをいくつかぶら下げるとつり合ったので，右回りのモーメントは３で割り切れる。したがって，あてはまるのは左回りと右回りのモーメントがどちらも120のときなので，おもりＸの重さは30ｇ，おもりＸをぶら下げた位置は目盛り３，右のうでの目盛り３にぶら下げたおもりＢは，(120÷３)÷10＝４(個)とわかる。

⑷　(a)　密度は，(重さ)÷(体積)で求められる。よって，発泡《はっぽう》スチロールの密度は，200÷(20×20×20)＝200÷8000＝0.025(ｇ/cm^3)となる。　(b)　空気中にある発泡スチロールは，空気から上向きの力を受ける。この力は浮力《ふりょく》とよばれる。　(c)　(エ)の気球は，空気を暖めてぼう張させて気球の体積を増やすことで，気球全体の重さよりも大きい浮力を発生させて，空気中に浮かぶ。

(d)　発泡スチロールにはたらく浮力の大きさは，発泡スチロールが押《お》しのけた体積分の空気の重さに等しい。空気の密度は0.001ｇ/cm^3，発泡スチロールの体積は8000cm^3なので，浮力の大きさは，0.001×8000＝８(ｇ)と求められる。　(e)　発泡スチロールの重さは200ｇで，上向きに８ｇの力がはたらいているので，左回りのモーメントは，(200－８)×５＝960である。また，右回りのモーメントは，200×４＋(10＋10)×１＝820である。よって，左回りのモーメントの方が，960－820＝140大きいので，おもりＢによる右回りのモーメントが140になるように，おもりＢを右のうでにぶら下げる。このとき，おもりＢの個数を少なくするためには，できるだけ支点から遠い位置におもりＢを多くぶら下げる必要がある。したがって，140＝50×２＋40＝(10×５)×２＋10×４より，おもりＢを目盛り５に２個，目盛り４に１個ぶら下げると最も少ない個数で棒を水平にできる。これは，「00012」と表せる。

⑸　容器の中を真空にすると，浮力を発生させる空気がなくなるので，発泡スチロールには浮力がはたらかなくなる。そのため，真空にする前より左回りのモーメントが大きくなるので，棒の左のうでが下がる。また，容器の中を真空にしても，重力は真空にする前と同じようにはたらくので，実験用のてこが容器の中で浮き上がることはない。よって，(オ)が正しい。

国語　＜第１回試験＞（60分）＜満点：150点＞

解答

□一　下記を参照のこと。　□二　①　そく　②　んせん　③　つあい　④　もむろ　⑤　ざなり　□三　**問１**　**Ａ**　ウ　**Ｂ**　オ　**Ｃ**　ウ　**問２**　ア　**問３**　エ　**問４**　ウ　**問５**　(例)　二人とも何か思いつめたように見えたから。　**問６**　イ　**問７**　オ

問８　(例)　自分とは別の方を見ている山吹くんといっしょの毎日なら，わからないところをもっとわかりたいと思い，面白く過ごせそうだから。　**問９**　(例)　あふれるような僕の想いが届き，二人の未来が始まるということ。　**四**　**問１**　**A**　イ　**B**　エ　**C**　ウ　**D**　ア　**問２**　エ　**問３**　エ　**問４**　イ　**問５**　イ　**問６**　(例)　完全な友情は，相手に近づきたい愛と，相手との距離を保とうとする尊敬の二つが，均衡して備わっている者どうしで成り立つこと。　**問７**　(例)　友情とは愛による結びつきだと考える伝統的な友情観から，友情とは他律的な欲求である愛と自律的な尊敬の感情との均衡の上に成立するという友情観へ発展させたこと。

●漢字の書き取り

一　①　警笛　②　車窓　③　沿岸　④　悲痛　⑤　厳寒

解説

一　漢字の書き取り

①　危険を知らせたり注意をうながしたりするために鳴らす笛。　②　列車，電車，自動車などの窓。　③　海，湖，川などの水域に沿った場所。　④　この上もなく悲しいようす。悲しいできごとに心を痛めるようす。　⑤　非常にきびしい寒さ。

二　ことばの知識

①「こそく(姑息)な」は，その場しのぎであるさま。　②「きんせん(琴線)に触《ふ》れる」は，“心の奥深いところで感動したり共鳴したりする”という意味。「琴線」は琴《こと》の糸(弦《げん》)のことで，感動したり共感したりする心情をたとえている。　③「かつあい(割愛)」は，思い切って省くこと。　④「おもむろに」は，落ち着いてゆっくりとことを始めるさま。　⑤「おざなり(お座なり)」は，その場だけの間に合わせでいいかげんに対応するようす。

三　**出典：冬森灯《ふゆもりとも》「マエストロのプレジール～仔牛《こうし》のポワレ，パレット仕立て～」(『すきだらけのビストロ―うつくしき一皿』所収)**。織絵《おりえ》さんにプロポーズするタイミングをはかっていた「僕《ぼく》」(山《やま》吹《ぶき》くん)が，二人でレストランの食事を楽しんでいたとき，棚《たな》の上の絵について感想を求められ，あせる場面である。

問１　**A**「取り繕《つくろ》う」は，“都合の悪いことや失敗などを，その場だけ一時的にごまかす”という意味。　**B**「奇《き》をてらう」は，“わざと変わったことをして人の注意を引く”という意味。　**C**「おずおずと」は，おっかなびっくりでためらいながら行動するようす。

問２　前書きに「『僕』は指輪を渡《わた》してプロポーズをするタイミングをつかめずにいた」とあり，本文の最後のほうに「僕は，鞄《かばん》の中の小箱に手を伸《の》ばす」，「僕の差し出す手のひらの上，リボンの結ばれた小箱に，織絵さんが目を見開いた」とあるので，アが選べる。傍線《ぼうせん》部①の場面で「僕」は，コートのポケットに入れていた指輪の小箱を鞄に移し，コートを掛《か》けてから，鞄を持って客席に着いたのである。

問３「手のひらにじっとりと汗《あせ》がにじむ」のは緊張《きんちょう》しているときなので，「焦《あせ》っている」とあるエがよい。「話せることなんて思い浮《う》かばない。この絵について調べようがないからだ」，「もしかすると彼女《かのじょ》は，気づいているのだろうか。僕が虚勢《きょせい》を張っていることを」とあることも参考になる。

問４　本文の最後の方で織絵さんが「知識や背景を知るのも楽しいけど，私，山吹くん自身の言葉の方が，ずっと好き。さっき言おうと思ったの」と言っているので，傍線部③の場面にはウが合う。

問５「口に合う」は“飲食物が好みに合い，おいしく感じる”という意味で，料理そのものは，二人とも言葉をなくすほどおいしく食べている。しかし，問３，問４でみたように，棚の上の絵について話すうち，「僕」は「今日は記念日なんかじゃなく，忘れたくても忘れられない，悲しい日になるのかもしれない」と落ちこみ，織絵さんは「視線を落とし」て考えこんでいる。このようすを見て，ギャルソンは料理が好みに合わなかったのかと気づかったのだから，「二人とも深刻そうにだまりこんでいたから」のようにまとめる。

問６　この後，美しくおいしい料理を食べる二人のようすが描《えが》かれ，続けて，棚の上のマティスの絵と料理の関係，客に料理を届ける思いをシェフが語っている。いま食べた色とりどりの美しい料理は，シェフが絵から想像を広げ，「画家がよろこびを描き出す源，パレットのように仕立て」たものである。また，「憂《うれ》いが多い」世の中を乗り越《こ》えていくため「心もお腹も満ちる」おいしい料理を届けたいというのだから，イがふさわしい。

問７　前書きに「二人で美術館を訪《おとず》れたが，目当ての絵を見ることができなかった織絵さんは落ち込《こ》んでしまった」とあること，前菜を食べている場面に「織絵さんは，さっきの落ち込みぶりが想像できないほど上機嫌《じょうきげん》になり，食事の合間も，棚の上の絵をたびたび観《み》ていた」とあること，シェフが「色彩《しきさい》の魔術師《まじゅつし》」と呼ぶ画家が「マティス」であることから，オがあてはまる。

問８「こんなふう」は，絵に描かれた「ふたりの女性」のようすを指している。少し後で織絵さんは，この絵の好きな点を二つあげている。一つは，絵の二人が「同じ場所にいても，お互《たが》いに別な場所を見つめているところ」で，「そういうひととなら，面白《おもしろ》い毎日を過ごせそうな気がする」と言っている。もう一つは，「正面を向いたこのひとが，ちょっと山吹くんに似てること」で，山吹くんとずっと過ごしたいという告白になっている。また，「もしかすると，一生わからないのかもしれない。芸術には答えがないから。触《ふ》れるたびに新しい発見に出逢《であ》う気がする。だから，飽《あ》きないのかも。ずっとわからないから，少しでもわかりたくて，ずっと面白く感じる」という織絵さんの言葉には，山吹くんとの未来像が重ねられている。これらをもとに，「同じ場所にいても別々の方を向いている山吹くんと自分が，互いに新しい面を発見し続けられたなら，面白い毎日が過ごせるから」のようにまとめる。

問９　傍線部⑧の場面では，織絵さんの好意を受け止めた「僕」が，プロポーズの指輪の小箱を差し出している。そして，その想《おも》いは「画家たち」が「筆に込めて，描き込む」想いに重ねられている。これをふまえ，「小箱にたくした僕の想いが，織絵さんとの未来を開くということ」，「言葉にならない僕の想いを，いま織絵さんが受け取るということ」，「二人が互いのかがやく想いを受け止め，二人の未来が開くこと」のようにまとめる。

四　**出典：戸谷洋志《とやひろし》『友情を哲学《てつがく》する―七人の哲学者たちの友情観』**。カントの哲学における「自由」，「欲求」，「尊敬」というキーワードをふまえ，友情の成立に必要なものを考察している。

問１　**A**「空腹」でハンバーガーを食べたい「欲求」がある場合，その「欲求」はハンバーガーを食べることで叶《かな》うが，「空腹」や「食欲」は自分で選んだものではないという文脈なので，前のことがらを受けて，それに反する内容を述べるときに用いる「しかし」がふさわしい。　**B**　直前の段落では，欲求に屈《くっ》せず義務に従って行為《こうい》する「自律性」こそが，人間の自由だと述べられている。これをふまえ，「義務」とは何かという新たな問題へと展開していく文脈なので，前のことがらを受けて，それをふまえながら次のことを導く働きの「では」が合う。　**C**　続く部分では，直前の段落で取り上げられた「規範《きはん》」の例が説明されている。よって，具体的な例をあげるときに用いる「たとえば」が入る。　**D**　直前の段落では，「自分だけを例外扱《あつか》いする規範を望む」ことは「他律的に生きていること」につながると述べられている。この内容は，直後の「自律的な人間が従うべき義務とは，すべての人々に等しく当てはまる規範でなければならない」の根拠《こんきょ》にあたるので，前のことがらを受けて，順当に次のことが起こるさまを表す「したがって」でつなぐのがよい。

問２　直後の二つの段落で，「空腹」でハンバーガーを食べたい「欲求」がある場合の例について，そのときにはハンバーガーを選んだように見えるが，その「選択《せんたく》」は「空腹」に強制されたものなので，「自分で選んだわけではないものに支配されることを意味する」と説明されている。よって，この内容を一般《いっぱん》化したエが選べる。

問３　四つ後の段落で，「自律的な人間が従うべき義務とは，すべての人々に等しく当てはまる規範でなければならない」とまとめられているので，「すべての人々」にあてはまるエがふさわしい。なお，アは「会員」以外の人，イは「患者《かんじゃ》」，ウは「怖《こわ》い先生」に教わっている生徒，オは「生徒」だけにあてはまるので，ふさわしくない。

問４　本音を言える相手か，信じられる相手かどうかの見分け方として，本文では，相手が打ち明けられた「友達の秘密を暴露《ばくろ》したい，という欲求」に従うか，その欲求から自由かという例があげられている。そして，「友達に本音を言えるためには，その友達がこうした欲求に抵抗《ていこう》することができる，という信頼《しんらい》が必要である」と述べられている。したがって，「自律的」でない人は，「友達の秘密を暴露したい，という欲求」から自由になれないと考えられるので，イが合う。

問５　イの「だしにする」が，“自分の利益のためにほかのものを利用する”という意味。類義語に「踏《ふ》み台にする」などがある。なお，アの「反故《ほご》にする」は，“約束などをなかったことにする”という意味。ウの「袖《そで》にする」は，“冷たくあしらう”という意味。エの「こけにする」は，“相手をあなどって踏みつけにする”という意味。オの「二の次にする」は，“後回しにする”という意味。

問６　傍線部⑤は，二文前の「引力としての愛と斥力《せきりょく》としての尊敬が均衡《きんこう》する」状態の言いかえである。「引力」にたとえられた「愛」は，五つ前の段落で，「『私』と他者の間にある隔《へだ》たりを解消しようとする働き」，「互いに近づき，できることならば一つになろうとすること」と説明されている。一方，「斥力」にたとえられた「尊敬」は，二つ前の段落で，「他者には『私』が侵《おか》すことのできない自由があるということを，認めること」，「他者を『私』から隔たったものとして受け入れること」と説明されている。これをふまえ，「道徳的友情は，相手に近づきたい愛の欲求と，相手の領分にふみこまない尊敬の念の両方が，均衡している者どうしで成立すること」のようにまとめる。

問７　「伝統的な友情観」とは，直前の段落で説明されている「アリストテレスの友情論」である。前のほうで，アリストテレスは「友情を愛によって結びつくものとして捉《とら》えていた」と述べられている。一方，カントの考える友情は「愛」と「尊敬」を必要とする。「愛」は他律的な欲求であり，状況《じょうきょう》によっては欲求に従うことが友情の破綻《はたん》につながる。そうした欲求に抵抗するのが，相手を尊重して自由の領分にふみこまない自律的な「尊敬」である。問６でみたように，カントの考える友情は，愛と尊敬が均衡した者どうしの間に成立するもので，伝統的な友情観の発展形といえる。これを整理し，「友情は愛による結びつきだとするアリストテレスの伝統的な友情観の不備を示し，他律的な愛の欲求と自律的な尊敬の感情との均衡の上に成り立つ道徳的友情を提示したこと」のようにまとめる。

2024年度　聖光学院中学校

【算　数】〈第２回試験〉(60分)〈満点：150点〉

1　次の問いに答えなさい。

(1)　次の計算の□にあてはまる数を答えなさい。

$$\left\{1\frac{4}{9}+(1.75-\boxed{})\div1.875\right\}\times2.8=4\frac{2}{3}$$

(2)　ある川のＰ地点とＱ地点を，上流に向かって進むときは毎分115m，下流に向かって進むときは毎分185mで，１時間かけて１往復する船があります。Ｐ地点とＱ地点の間の距離《きょり》は何mですか。

(3)　聖也《せいや》さんは光司《こうじ》さんに，持っているアメの$\frac{2}{7}$を渡したところ，光司さんの持っているアメの個数は，聖也さんの持っているアメの個数の２倍より１個少なくなりました。さらに，聖也さんが４個のアメを光司さんに渡したところ，光司さんの持っているアメの個数は，聖也さんの持っているアメの個数の３倍になりました。光司さんがはじめに持っていたアメは何個ですか。

2　図１のような3×3の正方形のマス目があり，図２のように１～９の数を１個ずつ記入します。横並びの３個の数を上から順に第１行，第２行，第３行といい，縦並びの３個の数を左から順に第１列，第２列，第３列ということにします。たとえば，図２における第２行の数は３，５，７，第３列の数は４，７，８です。このとき，次の問いに答えなさい。

図１

2	1	4
3	5	7
6	9	8

図２

(1)　図２は，各行の３個の数のうち奇数であるものの個数は，上から順に１個，３個，１個とすべて奇数個となっています。また，各列の３個の数のうち奇数であるものの個数は，左から順に１個，３個，１個とすべて奇数個となっています。

このように，「各行の３個の数のうち奇数であるものの個数がいずれも奇数個」であり，かつ「各列の３個の数のうち奇数であるものの個数がいずれも奇数個」である，という性質を(性質Ａ)ということにします。

(a)　図３のように１～４の数が記入されています。

このマス目が(性質Ａ)を持つように５～９の数を書き入れる方法は全部で何通りありますか。

(b)　図４のように１と３の数が記入されています。

このマス目が(性質Ａ)を持つように残りの７個の数を書き入れる方法は全部で何通りありますか。

1	2	
3	4	

図３

1		3

図４

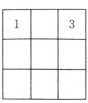

(2) 図5は，各行の3個の数の和が上から順に，6，15，24といずれも3の倍数となっていて，さらに各列の和も左から順に，12，15，18とすべて3の倍数になっています。このように，「各行，各列の3個の数の和がいずれも3の倍数」である，という性質を(性質B)ということにします。

1	2	3
4	5	6
7	8	9

図5

(c) 図5のように，各行の3個の数の和が上から順に，6，15，24となっていて，かつ，「各列の3個の数の和が，12，15，18の組み合わせ」であるように9個の数を書き入れる方法は，図5を含《ふく》めて全部で何通りありますか。

(d) 図5のように，各行の3個の数の和が上から順に，6，15，24となっていて，かつ，(性質B)を持つように9個の数を書き入れる方法は，(c)を含めて全部で何通りありますか。

3 図のようなまっすぐなコース上で，3体のロボットR_1，R_2，R_3をそれぞれ毎分5m，6m，4mと一定の速さで動かします。このコースには，3m間隔《かんかく》で4つの地点A，B，C，Dがあり，R_1がA地点を出発してから1分後にR_2もA地点を出発してD地点に向かって動き出します。R_3は逆にD地点を出発してA地点に向かって動き出します。B地点とC地点の間はコースの幅《はば》が狭《せま》く，2体以上のロボットがすれ違うことができないため，R_1，R_2にはB地点に到着したときのルールX，R_3にはC地点に到着したときのルールYを定めます。

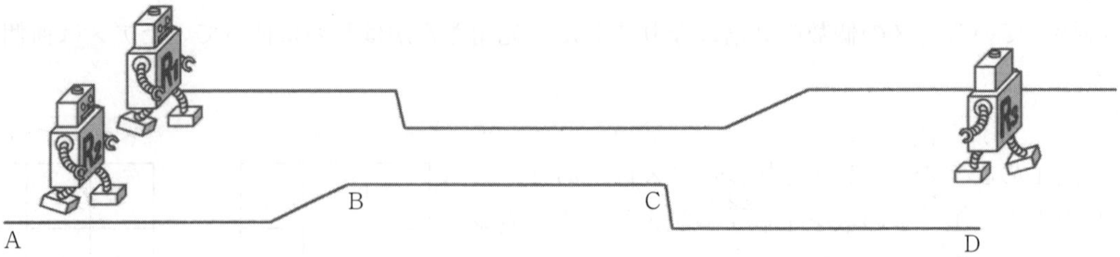

〈ルールX〉

●BC間をR_3が動いているとき，もしくは，R_1またはR_2と同時にR_3がC地点に到着したときは，R_3がB地点を通過するまでB地点で待機し，通過したと同時に出発する。

●R_1，R_2がともにB地点で待機していたときには，R_2，R_1の順で出発する。このとき，出発する時間の差は考えないものとする。

〈ルールY〉

●BC間をR_1もしくはR_2が動いているときは，BC間のロボットがすべてC地点を通過していなくなるまでR_3は待機し，通過したと同時に出発する。

(1) R_1がA地点を出発すると同時にR_3がD地点を出発しました。R_2がD地点に到着するのは，R_2がA地点を出発してから何秒後ですか。

(2) R_1とR_2を同時にD地点に到着させるためには，R_3はR_1がA地点を出発する何秒前に出発させればよいですか。

(3) R_3がC地点で待機しないためには，R_3は次の(a)または(b)の時間に出発しなくてはなりません。ア ～ エ にあてはまる数をそれぞれ答えなさい。

(a) R_3は，R_1がA地点を出発する ア 秒以上前に出発する。

(b)　R_3 は，R_1 がＡ地点を出発して [イ] 秒後から [ウ] 秒後の間，または [エ] 秒以上後に出発する。

4　図のような平行四辺形 ABCD があり，辺 AB，CD の真ん中の点をそれぞれM，Nとします。点Ｐは直線 CM をＣ→Ｍ→Ｃ→Ｍ→Ｃと８秒間で２往復し，点Ｑは直線 NA をＮ→Ａ→Ｎと８秒間で１往復します。２点Ｐ，Ｑはそれぞれ C，Ｎを同時に出発し，一定の速さで移動するとき，あとの問いに答えなさい。

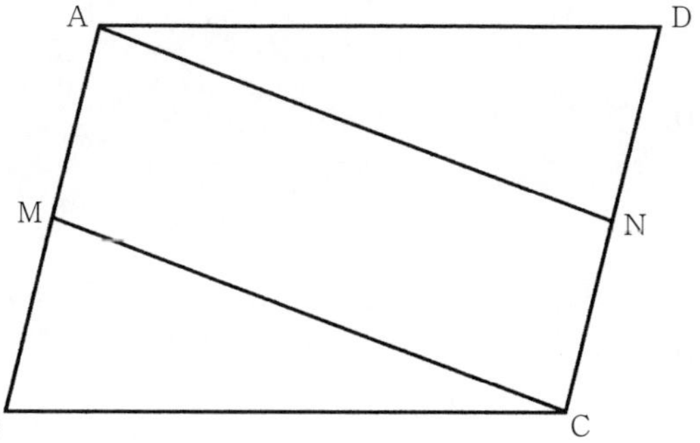

(1)　２点Ｐ，Ｑが出発して３秒後の三角形 ABQ の面積は，平行四辺形 ABCD の面積の何倍ですか。

(2)　２点Ｐ，Ｑが出発して３秒後の四角形 BPDQ の面積は，平行四辺形 ABCD の面積の何倍ですか。

(3)　４点Ｂ，Ｐ，Ｑ，Ｄが初めて一直線上に並ぶのは，２点Ｐ，Ｑが出発してから何秒後ですか。

(4)　３点Ｂ，Ｐ，Ｑが一直線上に並ぶのは，８秒間で何回ありますか。また，３回目に一直線上に並ぶのは，２点Ｐ，Ｑが出発してから何秒後ですか。

5　図１のように，BF＝３cm，BC＝４cm，AB＝６cm である直方体 ABCD−EFGH があります。この直方体のブロックを床《ゆか》に置き，真上から見ると図２のようになります。辺 EF，辺 GH の真ん中の点をそれぞれＱ，Ｒとし，直線 QR の点Ｑ側の延長線上に PQ＝４cm となる点Ｐをとり，この点Ｐの場所で高さ９cm の位置に照明を設置したときの床にできる影《かげ》について，あとの問いに答えなさい。

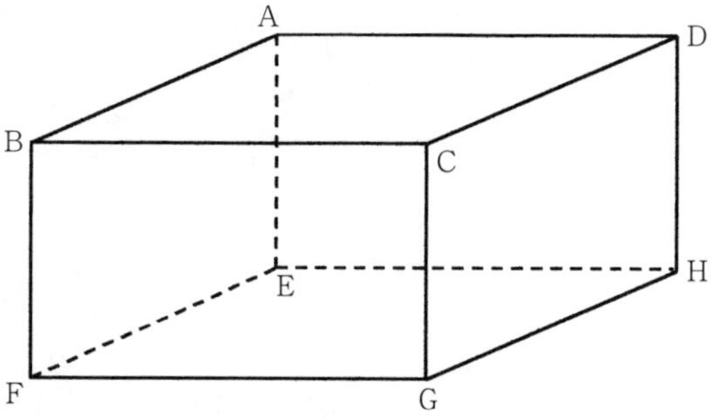

図１

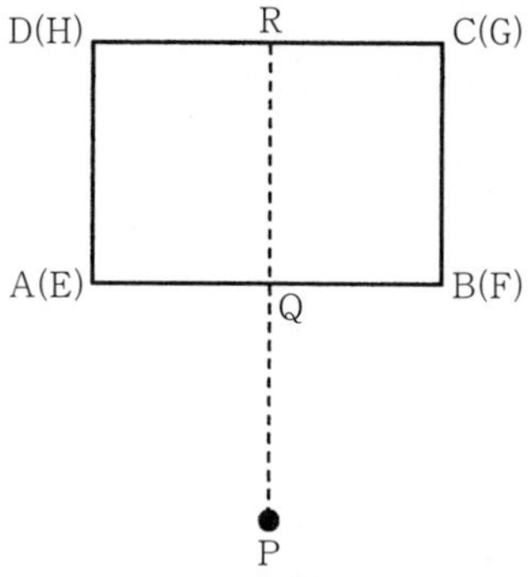

図２

(1)　直方体 ABCD−EFGH によって床にできる影を，解答欄《らん》の図に斜線《しゃせん》で示しなさい。また，その面積は何 cm² ですか。

(2) さらに，図３のように直線GCの延長線上に点S，直線HDの延長線上に点Tをとり，CS＝４cmの長方形CDTSを作りました。このとき，床にできる影の面積は何cm^2ですか。

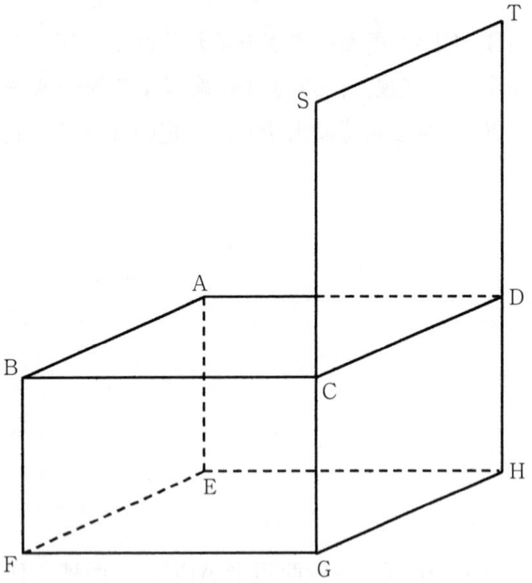

図３

【社　会】〈第２回試験〉（40分）〈満点：100点〉

〈編集部注：実物の入試問題では，写真はカラー印刷です。〉

1　次の問いに答えなさい。

問１　昨年，我《わ》が国の政府は，民主主義や法の支配といった基本的な価値観を共有する国に対し，防衛装備品などを無償《むしょう》提供する新たな軍事支援《しえん》の枠組《わくぐ》み「政府安全保障能力強化支援(OSA)」を創設しました。こうしたOSAの対象となる国のことを何とよびますか。次の**ア**～**オ**の中から１つ選び，記号で答えなさい。

ア　衛星国　　**イ**　連合国　　**ウ**　同盟国　　**エ**　同志国　　**オ**　中立国

問２　2023年10月から，消費税が記載《きさい》された事業者間でやりとりされる適格請求書《てきかくせいきゅうしょ》の制度が始まりました。この適格請求書のことを何と言いますか。カタカナ５字で答えなさい。

問３　日本国憲法第69条の(　)にあてはまる語句を漢字で答えなさい。

> 内閣は，衆議院で不信任の決議案を可決し，又は信任の決議案を否決したときは，10日以内に衆議院が解散されない限り，(　　)をしなければならない。

問４　昨年４月15日，ドイツでは，最後の原子炉《げんしろ》３基が発電のための運転を停止し，2011年の東京電力福島第１原発事故を受けて決めた脱原発《だつげんぱつ》が完了《かんりょう》しました。しかしドイツ国民の中には，こうした政策に不安を感じたり異論があったりして，反対する人もいます。こうした人々が脱原発の政策に反対するのはなぜですか。具体的に10字以上20字以内で答えなさい。

2　次の文章を読んで，あとの問いに答えなさい。

みなさんは日本古代の遺跡《いせき》を訪《おとず》れたことがありますか？

古代の遺跡の代表は，奈良県の《国営平城宮跡《せき》歴史公園》でしょう。平城京は平安時代に田畑となり，やがてその場所はわからなくなりましたが，近代になって考古学研究がすすみ，①1920年代に発掘《はっくつ》調査が始まり，戦後に特別史跡《しせき》となって保存されました。平城宮跡には，1998年に(　１　)門，2010年に大極殿《だいごくでん》，2022年には大極門(南門)の建物が復原され，宮都のようすが徐々《じょじょ》に再現されています。ただ，古代の都は平城京が最初ではなく，694年に築かれた藤原京が最初の都で，その宮跡が戦後発掘され，《②藤原宮跡史跡公園》として大極殿の列柱だけが復原されました。奈良県以外にも③大阪府の難波宮，滋賀県の大津宮や紫香楽宮などもあり，それぞれ発掘され，史跡となっています。

794年の遷都後，④平安京は“千年の都”として長らく続き，現在の京都市街地の中心部にあたりますが，現在の京都御苑《ぎょえん》(御所)は平安時代の大内裏と場所が異なります。ちなみに古代の都城は中央を南北に通る(　１　)大路を中心に東西を右京・左京とよび分けます。ただ現在の地図においては，右(東)に左京，左(西)に右京で左右が逆になりますが，それは［　　　　　］からです。

律令国家は地方支配のために中央貴族を国ごとに国司として派遣《はけん》しました。その国司が政務をとる役所付近は「国府」「府中」とよばれ，東京都府中市のようになごりとなる地名が全国にあり，その府中市の遺跡は《武蔵国府跡》として現在公園になっています。また兵庫県豊岡《とよおか》市に国府《こくふ》駅があるほか，神奈川県の東海道線国府津《こうづ》駅，徳島県の府中《こう》駅，愛知県の国府《こう》駅は，鉄道ファンにはおなじみの難読駅で，いずれも古代の政治に由来していることがわかります。

さらに⑤戦国大名も自分の居城のある場所を「府中」と称《しょう》し，たとえば今川氏の居城があった地(現在の静岡市)は「府中」と称され，旧国名の駿河《するが》の府中を略して「駿府《すんぷ》」ともよばれました。また別の県の(　２　)市も，旧国名の１字と国府を意味する１字が組み合わされた地名で，その県の県庁所在地になっています。

国府の近くには国分寺・国分尼寺が(　３　)天皇によって建立《こんりゅう》され，当時の建物は全く残っていませんが，そのなごりとして全国各地に「国分寺」「国分」という地名が多数あります。武蔵国の国分寺があった地は，そのなごりの地名そのままの東京都国分寺市で，《武蔵国分寺跡》が保存されています。また《相模国分寺跡》は神奈川県海老名市にあり，発掘された地は保存され，公園となりました。岡山県の備中国分寺は田園風景の中の五重塔で知られますが，⑥江戸時代に再建されたものです。

地方の役所の重要な遺跡はほかにもあって，⑦九州の(　４　)が⑧中国や朝鮮半島との外交や九州の行政も担当した役所で，福岡県に大規模な《(　４　)政庁跡》があります。また東北の多賀城が，蝦夷と戦うための軍事基地，かつ陸奥国府として置かれ，発掘跡は宮城県多賀城市の《多賀城跡》として保存されています。

日本古代史の政治制度はその後の日本史全体に大きな影響《えいきょう》を及《およ》ぼしましたので，古代の遺跡を訪れたり，地名の由来を考えたりすることは，とても大切なことでしょう。

問１　文中の(１)～(４)にあてはまる語句や人名を漢字で答えなさい。

問２　文中の□に入る文を１行で答えなさい。

問３　下線部①について，1920年代の次の出来事を，時期の早い順に並べかえた場合，３番目になるものを，次の**ア**～**エ**の中から選び，記号で答えなさい。

ア　世界恐慌
イ　治安維持法制定
ウ　関東大震災
エ　国際連盟発足《ほっそく》

問４　下線部②から1967年に発掘された木簡の〔**写真の説明**〕，および〔**表**〕「当時の地方行政区域の制度についての政治史料」とあわせて，当時の政治制度について正しく説明されている文を，あとの**ア**～**エ**の中から１つ選び，記号で答えなさい。

〔**写真の説明**〕

木簡には，「己亥《きがい》年十月上捄《かずさ》国阿波《あわ》評松里」(「己亥年」は西暦《せいれき》699年，「上捄国」は上総《かずさ》国で現在の千葉県の一部)と書かれ，その後，全国から発掘された同時期の木簡でも行政区域については同様の記述になっています。

〔**表**〕　当時の地方行政区域の制度についての政治史料

制度(史料名)	地方行政区域
改新の詔《みことのり》の記述(日本書紀)	「国ごとに国司，郡ごとに郡司」
律令制度(大宝律令)	「国ごとに国司，郡ごとに郡司，里ごとに里長」

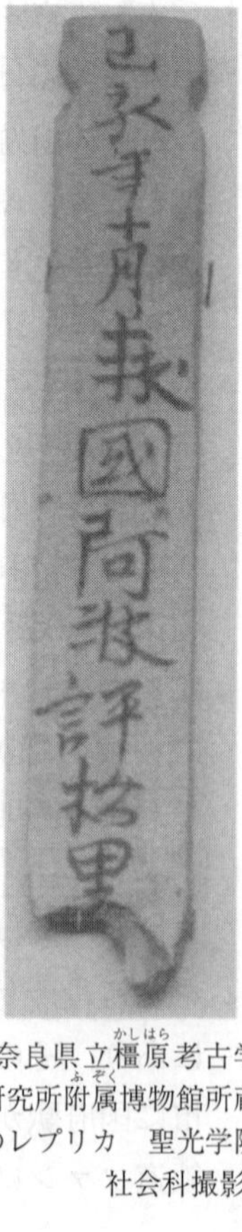

(奈良県立橿原《かしはら》考古学研究所附属《ふぞく》博物館所蔵のレプリカ　聖光学院社会科撮影)

ア　日本書紀の表記通りに，大化改新以前は「郡」ではなく「評」が用いられていた。

イ　木簡の表記が誤りで，大化改新以後，大宝律令制定まで「評」ではなく「郡」が用いられていた。

ウ　日本書紀の表記が誤りで，大化改新以後，大宝律令制定まで「郡」のかわりに「評」が用いられていた。

エ　大宝律令の表記が誤りで，大宝律令制定後は「郡」のかわりに「評」が用いられていた。

問５　下線部③の大阪（江戸時代までは「大坂」）に関連して述べた文として正しいものを，次の**ア**～**エ**の中から１つ選び，記号で答えなさい。

ア　石山本願寺は一向一揆の中心だったが，その跡地《あとち》に豊臣秀吉は大坂城を築いた。

イ　近松門左衛門は『仮名手本忠臣蔵《かなでほんちゅうしんぐら》』など歌舞伎の傑作《けっさく》を多く著《あらわ》した。

ウ　江戸幕府の異国船打払令に反対した大坂町奉行の大塩平八郎が処罰《しょばつ》された。

エ　渋沢栄一は大阪に富岡製糸場を設立し，明治期の殖産興業に大いに貢献《こうけん》した。

問６　下線部④の平安京および周辺の寺院について述べた文として正しいものを，次の**ア**～**エ**の中から１つ選び，記号で答えなさい。

ア　東寺は，天台宗をひらいた空海によってつくられた。

イ　平等院は，摂政関白だった藤原道長によってつくられた。

ウ　知恩院は，浄土宗をひらいた法然によってつくられた。

エ　金閣は，室町幕府の３代将軍足利義政によってつくられた。

問７　下線部⑤について述べた文として正しいものを，次の**ア**～**エ**の中から１つ選び，記号で答えなさい。

ア　戦国大名は，主人を打ち倒《たお》す下剋上のなか，天皇や貴族，寺社らの領地を守った。

イ　戦国大名は独自の法律をつくらず，鎌倉幕府の御成敗式目を使っていた。

ウ　鉄砲は日本で生産できないので，戦国大名はヨーロッパから輸入した。

エ　キリスト教を信仰《しんこう》する大名には，信者の少年をローマ教皇のもとへ送った者もいた。

問８　下線部⑥について，次の〔**政策**〕をおこなった人物と改革の組み合わせとして正しいものを，あとの**ア**～**エ**の中から１つ選び，記号で答えなさい。

〔**政策**〕　物価が上昇《じょうしょう》したため，流通を独占《どくせん》する株仲間のしわざとして解散を命じた。

ア　徳川綱吉：享保の改革

イ　徳川吉宗：享保の改革

ウ　水野忠邦：天保の改革

エ　松平定信：天保の改革

問９　下線部⑦の歴史的な出来事について述べた文として正しいものを，次の**ア**～**エ**の中から１つ選び，記号で答えなさい。

ア　弥生時代に中国から送られた金印が，福岡県沖ノ島から江戸時代に発見された。

イ　鎌倉時代にモンゴル軍が２度も日本に襲来《しゅうらい》し，文禄・慶長の役とよばれた。

ウ　江戸時代に島原の乱が起き，鎮圧《ちんあつ》後に幕府はバテレン追放令を発した。

エ　明治時代に北九州に八幡製鉄所がつくられ，筑豊炭田の石炭が利用された。

問10　下線部⑧に関連して，東アジア諸国・地域と日本との関係について述べた文として正しいものを，次の**ア**～**エ**の中から１つ選び，記号で答えなさい。

ア　日清戦争後の下関条約によって日本は台湾を植民地としたが，三国干渉を受けて返還《へんかん》し，賠償金《ばいしょうきん》も得られなかった。

イ　江戸幕府の鎖国政策で貿易が制限されるなか，中国とは貿易が継続《けいぞく》され，長崎の出島に中国人が収容された。

ウ　朝鮮出兵で日本と朝鮮は交戦したが，豊臣秀吉の死後に国交が回復され，たびたび使節が日本に派遣された。

エ　日中戦争で日本と中国は断交し，戦後も日中間で国交はなかったが，サンフランシスコ会議で国交が回復した。

3　聖光学院では，高校２年の７月に北海道へ修学旅行に行きます。高校２年生のアッシ君は旅行中に日記を書きました。この日記を読んで，あとの問いに答えなさい。

１日目　羽田空港から飛行機で釧路に向かった。空港の建物を出ると，①ずいぶん肌寒《はださむ》く，気候の違《ちが》いを感じた。

２日目　宿泊《しゅくはく》した温泉地を出て，②近くにあるアトサヌプリという火山の見物をした。噴気《ふんき》が出ていて，独特の臭《にお》いがしていたのが印象的だった。かつては，ある鉱物資源の採掘《さいくつ》がおこなわれていたらしい。その後，バスは知床半島へ向かった。知床半島の南部にある羅臼町《らうすちょう》で休憩《きゅうけい》した時に海をながめたら，北方四島のひとつである(　１　)島が見えた。知床周辺は自然が豊かな地域として知られており，③世界自然遺産に認定《にんてい》されている。

３日目　サロマ湖へ向かった。サロマ湖では，④ホタテガイやカキの養殖《ようしょく》がさかんなので，養殖に使う道具を港で見ることができた。

４日目　網走で⑤流氷に関しての展示をおこなう「オホーツク流氷館」と，「⑥博物館網走監《かん》獄《ごく》」を見学した。その後，帯広方面へ向かった。帯広は(　２　)平野にあり，⑦周辺では農業がさかんだ。

５日目　富良野へ向かった。富良野はラベンダー畑が有名で，日本人観光客だけでなく，外国人観光客も多かった。富良野からは札幌に向かった。札幌は明治時代に碁盤目《ごばんめ》状に区画された計画都市だ。この開発には(　３　)という，北海道の開拓《かいたく》と防衛の役割を担《にな》った人々が大きく関わっていたようだ。

６日目　電車で小樽に向かった。古くから(　４　)船による交易で栄えた⑧都市だ。小樽では(　５　)細工の店で，家族にお土産《みやげ》を買った。なぜ小樽で(　５　)細工製造がさかんなのかというと，かつてニシン漁がおこなわれる際に，網を浮《う》かせるための道具として(　５　)玉が使われていたからなのだそうだ。ニシンは保存性を高めるために乾燥《かんそう》させて，(　４　)船で関西方面などへ運ばれたらしい。また，小樽の街を散策していると，あちこちで⑨ロシア語で書かれた貿易会社の看板を目にした。小樽観光を終えて，集合場所の⑩新千歳空港へ向かった。新千歳空港からは，日本や世界各地への航空便が飛んでいる。羽田空港行きの飛行機に乗って修学旅行が終わった。

問１　文中の(１)～(５)にあてはまる語句を答えなさい。ただし，(１)～(４)は漢字で答えなさい。

問２　下線部①について，次の地図は寿都町《すっつちょう》（Ⅰ）・士別市《しべつ》（Ⅱ）・根室市（Ⅲ）の位置を示したものです。また，あとの表は寿都町・士別市・根室市いずれかの「１月の気温と降水量」，「７月の気温と降水量」を示したものです。地図中のⅠ～Ⅲと，表中の[あ～う]の組み合わせとして正しいものを，あとの**ア**～**カ**の中から１つ選び，記号で答えなさい。

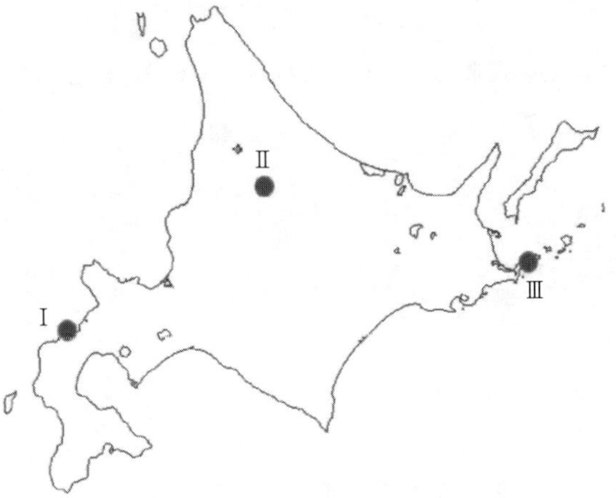

	１月の気温(℃)	１月の降水量(mm)	７月の気温(℃)	７月の降水量(mm)
あ	−8.5	64.2	19.7	130.5
い	−2.3	120.2	19.5	94.5
う	−3.4	30.6	14.9	115.1

（気象庁ウェブサイトより作成）

ア　Ⅰ：あ　Ⅱ：い　Ⅲ：う　**イ**　Ⅰ：あ　Ⅱ：う　Ⅲ：い
ウ　Ⅰ：い　Ⅱ：あ　Ⅲ：う　**エ**　Ⅰ：い　Ⅱ：う　Ⅲ：あ
オ　Ⅰ：う　Ⅱ：あ　Ⅲ：い　**カ**　Ⅰ：う　Ⅱ：い　Ⅲ：あ

問３　下線部②の鉱物資源について説明した文として正しいものを，次の**ア**～**エ**の中から１つ選び，記号で答えなさい。

ア　火薬やマッチの材料として用いられるほか，ゴムに加えることで用途《ようと》に合わせた硬度《こうど》に変化させることができる。

イ　蓄電池《ちくでんち》の材料として用いられ，スマートフォンやタブレット，電気自動車など近年の生活に欠かせないものである。

ウ　薄《うす》く加工して屋根を葺《ふ》く材料としたり，電気の伝導率が高いため電線に用いられたりしている。

エ　製錬《せいれん》する際に電気を大量に必要とするため，日本では鉱石からの製造はおこなわれなくなった。

問４　下線部③について，次の(a)・(b)の問いに答えなさい。

(a)　1972年のユネスコ総会において，いわゆる世界遺産条約が採択《さいたく》されました。世界自然遺産とは，この条約に基《もと》づいて登録された「顕著《けんちょ》な普遍的《ふへんてき》価値」をもつ自然遺産のことです。次にあげる世界自然遺産の例Ⅰ～Ⅲと，それらの地図中の場所[あ～う]の組み合わせとして正しいものを，あとの**ア**～**カ**の中から１つ選び，記号で答えなさい。

Ⅰ　グレート・バリア・リーフ

Ⅱ　グランドキャニオン国立公園

Ⅲ　ヴィクトリアの滝《たき》

ア　Ⅰ：あ　Ⅱ：い　Ⅲ：う　　**イ**　Ⅰ：あ　Ⅱ：う　Ⅲ：い

ウ　Ⅰ：い　Ⅱ：あ　Ⅲ：う　　**エ**　Ⅰ：い　Ⅱ：う　Ⅲ：あ

オ　Ⅰ：う　Ⅱ：あ　Ⅲ：い　　**カ**　Ⅰ：う　Ⅱ：い　Ⅲ：あ

(b)　聖光学院では中学３年の時に選択社会科演習という宿泊行事があり，選択できる行き先の中には白神山地(Ⅰ)・小笠原諸島(Ⅱ)・屋久島(Ⅲ)といった世界自然遺産の地があります。これらⅠ～Ⅲと，それらが世界自然遺産に登録されることになった「顕著な普遍的価値」の説明[あ～う]の組み合わせとして正しいものを，あとの**ア**～**カ**の中から１つ選び，記号で答えなさい。

Ⅰ　白神山地

Ⅱ　小笠原諸島

Ⅲ　屋久島

あ　東アジア最大の原生的なブナ林で，世界のほかの地域のブナ林よりも豊かな多様性 い　海洋島(一度も大陸と陸続きになったことがない島)の著《いちじる》しく高い固有種率と現在進行形の生物進化 う　巨大《きょだい》なスギ天然林の景観と植生の垂直分布が顕著な生態系

ア　Ⅰ：あ　Ⅱ：い　Ⅲ：う　　**イ**　Ⅰ：あ　Ⅱ：う　Ⅲ：い

ウ　Ⅰ：い　Ⅱ：あ　Ⅲ：う　　**エ**　Ⅰ：い　Ⅱ：う　Ⅲ：あ

オ　Ⅰ：う　Ⅱ：あ　Ⅲ：い　　**カ**　Ⅰ：う　Ⅱ：い　Ⅲ：あ

問５　下線部④について，サロマ湖ではホタテガイやカキといった貝類の養殖がさかんです。日本国内で漁獲《ぎょかく》される貝類の説明Ⅰ～Ⅲと，その名称《めいしょう》の組み合わせとして正しいものを，あとの**ア**～**カ**の中から１つ選び，記号で答えなさい。

Ⅰ　この貝は浅海《せんかい》の岩礁帯《がんしょうたい》に生息している。漁師は潜水《せんすい》して岩礁から引きはがして漁獲する。

Ⅱ　この貝は浅海の砂地に生息している。貝柱を乾燥させたものは，中国料理では高級食材として珍重《ちんちょう》される。

Ⅲ　この貝は汽水や淡水《たんすい》に生息している。大きなかごのような道具で，砂泥底《さでいぞこ》をひっかいて漁獲する。

ア　Ⅰ：アワビ　　Ⅱ：シジミ　　Ⅲ：ホタテガイ
イ　Ⅰ：アワビ　　Ⅱ：ホタテガイ　Ⅲ：シジミ
ウ　Ⅰ：シジミ　　Ⅱ：アワビ　　Ⅲ：ホタテガイ
エ　Ⅰ：シジミ　　Ⅱ：ホタテガイ　Ⅲ：アワビ
オ　Ⅰ：ホタテガイ　Ⅱ：アワビ　　Ⅲ：シジミ
カ　Ⅰ：ホタテガイ　Ⅱ：シジミ　　Ⅲ：アワビ

問６　下線部⑤について，次の図の矢印は流氷の流れる方向を，曲線**Ａ**・**Ｂ**は流氷の到達《とうたつ》する限界を示しています。流氷の到達するもう１つの限界の線を，解答用紙の図に書き込《こ》みなさい。

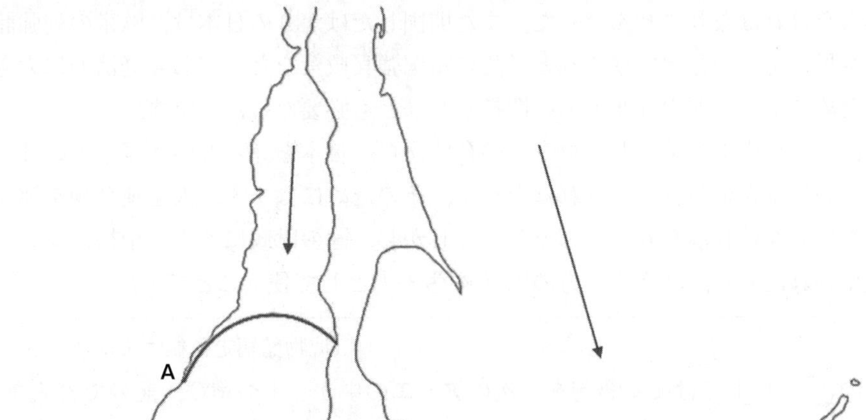

問７　下線部⑥について，次の文は「博物館網走監獄」のウェブサイトから引用したものです

（ただし，問題の作成上，表記を一部改めてあります）。これを読んで，あとの(a)～(c)の問いに答えなさい。

> その昔，北海道は蝦夷地と呼ばれ，江戸時代には，和人の定住が始まりました。明治維新後，蝦夷地は北海道と名を改め北海道開拓使によって本格的に開拓される時を迎《むか》えます。しかし，オホーツク海沿岸は厳しい寒さと流氷にはばまれ，夏の間漁場が開かれるだけで開拓から取り残されていました。和人が初めて冬を越《こ》したのは，明治12～13年頃《ごろ》だと言われています。どうしてそんな不便なところに監獄を建てたりしたんでしょうね。実はそこには北海道開拓にまつわる暗く悲しい歴史が隠《かく》されているのです。
>
> 明治の初めはご存じの通り幕藩体制から天皇制に変わったばかりで，国中が大きく揺《ゆ》れ動《うご》いていた時代。そのため，［　　　］など各地で反乱が相次ぎ，「国賊《こくぞく》」と呼ばれる時代の産んだ罪人が大量に出た時です。さらに度重《たびかさ》なる戦乱で国民は困窮《こんきゅう》し心がすさみ犯罪を犯《おか》す者があとを絶たないため国中の監獄はパンク寸前で，つぎつぎと新しい監獄を作らなければなりませんでした。また開国したばかりの日本は，欧米《おうべい》の列強諸国に一日でも早く追いつき追い越そうと必死に富国強兵政策をとっており経済的に大きく発展するためには，未開の地北海道の開拓がぜひとも必要だったのです。
>
> 不凍港《ふとうこう》を求め南下政策をとるロシアの脅威《きょうい》から，日本を守るという軍事上の理由から北海道の開拓は大至急行わなければならず，そのためにはまず，人を運び物を運ぶための道路を作らなければなりませんでした。しかし，国の財政にそんな余裕《よゆう》はない。そこで考え出されたのが，増える一方の囚人《しゅうじん》を労働力として使うことです。

（博物館網走監獄ウェブサイトより作成）

(a)　文中の［　　］にあてはまる語句を，次の**ア**～**エ**の中から１つ選び，記号で答えなさい。

ア　生麦事件や長州藩外国船砲撃事件

イ　禁門の変（蛤御門《はまぐりごもん》の変）

ウ　シャクシャインの戦い

エ　佐賀の乱や西南戦争

(b)　文中の下線部に関連して，18～19世紀における日本とロシアとの関係について述べた文として誤っているものを，次の**ア**～**エ**の中から１つ選び，記号で答えなさい。

ア　ラクスマンが根室に来航し，日本人漂流《ひょうりゅう》民を届けるとともに交易を求めたが，交易は幕府によって拒否《きょひ》された。

イ　間宮林蔵らによって樺太の探査がおこなわれ，海峡の発見により樺太が「島」であることが確認《かくにん》された。

ウ　日米修好通商条約が結ばれたことを受けて，その後，日本とロシアとの間でも修好通商条約が締結《ていけつ》された。

エ　樺太千島交換条約により，日本はロシアから樺太を譲《ゆず》り受けるかわりに，千島列島の権利を手放した。

(c)　網走刑務所《けいむしょ》に入れられた囚人たちが，昼夜を問わず開削《かいさく》した道路として最も有名なものが，札幌―旭川―北見―網走を結ぶ「中央道路」です。この道路のおおよそのルートとして正しいものを，次の**ア**～**エ**の中から１つ選び，記号で答えなさい。

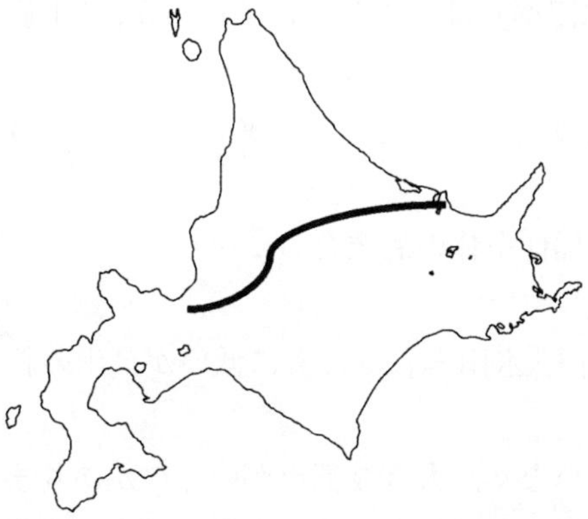

ア

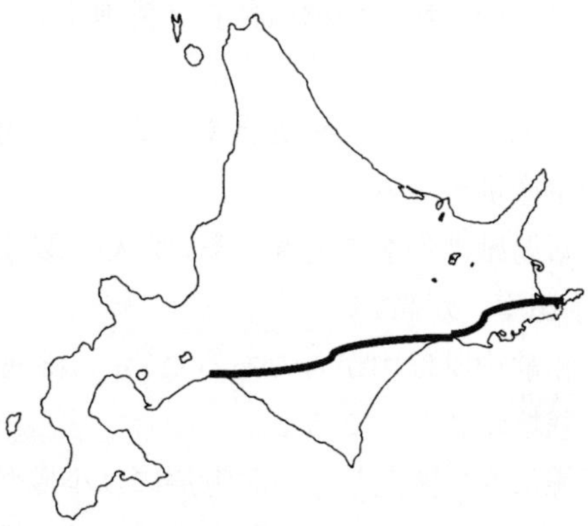

イ

ウ

エ

問８　下線部⑦に関連して，次の表１は，1980年，2000年，2010年の日本全国における「耕地の総面積」・「*耕地率」・「**水田率」・「１農家当たり耕地面積」を示したものです。また，表２は2021年の日本全国，北海道，新潟県，和歌山県における同じ項目《こうもく》を示したものです。この表を参考にして，日本の農業のようすについて説明した文として誤っているものを，あとの**ア**～**エ**の中から１つ選び，記号で答えなさい。

＊耕地率とは，都道府県の総面積における耕地の割合を指す。

＊＊水田率とは，耕地面積における水田の割合を指す。

表１

	耕地の総面積(ha)	耕地率(%)	水田率(%)	１農家当たり耕地面積(ha)
1980年全国	5,461,000	14.5	55.9	1.17
2000年全国	4,830,000	12.8	54.7	1.55
2010年全国	4,593,000	12.2	54.3	1.82

表２

	耕地の総面積(ha)	耕地率(%)	水田率(%)	１農家当たり耕地面積(ha)
全国	4,349,000	11.7	54.4	2.5
北海道	1,143,000	14.6	19.4	30.4
新潟県	168,200	13.4	88.8	2.7
和歌山県	31,600	6.7	29.3	1.26

(『データブック オブ・ザ・ワールド 2023』より作成)

ア　日本の「耕地の総面積」・「耕地率」・「水田率」は減少し続けているが，「１農家当たり耕地面積」は増加している。

イ　北海道は稲の品種改良や土壌《どじょう》改良で稲作がさかんになったため，「水田率」は高く，米の生産量が多い。

ウ　新潟県は冬季に積雪が多いため，夏季に稲作主体の農業をおこなう地域となっており，「水田率」が高い。

エ　和歌山県は山がちであるため，「耕地率」・「水田率」はともに低いが，山の斜面《しゃめん》での果樹栽培《さいばい》がさかんである。

問９　下線部⑧に関連して，北海道には小樽だけでなく，大きな都市がいくつかあります。これらの都市のうち，表１で北海道における製造品出荷《しゅっか》額《がく》等が上位に入る２都市の産業別人口割合を，表２でそれらの都市の製造品出荷額等の上位３品目をまとめました。表中の都市Ⅰ・Ⅱと，あとの地図中の[あ～う]の組み合わせとして正しいものを，あとの**ア～カ**の中から１つ選び，記号で答えなさい。

表１

	第１次産業(％)	第２次産業(％)	第３次産業(％)
北海道平均	6.3	16.9	76.8
Ⅰ	2.2	18.7	79.1
Ⅱ	0.5	14.1	85.4

(矢野恒太記念会編『データでみる県勢 2023』より作成)

表２

	１位	２位	３位
Ⅰ	パルプ・紙	食料品	化学
Ⅱ	食料品	金属製品	印刷

(2019年調査の各自治体統計資料より作成)

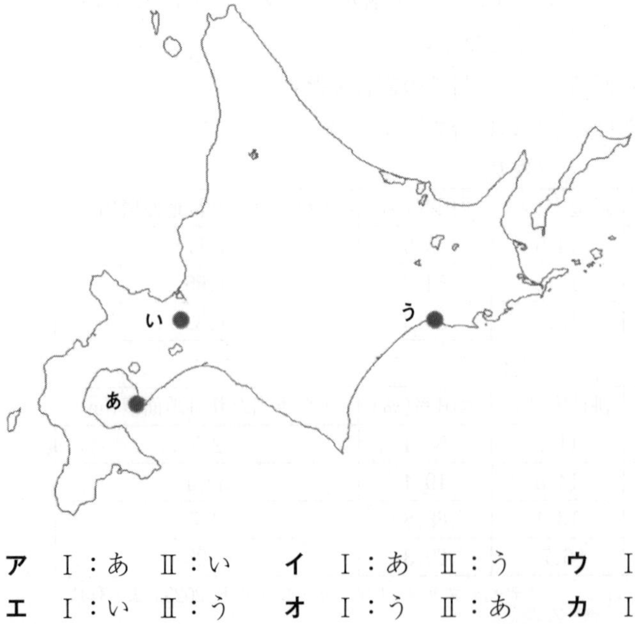

ア　Ⅰ：あ　Ⅱ：い　　**イ**　Ⅰ：あ　Ⅱ：う　　**ウ**　Ⅰ：い　Ⅱ：あ

エ　Ⅰ：い　Ⅱ：う　　**オ**　Ⅰ：う　Ⅱ：あ　　**カ**　Ⅰ：う　Ⅱ：い

問10　下線部⑨に関連して，2021年の「アメリカ合衆国への日本からの輸出品」・「アメリカ合衆国からの日本への輸入品」・「ロシアへの日本からの輸出品」・「ロシアからの日本への輸入品」を表にまとめました。次の表中のⅠ・Ⅱにあてはまる語句の組み合わせとして正しいものを，あとの**ア～カ**の中から１つ選び，記号で答えなさい。

	１位	２位	３位	４位	５位
アメリカ合衆国への輸出品	一般《いっぱん》機械	Ⅰ	電気機器	自動車部品	科学光学機器
アメリカ合衆国からの輸入品	一般機械	電気機器	医薬品	液化石油ガス	Ⅱ
ロシアへの輸出品	Ⅰ	一般機械	自動車部品	電気機器	バス・トラック
ロシアからの輸入品	Ⅱ	石炭	原油	パラジウム	魚介類《ぎょかいるい》

(『データブック オブ・ザ・ワールド 2023』より作成)

ア　Ⅰ：乗用車　Ⅱ：鉄鋼
イ　Ⅰ：乗用車　Ⅱ：液化天然ガス
ウ　Ⅰ：鉄鋼　Ⅱ：液化天然ガス
エ　Ⅰ：鉄鋼　Ⅱ：乗用車
オ　Ⅰ：液化天然ガス　Ⅱ：鉄鋼
カ　Ⅰ：液化天然ガス　Ⅱ：乗用車

問11　下線部⑩に関連して，次の表は，３つの空港の到着便《とうちゃくびん》についてまとめたもので，Ⅰ～Ⅲにはそれぞれ新千歳空港・富山空港・福岡空港のいずれかが入ります。空港名の組み合わせとして正しいものを，あとの**ア～カ**の中から１つ選び，記号で答えなさい。ただし，１便しかない場合は，「１便」の表記は省略しています。

空港名	2023年のある日の午前８時台の到着便の出発地と便数
Ⅰ	羽田５便，関西，仙台，成田，新潟，バンコク
Ⅱ	羽田５便，インチョン３便，伊丹《いたみ》２便，プサン２便，天草，関西，小牧，シンガポール，那覇，バンコク，宮崎
Ⅲ	到着便なし

(各空港のウェブサイトより作成)

ア　Ⅰ：新千歳空港　Ⅱ：富山空港　Ⅲ：福岡空港
イ　Ⅰ：新千歳空港　Ⅱ：福岡空港　Ⅲ：富山空港
ウ　Ⅰ：富山空港　Ⅱ：新千歳空港　Ⅲ：福岡空港
エ　Ⅰ：富山空港　Ⅱ：福岡空港　Ⅲ：新千歳空港
オ　Ⅰ：福岡空港　Ⅱ：富山空港　Ⅲ：新千歳空港
カ　Ⅰ：福岡空港　Ⅱ：新千歳空港　Ⅲ：富山空港

問12　波線部について，新型コロナウイルス対策の規制緩和《かんわ》によって，日本全国の観光地では，日本人だけでなく外国人観光客も増加しています。このことは，観光業界からは歓迎《かんげい》されている一方，観光地周辺の観光業に関わりのない地域住民からは不満の声もあがっています。こうした不満について，具体例を挙げながら40字以上60字以内で説明しなさい。

【理　科】〈第２回試験〉（40分）〈満点：100点〉

1　次の文章を読んで，あとの(1)～(8)の問いに答えなさい。

昆虫《こんちゅう》の体のつくりについて観察しました。体の全体を見ると，①頭部と胸部と腹部に分かれていることがわかります。

頭部には眼《め》や口，味やにおいを感じとる器官とされる１対《つい》の（ あ ）や，１対の大あご，２対の小あごなどがあります。眼には２つの種類があり，小さな眼がたくさん集まっていて，物体の形や色を見分ける（ い ）と，明るさや光の方向を感じとるなどの単純な機能をもった（ う ）があります。（ い ）はほとんどの昆虫がもっています。（ う ）はその性質上，昼間に明るいところで行動する昆虫にとっては特に重要であるため，それらの昆虫は発達した（ う ）をもっています。一方で，②（ う ）をもたない昆虫もいます。

胸部には（ え ）対のあしと，ふつう２対のはねがありますが，はねが退化して無くなった昆虫や③はねが１対しかない昆虫もいます。

腹部はいくつかの（ お ）にはっきりと分かれていて，それぞれの（ お ）ごとに１対ずつの小さな穴があります。この穴は空気の出し入れをするための穴で，これを（ か ）といいます。

(1)　下線部①について，モンシロチョウの幼虫とモンシロチョウの成虫，カブトムシの成虫の，頭部と胸部のさかいと，胸部と腹部のさかいを，それぞれ解答用紙の図の中に直線で描《か》き入れなさい。ただし，図の大きさの関係は実際とは異なります。

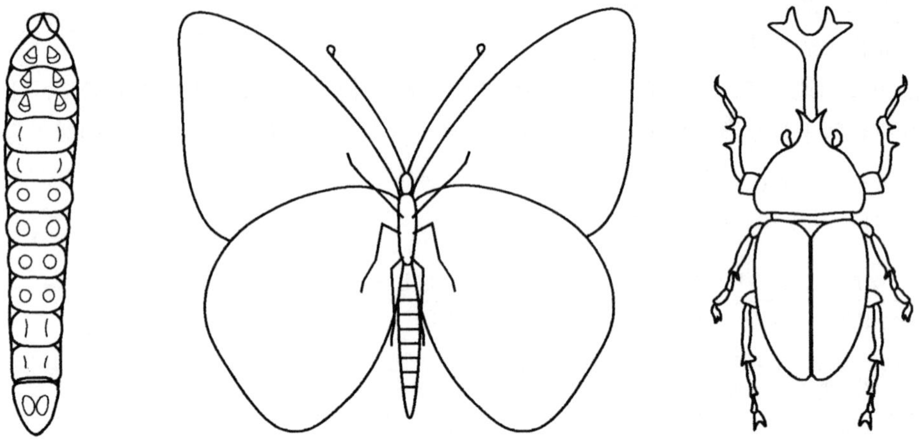

(2)　(あ)～(か)にあてはまる言葉や数字をそれぞれ答えなさい。

(3)　下線部②について，成虫が(う)をもたない昆虫を，次の(ア)～(エ)の中から１つ選び，記号で答えなさい。

(ア)　カブトムシ　　(イ)　セミ

(ウ)　ハエ　　(エ)　バッタ

(4)　次の(a)～(d)の昆虫のあしを，あとの(ア)～(エ)の中からそれぞれ１つずつ選び，記号で答えなさい。ただし，図の大きさの関係は実際とは異なります。

(a)　カマキリの前あし

(b)　ゲンゴロウの後ろあし

(c)　セミの幼虫の前あし

(d)　バッタの後ろあし

1.6g/L になります。大気窒素の密度の方が純粋な窒素の密度より0.5％大きいとき，(あ)の密度は何 g/L ですか。ただし，乾燥大気に含まれる窒素の体積の割合は78％，(あ)の体積の割合は0.93％であるとし，大気窒素には窒素と(あ)のみが含まれているものとします。また，純粋な窒素の密度は1.25g/L とします。なお，答えが割り切れない場合は，小数第３位を四捨五入して小数第２位まで答えなさい。

4 次の文章を読んで，あとの(1)～(8)の問いに答えなさい。

温度が異なるものを接触《せっしょく》させておくと，それらが固体でも液体でも気体でも，温かいものから冷たいものへと熱が伝わり，それらはいずれ同じ温度になります。このことを，熱平衡《へいこう》に達した，といいます。たとえば①冷蔵庫や冷凍庫《れいとうこ》の内部の空気は一定の温度になるように冷やされており，夏の日にぬるくなった水道水も，冷蔵庫や冷凍庫の中に入れて長時間放置すると，冷蔵庫や冷凍庫の内部の空気と熱平衡に達して冷たくなります。

ここで「しばらく待つと」とあるように，熱が伝わるのには時間がかかるため，温度が異なるものを接触させてもすぐに熱平衡に達するわけではありません。高温だったものは時間をかけて冷えていき，低温だったものは時間をかけて温まっていきます。このとき，②温度が時間とともに変化する割合(温度が１秒あたりに何℃変化するか)は，物質の種類や，接触したものとの温度差などによって変わります。また，大きい物体についてよく観察すると，物体全体が一気に温まったり冷えたりするのではなく，③熱が物体の中を時間をかけて伝わっていくようすがわかります。

熱が時間をかけて伝わるということは，わたしたちがものに触《さわ》ったときに「温かい」あるいは「冷たい」と感じることにも関わっています。ものに触ったとき，熱がからだに入ってくるときには温かいと感じ，熱がからだから出ていくときには冷たいと感じますが，その温かさや冷たさの感じ方は，単純に触ったものの温度だけで決まるわけではありません。たとえば④室内に長時間置かれた机の木製の天板と鉄製の脚《あし》に触《ふ》れると，鉄製の脚の方が冷たいように感じます。その理由は，木よりも鉄の方が熱を速く伝えることにあります。このように，物質の種類によって，熱を伝える速さは異なるのです。さらには，固体と気体でも熱を伝える速さは異なり，気体が熱を伝える速さは固体が熱を伝える速さと比べてとても遅《おそ》いことが知られています。身の回りにあるものを色々と調べてみると，⑤これらのことを利用した道具や素材があることに気がつくことでしょう。

これまで述べてきたような，ものを接触させたときの熱の伝わり方を伝導といいますが，熱の伝わり方には他にも２つあります。１つは，たとえば太陽から地球に熱が伝わってくるように，赤外線などのかたちで伝わってくるような伝わり方で，これを放射といいます。もう１つは，たとえば水や空気を温めたときに温められた部分が上へ動いて，やがて全体が温まるような伝わり方で，これを対流といいます。

対流はなぜ起こるのでしょうか。それを明らかにするため，水の中でものが浮《う》く(上の方へ動く)条件と沈《しず》む(下の方へ動く)条件を考えてみましょう。水の中でものが浮くか沈むかは，そのものの密度によって決まり，⑥密度が水よりも小さいものは浮き，大きいものは沈みます。これはものが固体であっても液体であっても同じで，地上に重力があることと関係しています。このことが対流とどう関係するのでしょうか。たとえば水を入れたビーカーの底を加熱すると，底の近くにある水の温度が上がり，体積が増えて水の密度は小さくなり，上の方へ動きます。同時に，上の方にある，温度が上がっておらず密度が小さくなっていない水が，下の方へ動きます。つまり対流が起こるのです。一方，同じ温度であっても，密度が大きい液体は密度が小さい液体よりも下に，密度が小さい液体は密度が大きい液体よりも上に動こうとするため，密度の違《ちが》いによる液体の動きが起きることもあります。

(1)　下線部①について，コップに入れた20℃の水を，10℃になるように冷やされた冷蔵庫内と，－10℃になるように冷やされた冷凍庫内に入れて長時間放置すると，その水はそれぞれどのようになりますか。最も適したものを，次の(ア)～(オ)の中からそれぞれ１つずつ選び，記号で答えなさい。

(ア)　10℃より高く20℃より低い温度の水　　(イ)　10℃の水　　(ウ)　０℃の氷

(エ)　０℃より低く－10℃より高い温度の氷　　(オ)　－10℃の氷

(2)　下線部②について，次の(a)・(b)の問いに答えなさい。

(a)　ものの温度が時間とともに変わるようすを，縦軸《たてじく》に温度，横軸に時間をとってグラフに描《か》くことを考えます。温度が変化しているときだけに注目して比べたとき，温度が時間とともに変化する割合が最も大きいものを表すグラフはどれですか。次の(ア)～(カ)の中から１つ選び，記号で答えなさい。ただし，温度が変化しているときを実線，温度が一定のときを破線で表すものとします。

(ア)

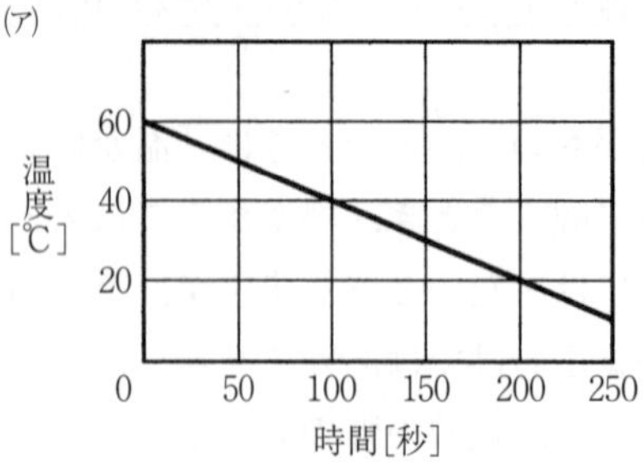

(イ)

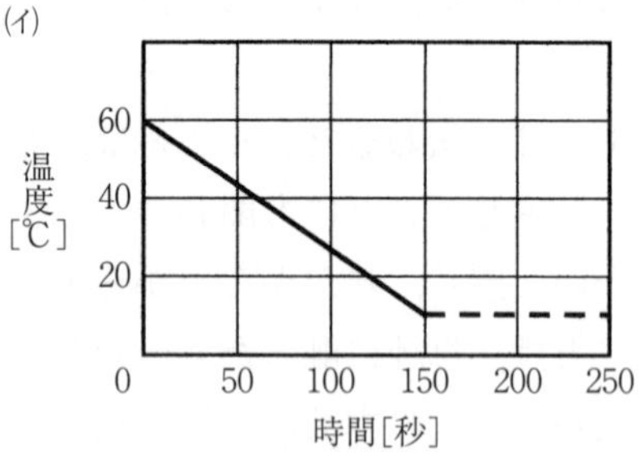

(ウ)

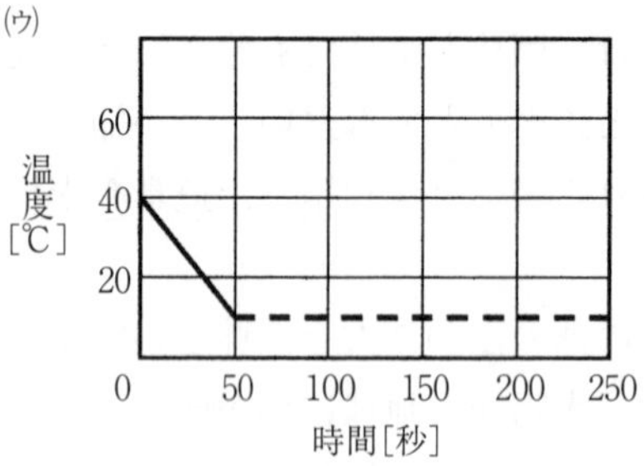

(エ)

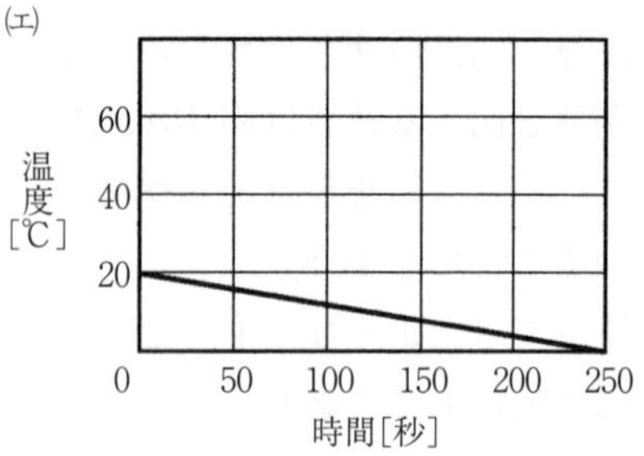

(オ)

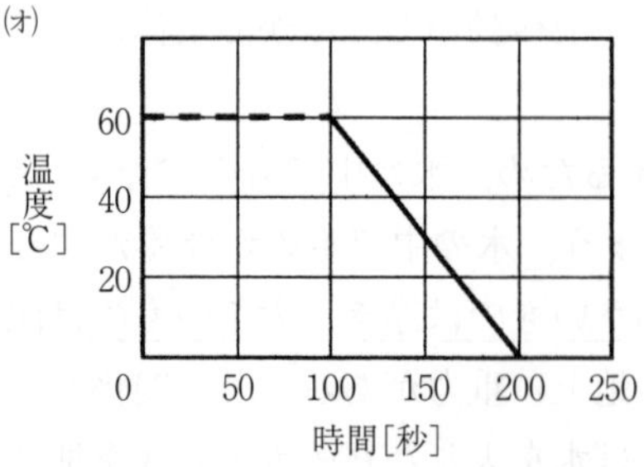

(カ)

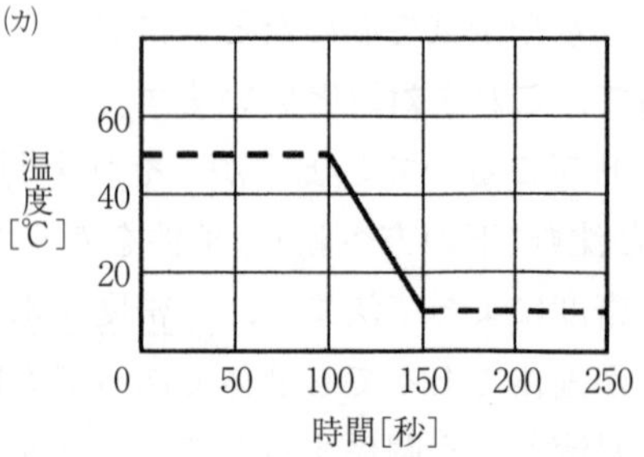

(b)　高温の物体Ａと低温の物体Ｂを接触させました。縦軸に物体の温度，横軸に時間をとり，物体Ａの温度を実線で，物体Ｂの温度を破線で表したとき，２つの物体の温度が時間とともに変化して熱平衡に達するようすを表したグラフはどれですか。最も適したものを，次の(ア)～(オ)の中から１つ選び，記号で答えなさい。ただし，２つの物体の温度差が大きいときほど，それらの温度が時間とともに変化する割合が大きいことが知られています。また，熱のやりとりは物体Ａと物体Ｂとの間でのみおこなわれたものとします。

(ア)

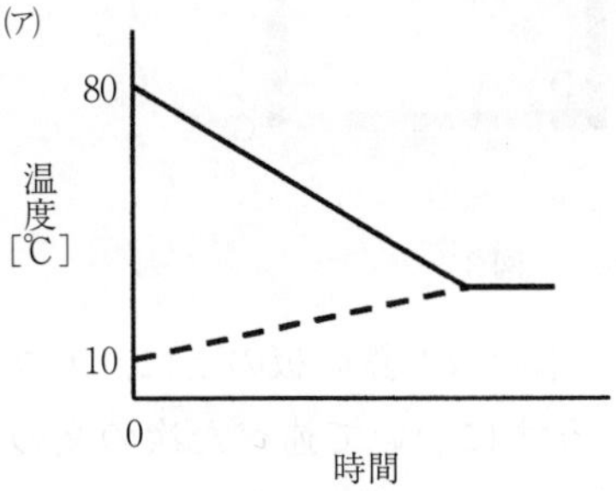

(イ)

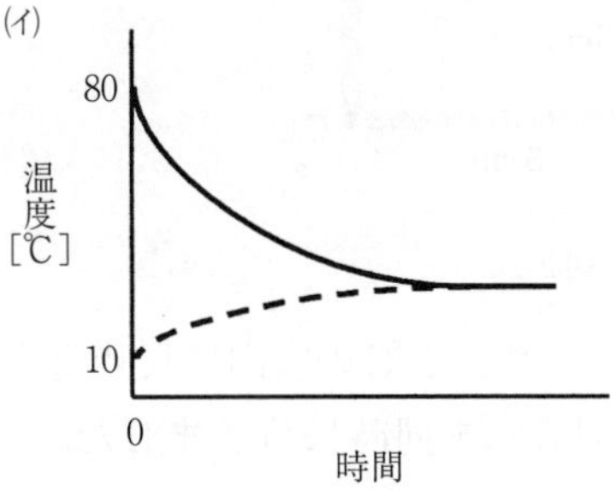

(ウ)

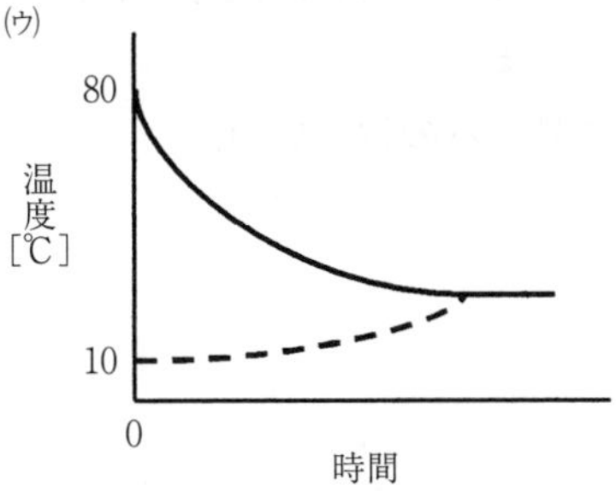

(エ)

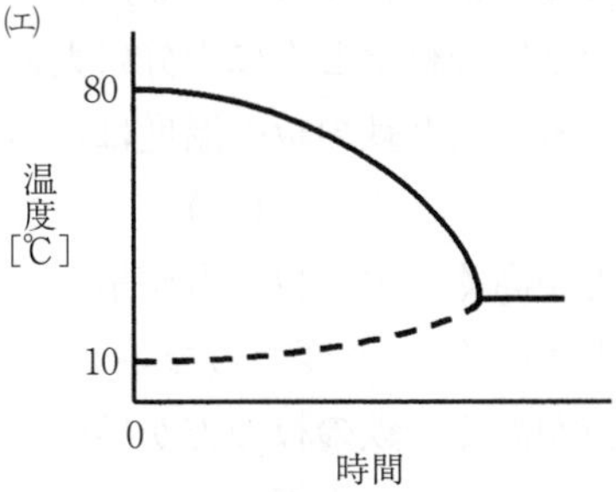

(オ)

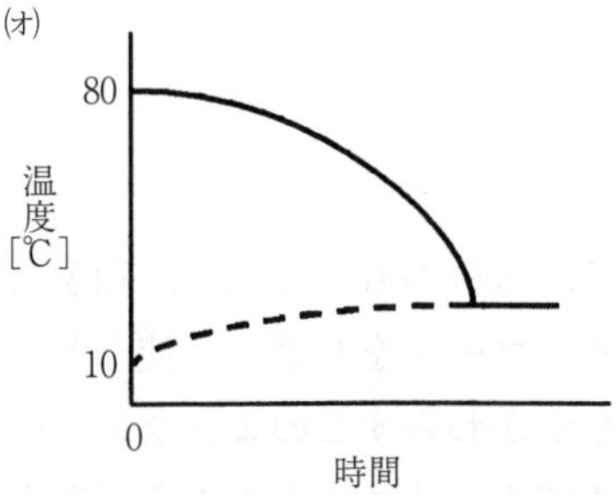

(3)　下線部③について，たとえば細い金属の棒の一端《いったん》をホットプレートで温めると，熱が伝わるのに時間がかかるため，場所により温度が上がり始める時刻が異なります。図１のようなまっすぐな細い金属の棒の場合，点ａ～ｆを温度が上がり始める時刻が早い順に並べると，「abcdef」のようになります。

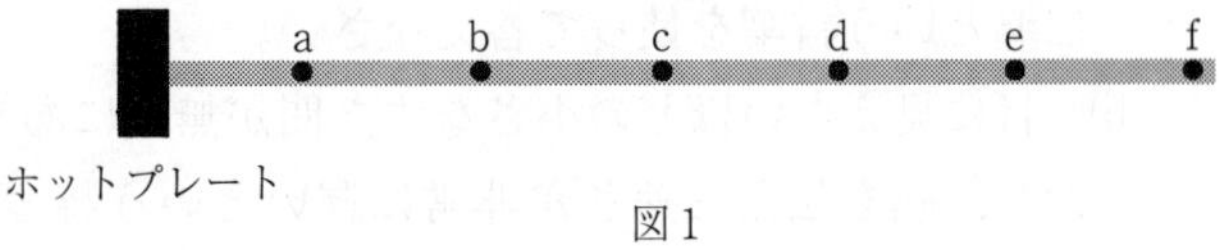

図１

長さ17.5cmの細い金属の棒XFを図２のように点Ａ，Ｂ，Ｃ，Ｄ，Ｅで直角に曲げました。各点の間の長さは，XA＝AB＝BC＝４cm，CD＝３cm，DE＝1.5cmです。その後，図３のように，点Ａから１cm右に離《はな》れた点Ｇと点Ｅを，同じ金属の棒で接続しました。接続した点は熱をよく伝えるものとします。点Ｘをホットプレートで温めたとき，点Ａ～Ｇを温度が上がり始める時刻が早い順に並べると，どのようになりますか。「ABCDEFG」のように答えなさい。ただし，熱は金属を伝導することによってのみ伝わるものとします。

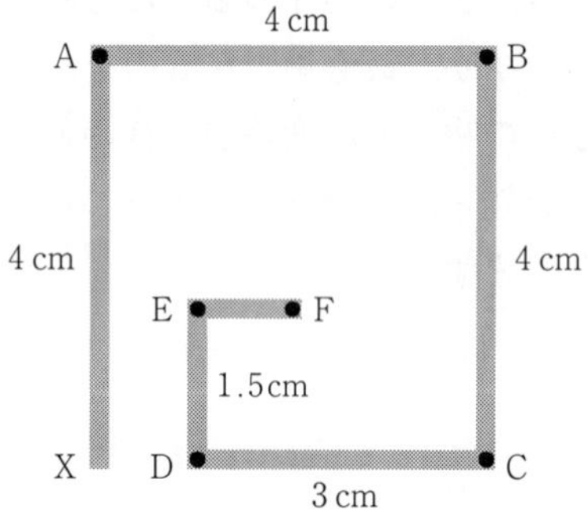

図２

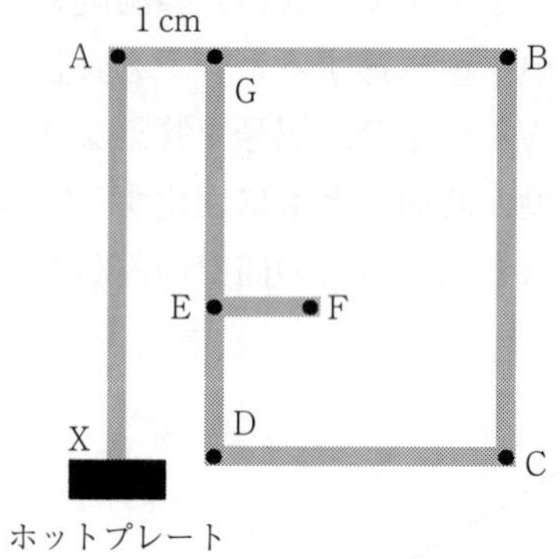

図３

(4)　下線部④について，20℃の室内に長時間放置されていた木の板と鉄の板の上に，大きさやかたち，温度が同じ氷を同時に置きました。このときのようすについて述べた次の文の（あ）・（い）にあてはまる言葉の組み合わせを，あとの(ア)～(カ)の中から１つ選び，記号で答えなさい。ただし，木の板と鉄の板はともに十分に大きく厚いものとします。

氷を置く前の木の板と鉄の板の温度は（ あ ），氷がとけ終わるのは（ い ）。

	（あ）	（い）
(ア)	木の板の方が高く	木の板の方が早い
(イ)	木の板の方が高く	変わらない
(ウ)	木の板の方が高く	鉄の板の方が早い
(エ)	等しく	木の板の方が早い
(オ)	等しく	変わらない
(カ)	等しく	鉄の板の方が早い

(5)　下線部⑤について，次の(a)・(b)の問いに答えなさい。

(a)　アイスクリームをすくって食べるためのスプーンには，木製のものの他に，銅製のものなどがあります。銅は木よりも熱を速く伝えるため，このスプーンをしばらく使うと，手が冷たくなってしまいます。そのような不利な点があるにもかかわらずこのようなスプーンが使われることがあるのは，それを補う別の利点があるためです。それはどのような利点ですか。伝導という言葉を使って答えなさい。

(b)　目に見えないほどの小さなすき間が無数にあるため，その体積の95％以上を空気が占《し》めており，熱を伝える速さが非常に遅いという特徴《とくちょう》をもった素材があります。生鮮《せいせん》食品の運搬《うんぱん》などに用いられることが多いこの素材の名前を答えなさい。

(6)　下線部⑥について，次の表１は，いくつかの固体と液体について，20℃でのその重さと体積をはかった結果を表したものです。これらのものが水に浮くかどうかを調べる，あとのような実験を行いました。

表１

	アクリル	銅	ポリエチレン	ウイスキー	オレンジジュース	油
重さ[g]	11.7	44.8	14.1	9.2	15.3	18.4
体積[cm^3]	10	5	15	10	15	20

［実験］　十分な量の水が入った容器と，水に沈む小さなグラスを用意します。固体について調べるときは，図4のように固体を容器に直接手で入れたあとに，容器の底に置いて静かにはなします。液体について調べるときは，図5のようにグラスにその液体をいっぱいに入れて空気が入らないようにラップでふたをし，グラスを容器の底に置いたあとに静かにラップに数カ所穴をあけます。

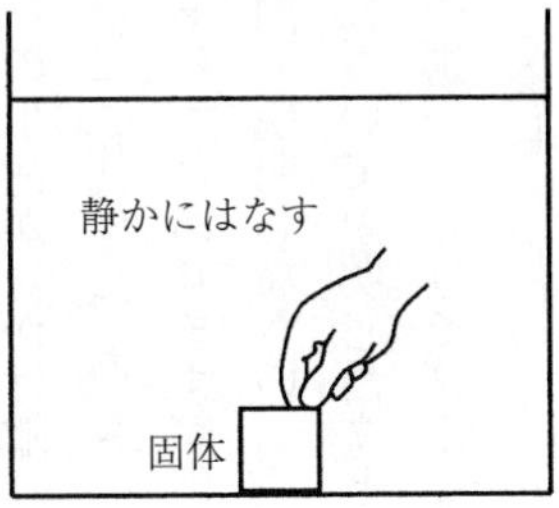

図4

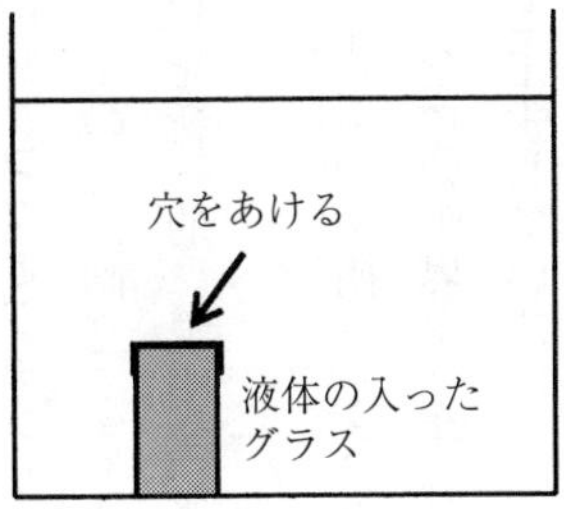

図5

表1にあるものの中で，静かにはなしたあと，あるいはラップに穴をあけたあとすぐに浮いた(上の方に動いた)ものは，ポリエチレン，ウイスキー，油でした。水の1 cm^{3}あたりの重さは，何gより大きく何gより小さいと考えられますか。ただし，すべての物質の温度は，20℃で変わらないものとします。

(7)　側面が正方形で幅《はば》が薄《うす》い直方体の容器に空気が残らないように水を入れてふたをし，図6のように，その左下の端《はし》をホットプレートで温めます。この実験を国際宇宙ステーション内でおこなったとき，容器内の水中の点A～Dのうち，温度が最も早く上がり始める点はどこですか。記号で答えなさい。ただし，点DはACの真ん中の点です。

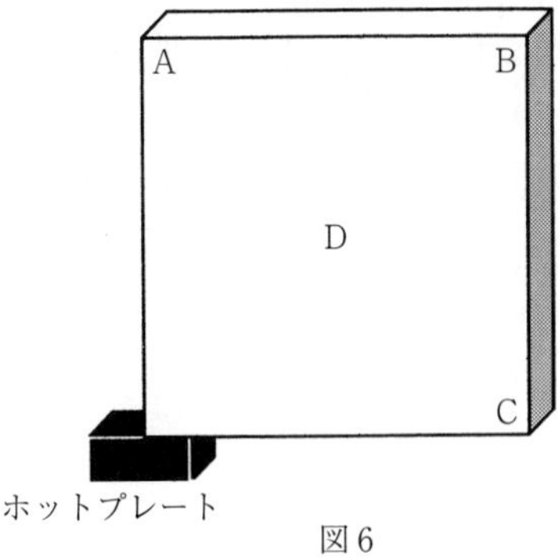

図6

(8)　同じ種類，同じ大きさのコップに入った，同じ体積のオレンジジュースとウイスキーが20℃の室内に置かれており，同じ温度になっています。これらに大きさやかたち，温度が同じ氷を同時に入れて静かに放置したところ，浮いたままとけていき，やがてすべてとけ終わりました。このときのようすを説明した文として正しいものを，次の(ア)～(カ)の中から1つ選び，記号で答えなさい。ただし，オレンジジュースとウイスキーは，どちらも色のついた液体です。

(ア)　氷がとけ終わるのはほぼ同時で，どちらも氷を入れる前と見た目がほぼ変わらない。

(イ)　氷がとけ終わるのはほぼ同時で，どちらもコップ上部の液体の色がうすくなっている。

(ウ)　氷がとけ終わるのはウイスキーの方が早く，ウイスキーの方はコップ上部の液体の色がうすくなっている。

(エ)　氷がとけ終わるのはウイスキーの方が早く，オレンジジュースの方はコップ上部の液体の色がうすくなっている。

(オ)　氷がとけ終わるのはオレンジジュースの方が早く，ウイスキーの方はコップ上部の液体の色がうすくなっている。

(カ)　氷がとけ終わるのはオレンジジュースの方が早く，オレンジジュースの方はコップ上部の液体の色がうすくなっている。

エ　私たちの理解している議論は、その時々の感性を競《きそ》うものではなく、戦略の巧《たく》みさを競うものであるから。

オ　私たちの理解している議論は、日常的で親しみやすいものではなく、日々の生活からかけ離《はな》れているものであるから。

問五　――線部④に「〈味は人である〉という概念メタファーを示す例はたくさんある」とありますが、なぜ「たくさんある」のですか。六十字以内で説明しなさい。

問六　本文の構成について説明した文として適切なものを、次のア～カの中から二つ選び、記号で答えなさい。

ア　[1]にある「優しいメロディ」と[15]にある「優しい味」に共通する「優しさ」を説明するために、[1]、[3]、[6]、[14]でさまざまな人の説を用いて論を深めている。

イ　[6]～[9]のレイコフとジョンソンの説と、[14]のダンチガーとスウィーツァーの説は両立できないが、いずれも音楽の擬人化《ぎじんか》と味の擬人化を統一的に説明するために必要なものとなっている。

ウ　[10]～[11]の辻本《つじもと》の指摘《してき》をふまえて、[13]～[15]において、擬人化による説明全体の限界を、味の擬人化に限らず意識しなくてはならないと主張している。

エ　[12]までの味の擬人化の説明では不十分であるので、[13]～[14]で擬人化全般《ぜんぱん》の性質に言及《げんきゅう》することでより的確な説明を心がけている。

オ　[13]～[15]で擬人化全体の説明をふまえて音楽の擬人化の説明を強調するため、[1]～[5]では概念メタファー、[6]～[12]では味の擬人化についていくつかの説が紹介《しょうかい》されている。

カ　[15]でまとめられている味の擬人化の説明を丁寧《ていねい》に行うために、[1]～[3]の音楽の擬人化から始めて、[6]～[9]の概念メタファー、[13]～[14]の擬人化全体についての説明を挟《はさ》み込《こ》んでいる。

の生活を壊す（襲《おそ》ってきて怪我《けが》をさせたり、財産を奪《うば》ってしまったりする）ことはないが、嫉妬を「壊す」という意図的な行為《こうい》をとる人に見立てることで、私たちが「生活を壊される」被害者《ひがいしゃ》になることが鮮《せん》明《めい》になる。嫉妬から影響を受けた人の状態を強調することができるのである。

15 「優しい味」にもこの説明が当てはまるのではないだろうか。味を優しい行動をする人のように表すことで、その味を感じた人が受けた影響が際立《きわだ》ってくるということだ。言い換《か》えると、他人から優しくされたときの心の状態と、優しい味の料理を食べたときの心の状態に似ているところがあり、それが「優しい」という表現を促《うなが》しているのではないかということである。

——源河《げんか》　亨《とおる》『「美味《おい》しい」とは何か』による

（問題作成上の都合から一部原文の表記を改めた）

（注）　＊1　パウエル［二〇一七］五二頁《ページ》…パウエルが二〇一七年に発行した著作。筆者は参考にした著作の著者名、発行年度、頁や chap.（章）をこの形式で示している。後の「Juslin [2019] chap.11.2」、「レイコフ&ジョンソン［一九八六］」、「辻本《つじもと》［二〇〇三］」、「ダンチガー&スウィーツァー［二〇二二］八八頁」も同様。

＊2　先ほど説明した…筆者は本文より前の部分で言及《げんきゅう》している。

＊3「前述の通り」、＊4「本章で最初に」、＊5「先ほどの」も同様。

問一　〰〰線部A「ややこしい」、B「とりわけ」について、本文中における意味・用法の説明として最もふさわしいものを、あとのア～オの中からそれぞれ一つずつ選び、記号で答えなさい。

A「ややこしい」

ア　程度が高く気品あふれる様子。

イ　やり方がいいかげんで無責任な様子。

ウ　ごくわずかでたいしたことがない様子。

エ　そうなりやすいという傾向《けいこう》がある様子。

オ　状況《じょうきょう》がこみいって複雑になっている様子。

B「とりわけ」

ア　わかりきっていることだが改めて言うときに用いる。

イ　特別だとみなし他と区別して示すときに用いる。

ウ　前文に条件を付け加えるときに用いる。

エ　同じことを重ねたり加えたりするときに用いる。

オ　前に述べたことを別の言葉で説明し直すときに用いる。

問二　——線部①に「なぜ『優《やさ》しいメロディ』と言われるのだろうか」とありますが、人々がメロディと感情を結びつけて考えるのはなぜですか。四十字以内で説明しなさい。

問三　——線部②に「『概念《がいねん》メタファー』という考え」とありますが、これはどのような考えですか。一行で説明しなさい。

問四　——線部③に「ダンスを通して理解された議論は、私たちが理解している議論とはまったく別のものに思われる」とありますが、それはなぜですか。その説明として最もふさわしいものを、次のア～オの中から一つ選び、記号で答えなさい。

ア　私たちの理解している議論は、両者が譲歩《じょうほ》しながら合意を目指すものではなく、両者の要求が同時に実現する方法を探《さぐ》るものであるから。

イ　私たちの理解している議論は、お互《たが》いの意見を尊重し合うようなものではなく、自分の意見を押《お》し通そうとするものであるから。

ウ　私たちの理解している議論は、楽しみながら進めていくものではなく、全力を尽《つ》くして本気で争うものであるから。

6 ＊4本章で最初にメタファーを取り上げたとき、メタファーは直《ちょく》喩《ゆ》との対比で説明されると述べていた。そうすると、メタファーはまずもって言葉の表現の仕方に関わるものだと思われるかもしれない。しかし、②「概念メタファー」という考えを提示したレイコフとジョンソンによると、メタファーは表現レベルだけのものではない。むしろ、私たちが用いる概念のレベルにも存在している。概念、つまり、私たちの物事の捉《とら》え方や理解の仕方にもメタファーが用いられており、だからこそ言語表現にもそれが反映されているというのだ（レイコフ＆ジョンソン［一九八六］）。

7 わかりやすい概念メタファーは〈議論は戦争である〉というものだ。議論には勝ち負けがあり、相手は敵とされ、相手の主張を攻撃したり、自分の主張を守ったり、優勢になったり劣勢《れっせい》になったり、戦略を立ててそれを実行に移したりする。私たちは議論を戦争と同じようにして捉えており、戦争の枠組《わくぐ》みを使って議論とは何かを理解しているのである。

8 これとの対比で、〈議論はダンスである〉とみなしている文化を想像してみよう。議論の目的はバランスが良く美しいダンスをするようにして話し合いをすることであり、相手を攻撃したり自分を守ったりすることもない。どちらかが優勢になったりもしない（ダンスのコンテストにはそうしたものがあるが、コンテストは他人と争うものであり、戦争の理解が入り込《こ》んでいる）。③ダンスを通して理解された議論は、私たちが理解している議論とはまったく別のものに思われるのではないだろうか。「議論」という言葉を違《ちが》う意味で使っていると思えてくるかもしれない。

9 こうした例からレイコフとジョンソンは、私たちが何らかの物事を理解するときには、それが別の物事に喩《たと》えられ、その別物によって構造を与えられると述べている。別のわかりやすい例としては〈時は金なり〉がある。時間はお金のように、費《つい》やしたり、浪費《ろうひ》したり、節約したりするものとして理解されているということだ。

10 以上を踏《ふ》まえて味の理解に眼を向けてみよう。実際、④〈味は人である〉という概念メタファーを示す例はたくさんある。たとえば辻《つじ》本［二〇〇三］では、「品の良い味」「控《ひか》えめな味」「主張のある味」「素《す》直《なお》な味」「味がけんかする」「あの味とこの味は相性《あいしょう》が悪い」といった例が挙げられている。私たちが理解している「味」概念の一部は、人の性格や行動に関する概念の理解によって支えられているのである。

11 だが、〈味は人である〉という概念メタファーがあると指摘《してき》すれば話が終わるわけではない。というのも、味に関する他の概念メタファーもあるからだ。たとえば辻本［二〇〇三］では、〈味はものである〉（味を付け足す、味を消す、味を封《ふう》じこめる）や、〈味は輪郭《りんかく》をもつ〉（味をふくらませる、味を引き締《し》める、味がぼける）という概念メタファーが指摘されている。

12 そうすると、＊5先ほどの類似性に関する問題が再び現れてくる。味はさまざまな概念メタファーで捉えることが可能であるのに、なぜBとりわけ人のメタファーで捉えられるのか。人のメタファーが使われるときと他のメタファーが使われているときの違いは何か。それを説明しなければならないのである。

13 この問題に答えるために、なぜ私たちは擬人化をしてしまうのかについて、さらに踏み込んで検討してみよう。

14 なぜ私たちは擬人化をするのか。ヒントとなるのはダンチガーとスウィーツァーの次の主張だ。「擬人化によって話し手は抽象《ちゅうしょう》概念が意図的行動をするかのように表すとともに、自分が抽象概念によってどのように影響《えいきょう》されるかを表すことも可能となる」（ダンチガー＆スウィーツァー［二〇二二］八八頁）。その一例として挙げられているのは「嫉妬《しっと》が人々の生活を壊《こわ》す」である。嫉妬というものが物理的に人

問九　――線部⑧に「言わなければならないことを言えた」とありますが、「言わなければならないこと」とはどういうことですか。二十字以内で説明しなさい。

問十　――線部⑨に「歓声《かんせい》を上げて光を二人で追いかけた」とありますが、このとき「私」はどのような気持ちになっていると言えますか。四十字以内で説明しなさい。

四　**次の文章を読んで、あとの問いに答えなさい。**

1　「優《やさ》しいメロディ」とは「優しい人の喋《しゃべ》り方」と似た聴覚《ちょうかく》的特徴《とくちょう》をもつメロディのことである。優しさを感じさせる人の喋り方は、ゆっくりとしたテンポで、音程の上下はあまりなく、音量もそこまで大きくなく、安定している。「優しいメロディ」もこうした特徴をもっているだろう。その証拠《しょうこ》に、「優しいメロディ」のテンポを速めたり、音程を高くしたり、音程の上下を激しくしたり、音量を大きくしたりすると、楽しみを抱《いだ》いた人の喋り方と似た「楽しいメロディ」になる。また、音色を曇《くも》った感じにすると「悲しいメロディ」となる（ただし、「優しいメロディ」と「悲しいメロディ」は特徴が多く共通しているので混同されやすい）。例外がないわけではないが、基本的な法則として、メロディがもつ優しさ／楽しさ／悲しさ／恐怖《きょうふ》／怒《いか》りは、対応する気持ちを抱いた人の喋り方と聴覚的特徴が共通していると言えるのだ（＊1パウエル［二〇一七］五二頁《ページ》）。

2　ここで、＊2先ほど説明した類似性《るいじせい》が気になった人もいるだろう。「優しいメロディ」は優しい人の喋り方と共通する特徴があるというのは、簡単に言えば、両者が似ているということだ。しかし、＊3前述の通り類似性は何にでも成り立つ。そのため、そのメロディは他の多くのものにも似ているだろう。たとえば、ゆっくりとした点ではカタツムリの動きに似ているると言えるし、安定した点では低いテーブルに似ているとも言える。それなのに①なぜ「優しいメロディ」と言われるのだろうか。そのときにメロディと人の喋り方に注目させるものは何なのか。

3　この疑問に対する答えは進化の観点から与《あた》えられる。私たち人間は感情のサインを過剰《かじょう》に読み取ってしまうよう進化したということだ。人間は他人と関わりながら社会的生活を送っており、そうした生活では他人の気持ちを読み取る必要がある。たとえば、何か協力をお願いするなら相手が機嫌《きげん》の良いときがいいし、怒《おこ》っている人は攻撃《こうげき》的なので近づかない方がいい。このように他人の気持ちを判定することが重要であるため、私たち人間は、喋っている人の声の調子からその人の感情を読み取るようになった。そして、この能力が過剰に働くために、メロディも感情の表れであるかのように聴《き》こえてしまうのである（Juslin［2019］chap.11.2）。

4　しかし、こうした説明は「優しい味」にはふさわしくない。というのも、優しい振《ふ》る舞《ま》いをしている人を本当に舐《な》め、文字通りの味を感じたことがある人などそうそういないからだ。それでも多くの人は、「このスープは優しい味がする」と言えたり、他人がそう言っているのを聞いてその意味を理解できたりする。そうであるなら、「優しい味」という表現を使ううえで、そのスープと優しい人の味覚的共通点は必要ないはずだ（そもそも、本当に舐めてみた場合に、優しい行動と優しい味は味が似ているのだろうか？）。

5　以上のように音楽の擬人化《ぎじんか》に関する説明は味の擬人化には当てはまらない。そこで別の方針に眼《め》を向けよう。それは認知《にんち》言語学で「概《がい》念《ねん》メタファー」と呼ばれるものである。メタファーはここまで説明してきた隠喩《いんゆ》のことなのだが、認知言語学では「概念メタファー」という訳語が定着しており「概念隠喩」とはあまり言わないので、少々Aややこしいが以下は「隠喩」ではなく「メタファー」と表記する。

エ　同級生であるにもかかわらずシジミの知識が豊富な部員たちを見て、先輩《せんぱい》に教わるのを待つだけの自分の姿勢を気付かされ、恥《は》ずかしくなっている。

オ　自分はシジミを食べ物としてしか知らなかったが、周囲の部員たちが生き物として接している様子に圧倒《あっとう》され、自分の浅はかさを実感している。

問四　――線部③に「言い訳をひねりだして」とありますが、ここではどう考えることが「言い訳」になっていますか。二十字以内で説明しなさい。

問五　――線部④に「体感では一分くらい」とありますが、これはどういうことですか。その説明として最もふさわしいものを、次のア～オの中から一つ選び、記号で答えなさい。

ア　小百合《さゆり》もまた自分が来ることを予想していたので、片付けをしてから返事をした割には、すぐに反応があったということ。

イ　意を決して小百合の部屋をノックしたが、どのように話そうかためらっているうちに、あっという間に時間が経《た》ってしまったということ。

ウ　小百合を説得するためにやむなく部屋を訪《おとず》れることになったが、せめて失礼がないようにしなければならないという思いから、少しの沈黙《ちんもく》が永遠にも感じられたということ。

エ　事前に部屋に行くことを伝えていなかったため、小百合には部屋を片付ける時間が必要であり、いつもより小百合の返事が遅《おそ》かったということ。

オ　小百合を説得しようと部屋を訪れたものの、小百合の反応が想像できず緊張《きんちょう》し、待つ時間が実際よりも長く感じられたということ。

問六　――線部⑤に「好きになったきっかけって、あるの？」とありますが、このときの「私」の様子について説明した文として最もふさわしいものを、次のア～オの中から一つ選び、記号で答えなさい。

ア　小百合を甲子園《こうしえん》に誘《さそ》うために機嫌《きげん》を取ろうとしていたが、小百合の反応が思わしくなかったため、次に何を話せばよいかと焦《あせ》っている。

イ　自分には魚の知識が足りないと学校で思い知ったため、小百合の話を聞いて自分も甲子園に出場するまでに知識を増やさなければと意気込んでいる。

ウ　一緒《いっしょ》に甲子園に出場するからには、せめて最低限の意思疎通《そつう》をしておきたいと思ったが、小百合の反応は芳《かんば》しくなく、どうすればよいかわからず途方《とほう》に暮れている。

エ　小百合と一緒に甲子園に出場するためには今の実力では不十分なので、生き物について豊富な知識を持つ小百合に少しでも追いつくための手がかりを得ようとしている。

オ　寡黙《かもく》な小百合と会話するためにいろいろと話題を考えたが、小百合の機嫌が悪くなってしまったため、小百合の好きな魚の話題から甲子園の話につなげようとしている。

問七　――線部⑥に「ごめん……」とありますが、「私」はどのようなことに対して申し訳ないと思ったのですか。六十字以内で説明しなさい。

問八　――線部⑦に「液体に変身したシジミを、そうめんが橋となって口に導く感じ」とありますが、そのときの様子を表す言葉として最もふさわしいものを、次のア～オの中から一つ選び、記号で答えなさい。

ア　つるつる　イ　とろとろ　ウ　ざらざら
エ　ずるずる　オ　どろどろ

＊２　沈《ちん》したときに…カヌーが転覆《てんぷく》することを「沈《ちん》する」と言う。

＊３　あの詩…「私」が大切にしている、青春について書かれた詩。

問一　〰線部Ａ「間髪《かんはつ》を容《い》れず」、Ｂ「我関《われかん》せず」、Ｃ「粗相《そそう》」について、これらの言葉を本文中と同じ意味で使っている文として最もふさわしいものを、あとのア～オの中からそれぞれ一つずつ選び、記号で答えなさい。

Ａ「間髪を容れず」

ア　今までの努力を無にしないため、間髪を容れずに最後まで考え抜《ぬ》こう。

イ　気の合う友人とコーヒーを飲みながら、間髪を容れず会話する。

ウ　我《わ》が家《や》の駐車場《ちゅうしゃじょう》は狭《せま》いので、間髪を容れず駐車する。

エ　早押《お》しクイズでは、間髪を容れずボタンを押すべきだ。

オ　この先は危険な道が続くので、間髪を容れず歩くようにしよう。

Ｂ「我関せず」

ア　英語で道を尋《たず》ねられて困っている友人を、我関せずといった顔で眺《なが》める。

イ　火災に見舞《みま》われたショッピングセンターで、客たちは我関せず飛び出した。

ウ　私は我関せず彼《かれ》の自尊心を傷つけたことに気付き、後悔《こうかい》にさいなまれている。

エ　三日前から我関せず煮込《にこ》んできたカレーは、私の自慢《じまん》の逸《いっ》品《ぴん》だ。

オ　デパートの初売りで、開店と同時に我関せず商品に飛びつく。

Ｃ「粗相」

ア　最近ついていないと思って相談したら、粗相が優《すぐ》れていないせいだと教えられた。

イ　多くの人が参加する親戚《しんせき》の結婚式《けっこんしき》では、周囲をよく見て粗相のないようにしたい。

ウ　明日から陳列《ちんれつ》する商品に粗相がないか、デパートでは念入りにチェックされている。

エ　まずは丁寧《ていねい》に粗相することから始めないと、すぐに後悔することになる。

オ　かつては不安そうな態度でおどおどしていた彼も、すっかり粗相が板についてきた。

問二　――線部①に「ダメか」とありますが、「私」はどのようなことに対して「ダメか」と思っていますか。二十字以内で具体的に答えなさい。

問三　――線部②に「私は唖然《あぜん》とするばかりで、話に加われない」とありますが、このときの「私」の心情について説明した文として最もふさわしいものを、次のア～オの中から一つ選び、記号で答えなさい。

ア　シジミ一つで会話が盛り上がり始めた部員たちの様子にあっけにとられてしまい、自分はそのような知識を得られるような家庭環境《かんきょう》ではなかったと感じ、劣等感《れっとうかん》を抱《いだ》いている。

イ　今さら自分が口を挟《はさ》んだところで、場をかき乱してしまうばかりで、部員たちを納得《なっとく》させるような知識を披露《ひろう》することは到《とう》底《てい》できないと感じ、意気消沈《いきしょうちん》している。

ウ　生き物への愛情や関心を持っており、自分には思いもよらないようなやりとりを展開する部員たちに驚《おどろ》くと同時に、周囲との差に引け目を感じている。

夜空を見上げると、宝石箱をひっくり返したように輝《かがや》きが散らばっている。宇都宮の自宅じゃ、こんな空は絶対見られない。しかし見慣れているのか、かさねちゃんは無反応であくびをしている。
「ねえ、かさねちゃん。知ってたの？　その……小百合ちゃんがナカスイに来た理由」
「もちろん。あの子、合格発表の翌週にはもうウチの下宿に引っ越《こ》してきたんだ。連れてきたご両親が、うちのオヤジたちにご挨拶《あいさつ》しながら教えてくれた」
「そっか」
やっぱり偶然じゃなかったかも。ま、いいかと思いながら、私も大きく伸《の》びをする。
「空気が、もう初夏じゃないね。夏の扉《とびら》が開いていくんだなぁ。考えてみたら、もうすぐ六月か」
かさねちゃんは、脱力《だつりょく》したように下を向いた。
「六月ねぇ。気が重い」
「なんで」
「一日は、那珂川の鮎の解禁日！」
なんで知らないのよ、と呆《あき》れた目で私を見る。
「あんた、那珂川に釣《つ》り客がどれだけ押《お》し寄せるか、実感ないでしょ。ウチの民宿もスゴイよ。シーズン終了《しゅうりょう》まで連日満室。全国の釣りマニアが集《つど》うんだもん。厨房《ちゅうぼう》が忙《いそが》しいからって、あたしも手伝わされるの。あーやだ」
なるほど、それもあって料理上手なのか。
「それとね、六月一日は教室もチェックだからね。人間模様が面白《おもしろ》いよ」
「へえ？」
ふふと笑い、かさねちゃんは私の手をとった。
「ま、それは後のお楽しみに。そうめんの腹ごなし、夜の散歩に行こうぜ！」
私を引っ張りながら門の外に出て、スマホのライトを頼《たよ》りに夜道をぐんぐん進んでいく。
「ね、どこに行くの」
「もうわかるよ。ほら！」
かさねちゃんはスマホのライトを消した。
真っ暗な中に小さい黄緑の光がふわふわ見えてきた。一つだけじゃない、二つ、三つ……たくさん。
「え……？　なにこれ」
キョロキョロ見回していると、彼女は大笑いする。
「ホタルだよ」
「マジ！　初めて見るよ！」
かすかな無数の光が、私たちを取り囲んでいる。そっと両手を空に伸ばして包んでみた。静かに覗くと、手の中にささやかな光が息づいている。
「ねえ、かさねちゃん。ホタルってなんで光るの」
「求愛らしいよ」
「ホタルたちも青春してるんだ！」
手を開放すると、光が旅立っていった。
こんな小さいホタルが、それぞれに青春の輝きを放っている。宇宙の神様から見た私たちは、こんな感じなのかもしれない。
騒《さわ》がしいまでのカエルの合唱を聴《き》きながら、⑨歓声《かんせい》を上げて光を二人で追いかけた。

――村崎《むらさき》なぎこ『ナカスイ！　海なし県の水産高校』による

（問題作成上の都合から一部原文の表記を改めた）

（注）＊1　ＡＯ入試…大学の推薦《すいせん》入試の方式。

してしまうのと、どちらが面倒《めんどう》か。うーむ」

「マシジミ、どうもありがとう。ごちそうさまでした」

お箸を置いた小百合ちゃんは、空になった水槽に向かって手を合わせる。

シジミもそうめんも、それぞれ単体では今まで普通に食べてきたものだ。でも、二つを合わせるのは生まれて初めて。普通の素材が出会うだけで、こんな奥深《おくぶか》い料理になるとは。その滋味《じみ》パワーは私の心の燃料になってくれたようで、⑧言わなければならないことを言えた。

「小百合ちゃん、ごめん。確かに私、魚に興味ないのにナカスイに来た。でも、先生や小百合ちゃんにいろいろ教えてもらって、魚の種類や個性や魅力《みりょく》に気づけた。たぶんナカスイに来なければ、シジミそうめんも一生食べずに終えていたと思う。なので……来て良かったと思います。この下宿にも」

「なに、なんかＣ粗相《そそう》したの、あんた」

したんだよ！　とは言えずに、ただ下を向いていた。

「……ね、これいいんじゃない？　『ご当地おいしい！甲子園』に」

心臓が跳《は》ねる。声の主は小百合ちゃんだ。

「え？　え？」

思わず、彼女を二度見した。

小百合ちゃんは、ちらちらと私を見る。

「……優勝すれば、大学に推薦で行けるかもしれないんでしょ。私、ナカスイに来て、毎日がとっても楽しい。こんな日が来るなんて思ってなかった。神宮寺先生に、全国から魚好きのツワモノが集まる水産大学に行ったら、もっと楽しいかもしれないわよ――って言われた。私、水産大学に行ってもっともっと魚の勉強をしたい。その足掛《あしが》かりになるように、甲子園に出たい」

「先生にいつ言われたの」

「何日か前」

それなら、なんでもっと早く出るって言ってくれなかったんだろう。

「うん、いいかもねぇ。シジミそうめん。なんたる偶然《ぐうぜん》。アニメの神がもたらした奇跡《きせき》だわ、これは」

妙に、かさねちゃんが棒読みなのが気になる。もしかして――。

二人は示し合わせていたんでは。

かさねちゃんは、小百合ちゃんが神宮寺先生のアドバイスを受けて大会参加に心が動いたのを知った。しかし、そのまま素直《すなお》に参加させたのでは、よろしくない。なぜなら、私がアホで、小百合ちゃんの気持ちも事情も何も知らないから。つまりは、無神経にアレコレ傷つける可能性が高い。

アニメの内容は、配信前から公表されているはず。シジミそうめんが出ることをわかっていて、かさねちゃんが小百合ちゃんにシジミを獲りにいけと言っていたのでは。

そういや、小百合ちゃんがスマホをいじったら、タイミングよくかさねちゃんが来た。ＬＩＮＥか何かで呼んだのかもしれない。

私がシジミそうめん食べることで、なにか「気づき」を得るか。それが、小百合ちゃんとかさねちゃんのテストだったのかも。

……いや、すべては偶然。神のお導きなんだろう。

私も冷静になったのか、ふと思った。

「でもさ、滋賀のご当地料理じゃダメじゃない？　何か、那珂川《なかがわ》オリジナルを感じさせるものじゃないと。それに、男子チームはきっとスゴイの出してくるよ。なんせ、ブレーンはあの進藤君だから……」

「ま、あんたも疲れたでしょ。また明日考えよう」

それもそうだ。今日はここまで。

外の空気が吸いたくなって、母屋《おもや》に戻るかさねちゃんと一緒に外に出た。

なりたくても絶対無理なのに」

「⑥ごめん……」

どうやって謝《あやま》ればいいのかわからない。

なんて思い上がっていたんだろう。自分の勝手な青春のために、こんな繊細《せんさい》な子を振り回そうとしていたなんて。

雰囲気《ふんいき》が重くて、いたたまれなかった。もう小百合ちゃんを説得できないし、私にはその資格もない。だけど、出ていくタイミングがつかめない——。

小百合ちゃんも雰囲気から逃《のが》れるためか、スマホをいじり始めた。

「お邪魔《じゃま》〜。芳村さん、起きてるかーい」

かさねちゃんの甲高《かんだか》い声と、玄関《げんかん》の戸がガラガラ開く音が響く。驚《おどろ》いて思わず腰《こし》を浮《う》かすと、部屋着姿のかさねちゃんが入ってきた。私がいることが意外だったらしく、素《す》っ頓狂《とんきょう》な声をあげた。

「あんた、なんでここにいんの」

「だってここは、私と小百合ちゃんの下宿だし」

なんかムカついて、手でシッシッと払《はら》った。

「用があるのは、あんたじゃないの。芳村さん、そのシジミさ、あたしに売ってくんない？」

小百合ちゃんは目を見開いた。

「何に使うの？」

「そうめん」

「なんでシジミがそうめんなのさ」

思わず声が出てしまった。

「今ね、春アニメの『漕げ、麺《めん》ロード！』にハマってんの」

「もしかして、こないだ言ってたやつ？　イケメンの男子部員が自転車に乗って、どうのこうのとかいう」

「そう。琵琶湖が舞台《ぶたい》なの。滋賀は全国有数の小麦の産地なんだって。で、地元の高校に『琵琶湖自転車一周部』っていうのがあって、部員が小麦粉を使ったご当地麺類を食べて琵琶湖の周りを自転車漕ぎつつ、地元の活性化を模索《もさく》していくの」

そうか、理由がわかった。

「最新話が、そうめん回だったんだね」

「そうなの！　さっき配信で観たばっかり。琵琶湖のセタシジミを使ったシジミそうめんが出てくるんだけどさ、めっちゃウマそうで。いま食べなきゃあたしの人生先に進めない。お願い、そのシジミ売って」

小百合ちゃんは、あっさりと水槽を差し出した。

「あ、あげる……。タダで獲ったものだし」

「うれしー！」

かさねちゃんは、水槽を抱きしめてほおずりした。

「じゃあさ、今からここで作るから夜食に食べようよ。みんなで」

さっき、夕食にとんかつを食べたばかりだ。でも、かさねちゃんの甘《あま》い誘《さそ》いは、首を縦に振らずにはいられないものだった。

作り方は簡単で、シジミで出汁《だし》をとった汁《しる》を冷まして麺つゆを入れ、茹《ゆ》でて冷水で締《し》めたそうめんを深めの器《うつわ》に盛り、汁をかける。それだけのものだった。それだけなのに……。

口に運ぶお箸《はし》が止まらない。感動して、私はそうめんを箸でつまみあげてマジマジと眺めた。

「すごいね、これ。⑦液体に変身したシジミを、そうめんが橋となって口に導く感じ」

「あんたの食レポって、なんか独特だね」

そう笑いながら、かさねちゃんはあっと言う間に汁を飲み干した。

残った殻《から》を、彼女は箸でつつきながらため息をつく。

「でも、殻が麺に絡《から》んで、除《よ》けるの邪魔だったね。初めに身を全部出

の部屋で夕食を食べた後、隣《となり》の広間に入り小百合ちゃんの部屋に続く襖《ふすま》をノックしてみた。

「小百合ちゃん？　さくらだけど。部屋に入ってもいいかな？」

しばらく（④体感では一分くらい）沈黙《ちんもく》が続いたあと何かを片付けるような音がして、消え入りそうな声で「どうぞ」と聞こえた。失礼しますと念のため断ってから襖を開ける。

息を呑《の》んだ。原因は本だ。魚関係の本が、畳《たたみ》を埋《う》め尽《つ》くしている。

さっきの音は、小百合ちゃんが「通路」を作ってくれた音のようだ。私は、襖から座卓《ざたく》へと向かう「けものみち」のような通路を進んだ。シジミの水槽が、座卓の上に置いてある。明日は土曜日で学校が休みだから連れてきたのか。パジャマ姿の私は、学校のジャージを着た小百合ちゃんの向かいに正座し、ちょっとわざとらしく水槽を覗いた。

「うん、すごいね、シジミ。本当にすごい」

何がすごいのかはさておき、とりあえず褒《ほ》めまくる作戦に出た。

「そもそも、小百合ちゃんもすごいよね。なんで、そんなに魚に詳《くわ》しいの」

「……好きだから」

そりゃそうだ。なんてアホな質問をしてしまったんだ。

「⑤好きになったきっかけって、あるの？」

しばらく黙《だま》ったあと、床《ゆか》に散らばっている本の中から、子供用の「魚図鑑《ずかん》」を取り出した。その状態は、何度も何度も数えきれないほど読まれたことを物語っている。

「……私、小学五年生から学校に行ってないの」

「え」

「同じ学年の女子に毎日毎日学校でイヤなこと言われて……。学校に行くことを考えるだけで、息がつまって足が動かなくなった。お母さんやお父さんは、小百合がつらいなら、無理に行かなくていいって言ってくれて……」

小百合ちゃんは愛《いと》おしむように、本を撫《な》でた。

「家にずっといるようになったら、この図鑑をおばあちゃんがプレゼントしてくれたの。人間の世界は考えないで、お魚の暮らしでも眺めてごらんって。毎日読んでたら、魚っていいなぁって、うらやましくなった。水の中で暮らしてるから、イヤなことは聞こえないでしょ」

ああ、やっちゃった、私。ものすごい自己嫌悪《けんお》が襲《おそ》ってくる。

「それで魚に興味を持ち始めたの。お母さんやお父さんも喜んでくれて、いろんな魚の本を買ってくれたり、水族館や、川や海にもいっぱい連れていってくれた。中学も行けないなら行かなくていいよ、お母さんが全部教えてあげるからって。高校も無理だと思ってたけど、検《けん》索《さく》してたらナカスイを知ったんだ。推薦《すいせん》入学があって、県外の生徒でも受験できて、下宿の制度もある。なによりも、私みたいな不登校の生徒でも受け入れてくれる。ここなら、行けるかもしれない。毎日魚のことを勉強できるのかもしれない。昔の私を知らない人ばかりなら、教室に入れるかもしれない。魚が好きな人ばかりなら、私が息を吸える世界かもしれない。お母さんにそう言ったら、すぐナカスイを見に連れていってくれた。実習場を覗いたら、鮎《あゆ》の養殖池《ようしょくいけ》のところに神宮寺先生がいたんだ。ナカスイの志望理由を言ったら、『ようこそ。ここは、あなたの世界よ。大丈夫、魚が好きならナカスイはそれだけで十分。この学校に来て、私と一緒に魚たちの世話をしてくれたら魚も私も嬉《うれ》しいわ』って笑ってくれた」

私は何も言えず、シジミの水槽を見つめていた。小百合ちゃんの顔を見ることができない。ただ、彼女の息が荒《あら》くなっていくのがわかる。

「だ、だから鈴木さんみたいな人がいてびっくりした。魚に興味がないのに、ナカスイに来たんでしょ？　普通に学校に通えてたのに、普通がイヤって、私にはよくわからない。なんで普通がダメなの。私は、

んかね」

目を閉じ、進藤君は歌うように口に出した。

「住吉《すみのえ》の　粉浜《こはま》の四時美《しじみ》　開《あ》けも見《み》ず　隠《こも》りてのみや　恋《こ》ひ渡《わた》りなむ

――だね」

なんだ、この人たちは。なんでこんなにスラスラと。

②私は啞然《あぜん》とするばかりで、話に加われない。

B我関《われかん》せずスマホを見ていた島崎君が、ボソッとつぶやいた。

「みなさん、今日の趣旨《しゅし》をお忘れじゃないですか。実況観《じっきょうみ》ましょうよ。生徒が全然映ってないですけど。進行方向の川の風景ばかりですね。神宮寺《じんぐうじ》先生、ぜったい先頭を突《つ》っ走ってるんですよ」

かさねちゃんの賑《にぎ》やかな笑い声が、無機質な部室に響《ひび》き渡《わた》った。

「先導はアウトドア部のカヌーが得意な子か、引率《いんそつ》の教員かどっちかなんだよ。今年の三年にカヌーでインターハイ出た人がいるはずだけど、神宮寺先生が譲《ゆず》らないんだね」

午後になるとゴールした三年生たちが次々に学校に戻り、安藤《あんどう》部長たちはテンション高く部室にやってきた。

「おめでとうございます！　無事ゴールですね」

「先輩《せんぱい》たち、おつかれさまです！」

二年生も部室に来て拍手《はくしゅ》で出迎《でむか》え、ジュースで乾杯《かんぱい》する。濡《ぬ》れた髪《かみ》をほどいている安藤部長は、涙《なみだ》でうるんだ目を手で拭《ぬぐ》った。

「すごい疲《つか》れたけど、めっちゃ良かった。でも終わっちゃったよ」

「う、うん……青春も終わっちゃった気分。も、文字通りゴールなんだ」

桑原《くわはら》副部長は声が詰《つ》まり、うまくしゃべれない。

二人は抱《だ》き合って、わんわんと泣き出した。

監事《かんじ》の石塚《いしづか》先輩は笑い泣きしながら、二年生と一緒《いっしょ》に二人に花吹雪《はなふぶき》をかけている。部長は涙と鼻水にまみれた顔で、石塚先輩を振《ふ》り返った。

「石塚君も、＊2沈《ちん》したときに助けてくれてありがとう。私、みんなと一緒で本当に良かった」

努力、涙、その先に待つ笑顔《えがお》。それらをつなぐ友情という絆《きずな》。青春だ。これこそが、私が求めているもの。

先輩たちの姿を眺めながら、みんなに悟《さと》られないように目頭《めがしら》をそっと拭った。

こういう学校行事も青春なんだ。だったら、別に無理して「おいしい！甲子園」に出なくていいのかも。

でも、＊3あの詩には「たやすいことに逃《に》げるな」とあったような。

「どうするかなぁ」

放課後、ため息をつきながら下宿に向かって自転車を漕《こ》いでいると、後ろからかさねちゃんが追いついてきて並走《へいそう》した。

「ねえ。どうすんの、甲子園。もう時間ないよ」

「な、なんとかするよ」

「じゃあ、今日きっちり決めて。あたしだって、そうそう待ってられないんだから」

そう言うと、あっと言う間に自転車で走り去った。相変わらずの「ガチ走り」だ。

そうだ。③言い訳をひねりだして、たやすいことに逃げてはいけない。「ご当地おいしい！甲子園」に一年の女子三人で出場する。小百合ちゃんとかさねちゃんと私で泣いて笑って、青春するんだ。

今晩、下宿で小百合ちゃんを説得しよう。そう心に決め、自転車を漕ぐ足に力を入れた。

田の字型の間取りで、彼女《かのじょ》の部屋は私の部屋の対角線にある。自分

格したような」

彼《かれ》が示した画面には、去年の優勝高校の公式サイトが出ていた。ＰＤＦの学校だよりを開くと、優勝のおかげでＡＯ入試に合格できましたというインタビュー記事が掲載《けいさい》されている。

小百合《さゆり》ちゃんは興味を示さず、水槽《すいそう》に視線を戻《もど》した。①ダメか。

「あんたさ、芳村《よしむら》さんの水槽に何がいるかわかる？」

相変わらず、かさねちゃんは私の名前を呼ばない。ムカつきながらも、妙《みょう》に気になって水槽を覗《のぞ》いてみた。しばらく眺《なが》めたけど、薄《うす》く緑がかった水は全く動きがない。

「わかった、ひっかけ問題でしょ。正解は『何もいない』」

「シジミがいる」

小百合ちゃんの言葉は予想外すぎた。

「魚屋さんで買ってきたの？」

「この間の日曜日、学校近くの用水路で獲《と》ったの」

小百合ちゃんの目は、いたって真面目だ。でも私には冗談《じょうだん》としか思えない。

「なんでこの辺にシジミがいるの。いくら私だって知ってるよ。シジミの名産地が島根県の宍道湖《しんじこ》だって。あそこは汽水湖なんでしょ。海水と淡水《たんすい》が入り混じってる」

「シジミにもいろいろ種類があるんだよ」

そう言いながら進藤《しんどう》君が来て、水槽を覗き込《こ》んだ。

「これは、マシジミっていって淡水に棲《す》むシジミ」

「えええ！　味は？」

無意識に言って気づいた。私って――。

「鈴木《すずき》って、食い気すげえなぁ。いつも食べる話にもってくもんな」

渡辺《わたなべ》君の言葉に、頬《ほお》が熱くなるのを感じる。もしかして私って実は、「普通《ふつう》」以上の食いしん坊《ぼう》なのでは。

あくまでもジェントルマンな進藤君は、優《やさ》しい目で私を見た。

「ちょっと味は薄めだけど、普段《ふだん》食べてるシジミと同じだよ。海なし県仲間の滋賀県だって、琵琶湖《びわこ》の『セタシジミ』っていう淡水シジミがご当地食材で有名だし。実は、宇都宮でもシジミが獲れる場所あるんだよ」

「うそ！」

「でも、たぶん臭《くさ》くて食べられないと思う。このあたりのシジミだったら、水質も良いし大丈夫《だいじょうぶ》だと思うけど」

知らなかった。海なし県にシジミがいるなんて。思わず水槽をかじりつくように眺めた。水槽の底には砂が敷《し》いてあって、言われてみれば確かに小さな貝がゴロゴロいる。ただ、私が知っているシジミよりも色は薄くて黄土色に近い。でも――。

「ねえ、小百合ちゃん。水、もう少しキレイにしてあげたら？　シジミが可哀《かわい》そう」

Ａ間髪《かんはつ》を容《い》れず、渡辺君の声が飛んできた。

「そっちの方が可哀そうだろ。マシジミの餌《えさ》は、植物性プランクトンだぞ。緑色の水がそれなの！」

私の頬が、再び熱くなった。知らないんだもの、仕方ないじゃないか。

「……マ、マシジミは、こういう緑に染まった水を、透明《とうめい》にろ過してくれるの。水槽の掃除《そうじ》屋って呼ばれてるよ。水槽の水質浄化《じょうか》用のマシジミが売られていることもあるし」

かさねちゃんはツインテールの右側をもてあそびながら、思い出したように言う。

「そういや、万葉集にもシジミ登場するんだって。数字の四、時間の時、美しいで『四時美《しじみ》』。あたし、あやうくオヤジに四時美って名付けられるところだったらしいし。オヤジああ見えて、実は文学好きな

2024年度 聖光学院中学校

【国　語】〈第二回試験〉（六〇分）〈満点：一五〇点〉

［注意］　字数指定のある問題では、句読点やカッコなども字数に含《ふく》みます。

一　**次の①～⑤の文の――線部のカタカナを、それぞれ漢字に直しなさい。**

①　昨今の経済事情を鑑《かんが》みて、無駄《むだ》な経費のセツゲンを図《はか》る。

②　当時は驚《おどろ》かれたが、今となっては先見のメイがあったと言うほかない。

③　当事者の気持ちを理解しようとせずに、無責任にホウゲンしてはばからない。

④　長い説明であったが、タイイを要約すると以下の通りだ。

⑤　労働力問題を解決するために、ＡＩ技術はゲキヤクたりうるか。

二　**次の①～⑤の文Ａ・Ｂの□には、ひらがなにすると同じ一字になる別の漢字が入ります。例にならって、ＡとＢにあてはまる漢字一字をそれぞれ答えなさい。**

例
Ａ　蛙《かえる》の□は蛙《かえる》。
Ｂ　身を□にして働く。
→こ
〈答〉Ａ　子・Ｂ　粉

①
Ａ　委員長としての彼《かれ》の振《ふ》る舞《ま》いは、□の打ち所がない。
Ｂ　どんなに努力したところで、到底《とうてい》彼の□ではない。

②
Ａ　思いつきで言った冗談《じょうだん》を□に受ける。
Ｂ　相手投手の□を外すために打席を離《はな》れる。

③
Ａ　合戦の地に先に到着《とうちゃく》して地の□を得る。
Ｂ　順番に説得していくのは、□にかなった方法だ。

④
Ａ　後任の社長には、自分の□のままになる人物を指名しよう。
Ｂ　納得《なっとく》のいかない結論に、□を唱える。

⑤
Ａ　大差で負けていたが、唯一《ゆいいつ》彼だけは□を吐《は》いて活躍《かつやく》した。
Ｂ　□を見ることに長《た》けているリーダーのおかげで、逆転に成功した。

三　**次の文章は、村崎《むらさき》なぎこの『ナカスイ！　海なし県の水産高校』の一節である。那珂川《なかがわ》水産高等学校（ナカスイ）に入学した鈴《すず》木《き》さくら（「私」）は、全国の高校生が「ご当地グルメ」を発案して競《きそ》う「ご当地おいしい！甲子園《こうしえん》」の出場を目指し、「私」と同じく大和《やまと》かさねの家に下宿している芳村小百合《よしむらさゆり》を仲間にしたいと思っている。問題文は、三年生の行事「那珂川カヌー訓練」が行われた日に、「私」たちが先輩《せんぱい》の応援《おうえん》のため部室に集まった場面から始まっている。これを読んで、あとの問いに答えなさい。**

※記述解答においては「ご当地おいしい！甲子園」を「甲子園」と表記してよい。

「あ、そうだ！」

思い出したように叫《さけ》び、島崎《しまざき》君がスマホをいじりだした。

「去年、『ご当地おいしい！甲子園《こうしえん》』で優勝したの、確か熊本の子だったはずです。それを武器に、どっかの有名大学に＊1ＡＯ入試で合

2024年度

聖光学院中学校　▶解説と解答

算　数　＜第２回試験＞（60分）＜満点：150点＞

解　答

[1] (1) $1\frac{1}{3}$　(2) 4255m　(3) 23個　[2] (1) (a) 12通り　(b) 432通り　(2) (c) 6通り　(d) 18通り　[3] (1) 117秒後　(2) 12秒前　(3) ア　9　イ　27　ウ　45　エ　75　[4] (1) $\frac{1}{8}$倍　(2) $\frac{7}{16}$倍　(3) $1\frac{1}{3}$秒後　(4) ４回，5.6秒後　[5] (1) **図**…解説の図Ⅱを参照のこと。／**面積**…45cm²　(2) 477cm²

解　説

[1] 逆算，流水算，速さと比，比の性質

(1) $\left\{1\frac{4}{9}+(1.75-\square)\div1.875\right\}\times2.8=4\frac{2}{3}$より，$1\frac{4}{9}+(1.75-\square)\div1.875=4\frac{2}{3}\div2.8=\frac{14}{3}\div\frac{28}{10}=\frac{14}{3}\times\frac{10}{28}=\frac{5}{3}$，$(1.75-\square)\div1.875=\frac{5}{3}-1\frac{4}{9}=\frac{15}{9}-\frac{13}{9}=\frac{2}{9}$，$1.75-\square=\frac{2}{9}\times1.875=\frac{2}{9}\times1\frac{7}{8}=\frac{2}{9}\times\frac{15}{8}=\frac{5}{12}$　よって，$\square=1.75-\frac{5}{12}=1\frac{3}{4}-\frac{5}{12}=1\frac{9}{12}-\frac{5}{12}=1\frac{4}{12}=1\frac{1}{3}$

(2) 上りと下りの速さの比は，115：185＝23：37だから，上りと下りにかかる時間の比は，$\frac{1}{23}:\frac{1}{37}=37:23$である。この比の和が１時間（＝60分）にあたるので，上りにかかる時間は，$60\times\frac{37}{37+23}=37$（分）とわかる。よって，PQ間の距離《きょり》は，115×37＝4255（m）と求められる。

(3) 聖也さんがはじめに持っていた個数を⑦個とすると，１回目に聖也さんが光司さんに渡《わた》した個数は，$⑦\times\frac{2}{7}=②$（個）となる。すると，そのときの聖也さんの残りの個数は，⑦－②＝⑤（個）となるから，そのとき光司さんが持っている個数は，⑤×２－１＝⑩－１（個）とわかる。その後，聖也さんが光司さんにさらに４個渡したので，そのとき聖也さんが持っている個数は（⑤－４）個，光司さんが持っている個数は，⑩－１＋４＝⑩＋３（個）となる。よって，やりとりのようすを図に表すと右のようになり，最後に持っている個数は光司さんが聖也さんの３倍だから，（⑤－４）×３＝⑩＋３より，⑤×３－４×３＝⑩＋３，⑮－12＝⑩＋３，⑮－⑩＝３＋12，⑤＝15，①＝15÷５＝３（個）と求められる。したがって，光司さんがはじめに持っていた個数は，⑩－１－②＝⑧－１＝３×８－１＝23（個）とわかる。

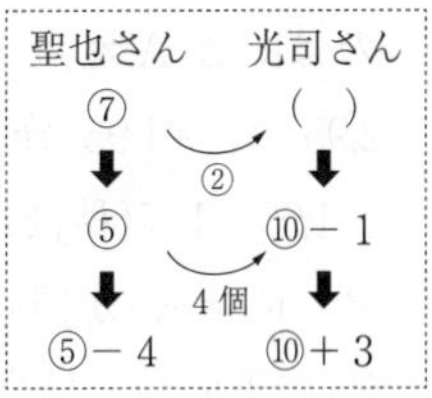

[2] 場合の数

(1) (a) 奇数《きすう》は｛１，３，５，７，９｝の５個だから，マス目が性質Ａを持つのは，各行および各列の奇数の個数が（１個，１個，３個）のときだけである。右の図①で，第１列は，奇数がすでに２個あるから，残りの１個は奇数と決まる。また，第１行と第２行に奇数を３個入れることはできないので，奇数が３個入るのは第３行と決まる。つまり，○をつけたマスに奇数が入る。よって，第３行に｛５，７，９｝を入れるから，これらの数の入れ方は，３×２×１＝６（通り）ある。さらに，残

図①

	第1列	第2列	第3列
第１行	①	2	
第２行	③	4	
第３行	○	○	○

りの{6，8}の入れ方は２通りある。したがって，書き入れる方法は全部で，６×２＝12(通り)とわかる。　(b)　(a)と同様に考えると，第１行に３個の奇数が入ることがわかる。すると，奇数の位置について，右の図②の３つの場合が考えられる(○をつけたマスに奇数が入る)。いずれの場合も，残りの３つの○に{5，7，9}を入れるから，奇数の入れ方は６通りある。また，いずれの場合も，偶数《ぐうすう》の入れ方は，４×３×２×１＝24(通り)ある。よって，書き入れる方法は全部で，６×24×３＝432(通り)となる。

図②

①	○	③
○		
○		

①	○	③
	○	
	○	

①	○	③
		○
		○

(2)　(c)　問題文中の図５の第１列と第２列を入れかえると，右の図③のようになって条件を満たす。このように，列ごとにまとめて入れかえることができるから，書き入れる方法は全部で，３×２×１＝６(通り)とわかる。　(d)　和が６になる組み合わせは{1，2，3}だけ，和が24になる組み合わせは{7，8，9}だけだから，第１行～第３行のどの行も，３つの数の組み合わせを変えることはできない。そこで，第１行が左から順に{1，2，3}の場合について考えると，各列の和が３の倍数になる入れ方は，右の図④の３通りある。このとき，どの場合も図③と同様に列ごとにまとめて入れかえることができるので，どの場合も６通りの入れ方がある。よって，書き入れる方法は全部で，６×３＝18(通り)とわかる。

図③

1	2	3	6
4	5	6	15
7	8	9	24
12	15	18	

➡

2	1	3	6
5	4	6	15
8	7	9	24
15	12	18	

図④

1	2	3	6
4	5	6	15
7	8	9	24
12	15	18	

1	2	3	6
5	6	4	15
9	7	8	24
15	15	15	

1	2	3	6
6	4	5	15
8	9	7	24
15	15	15	

3　速さ，条件の整理

(1)　R_1，R_2，R_3が３ｍ動くのにかかる時間はそれぞれ，３÷５＝0.6(分)，３÷６＝0.5(分)，３÷４＝0.75(分)である。それぞれの動きは右のグラフのR_1，R_2，R_3のようになるので，R_2がＤ地点に到着《とうちゃく》するのはR_2がＡ地点を出発してから，2.95－１＝1.95(分後)，つまり，60×1.95＝117(秒後)とわかる。

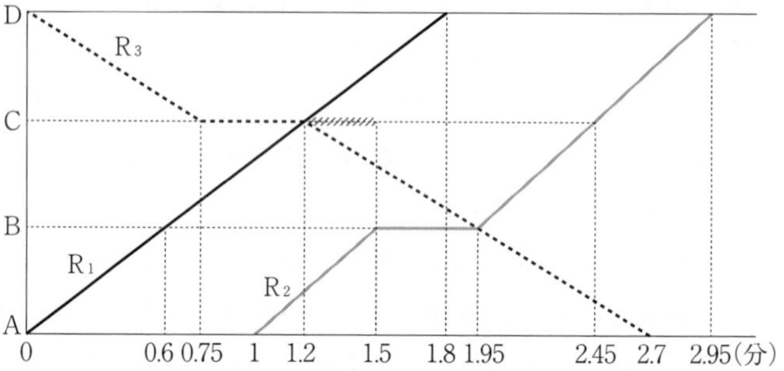

(2)　R_1とR_2が同時にＤ地点に到着するのは，R_2よりも先にR_1がＢ地点を出発し，Ｄ地点でR_2がR_1に追いつく場合である。また，R_1とR_2がBD間にかかる時間の差は，(0.6－0.5)×２＝0.2(分)である。よって，R_1がR_2よりも0.2分先にＢ地点を通過するようにすればよく，そのためには，R_3がR_2よりも0.2分先にＢ地点に到着すればよい。このとき，R_3がＣ地点に到着するのは，R_1がＡ地点を出発してから，1.5－0.2－0.75＝0.55(分後)なので，R_1はＢ地点で，1.5－0.2＝1.3(分後)まで待機する必要がある(一方，R_2は1.5分後に待機することなくＢ地点を通過する)。したがって，R_3はR_1がＡ地点を出発する，0.75－0.55＝0.2(分前)，つまり，60×0.2＝12(秒前)にＤ地点を出発させればよい。

(3)　(a)　R_1がＢ地点に到着する前に，R_3がＣ地点に到着する場合が考えられる。この場合，R_3は

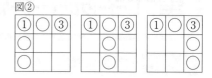

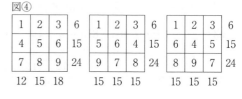

R_1がＡ地点を出発してから0.6分後までにＣ地点に到着する必要があるので，R_1がＡ地点を出発する，0.75−0.6＝0.15(分)，つまり，60×0.15＝９(秒)(…ア)以上前にＤ地点を出発する。

(b)

R_1がＣ地点を通過してからR_2がＢ地点に到着するまでの間(グラフの斜線《しゃせん》部分)に，R_3がＣ地点に到着する場合が考えられる。この場合，R_3はR_1がＡ地点を出発して，1.2−0.75＝0.45(分後)，つまり，60×0.45＝27(秒後)(…イ)から，1.5−0.75＝0.75(分後)，つまり，60×0.75＝45(秒後)(…ウ)の間にＤ地点を出発する。または，R_2がＣ地点を通過した後に，R_3がＣ地点に到着する場合が考えられる。この場合，R_2はＢ地点で待機する必要がないので，R_2がＣ地点を通過するのはR_1がＡ地点を出発してから，１＋0.5×２＝２(分後)である。よって，R_3はR_1がＡ地点を出発して，２−0.75＝1.25(分後)，つまり，60×1.25＝75(秒)(…エ)以上後にＤ地点を出発する。

4　平面図形―図形上の点の移動，辺の比と面積の比，相似

(1)　ANの長さを４とすると，点Ｑの速さは毎秒，４×２÷８＝１となり，出発してから３秒後のようすは右の図１のようになる。図１で，平行四辺形ABCDの面積を１とすると，三角形ABNの面積は$\frac{1}{2}$なので，三角形ABQの面積は，$\frac{1}{2}\times\frac{1}{4}=\frac{1}{8}$とわかる。よって，三角形ABQの面積は平行四辺形ABCDの面積の，$\frac{1}{8}\div 1=\frac{1}{8}$(倍)である。

図１

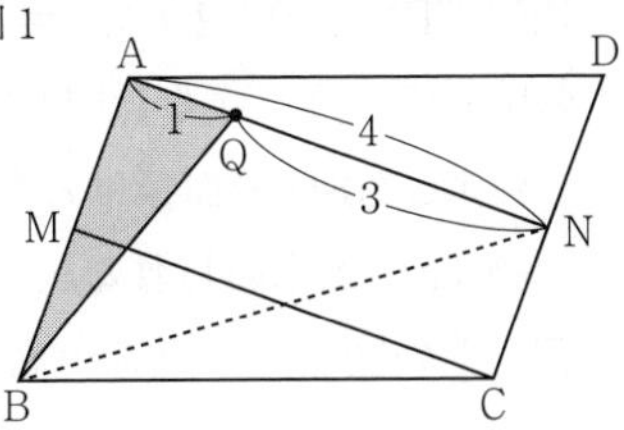

(2)　MC＝AN＝４より，点Ｐの速さは毎秒，４×２×２÷８＝２となり，出発してから３秒後のようすは右の図２のようになる。図２で，三角形DANの面積は，$\frac{1}{2}\times\frac{1}{2}=\frac{1}{4}$だから，三角形DAQの面積は，$\frac{1}{4}\times\frac{1}{4}=\frac{1}{16}$となる。同様に，三角形BCMの面積も$\frac{1}{4}$なので，三角形BCPの面積は，$\frac{1}{4}\times\frac{2}{4}=\frac{1}{8}$とわかる。また，三角形DMCの面積は$\frac{1}{2}$だから，三角形DPCの面積は，$\frac{1}{2}\times\frac{2}{4}=\frac{1}{4}$と求められる。すると，四角形BPDQの面積は，$1-\left(\frac{1}{8}+\frac{1}{16}+\frac{1}{8}+\frac{1}{4}\right)=\frac{7}{16}$となるので，四角形BPDQの面積は平行四辺形ABCDの面積の，$\frac{7}{16}\div 1=\frac{7}{16}$(倍)とわかる。

図２

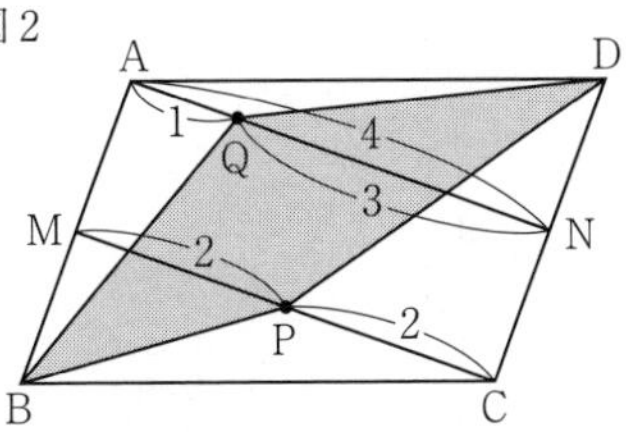

(3)　右の図３で，三角形DQNと三角形DPCは相似であり，相似比は，DN：DC＝１：２だから，NQ：CP＝１：２となる。また，点Ｑと点Ｐの速さの比も１：２なので，点Ｐと点Ｑが太線のように動いたときに，４点Ｂ，Ｐ，Ｑ，Ｄが初めて一直線上に並ぶことがわかる。さらに，三角形ABQと三角形NDQも相似であり，相似比は２：１なので，NQの長さは，$4\times\frac{1}{2+1}=\frac{4}{3}$とわかる。よって，このようになるのは出発してから，$\frac{4}{3}\div 1=1\frac{1}{3}$(秒後)である。

図３

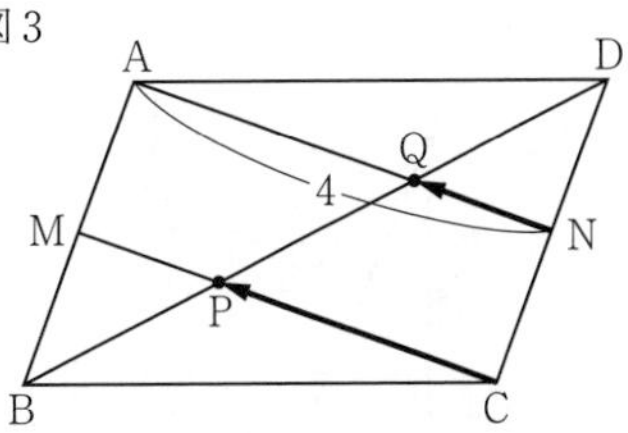

(4)　１回目は図３のときである。その後は下の図４のように３回あるので，全部で４回ある。また，３回目について，このときまでに点Ｑが動いた長さを①，点Ｐが動いた長さを②とすると，AQの長さは(①−４)と表すことができ，MPの長さは，４×３−②＝12−②と表すことができる。さらに，三角形ABQと三角形MBPの相似より，AQの長さはMPの長さの２倍とわかるので，(12−②)×２＝①−４より，12×２−②×２＝①−４，24−④＝①−４，①＋④＝24＋４，⑤＝28，①＝28

÷5＝5.6と求められる。よって，3回目は出発してから，5.6÷1＝5.6(秒後)である。

図4
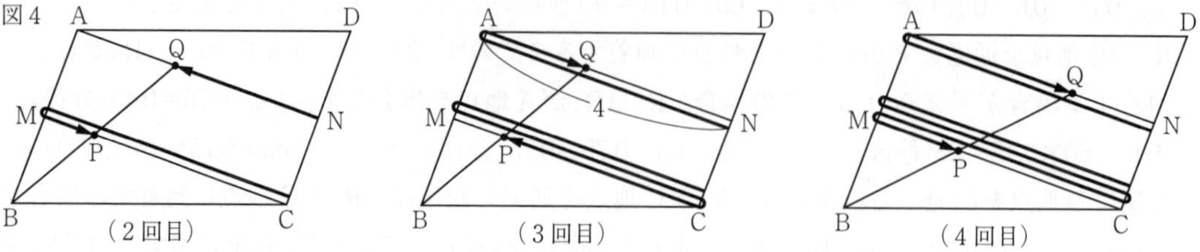

5 立体図形―相似，面積

⑴ 下の図Ⅰの点Oの位置に照明がある。図Ⅰのように，点Bの影《かげ》ができる位置をB′とすると，三角形OPB′と三角形BFB′は相似になる。このとき，相似比は，OP：BF＝9：3＝3：1なので，PF：FB′＝(3－1)：1＝2：1とわかる。高さが3mの点についてはすべて同様だから，影は下の図Ⅱのようになる。図Ⅱで，台形D′HGC′の面積は，(9＋6)×4÷2＝30(cm^2)，台形D′A′EHと台形C′GFB′の面積はどちらも，(6＋4)×1.5÷2＝7.5(cm^2)だから，影の面積は，30+7.5×2＝45(cm^2)と求められる。

⑵ 下の図Ⅲで，点Sの高さは，3＋4＝7(cm)である。点Sの影ができる位置をS′とすると，

図Ⅰ
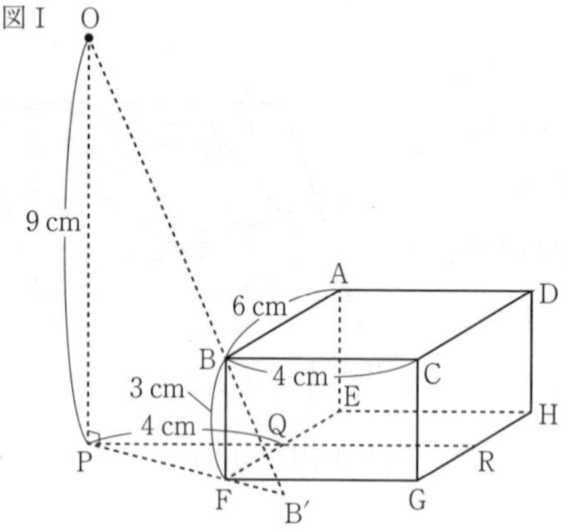

図Ⅱ
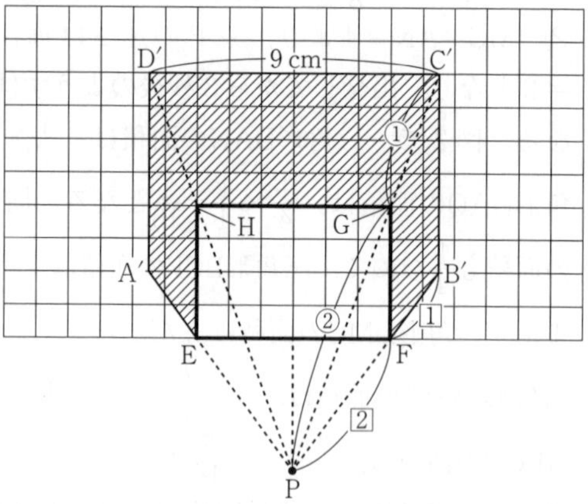

図Ⅲ
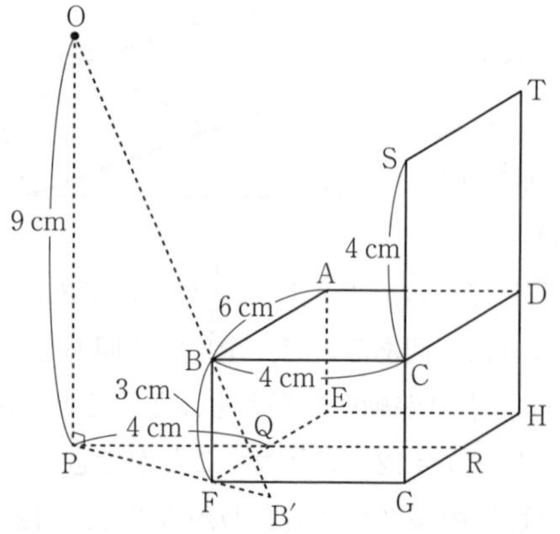

図Ⅳ
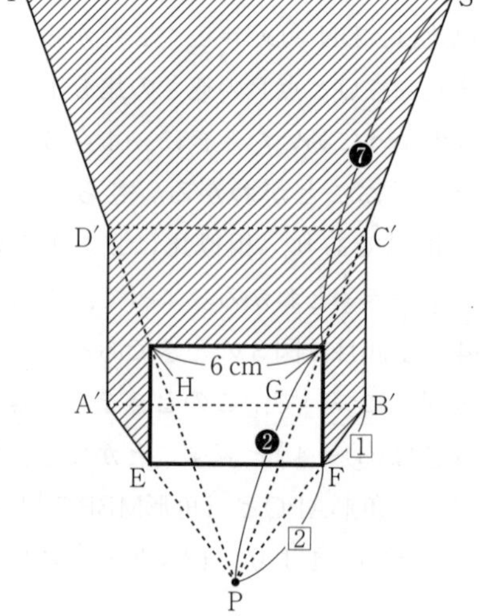

三角形OPS′と三角形SGS′の相似比は，OP：SG＝９：７になるので，PG：GS′＝（９－７）：７＝２：７となる。すると，影は上の図Ⅳのようになり，図Ⅱのときよりも台形T′D′C′S′の分だけ増える。図Ⅳで，三角形T′PS′と三角形HPGは相似であり，相似比は，PS′：PG＝（２＋７）：２＝９：２だから，T′S′＝６×$\frac{9}{2}$＝27(cm)とわかる。さらに，三角形HPGの高さは８cmになるので，台形T′HGS′の高さは，８×$\frac{7}{2}$＝28(cm)となり，台形T′D′C′S′の高さは，28－４＝24(cm)となる。よって，台形T′D′C′S′の面積は，(27＋９)×24÷２＝432(cm^2)だから，図Ⅳの影の面積は，45＋432＝477(cm^2)である。

社　会　＜第２回試験＞（40分）＜満点：100点＞

解　答

1 **問１**　エ　**問２**　インボイス　**問３**　総辞職　**問４**　（例）　安定的にエネルギーを供給できないから。　**2** **問１**　**１**　朱雀　**２**　甲府　**３**　聖武　**４**　大宰府　**問２**　（例）　大内裏から見ると，左が東，右が西になる　**問３**　イ　**問４**　ウ　**問５**　ア　**問６**　ウ　**問７**　エ　**問８**　ウ　**問９**　エ　**問10**　ウ　**3** **問１**　**１**　国後　**２**　十勝　**３**　屯田兵　**４**　北前　**５**　ガラス　**問２**　ウ　**問３**　ア　**問４**　(a)　エ　(b)　ア　**問５**　イ　**問６**　（例）　右の図　**問７**　(a)　エ　(b)　エ　(c)　ア　**問８**　イ　**問９**　カ　**問10**　イ　**問11**　イ　**問12**　（例）　観光客の増加により，ごみや騒音が増えたり，交通渋滞や交通機関の混雑が発生したりして，地域住民の生活に支障が生じている。

解　説

1　**現代社会と日本国憲法の条文についての問題**

問１　「政府安全保障能力強化支援(OSA)」の対象となる国は，「外交課題において目的をともにする国」などの意味合いから，同志国と呼ばれている。なお，アの衛星国は，強大な国の周辺にあって，その支配や影響《えいきょう》を受けている国のこと。イの連合国は，共通の目的のために連合した国々のことで，具体的には第一次世界大戦での三国協商側(イギリス，フランス，ロシア)や，第二次世界大戦で枢軸《すうじく》国(日本，ドイツ，イタリア)と戦った諸国を指す。ウの同盟国は，たがいに同盟関係にある国家のこと。オの中立国は，戦争に加わらず，中立の立場をとる国のことである。

問２　2023年，消費税についての新しい経理方式である適格請求書(インボイス)制度がはじまった。

問３　日本国憲法第69条では，「内閣は，衆議院で不信任の決議案を可決し，又《また》は信任の決議案を否決したときは，10日以内に衆議院が解散されない限り，総辞職をしなければならない」と定められている。

問４　ドイツでは原子力発電所を段階的に停止し，2023年に脱原発が実現した。しかし，再生可能エネルギーでは消費量をまかなえないことや，ウクライナ侵攻《しんこう》を続けるロシアからの天然ガスの輸入減によりエネルギー不足が心配されることから，脱原発に反対する人もいる。また，エネルギー価格が高くなることも反対理由として挙げられる。

2　日本古代の遺跡についての問題

問１　**１**　平城京(奈良県)や平安京(京都府)では，都の北の中央に大内裏《だいだいり》(皇居)が置かれ，その南面の中央には朱雀《すざく》門があった。そして，朱雀門から都の南端の羅城《らじょう》門まで，大きな通りが南北にのびていた。これを朱雀大路《おおじ》といい，その東側が左京，西側が右京に分けられていた。　**２**　山梨県の県庁所在地は甲府市である。山梨県は旧国名を甲斐《かい》国といい，この名前の「甲」と，国府を意味する「府」を組み合わせて，「甲府」という地名が生まれた。　**３**　仏教を厚く信仰《しんこう》した聖武天皇は，仏教の力で国を安らかに治めようと考え，地方の国ごとに国分寺・国分尼《に》寺を建てさせるとともに，都の平城京には総国分寺として東大寺を建て，大仏をつくらせた。　**４**　律令制度のもと，朝廷の出先機関として現在の福岡県に大宰府《だざいふ》が設けられた。大宰府は「遠《とお》の朝廷《みかど》」とも呼ばれ，外交・防衛の拠点《きょてん》とされるとともに，九州地方の統治にあたった。

問２　平城京や平安京は，中国の「天子は南に面する」という思想に基づいてつくられたため，都の北の中央に大内裏が置かれ，天皇は南を向いて座った。そのため，天皇の左側(東側)が左京，右側(西側)が右京となって，現在の地図とは左右が逆になった。

問３　アの世界恐慌《きょうこう》は1929年，イの治安維持法制定は1925年，ウの関東大震災《だいしんさい》は1923年，エの国際連盟発足は1920年の出来事なので，年代の古い順にエ→ウ→イ→アとなる。

問４　大化改新は645年に起こり，大宝律令は701年に制定され，『日本書紀』は720年に完成した。また，〔写真の説明〕からは，699年のころに全国で「評」が用いられていたことがわかる。さらに，〔表〕からは，『日本書紀』の「改新の詔《みことのり》の記述」や大宝律令に「評」がないことがわかる。よって，大化改新以後，「郡」のかわりに「評」が用いられていたが，大宝律令制定後に「郡」が用いられるようになったと考えられる。また，大化改新のころには「郡」は用いられていなかったので，『日本書紀』の「改新の詔の記述」中の「郡」は表記の誤りと判断できる。したがって，ウが正しい。

問５　ア　豊臣秀吉は，織田信長が浄土真宗(一向宗)との戦いを終結させた石山本願寺の跡《あと》地に，天下統一の拠点として大坂(阪)城を築いた。よって，正しい。　イ　『仮名手本忠臣蔵《かなでほんちゅうしんぐら》』の作者は竹田出雲《いずも》らなので，誤っている。なお，近松門左衛門《ちかまつもんざえもん》は『国性爺合戦《こくせんやかっせん》』『曽根崎心中』などの脚本を書いたことで知られている。　ウ　大塩平八郎は天保のききんへの幕府の対応に対して乱を起こしたので，誤っている。　エ　「富岡製糸場」ではなく「大阪紡績《ぼうせき》会社」が正しい。富岡製糸場は群馬県に建設された官営の模範《もはん》工場である。

問６　ア　空海は真言宗をひらいた。また，東寺(教王護国寺)は嵯峨《さが》天皇が空海に与《あた》えた寺である。よって，誤っている。なお，天台宗をひらいたのは最澄《さいちょう》である。　イ　「道長」ではなくその子である「頼通《よりみち》」が正しい。　ウ　法然《ほうねん》は，ひたすら「南無阿弥陀仏《なむあみだぶつ》」と念仏を唱えることでみなが平等に極楽浄土に往生できると説いて浄土宗を開き，京都に知恩院を建てた。よって，正しい。エ　「義政」ではなく「義満」が正しい。義政は室町幕府の第８代将軍で，のちに銀閣をつくった。

問７　ア　戦国大名は天皇や貴族，寺社らの領地もうばって勢力を拡大していったので，誤っている。　イ　戦国大名の中には，独自の法律である分国法を定める者もいたので，誤っている。なお，分国法の例としては，武田氏が定めた「甲州法度之次第《はっとのしだい》」(「信玄《しんげん》家法」)のほか，今川氏の「今川仮名目録」などがよく知られている。　ウ　日本に鉄砲が伝えられると，堺(大阪府)や国友

(滋賀県)など国内でも生産されるようになり，またたく間に各地に広がったため，鉄砲は朱印船貿易ではほとんど輸入されなくなった。よって，誤っている。　エ　戦国時代，九州のキリシタン大名(大友宗麟《そうりん》ら)は４人の少年を使節としてローマ(イタリア)に派遣した(天正遣欧《てんしょうけんおう》使節)。よって，正しい。

問８　老中水野忠邦《ただくに》は，江戸幕府の第８代将軍徳川吉宗が実施した享保《きょうほう》の改革や，老中松平定信が実施した寛政の改革にならって，天保《てんぽう》の改革に取り組んだ。その中で忠邦は株仲間の解散を命じたので，ウが正しい。なお，アの徳川綱吉は，生類憐《しょうるいあわれ》みの令を出したことで知られる第５代将軍である。

問９　ア「沖ノ島」ではなく「志賀《しかの》島」が正しい。なお，沖ノ島(福岡県)は「『神宿る島』宗像《むなかた》・沖ノ島と関連遺産群」の構成資産として，ユネスコ(国連教育科学文化機関)の世界文化遺産に登録されている。　イ「文禄《ぶんろく》・慶長《けいちょう》の役」ではなく「文永・弘安の役」が正しい。文禄・慶長の役は，豊臣秀吉による２度にわたる朝鮮出兵のことである。　ウ　バテレン追放令を出したのは豊臣秀吉で，江戸時代に島原の乱が起きる前のことだったので，誤っている。　エ　八幡製鉄所が現在の福岡県北部につくられたのは，原料である石炭を産出する筑豊炭田や石灰石の産地に近く，中国から鉄鉱石を輸入するのに都合がよかったためで，正しい。

問10　ア　三国干渉《かんしょう》を受けて返還したのは遼東《りょうとう》半島であり，下関条約では賠償《ばいしょう》金を獲得《かくとく》しているので，誤っている。　イ　長崎の出島にはオランダ人が収容され，中国人は唐人屋敷《とうじんやしき》に収容されたので，誤っている。　ウ　江戸時代，対馬《つしま》藩(長崎県)の宗《そう》氏を通じて朝鮮(李氏朝鮮)との国交が開かれ，ほぼ将軍の代がわりごとに江戸に通信使(朝鮮通信使)が派遣された。よって，正しい。エ　1951年開催《かいさい》のサンフランシスコ会議ではなく，1972年の日中共同声明により中国との国交が回復したので，誤っている。なお，サンフランシスコ会議のさい，中国は中華人民共和国も台湾の中華民国政府も，ともに招かれなかった。

３　本校の北海道への修学旅行日記を題材とした地理についての問題

問１　**１**　北方領土と呼ばれるのは千島列島南部にある国後《くなしり》島，択捉《えとろふ》島，歯舞《はぼまい》群島，色丹《しこたん》島で，知床《しれとこ》半島からはその東に位置する国後島を見ることができる。　**２**　帯広市は十勝《とかち》平野の中央部に位置し，北は大雪山《だいせつざん》系，西は日高山脈に囲まれている。十勝平野は，火山からの噴出《ふんしゅつ》物でおおわれたローム層と十勝川から運ばれた土からなる日本有数の畑作地帯で，機械を使った大規模な農業が行われている。　**３**　明治時代初期，政府は蝦夷《えぞ》地を北海道と改称し，札幌に開拓《かいたく》使という機関を置いた。そして，東北地方の貧しい士族などを屯田兵《とんでんへい》として北海道に送り，開拓と北方の警備にあたらせた。　**４**　小樽《おたる》市は北海道西部の日本海側に面した都市で，ニシン漁業で栄え，北前船で運んだ物資を保管するための大規模な倉庫が置かれた。北前船はニシンや昆布《こんぶ》などを積んで蝦夷地を出発し，西廻《まわ》り航路で下関(山口県)を経て瀬戸内海の港や大阪にいたった。　**５**　小樽市では，明治時代にガラス製の石油ランプが各家庭で使われていたことと，ニシン漁で漁具としてガラス製の浮き玉を使用していたことから，ガラス細工製造がさかんになった。

問２「あ」は，１月の気温がほかの都市より低いことから，内陸に位置し，夏と冬の気温差が大きい士別市(Ⅱ)と判断できる。「い」は，１月の降水量が多いことから，日本海側に位置した寿都《すっつ》町(Ⅰ)とわかる。「う」は，７月の気温がほかの都市より低いことから，北海道東部に位置し，夏に濃霧《のうむ》の影響を受ける根室《ねむろ》市(Ⅲ)である。

問３　火山から噴気が出ていて独特の臭《にお》いがしていたと述べられており，これらは二酸化硫黄《いおう》（鼻をつく臭い）や硫化《りゅうか》水素（くさった卵のような臭い）によるものと考えられるので，鉱物資源は硫黄と推測できる。硫黄は火薬，医薬品，合成繊維《せんい》などの原料で，ゴムに加えると強い弾性《だんせい》や耐熱《たいねつ》性を与えることができる。なお，イ（蓄《ちく》電池の材料）はリチウムなど，ウ（屋根材や電線）は銅，エ（精錬《せいれん》するさいに電気が大量に必要）はアルミニウムである。

問４　(a)　Ⅰ　グレート・バリア・リーフは，オーストラリア北東部（い）に位置する世界最大のサンゴ礁《しょう》地帯である。　Ⅱ　グランドキャニオン国立公園は，アメリカ合衆国西部（う）に位置する世界最大規模の峡谷《きょうこく》である。　Ⅲ　ヴィクトリアの滝は，アフリカ大陸南部（あ）のザンビアとジンバブエの国境に位置する滝で，その落差は世界最大である。　(b)　Ⅰ　青森県と秋田県にかけて広がる白神山地は，世界最大級のブナの原生林で知られる（…あ）。　Ⅱ　小笠原《おがさわら》諸島（東京都）は一度も大陸と陸続きになったことがない海洋島で，この地域でしか見られない固有種が多い（…い）。　Ⅲ　屋久島（鹿児島県）は火山活動によってできた円形の島で，亜《あ》寒帯や高山に育つ植物，温帯に育つ植物，亜熱帯に育つ植物が，標高の高い方から順に垂直分布している（…う）。

問５　Ⅰ　アワビは巻き貝の一種で，浅海の岩礁帯に生息している。素潜《すもぐ》り漁などによって漁獲される。　Ⅱ　ホタテガイは二枚貝で，貝柱が発達している。日本では，サロマ湖（北海道）や陸奥湾（青森県）での漁獲量が多い。　Ⅲ　海水と淡水《たんすい》がまじり合った水を汽水という。シジミは汽水や淡水に生息する二枚貝で，汽水湖である宍道《しんじ》湖（島根県）が日本一の産地となっている。

問６　地図中では，曲線Ａ，Ｂに対応する矢印がそれぞれ１本ずつ書かれている。よって，これらを参考にして，残った１本の矢印に対応する曲線を，千島列島の北側に書き込《こ》めばよい。

問７　(a)　空欄《くうらん》をふくむ段落の最初に「明治の初めは」とあるので，明治時代初期に九州地方や中国地方を中心に起こった士族の反乱であるエが選べる。なお，アの生麦事件や長州藩外国船砲撃《ほうげき》事件，イの禁門の変（蛤《はまぐり》御門《ごもん》の変），ウのシャクシャインの戦いは，いずれも江戸時代の出来事である。　(b)　明治政府がロシアと結んだ樺太《からふと》・千島交換《こうかん》条約により，樺太がロシア領，千島列島全部が日本領とされた（エ…×）。　(c)　札幌市は北海道の道庁所在地で，石狩《いしかり》平野西部に位置している。また，アツシ君の日記の４日目の記述から，網走《あばしり》市がオホーツク海に面していることがわかる。よって，アが選べる。なお，旭川《あさひかわ》市は北海道のほぼ中央，北見市は北海道東部に位置している。

問８　表２で，北海道の「水田率」は他県や全国平均より低いので，「『水田率』は高く」とあるイが誤っている。なお，北海道は稲作に向かない土地であったが，稲の品種改良や土壌改良で稲作がさかんになり，米の生産量は新潟県に次いで全国第２位となっている（2022年）。北海道の「水田率」が低いのは，酪農《らくのう》や畑作もさかんなためである。

問９　地図中の「あ」は室蘭《むろらん》市，「い」は札幌市，「う」は釧路市である。これらの３都市のうち，第３次産業の割合が最も高いのは道庁所在地である札幌市と考えられるので，表１よりⅡは札幌市と判断できる。また，室蘭市は鉄鋼業がさかんな「鉄の街」，釧路市は苫小牧《とまこまい》市とともに製紙・パルプ工業がさかんな「紙の街」として知られているので，表２よりⅠは釧路市とわかる。なお，北海道における製造品出荷額等第１位～第４位は苫小牧市，札幌市，室蘭市，釧路市の順となっている（2021年）。

問10　日本は多くの国々に乗用車を輸出しているので，Ⅰは乗用車とわかる。また，日本のロシアからの輸入品の多くは燃料・資源なので，Ⅱは液化天然ガスと判断できる。

問11　日本の主な国内航空路線の旅客輸送量の上位は，東京国際空港（羽田空港）から発着する路線が占《し》めており，第１位は東京―札幌（新千歳《ちとせ》空港）間，第２位は東京―福岡（福岡空港）間となっている。よって，「羽田５便」とあるⅠ，Ⅱは，一方が新千歳空港，もう一方が福岡空港と考えられる。Ⅱは，九州地方の天草（熊本県）や宮崎，那覇《なは》（沖縄県）があることから，これらの都市に近い福岡空港と判断できる。すると，Ⅰは新千歳空港，Ⅲは富山空港となる。

問12　外国人観光客は文化や風習が日本とは異なるため，そのことが地域住民の不満につながることがある。具体的には，たばこのポイ捨てや路上飲酒，車道や立ち入り禁止の場所での写真撮影《さつえい》などが挙げられる。

理　科　＜第２回試験＞（40分）＜満点：100点＞

解　答

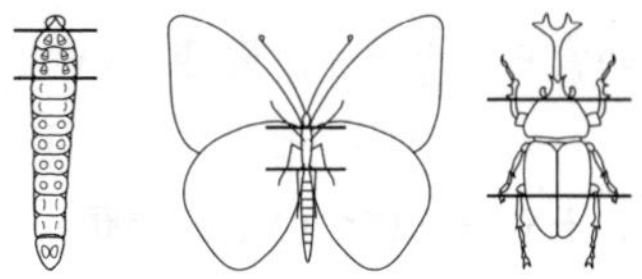

1　(1)　右の図　(2)　**あ**　触角　**い**　複眼　**う**　単眼　**え**　3　**お**　節　**か**　気門　(3)　(ア)　(4)　(a)　(ア)　(b)　(エ)　(c)　(ウ)　(d)　(イ)　(5)　(例)　カ　(6)　気管　(7)　(a)　(ア)　(b)　卵のから　(c)　4回　(d)　羽化　(8)　(エ)，(オ)，(カ)，(ク)　**2**　(1)　(a)　(ア)，(ウ)，(カ)　(b)　(ア)　(2)　(エ)　(3)　(エ)，(オ)　(4)　(例)　大昔にサンゴが生息していた海底が隆起して，ヒマラヤ山脈ができたから。　(5)　(オ)　(6)　(イ)，(エ)　**3**　(1)　**あ**　アルゴン　**い**　二酸化炭素　(2)　(a)　7.67　(b)　2.86 g　(c)　7.76 L　(3)　(ア)　(4)　1.78 g／L　**4**　(1)　**冷蔵庫**…(イ)　**冷凍庫**…(オ)　(2)　(a)　(カ)　(b)　(イ)　(3)　AGEBFDC　(4)　(カ)　(5)　(a)　(例)　手の熱を伝導しやすいので，アイスクリームをとかしてすくいやすくするという利点。　(b)　発泡スチロール（発泡ポリスチレン）　(6)　0.94 g より大きく1.02 g より小さい　(7)　D　(8)　(エ)

解　説

1　昆虫《こんちゅう》の体のつくりについての問題

(1)　昆虫の頭部には眼《め》や触角《しょっかく》や口など，胸部にはあしやはねがついており，腹部には節がある。なお，モンシロチョウの幼虫の頭部に続く３つの節にはそれぞれ１対ずつのとがったあし（成虫のあしになる）があり，腹部の節には吸ばん状のあし（成虫になると消える）がある。

(2)　**あ**　昆虫は１対２本の触角で接触，空気の振動《しんどう》，熱，音，におい，味覚などを感知している。　**い**，**う**　昆虫の眼には，一般《いっぱん》に単眼と複眼がある。単眼は，光の方向や明るさを感じ取るはたらきのある小さな眼である。複眼は，小さなたくさんの眼が集まって１つの眼ができていて，ものの色や形を見分けるはたらきがある。　**え**　昆虫のあしは３対６本ある。　**お**，**か**　腹部にある節ごとに１対ずつ，空気が出入りする穴があり，これを気門という。

(3)　昼間に明るいところで行動する昆虫は発達した単眼をもっていると述べられているので，単眼をもたない昆虫は，主に夜間に暗いところで行動する(ア)のカブトムシだと考えられる。なお，(イ)のセミ，(ウ)のハエ，(エ)のバッタには単眼が３個ある。

⑷　(a)　カマキリの前あしは(ア)のようになっており，とげのついた部分で他の昆虫をはさんで捕《つか》まえる。　(b)　ゲンゴロウの後ろあしは(エ)のように毛が生えて幅《はば》が広くなっているので，水をかきやすい。　(c)　セミの幼虫は地中で生活している。前あしは(ウ)のように，土を掘《ほ》りやすいようになっている。　(d)　バッタの後ろあしは(イ)のようになっており，筋肉が発達しているため，強く飛び跳《は》ねることができる。

⑸　一般に昆虫は２対４枚のはねをもつが，ハエ，カ，アブなどは，はねが１対２枚しかない。これらの昆虫は，後ろの２枚のはねが退化してなくなったと考えられている。

⑹　昆虫の体内には気管と呼ばれる管がはりめぐらされていて，昆虫は気管の中に取り込《こ》んだ空気から体内に酸素を吸収する。気管を出入りする空気は，気門を通る。

⑺　(a)　モンシロチョウは卵をキャベツ，ダイコン，アブラナなどアブラナ科の植物の葉に産みつける。これは，幼虫がこれらの植物の葉を食べるからである。　(b)　ふ化したあと，幼虫ははじめに卵のからを食べる。　(c)　モンシロチョウは幼虫の間に４回脱皮《だっぴ》して５令幼虫となり，その後さなぎになる。　(d)　昆虫が幼虫やさなぎから成虫になることを羽化という。

⑻　昆虫について，成長の過程にさなぎの時期がある育ち方を完全変態といい，さなぎの時期がない育ち方を不完全変態という。モンシロチョウのほか，アリ，カ，ガ，ハチは完全変態をする。一方，カマキリ，セミ，トンボ，バッタは不完全変態をする。

２　土や岩石についての問題

⑴　マグマが冷えて固まってできた岩石を火成岩という。火成岩は，マグマが地下深いところでゆっくり冷えて固まってできた深成岩と，地上近くで急に冷えて固まってできた火山岩に分類される。深成岩は，ゆっくり冷えて固まるため鉱物の結晶《けっしょう》が大きく成長しやすく，同じような大きさの結晶がつまったつくりになっている。深成岩には(イ)のカコウ岩，(エ)のセンリョク岩，(オ)のハンレイ岩などがある（この順に黒っぽくなる）。一方，火山岩は，急に冷えて固まるため鉱物の結晶が大きくならず，小さな鉱物の集まり（石基）のところどころに大きな結晶（斑《はん》晶）が散らばったつくりをしている。火山岩には(カ)のリュウモン岩，(ア)のアンザン岩，(ウ)のゲンブ岩などがある（この順に黒っぽくなる）。

⑵　説明文の第２段落で，岩石からできた粒状《りゅうじょう》のものは，粒《つぶ》の直径が小さいものから順に粘土《ねんど》，シルト，砂，礫《れき》に分けることができると述べられている。また，河川の水によって海まで運ばれてきた土砂は，粒の大きいものほど速く沈《しず》む。よって，河口に近いところから礫，砂，シルト，粘土の順に堆積《たいせき》するので，(エ)が選べる。なお，粘土とシルトを合わせて泥《どろ》といい，泥岩《でいがん》のもとになる。

⑶　山地では，川の流れが速いので，侵食《しんしょく》作用によって川底が削《けず》られてＶ字谷ができる。山地から平地に変わる場所では，川の流れが急に遅《おそ》くなるので，堆積作用によって扇状地《せんじょうち》ができる。河口付近では，川の流れが非常に遅くなるので，堆積作用によって三角州ができる。

⑷　数億年前，現在のエベレスト山頂があるヒマラヤ山脈は海底にあり，サンゴのつくる石が堆積して石灰岩ができた。その当時，現在のインドはユーラシア大陸の南にあったが，しだいに北上してきて約5000万年前にユーラシア大陸に衝突《しょうとつ》したことで，衝突した部分の海底が押《お》し上げられてヒマラヤ山脈となった。そのため，石灰岩がエベレスト山頂近くから産出される。

⑸　(オ)はケイソウの一種で，クチビルケイソウである。なお，(ア)はミカヅキモ，(イ)はミドリムシ，(ウ)はゾウリムシ，(エ)はアメーバである。

(6)　肥沃《ひよく》(土地が肥え，作物がよくできるようす)な土地の特徴《とくちょう》については，説明文の第３段落で説明されている。土壌《どじょう》生物が活動している場所では生物の遺骸《いがい》が分解されることや，そのような場所では腐植土《ふしょくど》の層が厚く肥料分が多いこと，熱帯雨林では高温のため土壌生物の活動が活発になりすぎること，また，多雨のため肥料分が流されやすく肥沃とはいえないことなどが述べられているので，(イ)と(エ)がふさわしい。

3　気体の密度についての問題

(1)　現在の大気(空気)の体積の約78％は窒素《ちっそ》，約21％は酸素がしめており，残りの約１％にはアルゴン(約0.93％)や二酸化炭素(約0.04％)などの気体が含《ふく》まれている。したがって，「あ」はアルゴン，「い」は二酸化炭素となる。

(2)　(a)，(b)　表１で，銅の重さが８ｇまでは，銅の重さが２ｇ増えるごとに，反応後の気体の重さが，10－9.49＝0.51(ｇ)ずつ減っている。よって，反応した酸素の重さが，10－7.67＝2.33(ｇ)となるのは銅の重さを，$2\times\frac{2.33}{0.51}$＝9.137…より，9.14ｇにしたときなので，Ｘにあてはまる数値は7.67となる。また，12ｇの銅を用いて反応させたとき，酸素と反応せずに残った銅は，12－9.14＝2.86(ｇ)とわかる。　(c)　(a)より，10ｇの乾燥《かんそう》大気に含まれる酸素の重さは2.33ｇである。また，その体積は，2.33÷1.43＝1.629…より，1.63Ｌであり，これが10ｇの乾燥大気の体積のうちの21％にあたるので，10ｇの乾燥大気の体積は，1.63÷0.21＝7.761…より，7.76Ｌと求められる。

(3)　二酸化炭素の水溶液《すいようえき》(炭酸水)は酸性を示すので，リトマス紙に対する変化が逆である物質はアルカリ性の水溶液である。(ア)のアンモニアの水溶液(アンモニア水)はアルカリ性，(イ)の塩化ナトリウムの水溶液(食塩水)と(エ)の砂糖の水溶液(砂糖水)は中性，(ウ)の塩化水素の水溶液(塩酸)は酸性を示すので，(ア)が選べる。

(4)　乾燥大気100Ｌについて考えると，この乾燥大気に含まれている窒素，アルゴンの体積はそれぞれ，$100\times\frac{78}{100}$＝78(Ｌ)，$100\times\frac{0.93}{100}$＝0.93(Ｌ)なので，大気窒素の体積は，78＋0.93＝78.93(Ｌ)となる。すると，この大気窒素に含まれているアルゴンの重さは，$1.25\times\left(1+\frac{0.5}{100}\right)\times78.93-1.25\times78$＝1.6558125より，1.66ｇとなるので，アルゴンの密度は，1.66÷0.93＝1.784…より，1.78ｇ/Ｌと求められる。

4　熱の伝わり方についての問題

(1)　下線部①より，長時間放置されると，コップの水の温度はまわりの温度と同じになる。したがって，10℃になるように冷やされた冷蔵庫内に入れたコップの水は10℃になり，－10℃になるように冷やされた冷凍《れいとう》庫内に入れたコップの水は－10℃の氷になる。

(2)　(a)　温度が時間とともに変化する割合が最も大きいものを表すグラフは，実線の傾《かたむ》きが最も大きい(カ)である。　(b)　２つの物体の温度差が大きいときほど，それらの温度が時間とともに変化する割合が大きいと述べられている。よって，２つの物体の温度を表すグラフの傾きは，温度差が大きい初めのうちは大きく，温度差が縮まるにつれて小さくなっていくので，(イ)がふさわしい。

(3)　図２で，EF＝17.5－(４×３＋３＋1.5)＝１(cm)であり，図３で，GE＝４－1.5＝2.5(cm)である。したがって，点Ｘからの最短距離《きょり》は，点Ａが４cm，点Ｇが，４＋１＝５(cm)，点Ｅが，５＋2.5＝7.5(cm)，点Ｂが，４＋４＝８(cm)，点Ｆが，7.5＋１＝8.5(cm)，点Ｄが，7.5＋1.5＝９(cm)，点Ｃが，９＋３＝12(cm)なので，温度が上がり始める時刻が早い順にAGEBFDCとなる。

⑷　木の板と鉄の板は，20℃の室内に長時間放置されていたので，両方とも20℃になっている。また，鉄の方が氷に熱を伝導しやすいので，氷がとけ終わるのは鉄の板の方が早い。

⑸　(a)　銅製のスプーンは，手の熱を伝導しやすいので，アイスクリームのスプーンに触れたところがとけてすくいやすくなるという利点がある。　(b)　発泡《はっぽう》スチロールは，空気の細かい泡《あわ》を含ませて成形したポリスチレンで，軽く，断熱性や耐水性にすぐれているため，生鮮《せいせん》食品(肉や魚など)の運搬《うんぱん》用のトレイや箱に用いられている。また，衝撃《しょうげき》を吸収する性質があるので，梱包《こんぽう》材などにも用いられている。

⑹　表１の物質の密度は，アクリルが，11.7÷10＝1.17(g/cm^3)，銅が，44.8÷５＝8.96(g/cm^3)，ポリエチレンが，14.1÷15＝0.94(g/cm^3)，ウイスキーが，9.2÷10＝0.92(g/cm^3)，オレンジジュースが，15.3÷15＝1.02(g/cm^3)，油が，18.4÷20＝0.92(g/cm^3)となる。物体の密度が水の密度より小さければ物体は浮かび(上の方に動き)，物体の密度が水の密度より大きければ物体は沈む。浮かんだ物質のうちの最大の密度はポリエチレンの0.94g/cm^3，浮かばなかった物質のうちの最小の密度はオレンジジュースの1.02g/cm^3なので，水の１cm^3あたりの重さは0.94gより大きく1.02gより小さいと考えられる。

⑺　地球上で水を温めるときには，温められた水が軽くなって上昇《じょうしょう》し，そのあとにまわりの水が流れ込むという動きをくり返しながら全体が温まっていく。しかし，国際宇宙ステーション内では重力が非常に小さい(重さがほとんどない)ので，対流が起こりにくい。そのため，図６では熱がゆっくり伝導していき，ホットプレートで温めている左下の端《はし》に最も近い点Dの温度が，最も早く上がり始める。

⑻　⑹より，オレンジジュースを入れたコップでは，０℃の水の密度がオレンジジュースの密度よりも小さいと考えられるので，コップ上部に水が浮かび，液体の色がうすくなる。また，この水が氷のまわりにあるので，オレンジジュースが持っている熱が氷に伝導しにくくなるので，氷がとけにくくなる。一方，ウイスキーを入れたコップでは，０℃の水の密度がウイスキーの密度よりも大きいので，水が沈む。そのため，ウイスキーが氷に接触し続けるので，ウイスキーが持っている熱が氷に伝導しやすく，氷が早くとけ終わる。

国　語　＜第２回試験＞（60分）＜満点：150点＞

解　答

一　下記を参照のこと。　二　①　A　非　B　比　②　A　真　B　間　③　A　利　B　理　④　A　意　B　異　⑤　A　気　B　機　三　問１　A　エ　B　ア　C　イ　問２　(例)　小百合が甲子園に興味を持ってくれること。　問３　ウ　問４　(例)　甲子園に出なくても学校行事で青春できる。　問５　オ　問６　ア　問７　(例)　学校に通えなかった小百合の事情や繊細さも知らないまま，青春したいという自分の勝手な思いつきをおしつけようとしていたこと。　問８　ア　問９　(例)　ナカスイでみんなに出会えてよかったこと。　問10　(例)　かさねと小百合の友情をありがたく感じ，甲子園で青春する期待と喜びにはずんでいる。　四　問１　A　オ　B　イ　問２　(例)　声から感情を読み取る能力が過剰に働いて，メロディにも感情を読み取ってしまうから。　**問３**　（例）　物事は喩えで捉えられるという考え。　**問４**　イ　**問５**　（例）「味」概念の一部は人のメタファーで支えられており，擬人化するとその味から受けた影響が際立ち，わかりやすく伝えられるから。　**問６**　エ，カ

●漢字の書き取り

一　①　節減　②　明　③　放言　④　大意　⑤　劇薬

解　説

一　漢字の書き取り

①　むだ使いせずに数量を減らすこと。倹約《けんやく》。節約。　②「先見の明」は，将来を見通すかしこさ。　③　思ったまま好き勝手に言い散らした言葉。周囲や将来への配慮《はいりょ》を欠いた無責任な発言。　④　おおよその意味。　⑤　作用がはげしく，使い方を誤ると生命にかかわる非常に危険な薬品。比喩《ひゆ》的に，過激だが効果のある方法，悪化のおそれがある危険な方法という意味で使う。

二　慣用的な表現の完成，同音異義語の書き取り

①　A「非の打ち所がない」は，まったく欠点がないようす。　B「〜の比ではない」という言い方で，比べものにならないようす，大きく程度の差があるようすをいう。　②　A「真に受ける」は，“言われた通りに受け取り，それを本当だと思う”という意味。　B「間を外す」は，“タイミングが合わないようにかわす”という意味。　③　A「地の利」は，ある事をするのに土地の形状や位置が有利に働くこと。　B「理にかなう」は，“道理に合う”“合理的である”という意味。　④　A「意のまま」は，思い通りになるようす，思い通りにするようす。B「異を唱える」は，“反対意見を言う”という意味。　⑤　A「気を吐《は》く」は，“威勢《いせい》よくものを言ったり意気さかんにふるまったりする”という意味。　B「機を見る」は，“都合のよい機会をつかむ”という意味。

三　出典：村崎《むらさき》なぎこ『ナカスイ！―海なし県の水産高校』。

水産高校に入学した「私」（鈴木《すずき》さくら）が『ご当地おいしい！甲子園《こうしえん》』への出場を目指し，仲間を説得しようとする場面である。

問１　A「間髪《かんはつ》を容《い》(入)れず」は，“ほとんど同時に”“すかさず”という意味。　B「我関《われかん》せず」は，自分には関係がないというようす。　C「粗相《そそう》」は，不注意や軽率さから起こす過《あやま》ち。

問２　前書きに，「私」は「『ご当地おいしい！甲子園』の出場を目指し」ていて，「芳村小百合《よしむらさゆり》を仲間にしたいと思っている」とある。しかし，去年に優勝した子が「それを武器に，どっかの有名大学にAO入試で合格した」ことを島崎《しまざき》君が教えても，「小百合ちゃんは興味を示さず」にいる。このようすを見て「ダメか」と思ったのだから，「小百合が甲子園に興味を持ってくれること」「小百合に甲子園に興味を持ってもらうこと」のようにまとめる。

問３　「唖然《あぜん》」は，意外なことに驚《おどろ》いたりあきれたりして声も出ないようすなので，「驚く」とあるウが合う。なお，本文で「私」の家庭環境《かんきょう》は描《えが》かれていないので，アはふさわしくない。

問４　傍線《ぼうせん》部③の直後に「たやすいことに逃《に》げてはいけない」とあり，少し前にも「でも，あの詩には『たやすいことに逃げるな』とあったような」とあるので，その直前の「こういう学校行事も青春なんだ。だったら，別に無理して『おいしい！甲子園』に出なくていいのかも」と考えることが「言い訳」とわかる。よって，「甲子園じゃなく学校行事で青春すればいい」のようにまとめる。

問５　「一分」は，「部屋に入ってもいいかな？」という問いかけに対する「沈黙《ちんもく》」の時間としては，かなりの長さといえる。「私」がこのように「体感」したのは，小百合に対して緊張《きんちょう》していたためだと考えられるので，オが選べる。なお，小百合の説得は「心に決め」ていたことなので，「やむなく部屋を訪《おとず》れることになった」とあるウは合わない。

問６　前に「とりあえず褒《ほ》めまくる作戦に出た」，「なんてアホな質問をしてしまったんだ」とあるので，これらをそれぞれ「機嫌《きげん》を取ろうとしていた」，「小百合の反応が思わしくなかった」と表現しているアがあてはまる。

問７　「私」が申し訳ないと思った内容は，後の「なんて思い上がっていたんだろう。自分の勝手な青春のために，こんな繊細《せんさい》な子を振《ふ》り回そうとしていたなんて」で描かれている。小百合が「小学五年生から学校に行ってない」ことや，「ナカスイの志望理由」などをふまえ，「不登校だった小百合の繊細さや，小百合が魚に興味を持った事情も知らず，自分勝手に青春をおしつけようとしていたこと」のようにまとめる。

問８　「そうめん」を食べるようすなので，表面がなめらかな麺類《めんるい》をすすって食べるさまを表すアの「つるつる」が合う。なお，イの「とろとろ」は液に粘《ねば》り気が少しあるようす，オの「どろどろ」は液が濃《こ》くて粘り気が強いようす。ウの「ざらざら」は，粗《あら》い触感《しょっかん》でなめらかでないようす。エの「ずるずる」は，蕎麦《そば》やラーメンなどを音を立てながらすすって食べるようす。

問９　直後で「私」は，「言わなければならないこと」を言っている。「来て良かった」がその中心なので，「みんなのいるナカスイに来てよかったこと」のようにまとめる。

問10　「それぞれに青春の輝《かがや》きを放っている」ホタルに「私たち」が重ねられていることに注意する。その「輝き」は，今しがた小百合が「甲子園に出たい」と言ってくれたおかげで，三人で「青春」できるという喜びに満ちたものである。また，小百合とかさねによる「テスト」について，「私」が推測したこともおさえておく。小百合が甲子園に出ることも，かさねの提案のシジミそうめんも，あらかじめ二人で決めていて，「アホ」な「私」が友人を思いやれるか試《ため》したのではと「私」は思っている。これを整理して，「甲子園に出てくれるかさねと小百合の友情をうれしく思い，青春の喜びを味わっている」のようにまとめる。

四　**出典：源河亨《げんかとおる》『「美味《おい》しい」とは何か―食からひもとく美学入門』**。「優《やさ》しい味」という表現について，音楽の擬人《ぎじん》化と味の擬人化の違《ちが》いを指摘《してき》しながら説明している。

問１　**A**　「ややこしい」は，こみいってわかりにくいようす。　**B**　「とりわけ」は，“特に”という意味。

問２　直後の段落で「この疑問に対する答え」が説明されており，「私たち人間は，喋《しゃべ》っている人の声の調子からその人の感情を読み取るようになった。そして，この能力が過剰《かじょう》に働くために，メロディも感情の表れであるかのように聴《き》こえてしまうのである」と結論づけられている。これをもとに，「声の調子から感情を読み取る能力が過剰に働き，メロディも感情の表れに聴こえるため」のようにまとめる。

問３　「概念《がいねん》メタファー」については第５～第９段落で説明されており，「メタファーはここまで説明してきた隠喩《いんゆ》のこと」，「概念，つまり，私たちの物事の捉《とら》え方や理解の仕方にもメタファーが用いられており」，「私たちが何らかの物事を理解するときには，それが別の物事に喩《たと》えられ，その別物によって構造を与《あた》えられる」と述べられている。これらをもとに，「物事は隠喩で理解されるという考え」のようにまとめる。

問４　「私たちが理解している議論」とは，第[7]段落で説明されている「〈議論は戦争である〉というもの」である。よって，議論に参加する人の意見の主張のしかたを，戦争で各国が自国の利益を力づくで追求するようすに喩えているイがふさわしい。

問５　続く部分で筆者は，「『味』概念の一部」が，「人の性格や行動に関する概念の理解によって支えられている」ことや，そのさいに用いられる「擬人化」の働きについて説明している。そして，最後の段落で，「優しい味」という表現について，「味を優しい行動をする人のように表すことで，その味を感じた人が受けた影響《えいきょう》が際立《きわだ》ってくるということだ」と述べている。これをもとに，「人のメタファーが『味』概念の一部を支えているために味の擬人化が起きやすく，また味の影響を受けた心の状態を強調できるから」のようにまとめる。

問６　ア，イ　第[5]段落で，「音楽の擬人化に関する説明は味の擬人化には当てはまらない」と述べられているので，ふさわしくない。　ウ　第[13]～第[15]段落で，擬人化による説明の「限界」は指摘されていないので，誤っている。　エ，カ　筆者は，「優しい味」という「擬人化」について考察するため，「味」の擬人化とは対照的な「音楽」の擬人化を取り上げている（第[1]～第[3]段落）。また，筆者の考察を理解するうえで必要な「概念メタファー」，「擬人化」という言葉について，それぞれ第[6]～第[9]段落，第[13]，第[14]段落で具体例をあげながら説明している。よって，ふさわしい。　オ　第[13]～第[15]段落では，「味」の擬人化について説明されているので，合わない。

Dr.福井の

入試に勝つ！脳とからだのウルトラ科学

寝る直前の30分が勝負！

みんなは，寝る前の30分間をどうやって過ごしているかな？　おそらく，その日の勉強が終わって，くつろいでいることだろう。たとえばテレビを見たりゲームをしたり——。ところが，脳の働きから見ると，それは効率的な勉強方法ではないんだ！

実は，キミたちが眠っている間に，脳は強力な接着剤を使って海馬《かいば》(脳の，知識をためる倉庫みたいな部分)に知識をくっつけているんだ。忘れないようにするためにね。もちろん，昼間に覚えたことも少しくっつけるが，やはり夜——それも“寝る前”に覚えたことを海馬にたくさんくっつける。寝ている間は外からの情報が入ってこないので，それだけ覚えたことが定着しやすい。

もうわかるね。寝る前の30分間は，とにかく勉強しまくること！　そうすれば，効率よく覚えられて，知識量がグーンと増えるってわけ。

では，その30分間に何を勉強すべきか？　気をつけたいのは，初めて取り組む問題はダメだし，予習もダメ。そんなことをしても，たった30分間ではたいした量は覚えられない。

寝る前の30分間は，とにかく「復習」だ。ベストなのは，少し忘れかかったところを復習すること。たとえば，前日の勉強でなかなか解けなかった問題や，１週間前に勉強したところとかね。一度勉強したところだから，短い時間で多くのことをスムーズに覚えられる。そして，30分間の勉強が終わったら，さっさとふとんに入ろう！

ちなみに，寝る前に覚えると忘れにくいことを初めて発表したのは，アメリカのジェンキンスとダレンバッハという２人の学者だ。

Dr.福井(福井《ふくい》一成《かずしげ》)…医学博士。開成中・高から東大・文Ⅱに入学後，再受験して翌年東大・理Ⅲに合格。同大医学部卒。さまざまな勉強法や脳科学に関する著書多数。

2023年度 聖光学院中学校

【算　数】〈第１回試験〉（60分）〈満点：150点〉

1　次の問いに答えなさい。

(1)　次の計算の□にあてはまる数を答えなさい。

$$8\frac{4}{5}\div\left\{\left(\square-\frac{6}{7}\right)\times1.2+\frac{16}{21}\right\}=3$$

(2)　空の水そうにポンプＡとポンプＢの２台を使って同時に水を入れ始め，水そうを満水にする作業をします。作業の途中《とちゅう》でポンプＢが２分間停止したとすると，水そうが満水になるのに８分かかります。また，作業の途中でポンプＡが８分間停止したとすると，水そうが満水になるのに12分かかります。

２台のポンプが途中で停止することなく動くとすると，水そうが満水になるのに何分何秒かかりますか。

(3)　あるサッカースタジアムには手荷物検査の窓口が５か所あり，そのうちのいくつかをあけてそれぞれ２分で１人ずつの検査を完了させてスタジアム内に観客を入場させることができます。また，窓口の前には11分ごとに［ア］人を乗せたバスが到着《とうちゃく》して検査待ちの列に全員並びます。ある日，午後２時の手荷物検査開始時に，この瞬間《しゅんかん》に到着したバスから降りた観客を含《ふく》めて100人が列に並んでいましたが，５か所の窓口のうち［イ］か所をあけて対応したところ，検査待ちの人や検査中の人がはじめていなくなったのが午後３時14分でした。

このとき，［ア］，［イ］にあてはまる整数の組を，(［ア］，［イ］)のかたちですべて答えなさい。

2　下の図のような，AB＝AC＝10cm，BC＝12cm の二等辺三角形 ABC があります。はじめに点Ｐは点Ｂの位置に，点Ｑと点Ｒは点Ｃの位置にあり，３点Ｐ，Ｑ，Ｒは同時に移動を開始し，点Ｐと点Ｑは点Ａへ向かって辺上を毎秒１cm の速さで，点Ｒは点Ｂへ向かって辺上を毎秒［ア］cm の速さで移動します。直線 QR は常に辺 AB に平行であるとき，あとの問いに答えなさい。

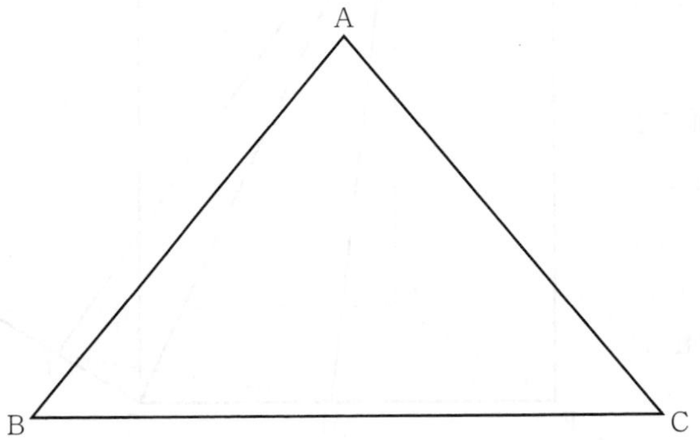

(1) ア にあてはまる数を答えなさい。

(2) 三角形APQと三角形QRCの面積について，面積の大きいほうが小さいほうの25倍になるのは，３点P，Q，Rが移動を開始してから イ 秒後です。イ にあてはまる数として考えられるものをすべて答えなさい。

(3) ３点P，Q，Rが移動を開始してから５秒後の３点の位置をそれぞれP_5，Q_5，R_5とし，８秒後の３点の位置をそれぞれP_8，Q_8，R_8とします。直線P_5Q_5とP_8R_8の交点をX，直線P_5R_5とP_8R_8の交点をY，直線P_5R_5とQ_8R_8の交点をZとします。このとき，直線AR_5の長さは8 cmとなります。

① 三角形P_5XYの面積は何cm^2ですか。

② 直線YZの長さは何cmですか。

3 １から10までの数が書かれたカードが１枚ずつ，計10枚あり，聖《たかし》さんと光《ひかる》さんの２人がカードを引き，それぞれ手元に置きます。このとき，次の問いに答えなさい。ただし，聖さんの手元のカードと光さんの手元のカードは区別するものとします。

たとえば，聖さんの手元のカードが１と２で，光さんの手元のカードが３と４である場合と，聖さんの手元のカードが３と４で，光さんの手元のカードが１と２である場合は区別します。

(1) 聖さん，光さんが１枚ずつカードを引いたとき，聖さんの手元のカードと光さんの手元のカードの組み合わせは全部で何通りありますか。

(2) 聖さん，光さんが２枚ずつカードを引いたとき，聖さんの手元のカードと光さんの手元のカードの組み合わせは全部で何通りありますか。

(3) 聖さん，光さんが５枚ずつカードを引いたとき，聖さんの手元のカードに書かれた数の和が光さんの手元のカードに書かれた数の和より15だけ大きくなりました。このとき，聖さんの手元のカードと光さんの手元のカードの組み合わせは全部で何通りありますか。

(4) 聖さん，光さんが５枚ずつカードを引いたとき，聖さんの手元のカードに書かれた数の積が光さんの手元のカードに書かれた数の積の７倍になりました。このとき，聖さんの手元のカードと光さんの手元のカードの組み合わせは全部で何通りありますか。

4 右の図のような，１辺の長さが4 cmの立方体ABCD−EFGHがあります。辺FGと辺GHの真ん中の点をそれぞれM，Nとします。三角すいA−GMNについて，次の問いに答えなさい。

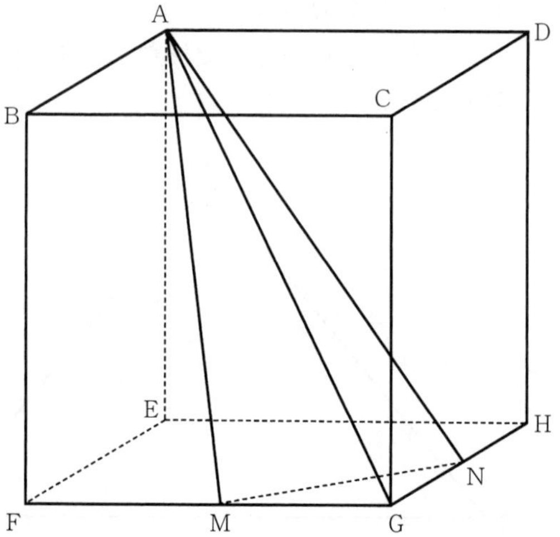

(1) 底面EFGHから2 cmの高さにある平面によって，三角すいA−GMNを切ると，断面はどのような図形になりますか。真上から見た図を解答欄《らん》にかき入れ，内部を斜線《しゃせん》で示しなさい。ただし，解答欄のマス目の１目盛りは1 cmとします。

(2) 側面CGHDと平行で，側面CGHDから1 cm

離《はな》れた平面で三角すい A−GMN を切ると，断面はどのような図形になりますか。側面 CGHD から見た図を解答欄にかき入れ，内部を斜線で示しなさい。ただし，解答欄のマス目の１目盛りは１cm とします。また，その図形の面積は何 cm^2 ですか。

(3)　(2)で三角すい A−GMN を切ってできた２つの立体のうち，点Ｇを含《ふく》む立体の体積は何 cm^3 ですか。

5　「秒針」「分針（長針）」「時針（短針）」の３つの針がついた時計を考えます。それぞれの針が１周するのにかかる時間は，「秒針」が１分，「分針」が60分，「時針」は12時間です。

このとき，次の問いに答えなさい。

(1)「時針」と「分針」が重なってから，次にこれらの針が重なるまでにかかる時間は何分ですか。

(2)「時針」と「分針」と「秒針」が重なってから，次に「時針」と「分針」が重なるとき，これらの針と「秒針」がつくる小さいほうの角の大きさは360度の何倍ですか。

いま，「時針」と「分針」が１周するのにかかる時間はそのままで，「秒針」が１周するのにかかる時間を60秒から□秒にしたところ，３つの針が重なった状態から動かし始めて，次に「時針」と「分針」が重なるとき，ちょうど「秒針」もこれらの針に重なりました。ただし，□にあてはまる数は60よりも大きい数であるものとします。

(3)　□にあてはまる数のうち，最も小さい数を答えなさい。

(4)　□にあてはまる数のうち，最も小さい**整数**を答えなさい。

【社　会】〈第１回試験〉（40分）〈満点：100点〉

〈編集部注：実物の入試問題では，地形図と写真，図の多くはカラー印刷です。〉

1　次の問いに答えなさい。

問１　「脱炭素《だつたんそ》社会実現に向けた社会や産業構造の変革」を指す言葉を，次の**ア**～**オ**の中から１つ選び，記号で答えなさい。なお，昨年７月，政府はこうした取り組みをすすめるため，担当大臣の新規設置人事を発令しています。

ア　DX　　**イ**　GX

ウ　CSR　　**エ**　ESG

オ　LCA

問２　最近，テーマパークなどで，入園料やフリーパスの価格を状況《じょうきょう》に応じて変動させるダイナミックプライシングというしくみを取り入れるところが増えています。このしくみを使って，土休日は混雑して平日は空《す》いている施設《しせつ》が，入場客をどの曜日にも平均的に来場するように誘導《ゆうどう》するためには，価格をどのように設定すればよいでしょうか。次の文章の（１）・（２）にあてはまる言葉を答えなさい。

平日は以前の定価よりも（　１　）し，土休日は以前の定価よりも（　２　）する。

問３　日本国憲法第41条の（　）にあてはまる語句を漢字で答えなさい。

国会は，国権の（　　）機関であつて，国の唯一《ゆいいつ》の立法機関である。

問４　通常，「反対」の対義語は「賛成」であるにもかかわらず，沖縄での辺野古《へのこ》新基地建設について議論する際には，選挙などで，「反対」派と「容認《ようにん》」派と表現されることがあります。なぜ「賛成」派ではなく「容認」派と表現するのか，その理由を自分なりに考えて20字以上40字以内で説明しなさい。ただし，句読点も字数に含《ふく》めます。

2　次の文章を読んで，あとの問いに答えなさい。

日本人の人名について，歴史をひもときながら考えてみましょう。

日本では昔，貴族・武家などの男性は，今の成人式にあたる（　１　）のとき，それまでの名前である「幼名《ようみょう》」とは別に「諱《いみな》」をもらいました。この諱は正式な名前で，儀式《ぎしき》などのときに主君がよびかけたり，本人が神前で誓《ちか》ったり，公文書に署名したりするときに用いました。この習慣は①中国などアジアの国々でもみられました。諱は日本ではほとんど漢字２字です。時には主君など目上の人から，その諱の漢字１字をもらうことがあり，このことを「偏諱《へんき》」といいます。たとえば，足利高氏は②鎌倉幕府を倒《たお》した功績により（　２　）から諱の尊治（親王）の１字をもらって足利尊氏に改名しました。

「諱」は「忌《い》み名」という当て字があり，この名を避《さ》けてよぶために，「号」や「字《あざ》」などの別名を名乗ったり，また③律令制の官職名である④百官名《ひゃっかんな》を用いて「仮名《けみょう》（呼び名）」を名乗ったりしていました。『枕草子』の作者で知られる（　３　）は，本人の名が伝わっておらず，彼《かの》女《じょ》の近親者の「仮名」による名だといわれています。中世以後，朝廷は財源を補うため金銭と引《ひ》き換《か》えに武士の任官をおこない，しだいに百官名は武家官位として形式的なものになりました。

さて，(２)のように「○○天皇」という呼称《こしょう》は「追号」といい，生前のその天皇にゆかりのある地名や名前にあやかって死後に決められ贈《おく》られます。奈良時代までの場合，諱に対して「諡号《しごう》(諡《おくりな》)」ともよばれました。明治維新で一世一元の制が定められ，元号が追号に用いられるようになったため「明治天皇」などとよばれますが，それは死後はじめて使われますので，在位中(生前)は「今上《きんじょう》天皇」や「天皇(陛下)」とよびます。つまり，歴史の教科書に載《の》っている天皇は⑤死後の諡号・追号で表現され，生前そのようによばれていないわけですが，(２)は自ら追号を名付けた唯一《ゆいいつ》の例外です。これは，摂関政治期に藤原氏をおさえて政治をおこなった天皇にあやかりたかったために名付けたといわれています。

古墳時代，天皇(古墳時代以前は大王)は自分に仕える豪族たちに「＊氏名《うじな》」を与《あた》える唯一の存在であったため，天皇やその一族には［　　　　］。このことは世界の為政者《いせいしゃ》としてはめずらしい例です。氏名《うじな》が与えられた豪族の名は，氏名《うじな》と名の間に“の”をつけて読みます。また，その地位や役職に応じて「姓《かばね》」という称号も与えられました。たとえば蘇我馬子は，最初の公式な歴史書である『(４)』では「蘇我大臣《おおおみ》馬子」と表記されています。氏名《うじな》はほかに物部氏の大連《おおむらじ》，藤原氏の朝臣《あそん》などが有名です。

中世になると，同じ氏名《うじな》をもつ一族は諸家に分裂《ぶんれつ》し，“家”を表す「名字《みょうじ》(苗字《みょうじ》)」(以下，名字)を名乗るように変化しました。たとえば，武家の棟梁である源氏という氏名《うじな》の子孫として，源氏出身の足利・新田・徳川などが有名です。摂関政治で全盛期を築き，京都宇治に平等院をひらいた(５)の子孫は，鎌倉時代に一条・二条・九条・近衛《このえ》・鷹司《たかつかさ》に分かれ，「五摂家」とよばれました。

江戸時代，名字を名乗るのは武士の特権でしたが，⑥明治時代のはじめに一般《いっぱん》の民衆もみな名字をもつことが法令によって義務づけられました。このとき多くの名字が新たに作られたようで，古来のものとあわせ，日本の名字は非常に種類が多いことで知られます。お隣《となり》の⑦韓国は逆に名字の種類が非常に少なく，国や時代によって人の名前にはさまざまな特色があることがわかります。

＊氏名《うじな》：古代の豪族・貴族の血縁《けつえん》集団を指す名で，中世以後に名字に分かれました。

問１　文中の(１)〜(５)にあてはまる語句や人名を漢字で答えなさい。

問２　文中の［　　］に入る文を，文中の語句を用いながら答えなさい。

問３　下線部①に関連して，中国などアジアの国々との貿易に関する次の４つの出来事を，時期の早い順に並べかえた場合，３番目になるものを，**ア**〜**エ**の中から選び，記号で答えなさい。

ア　東南アジア諸国に日本町ができるほど朱印船貿易がさかんになった。

イ　幕府の将軍が朝貢《ちょうこう》の形をとって中国と貿易をおこない，銅銭や生糸が輸入された。

ウ　鎖国政策がおこなわれるなか，対馬藩を介して朝鮮から木綿が輸入された。

エ　大輪田泊《おおわだのとまり》(今の神戸港)などが整備され，中国から宋銭や生糸が輸入された。

問４　下線部②について述べた文として正しいものを，次の**ア**〜**エ**の中から１つ選び，記号で答えなさい。

ア　将軍からの奉公に報《むく》いるために，御家人は御恩をおこなった。

イ　将軍はしだいに権力を失い，主な政務は管領によっておこなわれた。

ウ　一揆防止や喧嘩《けんか》両成敗を主な内容とする武家法が定められた。

エ　困窮《こんきゅう》した御家人を救済するため，借金を帳消しにする徳政令を出した。

問5　下線部③に関連して，大宝律令に定められた内容として正しいものを，次の**ア**～**エ**の中から1つ選び，記号で答えなさい。

ア　班田収授法にもとづき，戸籍に登録された人々に口分田が与えられた。

イ　太政官が政務の中心で，土地をめぐる訴訟《そしょう》は問注所であつかった。

ウ　租・庸・調はすべて成人男性のみに課し，都まで運ばせた。

エ　自分で開墾《かいこん》した土地は永久に私有が認められたため，荘園が増えた。

問6　下線部④に関連して，本文および次の表から読み取れる内容として正しいものを，あとの**ア**～**エ**の中から1つ選び，記号で答えなさい。

人名	※官職名	官職名の本来の職務・エピソード
源頼朝	右兵衛権佐《うひょうえごんのすけ》	兵衛府(武官)の次官《すけ》。頼朝は，兵衛府の唐名の「武衛《ぶえい》」ともよばれるが，のち征夷大将軍に任命される。
源実朝	右大臣	右大臣の唐名の「槐門《かいもん》」が『金槐《きんかい》和歌集』の由来。
徳川光圀《みつくに》	中納言	中納言の唐名の「黄門《こうもん》」から「水戸黄門」とよばれる。
大石良雄《よしお》	内蔵助《くらのすけ》	内蔵寮《くらりょう》(宮中の宝物管理をあつかう)の次官《すけ》。「忠臣蔵《ちゅうしんぐら》」(赤穂《あこう》浪士の討ち入り)で有名。
大岡忠相《ただすけ》	越前守《えちぜんのかみ》	越前国(現在の福井県)の国司の長官《かみ》。時代劇やドラマの主人公「大岡越前」で有名。
井伊直弼	掃部頭《かもんのかみ》	掃部寮《かもんのつかさ》(宮中清掃《せいそう》や儀式準備をあつかう)の長官《かみ》。横浜市の桜木町駅近くにある掃部山《かもんやま》公園の由来(開港の恩人であるため)。

＊官職名：朝廷からの任官だけでなく，一族で名乗っているものも含《ふく》めています。

ア　江戸時代になっても武士は，名乗っている官職の職務を実際おこなっていた。

イ　征夷大将軍や大老になった者の官職は非常に格が高く，ほかと大きな差がある。

ウ　武士への任官は，百官のなかでも軍団関係や国司など武官に限られた。

エ　武士の名前の語尾《ごび》に「すけ」が多いのは，律令制度の官職名のなごりである。

問7　下線部⑤について，有名な僧に死後朝廷が贈る「大師」号も諡《おくりな》で，空海に「弘法大師」，最澄に「伝教大師」が贈られたことは有名です。この2人の僧について述べた文a～dのうち，正しいものの組み合わせを，あとの**ア**～**エ**の中から1つ選び，記号で答えなさい。

a　最澄・空海ともに阿弥陀如来を信仰して極楽浄土への往生を説いた。

b　空海は高野山に金剛峯寺をひらき，山奥《やまおく》の寺で厳しい修行《しゅぎょう》をおこなった。

c　最澄は平安京内に教王護国寺をひらき，唐から戒律《かいりつ》を伝えた。

d　それまでの仏教と異なり，2人がひらいた仏教の宗派は密教とよばれた。

ア　a・c

イ　a・d

ウ　b・c

エ　b・d

問8　下線部⑥の時代に活躍《かつやく》した政治家とその説明の組み合わせとして正しいものを，次の**ア**～**エ**の中から1つ選び，記号で答えなさい。

ア　伊藤博文：薩摩藩出身で，日本初の首相になり，のち憲法制定の中心となった。

イ　小村寿太郎：ポーツマス条約を結んだ外相で，のち関税自主権を回復した。

ウ　板垣退助：自由民権運動の中心となり，のち首相となったが暗殺された。

エ　大久保利通：長州藩出身で，維新の中心だったが，のち西南戦争で戦死した。

問９　下線部⑦に関連して，近現代の日韓・日朝関係について述べた文として正しいものを，次の**ア**～**エ**の中から１つ選び，記号で答えなさい。

ア　朝鮮半島をめぐって江華島《こうかとう》事件が起こり，日本は朝鮮半島への進出を断念した。

イ　日清戦争後に日本は韓国を植民地化し，日露戦争が起こる前に韓国を併合した。

ウ　日本が太平洋戦争で敗れたあとに，韓国は社会主義国として独立した。

エ　日本と韓国は，サンフランシスコ会議ののち，日韓基本条約で国交回復した。

3　次の文章を読んで，あとの問いに答えなさい。

聖光学院の体験型学習講座の１つに，「里山」における自然環境《かんきょう》を体験する講座があります。この「里山」とは，①山林・人里と隣《とな》り合《あ》っており，樹林や農地などが含《ふく》まれた場所のことをいいます（図１参照）。そして，②「里山」における樹林や農地は，人里における人間生活とのかかわり合いをもつことで作られてきました。つまり，「里山」における自然環境は，人里に住む人間の手によって管理されることで，保持され続けてきたのです。

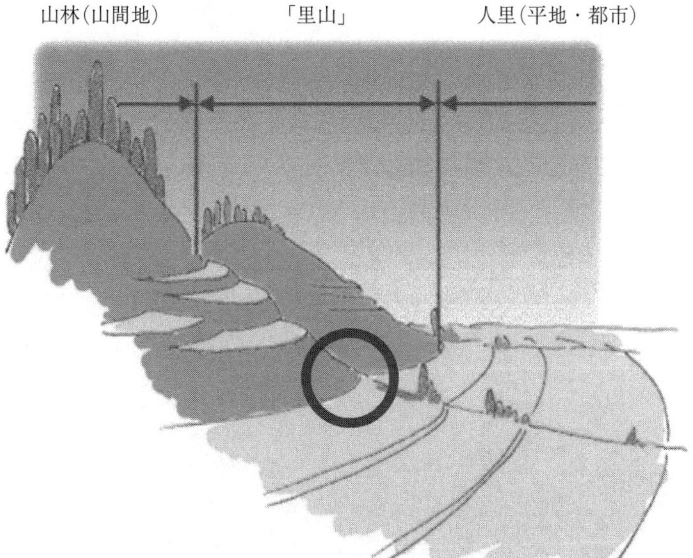

図１　山林と「里山」，人里の位置関係
（農林水産省ウェブサイトより作成）

しかし，日本が③経済的に発展すると，人々の生活スタイルの変化によって，「里山」と人里の人間生活とのかかわり合いが減少しました。また，人里にあった④都市の範囲《はんい》が拡大し，「里山」を切り開き，住宅地などが造成されるようになりました。

現在に残る「里山」は，人間生活とのかかわり合いは減少したものの，人里に一番近い自然環境として存在しています。新年度になって，みなさんと一緒《いっしょ》に身近な「里山」に分け入って，その自然環境を体験・学習できる日がくることを，心待ちにしています。

問１　下線部①に関連して，次の４つの図は，各都道府県面積における，林野面積率の大きい６都道府県，小さい６都道府県，耕地面積率の大きい６都道府県，小さい６都道府県のいずれかを表したものです。このうち耕地面積率の大きい６都道府県を表したものを，次の**ア**～**エ**の中から１つ選び，記号で答えなさい。

ア

イ

ウ

エ

(二宮書店『データブック オブ・ザ・ワールド 2022』より作成)

問２　図１中の ◎ の地点では，特徴《とくちょう》のある地形が形成されています。その地形について述べた文として正しいものを，次の**ア**～**エ**の中から１つ選び，記号で答えなさい。

ア　ここは，河川の侵食《しんしょく》作用が川の上流より強まるため，周囲が段丘《だんきゅう》状に削《けず》られた地形がみられる。

イ　ここは，河川の侵食作用が川の上流より強まるため，上流から下流に向けて三角形状に広がる地形がみられる。

ウ　ここは，河川の運搬《うんぱん》作用が川の上流より弱まるため，上流から下流に向けて扇《おうぎ》形に広がる地形がみられる。

エ　ここは，河川の運搬作用が川の上流より弱まるため，「里山」を切り開くようにＶ字形の谷がみられる。

問３　下線部②について，この具体的なことがらとして**ふさわしくないもの**を，次の**ア**～**エ**の中から１つ選び，記号で答えなさい。

ア　「里山」の樹林は伐採《ばっさい》され，人里におけるエネルギー資源の一部をまかなっていた。

イ　「里山」の樹林は降雨時に，その斜面《しゃめん》が崩壊《ほうかい》して土砂《どしゃ》が流出するのを防ぐ役割をになっていた。

ウ　「里山」の樹林は降雨時に，雨水の一時的な大量流出による洪水《こうずい》を防ぐ役割をになっていた。

エ　「里山」の樹林は主に常緑樹で，その落葉を発酵《はっこう》させ，畑地の肥料の一部をまかなっていた。

問４　下線部③に関連して，経済的な発展は地形図の変化にも表れます。次の２つの地形図は1967年と現在における都市周辺(今の東京都稲城《いなぎ》市)の地形図です。この地形図中の変化について述べた文として誤っているものを，あとの**ア**～**エ**の中から１つ選び，記号で答えなさい。

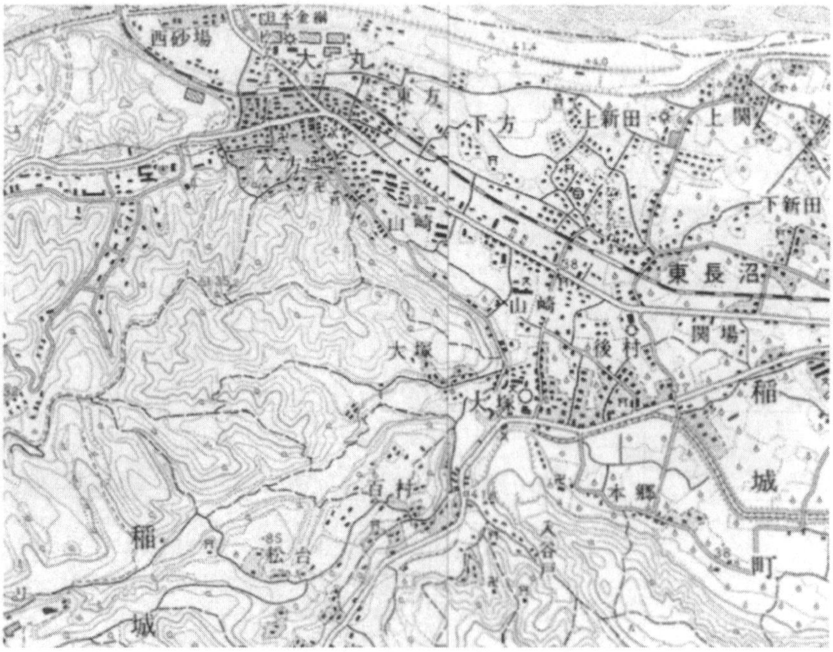

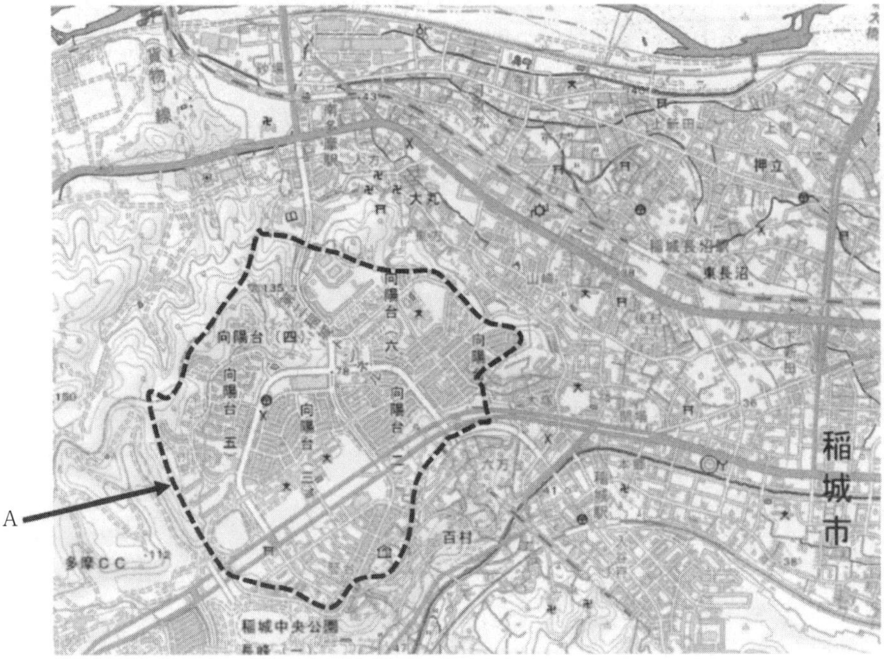

（1／25000地形図，地理院地図より作成）

ア　新しい貨物線や鉄道が開通し，新たな駅が建設され，周囲の建物の数も増加した。

イ　点線部Ａの内側の地域はかつて丘陵地《きゅうりょうち》であり，老人ホームや神社が新たに建設された場所である。

ウ　現在の市役所は，かつて町役場が存在していた場所から移転している。

エ　南多摩駅の西側には新たな道路が丘陵地を通るように建設され，その道路沿いに図書館ができた。

問５　下線部④に関連して，都市においては工業生産がさかんですが，その生産物の中には周囲の山林との関連をもつものがあります。次の写真Ａ・Ｂについての説明文Ⅰ・Ⅱと，その生産物が作られている主な場所を示した図Ⅲ・Ⅳのうち，写真Ａについて表したものの組み合わせとして正しいものを，あとの**ア**～**エ**の中から１つ選び，記号で答えなさい。

A

B

Ⅰ：この生産物は，山林から採取したものを素材とし，ろくろでひき削って形作られたものに，落葉樹からとった塗料《とりょう》を塗《ぬ》って乾燥《かんそう》させ，その後，模様を描《えが》いたものである。

Ⅱ：この生産物は，山林から採取したものを素材とし，ろくろでひき延ばして形作られたものに，灰や鉱物を溶《と》かした薬品を塗って，焼いたものである。

Ⅲ

Ⅳ

(経済産業省「国が指定した伝統的工芸品237品目」より作成)

ア　Ⅰ：Ⅲ
イ　Ⅰ：Ⅳ
ウ　Ⅱ：Ⅲ
エ　Ⅱ：Ⅳ

問６　日本にある樹林は，その場所の気候や人による植林の影響《えいきょう》などによって，その分布の範囲に特徴が表れます。次のＡ～Ｄの図は，エゾマツ，シラカバ(シラカンバ)，スギ，ヒノキのいずれかの，現在の生育地と植林されている地を示しています。また，あとのⅠ～Ⅳの説明文と雨温図は，エゾマツ，シラカバ，スギ，ヒノキのいずれかの樹林の特徴とＡ～Ｄの分布図中にある●の地点における雨温図を示しています。シラカバとヒノキにあてはまる正しい組み合わせを，あとの**ア**～**ク**の中から，１つずつ選び，記号で答えなさい。

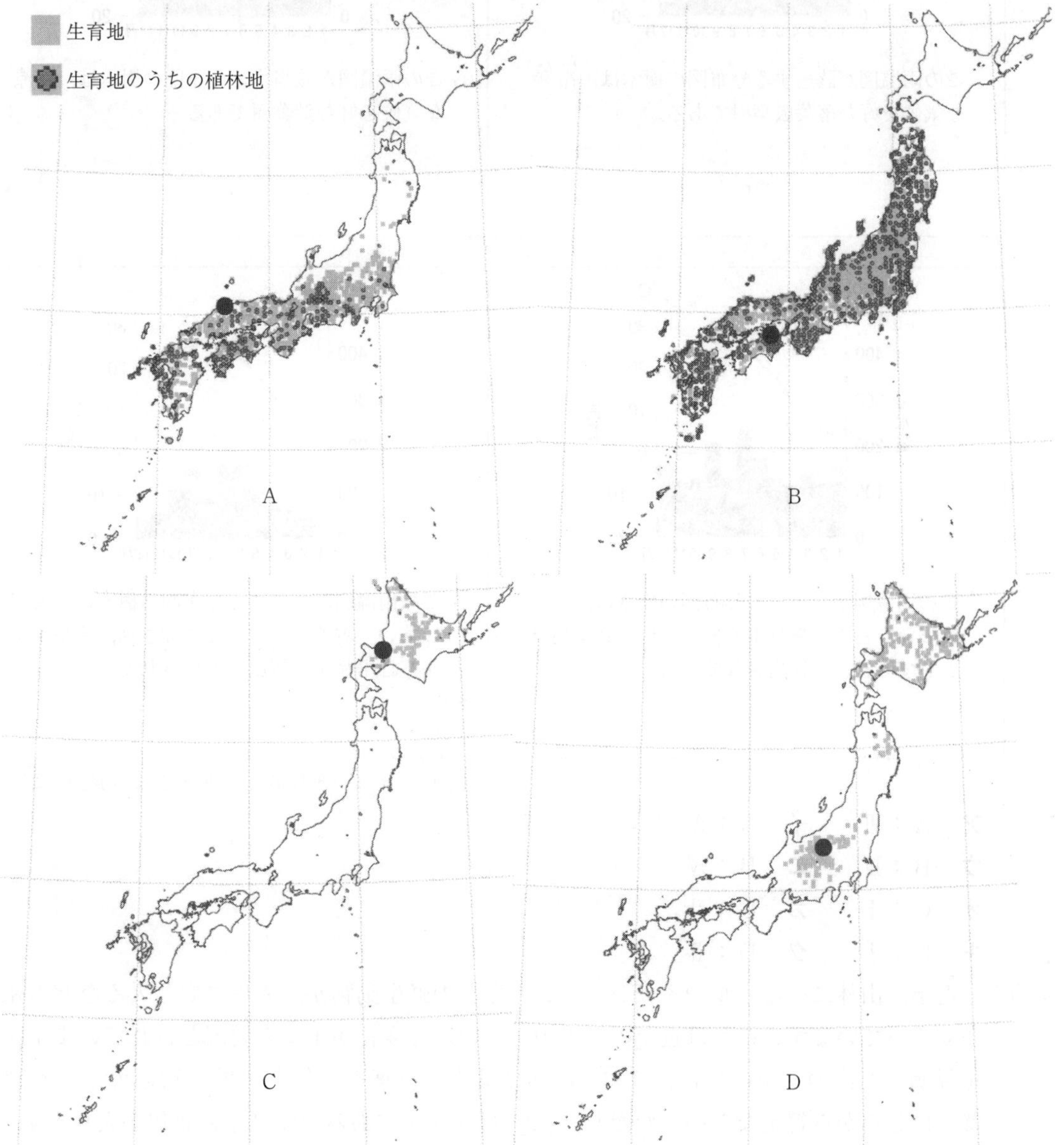

(植物社会学ルルベデータベースに基づく植物分布図より作成)

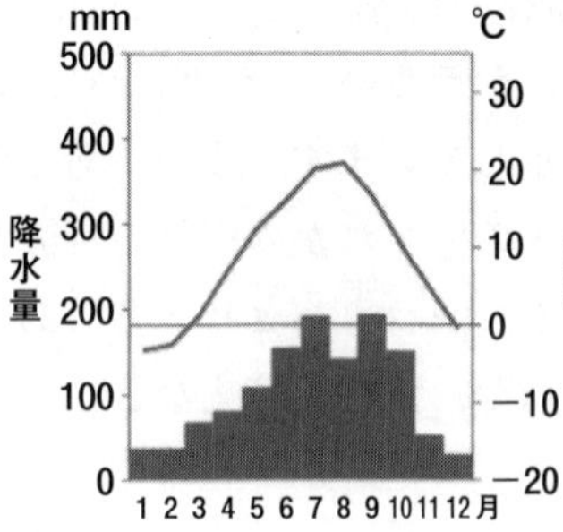

この雨温図が該当《がいとう》する分布図の樹木は，冷涼《れいりょう》な気候を好む落葉広葉樹である。

Ⅰ

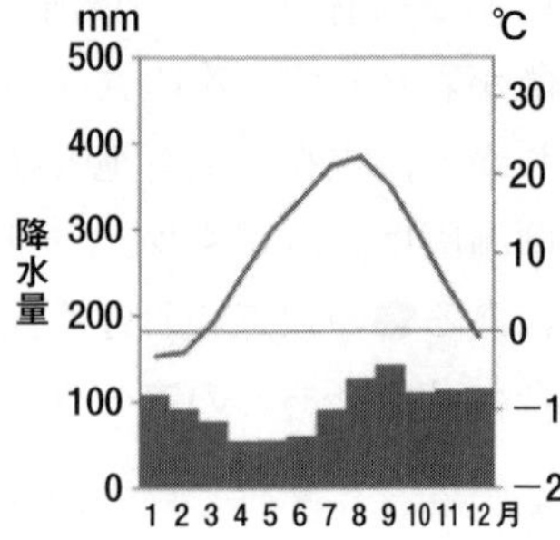

この雨温図が該当する分布図の樹木は，冷涼な気候を好む針葉樹である。

Ⅱ

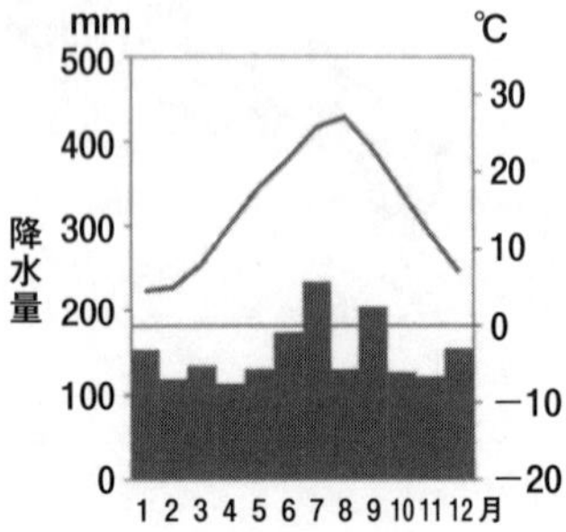

この雨温図が該当する分布図の樹木は，雪害に弱い。古くから日本で植林され，建築用材として寺社にも使用されている。

Ⅲ

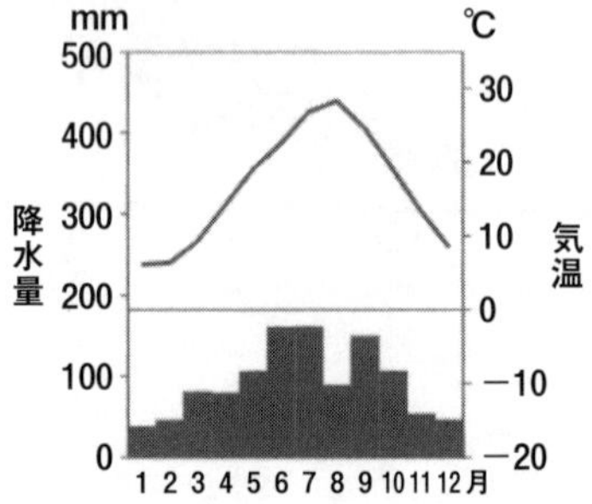

この雨温図が該当する分布図の樹木は，雪害に強い。古くから日本で植林され，建築用材から日用品まで幅広く使用されている。

Ⅳ

（国立天文台編『理科年表』［丸善出版，2021年］より作成）

ア　A：Ⅲ　**イ**　A：Ⅳ
ウ　B：Ⅲ　**エ**　B：Ⅳ
オ　C：Ⅰ　**カ**　C：Ⅱ
キ　D：Ⅰ　**ク**　D：Ⅱ

問7　近年，山林にいるサルやイノシシ，シカなどの野生動物が，人里に立ち入るなどの報告が多くなっています。これは近年の「里山」における変化が1つの要因とされています。それを説明した次の文中の［ 1 ］～［ 3 ］にあてはまる言葉や語句を，**3** の冒頭の本文や図1を参考にしながら答えなさい。ただし，［ 2 ］は図1中にある漢字2字の語句が入ります。

近年，「里山」が［ 1 ］ため，山林と同じ自然環境に近づいたり，経済的な発展により［ 2 ］の範囲が「里山」へ拡大したりしたという変化によって，野生動物の行動範囲が結果として［ 3 ］ことが，1つの要因とされている。

4　交通事故に関する，以下の問題**A**・**B**に答えなさい。

A　次の図表1は，2012年～2021年の10年間における，日本全国の交通事故発生件数とそれによる死者数を示したものです。これを見て，あとの問いに答えなさい。

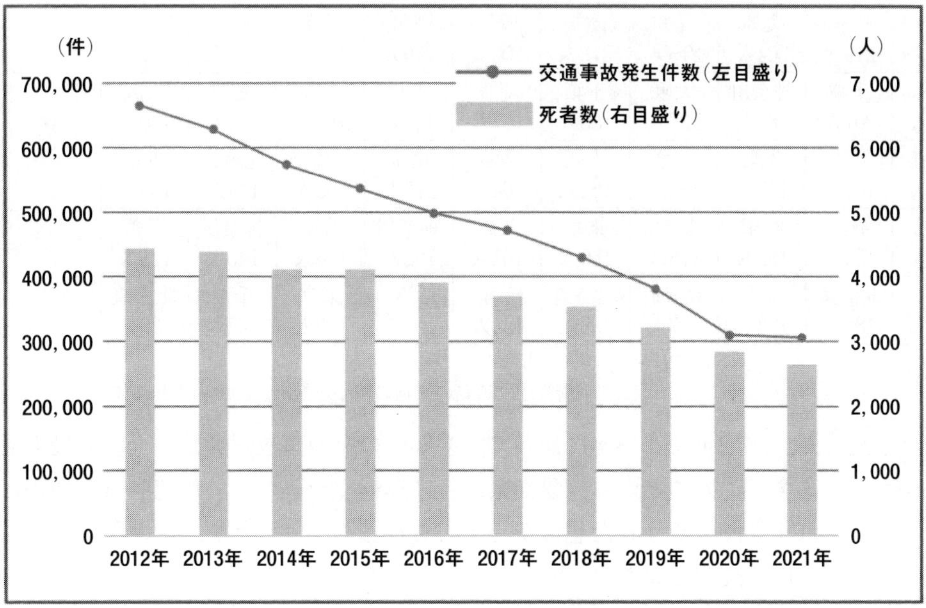

図表1　年別の交通事故発生件数と死者数

（警察庁「道路の交通に関する統計」2021年より作成）

問1　図表1から読み取れる内容として誤っているものを，次の**ア**～**エ**の中から1つ選び，記号で答えなさい。

ア　交通事故発生件数は10年間で半分以下になっている。

イ　交通事故による死者数は2020年に3,000人を下回った。

ウ　交通事故発生件数のうち，死亡事故の件数が半分以上を占《し》めている。

エ　交通事故発生件数の減少割合に比べると，交通事故死者数の減少割合は低い。

問2　図表1に見られるように，交通事故発生件数・死者数は近年減少傾向《けいこう》にあります。その原因や背景として**ふさわしくないもの**を，次の**ア**～**カ**の中から2つ選び，記号で答えなさい。

ア　飲酒運転を根絶するために，警察が取《と》り締《し》まりを強化するとともに，啓発《けいはつ》活動をさかんにおこなうようになった。

イ　すべての座席でシートベルトを着用することや，幼児が乗車する際にチャイルドシートを使用することが義務化された。

ウ　運転者がスマートフォンやタブレット端末《たんまつ》を手に持って，事故や渋滞《じゅうたい》などの交通情報を検索《けんさく》しながら運転できるようになった。

エ　高齢者《こうれいしゃ》のドライバーに対して，検査や講習がおこなわれるようになり，運転免許証《めんきょしょう》を自主的に返納する動きも加速した。

オ　障害物を感知して衝突《しょうとつ》に備えるブレーキシステムなど，自動車の性能や安全性が以前に比べて向上した。

カ　AI(人工知能)の技術を駆使《くし》した完全自動運転が普及《ふきゅう》したことで，運転技術に関係なく安全運転ができるようになった。

B　次の図表２は，2012年～2021年の10年間で交通事故による死者数の多かった都道府県５つを，死者数とともに並べたものです。これを見て，あとの問いに答えなさい。

	2012年	2013年	2014年	2015年	2016年	2017年	2018年	2019年	2020年	2021年
1	愛知 235人	愛知 219人	愛知 204人	愛知 213人	愛知 212人	愛知 200人	愛知 189人	千葉 172人	東京 155人	神奈川 142人
2	千葉 202人	千葉 201人	神奈川 185人	大阪 196人	千葉 185人	埼玉 177人	千葉 186人	愛知 156人	愛知 154人	大阪 140人
3	北海道 200人	兵庫 187人	千葉 182人	千葉 180人	大阪 161人	東京 164人	埼玉 175人	北海道 152人	北海道 144人	東京 133人
4	埼玉 200人	静岡 184人	兵庫 182人	神奈川 178人	東京 159人	兵庫 161人	神奈川 162人	兵庫 138人	神奈川 140人	千葉 121人
5	東京 183人	北海道 184人	埼玉 173人	北海道 177人	北海道 158人	千葉 154人	兵庫 152人	東京 133人	千葉 128人	北海道 120人

図表２　都道府県別の交通事故死者数ワースト５

（警察庁「道路の交通に関する統計」2021年より作成）

問３　図表２を見ると，2012年～2018年にかけて，愛知県の交通事故死者数が全国で最も多かったことがわかります。このことから，愛知県が特に運転マナーの悪い都道府県なのかと思ってしまうかもしれません。そうした想像が必ずしも正しくないことを，次の図表３と図表４を参照して２行以内で説明しなさい。

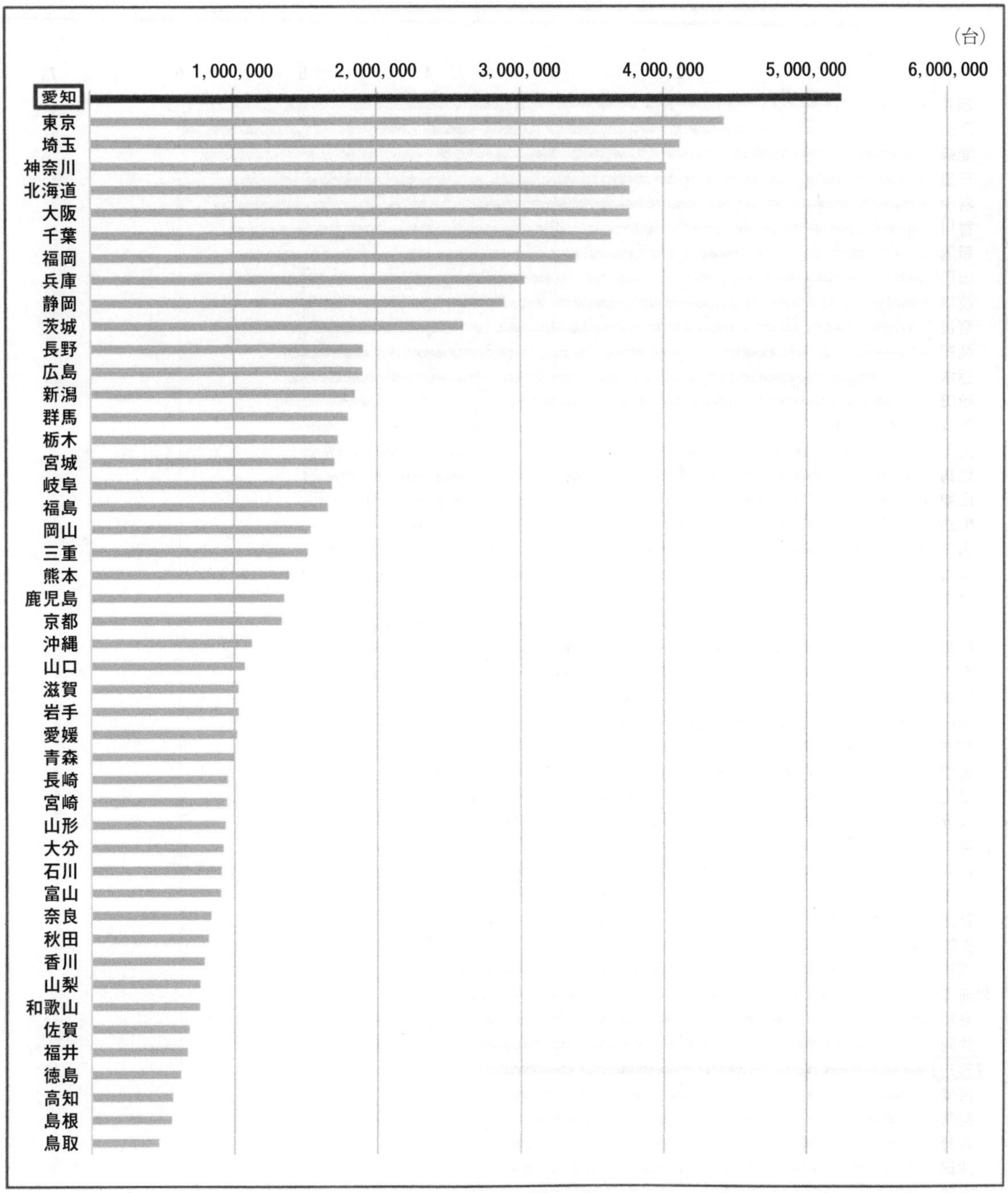

図表３　都道府県別車両保有数

（一般財団法人 自動車検査登録情報協会「都道府県別・車種別保有台数表」平成30年[2018年]より作成
参考：田口勇『数字の嘘を見抜く本』[彩図社，2020年]）

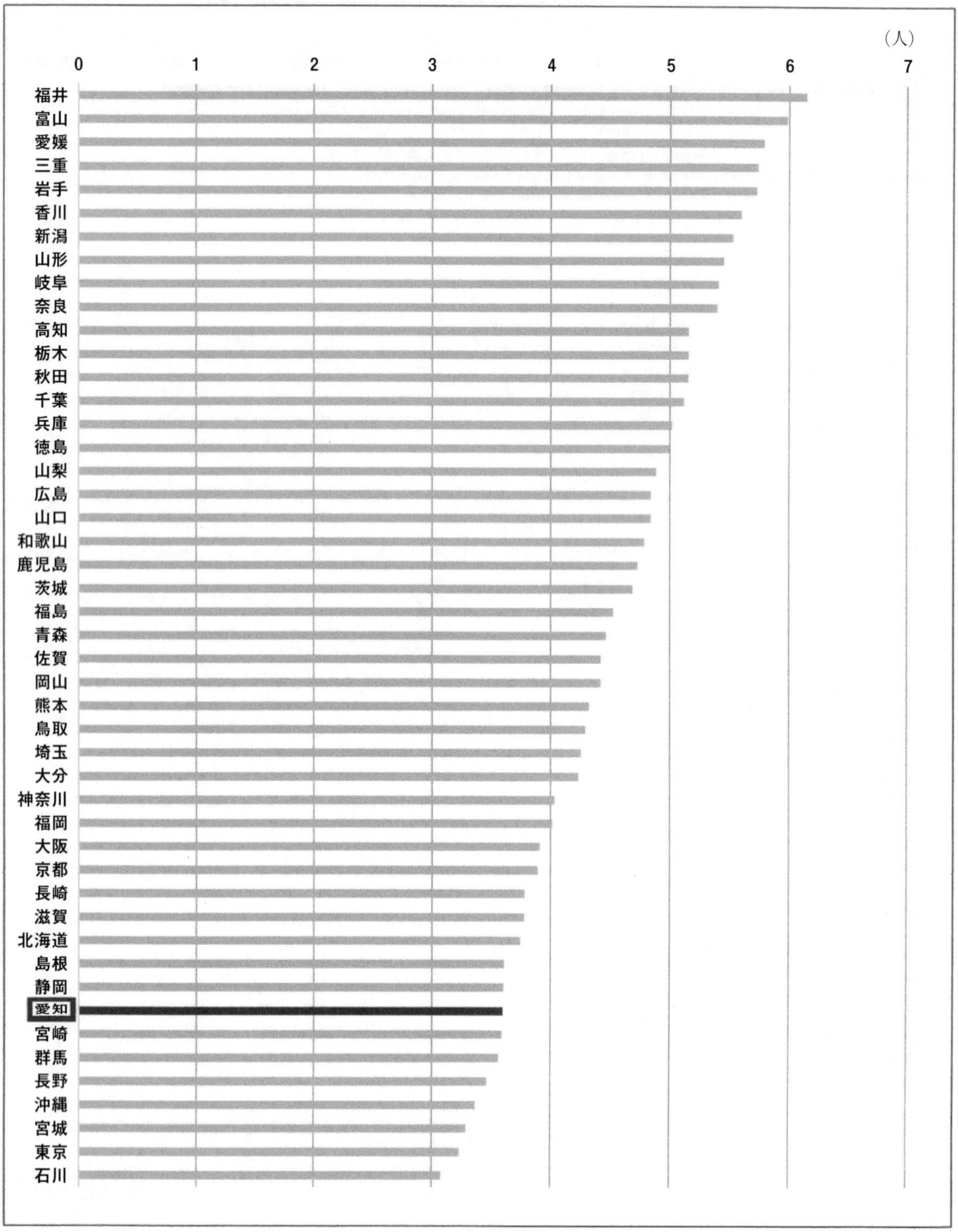

図表４　車両10万台あたりの交通事故死者数

（公益財団法人 交通事故総合分析センター「交通統計」平成30年版より作成
参考：田口勇『数字の嘘を見抜く本』［彩図社，2020年］）

問４　図表２を見ると，愛知県は2019年以降に，交通事故死者数で全国最多という不名誉《ふめいよ》な地位を脱《だっ》したことがわかります。その背景には，県民に対する積極的な啓発活動があったことが知られています。このことに関連した次の①・②は，愛知県の交通事故防止を啓発した新聞広告の一部です。この①・②のいずれかを選び，それがどういった人を対象に，何に注意を促《うなが》したものなのかを２行以内で説明しなさい。

①　　　　　　　　　　②

（中日新聞，愛知県，愛知県警ほか主催プロジェクト「AICHI SAFETY ACTION」
［企画＝電通中部支社］より作成）

【理　科】〈第１回試験〉（40分）〈満点：100点〉

1　次の文章を読み，あとの(1)～(8)の問いに答えなさい。

ホウセンカの根を洗い，赤インクを溶《と》かした水に入れました。しばらくして，茎《くき》を輪切りにしたところ，茎の断面に赤くなった部分がありました。その断面をルーペで観察したところ，図１のようになっていました。

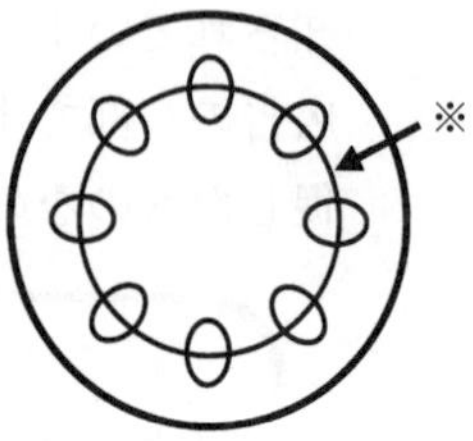

図１

(1)　赤インクで赤くなった部分はどこですか。解答欄《らん》の図の中を塗《ぬ》りつぶして示しなさい。

(2)　(1)で塗りつぶした部分にあって，根から水や養分を運ぶ管の名前を漢字２字で答えなさい。

(3)　ホウセンカと同じ茎のつくりをしている植物を，次の(ア)～(カ)の中からすべて選び，記号で答えなさい。

(ア)　アサガオ　　(イ)　アブラナ　　(ウ)　タケ
(エ)　ツユクサ　　(オ)　ヒマワリ　　(カ)　ユリ

(4)　赤インクを溶かした水に根を入れたホウセンカの，茎の中の色の染まり具合を調べたところ，日なたで風が当たる場所に置いておいたものの方が，より早く染まることがわかりました。その理由を述べた次の文の［　　］に入る言葉を答えなさい。

日なたで風が当たる場所に置いておいたものの方が，［　　　　　］から。

(5)　赤インクを溶かした水に根を入れたホウセンカの，葉の断面を観察したところ，赤くなった部分がありました。その断面をルーペで観察したところ，図２のようになっていました。赤インクで赤くなった部分はどこですか。解答欄の図の中を塗りつぶして示しなさい。

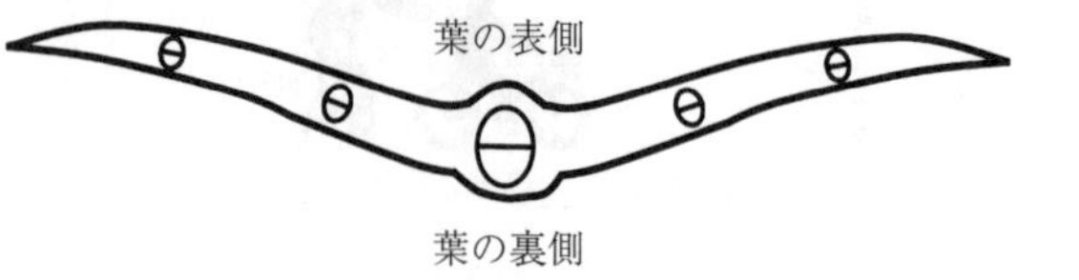

図２

(6)　ホウセンカと同じように，図１のような断面をもつ木があります。この木の枝の一部分の※よりも外側を，１cm の幅《はば》で１周はぎとりました。１ヶ月後にこの枝を観察すると，はぎとった部分の近くの皮がふくらんでいました。このことについて説明した次の文章の(あ)・(い)にあてはまる言葉を，あとの(ア)～(ク)の中からそれぞれ１つずつ選び，記号で答えなさい。また，(う)にあてはまる管の名前を漢字２字で答えなさい。

（ あ ）から来た（ い ）が運ばれるとき，※よりも外側をはぎとったためにこの部分より先に移動することができず，はぎとった部分より手前に（ い ）がたまったために皮がふくらんだ。つまり，（ い ）が移動する管である（ う ）が，※より外側にあると考えることができる。

(ア)　根　　(イ)　地下茎《けい》　　(ウ)　葉　　(エ)　花
(オ)　水　　(カ)　栄養分　　(キ)　酸素　　(ク)　養分

(7)　(2)の管と(6)の（う）が束になった部分の名前を答えなさい。

(8)　(7)の部分をもたない植物は，それをもつ植物とからだのつくりが大きく違います。(7)の部分の有無《うむ》以外の違いを答えなさい。

2　次の文章を読んで，あとの(1)〜(5)の問いに答えなさい。

私たちがふだん使っている時刻を表す方法は，１日の長さを24等分する方法で「定時法」とよばれます。一方，江戸《えど》時代の日本では，「不定時法」とよばれる方法が使われていました。これは，①日の出と日の入りを基準とするもので，昼の時間と夜の時間をそれぞれ６等分した長さを一刻《いっとき》と定める方法でした。よって，②「不定時法」では１日のうちでも昼の一刻の長さと夜の一刻の長さが異なっているのが普通《ふつう》でした。

時刻のよび方に関しては，図１のように，真夜中の前後約１時間あたりを「子《ね》の刻《こく》」，次を「丑《うし》の刻」として順番に十二支をあてはめてよんでいました。また，「子の刻」を「九つ」，「丑の刻」を「八つ」として一刻ごとに数を少なくしていき，「巳《み》の刻」を「四つ」とよび，その次からまた「九つ」とよぶ方法も使われていました。

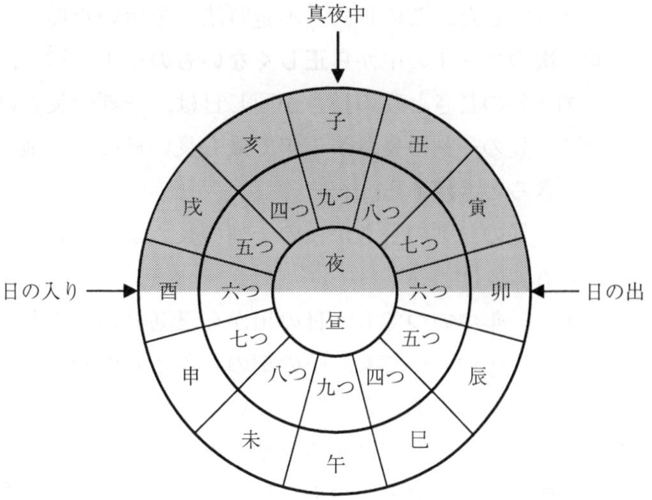

図１

「不定時法」に由来する言葉は，いまでも日常的に使われることがあります。太陽が（　あ　）する時刻は「（　い　）の刻」に含《ふく》まれる時刻です。そのため，現在の12時を正午といいます。午前は正午より前の時間帯を，午後は正午より後の時間帯を表す言葉です。みなさんが大好きな③おやつも「不定時法」に由来し，歌舞伎《かぶき》や④落語でも「不定時法」に由来する言葉が登場します。テレビや劇場で聞く機会があったら意識してみましょう。

(1)　下線部①について，日の出と日の入りは現在どのように定められていますか。最も適したものを，次の(ア)〜(オ)の中から１つ選び，記号で答えなさい。

(ア)　日の出と日の入りは太陽の中心が地平線と重なった瞬間《しゅんかん》である。

(イ)　日の出は太陽の下端《かたん》が地平線より上に出た瞬間で，日の入りは太陽の上端《じょうたん》が地平線より下に入った瞬間である。

(ウ)　日の出は太陽の下端が地平線より上に出た瞬間で，日の入りは太陽の下端が地平線より下に入った瞬間である。

(エ)　日の出は太陽の上端が地平線より上に出た瞬間で，日の入りは太陽の上端が地平線より下に入った瞬間である。

(オ)　日の出は太陽の上端が地平線より上に出た瞬間で，日の入りは太陽の下端が地平線より下に入った瞬間である。

(2)　下線部②について，次の(a)〜(c)の問いに答えなさい。ただし，日の出と日の入りは現在定められたものを使うものとします。

(a)　昼の一刻の長さと夜の一刻の長さについて説明した文として正しいものを，次の(ア)〜(カ)の中から２つ選び，記号で答えなさい。

(ア)　春分の日と秋分の日では，どちらも昼の一刻の長さと夜の一刻の長さは同じである。

(イ)　春分の日の数日後に昼の一刻の長さと夜の一刻の長さが同じになる。

(ウ)　秋分の日の数日後に昼の一刻の長さと夜の一刻の長さが同じになる。

(エ)　夏至《げし》の日の昼の一刻の長さは１年で最も長い。

(オ)　冬至の日の昼の一刻の長さは１年で最も長い。

(カ)　夏至の日の昼の一刻の長さと冬至の日の夜の一刻の長さは同じである。

(b)　2022年の夏至の日において，横浜《よこはま》市の日の出の時刻は４時27分，日の入りの時刻は19時０分でした。この日に「不定時法」を用いた場合，昼の一刻と夜の一刻の差は何分ですか。

(c)　次の(ア)～(オ)の中から**正しくないもの**を１つ選び，記号で答えなさい。

(ア)　昼の長さと夜の長さが同じ日は，一刻の長さは現在の２時間と同じ長さである。

(イ)　昼の一刻の長さが１年で最も長い日には，地面に垂直に立てた棒の影が棒より南側にできるときがある。

(ウ)　昼の一刻の長さが夜の一刻の長さより短い日には，日の入りの位置が真西より北側になる。

(エ)　一年中いつでも，日の出から三刻経過したときに太陽は真南にある。

(オ)　一年中いつでも，子の刻の長さと丑の刻の長さは同じだが，丑の刻の長さと未《ひつじ》の刻の長さは同じであるとは限らない。

(3)　(あ)・(い)にあてはまる言葉を答えなさい。ただし，(い)はひらがな２字で答えなさい。

(4)　下線部③について，おやつは，昼の「八つ」に間食していたことに由来します。日の出から四刻経過した時刻を「おやつの時間」とし，春分の日，夏至の日，冬至の日において，現在の「定時法」で比較《ひかく》しました。「おやつの時間」について比較した文として最も適したものを，次の(ア)～(キ)の中から１つ選び，記号で答えなさい。

(ア)　春分の日の「おやつの時間」が３つの日の中では最も早い。それは現在の14時０分頃《ごろ》である。

(イ)　春分の日の「おやつの時間」が３つの日の中では最も早い。それは現在の14時10分頃である。

(ウ)　春分の日の「おやつの時間」が３つの日の中では最も早い。それは現在の15時０分頃である。

(エ)　夏至の日の「おやつの時間」が３つの日の中では最も早い。それは現在の13時20分頃である。

(オ)　夏至の日の「おやつの時間」が３つの日の中では最も早い。それは現在の15時０分頃である。

(カ)　冬至の日の「おやつの時間」が３つの日の中では最も早い。それは現在の13時20分頃である。

(キ)　冬至の日の「おやつの時間」が３つの日の中では最も早い。それは現在の15時０分頃である。

(5)　下線部④について，古典落語の１つである「時《とき》そば」は，「不定時法」が使われていた江戸時代の，ある客とそば屋の主人とのやり取りを滑稽《こっけい》に表現した演目です。次の文章は，「時そば」を入試問題用に書き直したものです。これを読んで，あとの(a)・(b)の問いに答えなさい。

　春分の日の夜，小腹が空いた男Ａが通りすがりの屋台のそば屋をよび止め，しっぽくそば

(ちくわ入りのそば)を注文しました。そばを食べる前の男Ａは，世間話をしながらそば屋の看板の絵柄《えがら》をほめていました。その後，そばが出されると，箸《はし》が割《わ》り箸《ばし》であること，器《うつわ》の美しさ，かつお出汁《だし》のきいたつゆ，麺《めん》のこしやちくわの分厚さなどをやや大げさにほめました。そばを食べ終わった男Ａは，

「いくらだい？」

と尋《たず》ねました。そば屋の主人は，

「へぇ，16文《もん》ちょうだいします」

と答えました。

「あいにく１文銭しか持ってないんだ。手を出してくれないかい？」

男Ａはそば屋の主人に手のひらを広げさせ，その上に１文銭を１枚ずつ数えながら置いていきました。

「一《ひい》二《ふう》三《み》四《よ》五《いつ》六《む》七《なな》八《や》，そば屋さんいま何どきだい？」

「九つです」

とそば屋の主人が言ったあと，男Ａは間髪《かんはつ》をいれずに

「十，十一，十二，十三，十四，十五，十六。ごちそうさん，あばよ」

と言い，すぐさま男Ａは立ち去っていきました。

この下品なやり取りの一部始終を見ていた男Ｂは，『なんだ，あの男は。そば屋にお世辞ばっかり使って』と，最初は男Ａの立ち居振《ふ》る舞《ま》いや言動をいぶかしく思いましたが，男Ａの手口に気づくと，その鮮《あざ》やかさに感心し，自分も試《ため》してみたくなりました。翌日の夜，男Ｂは少し早めに外に出て屋台のそば屋を探しました。すると，昨日とは異なるそば屋を見つけて，男Ａの手口を試そうとしました。ところが，このそば屋の箸や器は汚《きたな》く，つゆやそばの味も悪く，ほめるところが一つもありませんでした。男Ｂは早々に支払《しはら》いを行うことにしました。

「いくらだい？」

「へい，16文ちょうだいします」

これをやりに来たんだと，男Ｂは思いました。

「あいにく１文銭しか持ってないんだ。手を出してくれないかい？」

「へい，こちらに頂きます」

「いくよ。一二三四五六七八，そば屋さんいま何どきだい？」

「へい，四つで」

「うっ。いつ，むう，なな，やあ……」

男Ｂの悪だくみは失敗に終わりました。

(a)　男Ａと男Ｂは，現在の「定時法」で何時から何時の間にそばの代金を支払いましたか。最も適したものを，次の(ア)〜(カ)の中から１つ選び，記号で答えなさい。

(ア)　２人とも23時から１時の間に支払った。

(イ)　２人とも21時から23時の間に支払った。

(ウ)　男Ａは21時から23時の間に，男Ｂは23時から１時の間に支払った。

(エ)　男Ａは23時から１時の間に，男Ｂは21時から23時の間に支払った。

(オ)　男Ａは21時から22時の間に，男Ｂは４時から５時の間に支払った。

(カ)　男Ａは４時から５時の間に，男Ｂは21時から22時の間に支払った。

(b)　男Ｂも男Ａと同じ金額でそばを食べるには，１文銭を何枚渡《わた》したあとに，そば屋に時刻を尋ねるべきでしたか。その枚数を答えなさい。

3　次の文章を読んで，あとの(1)・(2)の問いに答えなさい。

物質の変化には，物理変化と化学変化の２種類があります。水は加熱されると液体から気体に変化します。このように，同じ物質のまま姿や形が変わることを物理変化といいます。一方，水素は燃焼《ねんしょう》させると酸素と結びついて，水になります。このように，ある物質が別の物質に変わることを化学変化といいます。

(1)　物理変化にあてはまるものを，次の(ア)～(オ)の中から２つ選び，記号で答えなさい。

(ア)　ドライアイスを放置すると，消えてなくなった。

(イ)　石灰水《せっかいすい》に二酸化炭素を通すと，白く濁《にご》った。

(ウ)　氷を冷凍庫《れいとうこ》に長期間入れておくと，氷が小さくなった。

(エ)　水を電気分解すると，酸素と水素が発生した。

(オ)　鉄くぎを放置すると，さびて色が変化した。

(2)　マグネシウムは金属の一種で，酸素中，二酸化炭素中のどちらでも燃焼させることのできる物質です。マグネシウムについて次の［実験１］・［実験２］をおこないました。あとの(a)～(d)の問いに答えなさい。ただし，マグネシウムを酸素中で燃焼させた場合，マグネシウムは酸素と反応して酸化マグネシウムだけができます。また，マグネシウムを二酸化炭素中で燃焼させた場合，マグネシウムは二酸化炭素と反応して酸化マグネシウムと炭素だけができます。なお，できた酸化マグネシウムと炭素は，これ以上反応することはありません。

［実験１］　マグネシウムの重さをはかったあと，酸素中で燃焼させました。そして，燃焼後に残った固体の重さをはかりました。表１はその結果を表しています。

表１

燃焼前のマグネシウムの重さ［ｇ］	6	12	18	24
燃焼後に残った固体の重さ［ｇ］	10	20	30	40

［実験２］　マグネシウムの重さをはかったあと，二酸化炭素中で燃焼させました。そして，燃焼後に残った固体の重さをはかりました。表２はその結果を表しています。

表２

燃焼前のマグネシウムの重さ［ｇ］	6	12	18	24
燃焼後に残った固体の重さ［ｇ］	11.5	23	34.5	46

(a)　金属について説明した文として最も適したものを，次の(ア)～(オ)の中から１つ選び，記号で答えなさい。

(ア)　すべての金属は水より密度が大きい。

(イ)　すべての金属は電気を通す。

(ウ)　すべての金属は二酸化炭素中で燃焼する。

(エ)　すべての金属は塩酸に溶《と》ける。

(オ)　すべての金属は水酸化ナトリウム水溶液《すいようえき》に溶ける。

(b)　次の文章の（あ）～（く）にあてはまる数値をそれぞれ答えなさい。

ある重さのマグネシウムを燃焼させると，酸素中，二酸化炭素中のどちらでも，燃焼後に残る酸化マグネシウムの重さは同じでした。

［実験１］では酸素中で燃焼させることで，マグネシウムと酸素を反応させており，燃焼前のマグネシウムの重さと燃焼後に残った固体の重さの比を，最も簡単な整数比で表すと（ あ ）：（ い ）です。［実験１］のマグネシウムと酸素の反応は，次のように表せます。

マグネシウム＋酸素 $\xrightarrow{\text{燃焼}}$ 酸化マグネシウム

一方，［実験２］では二酸化炭素中で燃焼させることで，マグネシウムと二酸化炭素を反応させており，燃焼前のマグネシウムの重さと燃焼後に残った固体の重さの比を，最も簡単な整数比で表すと（ う ）：（ え ）です。［実験１］と［実験２］でマグネシウムの重さと燃焼後に残った固体の重さの比が異なっている理由は，［実験２］の燃焼後には，酸化マグネシウムだけでなく炭素も残っているからです。［実験２］のマグネシウムと二酸化炭素の反応は，次のように表せます。

マグネシウム＋二酸化炭素 $\xrightarrow{\text{燃焼}}$ 酸化マグネシウム＋炭素

［実験１］の結果をもとに考えると，60gのマグネシウムを酸素中で燃焼させるとき，燃焼に使われる酸素の重さは（ お ）gです。また，燃焼後に残る酸化マグネシウムの重さは（ か ）gです。

［実験２］の結果をもとに考えると，60gのマグネシウムを二酸化炭素中で燃焼させるとき，燃焼に使われる二酸化炭素の重さは（ き ）gです。また，燃焼後に残る炭素の重さは（ く ）gです。

(c) 90gのマグネシウムリボンを酸素中で燃焼させたところ，すべてのマグネシウムが酸化マグネシウムになり，燃焼後に残った固体の重さは149gでした。この結果は，(b)で求めた整数比と異なっています。この理由として最も適したものを，次の(ア)～(オ)の中から１つ選び，記号で答えなさい。

(ア) マグネシウムリボンに不純物として炭素が含《ふく》まれていたから。

(イ) マグネシウムリボンの表面積が大きかったから。

(ウ) 加熱の時間が長かったから。

(エ) 加熱の時間が短かったから。

(オ) 酸素がより多くマグネシウムと結びついたから。

(d) ある重さのマグネシウムを酸素と二酸化炭素の混合気体中で燃焼させたところ，すべてのマグネシウムが酸化マグネシウムになり，燃焼後に残った固体の重さは，燃焼前のマグネシウムの重さより5.5g大きくなりました。また，燃焼に使われた酸素の重さは，燃焼に使われた二酸化炭素の重さの４倍でした。混合気体中で燃焼させる前のマグネシウムの重さは何gですか。ただし，この燃焼でおこる反応は次の２つだけであるものとし，どちらの反応も，燃焼前のマグネシウムの重さと燃焼後に残った固体の重さの比は，それぞれ(b)で求めた整数比になるものとします。

マグネシウム＋酸素 $\xrightarrow{\text{燃焼}}$ 酸化マグネシウム

マグネシウム＋二酸化炭素 $\xrightarrow{\text{燃焼}}$ 酸化マグネシウム＋炭素

4　次の文章［Ａ］・［Ｂ］を読んで，あとの(1)～(3)の問いに答えなさい。

［Ａ］　最近は目にする機会が減りましたが，過去には，振《ふ》り子《こ》が一往復するのにかかる時間が一定であることを利用した，振り子時計とよばれる時計が使われていました。振り子が一往復するのにかかる時間を振り子の周期といいます。振れ幅《はば》がある程度小さい場合は，振り子の周期は振り子の重さや振れ幅の大きさにかかわらず，振り子の長さだけで決まることが知られていて，このことを①振り子の等時性といいます。重さ100ｇの振り子について，振り子の等時性が成り立つ程度の小さい振れ幅で，振り子が動くときの②振り子の長さと周期の関係を調べたところ，表１のようになりました。

表１

振り子の長さ[cm]	10	30	50	70	90
振り子の周期[秒]	0.61	1.11	1.45	1.70	1.89

(1)　下線部①について，次の(a)～(c)の問いに答えなさい。

(a)　16世紀後半に，教会のシャンデリアが揺《ゆ》れているようすを見て，振り子の等時性を発見したとされるイタリアの科学者の名前を答えなさい。

(b)　(a)の科学者について説明した文として正しいものを，次の(ア)～(カ)の中から１つ選び，記号で答えなさい。

(ア)　望遠鏡を改良して天体観測をおこない，木星に衛星があることを発見した。
(イ)　リンゴが落ちるのを見て，万有《ばんゆう》引力を発見したという逸話《いつわ》がある。
(ウ)　相対性理論を発表した。
(エ)　多方面で才能を発揮し，絵画「モナ・リザ」の作者でもある。
(オ)　のちに『ロウソクの科学』という本にまとめられることになる講演をおこなった。
(カ)　ダイナマイトを発明し，巨万《きょまん》の富を得た。

(c)　同じ長さの振り子であっても，振れ幅が大きくなりすぎると，振り子の等時性が成り立たなくなります。このことについて説明した次の文の（あ）・（い）にあてはまる言葉の組み合わせを，あとの(ア)～(カ)の中から１つ選び，記号で答えなさい。

振れ幅が大きく振り子の等時性が成り立たないときは，振れ幅が小さく振り子の等時性が成り立つときに比べて，最下点を通るときの速さは（ あ ），周期は（ い ）。

	（あ）	（い）
(ア)	速くなり	長くなる
(イ)	速くなり	短くなる
(ウ)	変わらず	長くなる
(エ)	変わらず	短くなる
(オ)	遅《おそ》くなり	長くなる
(カ)	遅くなり	短くなる

(2)　下線部②について，次の(a)・(b)の問いに答えなさい。

(a)　表１をもとに，振り子の長さと振り子の周期の関係を表す折れ線グラフを，定規を用いて描《えが》きなさい。ただし，横軸《じく》を振り子の長さ，縦軸を振り子の周期とします。

(b)　表１の振り子の周期は，振り子が動き始めてからしばらくして，振り子が左端《ひだりはし》に到達《とうたつ》したと同時にストップウォッチをスタートさせ，一往復して左端にふたたび到達したときにストップウォッチを止める，という方法で測定されたものです。より正確な周期を測定するためには，どのような工夫《くふう》をすればよいですか。１つ答えなさい。ただし，測定にはストップウォッチだけを使うものとします。

［B］ 周期に合わせてタイミングよく振り子を押《お》すと，その力が小さくても，簡単に振れ幅が大きくなります。このような現象を，共振《きょうしん》といいます。振り子に限らずどんなものでも共振はおこり，日常生活においてもしばしば見ることができます。それは，ものには大きさやかたち，材質などに応じて振動しやすい周期があるからです。

ここで，「歩く」という動作について考えてみましょう。歩いているときの脚《あし》の動きは，股《こ》関節《かんせつ》を支点とした振り子のような運動であるとみなすことができます。特に意識せずに一定のペースで歩いているときは，その振り子の周期に合わせて力を入れて共振をさせているため，楽に歩くことができます。もっと短い周期で(急いで)歩こうとしたり，逆にわざと長い周期で(ゆっくり)歩こうとしたりして疲《つか》れてしまうことを，経験したことがあるかもしれません。

そこで，図１のように股関節から下の脚を均質でまっすぐな棒と大胆《だいたん》にみなして，歩くようすについて考えてみることにします。この棒を，棒振り子とよぶことにします。棒振り子の場合も，その振れ幅がある程度小さい場合は振り子の等時性が成り立ち，その周期は，棒の３分の２の長さの振り子の周期と同じであることが知られています。③脚をこのような振り子とみなして考えると，一定のペースで楽に歩いている人の歩く速さが，身長によってどのように異なるかを調べることができます。

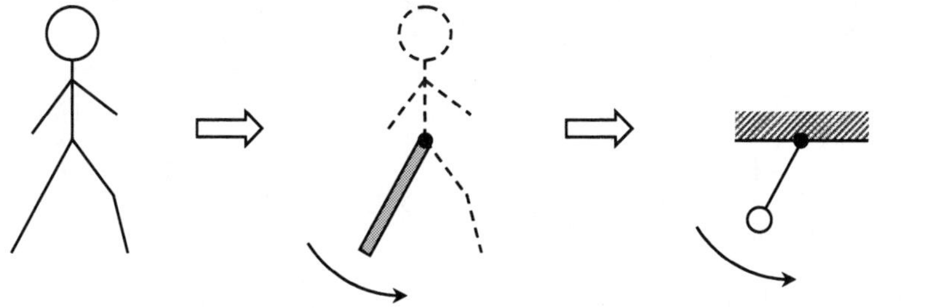

脚　　　棒振り子　　　３分の２の長さの振り子

図１

(3) 下線部③について，(2)の(a)で描いたグラフを利用して，次の(a)・(b)の問いに答えなさい。ただし，脚の長さは身長の45％とし，歩幅《ほはば》は脚の長さと等しいものとします。また，脚を振り子とみなしたときの振れ幅は，振り子の等時性が成り立つ程度に小さいものとします。

(a) 身長 140cm の人が一定のペースで楽に歩くとき，歩く速さは時速何 km ですか。ただし，答えが割り切れない場合は，小数第２位を四捨五入して小数第１位まで答えなさい。

(b) 次の文章は，身長 168cm の人が一定のペースで楽に歩くようすと，身長 140cm の人が一定のペースで楽に歩くようすを比べたものです。（あ）・（い）にあてはまる言葉を，あとの(ア)～(オ)の中からそれぞれ１つずつ選び，記号で答えなさい。ただし，同じ記号を繰《く》り返《かえ》し使ってもかまいません。

身長 168cm の人は，身長 140cm の人に比べて，歩幅は1.2倍であり，周期は(　　あ　　)ので，歩く速さは(　　い　　)。

(ア) １倍より小さい　　(イ) １倍である　　(ウ) １倍より大きく1.2倍より小さい
(エ) 1.2倍である　　(オ) 1.2倍より大きい

による減点はせずに、学生の作り上げたレポートから読み取れる学生の将来性を見るべきだから。

エ　レポートの採点はもともと主観的なものであり、レポートを提出した学生の環境《かんきょう》に配慮《はいりょ》すべきかどうかは、採点者である筆者の判断に委ねられるべきだから。

オ　学生の書いたレポートはそれまで触《ふ》れてきた日本語の量に左右されるものであり、その経験から来る能力差を点数化することは教育上意味がないから。

問四　――線部③に「専門家の繰《く》り出す表現がときに難しいものになる」とありますが、それはどうしてですか。その説明として最もふさわしいものを、次のア～オの中から一つ選び、記号で答えなさい。

ア　専門家は長年の経験に裏打ちされた豊かな語彙《ごい》力を有しており、専門的な知識を持ち合わせていない一般《いっぱん》人の語彙力では正確には理解しづらいこともあるから。

イ　難解な言葉の意味を追究することそのものが研究の対象となる場合もあるが、専門家である以上、誰《だれ》にでもわかりやすい繊《せん》細《さい》な言葉遣いを心がけることは義務であるといえるから。

ウ　自分たちの研究に箔《はく》を付けるためにわざわざ難しい言葉を多用することもあるが、専門的で複雑な問題には難解な言葉の方が似つかわしいと世間でも理解が得られているから。

エ　平易な言葉で説明できる問題を難しい言葉で表現している場合もあるが、複雑な問題の場合は、複雑な思考と、それを可能にする複雑な言葉を用いなければ正確に捉《とら》えられないから。

オ　一般社会と切り離《はな》された専門性の高い複雑な分野ばかりに関わっていると、必然的に日常生活で使われているような言葉での説明がしにくくなってしまうから。

問五　――線部④に「言葉のまとまりをかたちづくる」とありますが、これはどういうことですか。二十字以内で説明しなさい。

問六　――線部⑤「民主化」、――線部⑥「改良」でそれぞれ「、」が付けられている理由について説明した文として最もふさわしいものを、次のア～オの中から一つ選び、記号で答えなさい。

ア　⑤「民主化」は誤った使い方であることを表すために、⑥「改良」は皮肉のこもった表現にするために付けられている。

イ　⑤「民主化」は特殊《とくしゅ》な用法であることを表すために、⑥「改良」はよく使われる用法であることを表すために付けられている。

ウ　⑤「民主化」は実現に至らない可能性もあることを表すために、⑥「改良」は実は大して変わっていないことを表すために付けられている。

エ　⑤「民主化」は一般的な使い方ではないことを表すために、⑥「改良」は実態は異なるという主張を表すために付けられている。

オ　⑤「民主化」はその重要性を表すために、⑥「改良」は実際に行われたわけではないということを表すために付けられている。

問七　――線部⑦に「利益」とありますが、これは何にとっての、どのような利益ですか。三十字以内で説明しなさい。

問八　＝＝線部に「〈やさしい日本語〉が日本語それ自体の規範《きはん》になってはならない」とありますが、それはどうしてですか。八十字以内で説明しなさい。

で言及《げんきゅう》している。

＊7　件《くだん》の…「先ほど挙げた」という意味。

＊8　プロパガンダ…意図的に特定の考え方へと人々を誘導《ゆうどう》するもののこと。

問一　〰〰線部A「一抹《いちまつ》の」、B「浮《う》き彫《ぼ》り」について、これらの言葉を本文中と同じ意味で使っている文として最もふさわしいものを、あとのア～オの中からそれぞれ一つずつ選び、記号で答えなさい。

A「一抹の」

ア　今日こそはうまくいくにちがいないと、一抹の望みをかけていた。

イ　修学旅行が終わってひとりで帰宅していると、一抹の寂《さび》しさを感じた。

ウ　彼《かれ》はいつも一抹のことばかり気にして、全体を見ようとしない。

エ　一抹の問題として片付けてしまうには、あまりにも大きすぎる問題だ。

オ　親に嘘《うそ》がばれたらどうなるかと思うと、一抹の恐怖《きょうふ》におののいた。

B「浮き彫り」

ア　見事な浮き彫りの熊が店頭に並んでいたので、つい買ってしまった。

イ　隠《かく》れているつもりのようだが、しっぽが出ているので犬がいるのは浮き彫りだった。

ウ　リトマス試験紙を使って、試験管の中身が酸性かアルカリ性かを浮き彫りにした。

エ　思いつきで始めた企画《きかく》だったのでうまくいかず、計画性のなさが浮き彫りになった。

オ　自分の将来を浮き彫りにするために、さまざまな人に意見を求めた。

問二　――線部①に「ある種の『甘《あま》え』」とありますが、その例として最もふさわしいものを次のア～オの中から一つ選び、記号で答えなさい。

ア　道を歩いていて急に外国人に声をかけられたときに、あたかも英語を話しているかのような口調で日本語を話す。

イ　親にお小遣《こづか》いの額を上げてほしいとき、いつもは使わないような敬語を使って説得しようとする。

ウ　入部したばかりの中学一年生も参加する試合に関する説明会において、部の中で日頃《ひごろ》使っている略語で説明する。

エ　寝坊《ねぼう》して遅刻《ちこく》してしまったとき、電車が遅《おく》れていたことにかこつけて先生に見逃《みのが》してもらおうとする。

オ　まだ言葉が伝わらない赤ちゃんに大人が話しかけるとき、擬《ぎ》音《おん》語や擬態《ぎたい》語を多用してわかりやすく話す。

問三　――線部②に「私は、これが不公平な処置だとは思わない」とありますが、筆者はなぜこのように考えているのですか。その説明として最もふさわしいものを、次のア～オの中から一つ選び、記号で答えなさい。

ア　レポートの採点は教育の一環《いっかん》でもあり、レポートを提出した学生の進路や言語的な背景をもとに、それぞれの学生の能力をより良い形で伸《の》ばすことを念頭に置いて行うべきだから。

イ　ネイティブと非ネイティブでは日本語の習熟度に大きな差があるのは当然であり、その点を考慮《こうりょ》して採点基準を変えることが結果的に公平な採点につながるから。

ウ　レポートにおいて重要なのは表現ではないので、表現の誤り

我々の言語と比較《ひかく》してニュースピークの語彙は実に少なく、さらに削減するための新たな方法がひっきりなしに考案され続けた。ニュースピークは他の言語と異なり、年々語彙が増えるのではなく、減少し続けたのである。選択範囲《はんい》が狭《せば》まれば狭まるほど人を熟考へ誘《いざな》う力も弱まるのだから、語彙の減少はすなわち⑦利益であった。（同書四七三―四七四頁　※原文を基に一部改訳）

しっくりくる言葉を探し、類似《るいじ》した言葉の間で迷いつつ選び取ることは、それ自体が、思考というものの重要な要素を成している。逆に言えば、語彙が減少し、選択できる言葉の範囲が狭まれば、その分だけ「人を熟考へ誘う力も弱まる」ことになり、限られた語彙のうちに示される限られた世界観や価値観へと人々は流れやすくなる。ニュースピークとはまさに、その事態を意図した言語なのである。

語彙と文法の制限によって簡素化・平明化を実現したニュースピークは、淀《よど》みのない滑《なめ》らかなコミュニケーションを人々に可能にさせるが、しかしその事態は、人々がこの言語によって飼い慣らされ、表現力・思考力が弱まり、画一的なものの見方や考え方に支配されることを意味していた。

もちろん、これは小説のなかの話であり、ある種の思考実験に過ぎない。（とはいえオーウェルは、二〇世紀前半に猛威《もうい》を振《ふ》るった現実の全体主義国家の言語政策や＊8プロパガンダなどを手掛《てが》かりに、ニュースピークを周到《しゅうとう》に構想したわけだが。）

また、〈やさしい日本語〉はニュースピークのようなものだ、と言いたいわけでもない。ニュースピークは、全体主義に適わない世界観や価値観を表現する言葉を積極的に廃止《はいし》し、「ありとあらゆる他の思考様式を完全に排除《はいじょ》すること」（同書四六〇頁）を明確に意図して設計されている。その一方で〈やさしい日本語〉は、先に確認したように、地域に住む人々の多様な背景を尊重し、相手の立場に立ったコミュニケーションを推進することを目的としている。それゆえ、人々は〈やさしい日本語〉の使用によって、画一的なものの見方どころか、多角的なものの見方を獲得《かくとく》できる可能性が大いにあるだろう。

しかし、仮に〈やさしい日本語〉が全面化するとすれば――つまり、いかなる場面でも〈やさしい日本語〉の使用が推奨されたり要求されたりするとすれば――その際にはこの言語はニュースピーク的なものに近づくことになる。誰《だれ》か（言語学者？　国の機関？）が意図して減らした語彙と表現形式に従ったかたちであらゆる報道がなされたり、あらゆるレポートや論文が書かれたりするようになれば、どのような語彙や表現形式が制限されるかに応じて、思想的な偏りが生まれたり強まったりするだろう。また、たとえば価値中立的な言葉や政治的に中立的な言葉だけを用いる、といった方針を採ったとしても、言うまでもなくその方針自体が、一種の思想的な偏りを示すものとなる。

そして、それ以前に、〈精密コード〉としての側面を失った日本語は、それを使用する者の表現力や思考力を著《いちじる》しく弱めてしまうことだろう。

――古田徹也《ふるたてつや》『いつもの言葉を哲学《てつがく》する』による

（問題作成上の都合から一部原文の表記を改めた）

（注）＊1　社会的包摂《ほうせつ》…すべての人を社会の一員として取り込《こ》むこと。
＊2　符丁《ふちょう》…仲間内だけで通用する特殊《とくしゅ》な言葉。
＊3　単位認定《にんてい》…大学などで授業の内容を習得したと認めること。
＊4　前掲書《ぜんけいしょ》…庵功雄《いおりいさお》の『やさしい日本語』のこと。
＊5　全体主義国家…個人の自由や権利を認めず、全体の利害を優先する国家。
＊6　本書第一章で～確認《かくにん》したように…筆者は本文より前の部分

う巨大《きょだい》な文化遺産の奥《おく》深くにアクセスし、その厖大《ぼうだい》な蓄積《ちくせき》を利用しつつ、変更《へんこう》を加えたり新たなものを付け加えたりしていく道が、私たちに確保されていなければならない。つまり、〈やさしい日本語〉ではなく、＊4前掲書《ぜんけいしょ》で言うところの「精密コードとしての日本語」（同書二〇九頁）を用いることが、そこでは可能でなければならない。

しかもそれは、各分野の専門家や、あるいは作家といった職業の人に可能であればよい、というものではない。〈精密コードとしての日本語〉の使用が私たちのうちのごく一部に限られてしまえば、そこに大きな知的格差や、あるいは権威《けんい》・権力の偏《かたよ》りが生まれ、日本語は非民主化されてしまうことになる。また、そもそも、過去の言葉の蓄積を理解できる人が少なくなれば、その分だけ遺産自体が先細り、朽《く》ちていってしまうことになる。

要するに、言葉は常に伝達のための手段であるわけではなく、しばしば、④言葉のまとまりをかたちづくること――表現を得ること――それ自体が目的となる場合がある、ということだ。その点で、「日本語母語話者にとって最も重要な日本語能力は、「自分の考えを相手に伝えて、相手を説得する」ということである」（同書一八一頁）という、同書で繰り返されている主張は、言葉の働きの一方を強調し過ぎているように思われる。もちろん、その種のコミュニケーションスキルもきわめて重要だ。しかし、これがほかの何よりも重要であるというわけではない。すなわち、その伝えるべき「自分の考え」それ自体を生み出すことも、同じくらい重要な言葉の働きなのである。

それから、言語の簡素化と平明化を推進することが、必ずしも言語の⑤民主化につながるとは限らない、という点も強調しておくべきだろう。

多様な人々の間で用いられる共通言語を意図してつくろうとする際には、一般《いっぱん》的に、語彙と文法を制限して学習や運用のコストを減らすという方法がとられる。しかし、人工的な共通言語のこうした特徴《とくちょう》は、たとえばジョージ・オーウェル（一九〇三―一九五〇）の小説『1984』に登場する、＊5全体主義国家の公用語「ニュースピーク」の特徴と似通っている。

＊6本書第一章でいくつか具体的な事例を通して確認《かくにん》したように、多くの言葉は、物事に対する特定の見方、世界観、価値観といったものを含んでいる。（たとえば、「土足で踏《ふ》み込《こ》む」、「かわいい」、「しあわせ」など。）言葉は思考を運ぶ単なる乗り物なのではなく、ある種、「思考が言語に依存《いぞん》している」（『1984』四六〇頁）とも言えるのである。そして、＊7件《くだん》の全体主義国家は、言語のこの特徴を最大限に利用している。すなわち、旧来の英語を⑥改良した「ニュースピーク」なる新しい言語を発明し、その使用を強制することによって、国民の表現力や思考力を弱め、全体主義に適《かな》う物事の見方に嵌《は》め込《こ》むのである。

ニュースピークの具体的な設計思想は、文法を極力シンプルで規則的なものにすること、そして、体制の維持《いじ》や強化にとって不要な語彙を削減《さくげん》し続けることである。小説の登場人物の口からは、「年々ボキャブラリーが減少し続けている言語は世界でニュースピークだけだ」（同書八二頁）とも語られている。たとえば、「good（良い）」という言葉の程度を強めるのに「excellent（素晴《すば》らしい）」とか「splendid（見事）」といった言葉があるのは無駄であって、「plusgood（＋良い）」とか「doubleplusgood（＋＋良い）」という言葉で十分とされる（同書八一頁）。作者のオーウェルは、小説の付録として「ニュースピークの諸原理」を詳細《しょうさい》に著しているが、そこで彼は次のようにも綴《つづ》っている。

日本語も一種の「方言」ないし日本語のバリエーションであって、たとえば在日外国人がそうした日本語で「大学のレポートや会社のビジネス文書を書いても受容すべきだ」（同書二〇七頁）と言われている。もしもこの主張が、あらゆるレポートやビジネス文書についての規範的主張として展開されているのだとしたら、それには明確に反対したい。

　大学教員としての私自身の経験でいえば、たとえば授業に出ている留学生と話し、その人の母語が日本語ではないと了解《りょうかい》した場合には、その学生が日本語で書いたレポートについては、基本的に表現の部分に関する配慮《はいりょ》を行っている。誤字脱字《だつじ》が多かったり、「てにをは」がおかしい箇所《かしょ》があったり、単語の選択《せんたく》に疑問があったりする場合でも、おおよそ目を瞑《つぶ》っている。そして、内容の方を重視して精査している。他方で、日本語ネイティブの学生については、そうした表現上のおかしさは減点の対象にしている。

　②私は、これが不公平な処置だとは思わない（ネイティブと非ネイティブの境界線が曖昧であるなど、微妙《びみょう》なケースは存在するけれども）。レポートの提出や採点といった一連の過程は、＊3単位認定《にんてい》などのための評価の場であると同時に、教育の場でもある。それゆえ、採点の基準も、個々の学生の力を伸《の》ばす方向で考えるべきであって、機械が採点するのではないのだから、画一的な基準で片づけるべきではない。ケースバイケースで、教員がそのつど頭を悩《なや》ませながら考えるべき事柄《ことがら》だろう。

　たとえば私は、非日本語ネイティブの留学生が日本の大学院への入学を志望しており、将来的に日本語で論文を書く意志がある場合には、誤字脱字や「てにをは」の乱れなどの表現上おかしい部分について、学生の希望や習熟度に応じて指摘するようにしている。というのも、「てにをは」は必ずしも些細《ささい》なものなどではなく、誤読を引き起こさない正確な文章を書く際に、しばしば非常に重要なポイントになるからだ。

　ビジネス文書に関しても、同様にケースバイケースと言えるだろう。「てにをは」や単語の選択などが重要なケースもあれば、そうでないケースもある。当該《とうがい》の文書がどのような目的で書かれ、どのような場で読まれるか等々によって、日本語ネイティブがそれを受容すべきかどうかは当然変わってくるのである。

　また、たとえば③専門家の繰《く》り出す表現がときに難しいものになるのは、難しい言葉を無駄にこねくり回しているから――本当は分かりやすく言えるのに、敢《あ》えて好きこのんで難しい言葉を用いているから――というケースも確かにあるが、そればかりではない。医学であれ、工学であれ、法学等々であれ、専門家が扱《あつか》う問題は、まさにその道の専門家が必要であるほどに、そもそも難しい。複雑な問題をあるがままに正確に捉《とら》え、解決の方途《ほうと》を正確に言い表そうとするならば、その表現はおのずと複雑で、繊細《せんさい》なものになっていく。

　もっとも、専門家は常に難しい言葉の使用に終始していればよいというわけではない。専門家と市民との十分なコミュニケーションは本当に重要であり、そこでは難しい言葉はしっかりと噛み砕かれるべきだ。ただし、その前にまずもって、専門の領域において突《つ》き詰めた思考と表現が必要なのだ。

　また、種々の社会問題の込《こ》み入った中身に分け入ったり、人間の心理の微妙な襞《ひだ》を分析《ぶんせき》したり、古来受け継《つ》がれてきた世界観や価値観の内実をＢ浮《う》き彫《ぼ》りにしたり、といった場合にも、慎重《しんちょう》に繊細に言葉を練り上げることが必要となる。そうやって腐心《ふしん》することではじめて表現できることがあり、その表現によってはじめて見えてくるものがあるのだ。そして、そのような実践《じっせん》が可能であるためには、言語とい

のある人や在日外国人などにとっても習得や理解がしやすいように調整された日本語のことだ。

　この〈やさしい日本語〉は、災害時における行政やメディアによる広範《こうはん》な情報発信という用途《ようと》のほか、平時においても、多様な人々が暮らす日本の地域社会の共通言語として用いることによって、＊1社会的包摂《ほうせつ》や多文化共生につながることが目指されている。具体的には、たとえば、

　「地震《じしん》直後に必要になる水や保存食はもちろんのこと、給水車から給水を受けるためのポリタンク等も事前に購入《こうにゅう》しておきたい」

という日本語ネイティブ向けの防災の呼びかけは、

　「地震のすぐあとのための水や食べ物はとても大事です。水をもらうときのためのポリタンク（水を入れるもの）も買ってください」

といった文章に言い換《か》えることが推奨《すいしょう》される（『やさしい日本語』一八七―一八八頁《ページ》）。

　同書中で紹介《しょうかい》されているエピソードのなかで特に印象深いのは、聴覚《ちょうかく》に障害のある一人の男性のエピソードだ。彼《かれ》はろう学校で必死に日本語を学んだが、彼の母語である日本手話が日本語と大きく文法体系が異なることなどもあり、敬語の使い分けや助詞の使い方などはうまく習得できなかった。就職後、彼が「てにをは」の不自然な文――たとえば、〈仕事が終わらせる〉など――を書いたりすると、周囲の同僚《どうりょう》にからかわれたり、蔑《さげす》まれたりするようになり、相当の辛《しん》苦《く》を味わったという（同書一三八―一三九頁）。同様のつらい思いは、日本で働く在日外国人なども少なからず経験していることだろう。

　日本語を母語とする者が高度に使いこなしているものを皆《みな》が従うべき「規範《きはん》」として立て、そこから逸脱《いつだつ》した使用を嘲《あざけ》ったり厳しく注意したりするのでは、社会的包摂や多文化共生からは遠ざかるばかりだろう。むしろ、「日本で安心して生活するために最低限必要な日本語」（同書八六頁）を基準に皆が日本語の学習やコミュニケーションのあり方を考えていくことは、特定の障害のある人や在日外国人などが「日本の中に自らの「居場所」を作る」（同書七三頁）ことにつながりうる。

　以上の指摘は非常に重要だ。〈やさしい日本語〉を知恵《ちえ》を絞って構築し、日本語教育の現場などに普及《ふきゅう》させて日本語習得のハードルを下げることは、たとえば移民など、この国の地域社会で生きていく必要のある人々にとっても、また、彼らと共生していく日本語ネイティブの住民にとっても有益であることは間違《まちが》いない。

　さらに、同書では、〈やさしい日本語〉はそのほかの点でも日本語ネイティブ自身にとって大いに恩恵《おんけい》があると指摘されている。私も含《ふく》め、日本語ネイティブはしばしば、「「適当に言っても通じる」という①ある種の「甘《あま》え」」（同書一八四頁）のなかにいる。たとえば、企業《きぎょう》でも官庁でも大学等々でも、自分でもよく分かっていない曖昧《あいまい》な業界用語を＊2符丁《ふちょう》のように用いて、仲間内でうなずき合って過ごす、というのはよく見られる光景だ。また、無駄《むだ》に難しい言葉をこねくり回して立派な話をしているように見せかける、というケースもしばしばあるだろう。

　そうした甘えや幻惑《げんわく》から脱《だっ》して、自分とは異なる背景を有する相手の立場に立ち、物事を分かりやすく表現して伝えようとすることは、多くの場面でコミュニケーションの成功の機会を増やしてくれるほか、物事のより明確な理解や、より多角的な理解を促進《そくしん》してくれるだろう。

　ただし、〈やさしい日本語〉が日本語それ自体の規範になってはならない。私はこの一点に関してのみ、〈やさしい日本語〉の推進に対して A 一抹《いちまつ》の懸念《けねん》を抱《いだ》いている。

　たとえば同書では、日本語ネイティブにとっては拙《つたな》く思えるような

思うがゆえに、昭和生まれの中園の実感をしゃべらせることで、その時代の良さを共有するやりとり。

ウ　新しさと美味しさにこだわる智子を説得するために、打ち合わせ通りに中園と漫才《まんざい》のような会話を交《か》わし、場の雰囲気を悪くしない形で、「可愛《かわい》らしい」の魅力を主張するやりとり。

エ　美由起が智子に「可愛らしい」とはどういうことかを理解してもらうために、およそ「可愛らしい」とは縁《えん》のなさそうな中園と子供じみた会話を続けるやりとり。

オ　智子に「可愛らしい」という自分の方向性を受け入れさせたい美由起が、意外な反応を見せた中園の発言を利用し、間接的に智子の自尊心をくすぐろうとするやりとり。

問七　――線部⑥に「込《こ》み上げてくる笑いを噛《か》み殺しながら、美由起はこの人のこと、そんなに嫌《きら》いじゃないかもしれないと思い直していた」とありますが、ここでの美由起の心情の変化について説明した文として最もふさわしいものを、次のア～オの中から一つ選び、記号で答えなさい。

ア　料理人としての腕前に絶大な自信を持つ智子に自分の考えを受け入れさせる困難さを感じていたが、自尊心を刺激《しげき》することで扱《あつか》いやすくなると知り、これならうまく利用することができそうだと思うようになっている。

イ　高い技術を背景に我《が》を押し通そうとする智子に仕事仲間としてのやりにくさを感じていたが、ちょっとした挑発《ちょうはつ》にも本気になってしまうところに親しみを感じ、これから一緒にやっていけるのではないかと思うようになっている。

ウ　高飛車な物言いをする智子にとっつきにくさを覚えていたが、料理人としての圧倒的な技量とすぐに感情的になってしまう人間らしさに魅力を感じ、自分のやりたいことを実現させるためにも智子についていくのがよいのかもしれないと思うようになっている。

エ　正確な技術で美味しい料理を作り、正論を口にする智子に近寄りがたいものを感じていたが、頼《たの》まれれば嫌《いや》とは言えない義《ぎ》理堅《りがた》さも持っていることを知り、もっとその人となりを知ってみたいと思うようになっている。

オ　話し合うこともせずに自分の意見を通そうとする智子の強引さに辟易《へきえき》していたが、口では荒《あら》っぽいことを言いながらも美由起や中園の真意を汲《く》み取って協力してくれる優《やさ》しさを感じ、今までの言動は強がりだったのかもしれないと思うようになっている。

問八　――線部⑦に「こちらのほうが正しい形のように思えてくる」とありますが、それはどうしてですか。三十字以内で説明しなさい。

問九　――線部⑧に「へそを曲げた中園が食堂を辞《や》めると言いだす」とありますが、美由起はどうして「へそを曲げた中園が食堂を辞めると言いだす」かもしれないと思ったのですか。八十字以内で説明しなさい。

四　**次の文章を読んで、あとの問いに答えなさい。**

日本語学・日本語教育学者の庵功雄《いおりいさお》さんが著《あらわ》した『やさしい日本語』は、簡略化された〈やさしい日本語〉の概要《がいよう》を示しつつ、社会におけるその重要性を指摘《してき》しており、目下の論点にとって非常に参考になる著書だ。

そこで提唱されている〈やさしい日本語〉とは、簡単にまとめるならば、（1）語彙《ごい》を絞《しぼ》る、（2）文型を集約するなどして文法を制限する、（3）難しい表現を噛《か》み砕《くだ》く、といった方法により、特定の障害

起と一緒《いっしょ》に試《ため》してみようとしているということ。

エ　料理人としての腕《うで》を振るったオムライスの試作品を食べさせることで、料理長となった智子が自分の意見を中園や美由起に聞き入れさせようとしているということ。

オ　中園の反対を押《お》し切ってでも厨房《ちゅうぼう》に入り、実際に調理をすることで、智子が自分にもオムライスぐらい作れるということを証明しようとしているということ。

問三　――線部②に「図《はか》らずも沈黙《ちんもく》で感想を伝えてしまった」とありますが、これはどういうことですか。その説明として最もふさわしいものを、次のア～オの中から一つ選び、記号で答えなさい。

ア　中園は智子の作ったオムライスを試食して何か一言言ってやろうと思っていたが、あまりの出来に言葉を失ってしまい、結果として智子の腕前を認めたことを示してしまったということ。

イ　中園は智子の強引《ごういん》なやり方に怒《いか》り心頭に発していたが、そのオムライスの美味しさに自分の負けを認めざるを得なくなり、悔《くや》しさのあまり何も言えなくなってしまったということ。

ウ　中園はこれまで食堂に関わりがなかった智子のことなど信用できるはずもなく、料理長だからといって、どんな料理を出されても何も言うつもりはないと意思表示をしたということ。

エ　中園は智子のオムライスの見た目と匂《にお》いに圧倒《あっとう》され、潔《いさぎよ》く負けを認めようと思っていたが、試食したデミグラスソースの味に違和感《いわかん》をおぼえ、すぐには美味しいと言えなかったということ。

オ　中園は智子の作ったオムライスのあまりの美味しさに圧倒されていたが、直接それを言葉で伝えるよりは、あえて沈黙することでなんとか自分の威厳《いげん》を保とうとしていたということ。

問四　――線部③に「ほんの一瞬《いっしゅん》の表情だったが、中園を狼狽《うろた》えさせるには充分《じゅうぶん》だった」とありますが、このときの中園の心情を四十字以内で説明しなさい。

問五　――線部④に「あなたまだ、そんなことを」とありますが、このときの智子の心情について説明した文として最もふさわしいものを、次のア～オの中から一つ選び、記号で答えなさい。

ア　頭の固い中園はともかく、美由起なら賛成してくれると信じていたのに裏切られ、大食堂を支配する「昭和レトロ」という固定観念の前に、名状しがたい無力感を抱《いだ》いている。

イ　安くても古くさい現在の大食堂のメニューでは早晩客足が遠のくと直感しており、「昭和レトロ」を譲《ゆず》ろうとしない美由起の考え方をいかに変えていくかを冷静に考えている。

ウ　大食堂の旧態《きゅうたい》依然《いぜん》としたやり方に対して違和感を持っており、「昭和レトロ」にこだわる美由起の発想では大食堂を変えることはできないとうんざりしている。

エ　今のままではこの大食堂を続けていくことができなくなるのに、会社の方針に盲従《もうじゅう》して「昭和レトロ」のオムライスに固《こ》執《しつ》する美由起の発言にあきれた気持ちになっている。

オ　新しいオムライスの美味しさに絶対的自信を持っており、その味を認めずになお「昭和レトロ」の方が良いと言い張る美由起に対して、そのあきらめの悪さを見下している。

問六　――線部⑤に「茶番」とありますが、ここではどういうものですか。その説明として最もふさわしいものを、次のア～オの中から一つ選び、記号で答えなさい。

ア　智子に「昭和レトロ」なオムライスを美味しく作ってもらいたい美由起が、自分の子供と考え方の共通する中園の口を借りて、「昭和レトロ」の魅力《みりょく》を語らせるやりとり。

イ　美由起が智子に「昭和レトロ」なオムライスを作らせたいと

んじゃ困るじゃないの」
「あれを俺も、作れるようになるんすか」
「あたりまえでしょう。作れるまで朝晩特訓するから」
「――姉《あね》さん」
「やめて。気持ち悪い呼びかたしないで」
美由起は強張《こわば》っていた肩《かた》をほっと緩《ゆる》めた。最悪の場合、⑧へそを曲げた中園が食堂を辞《や》めると言いだすのではと危ぶんでいた。
悔しくてたまらないのに負けを認めることができるのは、これから伸びてゆく人間の大事な資質だ。中園ならば、智子の技術を自分のものにしようと、必死に食《く》らいついてゆくに違いなかった。

――坂井希久子《さかいきくこ》『たそがれ大食堂』による

（問題作成上の都合から一部原文の表記を改めた）

（注）＊1　チープな…価格が手頃《てごろ》である。
＊2　ノスタルジー…懐《なつ》かしさ。
＊3　五徳《ごとく》…ガスレンジの上に設置し、フライパンを置くための器具。
＊4　懐古趣味《かいこしゅみ》…古いものを好むこと。レトロ。

問一　～～線部A「まだるっこしく」、B「言質《げんち》」について、これらの言葉を本文中と同じ意味で使っている文として最もふさわしいものを、あとのア～オの中からそれぞれ一つずつ選び、記号で答えなさい。

A「まだるっこしく」
ア　人気のない夜の暗がりの雰囲気《ふんいき》はまだるっこしく、勇気を振《ふ》り絞《しぼ》って一歩踏《ふ》み出した。
イ　笑顔《えがお》を浮《う》かべている赤ちゃんの様子はまだるっこしく、皆《みな》が目を細めた。
ウ　早口な二人の会話はまだるっこしく、おっとりとした自分にはまったくついていけない。
エ　幼なじみとの関係性はとてもまだるっこしく、いつまでも続いていくものだ。
オ　翻訳《ほんやく》ソフトを使って商談を進めるのはまだるっこしく、拙《つたな》い英語で話し始めてしまった。

B「言質」
ア　これだけ点差がついたのだから、この試合はもう言質を取ったも同然だ。
イ　宿題をやっていないという言質を取られないように、こっそりと遊びに出かけた。
ウ　協力するという言質を取った以上は、最後まで付き合ってもらおう。
エ　彼《かれ》は言質を取ることを生きがいにしているので、山奥《やまおく》でひっそりと暮らしている。
オ　強豪校《きょうごうこう》は言質を取ることが求められているので、その分練習は厳しい。

問二　――線部①に「実力行使に出ているではないか」とありますが、これはどういうことですか。その説明として最もふさわしいものを、次のア～オの中から一つ選び、記号で答えなさい。
ア　智子《ともこ》が美味《おい》しいオムライスを目の前で作ってみせることで、料理人は話し合うよりまずは手を動かして料理を作ることが大事だと中園《なかぞの》に教えようとしているということ。
イ　中園と智子がそれぞれにオムライスを作って美由起《みゆき》に試食させることで、どちらが料理長にふさわしいか、美由起に公平に判断させようとしているということ。
ウ　オムライスを智子のレシピに沿って作ってみることで、本当にその味わいが現状のものよりも勝っているのかどうか、美由

だ。その点ラッピングだと、半熟の側でライスを包む。半熟卵と米の親和性の高さは、もはや言うまでもない。オムライスが米料理であることを考えると、⑦こちらのほうが正しい形のように思えてくる。

「これのどこに古臭さがあるっていうんですか。レトロな見た目を残しつつ、現代人の舌も唸《うな》らせる。最高のオムライスですよ！」

なによりお値段も据え置きにできる。美由起はすっかり興奮し、二つ目にもかかわらずぺろりと平らげてしまった。

「そうまで言ってもらえると、料理人冥利《みょうり》につきるわね」

智子もまた、美由起の惜《お》しみない賛辞に気をよくしている。ならばもうひと押しだ。

「これをオムライスリニューアル！　と謳《うた》って売り出しましょう。同じラッピングタイプでもこんなに違うなら、お客様にとっても新鮮《しんせん》な驚きがあるはずです」

もしかして、智子にならできるんじゃないだろうか。輝《かがや》きを忘れたこの大食堂に、魔法をかけ直すことが。ただの＊4懐古趣味《かいこしゅみ》に終わらない、幅広《はばひろ》い世代から愛される店にしていけば、きっと売り上げもついてくる。

「そうかもね。べつに私も、カバータイプに特別な思い入れがあるわけではないし」

よし、B言質《げんち》は取った。この大食堂を、どこのデパートにでもあるテナントになど渡《わた》すものか。

仕事にやり甲斐《がい》を覚えるのは久し振りだ。この、指の先にまでどくどくと血が通っている感覚。視界までがクリアで、多少無理をしても疲《つか》れる気がしない。そうだ自分は元々、百貨店の仕事が好きだったのだ。

考えていたことが予想以上にうまくいって、美由起は舞い上がっていたのだろう。皿の上にスプーンが放り出されるカランという音に、はっと現実に引き戻《もど》された。

空になった皿を手に、中園が神妙《しんみょう》な面持《おもも》ちで立ちつくしている。

しまった、はしゃぎすぎた。中園にだって、料理人としてのプライドがあるはずなのに。長年にわたり大食堂を支え続けてくれた相手に対して、あんまりな仕打ちである。

かといって、「ごめん」と謝るのもおかしなことになりそうだ。美由起は気まずさを押し隠しつつ、中園の言葉を待った。

「めちゃくちゃ、旨かった」

悔しさの滲《にじ》んだ声だった。それでも中園は、負けを認めた。

「これに比べりゃ俺のオムライスなんて、卵に火が通りすぎてて米と全然馴染《なじ》んでねぇ。同じ材料でこんなもん作られたら、これからどうすりゃいいんすか」

いつもはよくも悪くも騒《さわ》がしいのに、驚くほど覇気《はき》がない。料理人としてのプライドどころか、心までへし折られている。

「中学んとき鬼怖《おにこえ》ぇ先輩《せんぱい》にシメられて、まぶた縫《ぬ》い合わされそうになったとき以来の絶望っす」

物騒《ぶっそう》な過去の記憶《きおく》まで垂れ流しにして、中園はゆっくりとした動作で皿をシンクに置いた。まるで引退をする歌手が、マイクをステージにそっと置くかのように。

「は、アンタなに言ってんのよ」

傷心の中園にも、智子は容赦《ようしゃ》がない。鼻先でハッと笑い、手近にあった木べらを突きつけた。

「これからどうすりゃって、決まってるでしょ。一刻も早く、さっきのオムライスを作れるようになりなさいよ」

もっと、こてんぱんに言い負かすつもりなのかと思った。中園も、目と口をまん丸にして智子を見つめ返している。

「なによ、その顔。アンタ副料理長でしょう。私以外に誰《だれ》も作れない

「どうして、私が」

「まさか、作れないわけじゃないでしょう?」

「いや、無理なんじゃないすか。ラッピングのほうが技術がいりますもん」

　中園にまで煽《あお》られて、智子は首まで赤くなった。折り返している厨房服の袖《そで》をさらにまくり上げ、卵を二つ片手に摑《つか》む。

「いい? 今のうちに『すみませんでした』と謝《あやま》る準備をしておきなさい!」

　なんだか格好《かっこ》いい。智子はもう、プロの眼差しで卵をかき混ぜはじめている。

　⑥込み上げてくる笑いを噛み殺しながら、美由起はこの人のこと、そんなに嫌《きら》いじゃないかもしれないと思い直していた。

　プロの料理人というのは、作る姿も鑑賞《かんしょう》に値《あたい》する。たとえば舞《ま》いの名手のように、無駄《むだ》な動作が一切《いっさい》ない。菜箸も使わずフライパンの上で卵がかき混ぜられてゆく様をもう一度目《ま》の当《あ》たりにして、美由起は感嘆《かんたん》のため息をつく。ここまでの手順は、さっきと同じだ。さて問題は、この後である。

　智子はまだ半熟すぎるのではないかと思われる段階でフライパンを揺するのをやめ、残っていたチキンライスを卵の向こう側半分に載せた。

　あとは神業《かみわざ》だ。フライパンの底を＊3五徳《ごとく》に軽く打ちつけてから、握った拳《こぶし》で柄《え》をトントンと叩《たた》いて卵を巻いてゆく。まるでオムライスがひとりでに躍《おど》って形をなしてゆくみたいだ。思わず「おおお!」と称賛《しょうさん》の声が洩《も》れる。

「お皿!」

「あ、はい!」

　短く指示が飛び、慌《あわ》てて皿を差し出した。フライパンからオムライスが飛び出し、その上にポンと載る。

「うわぁ!」

　なんて綺麗《きれい》なオムライス。大食堂のショーケースに貼《は》りついてメニューを選んでいた、子供時代のときめきが蘇《よみがえ》る。

　智子はあっという間にもう一つを作り上げると、「このくらいはいいでしょう」と言ってフライパンに赤ワインを注いだ。それを火にかけてアルコールを飛ばし、ケチャップを入れて延ばしてゆく。

　従来よりも赤みの深いソースがぱつんと張ったオムライスのお腹にかけられて、ますます食欲をそそる色味になった。

「どう。特別なものは使っていないわよ」

　見ていたから知っている。まるで魔法《まほう》のようだった。

　中園もまた、焼きムラのないきめ細かな卵の表面に見入っている。レシピの変更《へんこう》は、ソースに入った赤ワインくらいのもの。それなのに、いつものオムライスとは見た目から違《ちが》っていた。

「いただきます」

　スプーンを入れるのももったいないが、食べてみないとはじまらない。覚悟《かくご》を決めてひと口分を崩《くず》し、頬張ってから美由起は目を見開いた。

「んー!」

　もはや言葉にならない。

　個人的な好みとしては、カバータイプに軍配が上がると思っていた。でももしかしたら、本当に美味しいラッピングオムライスを食べたことがなかっただけなのかもしれない。

「美味しい! こちらのほうがケチャップライスに半熟の卵がとろとろ絡んで、一体感がありますね」

　カバータイプの場合、ライスと接するのはフライパンで焼かれた面

「ごちそうさまです。本当に美味しかった」

「いや、完食してるじゃないっすか！」

智子の経歴は、伊達《だて》ではない。料理の腕《うで》はたしかだと、このひと皿でよく分かった。

それでもひと晩考えて、自分なりに軸《じく》を定めてきたのだ。なにを食べさせられても、ぶれるつもりはない。

「ですがお値段据《す》え置き、ラッピングタイプのケチャップソース。うちのオムライスは、それでいきます」

もしも智子が本当に若社長から食堂の全権を預けられているのなら、刃向《はむ》かわないのが利口なのかもしれない。食堂部門で再出発どころか、今度こそ降格処分になることもあり得る。

それでもこのひと月、美由起なりに大食堂のことを考えてきたのだ。黙って引き下がるわけにはいかない。大食堂の存続が危《あや》ぶまれているなら、なおのことだ。

「うちの売りはあくまでも、『昭和レトロ』ですから」

「④あなたまだ、そんなことを」

自信満々に宣言した美由起に、智子が軽蔑《けいべつ》の眼差《まなざ》しを向けてくる。いいかげんにしてちょうだいとその目が物語っている。

「分かります。前場《ぜんば》さんは『古臭《ふるくさ》い』のが嫌《いや》なんでしょ。ですからここに、『昭和レトロ』の定義を打ち立てます。一つ、昭和らしいもの」

美由起はそう言って、右手の人差し指を立てた。

「二つ、＊2ノスタルジーを感じるもの」

続いて中指。

「三つ目」最後に薬指を立て、問答無用に言い放つ。

「可愛《かわい》らしいもの！」

三本指を突《つ》きつけられて、智子と中園が揃《そろ》って腑抜《ふぬ》けた顔になる。気持ちは分かるが、美由起は正気だ。

「可愛い？」と呟《つぶや》いてから、智子が額を押さえて首を振《ふ》る。

「言っていることが、分からないわ」

「私ではなく、小五の娘《むすめ》の意見です。ラッピングタイプのオムライスは『可愛い』そうです」

「ああ、うん。俺《おれ》、なんか分かるかも」

驚《おどろ》いたことに、小五女子の感性に寄り添《そ》ってきたのは中園だった。

「たしかに可愛いすよね。お腹のところがぽこんとして、そこにちょうど毛布を掛《か》けるみたいに赤いケチャップが載《の》っかってて。絵心なくても黄色と赤のマジックさえあれば描《えが》けちゃう感じ、最高に可愛いっす」

しかも適当に話を合わせている様子ではない。奥二重《おくぶたえ》の鋭《するど》い目で、真剣《しんけん》にオムライスの魅力《みりょく》を語っている。

中園ほどオムライスの「可愛さ」を理解できている気がしないが、美由起は「そうなのよ！」と尻馬《しりうま》に乗った。

「しかもラッピングオムライスって、素人《しろうと》が作ってもそんなに可愛くならないの」

「そうっすね。ころんとした形が作れない」

「だから家庭でも、カバータイプが主流になってるんだって」

「へぇ、時代だなぁ」

⑤茶番はこのくらいで充分だ。美由起は表情をあらためて、智子に向き直る。

「ですから前場さん、ケチャップソースの、最高に美味しいラッピングオムライスを作ってくれませんか？」

智子の料理人としての腕と、できるかぎり美味しいものを提供したいという熱意は買う。あとはこちらのコンセプトにうまくはまりさえすれば、反目せずにやっていけるのではないだろうか。そんな期待を込めて、返事を待った。

ということは、鶏《とり》胸肉、タマネギのみじん切り、マッシュルームだ。仕上がったチキンライスを二枚の皿に盛り、智子は卵に手を伸《の》ばす。

卵は一人につき二つ。泡立《あわだ》て器《き》でしっかりと混ぜ、笊《ざる》で濾《こ》してカラザを取り除く。そのひと手間に目を瞠《みは》り、文句を言っていた中園もひとまずは口を閉じた。

バターはたっぷり。フライパンに卵液を流し入れるとたちまちじゅわっと音を立てて膨《ふく》らむ。智子の右手には菜箸《さいばし》が握《にぎ》られているものの、左手でフライパンを揺するだけで中身が流動し、かき混ぜられたようになってゆく。表面がつやつや、ぷるぷるの半熟状態になったら、なんの苦もなくつるりと移動し、卵がライス全体を覆《おお》い隠《かく》した。

その上から、小鍋《こなべ》で温めていたデミグラスソースをかける。市販品《しはんひん》らしからぬ、深い黒褐色《こっかっしょく》をしている。

「ソースは自宅で作ってきました」

ほどよく煮詰《につ》められたソースの芳醇《ほうじゅん》な香りに、じゅるりと唾《つば》が湧《わ》いてくる。試食用として小さめに作ったようだが、正規のサイズで食べたいくらいだ。

「どうぞ、大食堂の新オムライスです」

「いや、『新』じゃねぇし！」

悪態をつきつつも、中園が真っ先に皿をひったくる。悔《くや》し紛《まぎ》れに大口を開けてオムライスを頬張《ほおば》り、そのまま眉《まゆ》を寄せて黙《だま》ってしまった。

「美味《おい》しい！」

代わりに声を上げたのは、美由起である。半熟の卵とやや苦みのあるデミグラスソースが絶妙《ぜつみょう》に絡み、舌の上でとろけてゆく。従来のレシピ通りだというライスは口に入れるとほろほろとほぐれ、かといってパサついているわけでもない。

銀座《ぎんざ》あたりの、老舗《しにせ》洋食店で出てきてもおかしくはない味だ。少なくとも、昔ながらの百貨店の大食堂で食べられるクオリティではない。

「でしょう」

微笑《ほほえ》む智子は満足げだ。はじめてこの人の、皮肉っぽくない笑顔《えがお》を見た気がする。

「待て待て、なんだよ自家製デミグラスって！」

②図《はか》らずも沈黙《ちんもく》で感想を伝えてしまった中園が、我に返って嚙《か》みついた。

「うちのオムライスは六百八十円。完全に足が出るだろう！」

「そのぶんはもちろん、価格に反映させます」

「は、値上げするってこと？　いくら」

「千二百円くらいが妥当《だとう》かと」

「高《たけ》ぇよ！」

マルヨシ百貨店の大食堂は、ボリュームたっぷりでお手頃《てごろ》価格。そのコンセプトでずっとやってきた。そこまでの値上げはさすがに、常連客の足が遠のく理由になる。

「でもそのぶん、美味しいものが食べられるんだから」

「いやいや、高くて旨《うま》いものが食べたい客は、大食堂には来ねぇの。ここは＊1チープな旨さを求める奴《やつ》らが来るところなの！」

「だけど私は、若社長に――」

「そんなに好き勝手やりてぇんなら、自分で身銭《みぜに》切って店出せや！」

中園に凄《すご》まれて、智子がはじめて言葉に詰まった。そこにえぐられたくない傷でもあったのか、唇《くちびる》を嚙み、眉を寄せる。③ほんの一瞬《いっしゅん》の表情だったが、中園を狼狽《うろた》えさせるには充分《じゅうぶん》だった。

「えっと。マネージャー、なんか言って！」

苦しいときの、マネージャー頼《だの》み。中園こそ、今にも泣きだしそうな顔になっている。

美由起はすっかり空になった皿にスプーンを置き、口元を指で拭《ぬぐ》った。

2023年度 聖光学院中学校

【国　語】〈第一回試験〉（六〇分）〈満点：一五〇点〉

［注意］字数指定のある問題では、句読点やカッコなども字数に含《ふく》みます。

一　**次の①〜⑤の文の――線部のカタカナを、それぞれ漢字に直しなさい。**

① 客席に目をテンじると、彼《かれ》がこちらを見つめていた。

② 弔意《ちょうい》を示すために、ハンキをかかげる。

③ 制作に五年かけただけあって、シュッショクのできばえだ。

④ 彼のトウイ即妙《そくみょう》な受け答えは、周囲の人を驚《おどろ》かせた。

⑤ 落ち込《こ》んでいる彼にハッパをかけた。

二　**次の①〜⑤の文の〰〰線部は、（　）内の意味を表す言葉です。例にならって、□□にあてはまる言葉をひらがな二文字でそれぞれ答えなさい。**

例　難しい課題でも、彼《かれ》は□□を投げることなく取り組んだ。（あきらめて手を引く）
→〈答〉　さじ

① 最近は□□も杓子《しゃくし》も海外旅行に行きたがる。（だれもかれも）

② 今のは反則だと□□巻く彼をなだめた。（強い口調で言い立てる）

③ お小遣《こづか》いをあげようにも、無い□□は振《ふ》れない。（持っていないものはどうしようもない）

④ 夜更《よふ》かしは体に□□る。（悪い影響《えいきょう》を及《およ》ぼす）

⑤ 山あいの□□びた温泉旅館で一泊《いっぱく》した。（いかにも田舎《いなか》という感じのする）

三　**次の文章を読んで、あとの問いに答えなさい。**

「なんだよアンタ、勝手に厨房《ちゅうぼう》に入ってんじゃねぇよ！」

「言っている意味が分からないわ。料理長が厨房に入らないで、どうやって仕事をするの」

「だから、認めてねぇって言ってんだよ！」

約束の営業二時間前に出勤してみると、早くも中園《なかぞの》と智子《ともこ》が厨房でやり合っていた。甘《あま》くて香《こう》ばしい香りが漂《ただよ》っているのは、智子がチキンライスを炒《いた》めているからだ。

見とれるほど手際《てぎわ》がよく、米の一粒《つぶ》一粒にケチャップがまんべんなく絡《から》んでゆく。そういえば掃除機《そうじき》がけを優先したせいで、朝ご飯を食べそびれた。鳴りそうになるお腹《なか》を押《お》さえつつ、カウンター越《ご》しに声をかける。

「おはようございます。なにをしているんですか」

朝一で話し合いをするはずが、①実力行使に出ているではないか。

智子は手元に目を落としたまま、チキンライスを仕上げてゆく。

「おはようございます。あれこれ言うより、食べてもらったほうが早いと思って」

強引《ごういん》な女だ。けれどもフライパンを揺《ゆ》する手つきひとつ取ってもたしかな修業《しゅぎょう》の跡《あと》が窺《うかが》えて、胃袋《いぶくろ》が期待の声を上げてしまう。

タイル張りの厨房の床《ゆか》は水を流した後なのか濡《ぬ》れており、パンプスでは歩きづらい。それでもカウンターを挟《はさ》んでのやりとりはＡまだるっこしく、美由起《みゆき》は意を決して中に踏《ふ》み込《こ》んだ。

「具はあえて、現状のレシピのままにしてみました」

2023年度

聖光学院中学校

▶解説と解答

算　数　＜第１回試験＞（60分）＜満点：150点＞

解　答

1 (1)　$2\frac{2}{3}$　(2)　７分12秒　(3)　（８，４），（14，５）　2 (1)　1.2　(2)　$1\frac{2}{3}$，$8\frac{1}{3}$　(3)　①　0.36cm^2　②　１cm　3 (1)　90通り　(2)　1260通り　(3)　７通り　(4)　５通り　4 (1)　右の図ア　(2)　**図形**…右の図イ／**面積**…1.25cm^2　(3)　0.75cm^3　5 (1)　$65\frac{5}{11}$分　(2)　$\frac{4}{11}$倍　(3)　$60\frac{60}{179}$　(4)　80

図ア

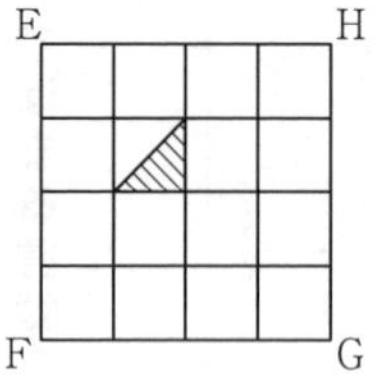

図イ

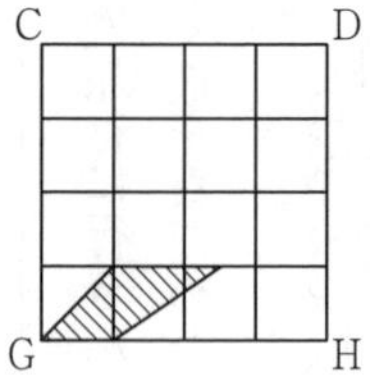

解　説

1　逆算，仕事算，条件の整理

(1)　$8\frac{4}{5}\div\left\{\left(\square-\frac{6}{7}\right)\times1.2+\frac{16}{21}\right\}=3$ より，$\left(\square-\frac{6}{7}\right)\times1.2+\frac{16}{21}=8\frac{4}{5}\div3=\frac{44}{5}\times\frac{1}{3}=\frac{44}{15}$，$\left(\square-\frac{6}{7}\right)\times1.2=\frac{44}{15}-\frac{16}{21}=\frac{308}{105}-\frac{80}{105}=\frac{228}{105}=\frac{76}{35}$，$\square-\frac{6}{7}=\frac{76}{35}\div1.2=\frac{76}{35}\div\frac{6}{5}=\frac{76}{35}\times\frac{5}{6}=\frac{38}{21}$　よって，$\square=\frac{38}{21}+\frac{6}{7}=\frac{38}{21}+\frac{18}{21}=\frac{56}{21}=\frac{8}{3}=2\frac{2}{3}$

(2)　作業の途《と》中《ちゅう》でポンプＢが２分間停止する場合，ポンプＡを８分，ポンプＢを，８－２＝６(分)使うと満水になる。また，作業の途中でポンプＡが８分間停止する場合，ポンプＡを，12－８＝４(分)，ポンプＢを12分使うと満水になる。よって，ポンプＡ，Ｂから１分間に入る水の量をそれぞれⒶ，Ⓑとすると，水そうの容積は，Ⓐ×８＋Ⓑ×６，または，Ⓐ×４＋Ⓑ×12と表すことができる。これらが等しいので，Ⓐ×８＋Ⓑ×６＝Ⓐ×４＋Ⓑ×12，Ⓐ×８－Ⓐ×４＝Ⓑ×12－Ⓑ×６，Ⓐ×４＝Ⓑ×６より，Ⓐ：Ⓑ＝$\frac{1}{4}$：$\frac{1}{6}$＝３：２とわかる。そこで，Ⓐ＝３，Ⓑ＝２とすると，水そうの容積は，３×８＋２×６＝36となる。したがって，２台のポンプを使って満水にするのにかかる時間は，36÷(３＋２)＝7.2(分)と求められる。これは，60×0.2＝12(秒)より，７分12秒となる。

(3)　行列がなくなるまでの時間は，３時14分－２時＝１時間14分＝74分で，１か所の窓口では２分に１人の割合で検査を終えたから，たとえば窓口の数が３か所の場合，右上の図１のように，検査を74分後に終えた人たちは１人以上３人以下になる。同様に考えて，窓口の数が１～５か所の場合について，検査を74分後までに終えた人数と，検査開始後に到着《とうちゃく》した人数を調べると，下の図２のようになる(窓口の数が１か所か２か所の場合は，検査を74分後まで

図１

		窓口１	窓口２	窓口３
		⋮	⋮	⋮
(35番目)70分後に終えた人たち	→	○	○	○
(36番目)72分後に終えた人たち	→	○	○	○
(37番目)74分後に終えた人たち	→	○	◌	◌

に終えた人数が100人未満なので，この段階で条件に合わない)。次に，74÷11＝6余り8より，検査開始後に到着したバスは6台とわかるから，検査開始後に到着した人数は6の倍数になる。よって，条件に合うのは，窓口の数が4か所で検査開始後に到着した人数が48人(1台あたり8人)の場合と，窓口の数が5か所で検査開始後に到着した人数が84人(1台あたり14人)の場合なので，(ア，イ)＝(8，4)，(14，5)と求められる。

図2

窓口の数	検査を74分後までに終えた人数	検査開始後に到着した人数
1か所	37人	×
2か所	2×36＋1＝ 73(人)～2×37＝ 74(人)	×
3か所	3×36＋1＝109(人)～3×37＝111(人)	9人～11人
4か所	4×36＋1＝145(人)～4×37＝148(人)	45人～48人
5か所	5×36＋1＝181(人)～5×37＝185(人)	81人～85人

2 平面図形―図形上の点の移動，相似

(1) 下の図1で，点Pと点Qの速さは同じだから，PQとBCは常に平行になる。また，QRとABも常に平行である。よって，三角形ABC，三角形APQ，三角形QRCは常に相似になるので，QC：RC＝AC：BC＝10：12＝5：6とわかる。したがって，点Qの速さと点Rの速さの比は5：6だから，点Rの速さは毎秒，$1\times\frac{6}{5}=1.2$(cm)である。

(2) 三角形APQと三角形QRCの面積について，面積の大きいほうが小さいほうの25倍になるのは，25＝5×5より，面積の大きいほうと小さいほうの相似比が5：1になるときなので，下の図2と図3の場合が考えられる。図2で，$CQ=10\times\frac{1}{1+5}=\frac{5}{3}$(cm)だから，図2のようになるのは，$\frac{5}{3}\div1=\frac{5}{3}=1\frac{2}{3}$(秒後)とわかる。また，図3で，$CQ=10\times\frac{5}{1+5}=\frac{25}{3}$(cm)だから，図3のようになるのは，$\frac{25}{3}\div1=\frac{25}{3}=8\frac{1}{3}$(秒後)と求められる。

(3) ① 条件を整理すると，下の図4のようになる。図4で，三角形P_8BR_8と三角形P_8P_5Xは相似であり，相似比は，(3＋5)：3＝8：3だから，$P_5X=2.4\times\frac{3}{8}=0.9$(cm)とわかる。また，三角形$P_5XY$と三角形$R_5R_8Y$も相似であり，相似比は，0.9：3.6＝1：4となる。さらに，WはAR_5の真ん中の点なので，$WR_5=8\div2=4$(cm)とわかる。よって，P_5Xを底辺としたときの三角形P_5XYの高さは，$4\times\frac{1}{1+4}=0.8$(cm)になる。したがって，三角形P_5XYの面積は，0.9×0.8÷2＝0.36(cm^2)と求められる。　② P_5はABの真ん中の点，R_5はBCの真ん中の点だから，P_5R_5とACは平行で，$P_5R_5=10\div2=5$(cm)である。また，$P_5Y:YR_5=1:4$だから，$P_5Y=5\times\frac{1}{1+4}=1$(cm)とわかる。さらに，四角形$AP_5ZQ_8$は平行四辺形なので，$P_5Z=2$cmとなる。よって，YZ＝2－1＝1(cm)と求められる。

図1

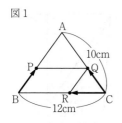

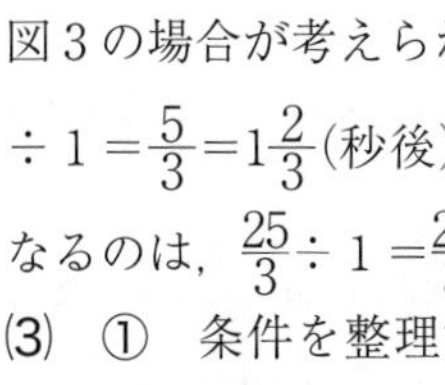

図2

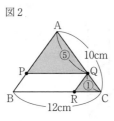

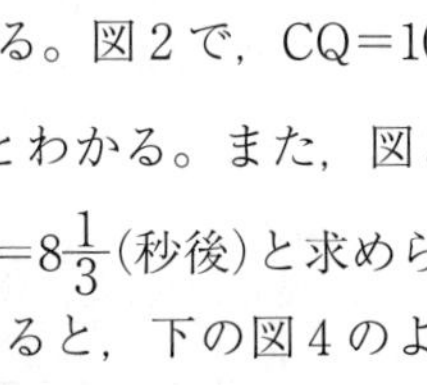

図3

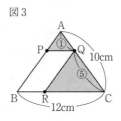

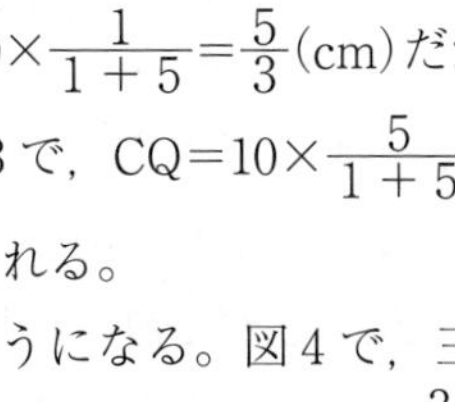

図4

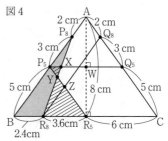

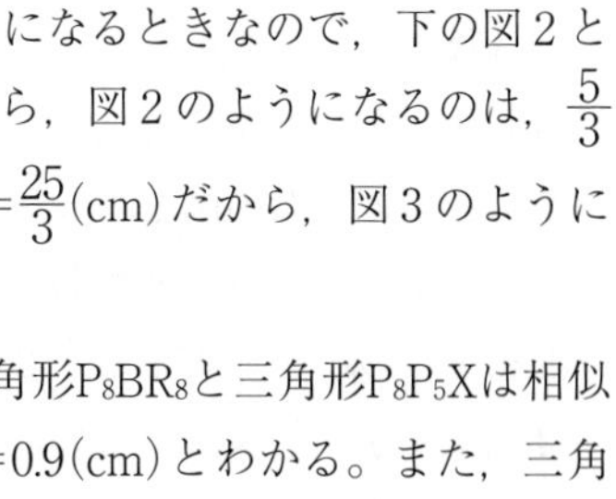

3 場合の数，条件の整理，素数の性質

(1) 聖さんのカードは10通り，光さんのカードは残りの９通り考えられるから，２人のカードの組み合わせは，10×９＝90(通り)となる。

(2) 聖さんは10枚の中から２枚を引くので，聖さんのカードは，$\frac{10\times 9}{2\times 1}$＝45(通り)考えられる。また，光さんは残りの８枚の中から２枚を引くので，光さんのカードは，$\frac{8\times 7}{2\times 1}$＝28(通り)考えられる。よって，２人のカードの組み合わせは，45×28＝1260(通り)ある。

(3) 10枚のカードの和は，１＋２＋…＋10＝(１＋10)×10÷２＝55で，聖さんの和は光さんの和より15だけ大きいから，光さんの５枚のカードの和は，(55－15)÷２＝20になる。そこで，５枚の和が20になる組み合わせを調べる。はじめに，５枚のカードが{1，２，３，４，５}だとすると，これらの和は，１＋２＋３＋４＋５＝15だから，20－15＝５不足する。そこで，この５枚のカードに５を追加する方法を調べると，右上の図１のように７通りあることがわかる(追加した後の数が右に行くほど大きくなるようにする)。よって，２人のカードの組み合わせは７通りある。

図１

	1	2	3	4	5	光さんのカード				
追加する数	0	0	0	0	5	1	2	3	4	10
	0	0	0	1	4	1	2	3	5	9
	0	0	0	2	3	1	2	3	6	8
	0	0	1	1	3	1	2	4	5	8
	0	0	1	2	2	1	2	4	6	7
	0	1	1	1	2	1	3	4	5	7
	1	1	1	1	1	2	3	4	5	6

(4) 聖さんの５枚のカードの積をA，光さんの５枚のカードの積をBとすると，AがBの７倍なので，右の図２の①のようになることがわかる。また，１から10までの積を素数の積で表すと，２が８個，３が４個，５が２個，７が１個含《ふく》まれるので，$A\times B$は②のように分けることができる。よって，B＝２×２×２×２×３×３×５であり，聖さんのカードに７が含まれる。次に，光さんのカードについて，最大の数と次に大きい数を決め，残り３枚のカードを調べると，右上の図３で○印をつけた組み合わせが条件を満たす。したがって，２人のカードの組み合わせは全部で５通りである。

図２

$A\times B$＝(B×７)×B
　＝B×B×７…①
$A\times B$＝１×２×３×４×５×６×７×８×９×10
　(２が８個，３が４個，５が２個，７が１個)
　＝(２×２×２×２×３×３×５)×(２×２×２×２×３×３×５)×７…②

図３

最大	次に大	残り３枚の積	残り３枚	
10	9	２×２×２	４，２，１	○
10	8	３×３	×	
10	6	２×２×３	４，３，１	○
9	8	２×５	５，２，１	○
8	6	３×５	５，３，１	○
6	5	２×２×２×３	４，３，２	○

4 立体図形―分割，面積，体積

(1) ちょうど半分の高さのところで切るので，下の図１のように，断面はAM，AG，ANの真ん中

図１

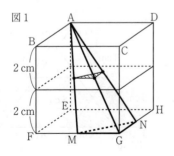

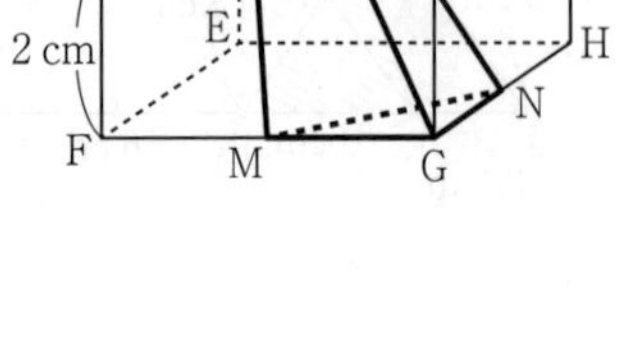

図２

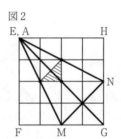

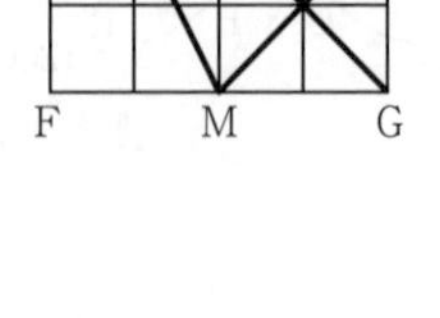

図３

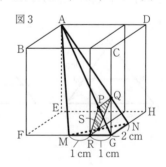

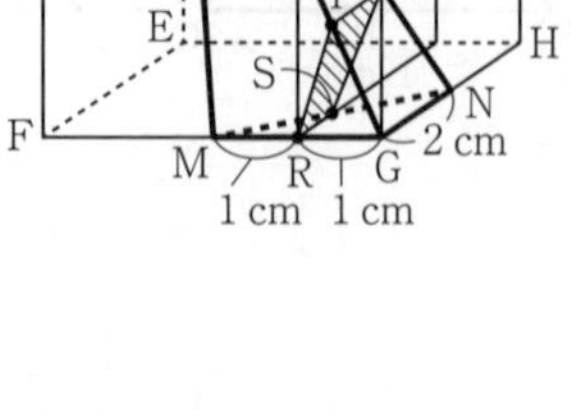

の点を通る。よって，真上から見た図は上の図２のようになる。

⑵　上の図３のように，断面が三角すいの辺AG，AN，MG，MNと交わる点をそれぞれＰ，Ｑ，Ｒ，Ｓとすると，正面から見た図は右の図４のようになり，Ｐ，Ｑの底面からの高さは１cmとわかる。また，三角すいの底面の三角形GMNは直角二等辺三角形なので，図３の三角形RMSも直角二等辺三角形であり，RSの長さは１cmとわかる。よって，側面CGHDから見た図は右上の図５のようになり，PQの長さは，$2\times\frac{3}{4}=1.5$(cm)，斜線《しゃせん》部分の面積は，$(1.5+1)\times 1\div 2=1.25$(cm^2)と求められる。

図４

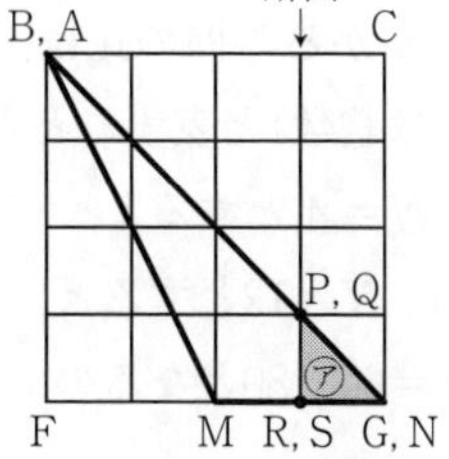

図５

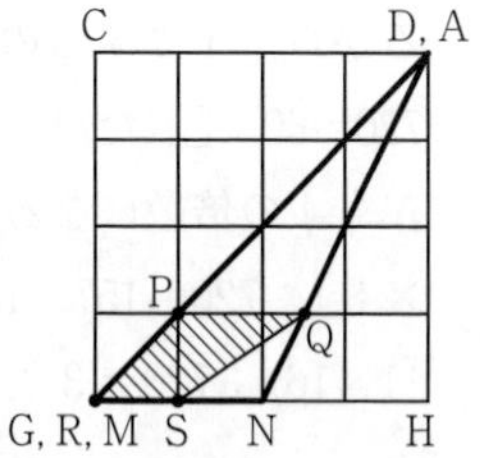

⑶　図３の斜線部分の右側の立体の体積を求める。この立体は，図４の㋐を底面とする三角柱のうちの，Ｐ，Ｒ，Ｇを通る平面とＱ，Ｓ，Ｎを通る平面ではさまれる部分なので，その体積は，(㋐の面積)×(PQ，RS，GNの長さの平均)で求められる。そして，㋐の面積は，$1\times 1\div 2=0.5$(cm^2)，PQ，RS，GNの長さの平均は，$\frac{1.5+1+2}{3}=1.5$(cm)である。よって，体積は，$0.5\times 1.5=0.75$(cm^3)とわかる。

5　時計算，速さと比

⑴　分針は１分間に，$360\div 60=6$(度)，時針は１分間に，$360\div 12\div 60=0.5$(度)動くので，分針は時針よりも１分間に，$6-0.5=5.5$(度)多く動く。時計と分針が重なってから次に重なるまでの時間は，分針が時針よりも360度多く動くのにかかる時間なので，$360\div 5.5=\frac{720}{11}=65\frac{5}{11}$(分)となる。

⑵　12時ちょうどに３つの針が重なった状態から考える。⑴より，このときから次に時針と分針が重なるまでの時間は$\frac{720}{11}$分とわかるので，その間に時針が動く角の大きさは，$0.5\times\frac{720}{11}=\frac{360}{11}$(度)となる。また，秒針は１分で１周するから，秒針が１分間に動く角の大きさは360度である。よって，$65\frac{5}{11}$分では65周とさらに，$360\times\frac{5}{11}=\frac{1800}{11}$(度)動くので，次に時針と分針が重なったときのようすは右上の図１のようになる。図１で，時針(および分針)と秒針がつくる角の大きさは，$\frac{1800}{11}-\frac{360}{11}=\frac{1440}{11}$(度)であり，これは360度の，$\frac{1440}{11}\div 360=\frac{4}{11}$(倍)である。

図１

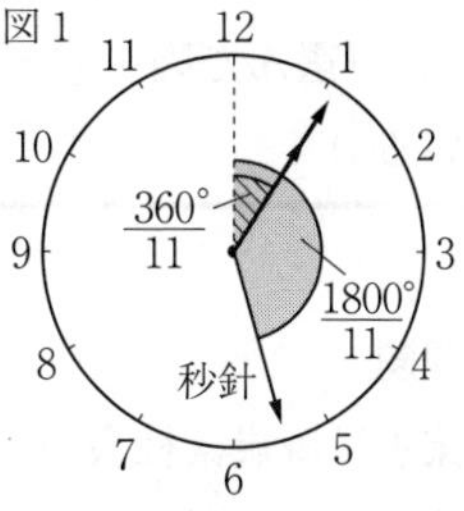

図２

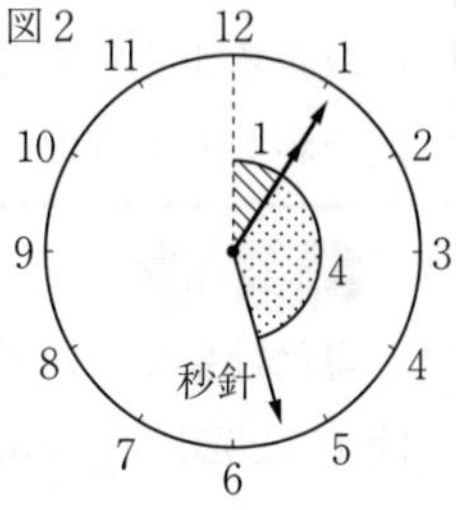

⑶　⑵より，１周の角の大きさ(＝360度)を11とすると，右上の図２のように表すことができる。12時ちょうどから図２のようになるまでに，秒針は65周と，$1+4=5$だけ動いているので，このとき秒針が動いた角の大きさは，$11\times 65+5=720$となる。よって，３つの針がすべて重なるようにするためには，このとき秒針が動いた角の大きさを，$720-4=716$にする必要がある。つまり，正しい秒針との速さの比を，720：716＝180：179にする必要がある。すると，１周するのにかかる時間の比は，$\frac{1}{180}:\frac{1}{179}=179:180$になるから，この秒針が１周するのにかかる時間は，$60\times\frac{180}{179}=\frac{10800}{179}=60\frac{60}{179}$(秒)と求められる。

⑷　３つの針が重なるまでに秒針が動いた角の大きさは，次々と１周(＝11)ずつ減らすことができ

る。そこで，減らす周回数をN周とすると，３つの針が重なるまでに秒針が動いた角の大きさは，716－11×Nと表すことができる。すると，正しい秒針との速さの比は，720：(716－11×N)となるから，１周するのにかかる時間の比は，(716－11×N)：720となる。よって，(716－11×N)：720＝60：□(ただし□は整数)と表すことができる。ここで，716と60はどちらも４の倍数だから，Nも４の倍数になる。N＝４とすると，(716－11×４)：720＝14：15，N＝８とすると，(716－11×８)：720＝157：180，N＝12とすると，(716－11×12)：720＝73：90，N＝16とすると，(716－11×16)：720＝３：４＝60：80となるので，□にあてはまる最も小さい整数は80とわかる。

社 会 ＜第１回試験＞（40分）＜満点：100点＞

解 答

[1] **問１** イ **問２** **１** 安く **２** 高く **問３** 最高 **問４** （例） 積極的な賛成ではなく，諸事情を考慮してやむなく受け入れるという立場であるから。 [2] **問１** **１** 元服 **２** 後醍醐天皇 **３** 清少納言 **４** 日本書紀 **５** 藤原頼通 **問２** （例） 名字がありませんでした **問３** ア **問４** エ **問５** ア **問６** エ **問７** エ **問８** イ **問９** エ [3] **問１** ウ **問２** ウ **問３** エ **問４** イ **問５** ア **問６** **シラカバ**…キ **ヒノキ**…ア **問７** **１** （例） 管理されなくなった **２** 人里(都市) **３** （例） せまくなった [4] **問１** ウ **問２** ウ，カ **問３** （例） 死者数が多いのは車両保有数が多いためだと考えられ，10万台あたりの死者数では少ないほうだから。 **問４** （例） **選んだ図**…①／子どもの親を対象に，安全な自転車の乗り方や交通ルールを子どもに教えるよう促している。（**選んだ図**…②／雨の日の歩行者を対象に，自動車に注意して横断歩道をわたるよう促している。）

解 説

[1] 現代社会についての問題

問１ 2020年，経済産業省は脱炭素社会の実現に向けて「2050年カーボンニュートラルに伴うグリーン成長戦略」を発表した。そのための取り組みは一般に，グリーントランスフォーメーション(GX)とよばれる。なお，アのDXはデジタルトランスフォーメーション(デジタル技術で社会や生活をよりよく変革すること)，ウのCSRは企業の社会的責任，エのESGは環境・社会・企業統治を考慮《こうりょ》した投資活動や経営・事業活動，オのLCAはライフサイクルアセスメント(製品・サービスの環境負荷を評価する方法)の略称。

問２ **１，２** 空《す》いている平日については，価格を安くすれば入場客が増える。一方，混雑している土休日については，価格を高くすれば入場客が減る。このようにすると，入場客をどの曜日にも平均的に来場するように誘導《ゆうどう》することができる。

問３ 日本国憲法第41条では，「国会は，国権の最高機関であって，国の唯一《ゆいいつ》の立法機関である」と定められており，立法権は国会に与《あた》えられている。

問４ 沖縄県宜野湾《ぎのわん》市にあるアメリカ軍の普天間《ふてんま》飛行場は，市街地のなかにあり危険であることなどから，日本に返還されることで日本政府とアメリカ政府が同意している。しかし，基地の移転先とされる名護《なご》市辺野古《へのこ》については，地元自治体が建設に反対しており，日本政府と沖縄県との間で対立が続いている。このような対立のなかで，「容認」という表現は，積極的に賛成しているのではなく，やむなく受け入れるという意味で用いられている。

2 歴史からみる日本人の人名についての問題

問１　**１**　男子が成人になったことを示すために行われた儀式《ぎしき》を，元服という。氏神の前で服装や髪型，名前を大人のものに改め，冠をかぶった。　**２**　後醍醐《ごだいご》天皇のよびかけに応じて反鎌倉幕府の勢力が各地で兵をあげるなか，足利尊氏は京都の六波羅探題《ろくはらたんだい》を攻撃《こうげき》し，1333年に鎌倉幕府は滅《めつ》亡《ぼう》した。なお，本文中の「摂関《せっかん》政治期に藤原氏をおさえて政治をおこなった天皇」は醍醐天皇で，菅原道真《すがわらのみちざね》を重く用いたことなどで知られる。　**３**　平安時代半ばの女流作家・歌人である清少《せいしょう》納言《なごん》は，一条天皇のきさきの定子《ていし》に仕え，宮廷のようすや自然のようすをするどい観察眼でつづった『枕草子《まくらのそうし》』という随筆を著した。なお，名の「清」は父である清原元輔《もとすけ》から，「少納言」は親族の役職名からとられたといわれている。　**４**　直前に「最初の公式な歴史書」とあるので，『日本書紀』と判断できる。奈良時代初め，歴史書として『古事記』と『日本書紀』が成立した。『古事記』は天皇以前の神話が中心で，物語風に記されている。一方，『日本書紀』は天皇についての記録が中心で，できごとが年代の順を追って漢文で記されている。　**５**　1053年，藤原頼通《よりみち》は父の道長から受け継《つ》いだ宇治(京都府)の別荘を平等院という寺院とした。鳳凰《ほうおう》堂は平等院に築かれた阿弥陀《あみだ》堂である。

問２　本文から，「氏名《うじな》」(中世以後に名字に分かれた)は天皇・皇族が自分に仕える豪族たちに与えるものであったことがわかる。また，諸外国とは違《ちが》い，天皇・皇族は同じ一族が続いている(万《ばん》世一系《せいいっけい》)。そのなごりで，現在の天皇・皇族にも名字がない。

問３　アは安土桃山時代～江戸時代初期に行われた朱印船貿易，イは室町幕府の第３代将軍を務めた足利義満が始めた日明貿易，ウは鎖国政策が行われた江戸時代中期，エは平安時代末期に平清盛が行った日宋貿易について説明した文である。したがって，年代の古い順にエ→イ→ア→ウとなる。

問４　ア　「奉公」と「御恩」が逆である。　イ　「管領《かんれい》」ではなく「執権《しっけん》」が正しい。鎌倉幕府で北条氏は，将軍の補佐役である執権の地位を独占した。管領は室町幕府における将軍の補佐役である。　ウ　「一揆《いっき》防止」を目的とする刀狩《かたながり》令(1588年)が出されたのは安土桃山時代，「喧嘩《けんか》両成敗《せいばい》」をふくむ分国法が出されたのは戦国時代である。なお，武家法は御家人のつとめや領地についての決まり，裁判の基準などを示した法令で，鎌倉幕府の第３代執権北条泰時《やすとき》が1232年に出した御成敗式目《しきもく》(貞永《じょうえい》式目)が最初の武家法として知られている。　エ　永仁《えいにん》の徳政令(1297年)などの説明として正しい。

問５　ア　班田収授法の説明として正しい。　イ　問注所《もんちゅうじょ》は鎌倉幕府において訴訟《そしょう》を担当した機関である。　ウ　租は女性や老人にも課された。また，庸《よう》と調は自分たちで都の役所(九州は大宰府《だざいふ》)まで運んで納めたが，租は地方の役所に納めた。　エ　大宝律令が定められたのは701年で，開墾《かいこん》した土地の永久私有を認める墾田永年私財法は743年に出された。

問６　ア，エ　本文で，「中世以後」は「しだいに百官名は武家官位として形式的なものになりました」と述べられている。また，表中の官職名の語尾のいくつかは，「すけ」となっている。よって，エが正しく，アは誤っている。　イ　表中の源実朝《さねとも》の官職名(右大臣)は太政《だいじょう》大臣につぐ格の高さだが，それに比べて源頼朝や井伊直弼《なおすけ》の官職名の格は低い。　ウ　表中の人物のうち，官職名が「武官」であるのは源頼朝のみとなっている。なお，武官は軍事を担当する役人で，百官名には「衛」「将」「兵」などがついた。また，「国司」は武官ではなく文官にあたる。

問７　a　阿弥陀如来《にょらい》を信仰して極楽浄土《じょうど》への往生を願うのは，浄土教の教えである。　b　平安時代初め，唐(中国)で学んだ空海は帰国後，高野山(和歌山県)に金剛峯《こんごうぶ》(峰)寺《じ》を建てて真言宗を広めた。また，唐で学んだ最澄《さいちょう》は帰国後，比叡山《ひえいざん》(滋賀県・京都府)に延暦寺《えんりゃくじ》を建てて天台宗を広めた。　c　平安京(京都府)に教王護国寺(東寺)をひらいたのは空海である。　d　密教は仏教の宗派の１つで，「秘密に説かれる深遠な教え」という意味からその名がある。７世紀にインドで成立したのちに中国に伝わり，最澄と空海により日本にもたらされた。

問８　ア　「薩摩《さつま》藩」(鹿児島県)ではなく「長州藩」(山口県)が正しい。　イ　小村寿太郎《じゅたろう》とその説明の組み合わせとして正しい。　ウ　板垣退助は首相になっておらず，暗殺されてもいない。エ　大久保利通《としみち》は薩摩藩出身である。なお，西南戦争(1877年)で戦死した人物としては，同じ薩摩藩出身の西郷隆盛《さいごうたかもり》が知られている。

問９　ア　日本は江華島《こうかとう》事件(1875年)をきっかけに朝鮮に開国を強くせまり，翌76年，朝鮮にとって不平等な日朝修好条規を結ばせた。　イ　日露戦争(1904～05年)後，日本は朝鮮を保護国とし，1910年には韓国併合《へいごう》を行って，朝鮮を植民地として支配するようになった。　ウ　太平洋戦争後，朝鮮半島は南北に分断され，1948年，南の韓国(大韓民国)と北の北朝鮮(朝鮮民主主義人民共和国)に分かれて独立した。韓国は資本主義国，北朝鮮は社会主義国である。　エ　1951年に開かれたサンフランシスコ平和会議に韓国は招かれなかったため，1965年に日本は韓国政府を朝鮮にある唯一の合法的な政府と認めて日韓基本条約に調印し，韓国との国交を正常化した。

３ 山林や里山についての問題

問１　まず，都市部の割合の大きい東京都が入っているイとエはあてはまらない。次に，アとウを比べると，アは赤石山脈の連なる山梨県，飛騨《ひだ》山脈の連なる岐阜県，紀伊山地で林業のさかんな和歌山県があるので，林野面積率の大きい６都道府県とわかる。残ったウが耕地面積率の大きい６都道府県で，関東平野で近郊農業がさかんな千葉県や茨城県が入っていることからも判断できる。なお，イは耕地面積率の小さい６都道府県，エは林野面積率の小さい６都道府県である。

問２　図１中の○の地点は，里山から人里に移行するところなので，河川の流れが急に遅くなり，運搬《うんぱん》作用が弱まる。そのため，粒《つぶ》の大きい土砂が扇形《おうぎがた》に堆積《たいせき》し，扇状地《せんじょうち》ができることがある。

問３　里山の樹林は，コナラ・クヌギなどの落葉広葉樹を中心に，シイ・カシなどの常緑広葉樹，アカマツなどの常緑針葉樹などで構成されている。また，常緑樹や針葉樹の落葉は発酵《はっこう》が遅く，落葉広葉樹の落葉は発酵が速いため，堆肥にはおもに落葉広葉樹の落葉が用いられる。したがって，エがふさわしくない。

問４　点線部Ａの内側の地域の左下部分にある神社(⛩)は，1967年の地形図にもみられるので，新たに建設されたわけではないと考えられる。したがって，イが誤っている。

問５　写真Ａは漆器《しっき》で，外側には沈金《ちんきん》(蒔絵《まきえ》細工の一種)がほどこされている。漆器についての説明文はⅠで，「山林から採取したもの」は木材，「落葉樹からとった塗料《とりょう》」は漆《うるし》の樹液をさしている。また，津軽塗《つがるぬり》(青森県)，輪島《わじま》塗(石川県)，飛騨春慶《しゅんけい》塗(岐阜県)などが有名であることから，図はⅢとなる。なお，写真Ｂ，説明文Ⅱ，図Ⅳは陶磁器《とうじき》についてのもので，説明文Ⅱの「山林から採取したもの」は粘土《ねんど》，「灰や鉱物を溶かした薬品」は釉薬《ゆうやく》をさしている。

問６　まず，Ａ～Ｄの分布図の樹木を特定する。スギやヒノキは材木としての用途が広いため古くから植林され，吉野スギ(奈良県)，天竜《てんりゅう》スギ(静岡県)，尾鷲《おわせ》ヒノキ(三重県)などは人工の三大美林として知られる。植林地が最も多いＢはスギ，次に多いＡはヒノキである。すると，北海道のみに生育しているＣはエゾマツ，残ったＤはシラカバと判断できる。また，Ｃ・Ｄの●の地点はＡ・Ｂの●の地点よりも北に位置しているので，Ⅰ～Ⅳの雨温図の１月の気温が０℃を下回っているⅠ・Ⅱは一方がＣでもう一方がＤ，残ったⅢ・Ⅳは一方がＡでもう一方がＢとなる。すると，Ⅰの「落葉広葉樹」はシラカバ，Ⅱの「針葉樹」はエゾマツとわかる。さらに，Ａの●の地点は，冬の降水量(降雪量)が多い日本海側の気候に属するので，Ⅲの雨温図があてはまる。Ｂの●の地点は，年間を通して降水量が少なく温暖な瀬戸内の気候に属するので，Ⅳの雨温図があてはまる。

問７　**１**　本文に「『里山』における自然環境は，人里に住む人間の手によって管理されることで，保持され続けてきた」と書かれているが，近年は里山が人間の手の入っていない山林と同じ自然環境に近づいていることから，里山が以前のように管理されなくなっていることがわかる。　**２**，**３**　本来は山林で生活している野生動物が人里に立ち入るようになったのは，人間の生活の場である人里の範囲《はんい》が拡大したことにより，野生生物の行動範囲が縮小してしまったことが要因であると推測できる。

４　交通事故についての問題

問１　どの年についても，交通事故発生件数は30万件以上，死者数は5000人以下なので，死亡事故の件数が交通事故発生件数の半分以上を占《し》めることはない。よって，ウが誤っている。

問２　ウは道路交通法に違反《いはん》する「ながら運転」とよばれる行為《こうい》で，交通事故が増加する要因となっている。また，カの「完全自動運転」は完成していない。

問３　図表２で，たとえば2018年の第１位の愛知県と第２位の千葉県は死者数がほぼ同数だが，図表４をみると，千葉県の車両10万台あたりの死者数は愛知県の約1.4倍となっている。また，図表３より，愛知県は車両保有数が最多とわかる。よって，図表２で愛知県が上位にあるのは，車両保有数が多いためだと考えられる。

問４　新聞広告の対象者はおもに購読者《こうどくしゃ》なので，①は親，②は雨の日の歩行者が対象といえる。また，拡大されている部分の内容から，①は自転車，②は自動車についての注意を促《うなが》したものとわかる。

理　科　＜第１回試験＞（40分）＜満点：100点＞

解　答

１　**(1)**　下の図①　**(2)**　道管　**(3)**　(ア)，(イ)，(オ)　**(4)**　(例)　蒸散がさかんで，根がよく水を吸収する　**(5)**　下の図②　**(6)**　**あ**　(ウ)　**い**　(カ)　**う**　師管　**(7)**　維管束　**(8)**　(例)　根，茎，葉の区別があるかないか。　**２**　**(1)**　(エ)　**(2)**　**(a)**　(ウ)，(エ)　**(b)**　51分　**(c)**　(ウ)　**(3)**　**あ**　南中　**い**　うま　**(4)**　(カ)　**(5)**　**(a)**　(エ)　**(b)**　３枚　**３**　**(1)**　(ア)，(ウ)　**(2)**　**(a)**　(イ)　**(b)**　**あ**　3　**い**　5　**う**　12　**え**　23　**お**　40　**か**　100　**き**　55　**く**　15　**(c)**　(ア)　**(d)**　7.8ｇ　**４**　**(1)**　**(a)**　ガリレオ・ガリレイ　**(b)**　(ア)

(c) (ア)　(2) (a) 下の図③　(b) (例) 振り子が10往復する時間を測り，それを10で割る。

(3) (a) 時速3.5km　(b) **あ** (ウ)　**い** (ウ)

図①

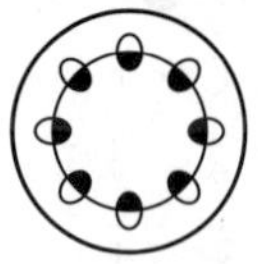

図②

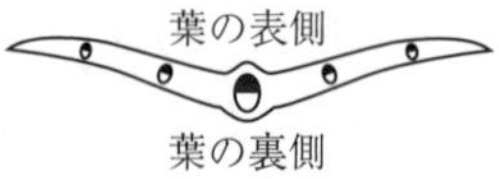

図③

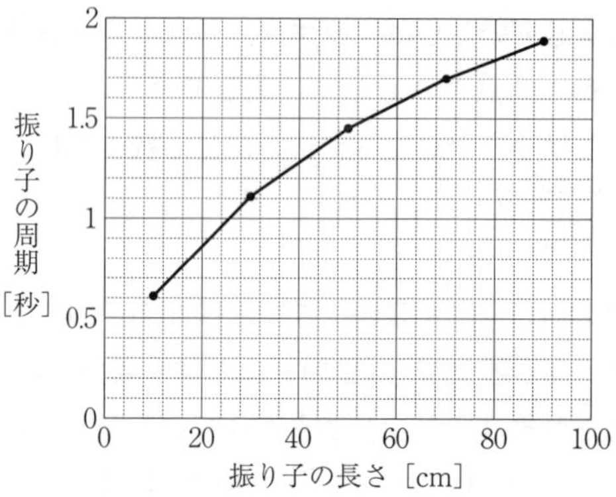

解　説

1 植物のからだのつくりについての問題

(1), (2) ホウセンカは被子《ひし》植物の双《そう》子葉類(発芽のときに2枚の子葉が出る植物)のなかまに属し，茎《くき》の断面では道管と師管の集まり(維管束《いかんそく》という)が大きく，図1のように輪状にならんでいる。図1の※で示された輪の部分は形成層とよばれ，根から吸収した水などが通る道管が形成層の内側に，師管が外側に集まっている。ホウセンカの根を赤インクを溶《と》かした水に入れ，しばらくしてから茎を輪切りにすると，道管の部分が赤く染まる。

(3) 双子葉類に属するアサガオ，アブラナ，ヒマワリは，ホウセンカと同じ茎のつくりをしている。なお，タケ，ツユクサ，ユリは単子葉類(発芽のときに1枚の子葉が出る植物)に属し，茎の断面では維管束が不規則に散らばっている。

(4) 植物は，根から吸収した水を水蒸気にして，葉の裏側に多くある気孔《きこう》というあなから空気中に放出している。このはたらきを蒸散という。蒸散は，体内の水分量の調節のほか，根から吸い上げる水の量を増やしたり，体温の調節をしたりするのに役立っている。日なたで風が当たる場所に置いたホウセンカは，蒸散がさかんになるため，根からの水の吸収がさかんになり，道管もより早く染まる。

(5) 葉で赤くなった部分は葉脈である。葉脈は維管束の枝分かれが葉ですじのように見えるもので，道管と師管はそれぞれ右の図のようにつながっている。したがって，解答欄《らん》の図の葉脈の表側を塗《ぬ》りつぶせばよい。

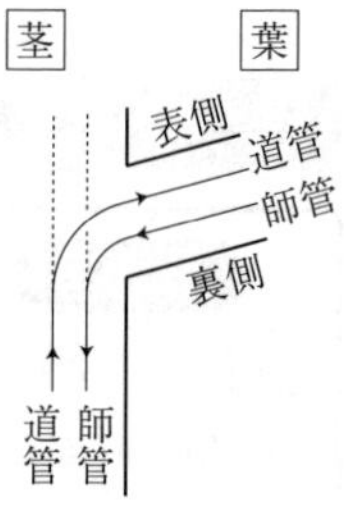

(6) 樹木など植物は，葉で光合成をおこなって栄養分をつくり，それを師管を通してからだの各部に運んでいる。図1の※で示された形成層の外側を1周はぎとると，葉から運ばれてきた栄養分がその先に移動できずにたまるため，はぎとった部分の近くの，葉の側の皮がふくらむ。

(7) (1), (2)の解説を参照のこと。

(8) 維管束は，ホウセンカなどの種子でふえる種子植物と，イヌワラビなどのシダ植物だけがもつつくりで，これらの植物には根，茎，葉の区別があり，水などは根から吸収される。一方，ゼニゴケなどのコケ植物やコンブなどのソウ類は，維管束や根，茎，葉の区別をもたず，水などをからだ全体で吸収している。

2 時刻の決め方についての問題

(1)　日の出も日の入りも，太陽の上端《じょうたん》が地平線に接した瞬間《しゅんかん》として決められている。

(2)　(a)　(ア)～(ウ)　日の出と日の入りを(1)のように決めているため，昼の長さと夜の長さが同じになるといわれる春分の日や秋分の日でも，太陽がその直径分を移動するのにかかる時間だけ，昼の時間は長く，夜の時間は短い。つまり，春分の日や秋分の日の昼の時間は，12時間より数分長い。そのため，昼の時間が12時間ちょうどになる(昼の一刻《いっとき》と夜の一刻の長さが同じになる)のは，春分の日の数日前，および秋分の日の数日後となる。　(エ)，(オ)　夏至《げし》の日は昼の長さが１年で最も長いので，昼の一刻の長さも最も長い。また，冬至《とうじ》の日は昼の長さが１年で最も短いので，昼の一刻の長さも最も短い。　(カ)　日の出と日の入りを(1)のように決めているため，東京の場合，夏至の日の昼の長さは約14時間35分，冬至の日の夜の長さは約14時間15分となる。そのため，夏至の日の昼の一刻の長さの方が，冬至の日の夜の一刻の長さよりも長い。　(b)　2022年の夏至の日の，横浜市の昼の長さは，19時０分－４時27分＝14時間33分，つまり，60×14＋33＝873(分)である。また，夜の長さは，60×24－873＝567(分)である。よって，昼の一刻と夜の一刻の差は，(873－567)÷6＝51(分)と求められる。　(c)　(ア)　昼の長さと夜の長さが同じ日には，昼も夜も一刻の長さが現在の，24÷２÷６＝２(時間)になる。　(イ)　昼の一刻の長さが１年で最も長い夏至の日の朝や夕方には，地面に垂直に立てた棒の影《かげ》が棒より南側にできる。　(ウ)　(a)の(ア)～(ウ)で述べたことから，昼の一刻の長さが夜の一刻の長さより短くなるのは，昼の長さが夜の長さよりも短くなるとき，つまり，秋分の日の数日後から春分の日の数日前までとなる。この時期には，太陽は真東よりも南側からのぼり，真西より南側に沈《しず》む。　(エ)　一年中いつでも，日の出と日の入りの真ん中の午《うま》の刻《こく》，つまり，日の出から三刻経過したときには，太陽が真南にある。　(オ)　子《ね》の刻の長さと丑《うし》の刻の長さは，どちらも夜の時間の長さの$\frac{1}{6}$なので，一年中いつでも等しい。しかし，未《ひつじ》の刻の長さは，昼の時間の長さの$\frac{1}{6}$なので，夏の頃《ころ》には丑の刻の長さより長くなり，冬の頃には丑の刻の長さより短くなる。

(3)　現在の12時を正午というと述べられているので，「い」には「うま」が入る。また，12時頃には太陽が南中するので，「あ」には「南中」が入る。

(4)　日の出から四刻経過した時刻は「八つ」の中にある。昼のちょうど真ん中で，太陽が南中する時刻(正午)は一年中同じと考えてよい(実際には少しずつ変わる)ので，正午から「八つ」までの実際の時間は，一刻の長さが３つの日の中で最も短い冬至の日に最も短くなり，「おやつの時間」も最も早くなる。冬至の日の一刻は春分の日や秋分の日の頃の２時間より短いので，「おやつの時間」は現在の13時から14時の間となる。したがって，(カ)が選べる。

(5)　(a)　春分の日の夜の一刻の長さを，現在の時間で２時間と考える。すると，男Ａが時間を聞いたときの「九つ」は，真夜中の午前０時をはさんで前後１時間ずつ，つまり，23時から翌日の午前１時までにあたる。また，男Ｂが時間を聞いたときの「四つ」は，「九つ」の前の２時間なので，21時から23時までにあたる。　(b)　そば屋が答える時刻を枚数に加えることで１文得をする(ごまかす)ので，時刻が四つならばその前の３の数字のところ，つまり，１文銭を３枚渡《わた》したところで時刻を尋《たず》ねるべきであった。

3 物質の変化とマグネシウムの反応についての問題

(1) (ア), (ウ)　固体から液体になることなく直接気体に変わる変化やその逆の変化を昇《しょう》華《か》といい，これは物理変化にあてはまる。ドライアイスは二酸化炭素の固体で，空気中に置いておくと昇華して小さくなる。また，冷凍庫《れいとうこ》の中にある氷は，表面から少しずつ昇華していき，小さくなることがある。　(イ), (エ), (オ)　石灰水は水酸化カルシウムの水溶液《すいようえき》で，石灰水に二酸化炭素を通すと，水酸化カルシウムと二酸化炭素が反応して，水に溶けない炭酸カルシウムができ，その粒《つぶ》が液に広がるために白く濁《にご》る。また，水に水酸化ナトリウム水溶液などを加えて電気を通すと，水の粒を構成している酸素と水素に分解される(電気分解)。さらに，鉄くぎを放置すると，鉄に空気中の酸素が結びついて酸化鉄という物質ができ，色が変化する。これらの反応はいずれも，もとの物質とは違《ちが》う別の物質ができるので，化学変化である。

(2) (a) (ア)　リチウム，ナトリウム，カリウムのように，水より密度《みつど》が小さい金属もある。これらの金属を水に入れると，浮《う》いたまま水と激しく反応する。　(イ)　金属の共通の性質としては，電気や熱を伝えやすいことがあげられる。特有のつや(金属光沢《こうたく》)があることや，たたくとうすくのびて広がること，引きのばすと細い線になることなども，金属のもつ性質である。　(ウ)　二酸化炭素中で燃焼するのは，マグネシウムやナトリウムなどの一部の金属だけである。　(エ)　銅や金，銀などは塩酸に溶けない。　(オ)　水酸化ナトリウム水溶液に溶けるのは，アルミニウムなどの一部の金属だけである。　**(b)** **あ，い**　表１より，(燃焼前のマグネシウムの重さ)：(燃焼後に残った固体の重さ)＝６：10＝３：５となる。　**う，え**　表２より，(燃焼前のマグネシウムの重さ)：(燃焼後に残った固体の重さ)＝６：11.5＝12：23とわかる。　**お，か**　実験１では，燃焼後に増えた重さが結びついた酸素の重さなので，結びつく重さの比は，(マグネシウム)：(酸素)＝３：(５－３)＝３：２である。したがって，60ｇのマグネシウムを酸素中で燃焼させるとき，燃焼に使われる酸素の重さは，$60\times\frac{2}{3}=40$(ｇ)，燃焼後に残る酸化マグネシウムの重さは，$60+40=100$(ｇ)と求められる。　**き，く**　マグネシウムを二酸化炭素中で燃焼させると，マグネシウムが二酸化炭素から酸素をうばって酸化マグネシウムになり，炭素の粉が残る。60ｇのマグネシウムを二酸化炭素中で燃焼させるとき，酸化マグネシウムと炭素が混じったものが，$60\times\frac{23}{12}=115$(ｇ)でき，その中には酸化マグネシウムが，$60\times\frac{5}{3}=100$(ｇ)含《ふく》まれているので，燃焼後に残る炭素の重さは，$115-100=15$(ｇ)とわかる。また，燃焼に使われる二酸化炭素の重さは，$115-60=55$(ｇ)である。　**(c)**　90ｇのマグネシウムを酸素中で燃焼させた場合，酸化マグネシウムの重さは，$90\times\frac{5}{3}=150$(ｇ)になったはずである。(ア)のように，マグネシウムリボンに不純物として炭素が含まれていたと仮定すると，マグネシウムリボンを燃焼させたときに，炭素が，$150-149=1$(ｇ)の二酸化炭素に変化して空気中に逃《に》げていったと考えることができる。なお，すべてのマグネシウムが酸化マグネシウムになったとあるので，(イ)～(エ)はあてはまらない。また，(オ)の場合は，燃焼後に残った固体の重さが150ｇより重くなったはずである。　**(d)**　燃焼に使われた酸素と二酸化炭素の重さの分だけ，燃焼後に残った固体の重さが増えるので，燃焼に使われた酸素と二酸化炭素の重さの和は5.5ｇである。よって，燃焼に使われた酸素の重さは，$5.5\times\frac{4}{1+4}=4.4$(ｇ)，燃焼に使われた二酸化炭素の重さは，$5.5-4.4=1.1$(ｇ)である。すると，酸素と結びついたマグネシウムの重さは，$4.4\times\frac{3}{2}=6.6$(g)，二酸化炭素と結びついたマグネシウムの重さは，$1.1\times\frac{12}{23-12}=1.2$(g)とわかるので，燃焼させる前のマグネシウムの重さは，$6.6+1.2=7.8$(g)と求められる。

4 振《ふ》り子の動きについての問題

(1) (a) 振り子の等時性を発見したのは，イタリアの物理学者・天文学者であったガリレオ・ガリレイである。ガリレイは，教会のシャンデリアが揺《ゆ》れるのを見て，自分の脈はくを利用してその周期をはかり，この規則を発見したといわれている。 (b) ガリレイは自作の天体望遠鏡(ガリレオ望遠鏡)で天体の観測をおこない，木星の衛星を発見したり，月面のクレーターを発見したりした。また，斜面《しゃめん》上の物体の運動に関しても，いろいろな実験をおこなっている。なお，(イ)はニュートン，(ウ)はアインシュタイン，(エ)はレオナルド・ダ・ヴィンチ，(オ)はファラデー，(カ)はノーベルについて説明した文である。 (c) あ 振り子の等時性が成り立つかどうかによらず，振り子の振れ幅《はば》を大きくするほど，振れ始めの位置が高くなるので，おもりが最下点を通るときの速さは速くなる。 い 等時性が成り立たないくらい振れ幅が大きい場合，振れ幅が大きいほど周期が長くなる。

(2) (a) 振り子の長さを横軸《よこじく》にとるとき，10，30，…という値は目盛りの間となるので，目分量で中央に点を打つ。また，表１の値を用いたグラフなので，振り子の長さが10cm～90cmの間だけ折れ線で結ぶ。 (b) 計算や測定によって求めた値と実際の値との差を誤差という。振り子の周期を調べるときには，ストップウォッチを押《お》すタイミングのずれなど，実験操作における誤差が生じる。そのため，振り子を何回か往復させて合計の時間を測り，それをもとに平均値を計算して求める。たとえば10往復の時間を測って10で割ると，測定における誤差が$\frac{1}{10}$に縮まるので，より正確な周期を求めることができる。また，振り子が最も高くなる左端《はし》では，実際におもりが止まった瞬間《しゅんかん》がわかりにくい。一方で，振り子が最も低い位置にきたときは確実にわかるため，最も低い位置にきたときに測定するほうが，誤差が小さくなるとされている。

(3) (a) 身長140cmの人の脚《あし》は，長さが，$140\times0.45=63$(cm)なので，$63\times\frac{2}{3}=42$(cm)の長さの振り子と同じ周期の棒振り子とみなせる。そして，グラフより，長さ42cmの振り子の周期はおよそ1.3秒と読み取れる。したがって，この人は1.3秒で２歩，つまり，$63\times2=126$(cm)進むので，$126\times\frac{60\times60}{1.3}\div100\div1000=3.48\cdots$より，歩く速さは時速3.5kmと求められる。 (b) **あ** 身長168cmの人の脚は，長さが，$168\times0.45=75.6$(cm)なので，$75.6\times\frac{2}{3}=50.4$(cm)の長さの振り子と同じ周期の棒振り子とみなせる。その周期は，表１より，およそ1.45秒と読み取れる。よって，身長168cmの人が歩く周期は身長140cmの人に比べて，$1.45\div1.3=\frac{29}{26}=1.11\cdots$(倍)になる。 **い** 周期が$\frac{29}{26}$倍になると，脚を動かす速さは，$1\div\frac{29}{26}=\frac{26}{29}$(倍)になる。よって，身長168cmの人は，身長140cmの人に比べて，歩幅は1.2倍であり，脚を動かす速さが$\frac{26}{29}$倍なので，歩く速さは，$1.2\times\frac{26}{29}=1.07\cdots$(倍)になる。

国語 ＜第１回試験＞（60分）＜満点：150点＞

解答

□一 下記を参照のこと。　□二 ① ねこ　② いき　③ そで　④ さわ　⑤ ひな　□三 **問１** **A** オ　**B** ウ　**問２** エ　**問３** ア　**問４**（例）自分の言葉が智子の傷をえぐったらしいことにあせって，どうしたらいいか困っている。　**問５** ウ　**問６** オ　**問７** イ　**問８**（例）卵の半熟の側でライスを包むので，米と親和し一体感を生むから。　**問９**（例）智子のオムライスを美由起が絶賛したことで，料理人として長年大食堂を支えてきた中園のプライドを傷つけてしまい，この店で働き続ける気をなくさせたのではと思ったから。　□四 **問１** **A** イ　**B** エ　**問２** ウ　**問３** ア　**問４** エ　**問５**（例）伝えるべき考え，それ自体を生み出すこと。　**問６** エ　**問７**（例）全体主義体制の国家にとって，都合よく国民を飼い慣らせる利益。　**問８**（例）規範として〈やさしい日本語〉を使えば，文化遺産としての日本語が失われ，国民の表現力や思考力が弱まり，さらに思想的な偏りを生んだり強めたりすることにつながるから。

●漢字の書き取り

□一 ① 転(じる)　② 半旗　③ 出色　④ 当意　⑤ 発破

解説

□一 漢字の書き取り

① 「転じる」は，方向を変えること。「目を転じる」で，“視線を別のほうへ移す”という意味。　② 国旗などを旗ざおの先端《せんたん》から少し下げてかかげた旗。戦争・災害などで人々が亡《な》くなったときや，王・元首の死などのさいにかかげ，死をいたむ気持ちを表す。　③ ほかより一段とすぐれていること。　④ 「当意即妙《そくみょう》」は，その場に応じて機転がきくようす。　⑤ 岩などを火薬で爆破《ばくは》すること。また，その火薬。「発破をかける」は，“強い言葉をかけてはげます”という意味。

□二 慣用的な表現の完成

① 「猫《ねこ》も杓子《しゃくし》も」は，“例外なくどんな人間でも”という意味。　② 「息巻く」は，相手にはげしく言うこと。　③ 「無い袖《そで》は振《ふ》れぬ」は，“無いものはどうしようもない”という意味。　④ 「障《さわ》る」は，“差し支《つか》える”という意味。　⑤ 「鄙《ひな》びた」は，いかにも田舎《いなか》らしい感じがするさま。

□三 出典は坂井希久子《さかいきくこ》の『たそがれ大食堂』による。副料理長の中園《なかぞの》と新しい料理長の智子《ともこ》が対立しているところを，マネージャーの美由起《みゆき》がうまくまとめていく場面である。

問１ **A** 「まだるっこしい」は，手際《てぎわ》が悪かったり反応がおそかったりするのをじれったく感じる気持ち。　**B** 「言質《げんち》」は，後で証拠《しょうこ》となる約束の言葉。

問２ 「朝一で話し合いをするはず」だったのに，智子は「あれこれ言うより，食べてもらったほうが早いと思って」と言いながら，「試食用」の「新オムライス」をつくっている。また，そんな智子の料理人としての腕《うで》は，「たしかな修業《しゅぎょう》の跡《あと》が窺《うかが》え」るものである。よって，エがふさわしい。

問３ 「『美味《おい》しい！』／代わりに声を上げたのは，美由起である」とあることから，中園が「沈《ちん》黙《もく》」したのは，智子がつくったオムライスの「クオリティ」の高さに言葉を失ったためだとわかる。したがって，アが選べる。

問４　「狼狽《うろた》える」は，思わぬできごとなどのために，びっくりしてあわてること。そのきっかけとなった智子の「ほんの一瞬《いっしゅん》の表情」の理由について，美由起が「そこにえぐられたくない傷でもあったのか」と思っていることから，智子は過去に「自分で身銭《みぜに》切って店出」して失敗した経験があるのだと推測できる。傍線《ぼうせん》部③は，それを見て中園があわてたようすだから，「強気の智子が傷つくほどのことを，自分は言ってしまったのかと思い，うろたえている」のようにまとめればよい。

問５　続く部分に「いいかげんにしてちょうだいとその目が物語っている」，「前場《ぜんば》さんは『古臭《ふるくさ》い』のが嫌《いや》」とあるので，「旧態依然《いぜん》としたやり方に対して違和《いわ》感を持っており」，「うんざりしている」とあるウがよい。

問６　美由起が言うところの「茶番」は，「『昭和レトロ』の定義」のうちの「可愛《かわい》らしいもの」を智子に受け入れさせるために行われたものである。また，中園は「驚《おどろ》いたことに，小五女子の感性に寄り添《そ》ってきた」のであり，美由起は「尻馬《しりうま》に乗っ」ている。さらに，美由起は「素人《しろうと》が作ってもそんなに可愛くならない」と言った後で智子に「ラッピングオムライス」をつくらせ，「料理人冥利《みょうり》につきる」とまで言わせており，結果的に智子の自尊心をくすぐっている。よって，オがあてはまる。なお，「茶番」は，見えすいて芝居《しばい》がかった行動。「尻馬に乗る」は，他人の言動に無批判に同調してものごとをすること。

問７　美由起は当初，智子を「強引《ごういん》な女だ」と感じていたが，挑発《ちょうはつ》された智子が本気になって「ラッピングオムライス」をつくるようすを見て，傍線部⑥のような心情に変化している。したがって，イが合う。

問８　「こちら」は，ラッピングタイプのオムライスを指す。ライスに接する卵が「フライパンで焼かれた面」だけのカバータイプより，卵の「半熟の側」で包むラッピングタイプのほうが，「半熟卵と米の親和性」が高く，「一体感」が生まれるとあるので，これをもとに，「半熟の側で包むラッピングタイプは，卵と米の親和性が高いから」，「卵の半熟の側で包んだ方が，オムライスとして一体感があるから」のようにまとめる。

問９　「へそを曲げる」は，“気に入らないことがあって意地になる”という意味。傍線部⑧の心配は，前のほうの「しまった，はしゃぎすぎた。中園にだって，料理人としてのプライドがあるはずなのに。長年にわたり大食堂を支え続けてくれた相手に対して，あんまりな仕打ちである」にも表れている。これをふまえ，「美由起が智子のオムライスを絶賛したため，長年にわたり大食堂を支え続けてくれた中園のプライドを傷つけてしまい，やる気をなくさせてしまったのではと思ったから」のようにまとめる。

四　**出典は古田徹也《ふるたてつや》の『いつもの言葉を哲学《てつがく》する』による**。「やさしい日本語」について紹介《しょうかい》し，その長所と欠点を，オーウェルの小説などを例にあげながら説明している。

問１　**A**　「一抹《いちまつ》」は，“ほんの少し”という意味。この言葉は「不安」，「悲しみ」，「寂《さび》しさ」などの暗い心情に用いられるので，イがふさわしい。　**B**　「浮《う》き彫《ぼ》り」は，模様や文字などを背景から浮き上がるように彫ること。比喩《ひゆ》的に，“これまでかくれていたものごとが表面化すること”を表すので，エが選べる。

問２　ウのように，部内でしか通用しない略語で説明すれば，上級生には通じるが，入部したばかりの中学一年生には通じないので，「適当に言っても通じる」というある種の「甘《あま》え」の例といえる。

問３　続く部分に「採点の基準も，個々の学生の力を伸《の》ばす方向で考えるべき」だとあるので，「それぞれの学生の能力をより良い形で伸ばす」ことにふれているアがよい。

問４　続く部分で，「難しい言葉を無駄《むだ》にこねくり回しているから」というケースも確かにあるが，「複雑な問題をあるがままに正確に捉《とら》え，解決の方途《ほうと》を正確に言い表そうとするならば，その表現はおのずと複雑で，繊細《せんさい》なものになっていく」からだと述べられているので，エがふさわしい。

問５　直前に「言葉は常に伝達のための手段であるわけではなく」とあるので，傍線部④は「伝達」以外のこととわかる。また，同じ段落の最後に，「伝えるべき『自分の考え』それ自体を生み出すことも，同じくらい重要な言葉の働きなのである」とある。よって，「『自分の考え』それ自体を生み出すこと」のようにまとめられる。

問６　⑤　一般《いっぱん》的な「民主化」の意味は，民意が反映するように考え方や体制を変えること。傍線部⑤は「多様な人々の間で用いられる」ようにするという意味であり，一般的な使い方ではない。
⑥　「改良」は，悪い点を改めて良くすること。「ニュースピーク」は旧来の英語を改良したものだということになっているが，「国民の表現力や思考力を弱め，全体主義に適《かな》う物事の見方に嵌《は》め込《こ》む」ためのものなので，その実態は改悪といえる。

問７　傍線部⑦の「利益」につながる「語彙《ごい》の減少」については，二つ後の段落で，「人々がこの言語によって飼い慣らされ，表現力・思考力が弱まり，画一的なものの見方や考え方に支配される」事態につながることが説明されている。これをふまえ，「全体主義国家にとって，国民の表現力や思考力を弱められる利益」のようにまとめる。

問８　二重傍線部で述べられている筆者の「懸念《けねん》」については，最後から二つ目の段落の「しかし，仮に〈やさしい日本語〉が全面化するとすれば」に続く部分で具体的に説明されている。その内容を整理し，「語彙と文法の簡略化は全体主義体制を強化する方法に通じ，意図的に減らした語彙であらゆる表現が行われれば，人々の表現力や思考力は弱まり，思想的な偏《かたよ》りが生まれるから」のようにまとめる。

2023年度 聖光学院中学校

【算　数】〈第２回試験〉(60分)〈満点：150点〉

1　次の問いに答えなさい。

(1)　次の計算の□にあてはまる数を答えなさい。

$$\left(\square\times0.375-\frac{5}{6}\right)\div\frac{4}{7}+\frac{17}{24}=3\frac{1}{3}$$

(2)　ある宝石店では，ルビーの指輪と真珠《しんじゅ》のネックレス１つずつをセットで買うと，それぞれを定価で買ったときの合計の□％引きになります。このときのセットの価格と，それぞれを定価で買ったときの合計との差は，ルビーの指輪の定価の７％にあたり，真珠のネックレスの定価の９％にあたります。このとき，□にあてはまる数を答えなさい。

(3)　スペード，ハート，クラブ，ダイヤの２，３，４，５，６が各１枚ずつ，合計20枚のカードがあります。これらのカードの中から３枚を選んで横一列に並べます。このとき，スペードのカードどうしが隣《とな》り合わない並べ方は全部で何通りありますか。

2　ＡとＢの２つの水そうにそれぞれ１Ｌずつ水が入っています。これら２つの水そうに水を入れていく操作を同時に始めます。

　まず，水そうＡには，操作を始めて最初の２分間は水を入れず，その後の２分間は毎分0.5Lの割合で水を入れていきます。また，水そうＢには操作を始めて３分後から４分後の間に水を入れなかったことがわかっています。

　操作を始めてから３分間の，「水そうＢに入っている水の量」の「水そうＡに入っている水の量」に対する割合を示したグラフは図１のようになりました。

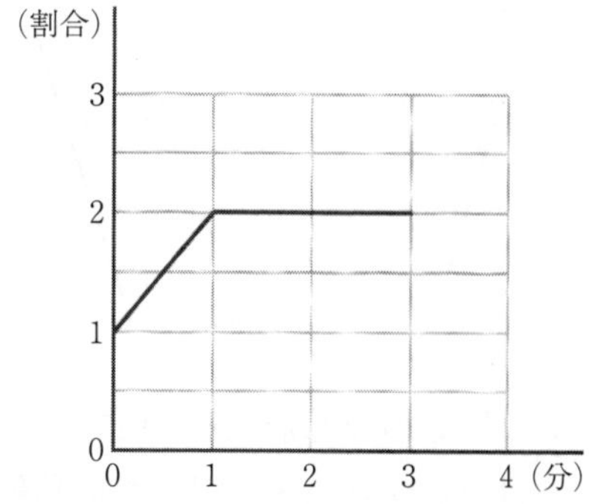

図１

(1)　操作を始めてから３分間で，「水そうＢに入っている水の量」が2.8Lになるのは操作を始めてから何分後ですか。

(2)　操作を始めてから４分間の，「水そうＢに入っている水の量」の変化を解答欄《らん》のグラフにかきなさい。ただし，グラフの横軸《じく》は時間，縦軸は「水そうＢに入っている水の量」とします。

(3)　図１のグラフの，操作を始めて３分後から４分後の変化の様子を，解答欄のグラフにかきなさい。

(4)　操作を始めてから４分間で，「水そうＢに入っている水の量」の「水そうＡに入っている水の量」に対する割合が1.8になるのは，操作を始めてから□分後です。□にあてはまる数として考えられるものをすべて答えなさい。

3　図１のように直線XYと，XY上にない点Pがあります。XY上の点Xと点Yとの間に点Qがあり，直線PQとXYが垂直であるとき，PQをPからXYに引いた「直角線」と呼ぶことにします。

また，図１の直線RYとXYは垂直なので，点RからXYに直角線を引くことができますが，点SからはXYに直角線を引くことはできません。

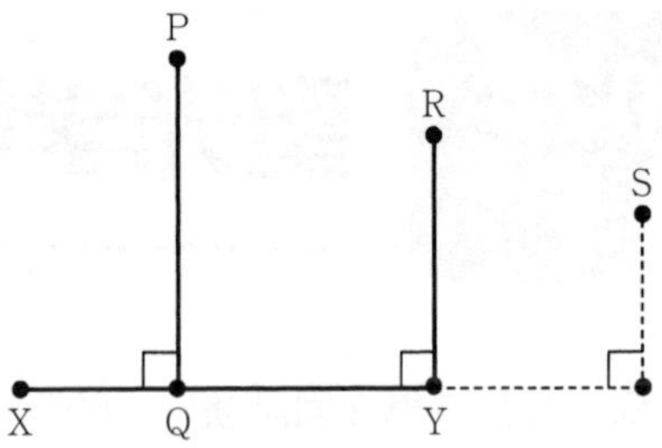

図１

さて，多角形の内部の点から，その多角形の辺に直角線を引くことができるかどうかを考えます。例えば，正方形の場合，内部にあるどの点からでも４つの辺すべてに直角線を引くことができます。このとき，次の問いに答えなさい。

(1)　ある三角形の内部のある点から，すべての辺に直角線を引こうとしたところ，この点からは直角線を引くことができない辺がありました。この三角形はどのような三角形ですか。１行で答えなさい。

(2)　図２の正五角形の内部で，５つの辺すべてに直角線を引くことができる部分を考えます。この部分の図形の内角の和は何度ですか。

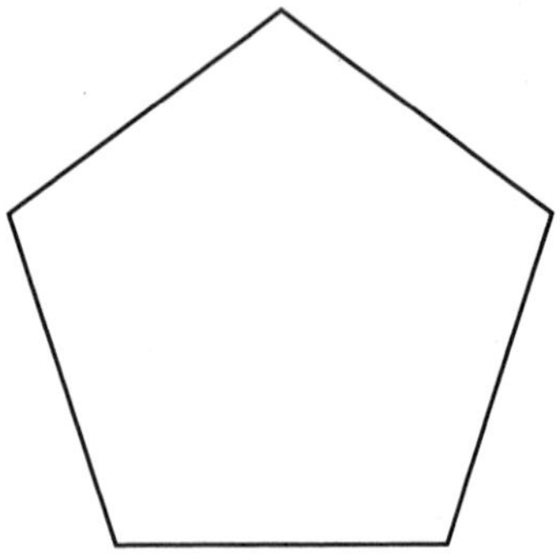
図２

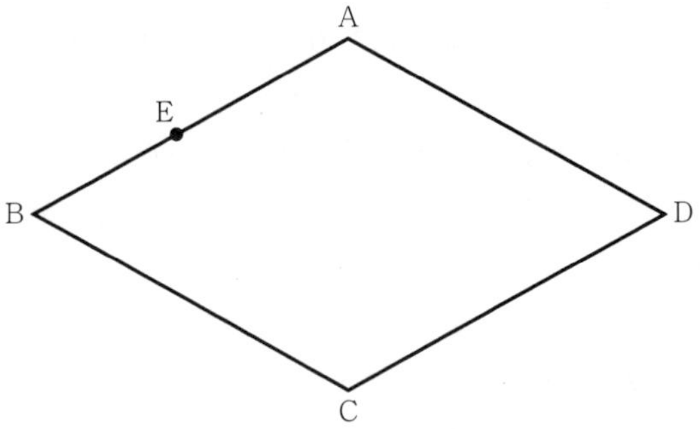

図３

(3)　図３のひし形ABCDについて，辺AB上にAE：EB＝6：5となる点Eをとると，直線CEは点CからABに引いた直角線となりました。このひし形ABCDの内部で，４つの辺すべてに直角線を引くことができる部分を考えます。この部分の面積は，ひし形ABCDの面積の何倍ですか。

4　同じ長方形の紙を何枚か用意してぴったりと重ねた状態を「状態A」とします。この状態Aに対して以下の操作①～③を，下の図のように行うことを考えます。

操作①：状態Aのまま長いほうの辺の真ん中で全体を半分に折り，折り目でホチキス留めをして冊子を作ります。この状態を「状態B」とします。

操作②：冊子の表紙を１ページ目として裏表紙まで順にページ番号を決め，そのページ番号を１から順に各ページの下部に書きます。ここでできた状態を「状態C」とします。

操作③：ページを開いてからホチキス留めをはずします。ここでできた状態を「状態D」とします。

状態Dは，状態Aのように長方形の紙が重なった状態で，それぞれの紙には４つのページ番号が書かれています。

たとえば，最初の紙の枚数が３枚のとき，状態Ａから始めて操作①～③を行って状態Ｄを作ると，次の図のようになります。

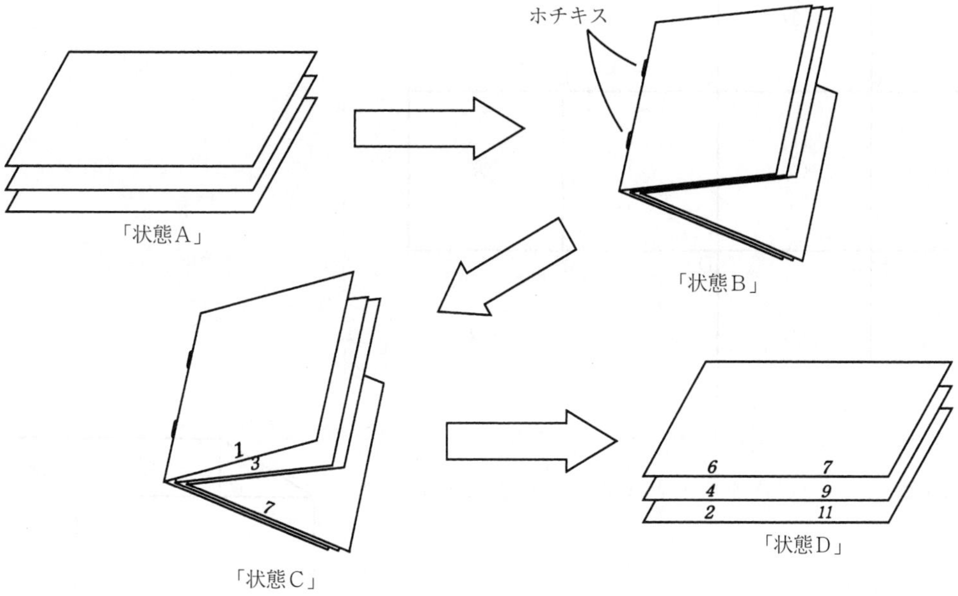

このとき，状態Ｃにおいて，裏表紙のページ番号は12となります。また，操作②において，４回目にページをめくった直後に書かれているページ番号は８であることになります。紙は厚さを無視して折り曲げることができるものとして，次の問いに答えなさい。

ただし，この冊子を切り離《はな》したり，破いたりしてはいけません。

⑴　最初の紙を８枚として，状態Ａから始めて操作①～③を行って状態Ｄを作りました。このとき，ページ番号「７」が書かれているのは，状態Ｄの上から何枚目ですか。

⑵　最初の紙を12枚として，状態Ａから始めて操作①～③を行って状態Ｄを作りました。このとき，状態Ｄの上から４枚目に書かれている４つのページ番号の数をすべて足すといくつになりますか。

次に，最初の長方形の紙を20枚として，状態Ａから始めて操作①～③を行って状態Ｄを作りました。しかし，操作②において□回目にページをめくるときに２枚同時にめくってしまったため，裏表紙のページ番号が80ではなく78となってしまいました。

⑶　状態Ｄにおいて，一番上の紙に書かれているページ番号の数をすべて足すといくつになりますか。考えられる数をすべて答えなさい。

⑷　状態Ｄにおいて，ある紙に書かれているページ番号の数をすべて足すと100になりました。このとき，□にあてはまる数として考えられるものをすべて答えなさい。

5　図１のような，１辺の長さが10cmの立方体の展開図が平面上にあります。この展開図から立方体を作るときに，折り曲げた面が通過してできる立体について考えます。

このとき，あとの問いに答えなさい。ただし，円周率は3.14とします。

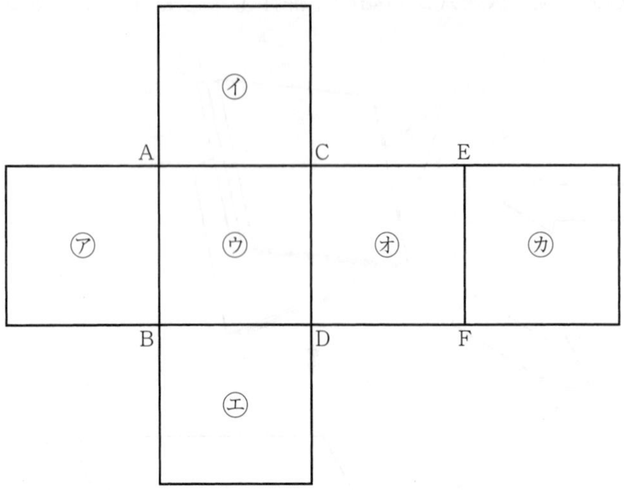

図１

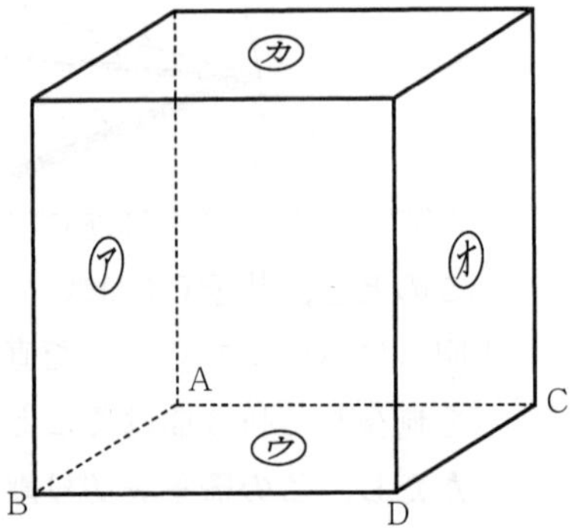

図２

⑴　図２のように，㋒の面を底面とする立方体を次の手順で作ります。

（手順１）　辺ABを折り目として，㋐の面を90度折り曲げます。

（手順２）　辺ACを折り目として，㋑の面を90度折り曲げます。

（手順３）　辺BDを折り目として，㋓の面を90度折り曲げます。

（手順４）　辺CDを折り目として，㋔と㋕の面を90度折り曲げます。

（手順５）　辺EFを折り目として，㋕の面を90度折り曲げます。

①　（手順１）で，㋐の面が通過してできる立体の体積は何 cm^3 ですか。

②　（手順１）～（手順５）で，折り曲げた面が通過してできる立体の体積の合計は何 cm^3 ですか。

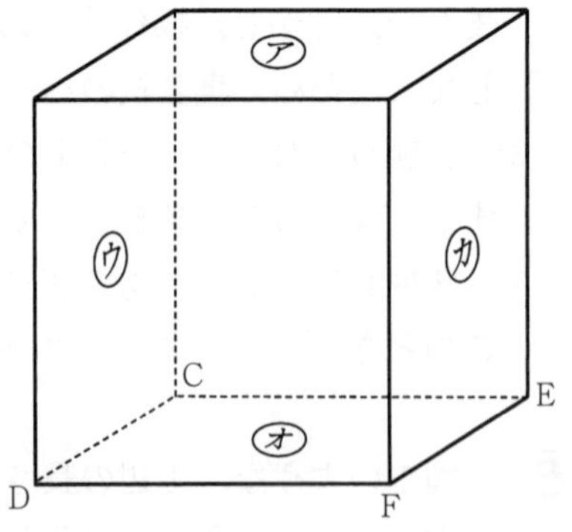

図３

⑵　図３のように，㋔の面を底面とする立方体を次の手順で作ります。

（手順１）　辺CDを折り目として，㋐～㋓の面を90度折り曲げます。

（手順２）　辺ACを折り目として，㋑の面を90度折り曲げます。

（手順３）　辺ABを折り目として，㋐の面を90度折り曲げます。

（手順４）　辺BDを折り目として，㋓の面を90度折り曲げます。

（手順５）　辺EFを折り目として，㋕の面を90度折り曲げます。

　このとき，（手順１）～（手順５）で，折り曲げた面が通過してできる立体の体積の合計は何 cm^3 ですか。

【社　会】〈第２回試験〉（40分）〈満点：100点〉

〈編集部注：実物の入試問題では，地形図と写真，絵はすべてカラー，図も一部はカラー印刷です。〉

１　次の問いに答えなさい。

問１　「アメリカが主導する新たな経済圏《けいざいけん》構想」の立ち上げが2022年５月に東京で発表され，早くも６月には日本を含《ふく》む14の国が参加を表明しました。この経済圏構想を指す言葉を，次の**ア**～**オ**の中から１つ選び，記号で答えなさい。

ア　IPEF　　**イ**　TPP　　**ウ**　RSEP　　**エ**　SCO　　**オ**　ASEAN

問２　昨年は，「チロルチョコ」，「うまい棒」，「ガリガリ君」などの値上げも話題になったように，多くの商品やサービスの価格が値上がりする，インフレーションとよばれる現象が注目されました。昨年注目されたこうした事例は，いずれも作り手側の事情で発生したインフレーションです。このような作り手側の事情で発生するインフレーションとは違《ちが》い，買い手側の事情で発生するインフレーションの例として，最もふさわしいものを，次の**ア**～**エ**の中から１つ選び，記号で答えなさい。

ア　天候不良で小麦が不作となり，小麦粉の仕入れ価格が上がったため，有名うどんチェーン店で売られるうどんの価格が上昇《じょうしょう》した。

イ　法律の改正で最低賃金が上がり，工場で働く人の賃金も上がったため，その工場で作られるお菓子《かし》の価格が上昇した。

ウ　テレビでバナナが健康に良いと紹介《しょうかい》されたため，みんながバナナを買おうと殺到《さっとう》し，品薄《しなうす》になったため，バナナの価格が上昇した。

エ　産油国が周辺の紛争《ふんそう》に巻《ま》き込《こ》まれ原油の輸出が滞《とどこお》り，ガソリンの卸売《おろしう》り価格が上がったため，ガソリン店頭価格が上昇した。

問３　日本国憲法第28条の(　)にあてはまる語句を漢字で答えなさい。

勤労者の(　　)する権利及《およ》び団体交渉《こうしょう》その他の団体行動をする権利は，これを保障する。

問４　通常，「賛成」の対義語は「反対」であるにもかかわらず，選択的夫婦別姓《せんたくてきふうふべっせい》制度導入について議論する際には，選挙などで，「賛成」派と「慎重《しんちょう》」派と表現されることがあります。なぜ「反対」派ではなく「慎重」派と表現するのか，その理由を自分なりに考えて20字以上40字以内で説明しなさい。ただし，句読点も字数に含めます。

２　次の文章を読んで，あとの問いに答えなさい。

昔の人々の生活の痕跡《こんせき》が確認《かくにん》できる場所を遺跡《いせき》といい，遺跡を発掘《はっくつ》して歴史を明らかにしていく学問を(　１　)といいます。

日本での本格的な(　１　)調査は，1877年に①お雇《やと》い外国人のエドワード＝モースがおこなった大森貝塚の発掘調査が最初です。大森貝塚からは，貝殻《かいがら》，魚や動物の骨，土器のかけらなどが出土しました。1884年には東京で，大森貝塚で見つかった土器とは異なる形式の土器が発見されました。この形式の土器は，最初に発見された地名を付して［　Ａ　］土器と名付けられました。

こうして新たな発見が重ねられていく一方で，戦前の日本では，古墳時代以前の歴史は②『古事記』や『日本書紀』に記された神話などにもとづいて説明されていました。しかし，③戦後になると，神話にもとづく歴史は否定され，事実にもとづく歴史を求める声が社会的に高まっていきました。こうした時代背景の中で，（　１　）による重要な発見が相次ぎました。

1946年，相沢忠洋《あいざわただひろ》氏は，④岩宿で関東ローム層から石器を発見し，日本にも旧石器時代があったことを証明しました。1947年には，静岡県の[　B　]遺跡で本格的な発掘調査がおこなわれ，事実にもとづく歴史を求める多くの人々が調査に協力しました。その結果，農具や水田・高床倉庫の痕跡などが多数見つかり，[　A　]時代のムラの姿が明らかになりました。

その後，飛鳥・奈良・京都・鎌倉・東京(江戸)などで，遺跡のある可能性が高い所では，しばしば発掘調査がおこなわれ，多くの発見がなされてきました。

たとえば，1972年には，奈良県明日香村《あすかむら》で（　２　）古墳が発見されました。古墳の石室に描《えが》かれていた，「飛鳥美人」とよばれる女子群像などの色鮮《いろあざ》やかな絵は，当時始まった新聞のカラー写真印刷によって人々に広く知られることとなり，「戦後最大の発見」といわれました。

京都では，⑤平安時代の遺跡だけではなく，足利義満の花の御所や，豊臣秀吉の邸宅《ていたく》である聚楽第《じゅらくだい》など，⑥室町時代や安土・桃山時代の遺跡の調査もおこなわれています。

鎌倉は，1333年に攻《せ》め落《お》とされたこともあり，鎌倉時代の建物はほとんど残っていませんが，発掘調査によって，鎌倉時代の建物の痕跡がたくさん発見されています。たとえば，承久の乱の時の執権であった（　３　）をまつった法華堂跡が2020年に発掘調査され，建物の規模などが判明しました。

東京でも，文字史料からはわからない歴史の真実を明らかにする発掘成果があがっています。江戸時代，キリスト教は禁止されていたため，江戸の町にはキリスト教徒を収容する切支丹屋《きりしたんや》敷《しき》がありました。そこを発掘調査したところ，江戸時代に日本に密航して捕《つか》まり，切支丹屋敷で死去した⑦イタリア人宣教師シドッチのものとみられる墓が見つかりました。遺体はキリスト教の方式に従って埋葬《まいそう》されており，キリスト教禁止の時代でも，シドッチの遺体は丁重《ていちょう》に扱われていたことがわかりました。

近年では，水底にある遺跡を発掘する水中（　１　）という分野もあります。長崎県鷹島《たかしま》海底遺跡からは，（　４　）の時にモンゴル軍が用いた「てつはう」の実物が見つかり，「てつはう」は，鉄製ではなく，焼き物の中に火薬を詰《つ》めた武器であることが判明しました。

このように，さまざまな史実が発掘調査によって明らかとなってきています。みなさんも，（　１　）の成果に注目してみましょう。

問１　文中の（１）～（４）にあてはまる語句や人名を漢字で答えなさい。ただし，（４）は２字で答えなさい。

問２　文中の[　A　]・[　B　]にあてはまる語句の組み合わせとして正しいものを，次の**ア**～**エ**の中から１つ選び，記号で答えなさい。

ア　A：縄文　B：登呂　　**イ**　A：縄文　B：吉野ヶ里

ウ　A：弥生　B：登呂　　**エ**　A：弥生　B：吉野ヶ里

問３　下線部①に関連して，明治政府はお雇い外国人を採用するなどして，日本の近代化をすすめました。明治政府による日本の近代化について述べた文として誤っているものを，次の**ア**～**エ**の中から１つ選び，記号で答えなさい。

ア　全国的な郵便制度を発足《ほっそく》させ，また，新橋－横浜間には鉄道を開通させた。

イ　地租改正をおこない，年貢にかわる新しい税として地租を米で納めさせた。

ウ　廃藩置県を成しとげたあと，徴兵制を導入し，近代的な軍隊を創設した。

エ　大日本帝国憲法を発布して，衆議院と貴族院からなる議会を開設した。

問４　下線部②について述べた文ａ～ｄのうち，正しいものの組み合わせを，あとの**ア**～**エ**の中から１つ選び，記号で答えなさい。

ａ：『古事記』は，太安万侶が覚えていた話を，稗田阿礼が文字で記したものである。

ｂ：『古事記』は，稗田阿礼が覚えていた話を，太安万侶が文字で記したものである。

ｃ：『日本書紀』は，刑部親王らが編さんした，和文で記された歴史書である。

ｄ：『日本書紀』は，舎人親王らが編さんした，漢文で記された歴史書である。

ア　ａ・ｃ　**イ**　ａ・ｄ

ウ　ｂ・ｃ　**エ**　ｂ・ｄ

問５　下線部③に関連して，第二次世界大戦後の占領期の日本の諸改革について述べた文として正しいものを，次の**ア**～**エ**の中から１つ選び，記号で答えなさい。

ア　選挙制度改革がおこなわれ，18歳《さい》以上の男女に選挙権が与《あた》えられた。

イ　教育改革がおこなわれ，６・３・３・４制の学校制度が定められた。

ウ　農地改革がおこなわれ，自作農にかわって多くの小作農が誕生した。

エ　財閥解体がおこなわれ，いわゆる四大財閥は完全に解体された。

問６　下線部④について，岩宿遺跡の場所として正しいものを，次の地図中の**ア**～**エ**の中から１つ選び，記号で答えなさい。

問７　下線部⑤の時代に起きた次の出来事を，時期の早い順に並べかえた場合，３番目になるものを，**ア**～**エ**の中から選び，記号で答えなさい。

ア　堀河《ほりかわ》天皇に天皇の位をゆずった白河上皇が，院政を開始した。

イ　征夷大将軍となった坂上田村麻呂が，蝦夷討伐《とうばつ》に出陣《しゅつじん》した。

ウ　紀貫之が，かな文字を用いて『土佐日記』を書いた。

エ　平清盛の娘《むすめ》の徳子(建礼門院)が，高倉天皇の中宮《ちゅうぐう》となった。

問８　下線部⑥の時代の出来事について述べた文として正しいものを，次の**ア**～**エ**の中から１つ選び，記号で答えなさい。

ア　足利尊氏によって南北朝の合体が実現し，室町幕府が全国政権となった。

イ　裁判の基準となる御成敗式目が定められ，問注所で裁判がおこなわれた。

ウ　禅宗が広まり，雪舟はすぐれた水墨画を描き，足利義政は金閣を造った。

エ　土倉・酒屋からの借金に苦しむ人々が，正長の土一揆を起こした。

問９　下線部⑦について，シドッチの取り調べは新井白石が担当し，シドッチから聞いたヨーロッパやキリスト教の情報を書物にまとめています。このことに関連して，新井白石の政治について述べた文として正しいものを，次の**ア**～**エ**の中から１つ選び，記号で答えなさい。

ア　金銀の国外流出を防ぐため，長崎での貿易額に制限を加えた。

イ　幕府領の年貢の税率の決め方を，検見法から定免法に改めた。

ウ　幕府の財政問題を解決するため，それまでより質の劣《おと》る小判を鋳造《ちゅうぞう》させた。

エ　株仲間の結成をうながし，独占的《どくせんてき》な商売を認めるかわりに税を納めさせた。

問10　波線部のように，遺跡のある可能性が高い所では，マンションや商業施設《しせつ》など大型の建物を建てる際に，事前に試掘《しくつ》調査をして遺跡の有無を確認し，もし遺跡が発見されれば，発掘調査をするか，または建築計画を変更します。このように事前に試掘調査をおこなう理由について述べた次の文中の［　　］にあてはまる言葉を答えなさい。

> 大型の建物を建てる際の基礎《きそ》工事によって，［　　　　］しまうおそれがあるため。

3　次の年表は1923年以降の100年間に，日本で発生したさまざまな自然災害のうち，いくつかを示したものです。これを見て，あとの問いに答えなさい。

1923年	①関東大震災	相模湾を震源《しんげん》とし，南関東から東海地方にかけて被害《ひがい》が発生した。
1933年	昭和三陸地震	②三陸地方で津波の被害が甚大《じんだい》であった。
1947年	カスリーン台風	降水量が多く，［　A　］が埼玉県東《ひがし》村(現加須《かぞ》市)で氾濫《はんらん》するなどの被害が出た。この影響《えいきょう》で，河川の氾濫対策がすすんだ。
1954年	洞爺丸台風	③青函連絡船《れんらくせん》洞爺丸の沈没《ちんぼつ》事故が発生した。
1959年	伊勢湾台風	これを契機《けいき》に1961年に災害対策基本法が制定され，④防災意識が高まった。

1960年	（ １ ）地震津波	（ １ ）で起きた地震により発生した津波が，太平洋を越《こ》えて三陸地方を襲《おそ》った。
1964年	新潟地震	これを契機に，⑤液状化現象の研究がさかんになった。
1991年	雲仙普賢岳噴火《ふんか》	長崎県の（ ２ ）半島にある雲仙普賢岳で噴火が発生した。⑥火《か》砕流《さいりゅう》によって大きな被害が出た。
2011年	東日本大震災	死者・行方《ゆくえ》不明者の９割は津波の被害によるものとされた。沿岸部では水産加工業などの被害が甚大であった。また，⑦福島第一原発が放射能漏《も》れ事故を起こした。
2019年	台風19号 長野県内豪雨《ごうう》災害	長野県内で［ Ｂ ］が氾濫し，北陸新幹線の車両基地が水没《すいぼつ》するなどの被害が出た。

問１　文中の（１）・（２）にあてはまる語句を答えなさい。ただし，（２）は漢字で答えなさい。

問２　文中の［ Ａ ］・［ Ｂ ］にあてはまる河川名の組み合わせとして正しいものを，次の**ア**～**エ**の中から１つ選び，記号で答えなさい。

ア　Ａ：多摩川　Ｂ：千曲川

イ　Ａ：多摩川　Ｂ：天竜川

ウ　Ａ：利根川　Ｂ：千曲川

エ　Ａ：利根川　Ｂ：天竜川

問３　下線部①に関連して，関東大震災の瓦礫《がれき》を利用して横浜市内の海沿いに山下公園が建設されました。山下公園には，かつて北太平洋航路の貨客船として活躍《かつやく》した氷川丸《ひかわまる》が係留されています。氷川丸は横浜船渠《よこはませんきょ》（横浜にかつてあった造船所）で建造され，氷川丸も横浜船渠も国指定重要文化財となっています。どちらも，日本の近代化・工業化に大きな役割を果たしたという評価によるものです。これに関連して，近現代の日本の工業について説明した文として誤っているものを，次の**ア**～**エ**の中から１つ選び，記号で答えなさい。

ア　富岡製糸場は，フランスの技術者を招いて指導を受け，綿糸の生産をおこなっていた。生産された綿糸は明治から昭和にかけて，日本の重要な輸出品であった。

イ　官営八幡製鉄所で近代的な製鉄がおこなわれるようになった。北九州は近隣《きんりん》で石炭を産出したことや，中国から鉄鉱石を輸入しやすかったことが，立地の要因であった。

ウ　日本はかつて半導体製造がさかんで，日本企業《きぎょう》が生産量の上位を占《し》めた。現在では台湾や韓国，アメリカ合衆国の企業が生産の中心である。

エ　日本の自動車生産は，かつて世界１位の生産台数を記録した。現在では，依然《いぜん》として世界上位の生産台数であるものの，日本企業による海外での生産がすすんでいる。

問４　下線部②について，三陸海岸で津波の被害が大きくなったのは，リアス海岸が続いているためです。リアス海岸は津波の被害が大きくなるという特徴《とくちょう》がありますが，通常時は波がおだやかで，養殖業《ようしょくぎょう》に適しています。このため，三陸海岸では養殖業がさかんです。次の表は，2019年の養殖業の生産量の順位表です。Ⅰ～Ⅲの品目の組み合わせとして正しいものを，あとの**ア**～**カ**の中から１つ選び，記号で答えなさい。

	1位	2位	3位	4位	5位
Ⅰ	広島県	宮城県	岡山県	兵庫県	岩手県
Ⅱ	宮城県	岩手県	徳島県	兵庫県	長崎県
Ⅲ	佐賀県	兵庫県	福岡県	熊本県	宮城県

(矢野恒太記念会『データでみる県勢 2022』より作成)

ア　Ⅰ：のり　Ⅱ：かき　Ⅲ：わかめ
イ　Ⅰ：のり　Ⅱ：わかめ　Ⅲ：かき
ウ　Ⅰ：かき　Ⅱ：わかめ　Ⅲ：のり
エ　Ⅰ：かき　Ⅱ：のり　Ⅲ：わかめ
オ　Ⅰ：わかめ　Ⅱ：かき　Ⅲ：のり
カ　Ⅰ：わかめ　Ⅱ：のり　Ⅲ：かき

問5　下線部③に関連して，青函連絡船は，1908年から1988年まで津軽海峡を横断する貨客船でした。島国である日本は，各地に海峡が存在して，島と島を隔《へだ》てています。各地の海峡について説明した文として正しいものを，次の**ア**～**エ**の中から1つ選び，記号で答えなさい。

ア　鳴門海峡は，四国と淡路島の間の海峡で，海流が速すぎて橋を架《か》ける工事ができないため四国と淡路島は船でむすばれている。その速い海流は渦潮《うずしお》を形成し，観光の目玉となっている。

イ　根室海峡は，北海道と択捉島の間の海峡である。択捉島は日本の領土であるが，ロシアによる支配を受けているため，日本人が簡単に訪《おとず》れることができない。

ウ　関門海峡は，本州と九州の間の海峡で，船によってむすばれ，橋は架けられていない。海峡内にある島では，江戸時代に剣豪《けんごう》同士が決闘《けっとう》をおこなったことで知られている。

エ　対馬海峡は，九州と朝鮮半島の間の海峡で，中央部には対馬がある。海峡の両岸にある福岡市と韓国の釜山《プサン》市は空路だけでなく海路でもむすばれている。

問6　下線部④について，現代の防災に関して説明した文として誤っているものを，次の**ア**～**オ**の中から1つ選び，記号で答えなさい。

ア　洪水《こうずい》や高潮発生時における浸水《しんすい》域や避難《ひなん》地域を示したハザードマップが作られるなど，住民が避難行動を取るための情報が示されるようになっている。

イ　地震や津波の被災地《ひさいち》では，被害にあった建物を改築するなどして保存し，人々の防災意識を高めるための資料館としている。

ウ　建物の耐震《たいしん》構造や免震《めんしん》装置の技術が向上し，規模の大きな地震でも建物が倒壊することが以前より減ってきている。

エ　地震発生の数時間前に緊急《きんきゅう》地震速報がスマートフォンに届くようになったことで，迅《じん》速《そく》な避難ができるようになった。

オ　降雪の多い地域では，ロードヒーティングや融雪剤《ゆうせつざい》の散布，水を流して雪をとかす融雪パイプなどが普及《ふきゅう》している。

問7　下線部⑤について，次の地形図**ア**～**エ**のうち，●地点で液状化現象が他の3つに比べて起こりにくいと考えられるものを1つ選び，記号で答えなさい。

ア

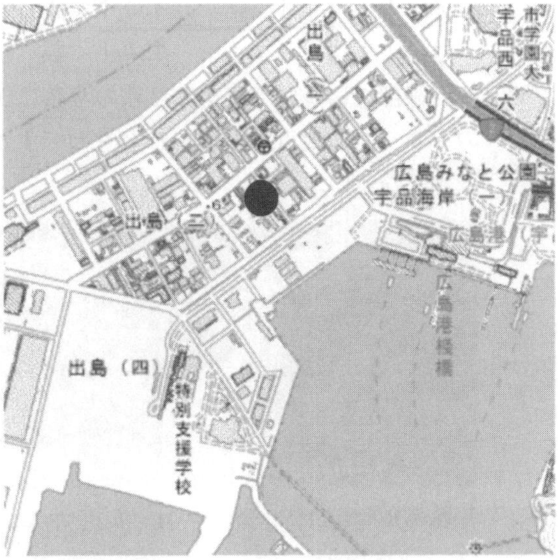

イ

ウ

エ

（地理院地図より作成）

問８　下線部⑥に関連して，九州には火砕流によって形成された台地であるシラス台地があります。これに関連して，日本各地の台地でおこなわれている農業について説明した文Ⅰ・Ⅱの正誤の組み合わせとして正しいものを，あとの**ア**～**エ**の中から１つ選び，記号で答えなさい。

Ⅰ　鹿児島県や宮崎県のシラス台地は，かつて近隣の火山によって生じた火砕流が堆積《たいせき》した土壌《どじょう》であるため，土壌の目が粗《あら》く，水はけがよい。そのため水田の整備が難しく農業はさかんではなかったが，近年は客土によって水田が整備され，九州南部の温暖さを利用して，稲作がさかんになった。

Ⅱ　北海道東部の根釧台地は，夏季も千島海流の影響で気温があまり上がらず，土地の養分も乏《とぼ》しいために稲作や畑作には向いていない。そのため，第二次世界大戦後に，近代的な酪農《らくのう》の実験をするための農場を建設したことをきっかけに，酪農がさかんになった。

ア　Ⅰ：正　Ⅱ：正　　**イ**　Ⅰ：正　Ⅱ：誤
ウ　Ⅰ：誤　Ⅱ：正　　**エ**　Ⅰ：誤　Ⅱ：誤

問９　下線部⑦について，次の２枚の写真は2022年３月に，福島第一原発の近くで撮影《さつえい》されたものです。どの地点で撮影されたものですか。あとの地図中の**ア**～**カ**の中から１つ選び，記号で答えなさい。

(聖光学院社会科撮影)

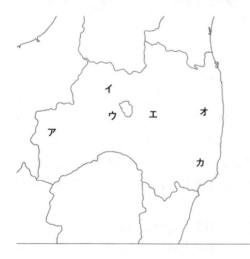

問10　波線部について，宮城県では，2015年におこなわれた調査の結果，東日本大震災前の2010年に比べて労働力人口が減少した町が多くみられました。そのような状況《じょうきょう》であるにもかかわらず，特定の業種については労働力人口の割合が増えた町もあります。次の図表１～３と資料を見て，最も労働力人口の減少率が高い町名を１つあげ，とりわけその町において，労働力人口が減少した理由と，特定の業種における労働力人口の割合が増加した理由を，解答《かいとう》欄《らん》に合わせて60字以上80字以内で答えなさい。なお，町名と「では,」は，字数に含《ふく》めません。

図表１

町名	増減率(%)
蔵王町《ざおうまち》	−3.3
七ヶ宿町《しちかしゅくまち》	−16.6
大河原町《おおがわらまち》	−3.8
村田町《むらたまち》	−3.9
柴田町《しばたまち》	0.9
川崎町《かわさきまち》	−5.3
丸森町《まるもりまち》	−7.9
亘理町《わたりちょう》	−4.8
山元町《やまもとちょう》	−25.9
松島町《まつしままち》	−5.1
七ヶ浜町《しちがはままち》	−9.0
利府町《りふちょう》	6.9
大和町《たいわちょう》	15.0
大郷町《おおさとちょう》	−6.9
色麻町《しかまちょう》	−0.2
加美町《かみまち》	−2.0
涌谷町《わくやちょう》	−4.0
美里町《みさとまち》	1.4
女川町《おながわちょう》	−32.8
南三陸町《みなみさんりくちょう》	−26.5

図表2
宮城県内の町における，2010年を基準とした2015年の労働力人口増減率
（宮城県統計課人口生活班「平成27年 国勢調査 就業状態等基本集計結果」より作成）

本町の被災状況は，人的被害では犠牲《ぎせい》率が8.26％であり，家屋被害においても約7割の住家が全壊《ぜんかい》となり大規模半壊《はんかい》，半壊，一部損《そん》壊《かい》を含めると約9割の住家が被害を受けた。人命・住家共に被災市町村のうちで最も高い被災率となった。町の産業基盤《きばん》である漁業・水産業では，漁船の約9割が，水産加工事業所は8割が流失，約3割の経営体が廃業《はいぎょう》する状況に至り，商工業者も同様に3割の事業者が廃業せざるを得ない状況となった。

資料
その町の町長の2014年の談話
（復興庁ウェブサイト「新たな視点でのまちづくり」より作成）

町名	農林業	建設業	製造業	運輸業等	小売業等	宿泊《しゅくはく》業等	医療《いりょう》・福祉
蔵王町	−0.4	1.5	−2.2	0.2	0.0	−0.9	1.1
七ヶ宿町	−6.0	−0.1	−0.2	3.0	−1.1	−1.4	2.4
大河原町	0.0	0.9	−1.1	0.2	−1.2	−0.4	1.4
村田町	0.8	2.4	−3.2	0.6	0.0	−0.3	0.4
柴田町	−0.2	1.9	−0.9	0.1	−1.4	−0.5	1.1
川崎町	−2.2	2.2	−0.9	0.3	−0.5	−0.4	0.7
丸森町	−1.1	1.4	−1.4	−0.3	−0.3	0.1	1.2
亘理町	−2.0	2.6	−1.0	−0.4	−0.3	−0.3	0.9
山元町	−1.9	6.3	−3.0	−0.8	−2.7	−0.4	0.0
松島町	0.2	2.0	−0.4	−0.3	−1.7	−1.4	1.6
七ヶ浜町	0.0	1.8	−0.7	0.1	−2.0	0.6	0.2
利府町	−0.1	1.4	−0.3	−0.2	−2.4	−0.4	1.5
大和町	−0.8	−0.1	3.0	0.0	−1.2	−0.2	0.7
大郷町	0.5	0.7	0.1	−1.0	−1.9	0.3	1.1
色麻町	−1.1	0.1	0.6	0.3	−1.0	−0.2	0.9
加美町	−0.6	1.0	1.0	−0.4	−1.1	−0.1	1.4
涌谷町	−0.1	1.7	−2.1	0.1	−0.6	−0.4	1.3
美里町	−1.1	1.7	−0.2	−0.9	−1.4	−0.3	2.1
女川町	−0.1	14.6	−6.9	−1.1	−3.4	−0.9	−0.2
南三陸町	−0.1	5.5	−2.2	−0.2	−4.0	−0.3	0.1

図表３
宮城県内の町における，2010年を基準とした，2015年における主な業種別労働力割合の差
（宮城県統計課人口生活班「平成27年 国勢調査 就業状態等基本集計結果
産業別15歳《さい》以上就業者の割合の推移」より作成）

4 次の文章を読んで，あとの問いに答えなさい。

21世紀の世界は地域紛争《ふんそう》に満ちています。たとえば，アメリカで黒人の人権が問題となるなど，人種差別にかかわる対立はあとを絶ちません。また，①アフガニスタンにおけるイスラム原理主義の影響力《えいきょうりょく》拡大やウクライナ問題なども大きな問題となっています。本問では，こうした紛争や混乱の背景にある「人種」と「民族」について考えてみたいと思います。

人種という言葉は，人類を皮膚《ひふ》の色，目や鼻の形などの外見から分類する場合に用いられ，かつてはこうした外見的特徴《とくちょう》は生物学的な違《ちが》いによるものであると考えられてきました。しかし20世紀後半の研究によって，生物学的な意味においては，人種という分類は存在しないことが明らかになりました。皮膚の色などの身体的特徴は，紫外線《しがいせん》などの環境《かんきょう》に対する適応の結果であると結論づけられたのです。1948年の「世界人権宣言」で国連は人種的偏見《へんけん》にもとづく一切《いっさい》の差別を否定しましたが，ユネスコはさらに踏《ふ》み込《こ》んで，人種という考え方自体が②歴史的に形成された特定の価値観によるものであると宣言しています。今日では，「人種」は人々を外見で区別する際に用いられる便宜的《べんぎてき》な分類と理解されています。

一方，民族は，『ブリタニカ国際大百科事典』によると「一定地域に共同の生活を長期間にわたって営むことにより，言語，習俗《しゅうぞく》，③宗教，政治，経済などの各種の文化内容の大部分を共有し，集団帰属意識によって結ばれた人間の集団の最大単位」と定義されています。人種

が「外見」による人々の区別であるのに対し，民族は「文化」の共有によって歴史的に形成された集団を表す区分というわけです。

人間はどのような外見であろうと，どのような集団に帰属していようとも，生物学的には単一の種に属するものとして，動物と対比される存在に過ぎません。たとえば北海道や樺太《からふと》の先住民を表す「［　　　］」という語も，もともとは動物から区別された「人間」を表す言葉でした。わたしたちはさまざまな人々がもつ文化の多様性を尊重し，すべての人間が平等な存在であるということを忘れてはいけません。

問1　文中の［　　］にあてはまる語句を答えなさい。

問2　下線部①について，アフガニスタン，ウクライナの場所を，次の地図中の**ア**～**オ**の中からそれぞれ1つずつ選び，記号で答えなさい。

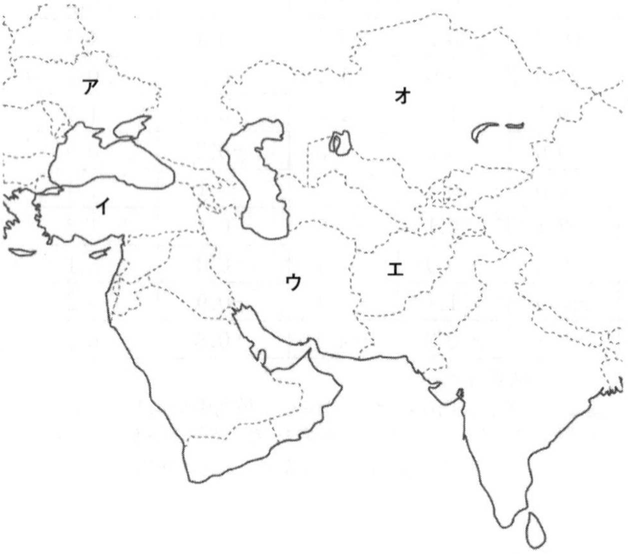

問3　下線部②について，ヨーロッパで「人種」という言葉が一般的《いっぱんてき》に用いられるようになったのは，コロンブスやマゼランが活躍《かつやく》した「大航海時代(15世紀末から16世紀)」のことといわれています。なぜこの時代に「人種」という言葉が広く用いられるようになったと考えられますか。次の文中の［　　］にあてはまる言葉を答えなさい。

この時代，ヨーロッパ人は［　　　　　　］から。

問4　下線部③について，民族や国籍《こくせき》にかかわらず世界中で多くの人々が信仰している宗教を「世界宗教」といいます。これに対し，ある特定の民族と強く結びついた宗教を，「民族宗教」とよんでいます。次の宗教のうち，民族宗教にあたるものの組み合わせとしてふさわしいものを，**ア**～**カ**の中から1つ選び，記号で答えなさい。

ア　ユダヤ教・仏教　　**イ**　ユダヤ教・イスラム教
ウ　ユダヤ教・ヒンドゥー教　　**エ**　仏教・イスラム教
オ　仏教・ヒンドゥー教　　**カ**　イスラム教・ヒンドゥー教

問5　次の図1・図2に関する，あとの(a)・(b)の問いに答えなさい。

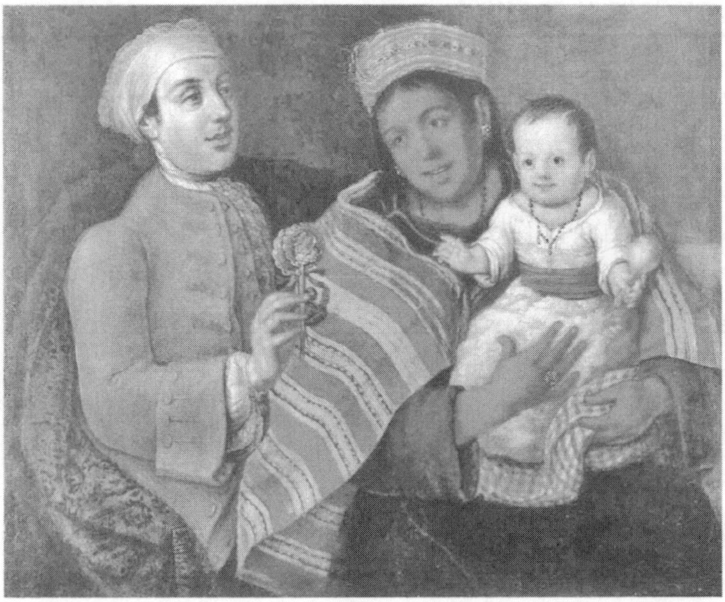

図１

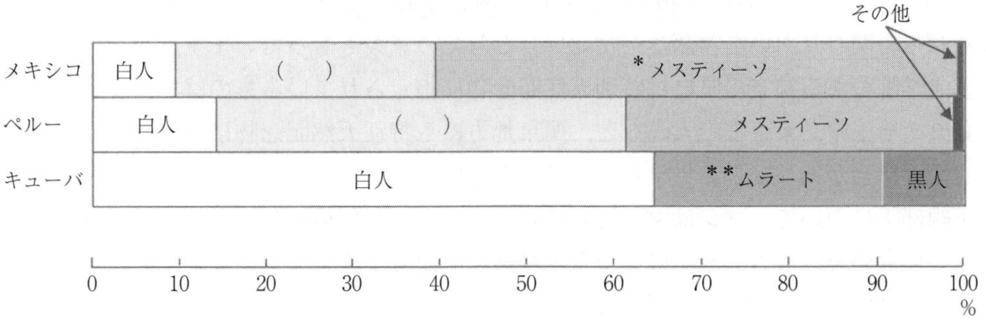

図２　ラテンアメリカ諸国の人口比率

＊　メスティーソは白人と(　　)の混血
＊＊　ムラートは白人と黒人の混血

(二宮書店『データブック オブ・ザ・ワールド 2022』より作成)

(a)　図１はペルーの画家によって18世紀に描《えが》かれた，ラテンアメリカに暮らす夫婦《ふうふ》とその子どもの絵です。絵の中央に描かれている女性は，図２中の(　　)という民族に分類されています。図２中の(　)にあてはまる言葉を，次の**ア～エ**の中から１つ選び，記号で答えなさい。

ア　アボリジニ　　　**イ**　イヌイット

ウ　インディオ(インディヘナ)　　　**エ**　ヒスパニック

(b)　図１の絵の左側に描かれている男性は，ヨーロッパのある国の出身者か，その子孫であると考えられます。図２のグラフ中の「白人」のうちの多数を占《し》める人々の出身国でもあるこの国を，次の**ア～エ**の中から１つ選び，記号で答えなさい。

ア　スペイン　　**イ**　ドイツ　　**ウ**　イギリス　　**エ**　フランス

問６　世界中で人種差別が問題となっている一方，メキシコでは人種差別や，人種問題に起因する対立はほとんどみられないといわれています。その理由を本文や図１・図２を参考に１行で説明しなさい。

【理　科】〈第2回試験〉（40分）〈満点：100点〉

1　次の文章を読んで，あとの(1)〜(8)の問いに答えなさい。

みなさんは天然記念物という言葉を聞いたことがありますか。動物，植物および地質鉱物で日本にとって学術上価値の高いものが天然記念物に指定されています。そのうち特に重要なものについては「特別天然記念物」に指定されています。現在，75件の特別天然記念物が指定されていますが，そのうち21件は動物，30件は植物です。「牛島の①フジ」や「東根の大②ケヤキ」などのように名木，巨樹《きょじゅ》，老樹という理由で特定の樹木が指定されているものもあれば，「③トキ」や「④タンチョウ」などのように⑤生物の種が特別天然記念物として指定されているもの，「長岡の⑥ゲンジボタルおよびその発生地」や「鯛《たい》の浦《うら》タイ生息地」などのように生物の種と生息している場所が指定されているものもあります。動物21件のうち14件が生物の種で指定されており，（ あ ）類が9件，（ い ）類が4件，（ う ）類が1件指定されています。

天然記念物には，人が関わって作り上げられたもの，例えば並木や家畜《かちく》，家禽《かきん》なども含《ふく》まれます。「天然」という言葉には，「人の手が加わっていない」という意味があるため，矛盾《むじゅん》を感じるかもしれません。しかし，ヒトも生態系を構成している生物の1つです。「人工」と「自然や天然」というように，言葉として対比させて使うこともありますが，日本という国の中で⑦「ヒト」と「ヒト以外の生物」はお互《たが》いに関わりあいながら暮らしてきました。天然記念物はそれらの関わりあいを物語る「文化史」としての意義ももっています。

聖光学院のある神奈川県には特別天然記念物に指定されているものはありません。しかし，千葉県や埼玉県，東京都の大島など，関東地方にも特別天然記念物に指定されているものがあります。機会があれば是非《ぜひ》見学してみてください。

(1)　下線部①について，フジはマメ科の植物です。マメ科の植物の特徴について説明した文として正しいものを，次の(ア)〜(エ)の中から1つ選び，記号で答えなさい。

(ア)　種子は栄養を胚乳《はいにゅう》に多く含む。

(イ)　花を咲《さ》かせるが，花びらが無いものが多い。

(ウ)　根粒《こんりゅう》とよばれる，養分を作るものを根にもつものがある。

(エ)　育ちにくいため，雑草のように生えることは少ない。

(2)　下線部②のケヤキについて説明した文として正しいものを，次の(ア)〜(エ)の中から1つ選び，記号で答えなさい。

(ア)　常緑の針葉樹で，東北地方から北海道でよく見られる。

(イ)　高さは3m程度の低木で，大きく成長することは珍《めずら》しい。

(ウ)　ほうきを逆さにしたような形をしている。

(エ)　雄株《おかぶ》と雌株《めかぶ》があり，秋に葉を黄色く色づかせる。

(3)　下線部③のトキについて説明した文として**正しくないもの**を，次の(ア)〜(エ)の中から1つ選び，記号で答えなさい。

(ア)　日本では佐渡島《さどがしま》において，放鳥された野生の個体が生息している。

(イ)　人工繁殖《はんしょく》に成功しており，現在は日本で150羽《わ》以上が飼育下にある。

(ウ)　保護のため，日本の野生の個体は一度すべて捕獲《ほかく》された。

(エ)　日本固有の種で，外国には生息していない。

(4)　下線部④のタンチョウについて説明した文として正しいものを，次の(ア)〜(エ)の中から1つ選び，記号で答えなさい。

(ア)　頭頂部に赤い羽毛《うもう》が生えている。

(イ)　全長は50cm程度で，ツルのなかまの中では小さめである。

(ウ)　冬は沖縄などの南部，夏は北海道などの北部で生活をする渡《わた》り鳥《どり》である。

(エ)　日本では北海道の釧路湿原《くしろしつげん》一帯が生息地として有名である。

(5)　下線部⑤について，特別天然記念物に**指定されていない**生物を，次の(ア)～(オ)の中から１つ選び，記号で答えなさい。

(ア)　アホウドリ　　(イ)　オオサンショウウオ　　(ウ)　カモシカ

(エ)　コウノトリ　　(オ)　ヒグマ

(6)　(あ)～(う)にあてはまる言葉の組み合わせとして正しいものを，次の(ア)～(エ)の中から１つ選び，記号で答えなさい。

	(あ)	(い)	(う)
(ア)	哺乳《ほにゅう》	鳥	両生
(イ)	哺乳	鳥	爬虫《はちゅう》
(ウ)	鳥	爬虫	哺乳
(エ)	鳥	哺乳	両生

(7)　下線部⑥のゲンジボタルについて，次の(a)～(c)の問いに答えなさい。

(a)　ゲンジボタルの幼虫について説明した文として正しいものを，次の(ア)～(エ)の中から１つ選び，記号で答えなさい。

(ア)　淡水《たんすい》中で生活し，体長は２～３cm程度になる。

(イ)　海水中で生活し，成虫になる直前に川をのぼる。

(ウ)　川辺の土中で生活し，さなぎの時期を水中で過ごす。

(エ)　木の多く生える場所の土中で生活し，一晩で羽化《うか》して成虫になる。

(b)　ゲンジボタルの幼虫がエサとする生物を，次の(ア)～(エ)の中から１つ選び，記号で答えなさい。

(ア)　オキアミ　　(イ)　カタツムリ　　(ウ)　カワニナ　　(エ)　ミミズ

(c)　ゲンジボタルの成虫は尾部《びぶ》が発光することで有名です。発光のしくみについて説明した文として正しいものを，次の(ア)～(エ)の中から１つ選び，記号で答えなさい。

(ア)　尾部をこすり合わせることによって生じる熱によって光る。

(イ)　酵素《こうそ》とよばれるタンパク質のはたらきによって光る。

(ウ)　発電器官をもち，その電気のはたらきで光る。

(エ)　月明かりを尾部が反射することによって光る。

(8)　下線部⑦について，現在は多くの生物が絶滅《ぜつめつ》の危機に瀕《ひん》しており，ヒトの活動がそれに大きな影響《えいきょう》を与《あた》えています。次の(a)～(c)の問いに答えなさい。

(a)　ヒトが誕生したのは約20万年前といわれています。地球が誕生してから現在までの46億年間で考えると，ヒトの活動とは関係なく，地球上の生物が大量に絶滅したことは何度かあることが知られており，恐竜《きょうりゅう》が絶滅した時期は約6600万年前といわれています。地球が誕生してから現在までを365日として，地球誕生を１月１日の０時０分，現在を翌年の１月１日の０時０分としたとき，ヒトが誕生したのは12月31日の23時37分頃《ごろ》になります。このように考えると，恐竜が絶滅したのは何月何日になりますか。

(b)　ヒトの活動により絶滅したと考えられる生物を，次の(ア)～(ク)の中から２つ選び，記号で答えなさい。

(ア)　エミュー　　　(イ)　カバ　　　(ウ)　クロサイ

(エ)　ジャイアントモア　　　(オ)　シロサイ　　　(カ)　ダチョウ

(キ)　ドードー　　　(ク)　ニホンウナギ

(c)　生物の多様性を保全するための活動の１つに，温室効果ガスの１つである二酸化炭素の放出量を減らして地球の平均気温の上昇《じょうしょう》を抑《おさ》えるというものがあります。日常の生活の中でどのようにすれば二酸化炭素の排出《はいしゅつ》量削減《さくげん》に関われますか。次の文の（え）にあてはまる語句を答えなさい。また，□に入るよう，子どもにもできる具体的な取り組みを考えて答えなさい。

電気を作ったり，ものを燃やすために使われる（　え　）の使用量を減らすために，□ことで，二酸化炭素の排出量削減に関わることができる。

2　次の文章を読んで，あとの(1)～(7)の問いに答えなさい。

ある水溶液《すいようえき》について，溶《と》けているものを溶質《ようしつ》，溶かしているものを溶媒《ようばい》とよびます。たとえばショ糖(砂糖)を溶かした水溶液の場合，溶質はショ糖で溶媒は水ということになります。また，水溶液にどのくらい溶質が溶けているかを表すものとして濃度《のうど》があります。濃度としてよく使われているのが質量パーセント濃度で，たとえば，水溶液100gに溶質が10g溶けているときは，質量パーセント濃度が10%となります。なお，100gの水溶液中にショ糖と塩化ナトリウム(食塩)が10gずつ溶けている場合でも，ショ糖，塩化ナトリウムの質量パーセント濃度はどちらも10%となります。

水溶液と純粋《じゅんすい》な水とを，溶媒である水のみ通過可能な膜《まく》で仕切ると，水から水溶液の方へと水の移動が起こります。この膜のことを半透膜《はんとうまく》，この移動のことを浸透《しんとう》，半透膜を通って水が移動するときにはたらいている力の大きさを浸透圧《しんとうあつ》とよびます。浸透圧は濃度に比例します。濃度の異なる２つの水溶液を半透膜で仕切ると，濃度の小さい水溶液から大きい水溶液へと水の移動が起こります。植物や動物の細胞《さいぼう》は半透膜と同じ性質をもつ膜で覆《おお》われています。動物の細胞内や植物の細胞内にもいろいろな物質が溶け込んでいるため，細胞を細胞内の液体よりも浸透圧の大きい液体に浸《ひた》すと細胞内からどんどん水が出ていってしまいます。日常生活の中でも浸透圧に関する現象が多くみられます。

スーパーなどで売っているスポーツドリンクの一部や，薬局で売っている多くの目薬などの浸透圧は人間の細胞内の浸透圧と同じくらいに調整されています。人間の細胞内の浸透圧は質量パーセント濃度0.9%の塩化ナトリウム水溶液と同じですが，人間の細胞内には塩化ナトリウム以外の物質も当然含《ふく》まれています。ある水溶液の浸透圧を考える際，その水溶液の溶質１gが食塩に換算《かんさん》すると何gに相当するのかを表した数値を使うことがあります。これを食塩当量とよびます。表１は，いろいろな溶質の食塩当量を表したもので，質量パーセント濃度10%のショ糖水溶液の浸透圧は，質量パーセント濃度0.86%の塩化ナトリウム水溶液の浸透圧と同じになること

表１

溶質	食塩当量［g］
ブドウ糖	0.16
ショ糖	0.086
クエン酸	0.15
塩化カリウム	0.79

がわかります。２種類以上の溶質が含まれている場合，たとえば，クエン酸と塩化ナトリウムがどちらも質量パーセント濃度５％の水溶液の浸透圧は，質量パーセント濃度5.75％の塩化ナトリウム水溶液の浸透圧と同じになることがわかります。

(1) 質量パーセント濃度20％のショ糖水溶液１Ｌに溶けているショ糖は何ｇですか。ただし，この水溶液の密度は1.1g/cm^{3}です。

(2) 浸透によって起こる現象を表したものはどれですか。次の(ア)～(オ)の中からすべて選び，記号で答えなさい。

(ア) ナメクジに塩をふるとナメクジが小さくなる。

(イ) ティッシュの先端《せんたん》を水につけると水がティッシュを伝わって上がってくる。

(ウ) 白菜などの野菜に塩をふってしばらく置くと，野菜から水が出てくる。

(エ) スイカに塩をふって食べると甘《あま》さが引き立つ。

(オ) ベーキングパウダーにレモン汁《じる》をかけると泡《あわ》が出てくる。

(3) 質量パーセント濃度0.9％の塩化ナトリウム水溶液と同じ浸透圧であるブドウ糖水溶液1000ｇがあります。この水溶液に溶けているブドウ糖は何ｇですか。

(4) 次の(ア)～(エ)の水溶液の浸透圧を比べるとどうなりますか。大きい方から順に記号で答えなさい。

(ア) 質量パーセント濃度10％の塩化ナトリウム水溶液

(イ) 質量パーセント濃度10％のショ糖水溶液

(ウ) 質量パーセント濃度10％の塩化カリウム水溶液

(エ) 質量パーセント濃度10％のクエン酸水溶液

(5) 質量パーセント濃度５％のショ糖水溶液にクエン酸を加えて質量パーセント濃度0.9％の塩化ナトリウム水溶液と同じ浸透圧になる水溶液1000ｇを作るとき，加えるクエン酸は何ｇですか。ただし，答えが割り切れない場合は，小数第２位を四捨五入して小数第１位まで答えなさい。

(6) 最近では市販《しはん》のスポーツドリンクを買わずに家で作る人も増えています。あるレシピには，ショ糖とクエン酸と塩化ナトリウムを質量比６：１：１で加えると美味《おい》しいスポーツドリンクができると書かれています。このスポーツドリンク1000ｇを作るときに必要なショ糖，クエン酸，塩化ナトリウムはそれぞれ何ｇですか。ただし，このスポーツドリンクの浸透圧は質量パーセント濃度0.9％の塩化ナトリウム水溶液と同じであるものとし，答えが割り切れない場合は，小数第２位を四捨五入して小数第１位まで答えなさい。

(7) ある目薬１ｇに含まれている成分は，塩化ナトリウム６mg，塩化カリウム1.5mg，ブドウ糖0.5mgです。この目薬の浸透圧は，質量パーセント濃度0.9％の塩化ナトリウム水溶液の浸透圧の何倍ですか。ただし，答えが割り切れない場合は，小数第３位を四捨五入して小数第２位まで答えなさい。

3 次の文章を読んで，あとの(1)～(7)の問いに答えなさい。

図１のような，回路の部分を表す６種類のカードがあります。カード①は導線を，カード②は１つの電気抵抗《ていこう》を，カード③～⑥は並列《へいれつ》につながった複数の電気抵抗を表しています。カード①は４枚，カード②は５枚，カード③は２枚，カード④～⑥は１枚ずつあります。これらの

カードの中から５枚を選んで，図２の点線部分に１列に並べて回路図を作ります。ただし，回路図を作るときには，同じカードを複数選んでもかまいません。また，選んだ５枚のカードをどのような順番で並べても同じ種類の回路図とします。

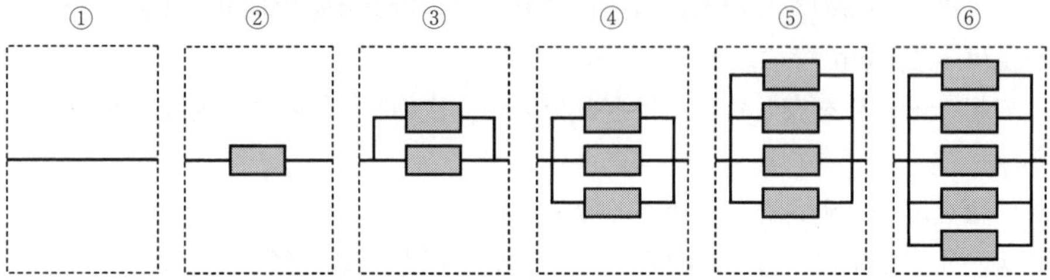

図１

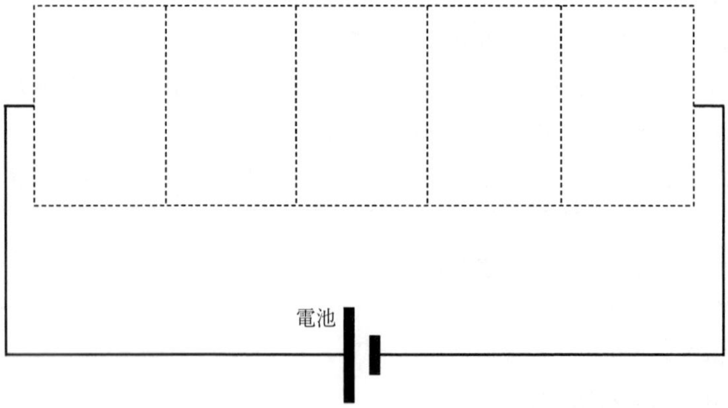

図２

回路図をもとに実際に回路を作って，電流や，電気抵抗で発生する熱量を調べます。回路で使う電気抵抗はどれも同じものとし，導線には抵抗がないものとします。

はじめに，カード①を４枚とカード②を１枚選んだ回路図をもとに，電池１個で回路を作りました。そして，電池の個数を１個から２個，３個，…と取りかえたときの電気抵抗に流れる電流と電気抵抗で10秒間に発生する熱量を調べると，表１のようになりました。ただし，10秒間に発生する熱量は，電池１個のときに発生する熱量を基準とします。

表１

電池の個数	1	2	3	4	5	6
電流[ミリアンペア]	630	1260	1890	2520	3150	3780
10秒間に発生する熱量[倍]	1	4	9	16	25	36

次に，電池を１個に戻《もど》し，いくつかの回路図をもとに回路を作り，電気抵抗に流れる電流と，電気抵抗で10秒間に発生する熱量を調べました。

(1)　カード①を３枚とカード②を２枚選んだ回路図をもとに回路を作ったとき，１つの電気抵抗に流れる電流は何ミリアンペアですか。

(2)　カード①を４枚とカード③を１枚選んだ回路図をもとに回路を作ったとき，１つの電気抵抗で10秒間に発生する熱量は基準の何倍ですか。

(3)　回路の中の電気抵抗が３個になるような回路図を作りました。このような回路図は何種類ありますか。

(4)　(3)の回路図をもとに回路を作り，電池に流れる電流を比べました。このとき，電流が最も大きい回路を表す回路図は，どのカードを選んで作ったものですか。選んだ５枚のカードの番号を小さい方から順に答えなさい。たとえば，カード①を１枚とカード②を２枚とカード③を２枚選んだ場合の答えは，「①②②③③」となります。

(5)　回路の中の電気抵抗が４個になるような回路図を作りました。このような回路図は何種類ありますか。必要があれば，次の図を使いなさい。

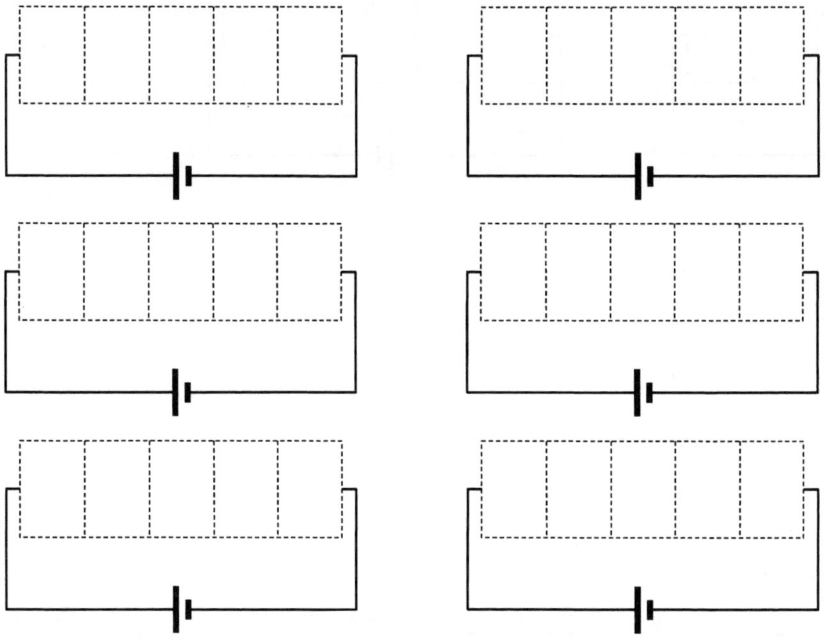

(6)　(5)の回路図をもとに回路を作り，１つの電気抵抗で10秒間に発生する熱量を比べました。このとき，10秒間に発生する熱量が最も小さい電気抵抗を含《ふく》む回路を表す回路図は，どのカードを選んで作ったものですか。選んだ５枚のカードの番号を小さい方から順に答えなさい。たとえば，カード①を１枚とカード②を２枚とカード③を２枚選んだ場合の答えは，「①②②③③」となります。

(7)　回路の中の電気抵抗が５個になるような回路図を作りました。このような回路図は７種類あります。これらの回路図をもとに回路を作り，電気抵抗で10秒間に発生する熱量の合計を比べました。その合計が小さい方から３番目の回路では，電気抵抗で10秒間に発生する熱量の合計は基準の何倍ですか。ただし，答えが割り切れない場合は，分数で答えなさい。必要があれば，次の図を使いなさい。

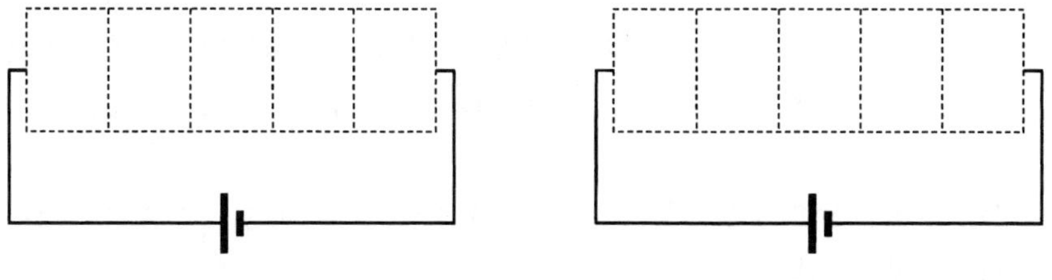

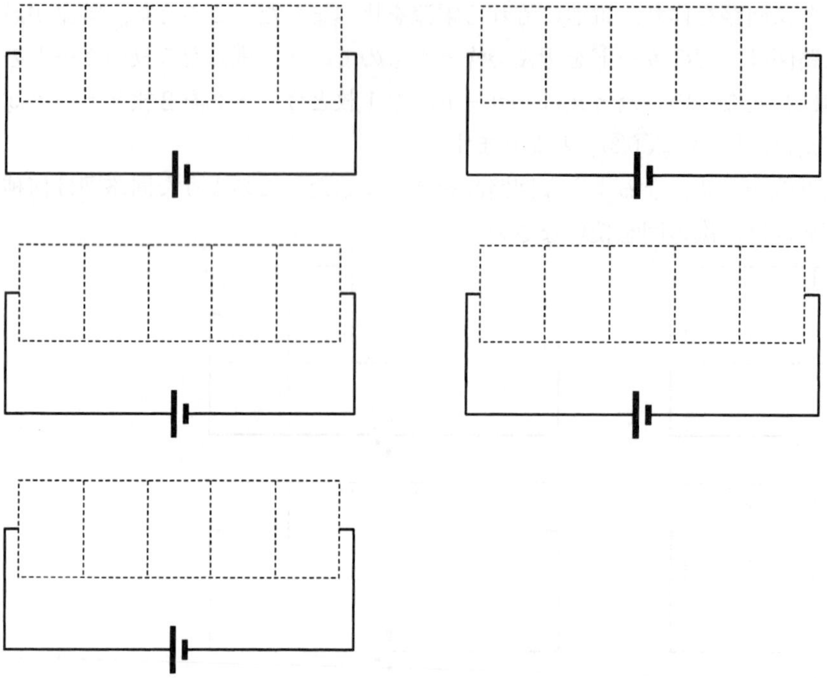

4　次の文章を読んで，あとの(1)～(8)の問いに答えなさい。

ある日，聖《たかし》さん(以下，聖)とお父さん(以下，父)は，東京の上野にある美術館と博物館へ行き，絵画展と宝石展を観覧しました。

聖「絵画展も宝石展も見ごたえがあって楽しかった！　絵画展で展示されていた油絵は，とっても色あざやかで心を打たれたよ。きれいな色というのは，とても感動するなぁ。でも，色って一体なんだろう。」

父「色の正体は，光といえるね。それぞれの色に対応した光があるんだ。とくに，赤色，緑色，青色の３色を光の三原色というよ。そして，赤色の光と緑色の光が同じ割合で混ざった光は黄色に見え，緑色の光と青色の光が同じ割合で混ざった光は水色に見え，青色の光と赤色の光が同じ割合で混ざった光は赤紫《あかむらさき》色に見えるんだ。①赤色，緑色，青色の３色の光をさまざまな割合で混ぜることで，好きな色の光をつくれるよ。」

聖「なるほどね。じゃあ，絵画に使われている絵の具が，それぞれの色に対応する光を放出しているんだね。」

父「それは正確にいうと違《ちが》うよ。太陽光や照明の光は，さまざまな色の光が混ざり合った光なのだけど，②絵の具は，その中からある色の光を反射して，それ以外の色の光を吸収するんだ。その反射された光の色が，絵の具の色に対応するんだよ。たとえば，赤色に見える絵の具は，太陽光や照明の光のうち，赤色の光を反射して，赤色以外の光をほとんど吸収するから，赤色に見えるんだ。」

聖「なるほど，よくわかったよ。ところで，宝石展で見たダイヤモンドもすごくきれいだったなぁ。虹色《にじいろ》で，すごく明るく見えたよ。」

父「ダイヤモンドが虹色に見える理由がわかるかい？」

聖「あっ，思い出した！　③光の分散がおこっているからだね。そういえば，理科の授業で習った。さっきお父さんがいったとおり，太陽光や照明の光には，さまざまな色の光が混ざっている。そして，太陽光や照明の光が，空気からガラスに入るとき，光の色によって屈折《くっせつ》のようすが違うから，色ごとに分かれて進んでいくことを習ったよ。ダイヤモンドでも，ガラスと同じことがおこっているんでしょ。」

父「そのとおりだよ。そして，ダイヤモンドがとくに明るく見える理由にも，光の屈折が関係しているんだ。④光が空気からダイヤモンドに入るときは，空気からガラスに入るときに比べて，大きく屈折するという性質があるんだ。つまり，光がダイヤモンドから空気に入るときは，ガラスから空気に入るときに比べて，大きく屈折するということだね。そして，⑤ダイヤモンド中から空気に向かう光は，入射角が十分小さくないと空気にはまったく入らず，すべて反射するんだ。これを全反射というよ。したがって，空気からダイヤモンドに入った光の多くは，途中《とちゅう》で外に出ることなく空気との境界で全反射をくり返し，空気への入射角が小さくなったときにはじめて空気中に出て，それが目に届く。そのため，明るく見えるんだ。」

聖「なるほどなぁ。」

(1)　下線部①について，赤色，緑色，青色の３色の光を同じ割合で混ぜた光をつくりました。この光は何色ですか。漢字１字で答えなさい。

(2)　下線部②について，黄色の絵の具に(1)でつくった光を当てたとき，黄色の絵の具は何色の光を吸収しますか。次の(ア)～(カ)の中から最も適したものを１つ選び，記号で答えなさい。

(ア)　赤色　　(イ)　緑色　　(ウ)　青色
(エ)　赤色と緑色　　(オ)　赤色と青色　　(カ)　緑色と青色

(3)　水色，赤紫色，黄色の３色の絵の具を混ぜて，(1)でつくった光を当てると，黒色に見えました。この理由を説明した文として正しいものを，次の(ア)～(エ)の中から１つ選び，記号で答えなさい。

(ア)　この混ぜた絵の具は，黒色の光を放出するため，黒く見える。
(イ)　この混ぜた絵の具は，水色，赤紫色，黄色の３色の光を反射するため，黒く見える。
(ウ)　この混ぜた絵の具は，赤色，緑色，青色の３色の光を反射するため，黒く見える。
(エ)　この混ぜた絵の具は，赤色，緑色，青色の３色の光を吸収するため，黒く見える。

(4)　下線部③について，図１は太陽光が空気からガラスに入るときにおこる光の分散をわかりやすく表したものです。図の中のＡ～Ｃの線は，赤色，緑色，青色のいずれかの光の道すじを表しています。Ａ～Ｃの線が表す光の色の組み合わせとして正しいものを，次の(ア)～(カ)の中から１つ選び，記号で答えなさい。

	A	B	C
(ア)	赤色	緑色	青色
(イ)	赤色	青色	緑色
(ウ)	緑色	赤色	青色
(エ)	緑色	青色	赤色
(オ)	青色	赤色	緑色
(カ)	青色	緑色	赤色

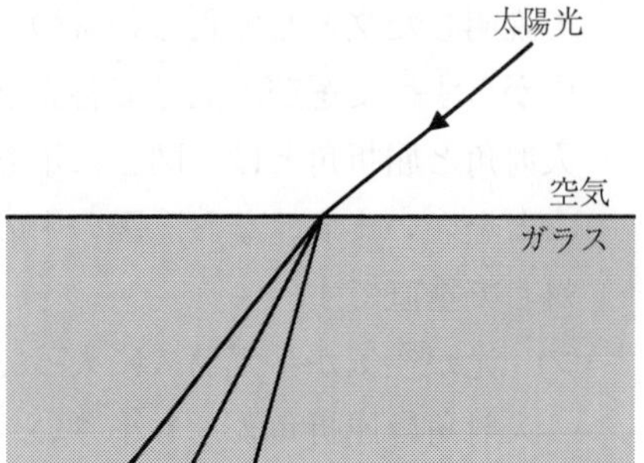

図１

(5)　太陽光が空気からガラスに入り，(4)のように光の分散がおこったあと，再び空気に入るときの道すじを表した図として最も適したものを，次の(ア)〜(エ)の中から１つ選び，記号で答えなさい。

(ア)

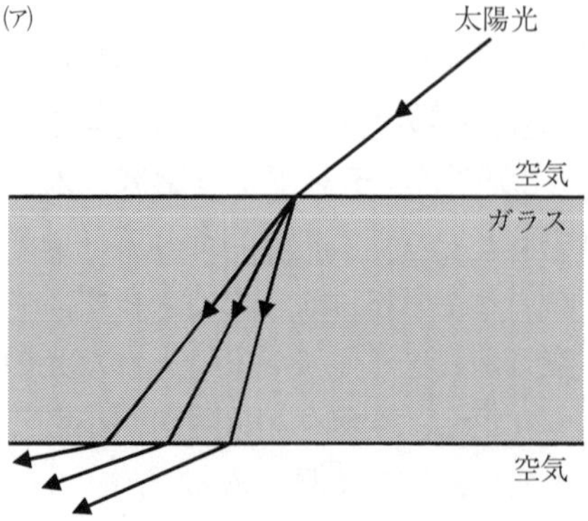

(イ)

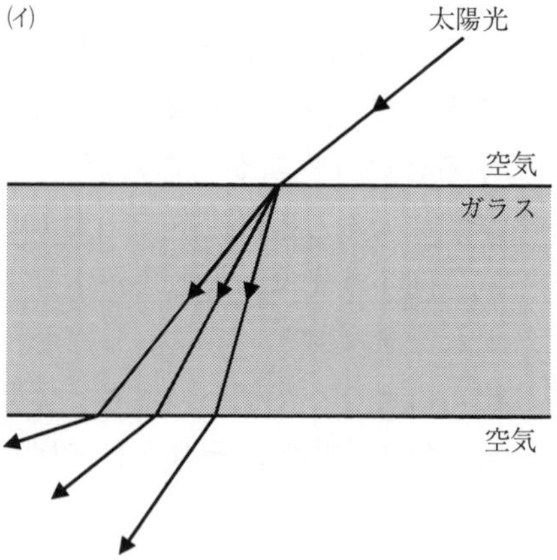

(ウ)

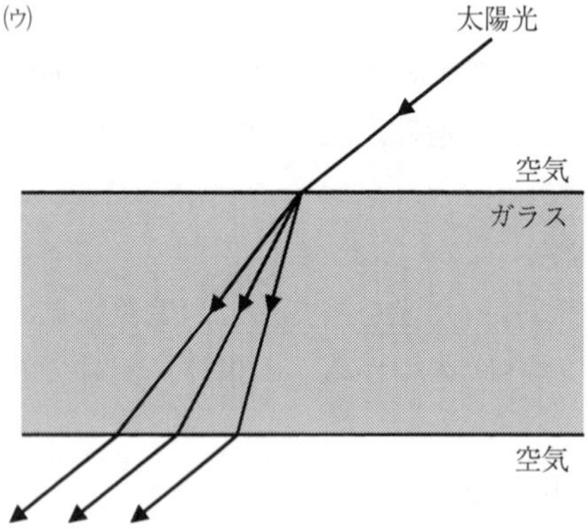

(エ)

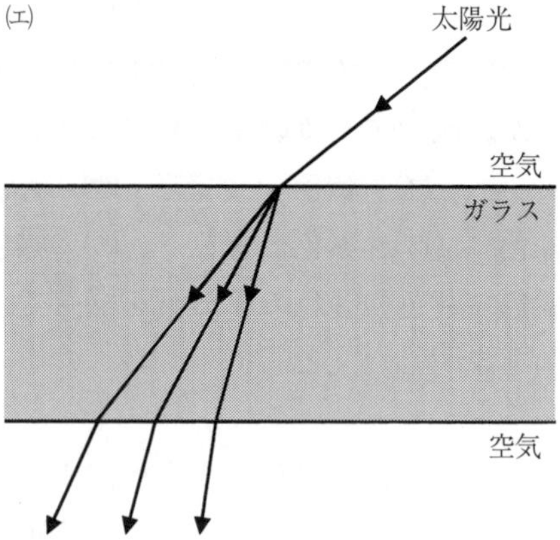

(6)　下線部④について，空気とガラスの境界と，空気とダイヤモンドの境界でおこる光の屈折について説明した文として正しいものを，次の(ア)〜(カ)の中からすべて選び，記号で答えなさい。ただし，入射角と屈折角とは，図２に示されている角度のことをいいます。なお，図の中の点線は境界線に対して垂直です。

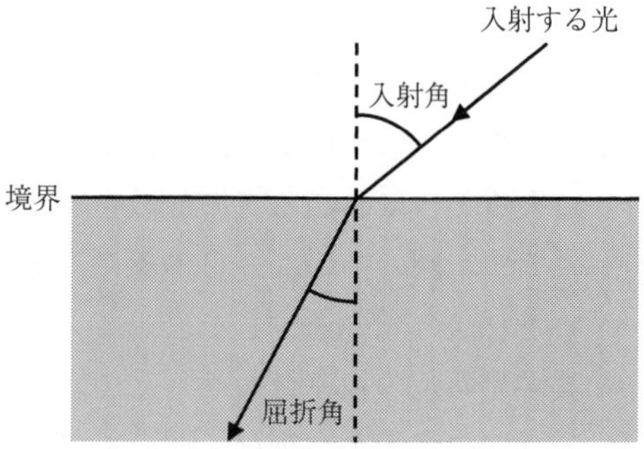

図２

(ア)　光が空気からガラスに入って屈折したとき，入射角は屈折角よりも小さい。

(イ)　光がガラスから空気に入って屈折したとき，入射角は屈折角よりも小さい。

(ウ)　光が空気からダイヤモンドに入って屈折したとき，入射角は屈折角よりも小さい。

(エ)　光がダイヤモンドから空気に入って屈折したとき，入射角は屈折角よりも小さい。

(オ)　光が同じ入射角で，空気からガラス，または空気からダイヤモンドに入って屈折したとき，屈折角が大きいのは空気からダイヤモンドに入ったときである。

(カ)　光が同じ入射角で，ガラスから空気，またはダイヤモンドから空気に入って屈折したとき，屈折角が大きいのはガラスから空気に入ったときである。

(7) 下線部⑤について，光がガラス中から空気へ向かうとき，入射角がおよそ42°より大きくなると，全反射することが知られています。一方，光がダイヤモンド中から空気へ向かうとき，入射角がおよそ25°より大きくなると，全反射することが知られています。図3は，三角形の形に切ったガラスのある場所に，入射角0°で光が空気から入射したときの光の道すじを表しています。図4のように，図3のガラスと同じ形に切ったダイヤモンドの同じ場所に，同じ入射角で光が空気から入射したときの光の道すじを，解答用紙に描《えが》きなさい。

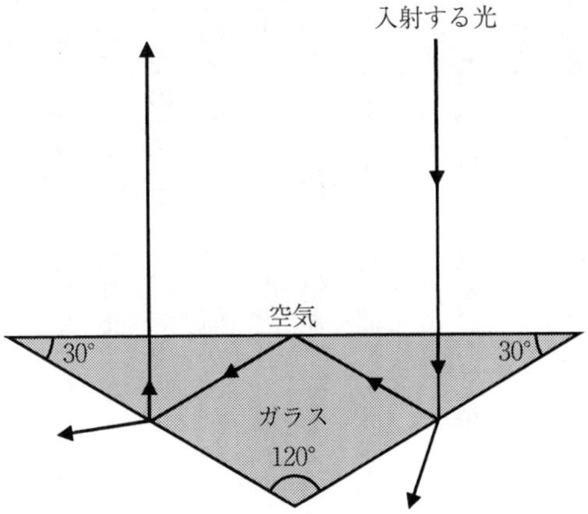

図3

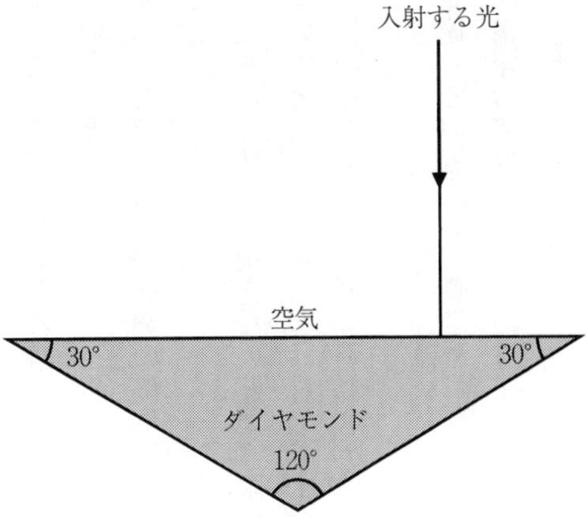

図4

(8) 図5のように，宝石の形のダイヤモンドのAB面から太陽光を入射させたところ，光の分散がおこり，CD面で反射したのちDE面で反射し，AE面から空気へ出てきました。このとき，AE面から出てくる光の色について，点Aから近い順に並べたものとして正しいものを，次の(ア)～(カ)の中から1つ選び，記号で答えなさい。

(ア) 赤色　緑色　青色
(イ) 赤色　青色　緑色
(ウ) 緑色　赤色　青色
(エ) 緑色　青色　赤色
(オ) 青色　赤色　緑色
(カ) 青色　緑色　赤色

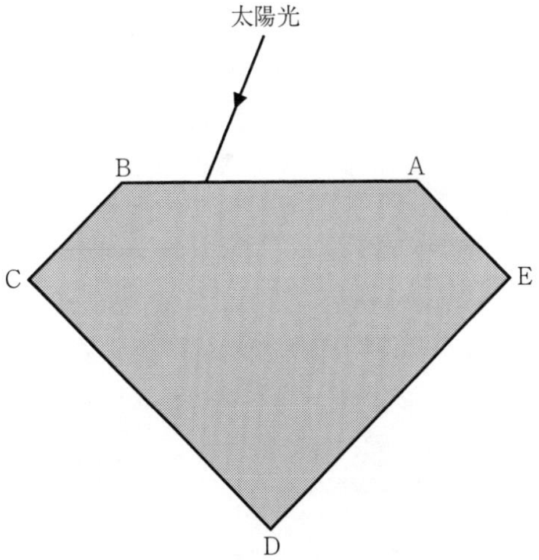

図5

オ　来年の海外旅行を充実《じゅうじつ》させるために、ガイドブックを見て観光スポットを調べる。

問四　――線部②に「そういうレポートを review essay と呼びますが、しょせんそれだけのことです」とありますが、どうして「しょせんそれだけのこと」なのですか。一行で説明しなさい。

問五　――線部③に「自分のオリジナリティが何か、がわかる」とありますが、どういうことですか。その説明として最もふさわしいものを、次のア～オの中から一つ選び、記号で答えなさい。

ア　先行研究を疑ってみることで、自身の研究の問題点も明確になるということ。

イ　先行研究を深めることで、自分の教養の不足が改めて確認《かくにん》されることになるということ。

ウ　先行研究を吟味《ぎんみ》することで、既存《きぞん》の情報に対する自分の立ち位置が明らかになるということ。

エ　先行研究を統合することで、すでにある情報に独創性が付与《ふよ》されることになるということ。

オ　先行研究を批判することで、自身の研究の優位性を証明することになるということ。

問六　――線部④に「自分たちが言語しか扱《あつか》えないという限界を、わきまえているほうがよい」とありますが、どうしてですか。その説明として最もふさわしいものを、次のア～オの中から一つ選び、記号で答えなさい。

ア　現代では技術が発達しているため、映像やパフォーミングアートといった非言語情報のアウトプットの方法がもっている影《えい》響力《きょうりょく》の強さを無視することができないから。

イ　研究ではインプットした言語情報を生産物としてアウトプットする手法がとられているが、その方法では非言語情報を用いる領域に関する研究を行うことができないから。

ウ　非言語的な情報処理のノウハウを知っている人々であれば、既存の学問の領域を越《こ》えて、誰《だれ》もが利用可能な知的公共財を生み出す可能性を秘《ひ》めているから。

エ　研究は言語で行われることが常識となっているが、世界には言語以外の手段で情報処理する人がおり、その人たちを通じて自分たちには見えていなかったものが見えるかもしれないから。

オ　非言語の一次情報を扱うためには、知性に基《もと》づいた言語情報に変換《へんかん》するのではなく、実際の体験に基づいた非言語情報のまま出力する必要があるから。

問七　――線部⑤に「学問という情報生産者になる」とありますが、「学問」における「情報生産者」とはどういう人のことですか。第三段落以降の内容を踏《ふ》まえ、情報を生産する過程も含《ふく》めて六十字以内で説明しなさい。

という限界を、わきまえているほうがよいと思います。

五 最後に学問とは何か、について述べておきましょう。

わたしは学問を、伝達可能な知の共有財、と定義しています。伝達可能ですから、学習することも可能です。学問にはアートや宗教のように秘技や秘教的なところはありません。学ぶとはもともと真似《まね》ぶからきたことば。明晰簡明で、まなぼうとおもえばまねぶことができること、そしてその成果物である情報財は、私有財ではなく公共財になることが目的です。

ですから、わたしは研究者を、アーチスト（芸術家）よりはアルチザン（職人）だと考えています。アーチストにとっては、「＊4ゲーテの作品」とか「ロダンの彫刻《ちょうこく》」のように固有名が伴《ともな》うこと、そして他人の模倣《もほう》でないことが決定的に重要ですが、アルチザンにとっては自分の作品から最終的に固有名が消えること、そうしてそれが誰もが利用可能な公共的な財になることが最終的なゴールです。ですから「フーコーの言説分析」と呼ぶ代わりに、固有名が落ちてたんに「言説分析」という＊5ツールが社会科学の公共財になり、それを発案した人が忘れ去られるということこそ、社会科学者の名誉《めいよ》となることでしょう。

そうやって「アイデンティティ」や「準拠《じゅんきょ》集団」のようなさまざまな概念《がいねん》が、研究者集団の共有財産になってきました。その専門家集団の一員に自分も加わることが、研究者になるということです。もしまったくオリジナルな、誰も真似のできない自分独自の表現や作品を生産したいなら、あなたは研究者を目指すより、アーチストや＊6クリエイターを目指すほうがよいでしょう。

さあ、これが⑤学問という情報生産者になる、ということです。

——上野《うえの》千鶴子《ちづこ》『情報生産者になる』による

（問題作成上の都合から一部原文の表記を改めた）

（注）＊1 東大上野《とうだいうえの》ゼミ…筆者が東京大学で担当していた授業。
＊2 メタ分析《ぶんせき》…ここでは、視点を変えて分析すること。
＊3 パフォーミングアート…身体表現による芸術。舞台《ぶたい》芸術。
＊4 ゲーテ…人名。後の「ロダン」「フーコー」も同じ。
＊5 ツール…手段や方法。
＊6 クリエイター…作品などを創造する人。

問一 [A]～[C]にあてはまる言葉を、次のア～カの中からそれぞれ一つずつ選び、記号で答えなさい。ただし、同じ記号は二回以上使えないこととします。

ア さらに　イ しかし　ウ たしかに
エ たとえば　オ ところで　カ なぜなら

問二 [X]・[Y]にあてはまる言葉を、次のア～カの中からそれぞれ一つずつ選び、記号で答えなさい。

ア 横行　イ 関連　ウ 作用
エ 縦断　オ 相反　カ 比例

問三 ——線部①に「一次情報なのか二次情報なのか」とありますが、ここでの「一次情報」の入手方法の例として最もふさわしいものを、次のア～オの中から一つ選び、記号で答えなさい。

ア ある集落にどのような伝説が伝わっているか調べるため、その場所に赴《おもむ》いて聞き取りを行う。
イ 十年前に起きた事件の真相を突《つ》き止めるため、先週放送していた特集番組を見返す。
ウ 自分の感性を磨《みが》くために、インテリアとして絵画の模写や彫刻《ちょうこく》の模造品を購入《こうにゅう》する。
エ その地方に伝わる妖怪《ようかい》の姿を知るため、現地に住む研究者がまとめた書籍《しょせき》を読む。

しょう。その分野で何が問われていてどこまでが明らかにされているかという review essay は、研究の前段階にすぎません。しょせん、よく勉強したね、という読書レポートの域を出ません。研究論文では、その部分を「先行研究の検討」と呼びます。なぜならあなたの立てた程度の問いは、あなた以前に、あなた以外のひとによって、とっくに立てられていると考えるところから、研究は出発するからです。

オリジナルな問いと言っても、まったく誰も立てたことのない問いなんて、めったにありません。ですが、「先行研究の批判的検討」をすることによって、自分の立てた問いのどこまでが解かれており、どこからが解かれていないかがわかるようになります。そこではじめて、③自分のオリジナリティが何か、がわかるのです。

三 情報を消費したり収集したりすることを、インプット（入力）といいます。インプットした情報を加工して生産物にする過程を情報処理 information process《プロセス》 と言います。情報処理の「プロセス」は、「加工」でもあり、「過程」でもあります。情報生産の最終ゴールは情報生産物をアウトプット（出力）することです。どれだけ情報をインプットしていても（これを博識と言います）、あるいはそれから多くの情報処理を経ていても（これを智恵《ちえ》と言います）、アウトプットしない限り、研究にはなりません。

情報生産者になるには、アウトプットが相手に伝わってなんぼ。なぜなら情報生産とはコミュニケーション行為《こうい》だからです。情報が相手に伝わらない責任は、もっぱら情報生産者にあります。もし誤解を生むとしたら、その責任ももっぱら情報生産者にあります。その点で研究という情報生産の特徴《とくちょう》は、詩や文学のような多義性を許さない、という点にあります。誤解の余地のない明晰《めいせき》な表現で、ゆるぎのない論理構成のもとで、根拠《こんきょ》を示して自分の主張で相手を説得する技術……これが論文というアウトプットには求められます。

四 さて、一次情報はどうしたら手に入れることができるでしょうか。情報には言語情報と非言語情報とがありますが、研究とは言語的生産物です。一次情報は観察、経験、コミュニケーション、対話、インタビュー、アンケート調査、統計等から得ることができますが、最終的に言語的生産物としてアウトプットするためには、すべての情報を言語情報に変換《へんかん》しなければなりません。

情報収集 data collection の機会はありとあらゆるところにころがっています。日常生活そのものが情報収集の現場であると言っても過言ではありません。また二次情報であっても、メディアの言説、手紙、日記、証言、裁判記録等を一次情報として＊2メタ分析《ぶんせき》の対象として扱《あつか》うことも可能です。

研究とは基本、言語情報をインプットし、言語情報を生産物としてアウトプットする情報処理の過程です。学問の世界には、身体よりは精神、感情よりは知性のような言語情報を優位に置く序列があります。しかし非言語情報をインプットして、そのまま非言語情報としてアウトプットするやりかただってあってよいかもしれません。［C］映像から映像へ、あるいはビジュアルな表現や＊3パフォーミングアートによるアウトプットだって、考えられないわけではありません。わたしは学問を教えてきて、いつも自分のインプットとアウトプットが言語に偏重《へんちょう》していることを感じてきました。わたしが知っているのは言語的な情報処理のノウハウだけですので、それしか教えることができませんが、世界にはもっと豊かで多様な非言語的な情報処理のインプットとアウトプットのノウハウを知って、それを伝達できる人々がいるに違《ちが》いありません。それが学問と呼ばれていないだけで。言語を媒体《ばいたい》に情報処理をする人々は、④自分たちが言語しか扱えない

[四] **次の文章を読んで、あとの問いに答えなさい。なお、設問の都合で問題文の意味段落に[一]～[五]の番号を付けてあります。**

[一] 誰《だれ》も立てたことのない問いを立てる……ことを、オリジナルな問いと言います。オリジナルな問いには、オリジナルな答えが生まれます。それがオリジナルな研究になります。

[A] オリジナリティとは何でしょうか?

オリジナリティとはすでにある情報の集合に対する距離《きょり》のことを言います。距離は英語では distance ですが、つまりすでにある知の集合からの遠さ distance を自分の立ち位置 stance というのです。

誰も立てたことのない問いを立てるには、すでに誰がどんな問いを立て、どんな答えを出したかを知らなければなりません。すでにある情報の集合を知識として知っていることを、「教養」とも呼びます。教養がなければ、自分の問いがオリジナルかどうかさえわかりません。ですから、オリジナルであるためには教養が必要なのですが、教養とオリジナリティはしばしば [X] することがあります。教養は努力すれば身につけることができますが、オリジナリティはセンスです。ですから教養とオリジナリティ、どちらが大事? と言われたら、どちらも大事だけれども、どちらかといえば教養があってオリジナリティに欠けるよりも、オリジナリティがあって教養に欠けるほうがまだまし、と言ってきました。なぜなら、オリジナリティのある人はあとから教養を身につける事ができるのに対し、教養のある人が、あとからオリジナリティを身につけるのはむずかしいからです。

[二] 情報には一次情報 first hand data と二次情報 second hand data とがあります。一次情報は経験的現実から自分の目と手で得た情報、二次情報は second hand《セコンドハンド》と呼ぶように、いったん他人の手を通って加工ずみの情報です。セコンドハンドを略して「セコハン」というように、つまり中古情報です。他人の手でいったん加工された情報はすべてセコハン情報です。新聞や雑誌、ブログなどのメディアから得られた情報は、すべてセコハン情報です。

セコハン情報の収蔵場所が、図書館というところです。研究者は図書館にこもって書物ばかり読む人と思い込《こ》んでいるひともいるようですが、それは研究者の一面にすぎません。たしかに図書館を主たるデータ収集の場所にする研究もありますから、それを library survey と呼んでいます。最近ではネット・サーフィンのみでデータ収集をする学生もいるようですが。[B] 図書館やウェブの世界ばかりがデータ収集の場ではありません。図書館の外、オフラインのフィールドには、膨大《ぼうだい》な経験という領域が広がっています。その経験の現場から、自分の手で得てきた情報を一次情報と言います。

最近の学校でさかんないわゆる「調べ学習」は、ほとんど library survey のことを指しているようです。いまどき情報コンテンツは図書館に行かなくてもネット上にあふれていますから、ネットで情報収集してコピペすれば一丁上がり、のレポートが小学生から大学生まで [Y] していますが、それを研究とは呼びません。＊1東大《とうだい》上野《うえの》ゼミでは、メディアの情報を器用にまとめただけのレポートは、決して認めませんでした。その情報は誰に属する情報なのか、①一次情報なのか二次情報なのかを、きびしく問いました。

もちろん特定の主題について、誰によって何がどれだけ言われているかを明らかにすることには、それなりの価値があります。②そういうレポートを review essay と呼びますが、しょせんそれだけのことです。世の中には、目配りのよい review essay を的確にこなす人材がいますが、こういう人は教育課程で長年にわたって、「以下の文章を読んで何字以内にまとめなさい」という訓練を受けてきた人なので

い」とありますが、「彼女が自分自身を救おうとする前向きな気持ちと努力を傷つけていた」とはどういうことですか。八十字以内で説明しなさい。

問六　――線部⑥に「玉置さんを抱《だ》きしめて嗚咽《おえつ》している」とありますが、このときの丘本さんの心情について説明した文として最もふさわしいものを、次のア～オの中から一つ選び、記号で答えなさい。

ア　玉置さんに本当の自分を取り戻《もど》してほしいと思いカラコンを勧《すす》めたが、その結果、新しい自分を見つけることができないままにカラコンを着け続ける事態を招き、申し訳なく思っている。

イ　玉置さんが前向きになれるようカラコンを勧めたが、カラコンを着け続けることによって円錐角膜《えんすいかくまく》を進行させてしまうとは知らず、申し訳なく思っている。

ウ　玉置さんの傷ついた心に寄り添《そ》うためにカラコンを勧めたが、そのことによって彼女が本当の自分を手放してしまうという結果を招いてしまい、申し訳なく思っている。

エ　玉置さんに自信をつけさせようと思ってカラコンを勧めたが、彼女の傷がカラコンなしでは生きていけなくなるほど深いものだとは思いが至らなかったことを申し訳なく思っている。

オ　玉置さんの辛い過去を忘れられるようにカラコンを勧めたが、カラコンを着け続けることでかえって過去の心の傷が深まってしまったことを申し訳なく思っている。

問七　――線部⑦に「僕が写せなくて本当に良かった」とありますが、それはどうしてですか。八十字以内で説明しなさい。

問八　＝線部a～fについて説明したものとして**ふさわしくない**ものを、次のア～カの中から二つ選び、記号で答えなさい。

ア　＝線部aの「アパートから出てきた玉置さんの細い影《かげ》は、昼間見たときよりもさらに細く感じた」という表現からは、失明の危機を突然知らされて戸惑《とまど》う玉置さんが不安に押しつぶされそうな様子が読み取れる。

イ　＝線部bの「僕らもまた赤と黒の中を行き来する影にすぎなかった」という表現からは、玉置さんを励《はげ》まそうとする丘本さんと、自分の殻《から》に閉じこもっている玉置さんの間で揺《ゆ》れ動く「僕」の不安定な気持ちが読み取れる。

ウ　＝線部cの「並んで肩《かた》を寄せ合っている二人の影が、少しずつ長くなっていく」という表現からは、玉置さんと丘本さんの間でお互《たが》いに何をどのように話してよいかわからないままに時間が過ぎていく様子が読み取れる。

エ　＝線部dの「海は少しずつ暗く淀《よど》んでいく」という表現からは、玉置さんの目を治すためにどのような言葉をかけたとしても、結果として玉置さんを責めることになってしまう「僕」の落ち込んでいく気持ちが読み取れる。

オ　＝線部eの「視線をあげると、今日、検影法《けんえいほう》で見た中和の光のようなオレンジ色の巨大《きょだい》な満月が空に浮《う》かんでいた」という表現からは、これからは視能訓練士という立場で玉置さんを全力でサポートしていこうという「僕」の確固たる決意が読み取れる。

カ　＝線部fの「僕らは三人とも、同じ光を見ていた」という表現からは、玉置さんが少しずつ自分と向き合うことができるようになったことにより、よい方向に向かっていくのではないかという希望が三人の間で共有された様子が読み取れる。

イ　病院で検査の結果を告げられて動揺《どうよう》していた玉置さんに対して、視能訓練士《しのうくんれんし》として手伝える限界を感じ、改善が見込めない玉置さんに同情している。

ウ　失明の恐怖《きょうふ》におびえつつもカラコンに固執《こしつ》している玉置さんに対して、彼女のここまでの人生を思うと、単純にカラコンをやめるようには言えずに悩《なや》んでいる。

エ　二人の会話のやりとりを固唾《かたず》をのんで見守っていたが、突然《とつぜん》丘本さんが自分に会話をふってきたことに対してなんと返してよいかわからず、動揺している。

オ　失明の危険性があるにもかかわらず、自分で治そうとする意志を十分にもつことができずにカラコンを外せないでいる玉置さんに失望を隠《かく》せないでいる。

問三　——線部③に「小さな女の子のような敵意もなく衒《てら》いもない、弱々しい声だった」とありますが、このときの玉置さんの様子について説明した文として最もふさわしいものを、次のア～オの中から一つ選び、記号で答えなさい。

ア　今までは失明の恐怖におびえるだけだったが、医療従事者としての「僕」を信頼《しんらい》し、具体的に治療法を提示してもらえるのではないかと思い、過去の自分をありのままに話そうとしている。

イ　失明するとわかっていながらもカラコンを着け続けているという矛盾《むじゅん》した行動を理解できていないであろう「僕」に、自分の辛《つら》い過去を語ることで共感してもらおうとしている。

ウ　失明の危険性に直面して不安に押《お》しつぶされそうになっていたが、自分自身の問題を見つめ直す中で少しずつ「僕」に心を開き始め、自分の抱《かか》えている思いを伝えようとしている。

エ　予想していなかったほど自分の目が悪い状態であることがわかり、その原因となっているカラコンを外すきっかけをつかみたいと思い、目の前にいる「僕」にすがろうとしている。

オ　失明の危機にある自分と向き合う中で自信が失われつつあったが、「僕」に自分の胸の内を伝えることで、少しでも前向きに考えるきっかけをつかもうとしている。

問四　——線部④に「玉置さんの瞳《ひとみ》も声も、少しずつ熱を帯びて、その後、潤《うる》んでいった」とありますが、このときの玉置さんの心情について説明した文として最もふさわしいものを、次のア～オの中から一つ選び、記号で答えなさい。

ア　カラコンを着け続けることの危険性を十分に承知していたにもかかわらず、その事実から目を背《そむ》けていた結果、今はカラコンなしでは自分が保てなくなったことに気づき、絶望している。

イ　カラコンによって新しい自分に生まれ変われると信じてきたのに、話しているうちに、いつしかカラコンに依存《いぞん》して失明の危機を招くまでになっていたことを実感し、悲しみに暮れている。

ウ　カラコンを外せないでいる自身の思いを少しでも理解してもらいたいと必死に語り続けていたが、それによってかつての辛い記憶《きおく》がよみがえり、感情を抑《おさ》えきれなくなっている。

エ　カラコンを着けることで他人から認められた自分に満足していたが、結局本当の意味で新しい自分を見つけられたわけではないことに気づき、自分の浅はかさに嫌気《いやけ》がさしている。

オ　カラコンを着けることによって自分の心の傷を癒《い》やせると思っていたが、今はカラコンを着けていない時こそ本当の自分を出せるということがわかり、後悔《こうかい》の念にさいなまれている。

問五　——線部⑤に「僕らは気付かないうちに、彼女が自分自身を救おうとする前向きな気持ちと努力を傷つけていたのかもしれな

「大切な人に向けることのできるこんな微笑みがあるなら、こんな優しい瞳があるなら、僕はあなたを本当に美しい人だと思います」
僕は、彼女の瞳をまっすぐに見つめて、そう言った。彼女の本当の瞳が僕を捉えていた。
また大粒の涙が、彼女の瞳から零《こぼ》れた。その直後にもう一度、丘本さんは、カメラを構えて、シャッターを切った。
玉置さんが、泣きながら微笑んだ。
玉置さんの涙を拭《ふ》いたのは、丘本さんだった。「ごめんね」とお互《たが》いに、言葉にならない言葉を語りかけていた。
僕はそこから静かに離れた。
自分が不器用なことに、心から感謝した。玉置さんのありのままの美しさを、⑦僕が写せなくて本当に良かった。そして、誰かの瞳の光を心から信じていて、本当に良かったと思った。
陽《ひ》は完全に落ち、外灯の周りを除いてあたりは闇に包まれた。海はただ、音と巨大《きょだい》な空間だけを残して、空と遠景の中に隠れた。
e視線をあげると、今日、＊6検影法《けんえいほう》で見た中和の光のようなオレンジ色の巨大な満月が空に浮《う》かんでいた。まるで歪《ゆが》みのない正確な光が僕らのもとに届いていた。
f僕らは三人とも、同じ光を見ていた。

——砥上裕将《とがみひろまさ》『7・5グラムの奇跡《きせき》』による

(問題作成上の都合から一部原文の表記を改めた)

(注)＊1 ハスラー…自動車の名称《めいしょう》。
＊2 カラーコンタクトレンズ…色の入ったコンタクトレンズ。
「カラコン」も同じ。
＊3 円錐角膜《えんすいかくまく》…目の病気。
＊4 一眼レフ…カメラの一種。
＊5 ファインダー…カメラで写真を撮《と》る際にのぞき込《こ》む部分。
＊6 検影法《けんえいほう》で見た中和の光…「検影法」は眼《め》の検査の一つ。「中和の光」は検査の際に見える光。

問一 ——線部①に「しばらく黙《だま》っていたが、小さく息を吐《は》いた」とありますが、このときの丘本《おかもと》さんの心情について説明した文として最もふさわしいものを、次のア～オの中から一つ選び、記号で答えなさい。
ア 関係のない「僕《ぼく》」に頼《たの》み事《ごと》をするのは気が引けるが、玉置《たまき》さんと二人きりになった時に何を話せばよいかわからないため、「僕」の力を借りようと思っている。
イ 玉置さんとの関係がうまくいっていないことを「僕」に伝えたくはなかったが、玉置さんの目の治療《ちりょう》を少しでも進めるためには「僕」の助けが必要だと思っている。
ウ 「僕」を巻き込《こ》むのは心苦しいものの、玉置さんとの話し合いの場をもつためには一人では心細く、意を決して「僕」に同行を頼もうと思っている。
エ 自分一人で玉置さんを説得するには力不足であり、医療《いりょう》従事者である「僕」がいることで、より適切なアドバイスがもらえると思い、「僕」を何としてでも誘《さそ》おうと思っている。
オ 「僕」の助けを借りて、以前と同じように玉置さんの写真を撮《と》ることができれば、彼女《かのじょ》に心を開いてもらえるかと思い、一《いっ》緒《しょ》に来てもらいたいと思っている。

問二 ——線部②に「痛々しそうに見つめる僕の視線」とありますが、このときの「僕」の心情について説明した文として最もふさわしいものを、次のア～オの中から一つ選び、記号で答えなさい。
ア 失明の危機にさらされて精神的に追い込まれているにもかかわらず、それでもなおカラコンを着け続けている玉置さんのことを気の毒に思っている。

置さんがびくりと動き手が強く頬に当たった。その拍子《ひょうし》に、カラコンが外れて落ちた。＊3円錐《えんすい》角膜の進行した彼女の瞳は、カラコンのカーブに合わなくなっていたのだ。慌《あわ》てて、カラコンを戻そうとする、玉置さんの手を、僕は止めた。

彼女は驚いて、僕の瞳をまっすぐに見つめていた。彼女の生まれたままの瞳がこちらを見ていた。

「カラコンなんかなくても、玉置さんは素敵《すてき》です」

僕は、覚悟《かくご》をもって言った。嘘《うそ》ではなかった。たくさんの瞳を見てきた僕には、彼女の瞳の美しさが分かっていた。

「すごく明るい茶色で、月のように煌《きら》めいている瞳です。出会った人の印象に残る素敵な瞳だと思います。玉置さんが自信が持てないって思っているその瞳は、あなたのとても美しいところです。本当はもうカラコンなんて必要ないんです。僕がいまからそれを証明します」

僕は必死に話し続けた。彼女を救うために頭を働かせていた。いま自分にできることを全力で考え続けていた。

「丘本さん、カメラを貸してもらえますか」

丘本さんは驚いて、僕を見た。僕は半《なか》ば強引《ごういん》に、丘本さんからカメラを取りあげ、スイッチを入れて、玉置さんの写真を撮った。玉置さんの口を半開きにした泣き顔がこちらを向いて、＊4一眼レフに収められた。僕はそれを、一眼レフのディスプレイに表示させた後、丘本さんに手渡《てわた》し、

「丘本さん、いま、玉置さんを撮ってもらえますか？」

と、聞いた。丘本さんは驚いていたが、とりあえず、頷《うなず》き、カメラを構えた。僕は立ちあがって、二人から少しだけ離れた。そして、

「撮ってください」

と、丘本さんに言った。彼女は頷いて、それからしばらく、玉置さんをじっと見つめた後、

「遥香ちゃん、いくよ」

と、声をかけた。玉置さんは、コクンと一度頷いた。丘本さんは、一度だけ＊5ファインダーから顔を離し、「遥香ちゃん、笑って」と、言った。玉置さんはその声を聞いて、一瞬《いっしゅん》だけ微笑んでいた。哀しいけれど限りなく優《やさ》しい笑《え》みがそこにあった。丘本さんのカメラはその瞬間を捉《とら》えた。

僕らは近づいて、写真を確認《かくにん》しようとした。すると、丘本さんから声があがった。

「これ、見て」

と、丘本さんは玉置さんに言った。玉置さんもそれを覗いた。その後、すぐに二人で目を合わせた。僕が近づくと、僕にもその写真を見せてくれた。明るいレンズとカメラの性能を生かしきった夕闇《ゆうやみ》の美しい写真だった。紺《こん》色をした曖昧《あいまい》な時間と、外灯の光と玉置さんの真っ白な肌《はだ》の色が調和した、誰がどう見ても美しい写真だった。

僕はその写真を確認した後に、丘本さんからカメラを受け取り、同じ時間に僕の撮った写真を、二人に見せた。玉置さんは驚いて数秒、僕を見つめた。僕も恥ずかしくなって、なんとも言えない表情になった。写真を確認した丘本さんの表情も急に緩《ゆる》んだ。同じカメラを使って、同じ光を使って、同じモデルを使っても、僕が撮った写真はどうしようもなく下手だった。

二枚の写真を比べれば一目瞭然《いちもくりょうぜん》だった。

丘本さんの写真には、玉置さんへの想《おも》いが込められていた。

「カラコンなんか、なくても、玉置さんは素敵です」

僕は、繰り返し真面目《まじめ》に彼女にそう言った。まるで、口説き文句のようだったけれど、誰もそんなふうには受け取らなかった。僕の言葉の意味が、いまやっと正確に玉置さんに伝わっている。そんな実感がその瞬間にあった。

めに写真を撮《と》ってくれました。できあがった写真を見せてくれて、『綺麗《きれい》だよ』って言ってくれて、励《はげ》ましてくれたんです。少しずつ、私が自分のことを好きになれるように、綺麗な服を選んでくれて、髪《かみ》型《がた》も整えてくれて……。彼のことを打ち明けて、目にコンプレックスがあるって伝えたら、瞳を大きくするためにカラコンも教えてくれたんです。あのとき真衣ちゃんは、『本当の自分を取り戻《もど》すまでね』って、ちゃんと注意してくれていたのに」

僕が驚《おどろ》いて丘本さんの方を見ると、彼女は項垂《うなだ》れていた。カラコンを勧《すす》めたのは丘本さんだったのだ。

「積極的に私の写真を外の世界に送り出して、自信をつけさせてくれました。SNSでいいねがついて、コンテストで入賞したりして、写真が褒《ほ》められると、自分が少しずつ外の世界に出ていけるようになっていることに気付きました。

もっと綺麗に写真を撮ってもらう方法はないのか、もっと褒められる方法はないのかって考えるうちに、外の世界と繋《つな》がることができるようになっていったんです。洋服を変えて、髪型を変えて、髪の色を変えて完璧《かんぺき》に化粧をして、瞳の色を変えて、私はかつての自分を捨てました。もう以前の私とは別人で、だから、もう大丈夫だって思えたんです。新しい自分を見つけたんだって思っていました」

彼女の呼吸は荒《あら》くなっていく。

「特に瞳が変わっていれば……、大きくてキラキラしている色の違《ちが》う瞳があれば、過去の私を捨てられる。もう傷つかなくて済む。もうあんな辛《つら》い思いはしなくてもいい。いつの間にかカラコンを外せなくなってしまって、今日みたいなことになっていて……。本当の私はどんな人間なのだろう？　どんな人間になってしまったのだろうって」

④玉置さんの瞳も声も、少しずつ熱を帯びて、その後、潤《うる》んでいった。まるで夕焼けの時間が少しずつ終わり、宵《よい》の静けさが広がっていくように、彼女の心は暗く深い場所に沈《しず》んでいく。

「私はたぶん、自分が間違《まちが》っていることも分かっているんだと思います。過去の私を捨てるために、瞳をカラコンで覆《おお》いました。それがなければ、自分を飾《かざ》って守らなければ、世界と向き合うことができません。きっと、こうやって海に来ることだって、話をすることだってできなかったと思います。私は、自分ではもう間違いをただせない。失明するかもしれなくなっても、もう自分を変えられないんです。本当に消えてしまいたい」

そして、彼女は大粒《おおつぶ》の涙《なみだ》を流し始めた。丘本さんも、小さな声で、玉置さんに「ごめんなさい」と繰《く》り返していた。

玉置さんの心にある大きな傷を庇《かば》うものが、カラコンだったのだ。彼女が語っているのは、自分自身の容姿についての問題じゃない。彼女の心と存在についての問題だった。⑤僕らは気付かないうちに、彼女が自分自身を救おうとする前向きな気持ちと努力を傷つけていたのかもしれない。丘本さんは、玉置さんのそんな気持ちを知っていたからこそ、彼女のカラコンについて、これまで強く注意できなかったのだろう。大好きな人をまっすぐに見つめていたその瞳が「嫌いだ」と言って別れを告げるなんて。なんてひどい言葉だろう。玉置さんがカラコンなしで外に出られなくなったのは、彼女自身のせいではない。カラコンを着けて、外の世界に繋がって、魅力《みりょく》的な自分を探さなければ生きていけないほど、彼女はずっと追い詰められていたのだ。

丘本さんは、玉置さんの言葉を聞きながら、同じように泣き出してしまっていた。

「ごめんね。私がもっとわかってあげられていたら」

そう言って、⑥玉置さんを抱《だ》きしめて嗚咽《おえつ》している。

「ううん、私こそごめんなさい」

丘本さんが玉置さんの涙を拭《ぬぐ》おうと彼女の頬《ほお》に手を触《ふ》れた瞬間、玉

僕らも力を尽《つ》くします。でも、なにより大切なのは、治したいと思う玉置さんの気持ちです。それがなければ、僕たちにはなにもできません」

　そう言った後、僕は自分が玉置さんを責めるためだけに、ここに座っているような気持ちになった。d海は少しずつ暗く淀《よど》んでいく。

「私のこと馬鹿な女だって思ってますよね？　失明するって分かっていることを、ワザとやっているだなんて」

　と消え入りそうな声で言った後、玉置さんは小さくなって、またうつむいてしまった。「そんなことは……」と僕は答えたけれど、彼女の言葉を否定できなかった。

　問題があることは、本人もずっと前から分かっていたのだろう。だがそれを止めることができない。痛みを抱えているのは、角膜《かくまく》ではなく彼女自身なのだ。僕は彼女を傷つけるためにここにいるわけではない。結局、なにも答えられないまま彼女をじっと見つめていた。僕の答えを待たず彼女は語り始めた。

「あれから、病院に行った後から、ずっと考えていたんです」

　③小さな女の子のような敵意もなく衒《てら》いもない、弱々しい声だった。

「私はどんな人間？」

「どんな？」

　と、僕は聞き返した。彼女は細い顎《あご》をコクリと動かした。

「私、なんて愚《おろ》かな人間なのだろう。なんてどうしようもない人間なのだろう。なんて恥《は》ずかしい人間なのだろうって、本当に消えてしまいたいくらい……。病院で、あの小さな男の子が私の怒鳴《どな》り声を聞いて、私を見たときの表情が何度も蘇《よみがえ》ってきて、私なんていなくなってしまえばいいのにって思っていました。あの表情を見たとき、いまの私はどんな人間なんだろうって、思ったんです」

　僕らはただ玉置さんの話に耳を傾《かたむ》けていた。彼女の本当の声が響《ひび》き続けていた。

「自分の中のなにかが、たった一つ壊《こわ》れてしまうだけで、人はこんなにも変わってしまうんですね」

　彼女は切ない声でそう言った。彼女の言葉は続いている。

「私は、ずっと昔から、自分に自信がなかったんです。人ともうまく話せないし、冷たい感じがするって言われて、周りとも馴染《なじ》めず、独りぼっちでした。大学に入ってからは余計に、そんな感じで……。でもそんなとき、私のことを好きになってくれた人がいたんです。私はそれが嬉《うれ》しくて、彼のことが好きになってつき合い始めました。でも時間が経《た》つうちに彼は私のことに飽《あ》きちゃって、私がじっと彼を見る瞳が『全然笑わないし、いつもこっちばっかり見てるし、なんかいつも目が合うから気持ち悪いんだよね。蛇《へび》に睨《にら》まれてるみたいで。俺《おれ》はお前の瞳、マジで嫌い』って言って離《はな》れていったんです。私はすごくショックでした。

　私はそれまで自分の瞳のことなんて気にしたことなかったけど、彼に『瞳が嫌い』って言われてから、自分を見ることすら怖《こわ》くなっていきました。でも、瞳をまっすぐに見つめることなく、自分を見ることはできませんよね？　彼への気持ちが消えた後も、その言葉だけが残って、私は自分の瞳や容姿のすべてが好きになれなくなってしまったんです。そのうちに私は、他の誰《だれ》かが私の瞳を見つめていることが怖くなって、気付いたら外に出られなくなっていました」

　僕はその言葉を聞いて、どうして初対面の僕があれほど彼女に嫌われてしまったのか分かった気がした。無意識のうちに瞳を覗《のぞ》こうとする僕の仕草《しぐさ》が気に入らなかったのだ。彼女が一番嫌《いや》がることを、出会った最初の瞬間《しゅんかん》から行っていた。もしかしたら、嫌がられるのではなく、怖がられていたのかも知れない。

「真衣ちゃんだけが私の話を聞いてくれて、私に自信をつけさせるた

と、言って二回目になる助手席に乗り込むと、丘本さんは、①しばらく黙《だま》っていたが、小さく息を吐《は》いた後、

「今から、遥香《はるか》ちゃんに会いに行こうと思って」

と、なんだか申《もう》し訳《わけ》なさそうに呟《つぶや》いた。

「僕も行った方がいいんですか。僕は玉置《たまき》さんに嫌《きら》われているみたいだし、お一人で行った方がいいんじゃないかと思いますが」

そう言うと、丘本さんは少しだけ黙り込んだ。

「私一人じゃ遥香ちゃんを動かせないと思うから。それから……」

「それから?」

丘本さんは、大きく息を吸い込むと、

「一人じゃ会いに行く勇気がないから、野宮《のみや》さん、よろしくお願いします」

そう言った後、頭を下げられた。その言葉の意味は分からなかったけれど、そんなふうに言われるとなにも言い返せなくなって、

「分かりました。じゃあ行きます」

と、返事した。車を発進させてしばらくして、丘本さんが、

「やっぱり良い人だね。野宮さん」

と、ボソッと言った。僕は聞こえないふりをした。

アパートの前に着いたときには、空は少しずつ茜色《あかねいろ》に染まり始めていた。aアパートから出てきた玉置さんの細い影《かげ》は、昼間見たときよりもさらに細く感じた。後部座席に乗り込んだ彼女《かのじょ》に、「こんばんは」と声を掛けると、怪訝《けげん》そうな顔をした後、小さく会釈《えしゃく》した。僕もそれに倣《なら》った。相変わらずの濃《こ》い化粧《けしょう》をほどこした顔を見て目を逸《そ》らした。彼女の瞳《ひとみ》には、＊2カラーコンタクトレンズが着けられていた。

玉置さんも車に乗り込んでからは、カラコンを隠《かく》すようにじっと目を閉じている。

「夕陽《ゆうひ》を見に行こう」

と、丘本さんはワザと明るい声で言ってから、車を走らせ始めた。

たどり着いたのは、前回と同じ海だった。

三人で車から降りて、真っ赤に染まった海と防波堤《ぼうはてい》を歩いた。景色の中には、赤と黒だけしかない。b僕らもまた赤と黒の中を行き来する影にすぎなかった。ここにあるものはすべて、海と夕陽に取り込まれてしまう。防波堤の端《はし》っこまで来て、丘本さんは防波堤のへりに座《すわ》った。玉置さんは少し躊躇《ためら》ったけれど同じように座った。僕は二人の間に入るわけにもいかず、少し遠くで並んだ二人の影を見ていた。

「今日、びっくりしたよね」

と、丘本さんが切り出した。胸には今日もカメラが抱《かか》えられていた。

「うん……、ショックだった」

玉置さんはうつむいた。c並んで肩《かた》を寄せ合っている二人の影が、少しずつ長くなっていく。「でも」と、玉置さんは心細そうな声で言った。

「私は大丈夫《だいじょうぶ》だってことを証明したくて、病院に行ったのに、馬鹿みたいだよね……。ねえ、真衣《まい》ちゃん、私、見えなくなっちゃうのかな」

玉置さんは顔をあげて、丘本さんを見ていた。丘本さんに、「野宮さんこっちに来て」と呼ばれ、玉置さんの横に腰《こし》かけた。遠くから見たら、僕らはすごく仲の良い友人同士に見えるだろう。本当にそうだったらいいのにと、少しだけ思っていた。

「野宮さん、どうかな」

丘本さんが、ずるい質問をした。玉置さんの瞳がこちらを見ていた。②痛々しそうに見つめる僕の視線に気付いて、玉置さんは目を逸らし、海を見た。僕も同じように海を見た。とても哀《かな》しい色をしていた。

「治療《ちりょう》法は、いろいろあります。先生も方法を考えていると思います。

2023年度

聖光学院中学校

【国語】〈第二回試験〉（六〇分）〈満点：一五〇点〉

［注意］ 字数指定のある問題では、句読点やカッコなども字数に含《ふく》みます。

一 **次の①～⑤の文の――線部のカタカナを、それぞれ漢字に直しなさい。**

① これ以上損害が大きくならないようにゼンゴ策を検討する。

② このエコバッグは持ち運びに便利でチョウホウしている。

③ ミッペイできる容器に夕食の残りを入れる。

④ 和歌山の美しい景色は目のホヨウになる。

⑤ この会社はフルカブの社員と若手社員の意思疎通《そつう》がよくとれている。

二 **次の①～⑤の文の□には、それぞれ動物を表す言葉が入ります。例にならって、□にあてはまる言葉をひらがなで答えなさい。**

例
弟は突然《とつぜん》の出来事に□に□□□□表情をした。　↓狐《きつね》・つままれた　↓〈答〉　つままれた

① 彼《かれ》は宝くじが当たることを信じて□□□□の皮算用ばかりしている。

② 夫婦喧嘩《ふうふげんか》は□も□□□□という通り、首を突《つ》っ込《こ》まないほうが良いのかもしれない。

③ □の□□□ほどの庭だが、母が丁寧《ていねい》に植物を育てている。

④ 勉強をしない僕《ぼく》に怒《おこ》っている親に□の尾《お》を□□思いで週末に遊びに行く許可を求めた。

⑤ 演技の経験がほとんどないのに主役に選ばれるなんて、まさに□□□□□から□だ。

三 **次の文章は、砥上裕将《とがみひろまさ》の『7・5グラムの奇跡《きせき》』の一節である。眼科で視能訓練士《しのうくんれんし》（目の検査や訓練を行う技師）として働く野宮《のみや》（「僕《ぼく》」）は、同僚《どうりょう》の丘本真衣《おかもとまい》、その幼馴染《おさななじ》みの玉置遥香《たまきはるか》と海に出かけた際に、玉置さんの目に異常を認め、眼科の受診《じゅしん》を勧《すす》める。受診の結果、玉置さんに失明の危険性があることがわかった。問題文は玉置さんが受診した日の夕方の場面である。これを読んで、あとの問いに答えなさい。**

夕方、片づけが終わってから病院を出て、自転車のロックを外していると、車のクラクションが鳴った。視線を向けると赤い＊1ハスラーがライトを一度点滅《てんめつ》させた。丘本《おかもと》さんだ。僕《ぼく》が近づいていって、

「お疲《つか》れ様です。どうしたんですか」

と、声を掛《か》けると、丘本さんは儀礼《ぎれい》的に微笑《ほほえ》んだ後、後部座席を親指で指してから、人差し指で、助手席を指した。乗れ、ということだろう。僕は首をかしげてみせたけれど、もう一度同じジェスチャーをされたので、とりあえず、言われた通り乗ることにした。自転車はトランクに詰《つ》め込《こ》んだ。折り畳《たた》み自転車だったので簡単に収納することができた。後部座席には、カメラの機材や、カメラ本体が無造作に置かれていた。

「どうしたんですか」

2023年度

聖光学院中学校　▶解説と解答

算　数　＜第２回試験＞（60分）＜満点：150点＞

解　答

1 (1) $6\frac{2}{9}$　(2) 3.9375　(3) 6180通り　2 (1) 2.8分後　(2) 解説の図②を参照のこと。　(3) 解説の図③を参照のこと。　(4) 0.8, $3\frac{1}{3}$　3 (1) （例） 90度よりも大きい角がある三角形　(2) 1440度　(3) $\frac{3}{8}$倍　4 (1) ５枚目　(2) 98　(3) 79, 117, 120, 154, 162　(4) 31　5 (1) ①　785cm^3　②　6280cm^3　(2) 7850cm^3

解　説

1 逆算，割合と比，売買損益，場合の数

(1) $\left(\square\times0.375-\frac{5}{6}\right)\div\frac{4}{7}+\frac{17}{24}=3\frac{1}{3}$より，$\left(\square\times0.375-\frac{5}{6}\right)\div\frac{4}{7}=3\frac{1}{3}-\frac{17}{24}=\frac{10}{3}-\frac{17}{24}=\frac{80}{24}-\frac{17}{24}=\frac{63}{24}=\frac{21}{8}$，$\square\times0.375-\frac{5}{6}=\frac{21}{8}\times\frac{4}{7}=\frac{3}{2}$，$\square\times0.375=\frac{3}{2}+\frac{5}{6}=\frac{9}{6}+\frac{5}{6}=\frac{14}{6}=\frac{7}{3}$　よって，$\square=\frac{7}{3}\div0.375=\frac{7}{3}\div\frac{3}{8}=\frac{7}{3}\times\frac{8}{3}=\frac{56}{9}=6\frac{2}{9}$

(2) ルビーの指輪の定価を□円，真珠《しんじゅ》のネックレスの定価を△円とすると，□円の７％と△円の９％が等しいから，□×0.07＝△×0.09より，□×７＝△×９となり，□：△＝$\frac{1}{7}$：$\frac{1}{9}$＝９：７とわかる。そこで，□＝９，△＝７とすると，セットで買ったときに安くなる金額は，９×0.07＝0.63となる。また，それぞれを定価で買ったときの合計は，９＋７＝16である。よって，セットで買ったときの割引き率は，0.63÷16×100＝3.9375(％)と求められる。

(3) 右の図のように，スペードの枚数で場合分けをして求める(かげをつけたカードがスペード)。また，スペード以外の枚数の合計は，５×３＝15(枚)である。(a)の場合，アには15通り，イには14通り，ウには13通りのカードを並べることができるから，15×14×13＝2730(通り)とわかる。(b)の①の場合，アには５通り，イには15通り，ウには14通りのカードを並べることができるので，５×15×14＝1050(通り)となる。同様に，②，③の場合も1050通りずつある。よって，(b)の場合は全部で，1050×３＝3150(通り)と求められる。(c)の場合，アには５通り，ウには４通り，イには15通りのカードを並べることができるから，５×４×15＝300(通り)となる。したがって，並べ方は全部で，2730＋3150＋300＝6180(通り)とわかる。

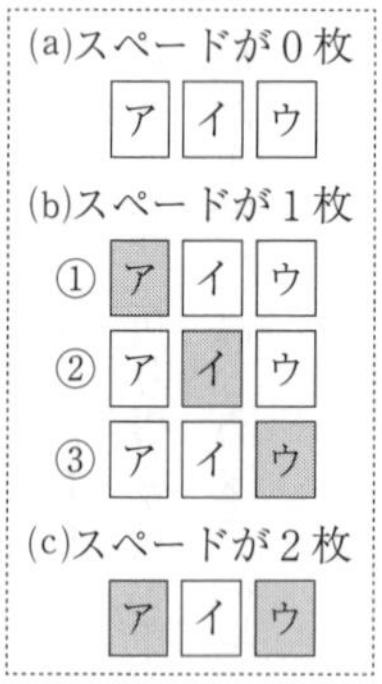

2 グラフ―割合と比

(1), (2)　Ａに入っている量をグラフに表すと，下の図①のようになる。図①と問題文中の図１のグラフについて，０～１分後と２～３分後は，一方が変化せずにもう一方が一定の割合で変化する。また，１～２分後は，どちらも変化しない。さらに，Ｂについて，３～４分後は水を入れていない。よって，Ｂに入っている量は，０分後が，１×１＝１（Ｌ），１分後と２分後が，１×２＝２（Ｌ），

３分後と４分後が，1.5×２＝３（Ｌ）となるので，これらの点を直線で結ぶと，変化は下の図②のようになる。次に，図②より，Ｂに入っている量が2.8Ｌになるのは２分後から３分後の間とわかる。また，この間は毎分，（３－２）÷（３－２）＝１（Ｌ）の割合で水を入れる。したがって，Ｂに入っている量が2.8Ｌになるのは操作を始めてから，２＋(2.8－２)÷１＝2.8(分後)である。

図①（Ａに入っている量）

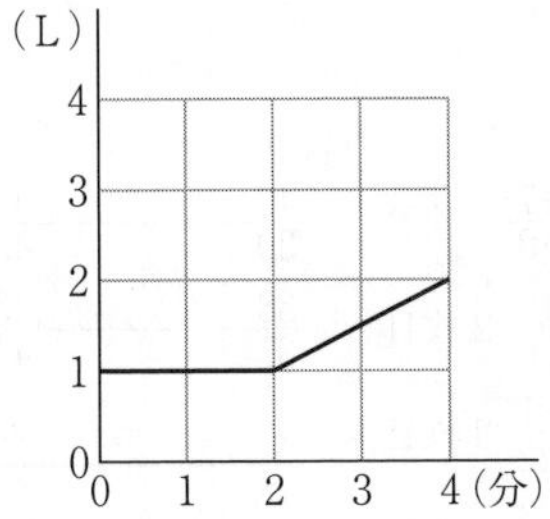

図②（Ｂに入っている量）

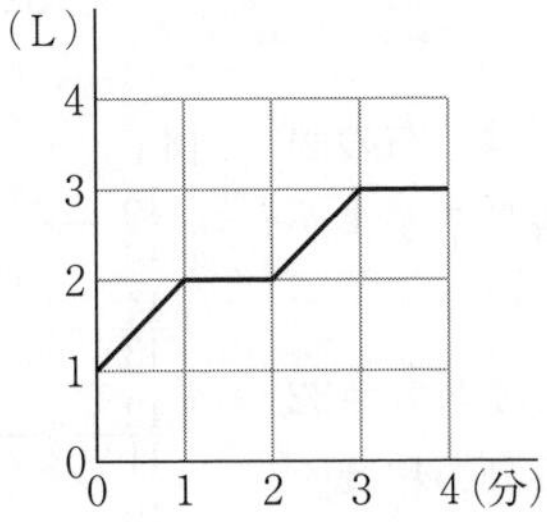

図③（ＢのＡに対する割合）

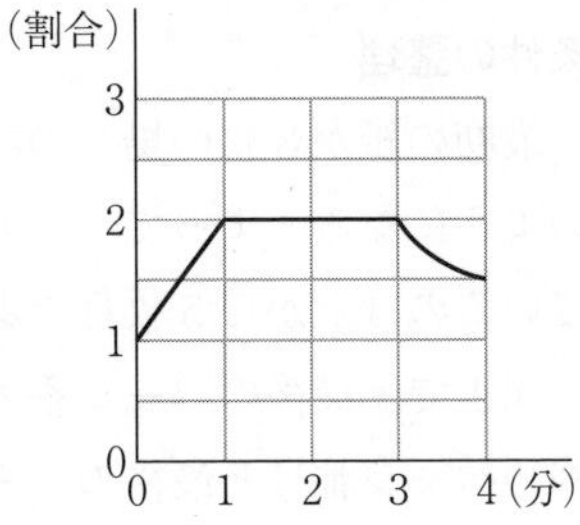

⑶　図①より，２～４分後にＡに入っている量は，0.5×(時間)となる。また，３～４分後にＢに入っている量は，３Ｌのままで変化しない。よって，図１の３～４分後の変化を表す式は，３÷{0.5×(時間)}＝６÷(時間)となるので，この部分は反比例のグラフ(曲線)になるとわかる。したがって，右上の図③のようになる。

⑷　１回目は０～１分後である。この間は毎分，（２－１）÷１＝１の割合で増えるので，1.8になるのは操作を始めてから，(1.8－１)÷１＝0.8(分後)とわかる。また，２回目は３～４分後である。⑶より，このとき，1.8＝６÷(時間)となるので，時間は，６÷1.8＝$3\frac{1}{3}$(分後)と求められる。

３　平面図形―構成，角度，辺の比と面積の比

⑴　たとえば下の図Ⅰの三角形ABCで，Ａを通り辺ACと垂直な線が辺BCと交わる点をＤとすると，三角形ABDの内部にある点からは，辺ACに直角線を引くことができない。同様に，角BAEが直角であるとき，三角形AECの内部にある点からは，辺ABに直角線を引くことができない。この三角形ABCのように，90度よりも大きい角がある三角形の内部には，直角線を引くことができない辺を持つ点がある。

⑵　⑴と同様に考える。下の図Ⅱで，角DACが直角であるとき，三角形ABDの内部にある点からは，辺ACに直角線を引くことができない。また，角BAEが直角であるとき，三角形AECの内部にある点からは，辺ABに直角線を引くことができない。ほかの頂点についても同様に考えると，５つの辺すべてに直角線を引くことができるのは，かげをつけた十角形の部分とわかる。ここで，N角形の内角の和は，180×(N－２)で求められる。よって，かげをつけた十角形の内角の和は，180×(10－２)＝1440(度)となる。

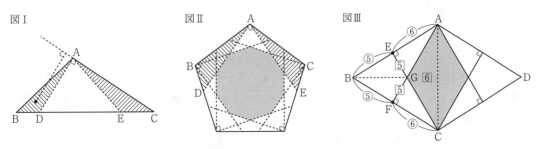

図Ⅰ

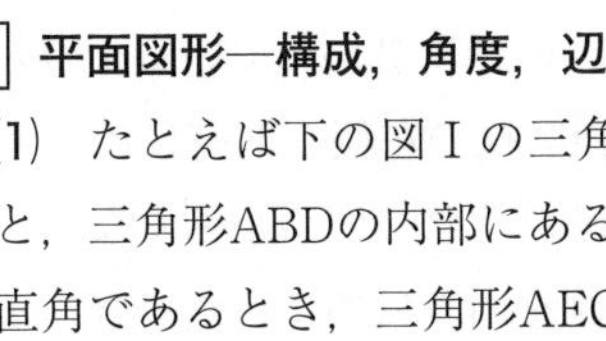

図Ⅱ

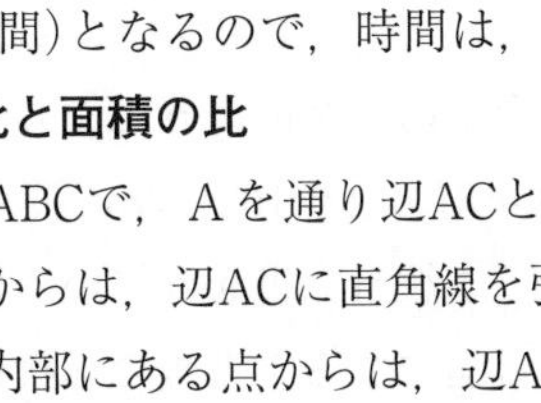

図Ⅲ

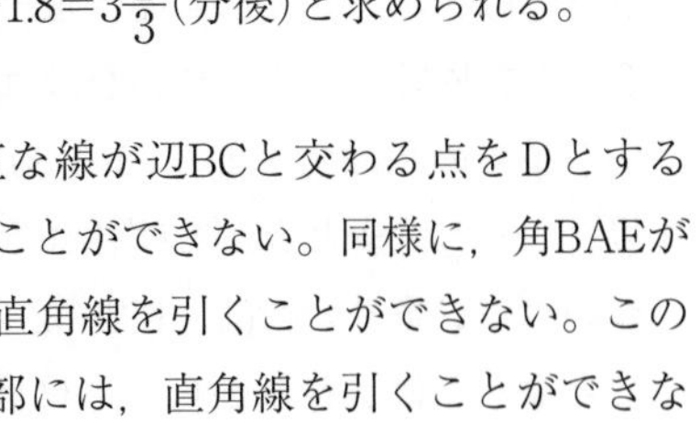

⑶　⑴，⑵と同様に考えると，上の図Ⅲで，４つの辺すべてに直角線を引くことができるのは，か

げをつけた部分である。三角形GBCと三角形GACの面積の比は，BE：EAと等しく５：６だから，三角形GBCの面積を$\boxed{5}$とすると，三角形GACの面積は，$\boxed{5}\times\frac{6}{5}=\boxed{6}$となる。また，ひし形ABCDは線対称《たいしょう》な図形なので，三角形GBAの面積は三角形GBCの面積と等しく$\boxed{5}$となる。すると，かげをつけた部分の面積は，$\boxed{6}\times 2=\boxed{12}$，ひし形ABCDの面積は，$(\boxed{5}+\boxed{5}+\boxed{6})\times 2=\boxed{32}$とわかる。よって，かげをつけた部分の面積はひし形ABCDの面積の，$\frac{12}{32}=\frac{3}{8}$(倍)と求められる。

4　条件の整理

⑴　最初の紙が８枚の場合の状態Ｄは，右の図１のようになる。よって，ページ番号７が書かれているのは上から５枚目である。

図１

図２

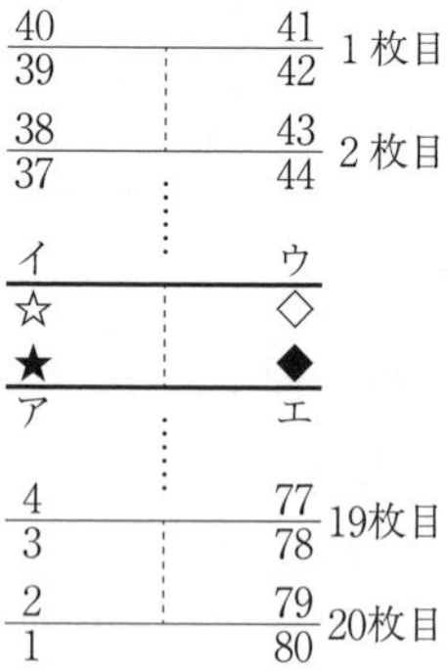

⑵　図１で，最後のページ番号は，４×８＝32，最初のページ番号と最後のページ番号の和は，１＋32＝33であり，どの紙も片面に書かれている２つのページ番号の和が33になっている。同様に，最初の紙が12枚の場合，最後のページ番号は，４×12＝48，片面に書かれている２つのページ番号の和は，１＋48＝49となるので，状態Ｄの上から４枚目に書かれている４つのページ番号の和は，49×２＝98と求められる。

⑶　２枚同時にめくっていなければ，右上の図２のようになり，１枚の紙に書かれている４つのページ番号の和はすべて，（１＋80）×２＝81×２＝162になる。太線の２枚の左側を同時にめくった場合(…ⓐ)，★と☆がとばされるので，１枚目に書かれている数はそれぞれ２ずつ小さくなり，４つのページ番号の和は，162－２×４＝<u>154</u>になる。太線の２枚の右側を同時にめくった場合(…ⓑ)，◇と◆がとばされるから，１枚目に書かれている数に変化はなく，４つのページ番号の和は<u>162</u>のままになる。１枚目と２枚目の左側を同時にめくった場合(…ⓒ)，38，39と書いてある部分がとばされるので，１枚目に書かれている４つのページ番号は{なし，38，39，40}となり，この場合の和は，38＋39＋40＝<u>117</u>と求められる。１枚目と２枚目の右側を同時にめくった場合(…ⓓ)，42，43と書いてある部分がとばされるから，１枚目に書かれている４つのページ番号は{39，40，41，なし}となり，この場合の和は，39＋40＋41＝<u>120</u>とわかる。１枚目の左側と１枚目の右側を同時にめくった場合(…ⓔ)，40，41と書いてある部分がとばされるので，１枚目に書かれている４つのページ番号は{39，なし，なし，40}となり，この場合の和は，39＋40＝<u>79</u>となる。よって，考えられる数はⓐ～ⓔの79，117，120，154，162である。

⑷　⑶より，その紙にページ番号の数が２つ，または４つ書かれているときは条件に合わない。そこで，和が100になるとき，その紙のページ番号の数は３つ書かれており，図２の★，☆，◇，◆のいずれかの数が書かれていないことになる。★の数が書かれていない場合は，アの数が変わらず，◆とエの数は２小さくなるから，ア＋エ＝81－２＝79となり，◆の数が，100－79＝21になる。ところが，◆は41以上の数だから条件に合わない。同様に，☆の数が書かれていない場合も条件に合わない。◇の数が書かれていない場合は，☆とイとウの数が変わらないので，イ＋ウ＝81であり，☆の数が，100－81＝19になる。☆の数は奇数《きすう》だから，これは条件に合うことがわかり，もとの◇

の数は，81－19＝62となる。よって，求める値は，62÷２＝31（回目）である。なお，◆の数が書かれていない場合は，アと★の数が変わらず，エの数は２小さくなるから，ア＋エ＝79であり，★の数が21になる。ただし，★の数は偶数《ぐうすう》であるため，この場合も条件に合わない。

5 立体図形―図形の移動，体積

(1) ① 手順１では，下の図Ⅰのかげをつけた立体ができる。この立体の体積は，10×10×3.14÷４×10＝250×3.14＝785（cm^3）となる。　② 手順２，手順３，手順５では，図Ⅰと同じ形の立体ができる。また，手順４では，下の図Ⅱのかげをつけた立体ができる。この立体の体積は，20×20×3.14÷４×10＝1000×3.14（cm^3）である。よって，求める値は，図Ⅰの立体４個分の体積と図Ⅱの立体１個分の体積の合計なので，250×3.14×４＋1000×3.14×１＝（1000＋1000）×3.14＝6280（cm^3）となる。

図Ⅰ

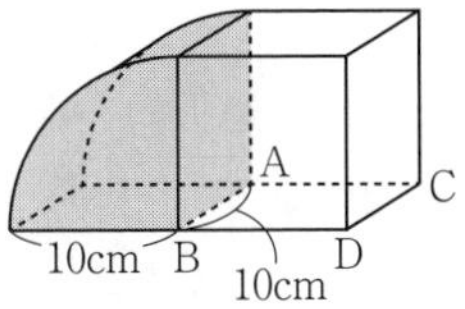

図Ⅱ

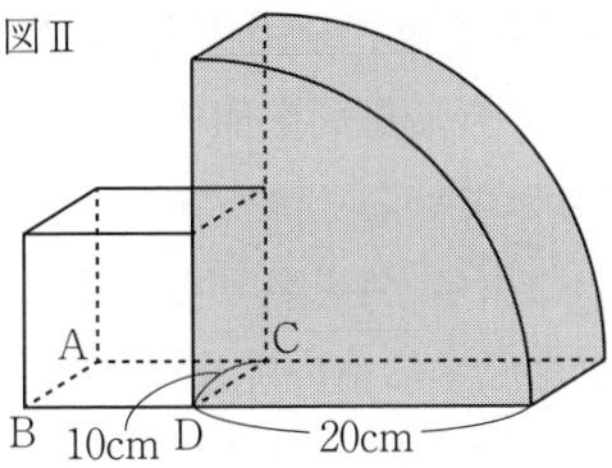

図Ⅲ

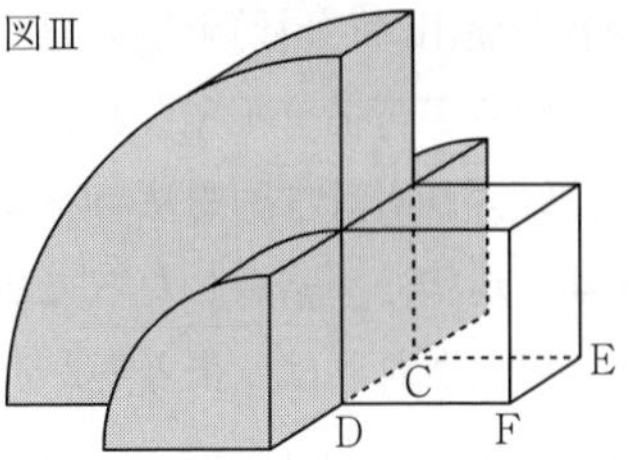

(2) 手順１では，上の図Ⅲのかげをつけた立体ができる。この立体は，図Ⅰの立体２個と図Ⅱの立体１個を組み合わせた形をしている。また，手順２～手順５では，すべて図Ⅰと同じ形の立体ができる。よって，求める値は，図Ⅰの立体６個分の体積と図Ⅱの立体１個分の体積の合計だから，250×3.14×６＋1000×3.14×１＝（1500＋1000）×3.14＝2500×3.14＝7850（cm^3）とわかる。

社 会 ＜第２回試験＞（40分）＜満点：100点＞

解 答

1 **問１** ア **問２** ウ **問３** 団結 **問４** （例） 自分は反対だが，他人の夫婦別姓は容認するという人々がふくまれているから。 **2** **問１** **1** 考古学 **2** 高松塚 **3** 北条義時 **4** 元寇 **問２** ウ **問３** イ **問４** エ **問５** イ **問６** イ **問７** ア **問８** エ **問９** ア **問10** （例） 遺跡が破壊されて **3** **問１** **1** チリ **2** 島原 **問２** ウ **問３** ア **問４** ウ **問５** エ **問６** エ **問７** エ **問８** ウ **問９** オ **問10** （例） 女川（町では，）津波の被害により漁業・水産業と商工業の約３割が廃業したため労働力人口の割合が減少したが，住家や事業所を建て替えるため建設業の労働力人口の割合は増加した。 **4** **問１** アイヌ **問２** **アフガニスタン**…エ **ウクライナ**…ア **問３** （例） 海外進出をして外見的特徴の異なる人々に出会った **問４** ウ **問５** (a) ウ (b) ア **問６** （例） 人口の約60％を混血が占め，外見的な違いが問題とならないから。

解 説

1 現代社会についての問題

問１　2022年，アメリカ合衆国のバイデン大統領が来日したさいに，IPEF(インド太平洋経済枠《わく》組み)の立ち上げが発表され，アメリカ・インド・日本など14か国が参加を表明した。なお，ASEAN(東南アジア諸国連合)加盟国に日本・中国などを加えた自由貿易協定を，RCEP協定(地域的な包括《ほうかつ》的経済連携《れんけい》協定)という。中国は近年，インド太平洋地域で影響力を増しており，RCEP協定に参加し，TPP協定(環太平洋パートナーシップ協定)への加盟も申請《しんせい》している。これに対抗する新たな枠組みとして，アメリカはIPEFの発足を主導した。

問２　インフレーションは一般に，つくり手(供給)の側での材料費・人件費の値上がりや，買い手(需要《じゅよう》)の側での品薄《しなうす》などの事情で発生する。ア・イ・エはつくり手側，ウは買い手側の事情によるインフレーションである。

問３　労働者が労働組合をつくり加入することのできる権利を団結権，労働条件の改善のために労働者が雇用者(会社)と話し合うことのできる権利を団体交渉《こうしょう》権，雇用者に要求を認めさせるために労働者がストライキなどを行うことのできる権利を団体行動権という。これらは労働三権とよばれ，いずれも日本国憲法第28条で保障されている。

問４　現状は，結婚したら夫婦とも同じ姓《せい》(名字)を名乗らなければならないが，選択《せんたく》的夫婦別姓制度が導入されれば，夫と妻が別々の姓(結婚する前の姓)を名乗ることが可能になる。「慎重《しんちょう》」派という表現が使われるのは，「反対」派の中には他人の夫婦別姓は容認《ようにん》するという人々もふくまれているためだと考えられる。

2　遺跡についての問題

問１　**1**　昔の人々が住んだ跡《あと》(遺跡)や道具(遺物)などを調べ，当時の生活や文化を研究する学問を，考古学という。　**2**　奈良県明日香《あすか》村にある高松塚古墳は，古墳としては最もおそい７世紀末～８世紀初めに築《きず》かれた二段構造の円墳で，その石室の壁《かべ》にえがかれた極彩色《ごくさいしき》の壁画《へきが》で知られる。　**3**　源実朝《さねとも》が暗殺されて源氏の将軍が３代で絶えたのをきっかけに，政権を朝廷に取りもどそうと考えた後鳥羽《ごとば》上皇は，1221年，鎌倉幕府の第２代執権《しっけん》北条義時《よしとき》を討《う》つ命令を全国の武士に出した。しかし，よびかけに応じて集まった武士は少なく，幕府の大軍にわずか１か月で敗れ，上皇は隠岐《おき》(島根県)に流された。これを承久《じょうきゅう》の乱という。　**4**　モンゴル帝国の第５代皇帝フビライ＝ハンは，中国を侵略《しんりゃく》して元を建国し，朝鮮半島の高麗《こうらい》をしたがえた後，日本に使者を送って服属するよう求めてきた。鎌倉幕府の第８代執権北条時宗が強くこれを断ったことから，フビライは1274年(文永の役)と1281年(弘安の役)の２度にわたり，大軍を送って北九州へ攻めてきた(元寇《げんこう》)。一騎《いっき》打ちの戦法をとる日本の武士は，元軍の集団戦法や「てつはう」という火器(火薬を使った兵器)に悩まされたが，日本軍は時宗を中心に団結してよく戦い，暴風雨などの助けもあってこれを退けることができた。

問２　Ａ　大森貝塚(東京都)は縄文時代の遺跡で，その発掘により縄文土器などが出土した。その後，現在の東京都文京区弥生で土器が発見され，のちに弥生土器とよばれるようになった。縄文土器は，黒かっ色で表面に縄目《なわめ》の文様のある厚手の土器である。一方，弥生土器は，赤かっ色で表面の模様が少なく，比較《ひかく》的高温で焼かれているため縄文土器よりも薄くて硬《かた》い。　Ｂ　静岡県の登呂遺跡は弥生時代後期の農耕集落の遺跡で，集落跡や高床倉庫などをはじめ，多数の木製の農具や水田の跡が見つかっている。なお，吉野ヶ里遺跡は弥生時代の環濠《かんごう》集落跡で，佐賀県に位置する。

問３　明治政府は国の収入を安定させるため，1873年に全国の土地を調査して土地の価格である地価を決定し，地租改正を実施した。これにより，おもに米を納める年貢にかわる新しい税として，豊作・不作にかかわらず，土地の所有者が地価の３％を地租として現金で納めることになった。よって，イが誤っている。

問４　奈良時代初め，歴史書として『古事記』と『日本書紀』が成立した。『古事記』は稗田阿礼《ひえだのあれ》が暗記していた神話や伝承を太安万侶《おおのやすまろ》が書きとめてまとめたもの，『日本書紀』は舎人《とねり》親王らの手によって編さんされた国家成立史である。『古事記』は天皇以前の神話が中心で，物語風に記されている。一方，『日本書紀』は天皇についての記録が中心で，できごとが年代の順を追って漢文で記されている。なお，ｃの刑部《おさかべ》親王は大宝律令の制定に関わったことで知られる。

問５　ア　「18歳」ではなく「20歳」が正しい。なお，2016年から，選挙権の年齢はそれまでの満20歳以上から満18歳以上に引き下げられた。　イ　1947年，民主的な教育の目標などを定めた教育基本法が制定された。また，学校教育法にもとづいて，６・３・３・４制を基本とする学校制度が整えられ，義務教育の期間もそれまでの６年から９年に延長された。なお，「６・３・３・４」とは，義務教育(小学校６年間，中学校３年間)および高等学校３年間，大学４年間という意味。ウ　「小作農」と「自作農」が逆である。　エ　財閥《ざいばつ》解体は，財閥が経営していた持株会社(系列企業の株式を所有することで，その会社の経営権をにぎるもの)を解散させたり，独占的企業を分割させたりするものであり，財閥が完全に解体されたわけではない。

問６　岩宿遺跡は群馬県のイに位置する。なお，この遺跡は，考古学研究者の相沢忠洋《ただひろ》が，国内で初めて黒曜石でできた打製石器(旧石器)を見つけたことで知られる。この発見により，縄文時代より前の旧石器時代にも日本列島に人類が生活していたことが証明された。

問７　アの院政の開始(1086年)は平安時代後期，イの朝廷の勢力範囲《はんい》の東北地方への拡大は平安時代初期，ウの国風文化の繁栄《はんえい》は平安時代中期，エの平氏の興亡《こうぼう》は平安時代末期のできごとである。よって，時期の早い順に並べると，イ→ウ→ア→エとなる。

問８　ア　南北朝の合一(1392年)に成功したのは室町幕府の第３代将軍足利義満で，足利尊氏は初代将軍である。　イ　問注所《もんちゅうじょ》が置かれ，御成敗式目《ごせいばいしきもく》(1232年)が定められたのは，鎌倉時代である。　ウ　室町幕府の第８代将軍足利義政がつくったのは銀閣(慈照《じしょう》寺)で，金閣(鹿苑《ろくおん》寺)をつくったのは足利義満である。　エ　室町時代の1428年，近江《おうみ》国(滋賀県)坂本の馬借《ばしゃく》(運送業者)らが徳政(借金の帳消し)を要求して一揆《いっき》を起こし，この一揆は山城国(京都府)から近畿地方一帯に広がった。これを正長《しょうちょう》の土一揆という。

問９　江戸幕府の第６・第７代将軍に仕えた儒学《じゅがく》者の新井白石は，正徳《しょうとく》の治《ち》とよばれる政治改革の中で，物価高を抑《おさ》える目的で良質の正徳小判をつくり，金銀の国外流出を防ぐために長崎貿易を制限した。なお，イは第８代将軍吉宗，ウは第５代将軍綱吉《つなよし》など，エは老中田沼意次《おきつぐ》の政治について述べた文。

問10　遺跡が確認された土地や遺跡のある可能性が高い所では，文化財保護法が適用されるため，大型の建物を建てる前に試掘調査をすることになっている。これにより，遺跡の破壊が避《さ》けられないと判明した場合は，遺跡の状況《じょうきょう》をくわしく調べて記録するための調査が行われる。

３　1923年以降の日本で発生したさまざまな自然災害についての問題

問１　１　1960年，南アメリカ大陸に位置するチリでマグニチュード9.5の大地震が起こり，津波が太平洋を越《こ》えて23時間後に日本に到達し，北海道から沖縄までの太平洋沿岸各地に被害を与《あた》えた。

２　雲仙普賢岳《うんぜんふげんだけ》は，長崎県の南東部に位置する島原半島の中央部にあり，1990年に約200年ぶりに噴火活動を再開した。翌91年に大規模な火砕流《かさいりゅう》が発生して，死者・行方不明者43人を出す惨事《さんじ》となった。

問２　A　多摩川は山梨県・東京都・神奈川県を流れて東京湾に注ぎ，利根川は群馬県・埼玉県・千葉県を流れて銚子《ちょうし》市(千葉県)で太平洋に注ぐ。空らんAのあとに「埼玉県」とあるので，利根川と判断できる。　B　千曲《ちくま》川は，長野県の東部から北部にかけて流れ，長野県から新潟県に入ると信濃《しなの》川と名前を変え，新潟市で日本海に注ぐ。天竜川は，長野県中部の諏訪《すわ》湖を水源とし，おおむね南へ向かって流れ，静岡県西部で遠州灘《えんしゅうなだ》(太平洋)に注ぐ。空らんBのあとに「北陸新幹線」とあるので，千曲川とわかる。

問３　アは，「綿糸」ではなく「生糸」が正しい。なお，製糸業は蚕の繭《まゆ》から絹織物の原材料となる生糸を製造する工業であり，綿花から綿糸をつくる工業は紡績《ぼうせき》業とよばれる。

問４　養殖《ようしょく》業の生産量上位２県は，かきが広島，宮城の順，わかめが宮城，岩手の順，のりが佐賀，兵庫の順となっているので，ウが選べる。統計資料は『データでみる県勢』2022年版による。

問５　ア　四国と淡路《あわじ》島(兵庫県)は大鳴門《なると》橋で結ばれ，神戸淡路鳴門自動車道が通っている。
イ　根室《ねむろ》海峡は北海道と国後《くなしり》島の間の海峡であり，択捉《えとろふ》島は国後島の北東に位置している。
ウ　関門海峡は，関門橋と３本の海底トンネルによって結ばれている。なお，「海峡内にある島」は，巌流島《がんりゅうじま》(船島)である。　エ　対馬《つしま》海峡について説明した文として正しい。

問６　エは，「地震発生の数時間前」ではなく「地震による大きなゆれが始まる数秒から数十秒前」が正しい。なお，地震のゆれは一般的に，小さなゆれが来たあと，大きなゆれが来る。緊急《きんきゅう》地震速報は，最初の小さなゆれを感知し，次に来る大きなゆれに備えられるように知らせるシステムである。

問７　液状化は，地震の振動《しんどう》により，地盤《じばん》が水の中に砂を混ぜたように流動してしまう現象である。ア～ウのような，海岸や川に近いゆるい地盤の地域で発生しやすく，建物が傾《かたむ》いたり，地中の水道管やガス管が破壊されたり，水や砂が地表に噴出《ふんしゅつ》して地盤沈下《ちんか》が起こったりする被害が生じる。

問８　Ⅰ　シラス台地は河川からかんがい用水を引くことによって畑作地帯となったので，誤っている。　Ⅱ　根釧《こんせん》台地やパイロットファームについて説明した文として正しい。

問９　福島第一原発は，地図中のオの地点に近い海岸に位置している。2011年の東北地方太平洋沖地震(東日本大震災)のさい，福島第一原発が事故を起こし，放射性物質が周囲に放出された。１枚目の写真中の看板に書かれている「帰還困難区域」は，２枚目の写真に示されているように放射線量がきわめて高いため，立ち入りが制限されている。

問10　図表１，図表２をみると，沿岸部の町の労働力人口の減少率がとりわけ高く，－32.8％の女《おな》川《がわ》町が最も高い。これは東日本大震災のさいの津波の被害が大きかったためで，資料からもそのようすがうかがえる。一方，図表３からは，ただ一つ建設業だけが14.6と大きく増加していることが読み取れる。これは被災した住家や事業所を建て替える需要が増えたためと推測できる。

４　人種と民族についての問題

問１　アイヌは蝦夷《えぞ》地(北海道)や千島列島，樺太《からふと》，東北地方などに古くから住んでいた先住民族で，狩《か》りや漁をして暮らし，独自の生活習慣や文化を築きあげていた。

問２　アフガニスタンはインドの北西の内陸に位置するエ，ウクライナは黒海の北に位置するアである。なお，イはトルコ，ウはイラン，オはカザフスタン。

問３　15世紀末から16世紀にかけての大航海時代には，ポルトガル・スペインなどのヨーロッパ諸国が航海・探検により海外進出を行い，アジア・アフリカ・南北アメリカ大陸に植民地をつくった。そのためヨーロッパ人は，自分たちとは異なる外見的特徴《とくちょう》や文化を持つ人々の存在を認識していた。

問４　キリスト教・イスラム教・仏教などの世界中で多くの人々が信仰している「世界宗教」に対し，ユダヤ人を中心に信仰されているユダヤ教や，おもにインドで信仰されているヒンドゥー教は「民族宗教」とよばれる。

問５　(a)　アメリカ大陸を発見したコロンブスは，その地をインドかインド周辺の島であると信じていたため，その地にいた先住民をインドの人々という意味で「インディアン」とよんだ。スペイン語やポルトガル語では，これが「インディオ」となる。なお，アのアボリジニは，オーストラリアの先住民。イのイヌイットは，北アラスカからカナダ・グリーンランドなどに住む人々。エのヒスパニックは，メキシコなどのスペイン語圏《けん》からアメリカ合衆国への移民。　(b)　大航海時代にスペインはカリブ海の島々や中央アメリカから南アメリカにかけて植民地を拡大したため，この地域の白人の多数を占《し》めるのはスペイン人の子孫となっている。

問６　図２をみると，メキシコの人口の約60％は，白人とインディオの混血であるメスティーソとなっている。混血が多い国では，皮《ひ》膚《ふ》の色などの外見的特徴の違《ちが》いが少ないので，人種問題に起因する対立は少ないと考えられる。

理　科　＜第２回試験＞（40分）＜満点：100点＞

解　答

１　(1)　(ウ)　(2)　(ウ)　(3)　(エ)　(4)　(エ)　(5)　(オ)　(6)　(エ)　(7)　(a)　(ア)　(b)　(ウ)　(c)　(イ)　(8)　(a)　12月26日　(b)　(エ)，(キ)　(c)　（例）　化石燃料／照明をこまめに消して消費電力を減らす　**２**　(1)　220 g　(2)　(ア)，(ウ)　(3)　56.25 g　(4)　(ア)＞(ウ)＞(エ)＞(イ)　(5)　32.3 g　(6)　**ショ糖**…32.4 g　**クエン酸**…5.4 g　**塩化ナトリウム**…5.4 g　(7)　0.81倍　**３**　(1)　315ミリアンペア　(2)　1倍　(3)　3種類　(4)　①①①①④　(5)　5種類　(6)　①①②②③　(7)　$\frac{3}{7}$倍　**４**　(1)　白色　(2)　(ウ)　(3)　(エ)　(4)　(ア)　(5)　(ウ)　(6)　(イ)，(エ)　(7)　右の図　(8)　(カ)

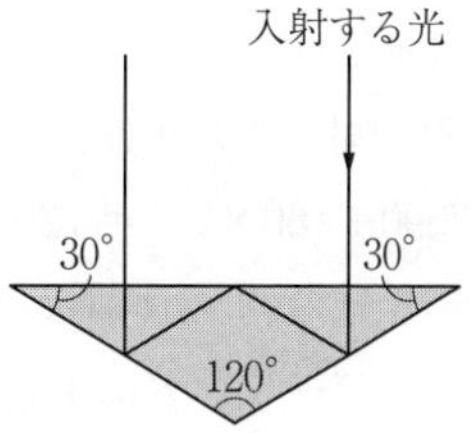

解　説

１　地球上の生物についての問題

(1)　(ア)　マメ科の植物の種子には胚乳《はいにゅう》がなく，栄養は子葉に多く含《ふく》まれている。　(イ)　ふつう，マメ科の植物の花は離弁花で，花びらは５枚あり，そのうちの１枚は大きい。なお，めしべは１本，おしべは10本，がくは５枚である。　(ウ)　マメ科の植物の根には，根粒《こんりゅう》とよばれるこぶのようなものがついていることが多い。根粒菌は，空気中の窒素《ちっそ》を窒素化合物に変換《へんかん》して植物に供給する

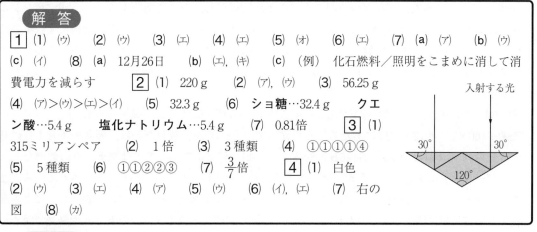

一方で，植物が光合成でつくった栄養をもらっている。こうした関係が成り立つのは，植物が，成長に必要な窒素を空気中から直接取り入れることができないからである。このように，お互《たが》いに助けあって生活する関係を共生(相利共生)という。　(エ)　マメ科の植物には，シロツメクサやカラスノエンドウなどのように，日当たりのよいところで育ちやすいものもある。

(2)　(ア)　ケヤキは落葉広葉樹である。　(イ)　ケヤキは高木で，高さが20～25ｍになる。　(ウ)　ケヤキの樹形は，逆さにしたほうきに似ている。　(エ)　ケヤキは雌雄同株《しゆうどうしゅ》で，おしべを欠いため花と，めしべを欠いたお花が，１つの株(木)に分かれて咲《さ》く。また，ケヤキの秋の葉の色は，黄だけでなく赤やだいだいもある。

(3)　トキは，日本だけでなく中国などにも生息している。よって，(エ)が正しくない。

(4)　(ア)　タンチョウの頭頂部の赤い部分は，羽毛ではなく皮膚《ひふ》である。　(イ)　タンチョウは全長が100～150cm程度で，ツルのなかまの中では大きめである。　(ウ)　タンチョウはシベリア南東部，中国東北部，北海道東部で繁殖《はんしょく》する。大陸のものは冬期に朝鮮半島や中国東部に渡《わた》りをするが，北海道東部のものは留鳥である。　(エ)　北海道東部の釧路湿原《くしろしつげん》一帯は，タンチョウの生息地として知られる。

(5)　日本にはヒグマとツキノワグマの２種類のクマが生息しており，どちらも特別天然記念物には指定されていない。なお，ヒグマは北海道に，ツキノワグマは北海道以外に分布している。

(6)　特別天然記念物のうち，生物種は鳥類が９件(トキ，コウノトリ，タンチョウ，アホウドリ，カンムリワシ，ライチョウ，ノグチゲラ，メグロ，土佐のオナガドリ)，哺乳《ほにゅう》類が４件(カモシカ，カワウソ，イリオモテヤマネコ，アマミノクロウサギ)，両生類が１件(オオサンショウウオ)となっている。

(7)　**(a)**　ゲンジボタルの幼虫は，きれいな水の流れている小川の淡水《たんすい》の中にすみ，体長が２～３cm程度になる。また，さなぎの時期を川辺の土中で過ごし，そこで羽化する。　**(b)**　ゲンジボタルの幼虫は，淡水にすむ巻き貝のカワニナをエサとしている。なお，オキアミは海にすむ甲殻《こうかく》類，カタツムリは陸にすむ軟体《なんたい》動物，ミミズは陸にすむ環形《かんけい》動物である。　**(c)**　ゲンジボタルなどのホタルの体内には発光する物質や酵素《こうそ》などがあり，これらが空気中の酸素と反応することで光が発生する。

(8)　**(a)**　20万年が，60－37＝23(分)にあたるので，6600万年は，$23\times\frac{6600}{20}=7590$(分)，つまり，7590÷(60×24)＝5.2…(日)にあたる。したがって，恐竜《きょうりゅう》が絶滅《ぜつめつ》したのは，翌年の１月１日の０時０分の約5.2日前なので，12月26日となる。　**(b)**　ジャイアントモアはダチョウの仲間で，ニュージーランドに生息していたが，ヒトによる乱獲《らんかく》のため18世紀ごろに絶滅したとされている。また，ドードーは飛べない鳥で，マダガスカル沖のモーリシャス島に生息していたが，ヒトによる乱獲のため17世紀に絶滅したといわれている。　**(c)**　二酸化炭素やメタンなどは，太陽光で暖められた地面から宇宙へ放出される赤外線(熱線)を吸収してたくわえるという性質が強い。そのため，大気中に二酸化炭素が増加すると，大気に熱がこもるようになる。このようすは，ちょうど温室に似ていることから温室効果とよばれ，二酸化炭素やメタンなどのような気体を温室効果ガスという。地球温暖化の主な原因は，石炭や石油，天然ガスなどの化石燃料の大量消費による大気中の二酸化炭素濃度《のうど》の増加と考えられているので，化石燃料の使用量を減らすことが重要である。化石燃料は発電や自動車などの燃料に使われてきたので，化石燃料を使わない方式にかえていく取り組みが行われている。日頃《ひごろ》の生活でできる取り組みとしては，消費電力を減らすために家の照明をこまめに消すこと，プラスチックのレジ袋《ぶくろ》を減らすために買い物に袋を持っていくこと，シャワーを使うときにはお湯を流しっぱなしにしないようにすることなどが考えられる。

2 いろいろな物質の食塩相当量と濃度《のうど》についての問題

⑴　以下では，「質量パーセント濃度」を「濃度」と表す。濃度20％のショ糖水溶液《すいようえき》１Ｌの重さは，1.1×1000＝1100（ｇ）なので，溶《と》けているショ糖は，1100×0.2＝220（ｇ）と求められる。

⑵　(ア)　ナメクジに塩をふると，浸透《しんとう》圧によりナメクジ内部の水が皮膚の外側に出てくるため，ナメクジが小さくなる。　(イ)　水がティッシュを伝わって上がってくるのは，毛細管現象のためである。　(ウ)　白菜などの野菜に塩をふってしばらく置くと，浸透圧により野菜内部の水が野菜の外側に出てくる。　(エ)　スイカに塩をかけて食べると，塩味との対比効果により，スイカの甘さが引き立つ。　(オ)　ベーキングパウダーには重曹《じゅうそう》（炭酸水素ナトリウム）が含まれているため，酸性のレモン汁《じる》をかけると二酸化炭素の泡《あわ》が発生する。

⑶　表１より，ブドウ糖の食塩当量は0.16ｇである。濃度0.9％の塩化ナトリウム水溶液1000ｇには塩化ナトリウムが，1000×0.009＝９（ｇ）溶けているので，この水溶液と同じ浸透圧で同じ重さのブドウ糖水溶液に溶けているブドウ糖は，９÷0.16＝56.25（ｇ）と求められる。

⑷　問題文より，(イ)の浸透圧は濃度0.86％の塩化ナトリウム水溶液の浸透圧と同じである。この濃度は，表１をもとにすると，0.086÷0.1＝0.86（％）と求められる。同様に考えると，(ウ)，(エ)の浸透圧はそれぞれ濃度，0.79÷0.1＝7.9（％），0.15÷0.1＝1.5（％）の塩化ナトリウム水溶液の浸透圧と同じである。よって，浸透圧の大きい方から順に，(ア)＞(ウ)＞(エ)＞(イ)となる。

⑸　濃度0.9％の塩化ナトリウム水溶液1000ｇには塩化ナトリウムが，1000×0.009＝９（ｇ）溶けている。また，濃度５％のショ糖水溶液1000ｇにはショ糖が，1000×0.05＝50（ｇ）溶けており，これは，0.086×50＝4.3（ｇ）の塩化ナトリウムに相当する。かりに，濃度５％のショ糖水溶液1000ｇから水溶液を１ｇ取り出し，かわりにクエン酸１ｇを加える操作を行うことにすると，水溶液中の溶質の塩化ナトリウムに換算《かんさん》した重さは，操作１回あたり，0.15×１－4.3÷1000＝0.1457（ｇ）ずつ増える。したがって，（９－4.3）÷0.1457＝32.25…より，加えるクエン酸は32.3ｇとわかる。

⑹　ショ糖６ｇとクエン酸１ｇと塩化ナトリウム１ｇを合わせたものは，0.086×６＋0.15×１＋１＝1.666（ｇ）の塩化ナトリウムに相当する。また，⑸より，濃度0.9％の塩化ナトリウム水溶液1000ｇには塩化ナトリウムが９ｇ溶けている。よって，$6\times\frac{9}{1.666}=32.41\cdots$より，ショ糖は32.4ｇ，$1\times\frac{9}{1.666}=5.40\cdots$より，クエン酸と塩化ナトリウムは5.4ｇずつ必要である。

⑺　塩化ナトリウム６mg，塩化カリウム1.5mg，ブドウ糖0.5mgを合わせたものは，６＋0.79×1.5＋0.16×0.5＝7.265（mg）の塩化ナトリウムに相当する。また，濃度0.9％の塩化ナトリウム水溶液１ｇ（＝1000mg）には塩化ナトリウムが，1000×0.009＝９（mg）溶けている。したがって，7.265÷９＝0.807…より，この目薬の浸透圧は濃度0.9％の塩化ナトリウム水溶液の浸透圧の0.81倍となる。

3 電気抵抗《ていこう》に流れる電流と発熱についての問題

⑴　図１の②の電気抵抗を１とすると，③の全体の電気抵抗は$\frac{1}{2}$，④は$\frac{1}{3}$，⑤は$\frac{1}{4}$，⑥は$\frac{1}{5}$となる。①を３枚，②を２枚選ぶと，２個の電気抵抗の直列つなぎになるので，全体の電気抵抗は，１×２＝２となる。よって，１個の電気抵抗に流れる電流は，630÷２＝315（ミリアンペア）と求められる。

⑵　①を４枚，③を１枚選ぶと，２つの電気抵抗の並列つなぎになり，それぞれの電気抵抗に電池を１つつないだことと同じになるので，それぞれの電気抵抗に電流が630ミリアンペアずつ流れる。したがって，１個の電気抵抗で10秒間に発生する熱量は基準の１倍となる。

⑶　回路の中の電気抵抗が３個になるのは，「①①②②②」「①①①②③」「①①①①④」の３種類ある。

⑷　⑶の３種類の選び方について，全体の電気抵抗はそれぞれ，「①①②②②」が，$1\times3=3$，「①①①②③」が，$1+\frac{1}{2}=1.5$，「①①①①④」が$\frac{1}{3}$となる。電池に流れる電流が最も大きくなる回路は，全体の電気抵抗が最も小さいものなので，「①①①①④」を選んでつくったものとわかる。

⑸　回路の中の電気抵抗が４個になるのは，「①②②②②」「①①②②③」「①①①②④」「①①①③③」「①①①①⑤」の５種類ある。

⑹　⑸の５種類の選び方について，全体の電気抵抗，電池に流れる電流（630ミリアンペアを１とする），電気抵抗に流れる電流の最小値をそれぞれ求めると，右の表Aのようになる。表Aより，10秒間に発生する熱量が最も小さい電気抵抗を含む回路は，電気抵抗に流れる電流の最小値が$\frac{1}{5}$となっている「①①②②③」を選んでつくったものとわかる。

表A

	全体の電気抵抗	電池に流れる電流	電気抵抗に流れる電流の最小値
①②②②②	$1\times4=4$	$1\div4=\frac{1}{4}$	$\frac{1}{4}$
①①②②③	$1\times2+\frac{1}{2}=\frac{5}{2}$	$1\div\frac{5}{2}=\frac{2}{5}$	$\frac{2}{5}\div2=\frac{1}{5}$
①①①②④	$1+\frac{1}{3}=\frac{4}{3}$	$1\div\frac{4}{3}=\frac{3}{4}$	$\frac{3}{4}\div3=\frac{1}{4}$
①①①③③	$\frac{1}{2}\times2=1$	1	$1\div2=\frac{1}{2}$
①①①①⑤	$\frac{1}{4}$	$1\div\frac{1}{4}=4$	$4\div4=1$

⑺　回路の中の電気抵抗が５個になるのは，「②②②②②」「①②②②③」「①①②②④」「①①②③③」「①①①②⑤」「①①①③④」「①①①①⑥」の７種類ある。また，表１より，電気抵抗に流れる電流が□倍になると，10秒間に発生する熱量は(□×□)倍になる。たとえば，「①②②②③」を選んだとき，全体の電気抵抗は，$1\times3+\frac{1}{2}=\frac{7}{2}$なので，電池や３個の直列つなぎの電気抵抗に流れる電流(630ミリアンペアを１とする)は，$1\div\frac{7}{2}=\frac{2}{7}$，並列つなぎの電気抵抗１個に流れる電流は，$\frac{2}{7}\div2=\frac{1}{7}$となる。よって，電気抵抗で10秒間に発生する熱量の合計は基準の，$\frac{2}{7}\times\frac{2}{7}\times3+\frac{1}{7}\times\frac{1}{7}\times2=\frac{2}{7}$(倍)である。このことから，電池が１つのとき，回路全体で発生する熱量は電池に流れる電流に比例することがわかる。ここで，ほかのカードの選び方についても調べると，右の表Bのようになる。したがって，電気抵抗で10秒間に発生する熱量の合計が小さい方から３番目の回路(「①①②②④」を選んでつくったもの)では，熱量の合計が基準の$\frac{3}{7}$倍となる。

表B

	全体の電気抵抗	電池に流れる電流	小さい方から（番目）
②②②②②	$1\times5=5$	$1\div5=\frac{1}{5}$	1
①②②②③	$1\times3+\frac{1}{2}=\frac{7}{2}$	$1\div\frac{7}{2}=\frac{2}{7}$	2
①①②②④	$1\times2+\frac{1}{3}=\frac{7}{3}$	$1\div\frac{7}{3}=\frac{3}{7}$	3
①①②③③	$1+\frac{1}{2}\times2=2$	$1\div2=\frac{1}{2}$	4
①①①②⑤	$1+\frac{1}{4}=\frac{5}{4}$	$1\div\frac{5}{4}=\frac{4}{5}$	5
①①①③④	$\frac{1}{2}+\frac{1}{3}=\frac{5}{6}$	$1\div\frac{5}{6}=\frac{6}{5}$	6
①①①①⑥	$\frac{1}{5}$	$1\div\frac{1}{5}=5$	7

4 光の屈折《くっせつ》と分散についての問題

⑴　三原色の光を同じ割合で混ぜた光をつくると，白色になる。

⑵　赤色の光と緑色の光が同じ割合で混ざった光は黄色に見えると述べられている。よって，黄色の絵の具に⑴でつくった白色の光を当てると，青色の光が吸収され，赤色の光と緑色の光が反射されるため，黄色に見えると考えられる。

⑶　緑色の光と青色の光が同じ割合で混ざった光は水色に見えると述べられているので，水色の絵の具は赤色の光を吸収することがわかる。また，青色の光と赤色の光が同じ割合で混ざった光は赤《あか》紫《むらさき》色に見えると述べられているので，赤紫色の絵の具は緑色の光を吸収することがわかる。さらに，⑵で述べたように，黄色の絵の具は青色の光を吸収する。したがって，(エ)が選べる。

⑷　太陽光をプリズムに入れると，光の色が右の図Ⅰのようにわかれる。このことから，青色，緑色，赤色の順に屈折が大きいことがわかるので，(ア)が正しい。

図Ⅰ

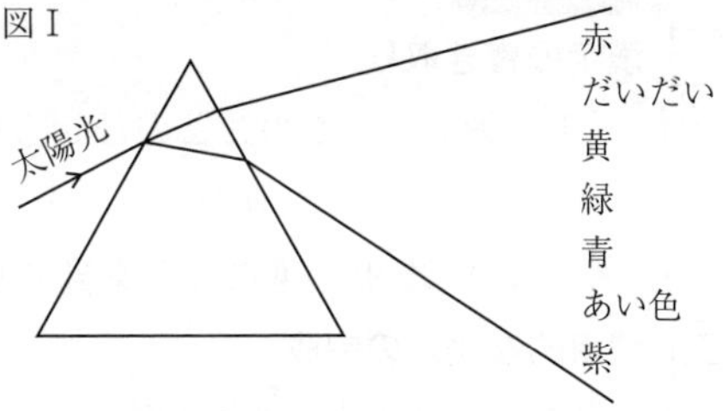

⑸　両面が平行なガラス板に光が入って出ていく場合，入った光と出て行く光は，屈折した分だけずれた平行な光となる。よって，(ウ)がふさわしい。

⑹　(ア)〜(エ)　光が空気からガラスやダイヤモンドにななめに入るとき，光は図２のように進み，入射角は屈折角より大きくなる。また，光がガラスやダイヤモンドから空気にななめに入るとき，光は図２と同じ道筋を逆向きに進み，入射角は屈折角より小さくなる。したがって，(イ)と(エ)が正しい。

(オ)　下線部④の「大きく屈折する」は，屈折角が小さくなるという意味なので，誤っている。

(カ)　光がガラスやダイヤモンドから空気にななめに入るとき，ダイヤモンドのときの方がより大きく屈折し，屈折角がより大きくなる。

⑺　入射する光は図３と同様の道筋を通るが，反射する面での入射角は順に30度，60度，30度でいずれも25度より大きいので全反射する。

⑻　右の図Ⅱで，AB面から入射した太陽光はダイヤモンド内で分散して，青色の光の方が赤色の光より大きく屈折する。その後，光はCD面，DE面で反射し，AE面でもう１回屈折して空気へ出てくる。また，緑色の光の屈折のしかたは，青色の光と赤色の光の間である。よって，(カ)が選べる。

図Ⅱ

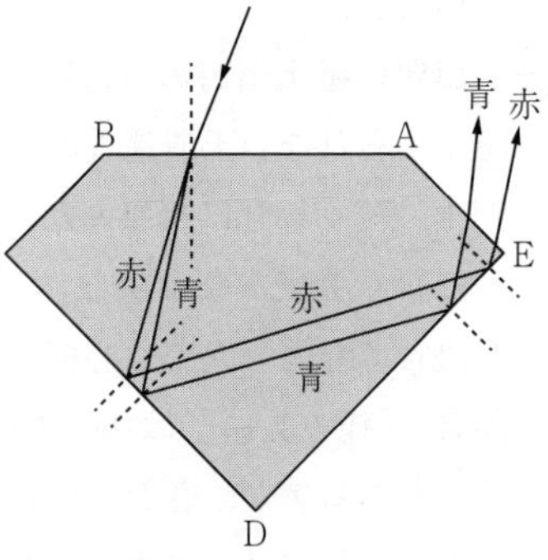

国　語　＜第２回試験＞（60分）＜満点：150点＞

解　答

一　下記を参照のこと。　二　①　とらぬ　②　くわない　③　ひたい　④　ふむ　⑤　ひょうたん　三　**問１**　ウ　**問２**　ア　**問３**　ウ　**問４**　エ　**問５**　（例）医療従事者の立場からカラコンをやめるように説得することで，玉置さんの心を支えていたカラコンを否定し，けんめいに生きようとしてきたことまで否定していたということ。　**問６**　エ

問7　(例)　僕の下手な写真は場をなごませ，丘本さんの写真に現れた，玉置さんの美しさ，玉置さんの優しい瞳や微笑みから伝わる丘本さんを大切に思う心情を，いっそう引き立てたから。
問8　イ，オ　　**四** **問1**　**A**　オ　**B**　イ　**C**　エ　**問2**　**X**　オ　**Y**　ア　**問3**　ア　**問4**　(例)　先行研究を調べてまとめただけだから。　**問5**　ウ　**問6**　ウ
問7　(例)　インプットした情報を加工して情報生産物としてアウトプットすることにより，伝達可能で誰もが利用可能な知の公共財をつくる人。

●漢字の書き取り

一　①　善後　②　重宝　③　密閉　④　保養　⑤　古株

解　説

一　漢字の書き取り

①「善後策」は，ものごとの後始末をうまくつけるための方策。　②　使って便利なようす。　③　すきまなくぴったり閉じること。　④　心身を休ませて健康を保つこと。「目の保養」は，美しいものや珍《めずら》しいものなどを見て楽しむこと。　⑤　その組織や集団に古くからいる人。

二　慣用的な表現の完成

①「取らぬ(捕《と》らぬ)狸《たぬき》の皮算用」は，まだ手に入れてもいないものをあてにして計画を立てることのたとえ。　②「夫婦喧嘩《ふうふげんか》は犬も食わない」は，何でも食う犬でさえ夫婦喧嘩は見向きもしないこと。夫婦喧嘩は些細《ささい》なきっかけで起きて，すぐ仲直りするものだから，他人が仲裁《ちゅうさい》などしてもばかばかしいだけだという意味。　③「猫《ねこ》の額」は，非常にせまいことのたとえ。　④「虎《とら》の尾《お》を踏《ふ》む」は，きわめて危険なことのたとえ。　⑤「ひょうたんから駒《こま》(が出る)」は，ひょうたんの中から本物の馬(駒)が飛び出すように，意外なところから思いがけない結果が生じることのたとえ。

三　出典は砥上裕將《とがみひろまさ》の『7.5グラムの奇跡《きせき》』による。失明の危険があるのにカラーコンタクトの使用をやめられない玉置遥香《たまきはるか》のところへ，視能訓練士の丘本真衣《おかもとまい》と野宮《のみや》(僕《ぼく》)が会いに行く場面である。

問1　続く部分に「なんだか申し訳なさそうに呟《つぶや》いた」，「大きく息を吸《す》い込《こ》むと」，「一人じゃ会いに行く勇気がないから」とあるので，これらをそれぞれ「『僕』を巻き込むのは心苦しい」，「意を決して」，「一人では心細く」と言い換《か》えているウが合う。

問2　「痛々しい」は“見ていられないほど気の毒なようす”という意味なので，「気の毒に思っている」とあるアがふさわしい。

問3　前後に「あれから，病院に行った後から，ずっと考えていたんです」，「私はどんな人間？」とあるので，これらの内容を「自分自身の問題を見つめ直す」とまとめているウがよい。なお，「衒《てら》い」は，自分をひけらかすこと。

問4　玉置さんは，これまではカラコンをつけることなどで「新しい自分を見つけたんだ」と思いこんでいたが，今では「本当の私はどんな人間なのだろう？」と思い直している。よって，「結局本当の意味で新しい自分を見つけられたわけではないことに気づき」とあるエがよい。

問5　前に「玉置さんの心にある大きな傷を庇《かば》うものが，カラコンだったのだ」とあることに注意する。「僕」は，これまでは医療《いりょう》従事者の立場からカラコンをやめるように玉置さんを説得していたが，彼女《かのじょ》の涙《なみだ》を見たことで，カラコンが彼女の心の支えになっていたのだと初めて気づいてい

る。これをふまえ，「失明の危険からカラコンをやめるように野宮たちが言ったことは，カラコンにこめられていた，彼女の前向きに生きようという気持ちや努力を否定していたということ」のようにまとめる。

問６　前で丘本さんが「ごめんね。私がもっとわかってあげられていたら」と言っているので，「思いが至らなかったことを申し訳なく思っている」とあるエが合う。ア，イ，ウ，オのような結果への後悔《こうかい》ではなく，「わかってあげられ」なかったことへの後悔であることに注意する。

問７　玉置さんに「カラコンなんか，なくても，玉置さんは素敵《すてき》です」と伝えるため，「僕」は丘本さんのカメラを借りて写真を撮《と》った。しかし，「僕が撮った写真はどうしようもなく下手だった」ため，「丘本さんの写真」を引き立てる結果となり，場はなごんだ。一方，「丘本さんの写真には，玉置さんへの想《おも》いが込められて」おり，「玉置さんのありのままの美しさ」が写されている。これを整理して，「僕の写真は場をなごませ，さらに，丘本さんが撮った写真の，玉置さんの美しさ，丘本さんを大切に思う玉置さんの優《やさ》しい瞳《ひとみ》などに表れた，二人のきずなを引き立てられたから」のようにまとめる。

問８　イ　本文で「僕」は玉置さんをずっと「覚悟《かくご》をもって」「必死に」説得しており，「不安定な気持ち」は見られない。また，丘本さんは玉置さんを「励《はげ》まそう」としているのではなく，カラコンに執着《しゅうちゃく》する玉置さんの心を「動か」そうとしている。　　オ　満月は，玉置さんの件が円満に解決したようすを暗示しているといえるが，「僕」の決意をたとえているとまではいえない。

四　**出典は上野千鶴子《うえのちづこ》の『情報生産者になる』による**。オリジナリティ，情報のインプット・アウトプット，学問について考察し，情報生産者になるとはどういうことかを説明している。

問１　**A**　「オリジナルな研究」について述べた後，その言葉にふくまれている「オリジナル」（＝オリジナリティ）とはそもそも何であるかについて，続く部分で説明している。よって，話題を変えるときに用いる「ところで」が入る。　　**B**　「データ収集」の場は「図書館」や「ネット・サーフィン」だけではないという文脈なので，前後で逆の内容が置かれるときに使う「しかし」が合う。　　**C**　前の「非言語情報をインプットして，そのまま非言語情報としてアウトプットするやりかた」について，続く部分では「映像」，「ビジュアルな表現」，「パフォーミングアート」などの例があげられているので，具体的な例をあげるときに用いる「たとえば」がふさわしい。

問２　**X**　直後の一文に「教養は努力すれば身につけることができますが，オリジナリティはセンスです」とあるように，「教養」と「オリジナリティ」は互《たが》いに異なる性質を持っているので，「相反」が入る。「相反する」は，対立すること。　　**Y**　「ネットで情報収集してコピペすれば一丁上がり，のレポート」は「研究とは呼」べないようなものだが，そのような質の低いものを「小学生から大学生まで」書いているのだから，「横行」が合う。「横行する」は，好ましくない振《ふ》る舞《ま》いがさかんになること。

問３　二つ前の段落に，「一次情報は経験的現実から自分の目と手で得た情報」だとある。よって，実際に「その場所に赴《おもむ》いて聞き取りを行う」とあるアが選べる。

問４　続く部分で筆者は，「review《レビュー》 essay《エッセイ》は，研究の前段階にすぎません。しょせん，よく勉強したね，という読書レポートの域を出ません」と述べ，研究は「オリジナルな問い」を立てることから始まると主張している。これをふまえ，「オリジナルな問いが立てられていないから」，「先行研究を検討してまとめただけだから」のようにまとめる。

問５　直前の一文の「批判的検討」は，ウの「吟味《ぎんみ》」にあたる。また，ウの「既存《きそん》の情報に対する自分の立ち位置が明らかになる」は，「自分の立てた問いのどこまでが解かれており，どこからが解かれていないかがわかる」を言い換《か》えた内容である。よって，ウがふさわしい。

問６　前に，「世界にはもっと豊かで多様な非言語的な情報処理のインプットとアウトプットのノウハウを知って，それを伝達できる人々がいるに違《ちが》いありません」とある。また，筆者は「学問を，伝達可能な知の共有財，と定義して」おり，自分の研究が「誰《だれ》もが利用可能な公共的な財になることが最終的なゴール」だと考えている。したがって，傍線《ぼうせん》部④は，「非言語的な情報処理」によっても「伝達可能な知の共有財」が生み出されることを想定したうえでの言葉といえるので，ウが選べる。

問７　「学問」とは，情報のインプット，アウトプットを通してつくられた，「伝達可能な知の共有財」，「誰もが利用可能な公共的な財」である。それをつくる人という内容でまとめればよい。

Dr.福井の 入試に勝つ！脳とからだのウルトラ科学

睡眠時間や休み時間も勉強!?

みんなは寝不足になっていないかな？　もしそうなら大変だ。睡眠時間が少ないと，体にも悪いし，脳にも悪い。なぜなら，眠っている間に，脳は海馬《かいば》という部分に記憶をくっつけているんだから。つまり，自分が眠っている間も頭は勉強しているわけだ。それに，成長ホルモン（体内に出される背をのばす薬みたいなもの）も眠っている間に出されている。昔から言われている「寝る子は育つ」は，医学的にも正しいことなんだ。

寝不足だと，勉強の成果も上がらないし，体も大きくなりにくく，いいことがない。だから，睡眠時間はちゃんと確保するように心がけよう。ただし，だからといって寝すぎるのもダメ。アメリカの学者タウブによると，10時間以上も眠ると，逆に能力や集中力がダウンしたという研究報告があるんだ。

睡眠時間と同じくらい大切なのが，休み時間だ。適度に休憩するのが勉強をはかどらせるコツといえる。何時間もぶっ続けで勉強するよりも，50分勉強して10分休むことをくり返すようにしたほうがよい。休み時間は，散歩や体操などをして体を動かそう。かたまった体をほぐして，つかれた脳を休ませるためだ。マンガを読んだりテレビを見たりするのは，頭を休めたことにならないから要注意！

頭の疲れに関連して，勉強の順序にもふれておこう。算数の応用問題や理科の計算問題，国語の読解問題などを勉強するときには，脳のおもに前頭葉という部分を使う。それに対して，国語の知識問題（漢字や語句など）や社会などの勉強では，おもに海馬《かいば》という部分を使う。したがって，それらを交互に勉強すると，１日中勉強しても疲れにくい。

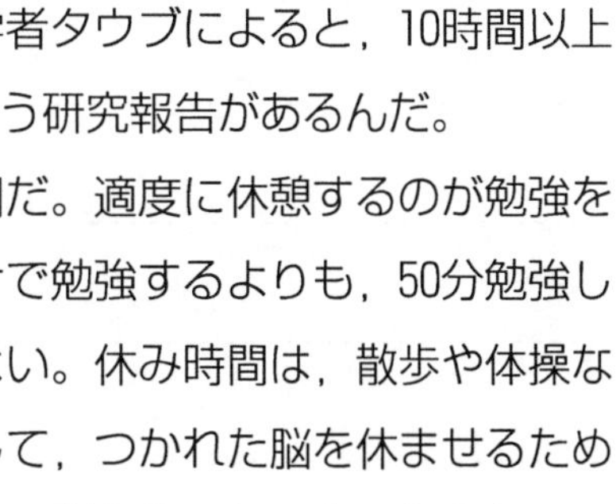

Dr.福井（福井《ふくい》一成《かずしげ》）…医学博士。開成中・高から東大・文Ⅱに入学後，再受験して翌年東大・理Ⅲに合格。同大医学部卒。さまざまな勉強法や脳科学に関する著書多数。

Memo

2022年度　聖光学院中学校

〔電　話〕 (045) 621－２０５１
〔所在地〕 〒231-0837　神奈川県横浜市中区滝之上100
〔交　通〕 JR根岸線－「山手駅」より徒歩８分

【算　数】〈第１回試験〉（60分）〈満点：150点〉

1　次の問いに答えなさい。

(1)　次の計算の□にあてはまる数を答えなさい。

$$\left(\frac{3}{7}-0.4\div\square\right)\times0.625+\frac{13}{24}=\frac{2}{3}$$

(2)　ある講演会の開催費《かいさい》は，会場の使用料［ア］円に，参加者１人につき［イ］円を加えた額になります。

この講演会の入場料を１人あたり3500円にすると，参加者が100人の場合，入場料の合計と開催費が同じ額になります。また，入場料を１人あたり4000円にすると，参加者が80人の場合，入場料の合計と開催費が同じ額になります。

このとき，［ア］，［イ］にあてはまる数をそれぞれ答えなさい。

(3)　36人いるクラスの生徒を２つのグループA，Bに分けて，ある作業をしました。まずグループAの生徒たちが１時間作業をして全体の半分を終え，次にグループBの生徒たちが24分間作業をして全体の $\frac{1}{7}$ を終え，最後に残った分をクラス全員で行い，全体の作業を終えました。クラス全員で作業した時間は何分間ですか。ただし，どの生徒も一定時間あたりの作業量は同じものとします。

2　各位の数の和が各位の数の積以上である３桁《けた》の整数Aを考えます。たとえば，925の各位の数の和は $9+2+5=16$，各位の数の積は $9\times2\times5=90$ となり，925は整数Aとしてふさわしくありません。

このとき，次の問いに答えなさい。

(1)　百の位の数が９である整数Aは全部で何個ありますか。

(2)　３つの位の数の中に０を含《ふく》む整数Aは全部で何個ありますか。

(3)　次の３つの条件すべてにあてはまる整数Aは全部で何個ありますか。

・３つの位の数の中に０はない。

・百の位の数は十の位の数以上である。

・十の位の数は一の位の数以上である。

(4)　整数Aは全部で何個ありますか。

3　次のページの図のような１辺が10cmの正方形ABCDと，辺CDを両側に５cmずつ延長した直線EFがあります。

この図形上を２点P，Qが同時に出発して，一定の速さで移動します。点Pは，点Aを出発して，正方形ABCDの辺上をA→B→C→D→A→B→……の順に繰《く》り返し移動します。また，点Ｑは点Ｅを出発して，直線EF上をＥ→Ｆ→Ｅ→Ｆ→……と往復します。

このとき，次の問いに答えなさい。

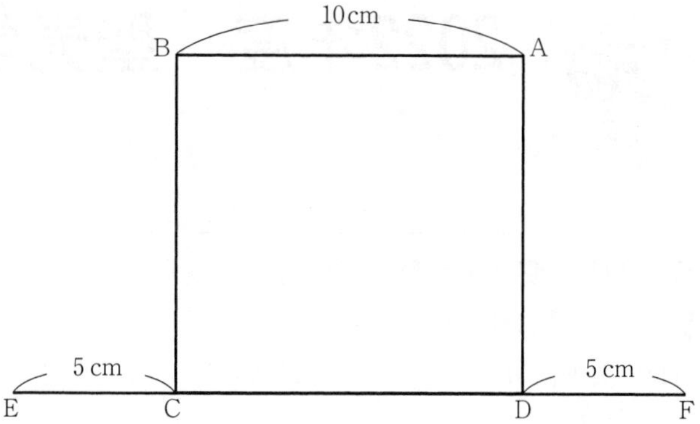

(1)　点Ｐが毎秒２cm，点Ｑが毎秒５cmで移動するとき，点Ｐと点Ｑが初めて重なるのは，２点が出発してから[　ア　]秒後，２回目に重なるのは[　イ　]秒後です。[ア]，[イ]にあてはまる数をそれぞれ答えなさい。

(2)　点Ｐが毎秒２cm，点Ｑは点Ｐよりも速い速さで移動する場合について考えます。点Ｑが毎秒[　ウ　]cmよりも速く，毎秒[　エ　]cmよりも遅い速さで移動するときに限り，点Ｐが１回目に点Ｃ，Ｄを含《ふく》む辺CD上を移動するときに，点Ｑと重なることはありません。[ウ]，[エ]にあてはまる数をそれぞれ答えなさい。

(3)　点Ｐが毎秒２cm，点Ｑは毎秒２cmよりも速く，毎秒４cmよりも遅い速さで移動する場合について考えます。点Ｐが１回目に辺CD上を移動する間に点Ｑと重なることがあり，点Ｐが２回目に点Ｄに重なるとき，点Ｑも同時に点Ｄに重なります。このとき，点Ｑの移動する速さは毎秒[　オ　]cmです。[オ]にあてはまる数として考えられるものをすべて答えなさい。

4　１～５までの整数が書かれた赤，白，青の３色の玉が１個ずつ，合計15個あります。このとき，次の問いに答えなさい。

(1)　15個の玉の中から５個の玉を選んで一列に並べる並べ方のうち，左から順に赤，赤，白，白，白と並ぶような玉の並べ方は全部で何通りありますか。

(2)　15個の玉の中から３個の玉を選んで一列に並べます。玉に書かれた数字を左から百の位，十の位，一の位として３桁《けた》の数を作るとき，

(ア)　３桁の数が144となるような玉の並べ方は全部で何通りありますか。

(イ)　３桁の数が18の倍数となるような玉の並べ方は全部で何通りありますか。

(3)　15個の玉の中から４個の玉を選んで一列に並べ，玉に書かれた数字を左から千の位，百の位，十の位，一の位として４桁の数を作ることを考えます。

いま，ある４個の玉を選んだところ，それぞれの並べ方から作られる数の総和は，106656となりました。玉に書かれている４つの数の組み合わせとして考えられるものを，下の例のかたちですべて答えなさい。

例　３，２，２，４ → 小さい順に(２，２，３，４)

5　次の問いに答えなさい。

(1)　長さ27cmの直線AB上を，長さ９cmの２直線Ｐ，Ｑが移動することを考えます。

(ア)　図１のように，直線Ｐは左端《はし》が点Ａに，直線Ｑは右端が点Ｂにつくようにおかれてい

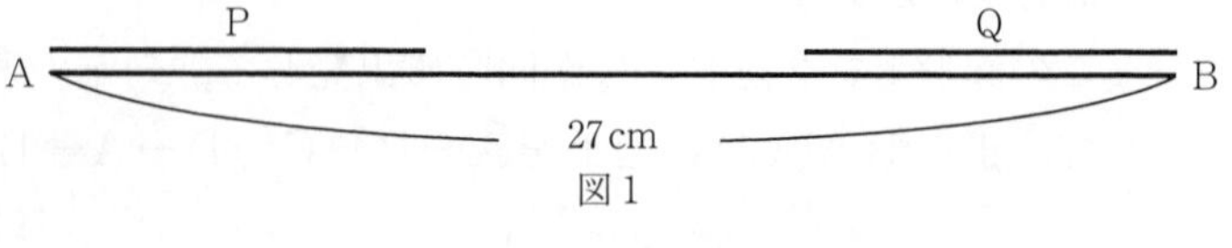

図１

ます。

直線Ｐはある時刻に毎秒１cm で点Ｂに向けて移動を開始し，右端が点Ｂについたら止まります。直線Ｑは，直線Ｐと同時に毎秒２cm で点Ａに向けて移動を開始します。直線Ｑは左端が点Ａについたらすぐに，点Ｂに向けて移動を開始し，右端が点Ｂについたら止まります。

このとき，２直線Ｐ，Ｑが移動を開始してからの時間(秒)と，Ｐ，Ｑが重なっている部分の長さ(cm)の関係を表すグラフを，解答欄《らん》にかき入れなさい。ただし，グラフの横軸《じく》の１目盛りは１秒，縦軸の１目盛りは１cm とします。

(イ)　図２のように，２直線Ｐ，Ｑがともに左端が点Ａにつくようにおかれています。

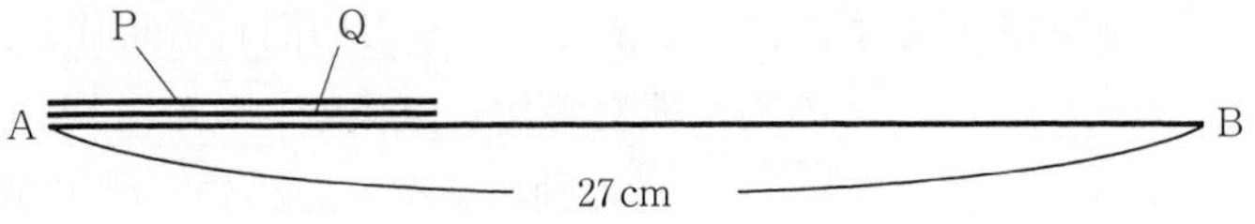

図２

直線Ｐはある時刻に毎秒１cm で点Ｂに向けて移動を開始し，右端が点Ｂについたら止まります。直線Ｑは，直線Ｐと同時に毎秒２cm で点Ｂに向けて移動を開始します。直線Ｑは右端が点Ｂについたらすぐに，点Ａに向けて移動を開始し，左端が点Ａについたら止まります。

このとき，２直線Ｐ，Ｑが移動を開始してからの時間(秒)と，Ｐ，Ｑが重なっている部分の長さ(cm)の関係を表すグラフを，解答欄にかき入れなさい。ただし，グラフの横軸の１目盛りは１秒，縦軸の１目盛りは１cm とします。

(2)　図３のような，１辺の長さが 27cm の正方形 ABCD の中を，１辺の長さが９cm である２つの正方形Ｒ，Ｓが一定の速さで移動することを考えます。

はじめ，正方形Ｒは左下の頂点が点Ａにあり，点Ａを含《ふく》むＲの２辺と正方形 ABCD の２辺が重なるようにおかれています。ある時刻に，正方形Ｒは点Ｃに向けて移動を開始します。Ｒの対角線の交点が直線 AC 上にあり，Ｒの辺が正方形 ABCD の辺と平行になるように移動をし，Ｒの右上の頂点が点Ｃにつくまで，18秒間で移動をします。

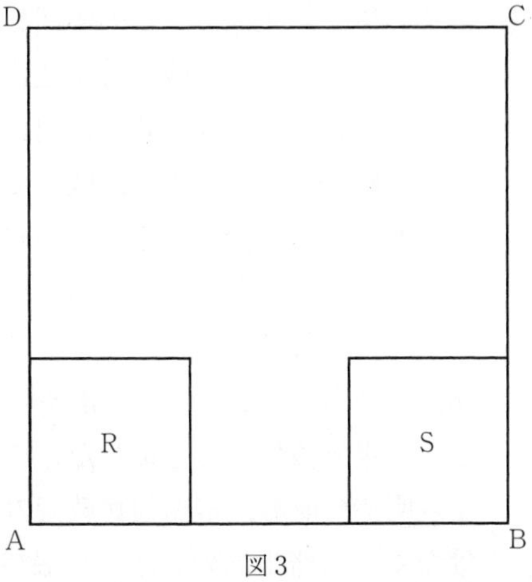

図３

また，正方形Ｓは右下の頂点が点Ｂにあり，点Ｂを含むＳの２辺と正方形 ABCD の２辺が重なるようにおかれています。Ｒと同時に，正方形Ｓは点Ｄに向けて移動を開始します。Ｓの対角線の交点が直線 BD 上にあり，Ｓの辺が正方形 ABCD の辺と平行になるように移動をし，Ｓの左上の頂点が点Ｄについたらすぐに点Ｂに向けて移動を開始し，Ｓの右下の頂点が点Ｂにつくまで，18秒間で移動をします。

(ウ)　移動を開始してから５秒後について，２つの正方形Ｒ，Ｓが重なる部分の面積は何 cm^2 ですか。

(エ)　２つの正方形Ｒ，Ｓが重なる部分が正方形になるのは，移動を開始してから □ 秒後です。(1)のグラフを利用して，□ にあてはまる数として考えられるものをすべて答えなさい。

【社　会】〈第１回試験〉（40分）〈満点：100点〉

〈編集部注：実物の入試問題では，**４**の写真はカラー印刷です。〉

１　次の文章を読んで，あとの問いに答えなさい。

アメリカの歴史学者アルフレッド・W・クロスビーは，著書『飛び道具の人類史』の中で，人類を「二足歩行し，ものを投げ，火をあやつる動物」と定義し，「離《はな》れた地点に変化を生じさせることに喜びを見出《みいだ》す」特徴《とくちょう》があると述べています。

二足歩行する人類は，チンパンジーやゴリラよりも上手《じょうず》に，ねらったところに石を投げることができます。人類は石器を発明し，さらには棒に石器をつけた石槍《やり》を製作して，これを投げて動物を狩《か》るようになりました。①この旧石器時代に，日本列島に人類がやってきたと考えられています。その後，縄文時代に気候が［　A　］してナウマンゾウやオオツノジカなどが絶《ぜつ》滅《めつ》すると，より［　B　］の動物を狩るために，弓矢が登場しました。

弥生時代になると，大陸から(　１　)が伝来して生活が変化し，その結果，食料や土地や水をめぐる戦いが起きるようになりました。こうした戦いの中で，②弓矢が武器としても用いられるようになったと考えられています。

③平安時代に武士が登場すると，弓の腕前《うでまえ》は武士にとって大切なものとされました。後白河天皇と崇徳《すとく》上皇が対立して起こった(　２　)の乱に出陣《しゅつじん》した源為朝《ためとも》は，弓の名人として知られています。

その後，④元寇で元軍の集団戦法に苦しめられた武士は，それまでの一騎打ち中心の戦い方から集団戦法へと，戦い方を変化させていきました。しかし，戦い方の変化があったにもかかわらず，戦いの主要な武器は引き続き弓矢でした。武士といえば刀で戦うイメージがありますが，鉄砲の伝来以前から，戦いでは飛び道具が重要だったのです。

日本に鉄砲が伝来すると，鉄砲や(　３　)が輸入されるようになりました。鉄砲は，(　３　)を爆発《ばくはつ》させて弾丸《だんがん》を飛ばす武器だからです。鉄砲は合戦に用いられ，国産化もすすみました。

⑤江戸時代になると，飛び道具の技術的な進歩はほとんど止まりますが，黒船来航によって開国させられると，江戸幕府や諸大名は，新式の鉄砲や大砲を輸入したり，国内で製造したりして，軍備強化を急ぎました。こうして入手した武器は，戊辰戦争でも使用されました。

⑥明治政府も，富国強兵政策のもと，軍備強化をすすめました。大砲は，陸上で使うだけではなく，三浦半島の(　４　)に設けられた造船所(のち海軍工廠《こうしょう》)などで建造された軍艦《ぐんかん》にも搭《とう》載《さい》されました。⑦1941年に呉《くれ》海軍工廠で完成した戦艦大和《せんかんやまと》の主砲《しゅほう》は，１トンあまりの砲弾《ほうだん》を40km以上も飛ばす性能がありました。

第二次世界大戦後，日本の武器開発はGHQによって停止され，(　４　)や呉の海軍工廠も米軍に接収されました。しかし，その後も物を遠くへ飛ばす興味が日本で失われることはなく，戦前は飛行機の設計をしていた糸川英夫《いとかわひでお》氏が，外国のロケット開発に追いつこうと，国産ロケットの開発を始めました。そして，⑧1955年に，小型のロケットであるペンシルロケットの発射実験に成功したことで，国産ロケット製造の道が切り開かれました。

こうして，かつて石槍を投げていた人類は，ロケットを宇宙に飛ばす時代を迎《むか》えたのです。

問１　文中の(１)～(４)にあてはまる語句を漢字で答えなさい。

問２　文中の［A］・［B］にあてはまる語句の組み合わせとして正しいものを，次の**ア**～**エ**の中から１つ選び，記号で答えなさい。

ア　[A]：温暖化　[B]：大型　　**イ**　[A]：温暖化　[B]：小型

ウ　[A]：寒冷化　[B]：大型　　**エ**　[A]：寒冷化　[B]：小型

問３　下線部①に関連して，旧石器時代の日本列島での人々の生活のようすについて述べた文として正しいものを，次の**ア**～**エ**の中から１つ選び，記号で答えなさい。

ア　打製石器のナイフを製作して，動物の肉を切っていた。

イ　磨製石器の斧《おの》を製作して，木を切っていた。

ウ　動物の骨を加工して釣《つ》り針《ばり》を製作して，魚釣りをしていた。

エ　土器を製作して，貝や豆を煮《に》て食べていた。

問４　下線部②に関連して，弥生時代から奈良時代にかけて起きた戦いについて述べた文として正しいものを，次の**ア**～**エ**の中から１つ選び，記号で答えなさい。

ア　『後漢書東夷伝』には，邪馬台国が周囲の国と戦ったことが記されている。

イ　仁徳天皇は，関東地方に攻《せ》め込《こ》んでワカタケル大王を倒《たお》し，勢力を拡大した。

ウ　天皇の位をめぐって大海人皇子と大友皇子が戦い，大海人皇子が勝利した。

エ　倭国が朝鮮半島に軍勢を派遣《はけん》して，唐・百済連合軍と白村江で戦った。

問５　下線部③に関連して，平安時代の出来事について述べた文として正しいものを，次の**ア**～**エ**の中から１つ選び，記号で答えなさい。

ア　民の負担を減らすため，菅原道真が桓武天皇に平安京造営の中止を提案した。

イ　聖武天皇によって律令政治の立て直しがはかられ，墾田永年私財法が出された。

ウ　醍醐《だいご》天皇の命令で，紀貫之たちによって『古今和歌集』が編纂《へんさん》された。

エ　藤原道長は摂政や関白となって政治の実権をにぎると，院政を開始した。

問６　下線部④について述べた文として正しいものを，次の**ア**～**エ**の中から１つ選び，記号で答えなさい。

ア　執権の北条時宗は，西国の御家人を動員するために六波羅探題を設置した。

イ　御家人の竹崎季長《たけざきすえなが》は，元寇での自分の活躍《かつやく》を『太平記』に書かせた。

ウ　鎌倉幕府は，相模湾沿いに防塁《ぼうるい》を築かせて，２度目の元寇に備えた。

エ　フビライは，弘安の役の時には中国南部からも遠征軍《えんせいぐん》を派遣した。

問７　下線部⑤について述べた文として誤っているものを，次の**ア**～**エ**の中から１つ選び，記号で答えなさい。

ア　士農工商の四民平等とされ，武士と百姓が結婚《けっこん》することがひろく認められた。

イ　五街道が整備されて国内の陸上輸送がさかんになり，宿場町がにぎわった。

ウ　米などの大量の物資が集まる大坂が，「天下の台所」として栄えた。

エ　長崎を通じて西洋の医学や科学などが伝わり，後期には蘭学が発展した。

問８　下線部⑥が明治時代初めにおこなった政策について述べた文として正しいものを，次の**ア**～**エ**の中から１つ選び，記号で答えなさい。

ア　土地の持ち主に検地帳を発行して，地価の３％の地租を新たな税とした。

イ　大名に土地と人民を返上させ，大名を新たな役職である県令に任命した。

ウ　藩を廃止して，藩のかわりに県を置き，東京・京都・大阪は府とした。

エ　太陽暦《たいようれき》を改め，月の満ち欠けに基《もと》づく太陰《たいいん》太陽暦を導入した。

問９　下線部⑦に関連して，太平洋戦争に関する次の**ア**～**エ**の出来事を時代順に並《なら》べ替《か》えた場合，

３番目になるものを選び，記号で答えなさい。

ア　アメリカ軍の沖縄上陸　　**イ**　ソ連の対日宣戦布告

ウ　ハワイ真珠湾攻撃《こうげき》　　**エ**　ミッドウェー海戦

問10　下線部⑧の年に起きた出来事として正しいものを，次の**ア**～**エ**の中から１つ選び，記号で答えなさい。

ア　吉田茂首相がサンフランシスコ平和条約に調印した。

イ　自由党と日本民主党が合同して，自由民主党が結成された。

ウ　日米安全保障条約の改定をめぐって，安保闘争《とうそう》が起きた。

エ　大韓民国と朝鮮民主主義人民共和国との間で朝鮮戦争が始まった。

2　次の新聞記事を読んで，あとの問いに答えなさい。

76年前，広島と長崎で人類に初めて核《かく》兵器が使われた。被爆地《ひばくち》に世界から人々が集《つど》うのは，平和を願う「原点」だからだろう。…(中略)…

今この瞬間《しゅんかん》も，地球を滅《ほろ》ぼせる大量の核兵器が存在する。核弾頭《だんとう》数は①冷戦期の約７万発をピークに，約１万３千発まで減ったが，米ロの②核軍縮《ぐんしゅく》条約の先細りに加え，中国の軍拡や北朝鮮の動向も懸念《けねん》材料だ。…(中略)…

そんな中，核兵器禁止条約が今年１月に発効した。核保有国や日本など「核の［　A　］」の下にある国々は参加していないが，人類が核兵器を違法《いほう》なものと否定する画期的な内容だ。

冷戦期に核兵器削減《さくげん》に導いた考え方も再び注目されている。当時のレーガン大統領とゴルバチョフ書記長が85年の首脳会談で共同声明に記した「核戦争に［　B　］はない」との合意だ。同じ表現が今年６月，バイデン・プーチン両大統領による米ロ首脳会談の共同声明にも盛《も》り込《こ》まれた。

危機と好機が共存する時代に，被爆国日本の核廃絶《はいぜつ》に向けた覚悟《かくご》が問われる。

（『朝日新聞　夕刊』2021年８月２日より作成）

問１　新聞記事中の下線部①について，この時期の言葉ではないものを，次の**ア**～**エ**の中から１つ選び，記号で答えなさい。

ア　鉄のカーテン　　**イ**　雪どけ　　**ウ**　一帯一路　　**エ**　プラハの春

問２　新聞記事中の下線部②に関連して，2019年に実際に失効してしまった条約を，次の**ア**～**エ**の中から１つ選び，記号で答えなさい。

ア　中距離《ちゅうきょり》核戦力(INF)全廃《ぜんぱい》条約　　**イ**　包括《ほうかつ》的核実験禁止条約(CTBT)

ウ　新戦略兵器削減条約(新START)　　**エ**　核不拡散条約(NPT)

問３　新聞記事中の［A］には，ある生活雑貨(日用品)が入ります。その生活雑貨の名称《めいしょう》を答えなさい。ただし，漢字でなくても構いません。

問４　新聞記事中の［B］にあてはまる語句を漢字２字で答えなさい。

問５　この新聞記事は，広島の平和記念資料館に保管される「国家元首級の芳名録《ほうめいろく》」を特集する中で書かれたものです。その芳名録に，1981年２月25日，当時の教皇ヨハネ・パウロ２世も言葉を残し，当日，原爆死没者慰霊碑《げんばくしぼつしゃいれいひ》に花を手向《たむ》けたことが紹介《しょうかい》されています。そしてその折，教皇が発した「平和アピール」は当時の冷戦下の国際情勢に警鐘《けいしょう》を鳴らすものであったとして，その一部も次のように紹介されています。この言葉の［C］にあてはまる語句を漢字２字で答えなさい。

> 「戦争は［　C　］のしわざです。戦争は［　C　］の生命の破壊《はかい》です。戦争は死です」
> 「広島を考えることは核戦争を拒否《きょひ》することであり，平和に対しての責任を取ることです」

問６　次の憲法前文の［D］・［E］・［F］にあてはまる言葉の組み合わせとして正しいものを，あとの**ア**～**カ**の中から１つ選び，記号で答えなさい。

> 日本国民は，恒久の平和を念願し，人間相互の関係を支配する崇高な理想を深く自覚するのであつて，平和を愛する諸国民の［　D　］に信頼して，われらの安全と生存を保持しようと決意した。われらは，平和を維持し，［　E　］，圧迫と偏狭を地上から永遠に除去しようと努めてゐる国際社会において，名誉ある地位を占めたいと思ふ。われらは，全世界の国民が，ひとしく［　F　］から免かれ，平和のうちに生存する権利を有することを確認する。

ア　［D］：専制と隷従　［E］：恐怖と欠乏　［F］：公正と信義
イ　［D］：専制と隷従　［E］：公正と信義　［F］：恐怖と欠乏
ウ　［D］：恐怖と欠乏　［E］：公正と信義　［F］：専制と隷従
エ　［D］：恐怖と欠乏　［E］：専制と隷従　［F］：公正と信義
オ　［D］：公正と信義　［E］：専制と隷従　［F］：恐怖と欠乏
カ　［D］：公正と信義　［E］：恐怖と欠乏　［F］：専制と隷従

3　次の文章を読んで，あとの問いに答えなさい。

近頃《ちかごろ》，新聞やニュースなどで①「多様性」という言葉をよく見聞きするようになりました。この背景にはグローバル化がすすみ，文化的背景を異にする人々が同じ社会の中で共生するようになったことが要因の一つに挙げられます。

冷戦期における「東」と「西」や，「右派」と「左派」のような二者択一《にしゃたくいつ》的な簡略化された世界理解は，現在刷新されてきました。世界にはさまざまな文化が存在することを認め，人種や宗教をはじめとして，個々の立場を尊重する中で「違《ちが》う」ということを積極的に受け入れることが大切であると，世界の中で考えられるようになってきたのです。このような動きは，たとえば2001年の第31回②ユネスコ総会で採択《さいたく》された「文化的多様性に関する世界宣言」からもうかがうことができ，この宣言は，「世界人権宣言」の精神を大切にしています。「世界人権宣言」の前文にある，「人類社会のすべての構成員の固有の尊厳と平等で不可侵《ふかしん》の権利を承認《しょうにん》することは，世界における自由，③正義，平和の基礎《きそ》である」という内容は，あらゆる個人の権利を保障することを示している点からも，多様性の理解にとっても重要な指針であるといえます。

一方で，この多様性というテーマは④異文化理解という側面のみならず，個人の問題をも含《ふく》むようになってきました。既存《きそん》の固定観念によって紋切《もんき》り型《がた》に理解してきたものをもう一度考え直し，一人一人が生きやすい世の中をめざすべきと考えられています。

これら多様性の問題は，社会レベルのものから，個人レベルのものまでさまざまですが，共通していえることは他者を理解することの大切さです。

では，他者を理解するために一体何を意識すべきでしょうか。たとえば，さまざまな体験を通じ，より多くの知識を自分のものにすることが重要です。知らなければ，何かを判断したり，理解したりすることはできないからです。また，⑤自分を理解することも重要です。自分が大切にしている歴史・言語・宗教・文化を知ることで，そのような背景が一人一人の人間に備わっていることが理解できるからです。自己理解は他者理解の第一歩なのです。

問１　下線部①について，「多様性」という意味をもつ言葉を，次の**ア**～**エ**の中から１つ選び，記号で答えなさい。

ア　ダイバーシティ

イ　インターナショナル

ウ　ユニバーサル

エ　マジョリティ

問２　下線部②について，ユネスコの主な活動内容として**ふさわしくないもの**を，次の**ア**～**エ**の中から１つ選び，記号で答えなさい。

ア　識字率の向上

イ　労働条件の改善

ウ　義務教育の普及《ふきゅう》

エ　世界遺産の登録と保護

問３　下線部③に関連して，正義や公正という言葉は，英語では「ジャスティス(justice)」と表記されますが，日本の省の中に，英語表記にすると「ジャスティス(justice)」を含む省があります。その省を，次の**ア**～**エ**の中から１つ選び，記号で答えなさい。

ア　防衛省　　**イ**　財務省

ウ　法務省　　**エ**　外務省

問４　下線部④について，異文化理解の方法として**ふさわしくないもの**を，次の**ア**～**エ**の中から１つ選び，記号で答えなさい。

ア　海外旅行をして，ふだん使わない食材でつくられた現地の料理を積極的に楽しんだ。

イ　和服に興味をもった外国の友人に，着物の着付けの仕方を教えてあげた。

ウ　宗教上の理由で肉を食べない友人に，日本食理解のためにスキヤキをふるまった。

エ　夏休みに海外ホームステイを活用し，他言語の家庭の中で生活をともにした。

問５　下線部⑤について，物事は時間の中でさまざまな変化が生じるものですが，そのような変化の中であっても，私たちは「昨日の自分」と「今日の自分」を「同じ自分」であると考えます。このように，自分が自分であり続けている意識のことを「自己同一性」といい，この言葉の英語表記の先頭の２文字をとって「ID」と略されたり，そのままカタカナ語としても使われたりします。このカタカナ語をカタカナで答えなさい。

4　次の文章を読んで，あとの問いに答えなさい。

聖光学院は①神奈川県にあります。神奈川県は，かつての相模国と(　１　)国の一部が合わさっています。神奈川県内ではさまざまな②工業に加え，漁業や農業が営まれています。また，いろいろな地形的特徴《とくちょう》があります。これらをみていきましょう。

神奈川県南東部の三浦半島には三浦丘陵《きゅうりょう》があります。標高は183mと低いですが，③三浦富士とよばれる山もあります。④海岸線にはいくつもの漁港がみられ，特に三崎港は遠洋漁業の基地として知られています。また，丘陵地に広がる畑では冬季も比較《ひかく》的穏《おだ》やかな気候をいかして，⑤野菜の生産がさかんにおこなわれています。

三浦丘陵はそのまま多摩丘陵へとのびていきます。多摩丘陵は横浜市から東京都方面までつながっており，丘陵地に市街地が広がる横浜市は⑥坂道の多い都市となっています。

神奈川県の中央部には相模川が流れています。相模川は（　２　）県から流れ出しており，古くから横浜市は（　２　）県道志《どうし》村に広い土地を保有しています。相模川の支流である道志川の水源確保のため，道志村の⑦山林のもつ保水力が重要だからです。

相模川の中流域では⑧河岸段丘もみられます。相模川には⑨城山ダム，相模ダムがあります。また，支流の中津川上流には宮ヶ瀬ダムがあり，治水や利水がおこなわれています。相模川は平塚市や茅ヶ崎市を流れ，相模湾に注ぎます。この相模川の源流域の一つとなっているのが丹沢山地です。神奈川県の東部からでも，丹沢山地の表玄関《おもてげんかん》である大山《おおやま》が，背後に富士山を従えるようにしてそびえているのが望めます。大山は富士山とともに人々の信仰《しんこう》を集め，江戸時代には「大山詣《まい》り」として，年間数十万人の人々が大山にある阿夫利《あふり》神社の参拝に訪《おとず》れていました。道中には⑩真言宗の大山寺があり，ここでは神道《しんとう》と仏教が混在しています。これは⑪日本固有の神道信仰に，伝来した仏教信仰が調和し，さらに修験道《しゅげんどう》がさかんになった結果生じたものと考えられています。

このように，神奈川県は都市化がすすむ東部と，自然の残る西部の対比がみられます。⑫東部では人口は増加傾向《けいこう》にありますが，西部では人口の減少傾向がみられ，これは今後の神奈川県の課題となると考えられます。

問１　文中の（１）・（２）にあてはまる語句を漢字で答えなさい。

問２　下線部①に関連して，次の写真は神奈川県東部のある場所を写したものです。どの方向から写したものですか。あとの地図中の**ア**～**エ**の中から１つ選び，記号で答えなさい。

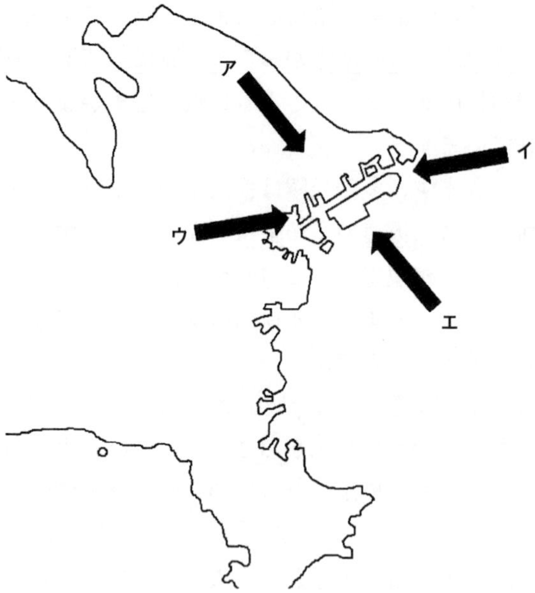

問３　下線部②について，工業のさかんな都市である，倉敷《くらしき》市・高岡《たかおか》市・千歳《ちとせ》市でおこなわれている工業について説明した文Ⅰ～Ⅲと，それぞれにあてはまる都市の組み合わせとして正しいものを，あとの**ア**～**カ**の中から１つ選び，記号で答えなさい。

Ⅰ　空港があるため，電子機器製造がおこなわれている。また，農業地域であるため，食品工業もさかんである。

Ⅱ　河川の河口部を埋《う》め立てた土地に建設されたコンビナートでは，鉄鋼・化学・機械などさまざまな工業がさかんである。

Ⅲ　水力発電による豊富な電力を背景に発達したアルミニウム精錬《せいれん》はおこなわれなくなったが，今でもアルミニウム加工業はさかんである。

ア　Ⅰ：倉敷市　Ⅱ：高岡市　Ⅲ：千歳市
イ　Ⅰ：倉敷市　Ⅱ：千歳市　Ⅲ：高岡市
ウ　Ⅰ：高岡市　Ⅱ：倉敷市　Ⅲ：千歳市
エ　Ⅰ：高岡市　Ⅱ：千歳市　Ⅲ：倉敷市
オ　Ⅰ：千歳市　Ⅱ：倉敷市　Ⅲ：高岡市
カ　Ⅰ：千歳市　Ⅱ：高岡市　Ⅲ：倉敷市

問４　下線部③に関連して，日本には「○○富士」という名称《めいしょう》でよばれる山が多数あり，これらを郷土富士とよびます。郷土富士Ⅰ～Ⅲと，その郷土富士の周辺環境《かんきょう》について説明した文あ～うの組み合わせとして正しいものを，あとの**ア**～**カ**の中から１つ選び，記号で答えなさい。

Ⅰ　開聞岳《かいもんだけ》(薩摩富士)　　Ⅱ　利尻岳(利尻富士)　　Ⅲ　鳥海山(出羽富士)

あ　この山は離島《りとう》にある。この島は近隣《きんりん》の島などと合わせて国立公園に指定されている。また，昆布《こんぶ》やウニなどの漁がさかんである。

い　この山は２つの県の境目にある。南部の山麓《さんろく》には，日本三大急流に数えられる河川の下流域に平野が広がり，稲作がさかんである。

う　この山は半島の先端《せんたん》にある。山の北東方向には有名な温泉観光地があり，砂蒸《む》し風呂《ぶろ》で知られる。また，近隣の港ではカツオの水揚《あ》げや水産加工がさかんである。

ア　Ⅰ：あ　Ⅱ：い　Ⅲ：う　　**イ**　Ⅰ：あ　Ⅱ：う　Ⅲ：い

ウ　Ⅰ：い　Ⅱ：あ　Ⅲ：う　　**エ**　Ⅰ：い　Ⅱ：う　Ⅲ：あ

オ　Ⅰ：う　Ⅱ：あ　Ⅲ：い　　**カ**　Ⅰ：う　Ⅱ：い　Ⅲ：あ

問５　下線部④について，三浦半島は都市近郊《きんこう》でありながら，漁業がさかんです。日本は海に限らず湖沼《こしょう》や河川でさまざまな漁業が営まれ，これが豊かな魚食文化につながっています。これに関連して，全国各地でみられる魚介《ぎょかい》類を用いた郷土料理の説明として誤っているものを，次の**ア**～**エ**の中から１つ選び，記号で答えなさい。

ア　「鯉《こい》こく」や「鯉のあらい」は，長野県などの内陸県でよくみられる料理で，水田やため池を利用して養殖《ようしょく》したコイを用いたものである。

イ　「ふなずし」は，滋賀県の料理で，琵琶湖で漁獲《ぎょかく》されるフナ類を米と塩で漬《つ》けて保存性を高めてあり，独特の風味で知られる。

ウ　「石狩鍋《なべ》」は，北海道の料理で，近海で漁獲されるサンマや，道内で栽培《さいばい》のさかんな野菜を用いたものである。

エ　「鯛《たい》めし」や「鯛そうめん」は，瀬戸内海周辺でみられる料理で，天然や養殖を含《ふく》めタイの漁獲がさかんなことからひろまった。

問６　下線部⑤について，三浦半島ではキャベツやダイコンの生産がさかんです。これらはアブラナ科の野菜です。アブラナ科の野菜について説明した次の**ア**～**エ**のうち，下線部が誤っているものを１つ選び，記号で答えなさい。

ア　キャベツは球状の葉を食用とし，秋に出回るものは春のものに比べて，柔《やわ》らかい歯触《はざわ》りである。

イ　ハクサイは球状の葉を食用とし，秋から冬にかけてよく出回るため，鍋料理の具材として用いられる。

ウ　カブは根や葉を食用とし，葉の部分はスズナともよばれ，春の七草の一つとして知られている。

エ　ワサビは根や葉を食用とし，きれいな水を好むため，清流の近くや湧《わ》き水の得られる場所で栽培される。

問７　下線部⑥に関連して，坂道の多い都市として知られる小樽《おたる》市・神戸市・下関市・長崎市について説明した文のうち，小樽市を示すものを，次の**ア**～**エ**の中から１つ選び，記号で答えなさい。

ア　交易で栄えたこの都市は，日本の近代化に際しては重工業が発達した。その遺構の一部は世界文化遺産に登録されている。

イ　海峡に面した交通の要地として栄えたこの都市は，古くから漁業がさかんで，日本を代表する水産会社の創業地であり，現在でもフグ漁などがおこなわれている。

ウ　交易で栄えたこの都市は，市街地のすぐ背後まで山地が迫《せま》るため，海を埋め立てて造成した人工島を住宅用地や工業用地，空港として利用している。

エ　ニシン漁や交易で栄えたこの都市は，現在では倉庫と運河を組み合わせた風景が観光地として人気を博しており，北陸地方とのフェリー航路も設けられている。

問８　下線部⑦に関連して，森林のうち林業などに利用せず，他の資源や産業を保護するために利用されるものを保安林といいます。保安林について説明した次の文Ⅰ・Ⅱの下線部の正誤の組み合わせとして正しいものを，あとの**ア**～**エ**の中から１つ選び，記号で答えなさい。

Ⅰ　富山県の砺波《となみ》平野では散居村《さんきょそん》とよばれる，家屋が点在する風景がみられるが，家を風や雪などから守るために家の周囲には木が植えられている。

Ⅱ　神奈川県の真鶴《まなづる》半島では，「お林《はやし》」とよばれる魚付《うおつ》き林《りん》が保全されているが，魚付き林とは山林のもたらす有機物が魚介類の成長によい影響《えいきょう》を与《あた》えるものである。

ア　Ⅰ：正　Ⅱ：正　**イ**　Ⅰ：正　Ⅱ：誤

ウ　Ⅰ：誤　Ⅱ：正　**エ**　Ⅰ：誤　Ⅱ：誤

問９　下線部⑧に関連して，河川のつくる地形について説明した文として誤っているものを，次の**ア**～**エ**の中から１つ選び，記号で答えなさい。

ア　三角州は河川の運んだ土砂《どしゃ》などが河口部に堆積《たいせき》してできたもので，地盤《じばん》が弱い傾向があり，地震《じしん》の際には液状化現象を起こすことがある。

イ　扇状地は河川の運んだ土砂が山間部から平野部に出たところに堆積してできたもので，扇状地の中央部は水が豊富であるため，水田がつくられることが多い。

ウ　Ｖ字谷は，河川が侵食《しんしょく》してできた谷のことをいう。Ｖ字谷が連続した地形に海水が入り込《こ》んでできたものがリアス海岸である。

エ　河川は，平野部では少しの地形変化で蛇行《だこう》しやすい傾向がある。蛇行した部分がもとの流れから切《き》り離《はな》されたものを三日月湖という。

問10　下線部⑨に関連して，日本中にはさまざまなダムがあり，治水・利水を目的としています。日本における治水・利水について説明した文として誤っているものを，次の**ア**～**エ**の中から１つ選び，記号で答えなさい。

ア　讃岐平野では降水量が少ないため，かつて満濃池のようなため池が多くつくられた。現在では吉野川からの香川用水が用水確保に用いられている。

イ　渥美半島は大河川がないために水の乏《とぼ》しい地域であったが，矢作川から取水した明治用水によって，キャベツやキクの一大生産地となった。

ウ　濃尾平野では大河川が集中していることで洪水《こうずい》が頻発《ひんぱつ》したために，地域を堤防《ていぼう》で囲み，洪水発生時に避難《ひなん》するための水屋という建物がつくられた。

エ　東京都東部から埼玉県にかけての地域では，かつて洪水が頻発したために，地下に放水路とよばれる施設《しせつ》がつくられて対策をおこなっている。

問11　下線部⑩に関連して，平安・鎌倉時代の仏教について述べた文として正しいものを，次の**ア**～**エ**の中から１つ選び，記号で答えなさい。

ア　唐で密教を学んだ空海は，比叡山に延暦寺を建立し真言宗をひろめ，のちにこの寺から親鸞・道元・日蓮といった各宗派の開祖たちが世に送り出された。

イ　空也は，鎌倉時代に浄土宗をひらき，念仏を唱えれば救われるという教えを説いて，踊《おど》りながら念仏を唱える踊念仏という方法で教えをひろめた。

ウ　浄土真宗は，阿弥陀仏をひたすら信じることを重要とし，自分が悪人であると自覚する人こそ救済されるとする悪人正機《しょうき》説が唱えられた。

エ　唐から伝わった臨済宗と曹洞宗は禅宗という宗派に区分され，座禅によって悟《さと》りを得ることをめざし，他力本願の教えを説いた。

問12　下線部⑪に関連して，奈良県には大神《おおみわ》神社という神社があります。この大神神社について述べた次の文章中の□にあてはまる文を，10字以内で答えなさい。

> 日本には全国で８万社もの神社が存在していますが，奈良県の三輪山《みわやま》の麓《ふもと》にある大神神社は，その中でも特徴的な神社として知られています。『古事記』や『日本書紀』にも伝承が残っているほど非常に古い歴史をもっており，原初の信仰の姿をそのまま留《とど》めた神社といわれています。大神神社は他の多くの神社と異なり，参拝者が手を合わせて拝む場所はあるものの，本殿がありません。それは，□と考えられているからです。

問13　下線部⑫に関連して，次の図は令和２年１月１日現在の神奈川県内の年齢別人口構成を示したものです。図中のⅠ～Ⅲはそれぞれ，厚木市・箱根町・横浜市港北区のいずれかです。０歳～14歳は年少人口，15歳～64歳は生産年齢人口，65歳以上は老年人口とよばれます。Ⅱにおいて，生産年齢人口の割合が高くなっている理由は，他の都県との関係が深いと考えられます。この理由を，20字以上30字以内で答えなさい。

なお，解答の際にⅡにあたるものを「厚木市」・「箱根町」・「横浜市港北区」の中から１つ選び，「　」はつけずに書き出しとして用いること。

	Ⅰ	Ⅱ	Ⅲ
０歳～14歳	11.9%	12.2%	6.3%
15歳～64歳	62.5%	67.9%	56.2%
65歳以上	25.6%	19.8%	37.5%

※端数《はすう》の関係で合計が100%にならない場合もあります。
（神奈川県ウェブサイト「神奈川県年齢別人口統計調査結果」より作成）

【理　科】〈第１回試験〉（40分）〈満点：100点〉

1　次の文章を読んで，あとの(1)～(8)の問いに答えなさい。

10月，聖《たかし》さん(以下，聖)とお父さん(以下，父)は，長野県の志賀高原に向かっています。ふもとの信州中野で高速道路から下り，志賀高原に向かう道を車で上っています。

聖「とってもきれいに葉が色づいているね！　高速道路から下りたときに，まわりに生えている木が横浜《よこはま》とはだいぶ違《ちが》うなぁと思ったけど，またさらに変わってきたね。」

父「横浜だと，これほどたくさん紅葉している木を見ることはないからね。家の近くの根岸森林公園に生えている木は，秋に落葉しない木も多いし。」

聖「そうだね。どんぐりを落とす(　あ　)や，葉をちぎるといい匂《にお》いがする(　い　)，冬になると赤い花が咲《さ》く(　う　)，どれも一年中緑色の葉がついているね。」

父「春にお花見で見た(　え　)は落葉するよ。」

聖「公園の入り口近くにたくさん生えていて，木の形がほうきを逆さにしたような(　お　)も落葉するね。くさい実を落とす(　か　)も落葉するけど，紅葉じゃなくて(　き　)だ。」

父「このあたりできれいに色づいている木は，カエデのなかまのようだね。」

聖「高速道路から下りたときに比べて，空気がだんだん涼《すず》しくなってきたね。」

父「高速道路を下りたあたりの標高は350ｍくらい，今いる場所は1500ｍくらいかな。これから向かう宿のあたりは1600ｍくらいあるから，もう少し涼しくなるよ。」

聖「高速道路を下りたところにあった温度計には，19.0℃と表示してあったね。ということは，標高が100ｍ変わるごとに0.6℃変化するはずだから，計算すると，えーと，このあたりの気温は(　く　)℃のはずだね。」

父「正解！　ちょうど今，道路の温度計に(　く　)℃と表示されていたよ。」

聖「家のあたりは，ほぼ標高０ｍだから，計算すると21.1℃になるね。でも，家の外にある温度計をスマホで確認《かくにん》すると，今の気温は22.0℃だよ。」

父「それほど大きな違いではないけど，それはこう説明できるよ。一般《いっぱん》的に，北の方向へ100ｍ移動する場合の温度変化は，標高が100ｍ変わる場合の温度変化の0.001倍だといわれているんだ。ここ志賀高原は横浜に比べると北にあるからね。」

聖「そうなんだ。あとで宿に着いたら，①計算してみて，地図アプリで答え合わせしてみよう。」

父「そろそろ標高1600ｍ，今晩泊《と》まる宿のある一《いち》の瀬《せ》に着くよ。今の季節はまだ雪が積もっていないけど，このあたり一帯にはスキー場があって，標高が高いこともあって雪の質が良いんだよ。」

聖「生えている木の種類がさらに変わってきたね。」

父「そうだね。このあたりは(　け　)のダケカンバや，植林された(　こ　)のカラマツが多く生えているね。もう少し早い時期だと，どちらもきれいに色づいていたんだろうけど，もうその時期は終わってしまったみたいだね。」

聖「山のもっと上の方を見ると違う木が生えているみたいだね。」

父「(　さ　)のオオシラビソやコメツガだね。もともとこのあたりに生えていた木が手つかずのまま残されているんだよ。」

聖「なぜ高い山には(　さ　)が多いんだろう？」

父「根から葉へ水を運ぶ管の名前を知っているかい？」

聖「(し)だよね。」

父「そう。被子《ひし》植物は(し)を通して水を運んでいる。ところが，寒くなって幹の中を運ばれる水が凍《こお》ってしまうと，水に溶《と》けていた空気が気泡《きほう》になるんだ。」

聖「水道水を凍らせると，白く濁《にご》った氷ができるのと同じだね。」

父「暖かくなって氷が融《と》けると，この気泡が集まって大きな気泡になってしまうんだ。(し)の中に大きな気泡ができてしまうと水を運べなくなるんだけど，(さ)などの②裸子《らし》植物が水を運ぶ管は，(し)とはちょっとつくりが違うんだ。裸子植物が水を運ぶ管は気泡が集まりにくいつくりなので，水が凍ったり融けたりを繰《く》り返すような寒い場所でも水を運べるんだ。」

聖「へー，そうなんだ。」

父「他にも③(さ)の木の形も関係あるんじゃないかな。さあ，宿に着いた。続きは夜にでも話そうか。」

(1) (あ)～(か)にあてはまる植物の組み合わせを，次の(ア)～(サ)の中から１つ選び，記号で答えなさい。

	(あ)	(い)	(う)	(え)	(お)	(か)
(ア)	イチョウ	クスノキ	ツバキ	サクラ	ケヤキ	マテバシイ
(イ)	イチョウ	マテバシイ	ツバキ	サクラ	ケヤキ	クスノキ
(ウ)	イチョウ	マテバシイ	サクラ	ツバキ	ケヤキ	クスノキ
(エ)	マテバシイ	クスノキ	サクラ	ツバキ	ケヤキ	イチョウ
(オ)	マテバシイ	クスノキ	ツバキ	サクラ	ケヤキ	イチョウ
(カ)	マテバシイ	イチョウ	サクラ	ツバキ	ケヤキ	クスノキ
(キ)	マテバシイ	イチョウ	ツバキ	サクラ	ケヤキ	クスノキ
(ク)	クスノキ	マテバシイ	ツバキ	サクラ	イチョウ	ケヤキ
(ケ)	クスノキ	イチョウ	ツバキ	サクラ	マテバシイ	ケヤキ
(コ)	ケヤキ	クスノキ	サクラ	ツバキ	マテバシイ	イチョウ
(サ)	ケヤキ	クスノキ	ツバキ	サクラ	マテバシイ	イチョウ

(2) (き)にあてはまる言葉を漢字２字で答えなさい。

(3) (く)にあてはまる数値を答えなさい。

(4) 下線部①について，志賀高原と同じ緯度《いど》で横浜の自宅の真北にあたる場所から，横浜の自宅までの距離《きょり》を計算すると，何 km ですか。

(5) (け)～(さ)にあてはまる言葉を，次の(ア)～(エ)の中からそれぞれ１つずつ選び，記号で答えなさい。ただし，同じ記号を繰り返し使ってはいけません。

(ア) 常緑広葉樹　(イ) 落葉広葉樹

(ウ) 常緑針葉樹　(エ) 落葉針葉樹

(6) (し)にあてはまる言葉を漢字２字で答えなさい。

(7) 下線部②の花の特徴《とくちょう》を簡単に答えなさい。

(8) 下線部③について，標高が高い山の上に(さ)が多く生えているのは，(さ)の木の形がそこで生育するのに都合が良いからです。どのような形をしていますか。

2 次の文章を読んで，あとの(1)～(5)の問いに答えなさい。

表１は，夜空に明るく輝《かがや》いて見えている１等星の性質をまとめたもので，数値はすべておよその値《あたい》です。表の中の半径は，星の半径が太陽の半径の何倍であるかを表しています。距離《きょり》は，地球から星までの距離を[光年]という単位で表していて，１光年とは光が１年間に進む距離のことです。また，みかけの等級は，地球から観測したときの星の明るさを表したものです。一方で，絶対等級は，星から32.6光年離《はな》れた位置で観測したときの星の明るさを表したものです。

表２は，１等星以外の星の性質をまとめたものです。「ポラリス」は，地球から観測したときの高度が，観測地点の緯度《いど》と等しい星です。「くじら座タウ星」は，くじら座の方向にある星で，太陽と似た性質をもっています。「バーナード星」は，みかけの等級が9.5等で，肉眼では見ることができない星です。

表１

記号	名前	温度 [℃]	半径 [倍]	距離 [光年]	みかけの等級 [等]	絶対等級 [等]
A	スピカ	25000	7.5	250	1	−3.5
B	リゲル	12000	78.9	860	0.1	−７
C	シリウス	9900	1.7	9	−1.5	1.4
D	アルタイル	7700	1.8	17	0.8	2.2
E	プロキオン	6500	2	11	0.4	2.6
F	ベテルギウス	3600	887	548	0.4	−5.5
G	アンタレス	3500	680	550	0.9	−5.2

表２

名前	温度 [℃]	半径 [倍]	距離 [光年]	みかけの等級 [等]	絶対等級 [等]
ポラリス	6000	50	（ X ）	（ Y ）	−3.7
くじら座タウ星	5300	0.8	11.9	3.5	5.7
バーナード星	3100	0.2	6	9.5	13.2

(1) 春の大三角形，夏の大三角形，冬の大三角形のいずれにも**含《ふく》まれない**星を，表１のA～Gの中から２つ選び，記号で答えなさい。

(2) 2019年10月後半から2020年２月前半にかけて，地球から観測したときの明るさが次第《しだい》に暗くなっていき，爆発《ばくはつ》を起こすのではないかといわれた星を，表１のA～Gの中から１つ選び，記号で答えなさい。

(3) 地球から観測したときの明るさが，「シリウス」より明るい恒星《こうせい》は何ですか。その名前を答えなさい。

(4) 次の文章は，星の絶対等級について説明したものです。あとの(a)・(b)の問いに答えなさい。

星の温度と星の絶対等級について考えてみると，星の温度が7000℃を超《こ》えるような，表１の「シリウス」，「アルタイル」などは，星の色が（ あ ）で，星の絶対等級が小さいことがわかります。また，表１・２の「プロキオン」，「くじら座タウ星」，「バーナード星」に注目すると，星の温度が低いほど星の絶対等級が大きくなっていることがわかり，星の色が（ い ）である「バーナード星」は，肉眼では見えません。

ところが，星の色が（ い ）であっても，「ベテルギウス」や「アンタレス」のように肉眼で見える星があります。星の絶対等級は星の温度だけに関係しているわけではなく，星の半径にも関係していて，温度が高く半径も大きい「リゲル」や「スピカ」などは，とくに明るいということになります。これら４つの星のように，星の半径が非常に大きくなった星を，天文学では「巨星《きょせい》」や「超巨星《ちょうきょせい》」とよんでいます。

(a)　(あ)・(い)にあてはまる言葉として最も適したものを，次の(ア)〜(オ)の中からそれぞれ１つずつ選び，記号で答えなさい。

(ア)　紫《むらさき》色　　(イ)　赤色

(ウ)　緑色　　(エ)　黄色

(オ)　青白色または白色

(b)　地球から観測したときに明るく見える星の一つとして「デネブ」があげられます。「デネブ」の温度は約8500℃，絶対等級は－8.3等です。「デネブ」は「巨星」または「超巨星」のような半径が大きい星ですか。もし，そう思うのであれば解答欄《らん》に○を，そう思わないのであれば×を書きなさい。また，そのように判断した理由も書きなさい。

(5)　表２の「ポラリス」について，次の(a)・(b)の問いに答えなさい。

(a)　「ポラリス」の説明として最も適したものを，次の(ア)〜(カ)の中から１つ選び，記号で答えなさい。

(ア)　東の空から出て西の空に沈《しず》んでいくように見える。

(イ)　ほとんど動いていないように見える。

(ウ)　夏の夜空に見えるが，冬の夜空には見えない。

(エ)　北斗七星《ほくとしちせい》のすぐ隣《となり》にあり，ときどき瞬《またた》いて見える。

(オ)　南斗六星《なんとろくせい》に含まれている星である。

(カ)　こと座に含まれている星である。

(b)　表２の(Ｘ)・(Ｙ)にあてはまる数値の組み合わせとして最も適したものを，次の(ア)〜(カ)の中から１つ選び，記号で答えなさい。

	(Ｘ)	(Ｙ)
(ア)	248	0.9
(イ)	248	2
(ウ)	248	4.1
(エ)	448	0.9
(オ)	448	2
(カ)	448	4.1

3　「地球は青かった」という言葉にもあるように，地球は水に覆《おお》われた星です。水には液体以外にも，固体の氷や気体の水蒸気などの状態があり，温度や圧力によって状態が変化します。これに関していくつかの実験をおこないました。次の図１・２は，ビーカーに水だけを入れて，水の温度を測定しながら加熱したり冷却《れいきゃく》したりしたときの，経過時間と測定した水の温度との関係を表しています。それぞれの測定で使った水は同じ重さで，１分間あたりにやりとりした熱の量も同じです。あとの(1)〜(8)の問いに答えなさい。

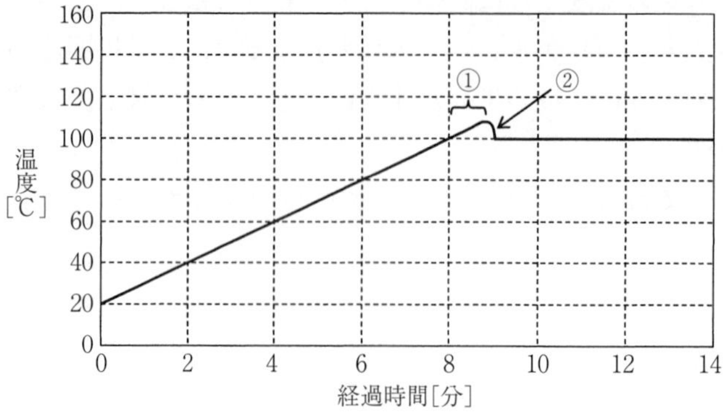

図１　加熱したとき

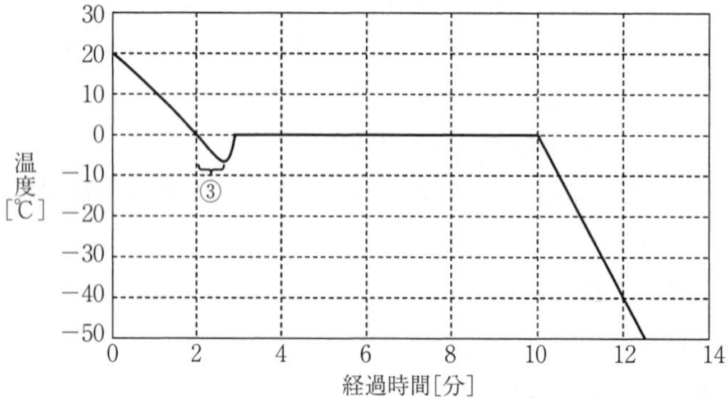

図２　冷却したとき

(1)　液体の水の内部からも蒸発が起こる温度を何といいますか。

(2)　図１の①では，100℃を上回っても液体のまま，水の温度が上がっています。この現象を「過熱」といいます。この現象をできるだけ起こりにくくする方法として最も適したものを，次の(ア)～(エ)の中から１つ選び，記号で答えなさい。

(ア)　ビーカーを，傷が全くない新品のものにかえる。
(イ)　ビーカーの中にふっとう石を入れてから加熱する。
(ウ)　少量の食塩を溶《と》かしてから加熱する。
(エ)　水をろ過してから加熱する。

(3)　図１の②では，加熱していても水の温度が下がっています。この理由として最も適したものを，次の(ア)～(ク)の中から１つ選び，記号で答えなさい。

(ア)　気体に変化する液体が放出する熱の量が，加えている熱の量より多いため。
(イ)　気体に変化する液体が放出する熱の量が，加えている熱の量より少ないため。
(ウ)　気体に変化する液体が吸収する熱の量が，加えている熱の量より多いため。
(エ)　気体に変化する液体が吸収する熱の量が，加えている熱の量より少ないため。
(オ)　液体に変化する気体が放出する熱の量が，加えている熱の量より多いため。
(カ)　液体に変化する気体が放出する熱の量が，加えている熱の量より少ないため。
(キ)　液体に変化する気体が吸収する熱の量が，加えている熱の量より多いため。
(ク)　液体に変化する気体が吸収する熱の量が，加えている熱の量より少ないため。

(4)　固体の氷から液体の水に変化する温度を何といいますか。

(5)　図２の③では，０℃を下回っても液体のまま，水の温度が下がっています。この現象を何といいますか。

(6)　50℃の液体の水の中に，それと同じ重さの－10℃の固体の氷を入れてじゅうぶん時間が経《た》ったとき，どのような状態になっていますか。最も適したものを，次の(ア)～(エ)の中から１つ選び，記号で答えなさい。ただし，熱のやりとりは液体の水と固体の氷との間でのみおこなわれ，空気や容器などとはおこなわれないものとします。

(ア)　20℃以上の液体の水のみ

(イ)　０℃以上，20℃未満の液体の水のみ

(ウ)　０℃の液体の水と固体の氷が混ざっている

(エ)　－10℃以上，０℃未満の固体の氷のみ

(7)　富士山の頂上と聖光学院中学校での，気圧と(1)の温度について説明した文として正しいものを，次の(ア)～(エ)の中から１つ選び，記号で答えなさい。

(ア)　富士山の頂上での気圧は聖光学院中学校での気圧より高く，液体の水の内部からも蒸発が起こる温度は富士山の頂上の方が高い。

(イ)　富士山の頂上での気圧は聖光学院中学校での気圧より高く，液体の水の内部からも蒸発が起こる温度は富士山の頂上の方が低い。

(ウ)　富士山の頂上での気圧は聖光学院中学校での気圧より低く，液体の水の内部からも蒸発が起こる温度は富士山の頂上の方が高い。

(エ)　富士山の頂上での気圧は聖光学院中学校での気圧より低く，液体の水の内部からも蒸発が起こる温度は富士山の頂上の方が低い。

(8)　図３のように，おもりを両端《りょうたん》につけた糸を氷にかけたところ，糸で押《お》された部分の氷が一度融《と》けて，糸が通ったあとは再び凍《こお》りました。糸で押された部分とその他の部分での，圧力と(4)の温度について説明した文として正しいものを，次の(ア)～(エ)の中から１つ選び，記号で答えなさい。

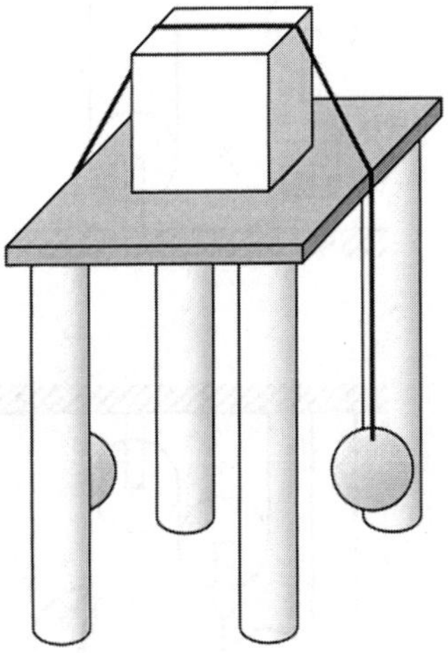

図３

(ア)　糸で押された部分の圧力はその他の部分の圧力より高く，固体の氷が液体の水に変化する温度は糸で押された部分の方が高い。

(イ)　糸で押された部分の圧力はその他の部分の圧力より高く，固体の氷が液体の水に変化する温度は糸で押された部分の方が低い。

(ウ)　糸で押された部分の圧力はその他の部分の圧力より低く，固体の氷が液体の水に変化する温度は糸で押された部分の方が高い。

(エ)　糸で押された部分の圧力はその他の部分の圧力より低く，固体の氷が液体の水に変化する温度は糸で押された部分の方が低い。

4　いくつかの滑車《かっしゃ》を組み合わせた装置を使うと，クレーンやエレベーターのように，重いものを小さな力で持ち上げることができます。次の(1)～(4)の問いに答えなさい。ただし，滑車やひもの重さは考えないものとします。

(1)　図1のように，滑車に1本のひもが通されていて，ひもの一方の端《はし》を天井《てんじょう》に固定し，他方の端を手で持ってたるまないようにしています。滑車には水平な床《ゆか》の上に置いた重さ100gのおもりが取りつけられています。図1の状態からひもを真上にゆっくり引いて，おもりを床から5cm持ち上げて静止させました。次の(a)・(b)の問いに答えなさい。

(a)　このとき，ひもを引く力の大きさは何gですか。

(b)　このとき，ひもを何cm引きましたか。

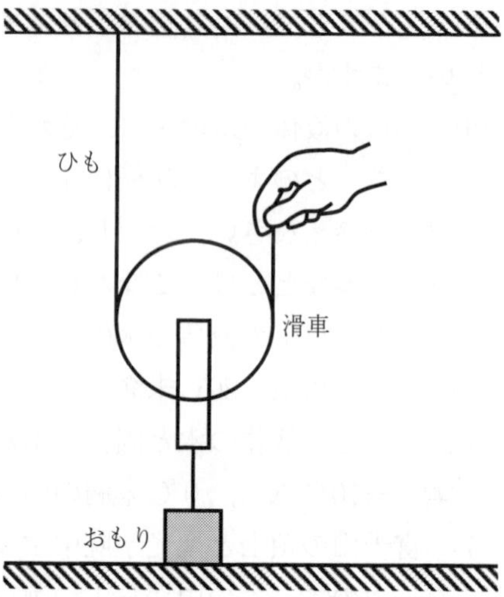

図1

(2)　次の(ア)～(エ)の装置は，いずれも4個の滑車を組み合わせてつくられたものです。これらの装置を使って重さ1kgのおもりを持ち上げて静止させているとき，ひもを引く力の大きさが最も小さいものはどれですか。(ア)～(エ)の中から1つ選び，記号で答えなさい。

(ア)

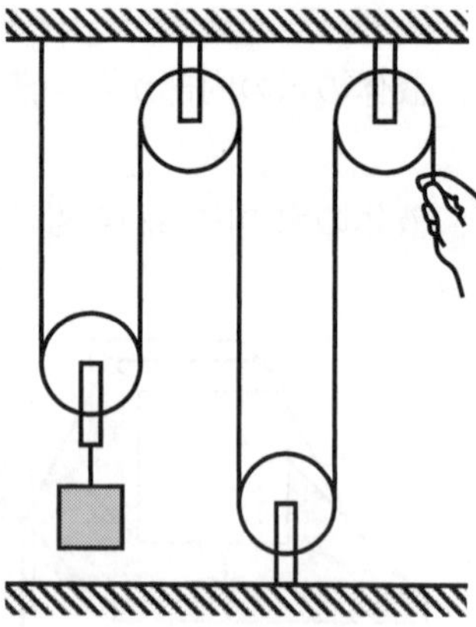

(イ)

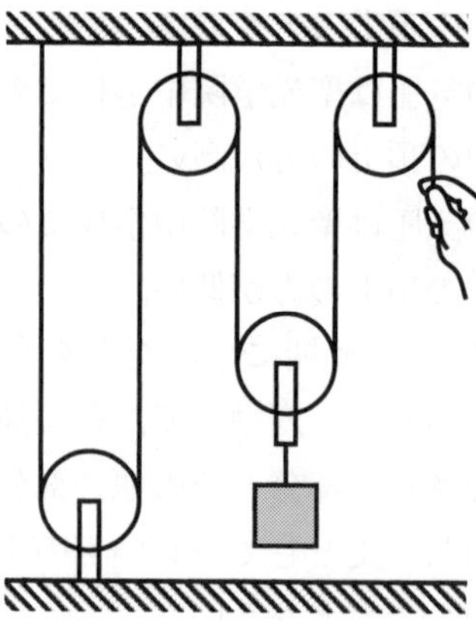

(ウ)

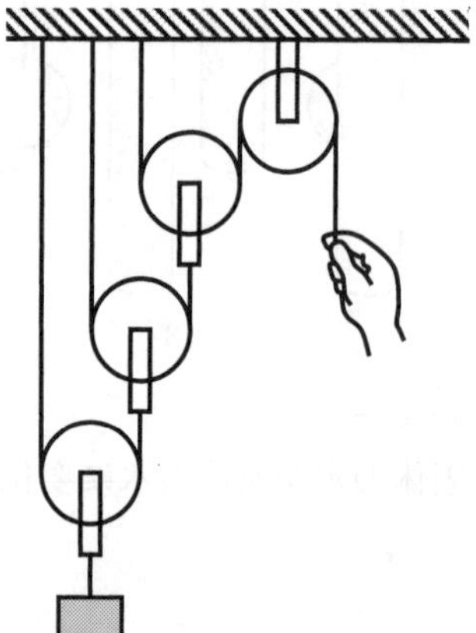

(エ)

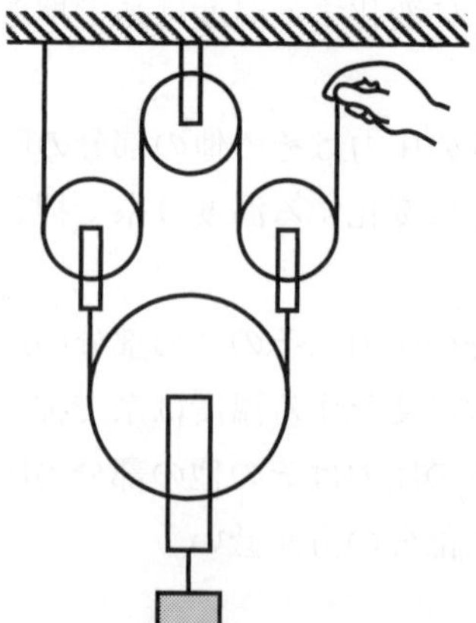

(3)　図2のように，2個の動滑車《どうかっしゃ》を棒で水平に連結させたものと1個の定滑車《ていかっしゃ》を組み合わせて，

１本のひもを通した装置を「装置０」とよび，「装置０」に定滑車と動滑車を１個ずつ加えた装置を「装置１」，２個ずつ加えた装置を「装置２」，３個ずつ加えた装置を「装置３」，４個ずつ加えた装置を「装置４」，……とよびます。あとの(a)〜(c)の問いに答えなさい。ただし，動滑車はすべて棒で連結されていて，棒は常に水平に保たれています。また，棒の重さは考えないものとします。

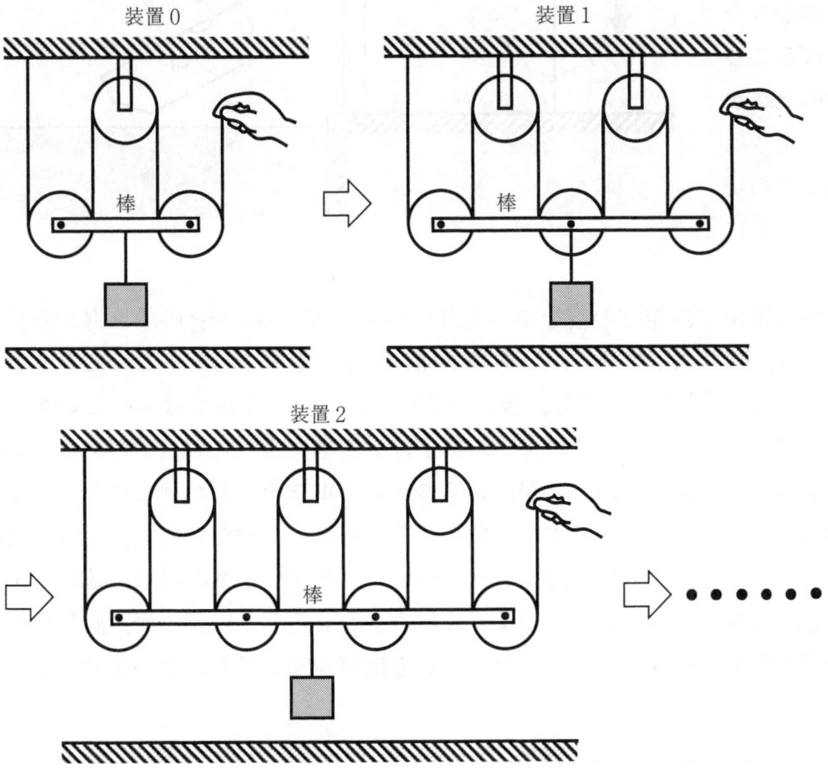

図２

(a)「装置０」を使って，ひもを真上にゆっくり引いて，重さ１kgのおもりを床から持ち上げて静止させました。このとき，ひもを引く力の大きさは何gですか。

(b) ある装置を使って，ひもを真上にゆっくり引いて，重さ２kgのおもりを床から持ち上げて静止させました。このとき，ひもを引く力は100gでした。どの装置を使いましたか。装置の番号を数字で答えなさい。

(c) (b)の状態から，ひもを真上にゆっくり引いて，おもりをさらに１cm持ち上げて静止させました。このとき，ひもを何cm引きましたか。

(4) 人類が滑車を応用した歴史は古く，今から約2200年前の古代ギリシャですでに利用されていました。古代ギリシャのある人物は，敵の船を持ち上げて転覆《てんぷく》させるための，滑車を応用した装置を設計したといわれています。この装置について，次の(a)〜(c)の問いに答えなさい。

(a) 次の文章の□にあてはまる人物の名前を答えなさい。

この装置は，□が設計したといわれていることから「□のかぎづめ」とよばれています。また，□は，風呂《ふろ》に入ったときに浴槽《よくそう》からあふれる水を見て浮力《ふりょく》の大きさを説明する法則を発見したといわれています。

(b) 図３は，この装置を模式的に表したものです。水平な地面に柱を立て，その上端《じょうたん》がてこの支点となるように棒をつなぎ，棒の左《ひだり》端《はし》には滑車が，右端《みぎはし》にはロープがつながれています。ロープの先にはかぎづめがついていて，このかぎづめで船をつり上げることができます。柱の上端から棒の左端までの長さは15m，棒の右端までの長さは10mです。滑車に１本のひもを通し，ひもの一方の端を地面に固定し，他方の端をゆっくり引いて，重さ2000kgの船を海から持ち上げて静止させたとき，棒は水平になり，ひもは地面に垂直になりました。このとき，ひもを引く力の大きさは何kgですか。ただし，棒，かぎづめ，ロープの重さは考えないものとします。また，答えが割り切れない場合は，小数第１位を四捨五入して整数で答えなさい。

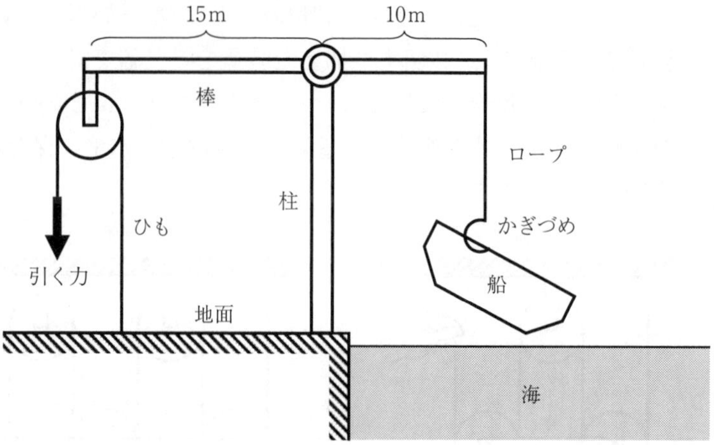

図３

(c)　図３では，１個の滑車を使っていますが，いくつかの滑車を組み合わせることで，より小さな力で船を持ち上げることができます。３個の滑車を組み合わせた装置で，できるだけ小さな力でひもを引いて船を持ち上げて静止させたいと思います。１個の滑車は棒の左端に固定されているとき，残り２個の滑車をどのように組み合わせるとよいですか。解答欄《らん》の図の中に，２個の滑車とひもを描《か》きなさい。ただし，ひもは何本使ってもかまいませんが，引くひもは１本とします。

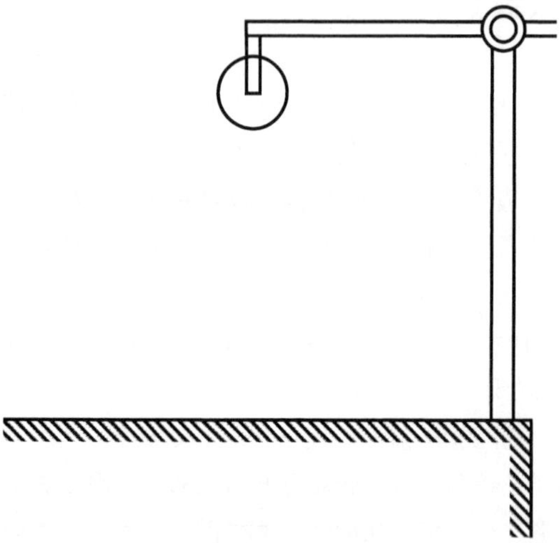

C＝科学的知識

オ　A＝信仰的知識　　B＝科学的知識

C＝非科学的な道具的知識

問六　――線部⑤に「このように分析《ぶんせき》された『知識』」とありますが、この「分析」はどのような観点に基《もと》づいて行われるものですか。二十字以内で説明しなさい。

問七　――線部⑥に「なあんだ。枯《か》れ尾花《おばな》か」とありますが、この人の思考はどのように変化しましたか。その説明として最もふさわしいものを、次のア～オの中から一つ選び、記号で答えなさい。

ア　幽霊《ゆうれい》に遭遇《そうぐう》するという経験は、ある意味では信仰に近い気持ちを生じさせるが、いったん枯れ尾花と認識《にんしき》したことで、その興奮が冷めてしまった。

イ　寂《さび》しい気持ちを一人で嚙《か》みしめながら歩いていたときに、一《いっ》瞬《しゅん》幽霊が出たと思って感情が揺《ゆ》さぶられたものの、冷静な観察によって自らの思い違《ちが》いを修正することとなった。

ウ　当初は信仰的知識しかもっていなかったために、黒い影《かげ》の正体を突《つ》き止めることはできなかったが、科学的・道具的知識を手に入れたことで、その正体を突き止めることができた。

エ　寂しい夜道で黒い影を見て、はじめは信仰的知識によって幽霊だと理解したが、あらためて見直したことで、風に揺《ゆ》れている枯れ尾花であって幽霊ではないと思うようになった。

オ　黒い影が動いているのは幽霊の仕業《しわざ》であると考えたが、冷静に自らの信仰的知識に照らし合わせて幽霊など存在しないと気づき、再び見て風で枯れ尾花が揺れていただけだと考え直した。

問八　――線部⑦に「『エンタテイメントとしての妖怪』を生み出した」とありますが、これはどういうことですか。六十字以内で説明しなさい。

のが難しいものだと考えているから。

問三　――線部②に「私はなぜ『妖怪』を取り上げようと思い立ったのか」とありますが、文化人類学を専門とする筆者が「妖怪」を取り上げたのはどうしてですか。その説明として最もふさわしいものを、次のア～オの中から一つ選び、記号で答えなさい。

ア　これまで妖怪は文化人類学ではなく文学の領域に属するものとして見られてきたが、文化人類学の領域として論じることで、新たな視点で日本の文化を捉えることができると考えたから。

イ　現地に行ってフィールドワークをすることが難しい状況《じょうきょう》では、自分の好みに合っており、身近な存在でもある妖怪について調べることでしか全体像を探《さぐ》ることができなかったから。

ウ　教科書を編纂《へんさん》したのをきっかけに、知識と信仰《しんこう》の関係に注目したが、その関係によって日本人の精神世界を説明することができそうなテーマが自分の好みに合う妖怪だったから。

エ　自分自身が様々な地域に出かけていった結果、民間で語り継《つ》がれている妖怪というテーマこそが、日本人の精神世界を通じて文化の普遍《ふへん》性を明らかにできるものだと気づいたから。

オ　文化を全体的に把握《はあく》しようとする文化人類学では、直接全体像をつかむのは不可能なので、まずは自分の興味に応じて、妖怪という側面から日本人の精神世界に迫《せま》りたいと思ったから。

問四　――線部③に「『ぬりかべ』のような現象」とありますが、筆者が「『ぬりかべ』のような現象」を「妖怪」とみなしているのはどうしてですか。その説明として最もふさわしいものを、次のア～オの中から一つ選び、記号で答えなさい。

ア　存在として捉えられるようなものばかりでなく、目に見えない「ぬりかべ」のようなものも含《ふく》めて、「妖怪」として幅広《はばひろ》く研究の対象にしたいと考えているから。

イ　民俗《みんぞく》事象としての「ぬりかべ」がひとつの現象として伝承されていくことで、「妖怪」であることから排除《はいじょ》されないようにしたいと考えているから。

ウ　「ぬりかべ」のような荒唐無稽《こうとうむけい》な現象であっても、それを「妖怪」とみなすことは、その現象を信じていた当時の人々にとっては合理的なことであったと考えているから。

エ　とかく擬人化《ぎじんか》されがちな「ぬりかべ」のようなものを、キャラクターとしてではなく、現象そのものとして捉えることで、真摯《しんし》な態度で「妖怪」と向き合って研究したいと考えているから。

オ　日本各地に点在し、それぞれの土地ならではの特色ある妖怪たちに、共通する視点を設定するには、「ぬりかべ」のようなものも「妖怪」の中に含めるべきだと考えているから。

問五　――線部④に「『科学的知識』『非科学的な道具的知識』『信仰的知識』」とありますが、次のA～Cのことわざや民間伝承をそれぞれにあてはめたとき、その組み合わせとして最もふさわしいものを、あとのア～オの中から一つ選び、記号で答えなさい。

A　急《せ》いては事をし損じる
B　つばめが低く飛ぶと雨が降る
C　来年のことを言うと鬼《おに》が笑う

ア　A＝科学的知識　B＝非科学的な道具的知識　C＝信仰的知識
イ　A＝科学的知識　B＝信仰的知識　C＝非科学的な道具的知識
ウ　A＝非科学的な道具的知識　B＝科学的知識　C＝信仰的知識
エ　A＝非科学的な道具的知識　B＝信仰的知識

人びとの想像力（創造力）を刺激《しげき》して豊かな文化領域を、つまり⑦「エンタテイメントとしての妖怪」を生み出した、と考えられる。

——小松和彦《こまつかずひこ》『妖怪《ようかい》文化入門』による

（問題作成上の都合から原文を一部中略し、また表記も改めた）

（注）＊1　祭祀《さいし》…神々や祖先をまつること。

＊2　腐心《ふしん》…ある目的のために心を砕《くだ》いて工夫《くふう》などをすること。

＊3　徘徊《はいかい》…うろうろと歩き回ること。

＊4　狐狸《こり》…キツネとタヌキのこと。人を化かすと言い伝えられている。

＊5　情報のフィードバック…新しい情報を得てそれに対する反応を返すこと。

問一　〰〰線部A「動員」、B「温床《おんしょう》」について、これらの言葉を本文中と同じ意味で使っている文として最もふさわしいものを、あとのア～オの中からそれぞれ一つずつ選び、記号で答えなさい。

A「動員」

ア　聖光祭を円滑《えんかつ》に運営するために、それぞれのグループにひとつずつ役割を動員する。

イ　芸術作品を鑑賞《かんしょう》するときは、五感を動員してその場の空気を感じ取ることが大切だ。

ウ　この時間帯はお客さんが多いわりにはお店にいる動員が少ないので、とても忙《いそが》しい。

エ　昨日、隣《となり》の家に動員してきた家族が、引《ひ》っ越《こ》しの挨拶《あいさつ》にやってきた。

オ　先生の顔を見たとたん、宿題を忘れていたことが動員されて頭が真っ白になった。

B「温床」

ア　地元の野菜を温床としたシチューを看板メニューに掲《かか》げて、横浜に新規出店した。

イ　人は大きな願いになればなるほど、自分の力で解決せずに温床に頼《たよ》ってしまうものである。

ウ　私に何度もアドバイスを求めておきながら、結局彼《かれ》はそれを温床としなかった。

エ　日々当たり前の練習を続けてきた結果、自分なりの温床を生み出すことができた。

オ　多くの不正が発覚しているこの会社では、説明責任への意識の低さがその温床になっている。

問二　——線部①に「『妖怪《ようかい》』という言葉をどのように定義したらいいのか」とありますが、筆者はどうして「妖怪」という言葉を定義しようとしたのですか。その説明として最もふさわしいものを、次のア～オの中から一つ選び、記号で答えなさい。

ア　自分が好きな分野である妖怪について、その存在を信じてもらうためには、何をもって妖怪とみなすかをはっきりさせて議論を進めるべきだと考えているから。

イ　研究を有意義なものとする上で、不思議な存在として暫定《ざんてい》的に定義しただけでは、対照的な存在である妖怪と神との区別がつけられず、議論の妨《さまた》げになると考えているから。

ウ　日本の人文科学では、用語や概念《がいねん》の定義をしようとしない傾《けい》向《こう》が強いが、妖怪についての学問的な議論を成立させるためには、それらの定義が必要不可欠であると考えているから。

エ　妖怪というものはあいまいで、時に神とも混同されてしまうが、そこを区別して妖怪の特徴《とくちょう》を見極《みきわ》めるためには、現実をふまえた正確な定義がなくてはならないと考えているから。

オ　研究対象としての妖怪は捉《とら》えどころのないものであり、長年研究してもいまだに一時的な定義しかできないほど、定義する

リを食用としないことも、③「ぬりかべ」のような現象を「＊4狐狸《こり》」の仕業《しわざ》と説明することも、それを信じる人びとには「理にかなった説明」だったのである。

ここで大切なことは、「今日の観点」ということをしっかり自覚することである。その上で、当該《とうがい》社会に内在する考え方を把握することである。当該社会のなかに、④「科学的知識」「非科学的な道具的知識」「信仰的知識」の概念を持ち込んでいるのは、私たちなのである。そうすることで当該社会の知識をより深く理解する視点が切り開かれる。まず文化の諸構成要素から、「知識」という概念で文化要素のある領域を括《くく》り出し、それを腑分《ふわ》けしながら考察する。それがいわゆる「分析する」という知的な作業なのである。

さて、それでは「怪異」とか「妖怪」といった語を用いて表現する現象・存在は、⑤このように分析された「知識」のどのような部分にかかわっているのか。どのような知的メカニズムが働いているのだろうか。

それを、ここでは「幽霊《ゆうれい》の正体見たり枯《か》れ尾花《おばな》」という有名な川《せん》柳《りゅう》を使って説明してみよう。

ある月夜の晩に、寂《さび》しい道を一人で歩いていた。ふと脇《わき》をみると、黒い影《かげ》が動いているのが目に入った。その人はびっくりして「さては幽霊が出たか」と思って逃《に》げ出そうと思ったが、気を落ち着けてしっかりその影を見ると、枯れた尾花が風に揺《ゆ》れ動いているだけだった。「⑥なあんだ。枯れ尾花か」というわけである。

第一段階では、この人は月明かりだけの夜の闇《やみ》のなかに黒い影を認めたとき、それを彼《かれ》が持っている知識のなかでも「信仰的知識」にとっさに照らして説明しようとしたのである。つまり、「黒い影」は「怪異・妖怪現象」と判断され、その正体は「幽霊」ということになった。そのまま、この人がその場から逃げ出したならば、きっとこの体験はずっと「幽霊に遭遇した体験」ということになっただろう。最初から最後まで「信仰的知識」によって説明するわけである。

しかし、幽霊が出たと一瞬《いっしゅん》判断したものの、ほんとうに幽霊なのかを確かめようとする気持ちが生じ、おそるおそるその影の方に近づいてよくよく見ると、枯れ尾花が風に揺れていた。この第二段階では、「科学的知識」「道具的知識」が改めてA動員されて、その知識の範囲《はんい》内《ない》で、この現象は説明されることになったのである。すなわち、当初は「怪異・妖怪現象」として把握された「黒い影」は、＊5情報のフィードバックによって「怪異・妖怪現象ではない」と訂正《ていせい》される。また、この人に同行者がいて、その同行者は、隣《となり》の人が「幽霊が出た！」と叫《さけ》んで逃げ出したときも、終始冷静沈着《ちんちゃく》であって、「黒い影」を最初から草のたぐいが動いているだけであろうと判断していたならば、その人の前にはまったく「怪異・妖怪現象」は立ち現れなかったことになる。

その人が「信仰的知識」をまったくもっていないわけではない。ただ、この状況《じょうきょう》ではそれを「黒い影」の説明のために動員する必要を感じなかったのである。

現代では日ごろから、日常生活のなかに生じるさまざまな現象を「霊的存在・力」に結びつけて説明してはいけない、そう考えることは非科学的なことだという、近代の科学・合理主義的な教育を受けてきた。ときには不思議に思うことでも、不思議に思わないように慣らされている。いわば「道具的知識」を身につけている。しかし、昔は相対的に「信仰的知識」で説明しようという傾向が強かったようである。

日本の「妖怪」に関する文化も、こうした「信仰的知識」の一角を占める知識であり、それをB温床《おんしょう》としつつ、さらにその知識が「信仰的知識」という枠《わく》を越《こ》えた知識、もう少し積極的な言い方をすれば、

れと同時に、いやそれ以上に自分自身がさまざまな地域に出かけていって、そこに住む人たちの生活文化やその社会の仕組みなどを調べ、それを記述し、そこからいろいろな問題意識や発想法を得て、特別なテーマを設定して議論することにある。その場合の人類学的視点の大きな特徴の一つは、ホーリズム（全体論）とかホーリスティックな視点などと評されるところにある。すなわち、文化を多様な側面から構成された統合体として記述する点に価値を見出してきた。そのため、人類学者や民俗学者、とくに人類学者は、調査地の社会・文化をできるだけ全体論的に描き出すことに＊2腐心《ふしん》してきた。

しかしながら、そうはいっても、短期間に一挙にその全体を描き出すことはできない。このため、自分の好みにあった側面からアプローチする。その自分の好みが、私の場合、「信仰《しんこう》」とか「宗教」と呼ぶ側面であった。そのなかに「妖怪」が含められていたのである。

今から三〇年ぐらいも前になるだろうか、三一歳《さい》のときに、『現代文化人類学』という教科書の編纂《へんさん》に携《たずさ》わったことがある。「宗教と世界観」という部分を担当したのだが、そのなかで、「信仰」という用語の定義・説明をしなければならなかった。私はアメリカの人類学者の意見にしたがって、「信仰」を「知識」という広い概念のなかに組み込《こ》んで定義することをした。人間が生まれてからいろいろな「知識」を身につける。そういう知識のなかのある部分に「信仰」というラベルを貼《は》ることができる「知識」もあると考えたのである。人間の知識には、二つのタイプがある。一つは「科学的な知識」であり、もう一つは、「世俗《せぞく》的な（非信仰的）・道具的な知識」である。

「世俗的・道具的知識」のなかには、今日では科学的根拠《こんきょ》をもつといえる知識もあるが、その多くは慣習としての知識がかなりの比率を占《し》めている。この「世俗的・道具的知識」から「科学的な知識」を切り出した残りが、科学的根拠のない習慣的な「道具的知識」とすることもできるであろう。

私たち日本人はいろいろな食べ物を食べている。その一方では食べない、食べてはいけない動物や植物もある。ゴキブリやアリは食べない。でも、ゴキブリやアリを食べても病気になるわけではない。もちろんその辺を＊3徘徊《はいかい》しているゴキブリをそのまま食べれば病気になるかもしれないが、それを唐揚《からあ》げにすれば殺菌《さっきん》できるし、食べたらけっこうおいしいかもしれない。だが、私たちはそれをしない。科学的にはそれを食べたら死ぬということではないし、むしろ栄養があるかもしれないが（調べたわけではないが）、私たちの社会では、食べ物にはしていない。単に「食べ物にしない」というだけのことである。そうした慣習的・文化的知識をさまざまな社会はもっているのである。しかし、科学が進めば、科学的に栄養価が高いということで、これまでには考えられない生き物が食料になるかもしれない。

【中略】

その一方では、信仰的な理由で食べてはいけない動物もある。日本のある地方ではウナギを信仰上の理由から食べることが禁止されている。こうした「知識」は「超越《ちょうえつ》的もしくは神秘的な（「霊《れい》的存在・力」とも表現できる）存在や力を前提とした知識」と規定することができる。「超越的・信仰的知識」には、霊的存在や神秘的力があることを確信している信仰者《しんこうしゃ》の知識からそうした存在に関わる知識を学習しただけの知識まで多様な内容をもっている。

いつの時代でも、「今日の観点」からすれば、知識は、科学的根拠があるといえる知識、科学的には根拠はないが慣習的に習得した知識、信仰的知識の混合としてあった。もっとも、それらの知識を習得している人びとにとってはすべて「合理的な知識」であった。日本人がア

は、「妖《あや》しい」「怪《あや》しい」という二つの言葉を重ねているのだから、人間が遭遇《そうぐう》したときに「不思議なもの」「不思議なこと」と思う事柄《ことがら》であって、それをとりあえず「妖怪存在」（京極夏彦《きょうごくなつひこ》風に言えばモノ）と「妖怪・怪異《かいい》現象」（コト）に分け、その統合的な意味でのカテゴリーとして「妖怪」を定義した。さらに「妖怪」と「神」として把握《はあく》される存在とを区別するために、「＊1祭祀《さいし》」の有無《うむ》という条件をつけたらどうか、とも提案した。

学問的な議論をするためには、用語や概念《がいねん》を定義する必要がある。そうしなければ、一人勝手な議論をしてしまい、共通の議論の場を確保できない。多くの研究者がともに了解《りょうかい》する定義や概念であることが望ましいが、まだ定着していない場合は、なおさら自分の用法を研究者たちに知らせる必要がある。

前述の本のなかで、「妖怪」には、視覚によって把握される、形のある存在としての「妖怪」ばかりではなく、聴覚《ちょうかく》によって、あるいは触覚《しょっかく》や嗅覚《きゅうかく》によって把握される「妖怪」もあることにも注意を促《うなが》した。「妖怪」という概念を限定しつつも広く規定するのが、研究の戦略上、得策と考えたからである。

たとえば、「ぬりかべ」という民俗《みんぞく》事象がある。これは、野山を歩いていて、突然《とつぜん》先に進むことができなくなる現象をいう。もし妖怪を「存在」として定義すれば、こうした現象は「妖怪」から排除《はいじょ》される。ところが、この「ぬりかべ」現象の伝承をもとにして、水木《みずき》しげるはそれを絵画化＝存在化している。そうなると、「ぬりかべ」現象は「ぬりかべ」存在に変換《へんかん》されて、「妖怪」のカテゴリーに含《ふく》まれることになる。京極夏彦風にいえば、「「ぬりかべ」という現象がある」から、「「ぬりかべ」という存在がいる」、という表現に変わってしまうわけである。

民間で語り伝えられてきた「妖怪」の多くは、「小豆《あずき》あらい」「天狗《てんぐ》倒《だお》し」「古杣《ふるそま》」などのように、聴覚でとらえられた「現象」としての「妖怪」である。私はそうした不思議な現象をも含めて「妖怪」を定義しようとした。さらに言えば、水木しげるの絵のように、「ぬりかべ」が存在として描《えが》かれたとしても、その存在の出現それ自体はやはり「妖怪現象」といえるだろう。「存在する」とは「現象」の一形態なのである。

このように、議論を成り立たせるために、なによりもまず基本となる用語や概念の定義が求められる。しかしながら、日本の人文科学では、議論の前提となるそうした定義をおこなおうとしない傾向《けいこう》がとても強い。議論のキーワードを、たとえば、「聖なるもの」という言葉を乱発しながらも、「その概念をあえて定義しない」などと開き直った物言いをする論文さえも見出《みいだ》される。文脈から読者が勝手に推測せよ、というわけである。これでは「学術論文」とはいえず、「二次的な文学作品」といったほうがいいのだろう。

②私はなぜ「妖怪」を取り上げようと思い立ったのか。「妖怪」はこれまでほとんど学術的に論じられることがなかった。しかし、「妖怪」をあれこれ考察していくと、これまでとは違《ちが》った角度から日本人の精神生活の「見えない世界」を「覗《のぞ》く」ことができるように思われた。どのような世界が覗けたのかは、私の妖怪関連の著作、たとえば前述の『妖怪学新考』とか『日本妖怪異聞録』『酒呑童子《しゅてんどうじ》の首』『異界と日本人』といった本を読んでいただきたい。ここでは「妖怪」を学術的な議論の場に持ち出してくるための手続きや分析《ぶんせき》方法・視点について、少し考えてみたい。

私が専門とする文化人類学とか民俗学は、なによりもまずフィールドワークを大切にする学問である。図書館に行って本を読むことも、もちろん大事な仕事の一つである。しかし、この学問の特徴《とくちょう》は、そ

いものだから。

イ　常に話すことを期待されていると感じてしまう松島豊は、密《ひそ》かにアヒルに入り続けることで、沈黙《ちんもく》に耐《た》えられる滝田徹のような人になりたいと内心思っていたから。

ウ　沈黙に耐えることができないことを性分《しょうぶん》だと自認《じにん》している松島豊にとって、アヒルに入ることは、自分の苦手な沈黙に慣れる貴重な機会となっているから。

エ　松島豊は普段《ふだん》、沈黙が続くと周囲を慮《おもんぱか》って何かを話さなければならないとつい考えてしまうが、アヒルに入っている間は無理に話さなくてすむから。

オ　滝田徹がチョッキーに入っている生き生きとした姿を見て、松島豊はアヒルに入っているときの解放感を図《はか》らずも再認識したから。

問五　――線部④に「滝田徹の動揺《どうよう》は収まらない」とありますが、ここで滝田徹はどうして動揺しているのですか。六十字以内で説明しなさい。

問六　――線部⑤に「どうしてそんな顔をするのか、滝田徹には全くわからなかったのだ」とありますが、滝田徹は今になって、「彼《かの》女《じょ》」が「そんな顔」をしたのはどうしてだと考えていますか。それを説明した次の文の［　　］にあてはまる内容を、十字以内で答えなさい。

滝田徹は今になって、「彼女は、自分（滝田徹）が［　　］から、『そんな顔』をしたのだろう」と考えている。

問七　――線部⑥に「滝田、自信を持て」とありますが、このとき松島豊はどのように思っていますか。その説明として最もふさわしいものを、次のア～オの中から一つ選び、記号で答えなさい。

ア　彼女に対してわがままにならないように自分を律《りっ》していた滝田徹に対して、素直《すなお》に思いを伝えてよいのだということに気づいてほしいと思っている。

イ　今までは空気のような存在だった滝田徹が、急にリアルな存在感を持ち始めたことをいぶかしく感じ、どうにかして早く帰らせてしまおうと思っている。

ウ　いつもと違って次々と質問をしてくる滝田徹に戸惑《とまど》いつつも、そうした本質的な疑問は他人に頼《たよ》らず自分ひとりで考えるべきであり、そのためには早く帰った方がよいと思っている。

エ　時間外労働をしている上、口数を多くして気遣《きづか》いを見せる滝田徹に対して、お互《たが》いのためにも、いつもと同じように速《すみ》やかに帰ってもらいたいと思っている。

オ　自分のペースをかき乱してくる滝田徹の言動に面食《めんく》らいつつも、このままでは気がすまないので、一言皮肉を言ってやろうと思っている。

問八　――線部⑦に「松島豊の言葉がなかったら、自分の馬鹿さ加減に、一生気づかずにいたかもしれない」とありますが、滝田徹はどういうことに気づいたのですか。文章全体をふまえて、八十字以内で説明しなさい。

四　**次の文章を読んで、あとの問いに答えなさい。**

二〇年近く前になるが、私は『妖怪《ようかい》学新考』（一九九四年）という本を書いた。その冒頭《ぼうとう》で、議論の出発点になる、①「妖怪」という言葉をどのように定義したらいいのかという問題で、悪戦苦闘《あくせんくとう》した。しかしそこでは、「妖怪」とは何かということについて、実は十分に答えを出し切れなかった。

現在でもまだ暫定《ざんてい》的な定義に留《とど》まっているのだが、その本のなかで

了《りょう》し続けている。

イ　この小説では、近未来の都市の様子がありありと描《えが》かれている。

ウ　もっとありありとした鮮《あざ》やかな色づかいにした方が、見栄《みば》えがよくなるに違《ちが》いない。

エ　クリスマスにもらったぬいぐるみを、ありありとかわいがっている。

オ　昨日は風邪《かぜ》で欠席していた彼も、今日はありありと登校していた。

問二　――線部①に「マウスを握《にぎ》る滝田徹《たきたとおる》の手に、つい力がこもる」とありますが、このときの滝田徹の心情について説明した文として最もふさわしいものを、次のア～オの中から一つ選び、記号で答えなさい。

ア　自分が毎日メンテナンスをして清潔を保っているチョッキーに他人が入ることで、自分の努力が徒労に帰すことへの怒《いか》りを感じている。

イ　いつも口数の少ない自分自身の性格のせいで、何よりも大切なチョッキーを守りきることができず、チョッキーに対する罪悪感でふさぎこんでいる。

ウ　自分以外の人間がチョッキーの中に入ることを思い浮かべて、チョッキーを渡《わた》したくないと強く言えなかったことをよりいっそう悔《く》やんでいる。

エ　誰《だれ》よりもチョッキーのことを思っている自分がその中に入れないばかりか、今までの経緯《けいい》を知らない兵頭健太《ひょうどうけんた》が入っていることを思い、喪失《そうしつ》感に包まれている。

オ　日々の疲《つか》れを癒《い》やしてくれたチョッキーを失ったことで、自分にとってかけがえのない存在であったチョッキーへの思いをかえって強く認識《にんしき》している。

問三　――線部②に「先ほどから聞きたくて仕方のなかったこと」とありますが、滝田徹はどうして聞きたかったのですか。その説明として最もふさわしいものを、次のア～オの中から一つ選び、記号で答えなさい。

ア　いつも一緒《いっしょ》にいたチョッキーが今どうなっているかを想像するとやりきれず、その気持ちをぶつけられるのは目の前の松島《まつしま》豊《ゆたか》くらいしかいないと思ったから。

イ　チョッキーとの付き合い方を見つめ直すにあたって、学生の頃《ころ》から十年以上もアヒルと関わってきた松島豊がアヒルとどのように付き合ってきたのかを聞いて、参考にしようと思ったから。

ウ　慣れ親しんだチョッキーとの別れがつらく、自分と同じようにアヒルを心の支えにしてきた松島豊に助言を求めることで、そのつらさを乗り越《こ》えて少しでも前向きになろうと思ったから。

エ　チョッキーと同じような着ぐるみのアヒルに入っていた松島豊なら、他人からはなかなか理解されない自分の話を聞いて共感してくれるのではないかと思ったから。

オ　チョッキーのことを考えると居ても立ってもいられず、松島豊とアヒルとの関係性を知ることで、今後のチョッキーとの関わり方が見えてくるかもしれないと思ったから。

問四　――線部③に「松島豊がアヒルでいるのには、何か他に、理由があるはずだと思った」とありますが、松島豊がアヒルに入り続けているのはどうしてですか。その説明として最もふさわしいものを、次のア～オの中から一つ選び、記号で答えなさい。

ア　アヒルに入っている時間は、いつもとは違う自分を演じることのできる貴重なものであり、松島豊にとってはかけがえのな

「お、おい、滝田、滝田、大丈夫か?」
「ありがとう、松島。前回といい、今日といい、お前は僕にとってまさしく『インフォメーションセンター』だ」
「……?」
どこに向かうべきか。どうやって向かうべきか。
客に対してそれを提示するのが、水谷佳菜の仕事だという。兵頭健太はそこで、自身が向かうべき場所を、水谷佳菜に指し示してもらったのだ。
そして今日、滝田徹は初めて、松島豊の意見を参考にしようと考えた。
⑦松島豊の言葉がなかったら、自分の馬鹿さ加減に、一生気づかずにいたかもしれない。今さら気づいても、どうなるものでもないだろうが。
「帰る」
力なくつぶやくと滝田徹は、パソコンの電源を切り、机の上を整頓《せいとん》して、カバンを手に取った。
「……お疲れ」
松島豊がようやくそう口にしたとき、滝田徹はすでに、フロアの出口に差し掛《か》かっていた。

――村木美涼《むらきみすず》『商店街のジャンクション』による

(問題作成上の都合から一部原文の表記を改めた)

(注) ＊１ 「時計」店主…商店街にある喫茶店《きっさてん》「時計」の店主。「映画館の主《あるじ》」の友人。
＊２ アヒル…松島豊《まつしまゆたか》が学生時代からのアルバイトで時折入っている着ぐるみ。
＊３ 沈痛《ちんつう》な面持《おもも》ち…深い悲しみに沈《しず》んでいるような表情。
＊４ 修験僧《しゅげんそう》のような生活…ここでは、時間に正確に行動する生活のこと。

問一 〰〰線部Ａ「こともなげに」、Ｂ「比類のない」、Ｃ「ありありと」について、これらの言葉を本文中と同じ意味で使っている文として最もふさわしいものを、あとのア～オの中からそれぞれ一つずつ選び、記号で答えなさい。

Ａ 「こともなげに」
ア 買ったばかりのアイスクリームを落とした女の子が、こともなげに泣きじゃくっていた。
イ こともなげに故郷に戻《もど》れずにいる彼《かれ》は、望郷の念を抱《いだ》いている。
ウ 段差につまずいて転んだ男の子は、こともなげに立ち上がって元気に走り去っていった。
エ ありえない光景を目にした彼は、こともなげに立ち尽《つ》くしている。
オ 金メダルのかかった二人の戦いは、こともなげによって決着がついた。

Ｂ 「比類のない」
ア どうか遠慮《えんりょ》せずに、比類のない意見をお聞かせください。
イ 生物学上、比類のない生物はこの世に存在しないと言われている。
ウ 一切《いっさい》の財産を失った彼は、比類のないものを食べて生活している。
エ 彼は、比類のない才能をいかんなく発揮して、数々の名作を世に送り出した。
オ 宿題を忘れて怒《おこ》られた彼は、比類のない表情を浮《う》かべた。

Ｃ 「ありありと」
ア このキャラクターは、全世界のありありとある人の心を魅《み》

肩《かた》をすくめる松島豊を、滝田徹は呆然と見つめた。もちろん、松島豊を通して、＊3沈痛《ちんつう》な面持《おもも》ちで向かいの席に座《すわ》っていた、あの日の彼女を見つめていたのだ。

滝田徹はあの日、ごめんと口にすることしか出来なかった。自分に非があるのなら、それ以外の言葉を、口にしてはいけないと思ったからだ。でも彼女はその瞬間《しゅんかん》、今にも泣き出しそうな顔になった。

⑤どうしてそんな顔をするのか、滝田徹には全くわからなかったのだ。別れたいと言い出したのは彼女なのに、何故先に泣き出すのか。泣き出したいのはこっちだという思いを、滝田徹は必死で押さえつけていた。

「……交際、してないよな?」

滝田徹の視線を受けて、松島豊の目にはいくぶん、怯《おび》えたような色が浮かんでいた。

しかし滝田徹の目に映っているのは、泣きそうになりながら、それでも泣かずに去って行った、彼女の後ろ姿だった。

もしかしたら、あの日口にするべきだったのは、謝罪の言葉ではなくて、松島豊が言うところの「本音」だったのだろうか。

滝田徹の頭の中には、たった今気づいたそんな思いが、色濃《いろこ》く広がり始めていた。

「ずっと一緒にいたいと、言ったほうがよかったのか?」

滝田徹のつぶやきに、椅子《いす》を後ろに撥《は》ねのけるようにして、松島豊が立ち上がった。

「や、やっぱり帰れ。帰りたくなくても帰れ。お前には、＊4修験僧《しゅげんそう》のような生活が一番似合ってるんだ。時計を見ろ。もう七時を過ぎたぞ。体中の細胞《さいぼう》が今、軋《きし》んでるんだ。その音を聞け。な、滝田、耳を澄《す》ませ」

「それこそ、わがままじゃないのか……?」

「そんなことはない。それはお前の思い違いだ。いいか、滝田、時報代わりにもなりそうなお前の仕事ぶりを、会社中の人間が知ってるんだ。これがどれ程大変なことか、わかるか? 十年働いていてもめったに顔を合わせない人間がいるって、こんな業務形態の会社の中で、お前の存在だけは誰もが知ってるんだ。知らない人間はいない。滝田徹という男は十年以上、九時から五時半という勤務時間を完璧《かんぺき》に守り通している。もはや定説だ。これは言い換《か》えれば、お前が長い時間をかけて築き上げてきた、信用でもあるんだ。だからな、⑥滝田、自信を持て」

立ったままの松島豊が何かを力説していたが、滝田徹の耳にはほとんど届いていなかった。最後の言葉以外は。

「……自信?」

「ああ。絶対にわがままなんかじゃない。自信を持って、帰れ」

そうだ。ずっと、彼女の気持ちを一番大切に思ってきたのだ。その自分の考え方に、どうして自信が持てなかったのだろう。大切だからこそ悲しませたくないのだと、その気持ちに偽《いつわ》りはないのだと、何故言えなかったのだろう。

「どっちもいい子だから、上手《うま》くいかないってこともあるんだよね。相手の気持ち考えて、自分の気持ち、考えないからね」

独り言ともつかない店主の言葉が、もう一度聞こえたようだった。

もしかしたら彼女も、さっきの松島豊のように、無理をさせているのではないかと、そんなことまで考えてしまっていたのだろうか。

長いため息が、滝田徹の口をついた。

結局は、自分の至らなさが招いた結末だったということなのだ。最後の最後に彼女を、深く悲しませてしまったに違いない。悲しませたくないと思うあまり、結局は悲しませてしまう。これこそ、本末転倒《ほんまつてんとう》と言わずして何と言うのか。

言いかけた滝田徹を、すぐさま松島豊がさえぎる。

「それ以上、多くを語るな。体に悪いぞ。ただでさえ、やったこともない時間外労働に従事してんだ。あげく協調性まで見せろなんて、俺はそこまで、わがままな男じゃないつもりだ。いつも通りの滝田徹でいてくれ。そのほうが、こっちもはるかに気が楽だ」

べらべらと、バカンスの疲れも取れた様子で、すっかり本来の調子を取り戻している。

「だから別に……」

お前に合わせているつもりはない。

そう言いかけて、滝田徹は口をつぐんだ。松島豊の言葉に甘《あま》えようと思ったわけではない。再び、何かが心に引っかかったのだ。

わがまま。

声には出さずに、口の中でその言葉を繰《く》り返した。

耳にするたびいつも、心の中に鈍《にぶ》い痛みが走る。四年前に去って行った彼女《かのじょ》が、最後に口にした言葉だからだ。

「自分がものすごくわがままな人間になった気がするの」

あの日以来、わがままという言葉の意味も、よくわからなくなってしまった。どうして彼女は、そんな考え違いをしてしまったのだろう。

今にも泣き出しそうだった彼女の顔が、頭の底にずっとこびりついている。

「……松島」

「なんだ？」

キーボードをカシャカシャと言わせながら、松島豊は、鼻歌でも歌うような口調だ。

「もう一つだけ、質問をさせてくれ」

「おう、いいぞ」

「お前が僕《ぼく》と、すでに二年間交際をしているとして」

「ゲホッ」

途端に、松島豊がむせた。そのまま、続けざまに咳込《せきこ》んでいる。

「どういう原理が働くと、自分はわがままだと感じるんだ？」

かまわずに、滝田徹は続けた。

「何を言い出すかと思ったら……ゲホ……」

「お前の考察を、是非《ぜひ》とも聞かせてくれないか」

「そりゃ……」

涙目《なみだめ》になった松島豊は、さらに何度か咳込みながら、あえぐように息を吸い込んだ。

「そりゃ、何でもかんでも俺の言い分が通れば、さすがにそう思うかもしれないな……ゲホッ……二年だろ、普通《ふつう》ならお互《たが》い、我《が》が見えてもおかしくないだろうしな」

「それは、悪いことか？」

「悪いっつうか……落ち着かないだろうが。つまりは、お前の本音が、見えないってことだからなあ。適当にあしらってるだけじゃないかとか、陰《かげ》で馬鹿扱《あつか》いしてんじゃないかとか、何つうの、疑心暗鬼《ぎしんあんき》ってやつか？」

「いや、断じて馬鹿扱いはしていない」

彼女のことを、そんなふうに思ったことはただの一度もない。

「お前のほうはそうでも、疑心暗鬼ってやつは、そういうもんなんだって。いっぺん思い始めると、止まらないんだ」

「……いったい、どうすればよかったんだ？」

呆然《ぼうぜん》とつぶやく滝田徹の脳裏《のうり》には、あの日の光景が C ありありとよみがえっていた。待ち合わせた店の、料理の匂《にお》いまでもが漂《ただよ》ってくる。

「知るかよ」

ようやく咳が収まったのか、松島豊が息をつく。

「俺はお前と、交際なんかしてないからな」

それなのに、松島豊はたった今、その正体をあっさり口にしなかったか。

もどかしい距離感を、一気に引き寄せてはくれなかったか。

柴犬《しばいぬ》のような薄《うす》茶色で、三角に垂れた耳と左目の周り、野球ボールほどの丸い尻尾《しっぽ》が焦《こ》げ茶色。そして赤い首輪。

チョッキーを思い浮かべるだけで、心の中に愛《いと》おしさがこみ上げてくる。

チョッキーの中に収まり、チョッキーという存在に包まれることで、滝田徹はいつも守られていた。同時に、この上もない解放感に満たされていたのだ。巨大《きょだい》アヒルの中で初めて知った、B比類のない解放感だ。

でもそれは、いったい何からの解放感だったのか。

誰が見てもチョッキーでしかないということは、滝田徹はそこに、存在しないということだ。その状態で、この上もない解放感を味わっていた。つまり、滝田徹であるということから、滝田徹は解放されていたと、そういうことではないのか。チョッキーの中にいる限り、滝田徹として行動することはもちろん、滝田徹として物事を考える必要もない。それこそが、滝田徹の心をこれまでないほどに、軽《かろ》やかにしてくれていたのではないのか。

しかし、滝田徹は気づき始めてしまった。

逃げ場所を求めている兵頭健太にとってはもちろん、水谷佳菜にとってもまた、チョッキーは、一種の逃げ場所として機能しようとしている。二人の言い分を聞きながら、そんなことにチョッキーを利用してくれるなと、いったんは腹を立てたのだ。

それでも、じわじわと落ち着かない気持ちは湧《わ》き起こり始めた。

自分にとってはどうなのか。

自分にとってもチョッキーは、逃げ場所として機能しているのではないのか。

そして松島豊はたった今、こう口にした。

一生アヒルと一緒ってわけにも、いかないんだけどな。

平日は仕事をして、週末はチョッキーの中に入る。それをお前は、このまま一生涯《いっしょうがい》続けていく気なのか。

その問いかけこそが、「何か、もっと違う感覚」の正体だ。チョッキーと距離を置かざるを得ない状況《じょうきょう》に追い込まれて、初めて生じた感覚だ。

初めて、自分の内側から生じてきた問いかけだ。

ふいに、チョッキーの体温を肌《はだ》に感じた気がして、滝田徹は泣きたくなる思いだった。

「おい滝田、お前、大丈夫《だいじょうぶ》か？」

松島豊が、手を止めて、いぶかしむような表情を向けている。

「あ、ああ……」

頷きつつも、④滝田徹の動揺は収まらない。チョッキーと共に過ごした日々の記憶《きおく》が、次から次へとよみがえってくる。古めかしい商店街で過ごした時間は、滝田徹にとってはまさに、心躍《おど》るひとときだったのだ。

「何があったか知らないけどさ、あんまり無理すんなよ」

「無理？」

「口数が多いだろうが、どう考えても。いるはずのない時間にたまたまいるからって、気を遣《つか》って、俺に調子を合わせなくてもいいんだぜ。黙りこくってそこにいたところで、一向に気にしないんだからさ、こっちは。俺は俺で、しゃべりたくなったらしゃべる。いつも通り、気楽にやろうぜ」

「いや、別に……」

「いいって、いいって」

「いつからやっているんだ？」

「ああと、結構前だな。学生の頃《ころ》からだから、ここで働き始めるよりも前か」

「え」

Ａことなげに語られたその言葉に、滝田徹は動きを止めた。

「それがどうかしたのか？」

「い、いや……」

つまりもう十年以上、下手をすると十五年近くも、松島豊はアヒルだったというのか。動揺《どうよう》を何とか押《お》し込《こ》めつつ、滝田徹は、松島豊の顔を見つめ続けた。

松島豊は、あまり背が高くない。ほぼ平均的な身長の滝田徹を、八掛《が》けにしたくらいだ。よって足の長さも、ほぼ八掛けと言っていいだろう。つまりアヒルとしては、滝田徹よりもよほど、見栄《みば》えがするということだ。

「一日とか二日とか、最初はそんな約束だったんだけど、なんやかんや言って、ずっと続いてるなあ。あの手のバイトってさ、成り手が少ない分、結構時給がいいだろう。大した仕事でもないのにさ。学生の頃は、そういうのが狙《ねら》い目《め》だったからな」

「就職しても続けているのは、どうしてなんだ？」

決して高給取りではないが、副業が必要なほど、低給というわけでもない。③松島豊がアヒルでいるのには、何か他に、理由があるはずだと思った。

「そうあらためて訊《き》かれると困るけどさあ」

キーボードを打つ手を止めて、松島豊はめずらしく、いくらか戸惑《とまど》ったような表情を見せた。

「俺《おれ》さあ、そこそこしゃべるだろ？」

「……」

そこそこの意味を取り違えていないかと思ったが、滝田徹は黙《だま》っていた。

「性分《しょうぶん》なんだよなあ。誰《だれ》もしゃべってないとさ、俺が求められてるような気がしてしょうがないんだ。追い立てられるって言うかさ」

腕組《うでぐ》みをしながら、苦笑を浮かべて頷いている。

「お前がつくづくうらやましいよ。下手すりゃ、一日中だって黙っていられるだろう。一種の特技だよな。俺から見りゃ、特殊《とくしゅ》技能の部類だ」

嫌味《いやみ》を口にしている気配は、松島豊からは全く感じられない。

「けどさ、あの中に入ると、黙ってられるんだよな。たいして努力もいらない。だいたい、アヒルにしゃべりを期待してる人間なんて、誰もいないからな。気楽なもんだ」

「それが、続けている理由か？」

「ま、一種の息抜《いきぬ》きだな。とは言え、一生アヒルと一緒《いっしょ》ってわけにも、いかないんだけどな」

滝田徹は目を見開いて、平素より茶色がかった松島豊を見つめた。

何か、もっと違う感覚。

兵頭健太と水谷佳菜の話を聞きながら、少しずつ生じていた感覚だ。そしてそれこそが、チョッキーを守り切れなかった本当の理由ではないかと、滝田徹の中には今、疑念が生じ始めている。そのせいで、肝心なことは何も言えないまま、金曜は兵頭健太、土曜は水谷佳菜、そして日曜にようやく滝田徹という、店主の采配《さいはい》に従ってしまったのではないのかと。

何か、もっと違う感覚。

自分自身の感覚でありながら、もうあと少し、手が届かないもの。なかなか正体を見極《みきわ》められない、もどかしい距離感が、今日一日、滝田徹から集中力を削《そ》ぎ、苛立《いらだ》ちをあおり続けていた。

でも昨日、本来の持ち主である映画館の主《あるじ》に、チョッキーを届けなければならなかった。せめて、メンテナンスはこれまで通り続けさせて欲《ほ》しい。そう申し出るのが精いっぱいだった。

「じゃあ、金曜が健太《けんた》君ということで」

白髪《しらが》を切りそろえた＊1「時計」店主の、にこやかな顔が思い浮《う》かんだ。

カウンター席に並んであれやこれやと議論が続いたあと、結局は、一日ずつ順番に、チョッキーに入るという結論になってしまったのだ。今頃《いまごろ》は兵頭《ひょうどう》健太《けんた》が、チョッキーの頭部を手に取っているに違《ちが》いない。いや、もうとっくに中に収まって、チラシ配りを始めているかもしれない。

①マウスを握《にぎ》る滝田徹の手に、つい力がこもる。

チョッキーがどれ程《ほど》かけがえのない存在か、どれ程強いつながりを感じているか、ちゃんと説明して、頼《たの》むから他を当たってくれと言うべきだったのだ。でも滝田徹は途中《とちゅう》から、カウンター席で続く議論に、口をはさむことすら出来なくなってしまっていた。口数の少なさが、肝心《かんじん》なところで災《わざわ》いした格好だ。

いや、本当にそれだけか。

滝田徹は自問した。

何か、もっと違う感覚が、兵頭健太や水谷《みずたに》佳菜《かな》の話を聞いているうちに、自分の中に生じてはいなかったか。

逃《に》げてばかりの人生だったが、いったんチョッキーの中に入れば、逃げずに済むはずだと兵頭健太は言った。普段《ふだん》なら怖《こわ》くて出来ないことも、チョッキーの中にいる間は出来るかもしれないと、水谷佳菜は言った。それが、二人がチョッキーの中に入りたいと考えた理由だ。

そして滝田徹は、話を聞くうちにだんだんと、落ち着かない気持ちになっていったのだ。

「家が嫌《いや》なら仕事って、それ以外の選択肢《せんたくし》はないのかよ。……まあ、お前らしいっちゃあ、お前らしいけどな」

苦笑《くしょう》交じりに言いながら、自分のモニターに目を戻すと、松島《まつしま》豊《ゆたか》はまたキーボードをたたき始めた。

「……松島」

「うん？」

「＊2アヒルは、まだ続けているのか？」

②先ほどから聞きたくて仕方のなかったことを、ようやく滝田徹は口にした。

「ああ、まあな」

モニターから目を離《はな》さず、たいして気のない様子で松島豊は答えた。その顔に、滝田徹はあらためて目を向けた。南の島帰りのせいで、照明に不具合があるかのように、そこだけトーンが暗い。

「何故《なぜ》、アヒルを始めたんだ？」

一度は代役を引き受けたが、松島豊がアルバイトをしている理由に、興味を持ったことはなかった。その後も続けているのかどうかを、知りたいと思ったこともなかったのだ。しかし今日、松島豊の顔を見た途端《とたん》、滝田徹は無性《むしょう》にそれが知りたくなった。

家に帰ってもチョッキーはいない。金曜日だというのに、チョッキーに入ることが出来ない。そして今後はもしかしたら、チョッキーとの関係に、大きな違いが生じてくるかもしれない。この現状がおそらく、滝田徹の中に、松島豊への関心を引き起こしているのだろう。松島豊がアヒルであるがゆえに、引き起こされる関心だ。

南の島へバカンスなどと、アヒルとそこまで距離《きょり》を置いて、松島豊は何も感じていないのだろうか。

「何故って……なんでだったかな」

モニターを見たまま、松島豊は首を傾《かし》げている。

二〇二二年度 聖光学院中学校

【国語】〈第一回試験〉（六〇分）〈満点：一五〇点〉

［注意］ 字数指定のある問題では、句読点やカッコなども字数に含《ふく》みます。

一 **次の①～⑤の文の――線部のカタカナを、それぞれ漢字に直しなさい。**

① 四十七人のチュウシンが、主君のかたきを見事に討《う》ち果たした。

② 部活動では、勝利シジョウ主義よりも自由に楽しくできる方が自分には合っている。

③ 昨日の試合は、残り時間三分のゴールですっかりケイセイが逆転した。

④ 三渓園《さんけいえん》は、横浜の有名なケイショウ地である。

⑤ 全員で行くことは難しいので、ユウシだけでお見舞《みま》いに行きます。

二 **次の①～⑤の文の～～線部は、（　）内の意味を表す言葉です。例にならって、□□にあてはまる言葉をひらがな二文字でそれぞれ答えなさい。**

例
いくら彼《かれ》でも、プロ野球選手には□□打ちできない。（まともに張り合って勝負すること）　→〈答〉　たち

① 助けられた時は□□の息だったが、今ではすっかり元気になった。（今にも息絶えそうな状態）

② 日々の食事にも事□□生活を送っている。（必要なものがなくて困ること）

③ □□半可な知識では、彼女《かのじょ》にかなうまい。（十分でなく、中途《ちゅうと》半端《はんぱ》な様子）

④ 大通りには木造の民家が□□を並べている。（多くの家が建ち並んでいる様子）

⑤ このチームの選手たちは、□□ぞろいだ。（集まった人々がみな優《すぐ》れていること）

三 **次の文章は、村木美涼《むらきみすず》の『商店街のジャンクション』の一節である。滝田徹《たきたとおる》は副業として、毎週金～日曜日の三日間、着ぐるみの「チョッキー」に入るアルバイトをしている。ある日、兵頭健《ひょうどうけん》太《た》と水谷佳菜《みずたにかな》から突然《とつぜん》「チョッキー」に入りたいと言われ、戸惑《とまど》っているうちに三人で一日ずつ交代で入ることになってしまった。問題文は、その後の初めての金曜日、本業の職場で同僚《どうりょう》の松島《まつしま》豊《ゆたか》と話をしている場面である。これを読んで、あとの問いに答えなさい。**

チョッキーにたどり着いてから半年余り、金曜日を心待ちにして、毎日仕事に励《はげ》んでいたと言っていい。それなのに今日は、家に帰ってもチョッキーはいない。専用ハンガーと専用台座だけが、一人暮らしの部屋に寂《さび》しく残されている。

「つまり、帰りたくないという意味か？」

「ああ」

半ば投げやりに、滝田徹《たきたとおる》は頷《うなず》いた。

そう、チョッキーがいないあの部屋になど、帰りたくはない。家でのメンテナンスを申し出てからは、チラシ配りのない平日も、チョッキーはずっとあの部屋にいたのだ。定刻通りに戻《もど》ると、毎日変わらず、丸い目を向けてくれた。仕事の疲《つか》れなど、瞬時《しゅんじ》に吹《ふ》き飛んだのだ。

2022年度 聖光学院中学校 ▶解説と解答

算　数　＜第１回試験＞（60分）＜満点：150点＞

解　答

[1] (1) $1\frac{3}{4}$　(2) ア…200000，イ…1500　(3) 25分間　[2] (1) 20個　(2) 171個　(3) 11個　(4) 205個　[3] (1) ア $13\frac{4}{7}$　イ $30\frac{5}{7}$　(2) ウ 3.5　エ $3\frac{2}{3}$　(3) $2\frac{5}{7}$，３，$3\frac{6}{7}$　[4] (1) 1200通り　(2) (ア) 18通り　(イ) 180通り　(3) （１，５，５，５），（２，４，５，５），（３，３，５，５），（３，４，４，５）　[5] (1) (ア) 解説の図②を参照のこと。　(イ) 解説の図④を参照のこと。　(2) (ウ) $24cm^2$　(エ) 4.5，13.5

解　説

[1] 逆算，消去算，仕事算

(1) $\left(\frac{3}{7}-0.4\div\square\right)\times0.625+\frac{13}{24}=\frac{2}{3}$より，$\left(\frac{3}{7}-0.4\div\square\right)\times0.625=\frac{2}{3}-\frac{13}{24}=\frac{16}{24}-\frac{13}{24}=\frac{3}{24}=\frac{1}{8}$，$\frac{3}{7}-0.4\div\square=\frac{1}{8}\div0.625=\frac{1}{8}\div\frac{5}{8}=\frac{1}{8}\times\frac{8}{5}=\frac{1}{5}$，$0.4\div\square=\frac{3}{7}-\frac{1}{5}=\frac{15}{35}-\frac{7}{35}=\frac{8}{35}$　よって，$\square=0.4\div\frac{8}{35}=\frac{2}{5}\times\frac{35}{8}=\frac{7}{4}=1\frac{3}{4}$

(2) 参加者が100人で１人あたりの入場料が3500円の場合，入場料の合計は，3500×100＝350000(円)になる。また，参加者が80人で１人あたりの入場料が4000円の場合，入場料の合計は，4000×80＝320000(円)になる。これらがそれぞれ開催《かいさい》費と同じ額になるから，右上の図１のような式を作ることができる。２つの式の差を求めると，イ×100－イ×80＝イ×(100－80)＝イ×20にあたる額が，350000－320000＝30000(円)とわかるので，イ＝30000÷20＝1500(円)と求められる。また，これを１つ目の式にあてはめると，ア＝350000－1500×100＝200000(円)とわかる。

図１

ア＋イ×100＝350000(円)
ア＋イ× 80＝320000(円)

(3) 作業全体の量を１とすると，最後に残った作業の量は，$1-\left(\frac{1}{2}+\frac{1}{7}\right)=\frac{5}{14}$となり，右の図２のように表すことができる。グループＡが60分間でする作業の量は$\frac{1}{2}$だから，グループＡが１分間にする作業の量は，$\frac{1}{2}\div60=\frac{1}{120}$となる。また，グループＢが24分間でする作業の量は$\frac{1}{7}$なので，グループＢが１分間にする作業の量は，$\frac{1}{7}\div24=\frac{1}{168}$とわかる。よって，全員ですると１分間に，$\frac{1}{120}+\frac{1}{168}=\frac{1}{70}$の作業ができるから，全員で作業した時間は，$\frac{5}{14}\div\frac{1}{70}=25$(分間)と求められる。

図２

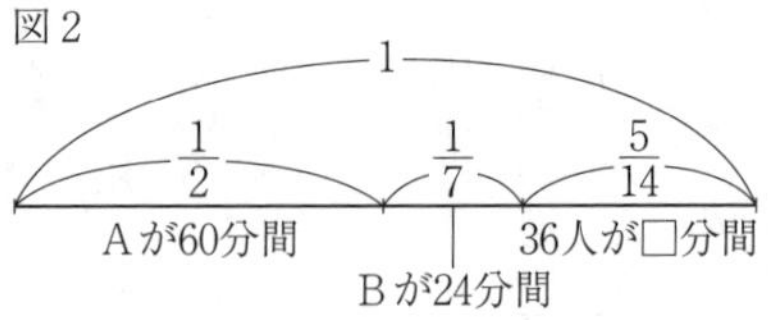

[2] 場合の数

(1) 百の位の数をP，十の位の数をQ，一の位の数をRとする。$P=9$（下の図のア）の場合，QとRのどちらかが０のとき，$9\times Q\times R$の値は０になるので，この式はつねに成り立つ。$Q=0$のとき，Rの値は０～９の10通りあり，$R=0$のときも，Qの値は０～９の10通りある。ここで，$Q=R=0$となるものは，２回数えている。よって，QとRの少なくとも一方が０になる場合は，10＋10－１＝19(個)ある。また，QもRも０でない場合で条件に合うのは，$Q=R=1$の場合だけである。したがって，百の位の数が９である整数Aは全部で，19＋１＝20(個)とわかる。

ア	$9QR$ ➡ $9+Q+R \geqq 9\times Q\times R$
イ	$PQ0$ ➡ $P+Q+0 \geqq P\times Q\times 0$
ウ	$P0R$ ➡ $P+0+R \geqq P\times 0\times R$
エ	$P \geqq Q \geqq R > 0$
	1　1　1…①
	2　1　1…②
	3　1　1…③
	⁝
	9　1　1…⑨
	2　2　1…⑩
	3　2　1…⑪

(2)　３つの位の数の中に０を含《ふく》むのはイとウの場合であり，これらの式はつねに成り立つ。イの場合，Pの値は１～９の９通りあり，Qの値は０～９の10通りあるので，９×10＝90(個)ある。同様に，ウの場合も90個ある。ここで，$Q=R=0$となるものは，９通りのPのそれぞれについて２回ずつ数えている。よって，３つの位の数の中に０を含む整数Aは全部で，90＋90－９＝171(個)と求められる。なお，３桁《けた》の整数は全部で，999－99＝900(個)あり，そのうち０を含まない整数は，９×９×９＝729(個)あるから，３つの位の数の中に０を含む整数Aは，900－729＝171(個)と求めることもできる。

(3)　エの場合を考える。$Q=R=1$とすると，$P+Q+R=P+2$，$P\times Q\times R=P$となり，つねに成り立つから，①～⑨の９通りある。また，これ以外では，⑩と⑪だけが成り立つ。よって，あてはまる整数Aは全部で11個ある。

(4)　エの①を並べてできる整数Aは１個あり，②～⑩のそれぞれを並べかえてできる整数Aは３個ずつある。また，⑪を並べかえてできる整数Aは，３×２×１＝６(個)ある。よって，０を含まない整数Aは，１＋３×９＋６＝34(個)ある。そして，(2)より，０を含む整数Aは171個ある。したがって，整数Aは全部で，34＋171＝205(個)と求められる。

3　平面図形─図形上の点の移動，旅人算

(1)　問題文中の図で，点Pが初めて点Cに重なるのは，10×２÷２＝10(秒後)であり，その間に点Qは，５×10＝50(cm)動く。また，点Qが移動する１往復分の長さは，(５＋10＋５)×２＝40(cm)である。よって，10秒後に点Qは，１往復して点Eから，50－40＝10(cm)の位置にいるので，10秒後のようすは下の図１のようになる。この後，点Pと点Qは，太線のように動いたときに初めて重なるので，初めて重なるのは図１の，(５×５)÷(２＋５)＝$\frac{25}{7}=3\frac{4}{7}$(秒後)，つまり，出発してから，10＋$3\frac{4}{7}$＝$13\frac{4}{7}$(秒後)(…ア)とわかる。次に，点Pが２回目に点Cに重なるのは，10×６÷２＝30(秒後)であり，その間に点Qは，５×30＝150(cm)動くので，150÷40＝３余り30より，30秒後のようすは下の図２のようになる。この後，点Pと点Qは，太線のように動いたときに２回目に重なるので，２回目に重なるのは図２の，５÷(２＋５)＝$\frac{5}{7}$(秒後)，つまり，出発してから，

図１

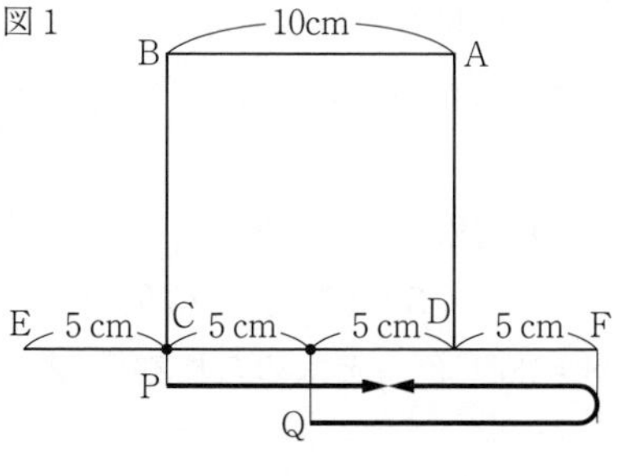

図２

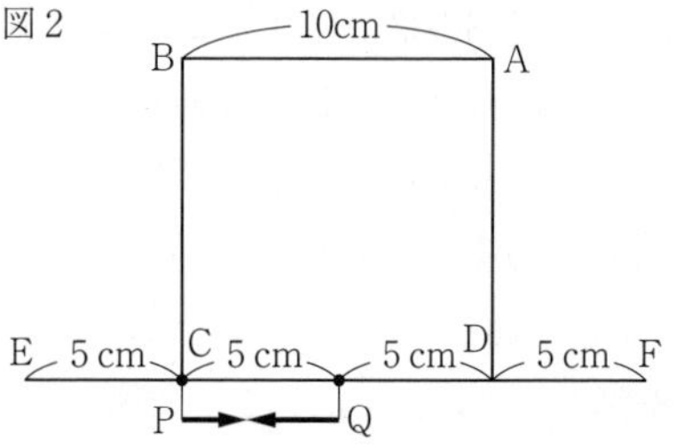

$30+\frac{5}{7}=30\frac{5}{7}$(秒後)(…イ)と求められる。

(2) 下の図３のように，点Ｐが初めて点Ｃと重なる前に点Ｑが点Ｃを通過している場合と，下の図４のように，点Ｐが初めて点Ｄと重なった後に点Ｑが点Ｄを通過する場合を考えればよい。図３のようになるのは10秒後なので，このときの点Ｑの速さは毎秒，(40－５)÷10＝3.5(cm)(…ウ)よりも速い。また，図４のようになるのは，10×３÷２＝15(秒後)だから，このときの点Ｑの速さは毎秒，(40＋５＋10)÷15＝$\frac{11}{3}$＝$3\frac{2}{3}$(cm)(…エ)よりも遅《おそ》い。

図３

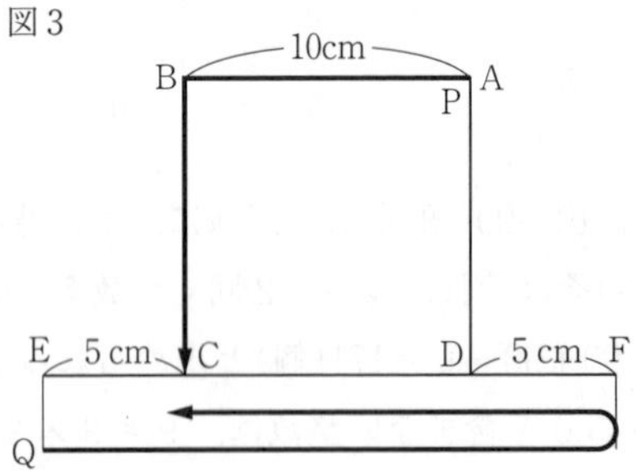

図４

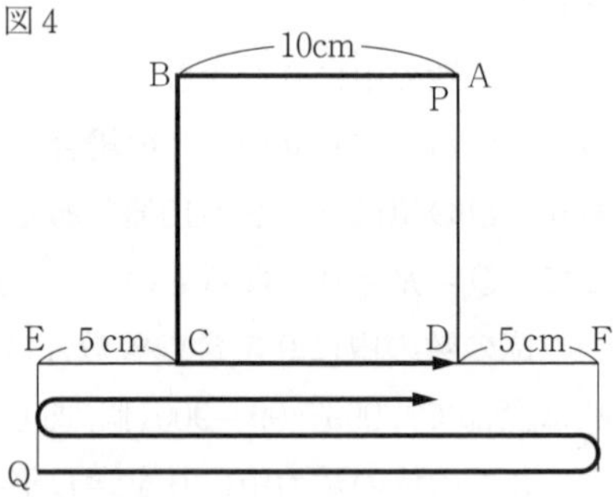

(3) 点Ｐが２回目に点Ｄに重なるのは，10×７÷２＝35(秒後)である。また，点Ｑの速さは毎秒２cmよりも速く，毎秒４cmよりも遅いので，その間に点Ｑが移動する長さは，２×35＝70(cm)よりも長く，４×35＝140(cm)よりも短くなる。さらに，点Ｑが点Ｄに重なるまでに移動する長さは，40×□＋15(cm)，または，40×□＋25(cm)と表すことができる(□は整数)。よって，条件に合う長さは，95cm，105cm，135cmであり，このときの点Ｑの速さはそれぞれ毎秒，95÷35＝$\frac{19}{7}$＝$2\frac{5}{7}$(cm)，105÷35＝３(cm)，135÷35＝$\frac{27}{7}$＝$3\frac{6}{7}$(cm)と求められる。そして，これらの速さはいずれも(2)の範囲《はんい》には含まれていないから，「点Ｐが１回目に辺CD上を移動する間に点Ｑと重なる」という条件に合う。したがって，考えられる速さは毎秒$2\frac{5}{7}$cm，３cm，$3\frac{6}{7}$cmである。

４ 場合の数

(1) 左から１個目の赤は５通り，左から２個目の赤は残りの４通りある。また，左から３個目の白は５通り，左から４個目の白は残りの４通り，左から５個目の白は残りの３通りある。よって，玉の並べ方は全部で，５×４×５×４×３＝1200(通り)と求められる。

(2) (ア) 百の位の「１」として考えられる色は３通りある。また，十の位の「４」として考えられる色は３通り，一の位の「４」として考えられる色は残りの２通りある。よって，３桁の数が144となるような玉の並べ方は全部で，３×３×２＝18(通り)となる。　(イ) 18の倍数は，９の倍数のうち，一の位が偶数《ぐうすう》の数である。また，９の倍数は，各位の数字の和が９の倍数になるから，考えられる組み合わせは右の図の５通りある。このうち，①と⑤には偶数がないので，並べて18の倍数にすることはできない。また，②の場合，並べてできる18の倍数は{144，414}の２通りあり，それぞれの場合について(ア)のように18通りの色が考えられるから，18×２＝36(通り)とわかる。③の場合も同様に36通りである。さらに④の場合，並べてできる18の倍数は{234，324，342，432}の４通りあり，それぞれの場合について，３×３×３＝27(通り)の色があるので，27×４＝108(通り)となる。よって，全部で，36×２＋108＝180(通り)と求められる。

①（1，3，5）
②（1，4，4）
③（2，2，5）
④（2，3，4）
⑤（3，3，3）

⑶　各位の数字をA，B，C，Dとする。このとき，A，B，C，Dの中に同じ数字が含まれていても，色が異なるから，並べてできる４桁の整数はたがいに異なる整数と考えることができる。すると，並べてできる４桁の整数は全部で，$4\times3\times2\times1=24$(個)できる。また，どの位にも$A$，$B$，$C$，$D$が，$24\div4=6$(回)ずつあらわれるから，各位の和は，$(A+B+C+D)\times6$となる。よって，24個の整数の総和は，$(A+B+C+D)\times6\times1000+(A+B+C+D)\times6\times100+(A+B+C+D)\times6\times10+(A+B+C+D)\times6=(A+B+C+D)\times6\times(1000+100+10+1)=(A+B+C+D)\times6666$と表すことができる。これが106656になるので，$A+B+C+D=106656\div6666=16$と求められ，書かれている４つの数の組み合わせは，（１，５，５，５），（２，４，５，５），（３，３，５，５），（３，４，４，５）とわかる。

5　平面図形—図形の移動，グラフ

⑴　(ア)　直線Ｐと直線ＱがAB上を移動するときのようすをグラフに表すと，下の図①のようになる。図①で，直線Ｐは斜線《しゃせん》部分を通り，直線Ｑはかげの部分を通る。また，aは直線Ｐの右端《みぎはし》の点と直線Ｑの左端の点が出会う時間だから，$a=(18-9)\div(1+2)=3$(秒)と求められ，bは直線Ｐの右端の点と直線Ｑの右端の点が出会う時間なので，$b=(27-9)\div(1+2)=6$(秒)とわかる。よって，直線Ｐと直線Ｑが重なる部分の長さは，３秒後までは０cm，６秒後に９cm，９秒後に０cm，18秒後に９cmになるから，グラフは下の図②のようになる。　(イ)　(ア)と同様に考えると，下の図③，図④のようになる。

図①

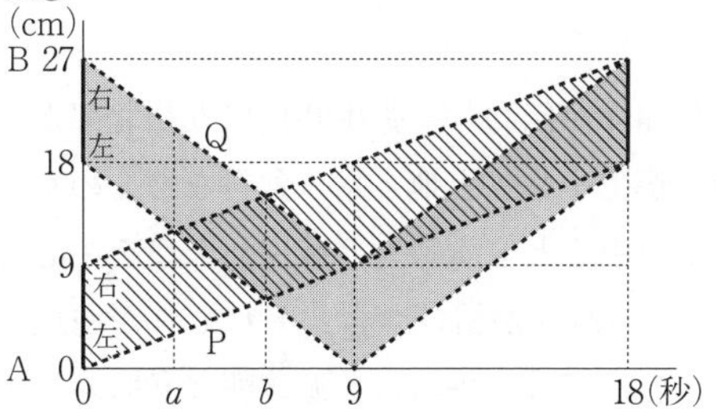

図②

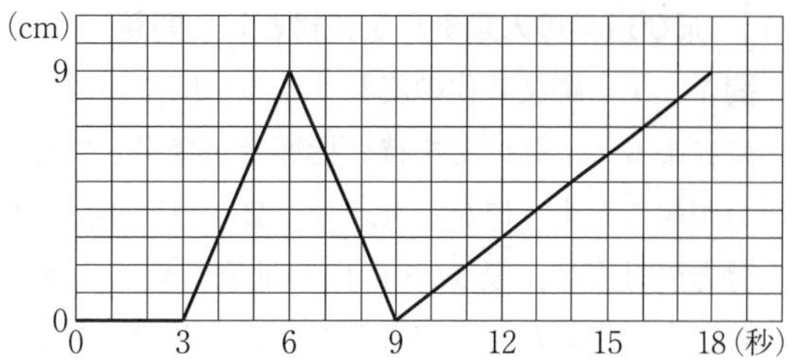

図③

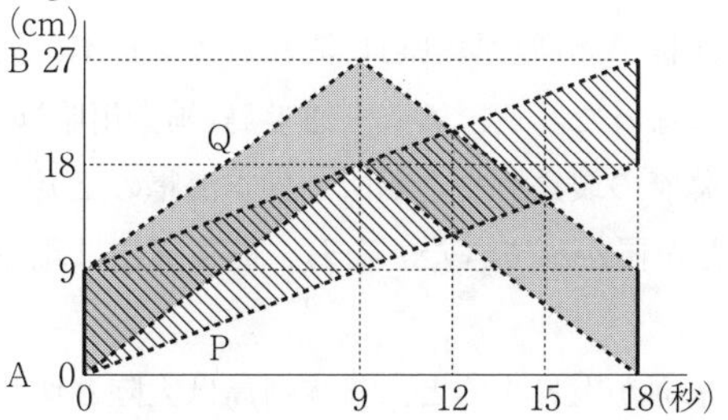

図④

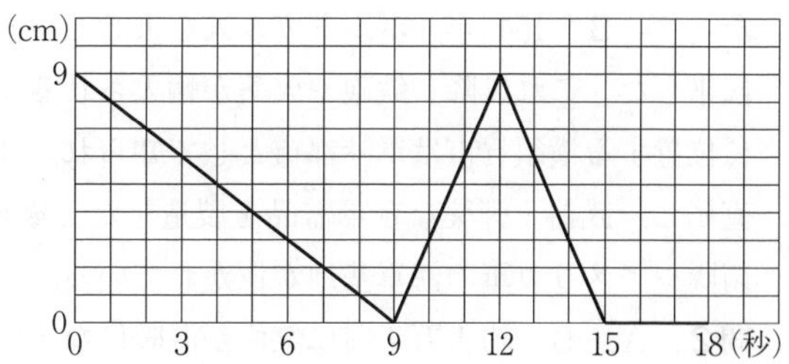

⑵　(ウ)　問題文中の図１，図２は，それぞれ問題文中の図３の正方形ABCDと正方形Ｒ，Ｓを，辺AB，辺BCの側から真横に見た場合にあたる(直線Ｐ，Ｑがそれぞれ正方形Ｒ，Ｓにあたる)。よって，正方形Ｒ，Ｓが５秒後に重なる部分の横の長さは図②より６cm，縦の長さは図④より４cmとわ

図⑤

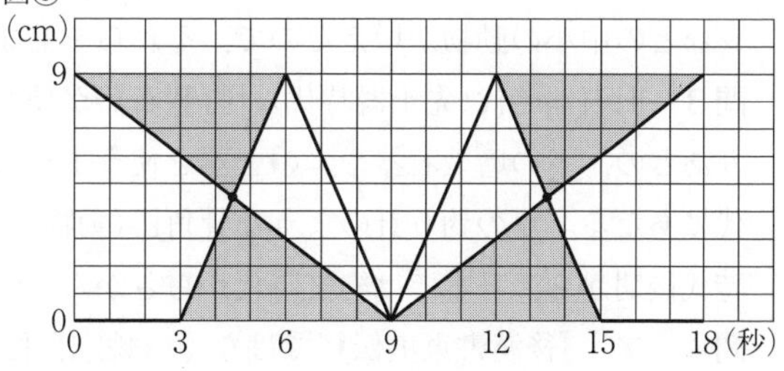

かるので，面積は，６×４＝24(cm²)と求められる。　(エ)　正方形R，Sの重なる部分が正方形になるのは，横の辺が重なる部分の長さと，縦の辺が重なる部分の長さが等しくなるときである。つまり，図②と図④のグラフが交わるときだから，上の図⑤の●印の部分である。図⑤で，かげをつけた三角形はすべて合同だから，１回目は，（３＋６）÷２＝4.5(秒後)，２回目は，(12＋15)÷２＝13.5(秒後)とわかる。

社　会　＜第１回試験＞（40分）＜満点：100点＞

解　答

1　**問１**　**1**　稲作　**2**　保元　**3**　火薬　**4**　横須賀　**問２**　イ　**問３**　ア　**問４**　ウ　**問５**　ウ　**問６**　エ　**問７**　ア　**問８**　ウ　**問９**　ア　**問10**　イ

2　**問１**　ウ　**問２**　ア　**問３**　傘　**問４**　勝者　**問５**　人間　**問６**　オ

3　**問１**　ア　**問２**　イ　**問３**　ウ　**問４**　ウ　**問５**　アイデンティティ

4　**問１**　**1**　武蔵(国)　**2**　山梨(県)　**問２**　ウ　**問３**　オ　**問４**　オ　**問５**　ウ　**問６**　ア　**問７**　エ　**問８**　ア　**問９**　イ　**問10**　イ　**問11**　ウ　**問12**　(例)　三輪山が神である　**問13**　(例)　横浜市港北区は東京に近く，都内に通勤する人が多いから。

解　説

1　『飛び道具の人類史』を題材とした問題

問１　**1**　縄文時代の終わりごろ中国や朝鮮半島から稲作が伝わり，弥生時代に九州北部から各地に広まると，強い力を持つ指導者が登場して身分の差が生まれ，土地・水・食料などをめぐって争いが起こるようになった。　**2**　1156年，崇徳《すとく》上皇を中心とする勢力と後白河天皇を中心とする勢力の対立に，摂政《せっしょう》・関白の地位をめぐる藤原氏内部の対立が結びつき，それぞれが源氏・平氏の武士を集めたことから，保元の乱が起こった。保元の乱では，平清盛と源義朝《よしとも》(頼朝の父)を味方につけた後白河天皇方が勝利したが，その後，清盛と義朝は対立し，1159年には平治の乱が起こった。　**3**　1543年，ポルトガル人を乗せた中国船が種子島《たねがしま》(鹿児島県)に流れ着き，日本に鉄砲が伝来した。これ以降，鉄砲や火薬が輸入されるようになった。　**4**　三浦半島(神奈川県)の北部に位置する横須賀《よこすか》市は軍港都市として知られ，江戸幕府の製鉄所や造船所，日本海軍の工廠《こうしょう》(軍に直属し，武器・弾薬など軍需《ぐんじゅ》品を製造した工場)などが置かれてきた。なお，横須賀には現在，自衛隊やアメリカ軍の海軍基地が置かれている。

問２　A，B　約１万年前に気候が温暖になって海水面が上昇すると，日本列島は大陸と切り離され，現在に近い自然環境となった。このとき，大型動物が絶滅《ぜつめつ》し，動きの速いニホンシカやイノシシなどの中小の動物が増えたので，それらを捕まえるために弓矢が用いられるようになった。

問３　旧石器時代(先土器時代)は打製石器が使われていた時代なので，アが選べる。なお，これよりあとの，イの磨製《ませい》石器やエの土器を使うようになった時代を新石器時代といい，日本では縄文時代にあたる。ウの釣《つ》り針のような骨角器(動物の骨や角でつくった道具)は，ヨーロッパでは旧石器時代後期から，日本では縄文時代からさかんにつくられた。

問４　ア　『後漢書東夷《とうい》伝』ではなく『魏志《ぎし》』倭人《わじん》伝が正しい。　イ　仁徳《にんとく》天皇は，ワカタケル大王《おおきみ》であると考えられている雄略《ゆうりゃく》天皇の５代前の天皇である。　ウ　飛鳥時代の671年に天智天皇が死去すると，翌672年，天皇の弟の大海人《おおあまの》皇子と天皇の子の大友皇子の間で皇位をめぐる争いが起こった。これを壬申《じんしん》の乱といい，勝利した大海人皇子は即位《そくい》して天武天皇となった。　エ「百済《くだら》」ではなく「新羅《しらぎ》」が正しい。

問５　ア　菅原道真《すがわらのみちざね》は894年に遣唐使の派遣の中止を提案したことで知られる。桓武《かんむ》天皇が平安京(京都府)に都を移したのは794年のことである。なお，平安京造営の中止を提案したのは，当時の参議(藤原緒嗣《おつぐ》)である。　イ　聖武天皇は奈良時代の天皇である。　ウ『古今《こきん》和歌集』は，醍醐《だいご》天皇の命令で10世紀初めに紀貫之《きのつらゆき》らによって編さんされた勅撰《ちょくせん》(天皇の命令でつくられた)和歌集で，『万葉集』以後の約1100首が収められている。　エ　藤原道長は関白になっていない。また，院政を開始したのは白河上皇である。

問６　ア　六波羅探題《ろくはらたんだい》は鎌倉幕府の第２代執権《しっけん》北条義時《よしとき》が承久《じょうきゅう》の乱(1221年)の直後に京都に設置した機関で，朝廷の監視《かんし》や西国の御家人の統率などにあたった。　イ『太平記』ではなく「蒙《もう》古襲来絵詞《こしゅうらいえことば》(絵巻)」が正しい。なお，『太平記』は室町時代に完成した軍記物語で，後醍醐《ごだいご》天皇の倒幕計画から南北朝の動乱までが描かれている。　ウ「相模《さがみ》湾」(神奈川県)ではなく「博多湾」(福岡県)が正しい。　エ　元寇《げんこう》(元軍の襲来)は文永の役(1274年)と弘安の役(1281年)の２度あり，弘安の役では元(中国)が征服《せいふく》した宋《そう》(南宋，中国)や高麗《こうらい》(朝鮮)の軍も加えた約14万の大軍が博多湾など九州北部を襲撃した。

問７　江戸時代の社会は，きびしい身分制度のもとに成り立っており，人々は主として士(武士)・農(百姓)・工(職人)・商(商人)の４つの身分に分けられ，基本的に武士と百姓が結婚することは認められていなかった。

問８　ア「検地帳」を「地券」に変えると，地租改正(1873年)の説明として正しくなる。なお，検地帳は，豊臣秀吉による検地(太閤《たいこう》検地)のさいに，土地の所有者と耕作者が記入された土地台帳。イ「県令」を「知藩事」に変えると，版籍《はんせき》奉還(1869年)の説明として正しくなる。　ウ　1871年，明治政府は藩を廃止して全国に３府(東京・大阪・京都)と302県を置いた。これを廃藩置県といい，知藩事(もとの大名)のかわりに，府には府知事を，県には県令(のちの知事)を政府から派遣して，地方の政治を行わせた。　エ　日本は古くから太陰太陽暦(月の満ち欠けにもとづく太陰暦をもとに，太陽の動きや季節に合わせた暦)を用いていたが，1872年に西洋諸国にならって太陽暦(太陽の運行をもとにした暦)を採用し，１日24時間で週７日制とした。

問９　太平洋戦争に関するできごとを古い順に並べると，ハワイ真珠《しんじゅ》湾攻撃(1941年12月８日)→ミッドウェー海戦で日本が大敗(1942年６月)→東京大空襲(1945年３月10日)→アメリカ軍の沖縄上陸(３月末)→広島に原子爆弾投下(８月６日)→ソ連の対日宣戦布告(８月８日)→長崎に原子爆弾投下(８月９日)→連合国にポツダム宣言の受諾《じゅだく》(受け入れること)を通達(８月14日)→敗戦を知らせる天皇の玉音放送(８月15日)となる。

問10　1955年，左右両派の社会党が統一し，日本社会党(社会党)が結成された。これを受け，自由党と日本民主党(民主党)もいわゆる「保守合同」により自由民主党を結成したため，以後1993年まで，自由民主党が与党(政権を担当する政党)，社会党が野党(政権を批判する政党)の第一党を占《し》める政治体制が続いた。これを，体制ができた1955年にちなみ，「55年体制」という。なお，アは1951年，ウは1960年，エは1950年に起きたできごと。

2　核兵器に関する新聞記事を題材とした問題

問１　第二次世界大戦(1939～45年)後，アメリカ(合衆国)を中心とする資本主義諸国とソ連(ソビエト連邦)を中心とする社会主義諸国の対立が長く続いた。この対立は，米ソが直接戦火を交えることのない争いだったことから，「冷たい戦争(冷戦)」とよばれた。1980年代後半，ソ連国内や東ヨーロッパ諸国の民主化が進んだことから融和《ゆうわ》への動きが進み，1989年に冷戦の終結が宣言された。ウの「一帯一路」は，中国が2013年に打ち出した，アジアとヨーロッパを陸路と海路でつなごうという構想である。なお，アの「鉄のカーテン」は1946年にイギリスのチャーチル前首相が東ヨーロッパ諸国を批判した演説に出てくる言葉，イの「雪どけ」は1955年以降しばらくの間，冷戦の緊張状態が少し和らいだようすを指す言葉，エの「プラハの春」は1968年にチェコスロバキアで起きた民主化の動きを指す言葉。

問２　2019年，アメリカのトランプ大統領は，1987年に米ソ間で結ばれた中距離核戦力(INF)全廃条約を破棄《はき》することを宣言し，同条約が失効した。なお，イの包括《ほうかつ》的核実験禁止条約(CTBT)は発効しておらず，ウの新戦略兵器削減《さくげん》条約(新START《スタート》)は2011年に発効し，エの核不拡散(核拡散防止)条約(NPT)は1970年に発効した。

問３　アメリカは核兵器を持っているが，日本は核兵器を持っていない。また，日米安全保障条約により，アメリカには日本を守る義務がある。このような状態から，日本はアメリカの「核の傘《かさ》」の下に置かれていると表現される。

問４　核戦争がいったん始まると，報復攻撃も連鎖して被害が非常に大きくなるため，人類がみな敗者になるといえる。2021年に行われたアメリカのバイデン大統領とロシアのプーチン大統領の会談での共同声明に，「核戦争に勝者はなく，決してその戦いはしてはならない」と明記された。これは，1985年にアメリカのレーガン大統領とソ連のゴルバチョフ書記長との間で行われた会談で確認された原則と同じである。

問５　1981年，ローマ教皇ヨハネ・パウロ２世は「戦争は人間のしわざです。戦争は人間の生命の破壊です。戦争は死です」で始まる「平和アピール」を広島で出し，核兵器の廃絶を訴《うった》えた。

問６　D　「平和を愛する諸国民」が持っているものなので，「公正と正義」が選べる。　E　「圧迫《あっぱく》と偏狭《へんきょう》」と同様に，「国際社会」から「永遠に除去」すべきものなので，「専制と隷従《れいじゅう》」のような政治体制といえる。なお，「偏狭」は，心が狭《せま》いようす。「専制」は，権力者が自分だけの考えで思うままに政治を行うこと(君主制など)で，大衆の支持を前提としない点で独裁政治とは異なる。「隷従」は，手下として従うこと。　F　「免《まぬ》かれる」(免れる)は，“逃《のが》れる”という意味。人間が「生存」するには，「恐怖《きょうふ》と欠乏《けつぼう》」のない状態が前提となる。

3　多様性を題材とした問題

問１　性別，年齢，人種，宗教，価値観にこだわらず，多様性を受け入れる考え方をダイバーシティという。特に，広く人材を活用して生産性を高めようとするビジネスの分野で使われる。なお，イは国際的，ウは普遍《ふへん》的，エは多数派という意味を持つ言葉。

問２　ユネスコ(国連教育科学文化機関)は，教育・科学・文化の分野における国際交流を通して世界平和の実現に貢献《こうけん》することを目的とする国連の専門機関で，識字率の向上，義務教育の普及《ふきゅう》，世界遺産の登録・保護などをおもな活動内容としている。なお，イは国際労働機関(ILO)の活動内容。

問３　「正義や公正」にかかわる省なので，ウの法務省が選べる。

問４　スキヤキには牛肉などが用いられるので，宗教上の理由で肉を食べない友人にふるまうのは適切でない。

問５　「自己同一性」の英語表記はidentityで，カタカナにするとアイデンティティとなる。

４ 日本の地形や産業についての問題

問１　**１**　律令体制下では，埼玉県，東京都(伊豆諸島・小笠原《おがさわら》諸島をのぞく)，神奈川県川崎市と横浜市東部は武蔵《むさし》国とされた。　**２**　神奈川県は，北部が東京都，北西部が山梨県，南西部が静岡県に接しており，東京湾をはさんで千葉県と向かい合っている。よって，神奈川県の中央部を流れる相模川は，山梨県から流れ出していると判断できる。

問２　写真の左側に市街地，奥と右側に海があり，太い水路が右下側から左上側の向きに見えるので，ウが選べる。

問３　Ⅰ　「空港」とあるので，千歳《ちとせ》市(北海道)とわかる。千歳市にある新千歳空港は，道庁所在地の札幌市に近く，北海道の空の玄関として知られる。　Ⅱ　「コンビナート」とあるので，倉《くら》敷《しき》市(岡山県)と判断できる。倉敷市の水島地区では，埋《う》め立て地を中心に鉄鋼と石油化学のコンビナートが形成されている。　Ⅲ　「アルミニウム」とあるので，高岡市(富山県)とわかる。富山県には多くの水力発電所があったことから，原料のボーキサイトからアルミニウムを精錬《せいれん》する工業が発達していたが，２度の石油危機や円高を経て衰退《すいたい》し，現在は高岡市でアルミニウム加工業が行われている。

問４　Ⅰ　開聞《かいもん》岳(薩摩《さつま》富士)は「う」で，「半島」は鹿児島県の薩摩半島，「温泉観光地」は指宿《いぶすき》温泉である。　Ⅱ　利尻《りしり》岳(利尻富士)は「あ」で，「離島」は利尻島(北海道)，「国立公園」は利尻礼文《れぶん》サロベツ国立公園である。　Ⅲ　鳥海山(出羽《でわ》富士)は「い」で，「２つの県」は山形県・秋田県，「平野」は庄内平野である。また，「日本三大急流」は，最上《もがみ》川(山形県)，富士川(山梨県・静岡県)，球磨《くま》川(熊本県)である。

問５　ウは，「サンマ」ではなく「サケ」が正しい。石狩鍋《いしかりなべ》は，江戸時代からサケ漁がさかんに行われていた石狩地方が発祥《はっしょう》地である。

問６　アは，「秋」と「春」が逆になっている。キャベツの旬《しゅん》は本来は冬だが，日本国内では年間を通して出荷されており，春キャベツ(新キャベツ)，夏秋キャベツ(高原キャベツ)，冬キャベツ(普通のキャベツ)に分類される。春キャベツは生長が早いため葉の巻きがゆるく，水分が多くて柔《やわ》らかい。なお，三浦半島では春キャベツの生産がさかんである。

問７　ア　長崎市は江戸時代の鎖国中に唯一《ゆいいつ》の貿易港があったことで知られ，端島《はしま》炭鉱(軍艦島《ぐんかんじま》)や三菱長崎造船所などは世界文化遺産「明治日本の産業革命遺産　製鉄・製鋼，造船，石炭産業」の構成資産となっている。　イ　下関市(山口県)と門司《もじ》(現在の福岡県北九州市門司区)の間にある海峡は，両岸の地名をとって関門海峡とよばれる。下関市は日本水産株式会社(ニッスイ)の創業地で，フグ漁もさかんである。　ウ　神戸市(兵庫県)に位置する神戸港は，平安時代末に平清盛が宋(中国)との貿易(日宋貿易)の貿易港として修築した大輪田泊《おおわだのとまり》があったことで知られる。港内にあるポートアイランドは，神戸市の背後に位置する六甲山地の開発によって出た土砂を埋め立てて造成された人工島で，南側には神戸空港がつながっている。また，ポートアイランドの東側には同様の人工島である六甲アイランドがある。　エ　小樽《おたる》市(北海道)は明治時代から昭和時代初期にかけて栄えた商業都市で，海岸の沖合を埋め立てることによってつくられた運河と，それに沿って立ち並ぶ石づくり倉庫群やガス灯が観光名所になっている。

問８　Ⅰ　下線部は，散居村(散村)で見られる屋敷林《やしきりん》の説明として正しい。　Ⅱ　森林には木の葉が腐《くさ》ってできる栄養分(有機物)の多い腐葉土《ふようど》があり，その腐葉土の中の栄養分が川から海に流れこむと，魚のえさとなるプランクトンが増える。よって，下線部は正しい。

問９　扇状地《せんじょうち》はおもにレキや砂が堆積《たいせき》してできた地形で，扇《おうぎ》にたとえると，要《かなめ》の部分は扇頂，中央付近は扇央，末端《まったん》部は扇端とよばれる。扇頂は比較《ひかく》的大きな石が多いため，耕地になりにくい。水はけがよい扇央は果樹園に利用されることが多く，水がわき出る扇端には水田が開かれて集落が形成される。よって，イが誤っている。

問10　イは，「矢作《やはぎ》川から取水した明治用水」ではなく「天竜川や豊川から取水した豊川用水」が正しい。渥美《あつみ》半島(愛知県)は三河《みかわ》湾の東にあり，知多半島と向かい合っている。園芸農業がさかんで，電照菊の産地として知られる。なお，矢作川から取水した明治用水は，県中央部の岡崎平野に引かれている。また，愛知県ではほかにも，木曽川を水源とする愛知用水が知多半島に引かれている。

問11　ア　「空海」ではなく「最澄《さいちょう》」が正しく，「真言宗」ではなく「天台宗」が正しい。なお，空海は高野山(和歌山県)に金剛峯《こんごうぶ》(峰)寺《じ》を建てて真言宗を広めた。　イ　空也は平安時代中期に諸国を回って念仏を唱えることを説いた僧で，踊《おどり》念仏は時宗の開祖の一遍《いっぺん》により広められた。また，浄土《じょうど》宗は法然《ほうねん》が平安時代末期に開いた。　ウ　法然の弟子の親鸞《しんらん》が開いた浄土真宗(一向宗)の説明として正しい。　エ　「唐」ではなく「宋」が正しい。また，「他力本願」は浄土真宗の教えである。

問12　三輪《みわ》山(奈良県)の麓《ふもと》にある大神《おおみわ》神社は，山そのものが神体(神の宿る神聖な物体)であるため，本殿がない。

問13　Ⅱは横浜市港北区で，東京都に近い位置にあり，都内に通勤している人が多く住んでいるため，生産年齢人口の割合が比較的高くなっている。なお，少子高齢化が進んでいるⅢは箱根町，残ったⅠは厚木市である。

理　科　＜第１回試験＞（40分）＜満点：100点＞

解　答

1　(1)　(オ)　(2)　黄葉　(3)　12.1℃　(4)　150km　(5)　**け**　(イ)　**こ**　(エ)　**さ**　(ウ)　(6)　道管　(7)　(例)　子ぼうがなく，はいしゅがむき出しである。　(8)　(例)　木の頂上に向かってとがっている形。　2　(1)　B，G　(2)　F　(3)　太陽　(4)　(a)　**あ**…(オ)　**い**…(イ)　(b)　**記号**…○　**理由**…(例)　スピカより温度が低いにもかかわらず，スピカより絶対等級が小さいから。　(5)　(a)　(イ)　(b)　(オ)　3　(1)　ふっ点　(2)　(イ)　(3)　(ウ)　(4)　融点　(5)　過冷却　(6)　(ウ)　(7)　(エ)　(8)　(イ)　4　(1)　(a)　50ｇ　(b)　10cm　(2)　(ウ)　(3)　(a)　250ｇ　(b)

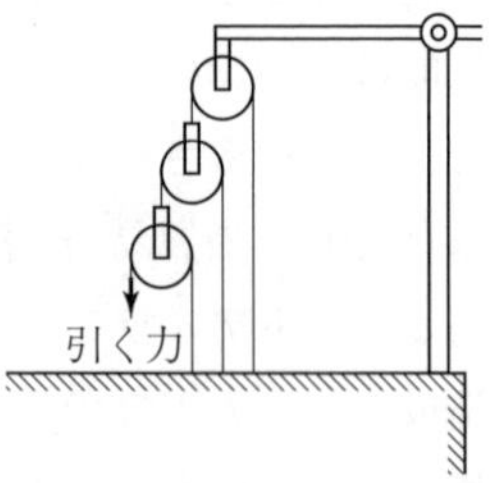

8　(c)　20cm　(4)　(a)　アルキメデス　(b)　667kg　(c)　上の図

解　説

1　標高と木の種類や特徴《とくちょう》についての問題

(1)　あ　どんぐりはクヌギ，シイ，ミズナラ，カシなどブナ科の常緑広葉樹の果実なので，ここではマテバシイがあてはまる。　い　クスノキは葉や木材がよい香りのする常緑広葉樹で，香りの成分には防虫剤《ざい》に使われていたショウノウが含《ふく》まれる。　う　ツバキは冬に花を咲《さ》かせる代表的な常緑広葉樹で，花びらは赤色のものが多い。　え　春にお花見で見るのはサクラである。サクラは落葉広葉樹で，秋になると紅葉し，冬は葉を落として過ごす。　お　ケヤキは秋になると葉を落とす落葉広葉樹で，葉をつけた枝が扇《おうぎ》状に大きく斜《なな》め上に広がって，まるでほうきを逆さに立てたように見える。　か　イチョウのめ株は，秋になると独特なにおいのする種皮に包まれた，ギンナンとよばれる種子をつける。

(2)　カエデ(モミジ)などが秋に葉の色を赤色～赤茶色に変えることを，紅葉という。一方，イチョウなどが秋に葉の色を黄色に変えることを，黄葉とよぶ。

(3)　高速道路を下りた地点では標高が350mで気温が19.0℃であり，標高が100m高くなるごとに気温が0.6℃ずつ下がるので，標高1500m地点での気温は，$19.0-0.6\times\frac{1500-350}{100}=19.0-6.9=12.1$(℃)と求められる。

(4)　北へ１km(＝1000m)移動するごとに，気温は，$0.6\times0.001\times\frac{1000}{100}=0.006$(℃)ずつ下がるので，志賀高原と同じ緯度《いど》で横浜の自宅の真北にあたる場所(気温21.1℃)から，横浜の自宅(気温22.0℃)までの距離《きょり》は，$1\times\frac{22.0-21.1}{0.006}=150$(km)とわかる。

(5)　**け**　ダケカンバは，高山や北国の山地などに生える落葉広葉樹である。　**こ**　カラマツは，日本で唯一《ゆいいつ》の落葉針葉樹である。　**さ**　オオシラビソやコメツガは，マツのなかまで常緑針葉樹に属する。

(6)　被子《ひし》植物の根・茎《くき》・葉には，根から吸い上げた水などの通り道である道管と，葉でつくられた養分の通り道である師管が通っている。また，道管の集まりと師管の集まりが束《たば》になっているものを維管束《いかんそく》といい，葉脈は維管束の枝分かれが葉ですじのように見えるものである。茎の維管束の中では道管が内側，師管が外側にあり，葉の道管や師管とはそれぞれ右の図のようにつながっている。

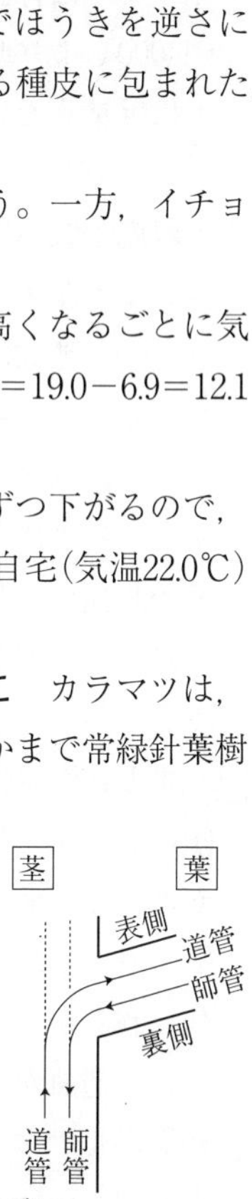

(7)　裸子《らし》植物の花には子ぼうがなく，はいしゅがむき出しになっている。また，一般《いっぱん》に花びらやがくがなく，お花とめ花に分かれて花をつける。一方，被子植物の花には子ぼうがあり，はいしゅを包んでいる。

(8)　冬に雪が積もるような高山に育つ常緑針葉樹の多くは，頂上が細くとがっていて木の上に雪が積もりにくくなっており，地面に近い底部に向かって広がるような形になっている。

2　星の明るさと色についての問題

(1)　春の大三角(形)をつくっている星は，おとめ座のスピカ，しし座のデネボラ，うしかい座のアルクトゥールスである。夏の大三角(形)は，こと座のベガ，はくちょう座のデネブ，わし座のアルタイルでつくられる。冬の大三角(形)をつくっている星は，こいぬ座のプロキオン，おおいぬ座のシリウス，オリオン座のベテルギウスである。これらのいずれにも含まれていないのは，Ｂのオリオン座のリゲルと，Ｇのさそり座のアンタレスの２つである。

⑵　2019年10月から2020年２月にかけて，ベテルギウスは地球から観測したときの明るさがどんどん暗くなっていったため，爆発《ばくはつ》を起こすのではないかといわれていた。

⑶　夜空に見える星のうち，太陽と同じくみずから光を出している星は，恒星《こうせい》とよばれる。地球の近くにある恒星は太陽で，地球から観測したときの太陽の明るさは，夜空に見える恒星に比べてはるかに明るい(太陽のみかけの等級は，－26.7等星)。

⑷　(a)　恒星は温度の違《ちが》いによって，色が異なる。恒星の温度が7000℃を超《こ》えるシリウスやアルタイルなどは青白色や白色に見える。また，ベテルギウスやアンタレス，バーナード星などは，温度が4000℃より低く，赤色に見える。　(b)　説明文に，ベテルギウス，アンタレス，リゲル，スピカは巨星または超巨星とよばれているとある。また，表１より，スピカの温度は25000℃，絶対等級は－3.5等とわかる。したがって，デネブ(温度は約8500℃，絶対等級は－8.3等)は，スピカよりも温度が低いにもかかわらず，スピカよりも絶対等級が低い(つまり明るい)ので，巨星または超巨星のような半径が大きい星であると判断できる。

⑸　(a)　地球から観測したときの高度が観測地点の緯度と等しいというポラリスは，北極星のことである。北極星は，地球の自転軸《じく》である地軸を北にのばした線上にあるので，ほとんど動いていないように見える。　(b)　北極星は，見かけの等級で２等星なので，Ｙには２が入る。また，北極星とスピカについて，絶対等級はほぼ同じであるが，北極星より半径の小さいスピカの見かけの等級が北極星より小さい(明るい)のは，温度が高いことよりも地球からの距離が北極星よりも近いことが大きく関係していると考えられる。よって，Ｘには248よりも448の方が適するので，㈲が選べる。

3　水の状態変化についての問題

⑴　液体から気体への変化が液体の表面で起こる現象を蒸発という。また，液体から気体への変化が液体の表面だけでなく内部からも起こる現象をふっとうといい，そのときの温度をふっ点という。

⑵　過熱が起こるのは，ふっ点を超えてもふっとうが起こらず，加えた熱が水の温度を上げるのに使われるからである。ふっとう石を入れてから水を加熱すると，おだやかにふっとうさせることができ，過熱が起こりにくくなる。これは，ふっとう石の表面(小さい穴が多数開いている)で水蒸気が発生しやすくなることで，細かい水蒸気のあわが連続して発生するようになるからである。

⑶　図１の②では，過熱状態で液体のままであった水が，急にふっとうしている(突《とっ》ぷつという)。加熱中でも温度が下がるのは，水が水蒸気に変化するときにまわりから吸収する熱の量が，加熱によって加えられている熱の量よりも多いからである。

⑷　固体が融《と》けて液体になるときの温度を融点《ゆうてん》という。

⑸　液体をゆっくり冷やすと，その融点以下になっても固体にならないことがある。このような現象を，過冷却《れいきゃく》という。

⑹　図２より，実験で用いた装置がある重さの水や氷から１分間あたりにうばう熱の量を$\boxed{1}$とすると，50℃の水を０℃の水にするには，$\boxed{1}\times 2\times\frac{50}{20}=\boxed{5}$，０℃の水をすべて凍《こお》らせるには，$\boxed{1}\times(10-2)=\boxed{8}$，０℃の氷を－10℃の氷にするには，$\boxed{1}\times(12-10)\times\frac{10}{40}=\boxed{0.5}$の熱をうばう必要があると

考えられる。また，逆の変化には，同じ量の熱を加える必要がある。したがって，50℃の水と－10℃の氷を同じ重さずつ混ぜると，50℃の水は[5]の熱をうばわれてすべて０℃の水になり，－10℃の氷は熱を受け取って一部が融けて残りは０℃の氷になるので，(ウ)が選べる。

(7)　水がふっとうするのは，水中にできる水蒸気のあわの内部の圧力が，空気(大気)の圧力よりも大きくなったときである。つまり，水のふっ点は，水中に発生した水蒸気のあわにはたらく外部の圧力(ふつう大気圧)に関係し，外部の圧力が小さくなるほど下がる。よって，標高が高く気圧が低い富士山の頂上での水のふっ点は，聖光学院中学校でのふっ点よりも低い。

(8)　おもりを両端《りょうたん》につけた糸を氷にかけると，その部分だけ糸に押《お》されて氷の表面にかかる圧力が高くなる。また，糸に押された部分だけが融けたことから，圧力が高くなると，氷のほかの部分と同じ温度でも融けやすくなること，つまり，融点が低くなることがわかる。なお，スケートも同様に，刃の圧力によって氷の融点が低くなり，刃と氷の間に水の膜《まく》ができるため，氷の上をすべることができる。

4　滑車《かっしゃ》のしくみと力のつり合いについての問題

(1)　(a)　図１で，動滑車の左右にかかっているひもには，100÷２＝50(ｇ)ずつの力がかかっているので，ひもを引く力の大きさは50ｇとなる。　(b)　手がひもを１cm引き上げると，滑車が，１÷２＝0.5(cm)上がり，おもりも0.5cm上がる。したがって，おもりが床《ゆか》から５cm持ち上がったとき，ひもは，$1\times\frac{5}{0.5}=10$(cm)引いている。

(2)　(ア)，(イ)　動滑車の左右にかかっているひもには，１×1000÷２＝1000÷２＝500(ｇ)ずつの力がかかっており，その力を定滑車を通して手で支えているので，ひもを引く力の大きさは500ｇである。　(ウ)　おもりをつるした動滑車の左右にかかっているひもには500ｇずつ，その右上の動滑車の左右にかかっているひもには，500÷２＝250(ｇ)ずつ，さらにその右上の動滑車の左右にかかっているひもには，250÷２＝125(ｇ)ずつの力がかかっており，その力を定滑車を通して手で支えているので，ひもを引く力の大きさは125ｇになる。　(エ)　おもりをつるした動滑車の左右にかかっているひもには500ｇずつ，その左上と右上の動滑車の左右にかかっているひもには，500÷２＝250(ｇ)ずつの力がかかっているので，ひもを引く力の大きさは250ｇである。

(3)　(a)　装置０では，２個の動滑車をそれぞれ左右にかかっているひもで引くので，合計４か所でおもりの重さを支えている。よって，重さ１kgのおもりを持ち上げるのに必要な力の大きさは，１×1000÷４＝250(ｇ)になる。　(b)　装置０，装置１，装置２，…の順に，動滑車が１個ずつ増えていき，おもりの重さを支えるひもの部分が４か所，６か所，８か所，…と２か所ずつ増える。また，重さ２kgのおもりを持ち上げるときに，ひもを引く力が100ｇである場合，おもりの重さを支えるひもの部分は，２×1000÷100＝20(か所)ある。したがって，この装置の番号は，(20－４)÷２＝８と求められる。　(c)　おもりをさらに１cm持ち上げるには，おもりの重さを支えるひもの部分をそれぞれ１cmずつ短くするために，ひもを，１×20＝20(cm)引く必要がある。

(4)　(a)　風呂《ふろ》の水があふれるようすを見て浮力《ふりょく》の原理を発見したといわれているのは，古代ギリシャの科学者アルキメデスである。アルキメデスは，てこの原理も発見している。　(b)　図３で，棒の左端《ひだりはし》にかかっている力は，$2000\times10\div15=\frac{4000}{3}$(kg)であり，この力を動滑車で引いているので，$\frac{4000}{3}\div2=\frac{2000}{3}=666.6\cdots$より，ひもを引く力の大きさは667kgとなる。　(c)　ひもを引く力が最も小さくなるのは，残り２個の滑車を，解答の図のように動滑車として使う場合である。

国　語　＜第１回試験＞（60分）＜満点：150点＞

解　答

一　下記を参照のこと。　　二　①　むし　②　かく　③　なま　④　のき　⑤　つぶ　　三　**問１**　**Ａ**　ウ　**Ｂ**　エ　**Ｃ**　イ　**問２**　ウ　**問３**　オ　**問４**　エ　**問５**　（例）　自分で考え行動するのがこわくて，チョッキーの中に逃げていたことに気がつき，それを一生続けるのかという問題に直面したから。　**問６**　（例）　本音で話をしなかった　**問７**　エ　**問８**　（例）　本音で向き合わなかったために彼女を悲しませたばかりでなく，彼女が悲しんでいる理由にも，去っていった理由にも気づかず，自分で考えることから逃げ続けていたおろかさ。　　四　**問１**　**Ａ**　イ　**Ｂ**　オ　**問２**　ウ　**問３**　ウ　**問４**　ア　**問５**　ウ　**問６**　（例）　当該社会の理解のために導入した今日の観点　**問７**　エ　**問８**　（例）　日本の「妖怪」は，信仰的知識の枠を越え，人々の想像力を刺激して豊かな文化領域である「妖怪」文化を創造したということ。

●漢字の書き取り

一　①　忠臣　②　至上　③　形勢　④　景勝　⑤　有志

解　説

一　漢字の書き取り

①　主君に忠実に仕える家臣。　②　このうえもないこと。「～至上主義」は，～をつねに最上のものとする考え方。　③　勢力を比べたときの優劣《ゆうれつ》の状態。　④　景色がすぐれていること。　⑤　あるものごとに関心を持ってかかわろうとする意志のある人。

二　慣用的な表現の完成

①　「虫の息(むしのいき)」は，今にも死にそうなこと。　②　「事欠く(ことかく)」は，“不足して支障をきたす”という意味。　③　「生半可(なまはんか)」は，中途半端《ちゅうとはんぱ》で未熟なこと。　④　「軒を並べる(のきをならべる)」は，“軒どうしが接するほど家が建ち並んでいる”という意味。　⑤　「粒ぞろい(つぶぞろい)」は，集まっている人や物がそろってすぐれていること。

三　**出典は村木美涼《むらきみすず》の『商店街のジャンクション』による。**着ぐるみの「チョッキー」に入ることを副業にしてきた滝田徹《たきたとおる》が，同僚《どうりょう》と話す中で，なぜ自分がチョッキーに執着《しゅうちゃく》するのかに気づく場面である。

問１　**Ａ**　「こともなげ」は，特別なことなど何もなかったかのように，平然とふるまうようす。　**Ｂ**　「比類のない」は，比べられるものがないようす。ほかと比べられないほどはなはだしいようす。　**Ｃ**　「ありありと」は，まるで目の前にあるかのように鮮明《せんめい》なようす。

問２　滝田が副業で着ぐるみに入っている点をおさえる。今までは仕事の後，部屋で着ぐるみのチョッキーを見ると「仕事の疲《つか》れなど，瞬時《しゅんじ》に吹《ふ》き飛んだ」のに，兵頭健太《ひょうどうけんた》と水谷佳菜《みずたにかな》が入る日は，自室にチョッキーを置けなくなった。だから，滝田は「チョッキーがいないあの部屋」に帰りたくなくて，仕事場に残っているのである。「マウスを握《にぎ》る」手に，「つい力がこも」ったとき，滝田は今ごろ兵頭がチョッキーの中に収まっていると思い，チョッキーは自分にとって「かけがえのない存在」であることを兵頭たちに説明し，「頼《たの》むから他を当たってくれと言うべきだった」と後悔《こうかい》しているので，ウが合う。日数は減っても滝田はチョッキーに入れるし，メンテナンスもできるのだから，オのように必ずしも「失った」といえるわけではない。

問３　チョッキーに入る回数が減り，今後「チョッキーとの関係に，大きな違《ちが》いが生じてくるかもしれない」と考える滝田は，アヒルと「距離《きょり》を置いて」バカンスに出かけた松島豊《まつしまゆたか》が，その間「何も感じていない」のか知りたかったのである。つまり，滝田は今後のチョッキーとの関係に手がかりがほしいのだから，オが合う。松島が学生の頃《ころ》からアヒルに入っていたことは，後でわかることなので，イは正しくない。

問４　松島自身が説明しているように，松島はよく「しゃべる」が，場に沈黙《ちんもく》が続くと話すのを「求められてるような気がしてしょうがない」性分《しょうぶん》なのである。そういう松島でも着ぐるみの中なら話さなければと「追い立てられる」こともなく，「気楽」に「黙《だま》ってられる」のがアヒルに入り続けている理由なので，エがよい。「アヒルに入っている時間」は，松島には「息抜《いきぬ》き」であり，「いつもとは違う自分を演じることのできる貴重な」時間ではないので，アは誤り。松島は，滝田を「うらやましい」と言っているが，「滝田徹のような人になりたい」とまでは言っていないので，イも合わない。松島は，アヒルに入ると「黙ってられる」ので「気楽」だと言っていることから，「アヒルに入ること」は，「苦手な沈黙に慣れる」のが目的ではないとわかる。よって，ウも誤り。滝田がチョッキーに入る前から松島はアヒルに入っているので，オも正しくない。

問５　滝田を「動揺《どうよう》」させたのは，「一生アヒルと一緒《いっしょ》ってわけにも，いかないんだけどな」という松島の言葉である。この言葉をきっかけに，「チョッキーの中に入る」ことを「一生涯《いっしょうがい》涯続けていく気なのか」，チョッキーの中で自分は「いつも守られ」，「この上もない解放感に満たされ」てきたが「何からの解放感だったのか」と自問した滝田は，チョッキーを「逃《に》げ場所」にして，自ら「行動」し「考える」ことをさけていたと気づいたのである。これを「チョッキーの中でこの上ない解放感を味わってきたが，それは滝田自身で行動し考えることからの逃げだったのだと気づいたから」のようにまとめる。

問６　二年交際した彼女《かのじょ》から最後に「自分がものすごくわがままな人間になった気がする」と言われたとき，滝田が「ごめん」と謝《あやま》ると，彼女は「今にも泣き出しそうな顔」をした。なぜ彼女がそんなことを言ったのか，そんな顔をしたのかわからず，滝田は松島に意見を求めた。松島は，二年間も交際して自分の言い分が何でも通るのは普通じゃないとしたうえで，「お前の本音が，見えないってことだから」適当にあしらわれている気がしたのではないかと答えている。そして滝田も「もしかしたら，あの日口にするべきだったのは，謝罪の言葉ではなくて～『本音』だったのだろうか」と考えている。つまり，滝田が「本音」を見せなかったことが，彼女を悲しませたのである。

問７　滝田は「十年以上，九時から五時半という勤務時間を完璧《かんぺき》に守り」続け，「一日中だって黙っていられる」人物である。その滝田が「七時を過ぎ」るまで会社に残っており，「気を遣って」いるのかと思えるほど口数が多い。さらに，松島にしてみれば「何を言い出すか」というような，おかしな質問もしている。明らかにふだんと違って変な滝田に，松島は「無理すんなよ」，「やっぱり帰れ。帰りたくなくても帰れ」と再三声をかけているのだから，いつも通りでいてくれ，いつも通りでいてくれないと困るという意味合いで「滝田，自信を持て」と言ったのである。よって，エが合う。

問８　問５，問６で見たように，滝田の「馬鹿《ばか》さ加減」は，自分に向き合わずにチョッキーの中に逃げ込《こ》んだことや，本音で向き合わなかったために彼女を悲しませたことに表れている。また，松島の言葉がなければそれに気づかなかっただろうということも，「馬鹿さ加減」に入る。これらを整理し，「彼女を悲しませたのも，彼女が去っていったのも，自分が本音で向き合わなかったためだということに今まで気づかなかったほど，自分で考えることから逃げていたまぬけさ」のようにまとめる。

四　**出典は小松和彦《こまつかずひこ》の『妖怪《ようかい》文化入門』による。**文化人類学者である筆者が，「妖怪」とは何か，なぜ定義が必要か，筆者が「妖怪」を研究テーマとして取りあげたのはなぜかなどを説明している。

問１　**A**「動員」は，ある目的のために人や物をたくさん集めること。　**B**「温床《おんしょう》」のもともとの意味は，促成《そくせい》栽培などに使う温かくした苗床《なえどこ》。転じて，ある結果が生じやすい環境《かんきょう》を表す。

問２　三つ目の段落に「学問的な議論をするためには，用語や概念《がいねん》を定義する必要がある」とあり，七つ目の段落に「議論を成り立たせるためになによりもまず基本となる用語や概念の定義が求められる。しかしながら，日本の人文科学では，議論の前提となるそうした定義をおこなおうとしない傾向《けいこう》がとても強い」とあるので，これらの二点をまとめているウが選べる。

問３　傍線《ぼうせん》部②を含《ふく》む段落で，妖怪という視点を通せば「これまでとは違った角度から日本人の精神生活の『見えない世界』を『覗《のぞ》く』ことができるように思われた」と述べられている。また，続く部分で，筆者の研究の「好み」の「側面」に「『妖怪』が含められていた」ことと，「教科書の編《へん》纂《さん》に携《たずさ》わった」さいに「『信仰《しんこう》』を『知識』という広い概念のなかに組み込んで定義することをした」ことが述べられている。よって，ウがあてはまる。文化人類学で「自分の好みにあった側面からアプローチする」のは，「直接全体像をつかむのは不可能」だからではなく，「短期間に一挙にその全体を描き出すことはできない」，つまり，全体像をつかむのに時間がかかるからである。よって，オはふさわしくない。

問４　「ぬりかべ」のような「現象」を「妖怪」に含めることについては，四つ目の段落から六つ目の段落で説明されている。「ぬりかべ」は，「野山を歩いていて，突然《とつぜん》先に進むことができなくなる現象」である。妖怪を「存在」として定義すれば，「ぬりかべ」という「現象」は「妖怪」から排除《はいじょ》されるが，筆者は「不思議な現象」を含めて「妖怪」を「定義」した。そのように「広く規定」したのは，「研究の戦略上，得策」だからである。よって，アがふさわしい。

問５　A「急《せ》いては事を仕損じる」は，“急いだりあわてたりすると失敗しやすい”という意味。科学的に証明されてはいないが，日常の習慣的な知識として役に立つものなので，「非科学的な道具的知識」にあたる。　B「つばめが低く飛ぶと雨が降る」は，雨雲が近づいて湿度《しつど》が高くなると，蚊《か》などの羽虫は羽が水気を帯びて重くなるため，あるいは，雨が降り始めたらすぐに物陰《ものかげ》に逃げ込めるようにするため低く飛ぶ。それを食べるツバメも低く飛ぶため，雨のサインになると説明されることが多い。科学的な観察からできたと考えられる民間伝承なので，「科学的知識」といえる。　C「来年のことを言うと鬼《おに》が笑う」は，“知り得ない未来の話をしても仕方がない”，“うかつに未来について口にするな”という意味。想像上の怪物である「鬼」が用いられているので，「信仰的知識」である。

問６　「分析《ぶんせき》」は，複雑なものごとを要素に分け，その性質や構成などをはっきりさせること。直前の段落で，分析において大切なのは，「『今日の観点』ということをしっかり自覚」したうえで「当該《とうがい》社会に内在する考え方を把握《はあく》すること」だと述べられている。よって，「自覚的に当該社会に持ち込んだ，今日の観点」のようにまとめる。

問７　「なあんだ，枯《か》れ尾花《おばな》か」は，川柳《せんりゅう》の「幽霊《ゆうれい》の正体見たり枯れ尾花」の結末。寂《さび》しい夜道を一人で歩いていたとき，動く黒い影《かげ》に「びっくり」して「幽霊」かと思ったが，「気を落ち着け」てよく見ると「枯れた尾花が風に揺《ゆ》れ動いているだけだった」という変化だから，エがよい。「なあんだ」は，幽霊かとぎょっとした後に，正体がわかった安心や決まり悪さを表すので，アは合わない。また，黒い影を見てから「科学的・道具的知識」を手に入れたのではなく，冷静になって，もともと持っていた「科学的・道具的知識」を動員して「枯れ尾花」と判断したのだから，ウも誤り。さらに，「幽霊など存在しない」という判断は「科学的知識」「道具的知識」によるので，オも正しくない。

問８　「エンタテイメント」は，娯楽《ごらく》性の高い読み物，芝居《しばい》，演芸，音楽などの催《もよお》し物。「エンタテイメントとしての妖怪」が直前の「豊かな文化領域」であることをふまえ，「日本においては，信仰的知識の一角を占《し》めていた『妖怪』が，人々の想像力を刺激《しげき》して豊かな『妖怪』文化を創造したということ」のようにまとめる。あるいは，「エンタテイメント」という表現を重視して，本文中の「水木《みずき》しげるの絵」を事例として入れ，「人の想像力によって日本の『妖怪』は信仰的知識の枠を越え，水木しげるの絵に代表されるような豊かな『妖怪』文化となったこと」のようにまとめてもよい。なお，水木しげるは昭和時代から平成時代に活躍《かつやく》した妖怪漫画《まんが》の第一人者で，その代表作「ゲゲゲの鬼太郎《きたろう》」には日本各地に伝承されてきた妖怪が登場する。

Dr.福井の 入試に勝つ！脳とからだのウルトラ科学

記憶に残る“ウロ覚え勉強法”とは？

人間の脳には，ミスしたところが記憶に残りやすい性質がある。順調にいっているときの記憶はあまり残らないが，まちがえて「しまった！」と思うと，その部分がよく記憶されるんだ（これは，脳のヘントウタイという部分の働きによる）。その証拠に，おそらくキミたちも「あの問題を解けたから点数がよかった」ことよりも，「あの問題をまちがえたから点数が悪かった」ことのほうをよく覚えているんじゃないかな？

この脳のしくみを利用したのが“ウロ覚え勉強法”だ。もっと細かく紹介すると，テキストの内容を一生懸命覚え，知識を万全にしてから問題に取り組むのではなく，テキストにざっと目を通した程度（つまりウロ覚えの状態）で問題に取りかかる。もちろんかなりまちがえると思うが，それを気にすることはない。まちがえた部分はよく記憶に残るのだから……。言いかえると，まちがえながら知識量を増やしていくのが“ウロ覚え勉強法”なのである。

ここで，ポイントが２つある。１つは，ヘントウタイを働かせて記憶力を上げるために，まちがえたときは「あ〜っ！」とわざとらしく驚くこと。オーバーすぎるかな……と思うぐらいでちょうどよい。

もう１つのポイントは，まちがえたところをそのままにせず，ここできちんと見直すこと（残念ながら，驚くだけでは覚えられない）。問題の解説を読んで理解するのはもちろんだが，必ずテキストから見直すようにする。そうすれば，記憶力が上がったところで足りない知識をしっかり身につけられるし，さらにその部分がどのように出題されるかもわかってくる。頭の中の知識を実戦で役立てられるようにするわけだ。

Dr.福井（福《ふく》井《い》一成《かずしげ》）…医学博士。開成中・高から東大・文Ⅱに入学後，再受験して翌年東大・理Ⅲに合格。同大医学部卒。さまざまな勉強法や脳科学に関する著書多数。

2022年度　聖光学院中学校

〔電　話〕 (045) 621－２０５１
〔所在地〕 〒231-0837　神奈川県横浜市中区滝之上100
〔交　通〕 JR根岸線―「山手駅」より徒歩８分

【算　数】〈第２回試験〉（60分）〈満点：150点〉

1　次の問いに答えなさい。

(1)　次の計算の$\square$にあてはまる数を答えなさい。

$$\frac{1}{5}\div\left\{1\frac{4}{9}-(\square+1.5)\times\frac{3}{7}\right\}=12.6$$

(2)　７時から８時の間で長針と短針のつくる角が直角になるのは７時$\square$分です。$\square$にあてはまる数として考えられるものをすべて答えなさい。

(3)　定価200円の品物Ｘがあります。Ａ店ではこの品物Ｘを，10個目までのものは12％引き，11個目以降のものは15％引きで販売《はんばい》しています。一方，Ｂ店ではこの品物Ｘを，５個目までのものは定価で，６個目以降のものは17％引きで販売しています。片方の店だけで品物Ｘを購入するとき，Ａ店よりもＢ店で購入した方が安いのは，品物Ｘを何個以上購入したときですか。

2　１が書かれた正方形のカード$\boxed{1}$，２が書かれた正方形のカード$\boxed{2}$，３が書かれた正方形のカード$\boxed{3}$，４が書かれた正方形のカード$\boxed{4}$，…がそれぞれたくさんあり，これらのカードの大きさはすべて同じであるとします。いま，このカードを$\boxed{1}$から順に１枚，４枚，９枚，16枚，……だけ使って，下の図のように時計回りに敷《し》き詰《つ》めて正方形をつくります。

1

図１

1	2
4	3

図２

1	2	3
8	9	4
7	6	5

図３

1	2	3	4
12	13	14	5
11	16	15	6
10	9	8	7

図４

図１はカード$\boxed{1}$をおいたものです。以後これを【正方形１】とよびます。

図２は４枚のカードを並べたもので，以後これを【正方形２】とよびます。

図３は９枚のカードを並べたもので，以後これを【正方形３】とよびます。

図４は16枚のカードを並べたもので，以後これを【正方形４】とよびます。

同じように正方形をつくり，できた正方形の１辺に並んでいるカードの枚数Aを用いて，それぞれ【正方形A】とよぶことにします。

また，次のページの図５のように，【正方形A】の横に並んだ部分を上から順に１行目，２行目，３行目，……とよび，図６のように縦に並んだ部分を左から順に１列目，２列目，３列目，……とよぶことにします。

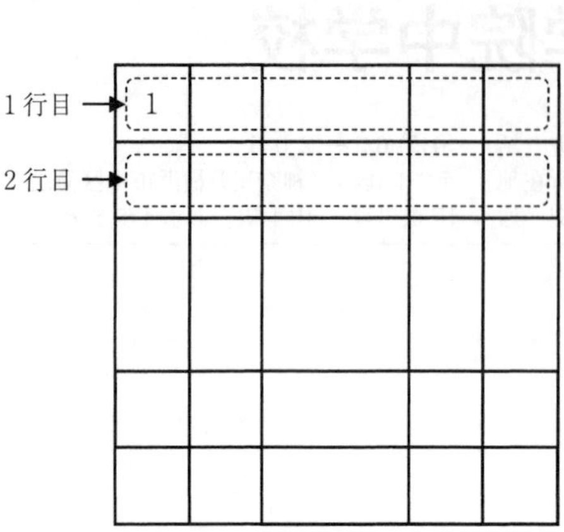

図5

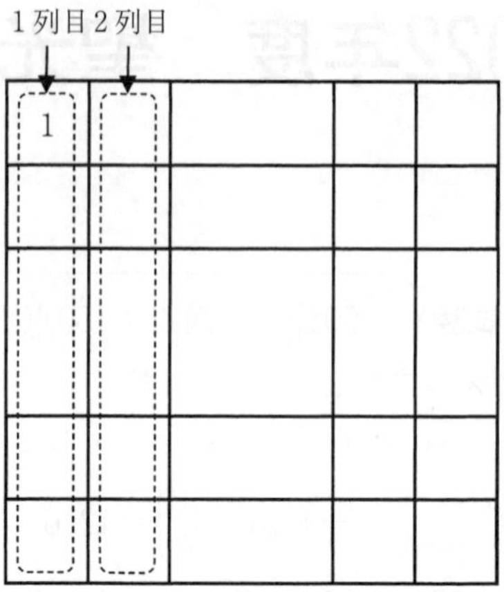

図6

このとき，次の問いに答えなさい。

(1) 【正方形1】から【正方形10】までの10通りの正方形をつくるのに必要なカードは全部で何枚ですか。また，これら10通りの正方形の1列目にあるカード 30 は全部で何枚ですか。

(2) 【正方形25】の10行目の24列目にあるカードに書かれている数字を答えなさい。

(3) 【正方形30】の14行目の16列目にあるカードに書かれている数字を答えなさい。

(4) 2022が書かれたカードを使う【正方形A】のうち，Aが最も小さいものでは，この2022が書かれたカードは ア 行目の イ 列目にあります。ア，イ にあてはまる数をそれぞれ答えなさい。

3 図1のようなAB＝6cm，AC＝8cm，BC＝10cmの直角三角形ABCがあります。このとき，次の問いに答えなさい。

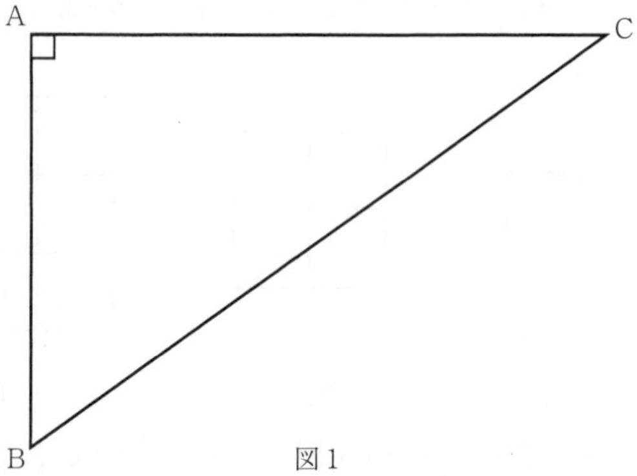

図1

(1) 辺AB上に点Pを，辺AC上に点Qを，AP＝AQ＝4cmとなるようにそれぞれとります。三角形ABCを，直線PQを折り目として折ったときに重なっている部分の面積は何cm^2ですか。

次に，図2のように2辺がAB，ACと重なる1辺の長さが2cmの正方形の頂点のうち，三角形ABCの内部にある点をRとします。この点Rを中心に直角三角形ABCを180度回転移動させたとき，3点A，B，Cが移動してできる点をそれぞれD，E，Fとします。

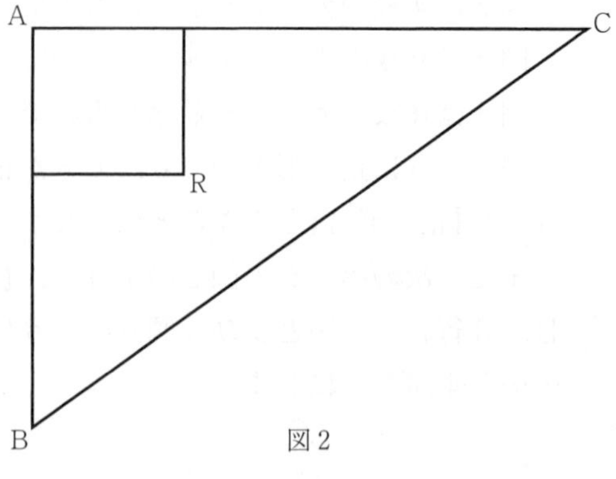

図2

(2) 三角形ABCと三角形DEFが重なってできる図形の周の長さは何cmですか。

(3) 辺EF上に点Hを角RHEが90度となるようにとるとき，RHの長さは何cmですか。

(4) (3)のとき，辺ACと辺EFの交点をSとします。このとき，SHの長さは何cmですか。

4　聖《たかし》さん，光《ひかる》さん，学《まなぶ》さんの３人が，池の周りを移動します。聖さんは午前８時にＡ地点を出発して，時計回りに一周します。光さんと学さんは午前８時４分30秒にＡ地点を出発して，光さんは反時計回りに，学さんは時計回りに一周します。

聖さんと光さんがすれ違《ちが》ってから40秒後に，光さんと学さんがすれ違い，その後，聖さんと学さんは同時にＡ地点に到着《とうちゃく》します。３人の移動の速さはそれぞれ一定であり，光さんと学さんの移動の速さの比は４：５であるとして，次の問いに答えなさい。

(1)　光さんと学さんが出会う地点を聖さんが通過するのは，２人が出会う何分前ですか。

(2)　聖さんと光さんの速さの比を最も簡単な整数比で答えなさい。

(3)　光さんがＡ地点に戻《もど》る時刻は午前８時何分何秒ですか。

しかし，実際には光さんと学さんは遅《おく》れて同時に出発したため，聖さんと光さんがすれ違ってから光さんと学さんがすれ違うまで，予定より時間がかかり，光さんと学さんがすれ違ったときには，聖さんはＡ地点には到着していませんでした。

(4)　このとき，光さんと学さんがＡ地点を出発したのは，午前８時４分30秒より後で，午前８時［　ア　］分［　イ　］秒より前であったことが分かります。［ア］，［イ］にあてはまる数を答えなさい。

5　下の図のような１辺の長さが10cmの立方体ABCD−EFGHがあり，辺BFの真ん中の点をP，辺DHの真ん中の点をQとします。

この立方体に対して，１辺の長さが10cmの２つの正方形ＸとＹが，面EFGHと平行で，ＸとＹの各辺が立方体の辺と平行な状態を保ったまま，それぞれ移動します。

正方形Ｘは，その対角線の交点が点Ｇにある状態から点Ｐに向かって直線GP上を通るように移動し，その後，点Ａに向かって直線PA上を通るように移動します。また，正方形Ｙは，その対角線の交点が点Ｇにある状態から点Ｑに向かって直線GQ上を通るように移動し，その後，点Ａに向かって直線QA上を通るように移動します。

このとき，後の問いに答えなさい。

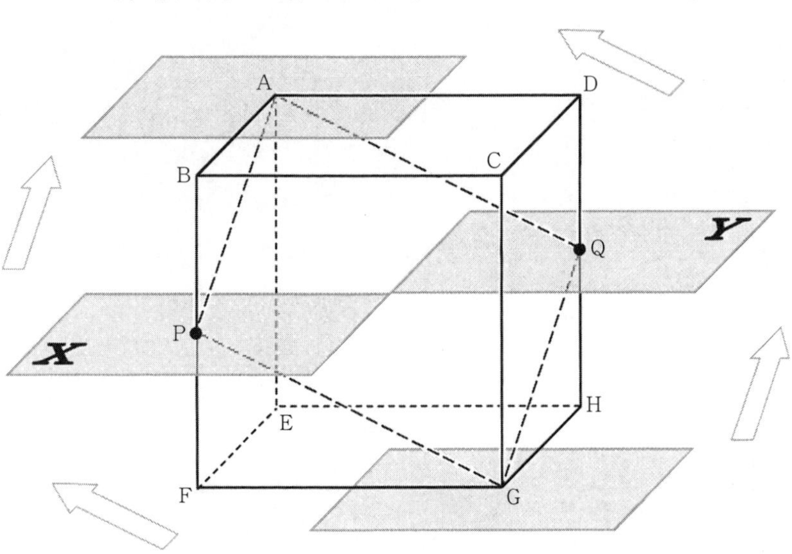

(1)　２つの正方形ＸとＹが，面EFGHからの高さが４cmのところにある状態を考えます。この

とき，ＸとＹが重なる部分の図形を真上から見た様子を，解答欄《らん》の図に斜線《しゃせん》で示しなさい。また，その部分の面積は何 cm^2 ですか。ただし，解答欄のマス目の１目盛りは１cm とします。

(2)　正方形ＸとＹがともに通過する部分がつくる立体の体積は何 cm^3 ですか。

(3)　正方形Ｘが通過する部分のうち，立方体の内部に含《ふく》まれる部分がつくる立体の面の数と，体積をそれぞれ求めなさい。

【社　会】〈第２回試験〉（40分）〈満点：100点〉

〈編集部注：実物の入試問題では，写真，絵，ハザードマップほか図の多くはカラー印刷です。〉

1　次の文章を読んで，あとの問いに答えなさい。

みなさんは鉄道が好きですか。

今年は，1872年に①新橋～横浜間で鉄道が営業を開始してから，ちょうど150年目にあたります。イギリスから蒸気《じょうき》機関車や②線路などが輸入され，外国人技師のもとで鉄道が敷設《ふせつ》されました。鉄道は，明治新政府による文明開化政策の象徴《しょうちょう》で，蒸気機関車が走るようすを見た日本人に衝撃《しょうげき》をあたえました。当時，新橋も横浜もその付近は[　A　]ので海を埋《う》め立てて線路を敷設し，その築堤《ちくてい》が（　1　）駅周辺で発掘《はっくつ》されたことが昨年話題になりました。（　1　）駅という駅名は，③江戸時代に江戸の町の玄関口《げんかんぐち》である大木戸《おおきど》という門が近くにあったことに由来します。当時はこの大木戸を出て④東海道を進み，品川宿・⑤川崎宿など53の宿場を経《へ》て京都へむかいました。

明治初期の横浜駅は現在のJR桜木町駅にあたり，1872年に東京と⑥開港地を鉄道で結んだわけですが，東海道線をさらに西へ延伸《えんしん》するため，1887年に横浜駅は少し北に移転しました。しかし1923年の⑦関東大震災で駅舎が被災《ひさい》したため，1928年に横浜駅は現在の地に移転しました。

明治時代に話をもどすと，東京から京阪神までの幹線《かんせん》鉄道として1889年に東海道線が全通し，翌年にひかえていた，全国から東京に代表者が集まる（　2　）の開設に間に合いました。しかし当時の明治政府は財政難で東海道線以外の鉄道路線拡充《かくじゅう》が難しいため，公家の（　3　）らのよびかけで華族や資本家が出資して日本鉄道会社が1881年につくられました。この会社の成功を受け，1880年代は会社設立ブームとなり，産業革命実現の一端《いったん》を鉄道が担《にな》うことになりました。（　3　）は，1871年の欧米への使節団の中心人物としても知られています。こうして私鉄(当時は民営鉄道)が全国各地で建設され，1889年には営業キロ数で官営を上回りました。日本鉄道会社(上野～青森間)のほか，山陽鉄道・九州鉄道などの私鉄が幹線建設をすすめて，⑧日清戦争後には青森県から山口県までの鉄道路線がつながりました。しかし，日露戦争直後に軍事的な配慮《はいりょ》もあって，政府は[　B　]を命じました。

その後，都市やその近郊《きんこう》では電車の時代が到来《とうらい》し，太平洋戦争を経て，⑨戦後は新幹線開発など鉄道技術は大きく発展しました。現代では性能の高さと安全性から世界各国に技術を輸出するまでになり，2017年に運行開始されたイギリス高速鉄道では日本製の車両が使用されました。150年前にイギリスから鉄道技術が伝来したことを考えると，感慨《かんがい》深いものがあります。

問１　文中の（１）～（３）にあてはまる語句を答えなさい。ただし（１）以外は漢字で答えなさい。

問２　文中の[A]・[B]に入る言葉の組み合わせとして正しいものを，次の**ア**～**エ**の中から１つ選び，記号で答えなさい。

ア　[A]：東海道の宿場が近い　[B]：私鉄の国有化

イ　[A]：東海道の宿場が近い　[B]：国鉄の民営化

ウ　[A]：市街地で民家が多い　[B]：私鉄の国有化

エ　[A]：市街地で民家が多い　[B]：国鉄の民営化

問３　下線部①の新橋・横浜それぞれの地に停車場が置かれ，明治後期に「駅」とよばれるようになりました。この駅という名称《めいしょう》は，古代律令制で設けられた駅家《うまや》の制度に由来すると考えられますが，この駅家の制度が設けられた目的について述べた文として正しいものを，次の**ア**～**エ**の中から１つ選び，記号で答えなさい。

ア　各地の守護が年貢を駅に集めて都の政府に送るため。

イ　太政官など中央の政治命令を地方に伝達するため。

ウ　各地の重要な軍事拠点《きょてん》に兵士をむかわせるため。

エ　参勤交代によって各地の大名が都に集まるため。

問４　下線部②の線路は鉄でできていますが，日本に鉄器が初めて伝来した時期に最も近い時期の出来事を，次の**ア**～**エ**の中から１つ選び，記号で答えなさい。

ア　大山古墳がつくられる。　　　　**イ**　卑弥呼が邪馬台国の女王になる。

ウ　大陸から仏教や儒教が伝来する。　**エ**　磨製石器や土偶がつくられる。

問５　下線部③について述べた文として正しいものを，次の**ア**～**エ**の中から１つ選び，記号で答えなさい。

ア　豊臣氏を滅《ほろ》ぼした徳川家康は，その直後に征夷大将軍に任命された。

イ　将軍徳川家光の時代に，長崎以外で外国とは全く通交をおこなわない政策をとった。

ウ　将軍徳川吉宗は，上げ米の制など幕府の財政難に対処する改革をおこなった。

エ　老中田沼意次の悪政に対して，大塩平八郎が大坂で反乱を起こした。

問６　下線部④は江戸時代に整備された五街道の一つで，江戸の日本橋から京の三条大橋まで約500km のルートですが，当時の民衆は片道を歩く（一部は海路）のに，おおむね何日かかりましたか。当時の平均日数に最も近いものを，次の**ア**～**エ**の中から１つ選び，記号で答えなさい。

ア　約５日　　**イ**　約15日　　**ウ**　約30日　　**エ**　約50日

問７　下線部⑤の宿場は，江戸期に川崎大師（平間寺《へいげんじ》）への参詣《さんけい》がさかんとなり発達しました。この寺院は真言宗ですが，日本に初めて真言宗が伝来した時期の文化の説明として正しいものを，次の**ア**～**エ**の中から１つ選び，記号で答えなさい。

ア　社会の不安を除くため，聖武天皇によって東大寺の大仏が造立された。

イ　国風の文化が発達し，藤原頼通によって平等院が建立された。

ウ　東大寺南大門が再建され，写実的な金剛力士像がつくられた。

エ　中国風文化が尊重され漢詩がさかんになり，また延暦寺が建立された。

問８　下線部⑥について，【横浜開港に関する条約名】および【条約の内容と変更《へんこう》】の組み合わせとして正しいものを，あとの**ア**～**エ**の中から１つ選び，記号で答えなさい。

【横浜開港に関する条約名】

甲：日米修好通商条約　　乙：日米和親条約

【条約の内容と変更】

Ａ：下田が開港地とされたが，翌年横浜開港に変更された

Ｂ：神奈川が開港地とされたが，翌年横浜開港に変更された

ア　【横浜開港に関する条約名】：甲　【条約の内容と変更】：Ａ

イ　【横浜開港に関する条約名】：甲　【条約の内容と変更】：Ｂ

ウ　【横浜開港に関する条約名】：乙　【条約の内容と変更】：Ａ

エ　【横浜開港に関する条約名】：乙　【条約の内容と変更】：Ｂ

問９　下線部⑦が起こった大正時代後期の政治や社会について述べた文として誤っているものを，次の**ア**～**エ**の中から１つ選び，記号で答えなさい。

ア　ワシントン会議で海軍軍縮条約が結ばれ，日本も軍縮をおこなった。

イ　シベリア出兵を見越《みこ》した商人の米の買い占《し》めによって米騒動が起こった。

ウ　平民宰相《さいしょう》とよばれた原敬首相が，衆議院選挙で普通選挙を実現させた。

エ　社会主義を取り締《し》まる治安維持法が出され，思想弾圧《だんあつ》が始まった。

問10　下線部⑧の【日清戦争】および，その【講和条約】の説明文の組み合わせとして正しいものを，あとの**ア**～**エ**の中から１つ選び，記号で答えなさい。

【日清戦争】

甲：義和団が北京の日本公使館を包囲したことを機に，清国政府が宣戦布告して開戦となった。

乙：朝鮮支配をめぐる日清間の対立が原因で，甲午農民戦争を機に日清両国が衝突《しょうとつ》して勃発《ぼっぱつ》した。

【講和条約】

Ａ：日本は旅順・大連の租借権や南樺太を獲得《かくとく》したが，賠償金を得られなかったため日比谷焼き打ち事件が起こった。

Ｂ：日本は朝鮮の独立を承認《しょうにん》させ，台湾や遼東半島を獲得したが，三国干渉によって遼東半島は返還させられた。

ア　【日清戦争】：甲　【講和条約】：Ａ　　**イ**　【日清戦争】：甲　【講和条約】：Ｂ

ウ　【日清戦争】：乙　【講和条約】：Ａ　　**エ**　【日清戦争】：乙　【講和条約】：Ｂ

問11　下線部⑨について，戦後の国内の政治や社会について述べた文として正しいものを，次の**ア**～**エ**の中から１つ選び，記号で答えなさい。

ア　「所得倍増」のスローガンで経済政策がすすめられ，世界第２位のGNP(国民総生産)が実現した。

イ　石油危機が起こったため，高騰《こうとう》していた地価や株価が一気に急落し，バブル景気が崩壊《ほうかい》した。

ウ　吉田茂首相が自由民主党を結成し，長期保守政権のもとでソ連との国交回復や国連加盟を実現させた。

エ　沖縄の祖国復帰運動が高まって日本復帰が実現し，このため池田勇人首相はノーベル平和賞を受賞した。

問12　波線部に関連して，愛知県知多半島を通る武豊《たけとよ》線が東海道線全通より早く1886年にすでに開通していました。愛知県で初の鉄道路線として，また日本鉄道史上最古級といわれる亀崎《かめざき》駅の駅舎・半田《はんだ》駅の＊跨線橋《こせんきょう》や珍《めずら》しい直角二線式転車台が武豊駅にあることが知られています。この武豊線は，現在は東海道線を本線として大府《おおぶ》駅から分岐《ぶんき》する支線ですが，終点の武豊駅周辺は当時それほど人口の多くない港町でした。また現在にいたるまで有名な寺社や炭鉱があるわけでもありません。それではなぜ開通が非常に早かったのか，１行で説明しなさい。

＊跨線橋：線路を跨《また》いで渡《わた》るための陸橋のこと。最古とされた半田駅のものは昨年撤去《てっきょ》されました。

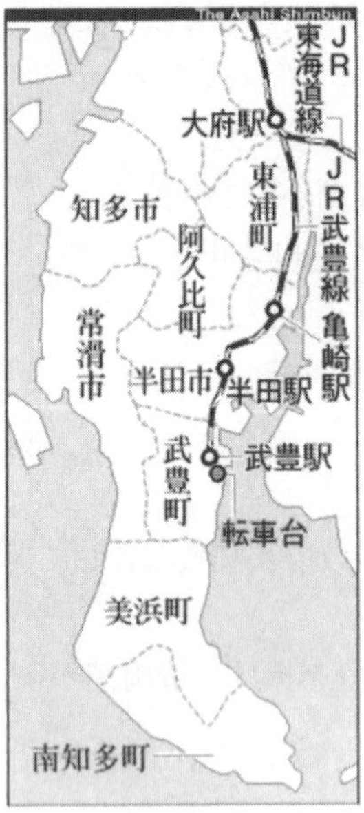

(『朝日新聞デジタル』2009年３月22日より)

2　次の新聞記事と日本国憲法の条文を読んで，あとの問いに答えなさい。

SNSに不適切な投稿《とうこう》をしたとして，(　１　)から２度の戒告《かいこく》処分を受けた①仙台高裁判事(以下，Ａ判事と記載《きさい》します)について，②(　２　)の裁判官訴追《そつい》委員会(委員長・新藤義孝《しんどうよしたか》衆院議員)は16日，罷免《ひめん》を求めて裁判官(　３　)裁判所に訴追することを決定した。

訴追委は衆参各10人の国会議員で構成され，裁判官の言動が「威信《いしん》を著《いちじる》しく失う非行」などにあたると判断した場合に訴追する。裁判官の訴追は過去９件(８人)あり…(中略)…約８年７か月ぶり。これまでは刑事《けいじ》事件で逮捕《たいほ》されたり，裁判関係者から便宜供与《べんぎきょうよ》を受けたりしたケースが大半で，SNSの発信が問題となるのは初めて。

Ａ判事は2018年10月，民事訴訟《そしょう》に関する不適切な投稿を対象に(　１　)から戒告の懲戒《ちょうかい》処分を受け，20年８月には…(中略)…殺害事件を巡《めぐ》り，フェイスブックに不適切投稿をしたとして再び戒告となった。いずれも「裁判官への国民の信頼《しんらい》を損《そこ》ねた」ことが理由だった。

(中略)

Ａ判事の弁護団は，「裁判官の人権や『(　４　)の自由』に対する重大な脅威《きょうい》だ。(　３　)裁判で罷免の理由がないことを主張していく」とのコメントを発表。

(中略)

裁判官は憲法で身分が保障され，心身の故障以外は，(　３　)裁判によらなければ罷免されない。(　３　)裁判所は衆参両院の各７人で構成され，国会閉会中も裁判を開ける。結論に不服の申し立てはできず，罷免の場合は法曹《ほうそう》資格が失われる。

(2021年６月17日　読売新聞より抜粋　なお問題作成の都合上，一部の表現を改めた)

第64条
第１項　(　２　)は，罷免の訴追を受けた裁判官を裁判するため，両議院の議員で組織する(　３　)裁判所を設ける。
第２項　(　３　)に関する事項は，法律でこれを定める。

第78条

　裁判官は，裁判により，心身の故障のために職務を執ることができないと決定された場合を除いては，公の(　3　)によらなければ罷免されない。裁判官の懲戒処分は，行政機関がこれを行ふことはできない。

問1　新聞記事中の下線部①に関連して，高等裁判所が設置されていない都市を，次の**ア**～**エ**の中から1つ選び，記号で答えなさい。

ア　新潟　　**イ**　広島

ウ　高松　　**エ**　福岡

問2　新聞記事中の(1)にあてはまる機関を，新聞記事と憲法第64条・第78条を参考にして，漢字で答えなさい。

問3　新聞記事中の下線部②について，これは日本国憲法第64条・第78条に基《もと》づく動きです。上に示した憲法条文の(2)・(3)と，新聞記事中の(2)・(3)には同じ語句が入ります。(2)・(3)にあてはまる語句をそれぞれ答えなさい。(2)は漢字で答えなさい。(3)はひらがなで答えても構いません。

問4　新聞記事中の(4)にあてはまる語句を，この新聞記事の内容をふまえて，漢字で答えなさい。

問5　この新聞記事の内容と最も関《かか》わりの深い大原則を，次の**ア**～**エ**の中から1つ選び，記号で答えなさい。

ア　財政民主主義　　**イ**　三審制《さんしんせい》

ウ　議院内閣制　　**エ**　三権分立

3　次の文章を読んで，あとの問いに答えなさい。

「世界最初の旅行代理店」といわれる①トーマス・クック社が，2019年9月に破産申請《しんせい》をおこない，100年以上にわたる歴史に幕を下ろしました。

②同社の倒産《とうさん》について，日本経済新聞は次のように報じています。

> トーマス・クックは業績悪化の理由について，英国の(　　)離脱《りだつ》に伴《ともな》う不透明感《ふとうめいかん》で国外旅行を手控《てびか》える傾向《けいこう》が続いていることを挙げた。大陸欧州《おうしゅう》での記録的な熱波や，格安な[　あ　]の普及《ふきゅう》なども背景にあるという。BBC(英国放送協会)は，[　い　]により[　う　]と分析《ぶんせき》した。
>
> (『日本経済新聞』2019年9月23日　なお問題作成の都合上，一部の表現を改めた)

　2011年に大きく経営状況《じょうきょう》が悪化したトーマス・クック社は，懸命《けんめい》な努力によりその危機を脱《だつ》したものの，その回復は常に遅《おく》れがちでした。破産前の2年間，イギリスでは気候不順などによって旅行需要《じゅよう》が大きく低下したうえ，(　　)離脱の行方《ゆくえ》が不透明な状況が続く中で，[　え　]によってさらに海外旅行がしにくくなったことが経営悪化に追い打ちをかけたと考えられています。

　一方，わが国ではこの間も海外旅行者数の伸《の》びは堅調《けんちょう》で，1980年代後半からその数は大きく増加し，2019年には延べ約2000万人の日本人が海外へ出発しました。しかし，2020年に蔓延《まんえん》した新型コロナウィルスの影響《えいきょう》は大きく，同年の日本人出国者数は約317万人にまで減少しました。1977年の日本人出国者数が約315万人ですから，45年前の水準にまで落ち込《こ》んだということになります。

新型コロナウィルスのために，日本でも多くの旅行会社が苦境に立たされましたが，いつの時代にも，どの世代の人にとっても，③海外旅行はさまざまな国の文化を体験するのみならず，自分とは異なる人々の生活を通して，日本の文化や自分の生き方を見直すよいきっかけとなるものです。

問１　下線部①について，同社が企画《きかく》した世界最初の世界一周旅行のコースは次のようなものでした。

ア⟶アメリカ⟶**イ**⟶日本⟶**ウ**⟶中国
↑　　　　　　　　　　　　　　↓
イギリス　　　　　　　　　　　**エ**
↑　　　　　　　　　　　　　　↓
カ⟵インド⟵**オ**⟵シンガポール⟵

次の衛星写真は2021年３月に撮影《さつえい》されたものですが，写真に写っている運河は1869年に開通したもので，上記の世界一周旅行の際には，この運河が利用されました。この運河は上記のルートのどこに入りますか。**ア**～**カ**の中から１つ選び，記号で答えなさい。

(Copernicus Sentinel data 2021)

問２　本文中の(　)にあてはまる語句をアルファベットで答えなさい。なお，本文と新聞記事中の(　)には同じ語句が入ります。

問３　下線部②について，トーマス・クック社の倒産の背景には，政治・経済的な要因のほかにさまざまな要因があったことが，本文中の新聞記事からもわかります。また，こうした社会的変化は，トーマス・クック社のみならず，当時の日本の旅行会社の経営状況にも大きな影響を及《およ》ぼしたという指摘《してき》があります。当時の日本の旅行会社を取り巻く状況に関するあとの図１・２を参考に，トーマス・クック社の倒産理由に関する(a)・(b)の問いに答えなさい。

(a)　新聞記事中の［あ］にあてはまると考えられる語句を答えなさい。

(b)　BBC（英国放送協会）のコメントは日本の状況からも類推することができます。これをふまえて，新聞記事中の［い］と［う］にあてはまる言葉の組み合わせとしてふさわしいものを，次の**ア**～**カ**の中から１つ選び，記号で答えなさい。

ア　［い］：インターネットの普及
　　［う］：多くの旅行者が旅行会社に頼《たよ》らずに自分で旅行を計画している

イ　［い］：インターネットの普及
　　［う］：旅行者が旅行会社のウェブサイトで予約をする数が伸びた

ウ　［い］：インターネットの普及
　　［う］：多くの旅行者がウェブサイトによる旅行の予約をおこなわなくなった

エ　［い］：アメリカ同時多発テロ事件
　　［う］：旅行会社の取《と》り扱《あつか》い額《がく》が減り続けている

オ　［い］：アメリカ同時多発テロ事件
　　［う］：旅行会社のインターネット販売《はんばい》比率が急激に落ち込《こ》んだ

カ　［い］：アメリカ同時多発テロ事件
　　［う］：旅行会社を使わず，宿泊《しゅくはく》施設《しせつ》に直接電話をする人の割合が減少している

旅行会社の取扱額とインターネット販売比率の推移

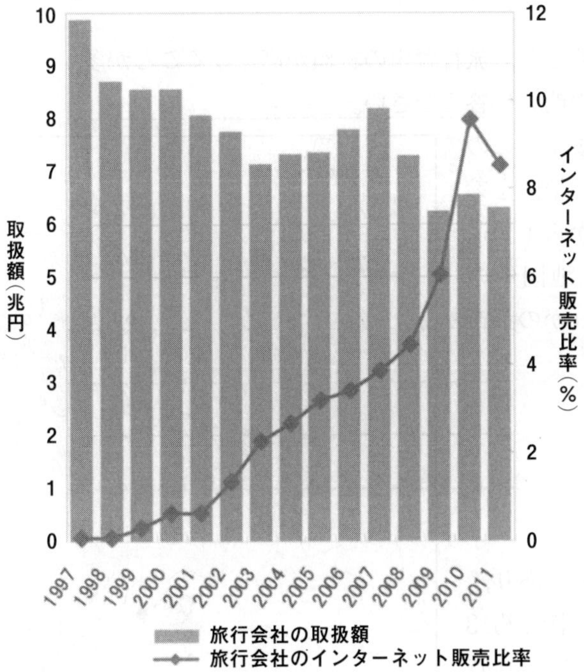

資料：取扱額は「旅行年報2012」〔（財）日本交通公社〕
　　　インターネット販売比率は「数字が語る旅行業2013」

図１

宿泊施設の予約方法

	2008年	2010年
旅行会社の店舗	9％	7％
旅行会社に電話	6％	4％
旅行会社のウェブサイト	3％	3％
ネット専門の旅行予約サイト	16%	28%
宿泊施設に直接電話	35%	32%
宿泊施設のウェブサイト	12%	13%
その他	19%	13%

図2

(図1・2ともに　観光庁「旅行産業を取り巻く現状と現行諸制度の状況について」平成25年9月30日より作成)

問4　文中の[え]にあてはまる語句と，イギリス国内の旅行者に与《あた》える影響の組み合わせとして正しいものを，次の**ア**～**エ**の中から1つ選び，記号で答えなさい。なお，ポンドとはイギリスの通貨単位のことです。

ア　[え]：ポンド高
　　影響：輸入品の価格が高くなり，生活が不安定になりがちである。

イ　[え]：ポンド安
　　影響：輸入品の価格が安くなり，収入が減少しがちである。

ウ　[え]：ポンド高
　　影響：国外で買い物がしやすくなり，旅行費用が安く抑《おさ》えられることが多い。

エ　[え]：ポンド安
　　影響：国外で買い物がしにくくなり，旅行費用の総額が高くなることが多い。

問5　下線部③に関連する次の(a)～(c)の問いに答えなさい。

(a)　函館は北緯41度46分に位置します。この都市とほぼ同緯度の都市を，右の地図を参考にしながら，次の**ア**～**エ**の中から1つ選び，記号で答えなさい。なお，地図中の4つの●は，**ア**～**エ**のうちいずれかの都市の位置をそれぞれ示しています。

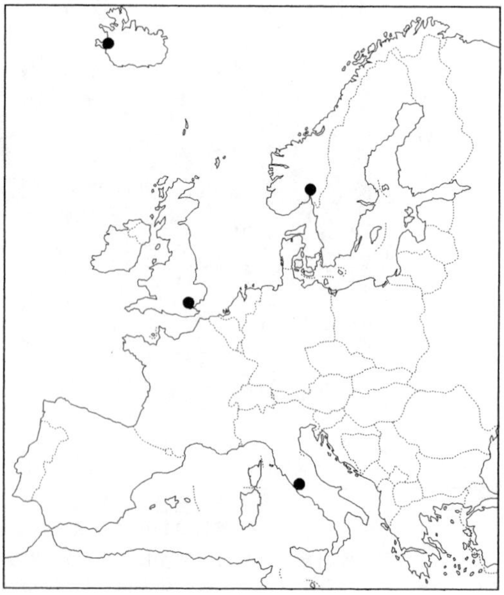

ア　ローマ(イタリア)

イ　オスロ(ノルウェー)

ウ　ロンドン(イギリス)

エ　レイキャビク(アイスランド)

(b)　(a)の都市は東経12度28分の位置にあり，羽田空港からこの都市までは飛行機で約13時間かかります。羽田空港を12月24日14時30分発のフライトで出発すると，この都市に着くのは現地時間で何日の何時頃《ころ》ですか。次の**ア**～**カ**の中から1つ選び，記号で答えなさい。なお，時刻はすべて24時間表示です。

ア　12月24日19時30分頃　　**イ**　12月25日19時30分頃　　**ウ**　12月24日11時30分頃

エ　12月25日11時30分頃　　**オ**　12月24日3時30分頃　　**カ**　12月25日3時30分頃

(c)　2020年から日本では，偽造《ぎぞう》防止のためにパスポートデザインの大幅《おおはば》な変更《へんこう》をおこない，パスポートの各ページに日本の伝統的な芸術作品が印刷されることとなりました。次にあげた2枚の絵はそのもととなった作品の一部ですが，この絵(版画)の作者をあとの**ア**～**エ**の中から1人選び，記号で答えなさい。

ア　歌川広重　　**イ**　葛飾北斎　　**ウ**　喜多川歌麿　　**エ**　東洲斎写楽

4　徹《とおる》さんは，日本の自然や地域の生活，自然災害について調べてみました。あとの問いに答えなさい。

問１　徹さんは，日本の自然環境《かんきょう》について調べました。まず，前のページの地図中のＡ～Ｅの５地点における各月の降水量の図を作成しました。次に各地点の降水量の図の読み取りをおこない，なぜそのような状況《じょうきょう》になるのかという理由を考えました。

Ｂ・Ｅ地点における降水量の【図の読み取り】と，その【理由】としてふさわしいものを，読み取りはあとの**ア～オ**の中から，理由はあとの**カ～コ**の中からそれぞれ１つずつ選び，記号で答えなさい。

【降水量の図】

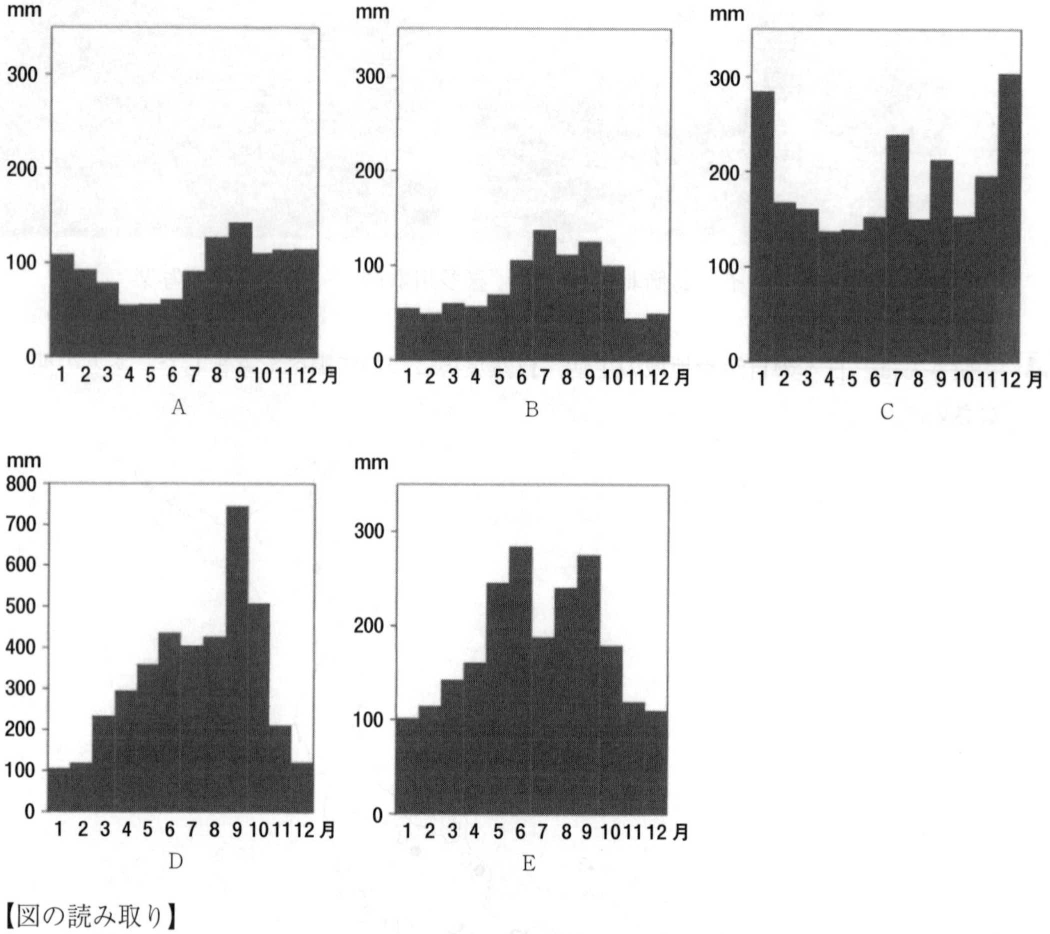

【図の読み取り】

ア　雨量の多くなる月が冬季の12～１月にあることがわかる。

イ　雨量の多くなる月が５～６月と８～９月にあることがわかる。

ウ　雨量の多くなる月が６～10月にあり，年間を通じて雨量が５地点の中で一番多いことがわかる。

エ　雨量の多くなる月が７月と９月にあるものの，年間を通じて雨量が５地点の中で一番少ないことがわかる。

オ　雨量の多くなる月が８～１月にあり，４～６月は雨量が少ない時期が続くことがわかる。

【理由】

カ　前線帯が南から北へ移動したのちに高気圧に覆《おお》われ，再度前線帯が北から南へ移動してくることと，熱帯性低気圧の影響《えいきょう》があると考えられる。

キ　日本列島への北西からの季節風が日本海を越《こ》えて吹《ふ》いてくることと，周囲の地形の影響があると考えられる。

ク　日本列島への南東からの季節風が太平洋を越えて吹いてくることと，周囲の地形の影響があると考えられる。

ケ　前線帯が移動してくるものの，他地点より影響は少なく時期も遅《おそ》くなることと，日本列島への北西からの季節風が日本海を越えて吹いてくるためと考えられる。

コ　前線帯が移動してくるための降雨はあるが，周囲の地形の関係で，海からの季節風の影響が年間を通じて少ないためと考えられる。

問２　徹さんは，四国における河川のようすと県境を描《えが》いた図を作成し，その説明文をつくりました。説明文中の(１)・(２)にあてはまる語句を，あとの**ア**～**カ**の中から１つずつ選び，記号で答えなさい。

【説明文】
四国には４つの県が存在し，図中の太い赤の実線が県境となっています。また細い黒の実線は主な河川を表しています。すると香川県と徳島県，愛媛県と高知県の県境を越えるような河川がほとんどないことがわかります。これはこの県境に(　１　)が存在しているからです。また図中の吉野川は流路が東西方向に直線的になっています。その理由の一つとして，この付近に東西方向に直線的な(　２　)がいくつもあるからです。

ア　尾根《おね》
イ　火山帯
ウ　フォッサマグナ
エ　断層
オ　扇状地
カ　プレートの境界

問３　徹さんは，九州において問２の図と同様に，河川のようすと県境の一部を描いた図を作成しました。また九州各県について説明文をつくりました。あとの(a)～(c)の問いに答えなさい。

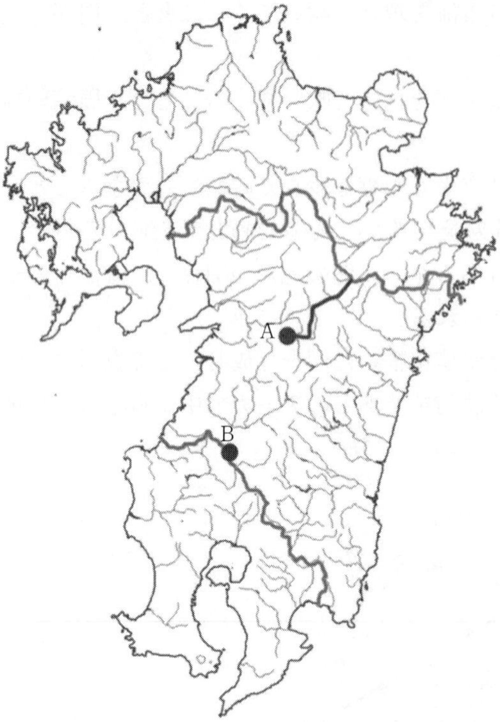

(a)　徹さんは，この図に宮崎県と熊本県の県境を描こうと思い，図中のＡ地点まで書き込みました。Ａ地点から南側では，県境はどこに存在していると考えられますか。解答用紙中のＡ地点から南に続く県境を，Ｂ地点までつなげて書き込みなさい。

(b)　徹さんは，九州各県の県境を調べているうちに，ある２県の県境は，ほかに比べて河川が県境になっている割合が高いことに気づきました。それは何県と何県の県境ですか。それぞれ漢字で答えなさい。

(c)　徹さんは九州各県についての**ア**～**キ**の説明文をつくりました。そのうち長崎県・鹿児島県にあたるものを，次の**ア**～**キ**の中からそれぞれ１つずつ選び，記号で答えなさい。

ア　い草やトマトの生産量が多く，大規模なカルデラ地形をつくっている火山がある。
イ　ウナギの養殖《ようしょく》や畜産業《ちくさんぎょう》の産出額の割合が高く，耕地に占《し》める畑地の割合が高い。
ウ　畜産業の産出額の割合が高く，県の面積に占める林野面積率も各県の中で一番高い。
エ　地熱による発電量が多く，スギ材の産出や乾燥《かんそう》シイタケなどの生産がさかんである。
オ　輸送用機械の出荷額が多く，県の人口の減少率が各県の中で一番高い。
カ　輸送用機械の出荷額が多く，県の人口は各県の中で唯一《ゆいいつ》増加している。
キ　窯業《ようぎょう》の産地が県内にいくつも存在し，耕地に占める田の割合は各県の中で一番高い。

問４　徹さんは，富士山ハザードマップを調べ，噴火《ふんか》の際の災害のようすを知りました。あとの図Ⅰ～Ⅲは富士山が噴火をした際に予想される災害のうち，「＊火砕流《かさいりゅう》・火砕サージが到達《とうたつ》する可能性のある範囲《はんい》」，「降灰《こうはい》の可能性のある範囲」，「溶岩流《ようがんりゅう》が24時間で到達する可能性のある範囲」のいずれかを示しています。図Ⅰ・Ⅱで示されたものを，次の**ア**～**ウ**の中からそれぞれ１つずつ選び，記号で答えなさい。なお，図中の▲は富士山の山頂を示しています。

＊　火砕流は火山灰，火山ガス，溶岩片《へん》などが一団となり，高速で山の斜面《しゃめん》を流れ下る現象。そ

のうち火砕流よりも，溶岩片・軽石に乏《とぼ》しく，火山灰と火山ガスからなる，より希《き》薄《はく》な混合物の流れを火砕サージという。

ア　火砕流・火砕サージが到達する可能性のある範囲

イ　降灰の可能性のある範囲

ウ　溶岩流が24時間で到達する可能性のある範囲

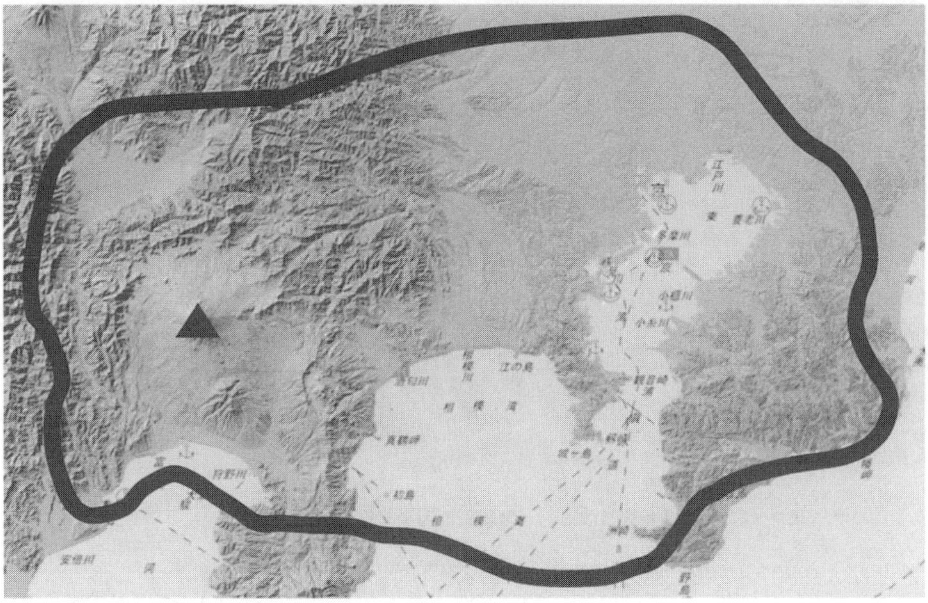

Ⅰ

Ⅱ

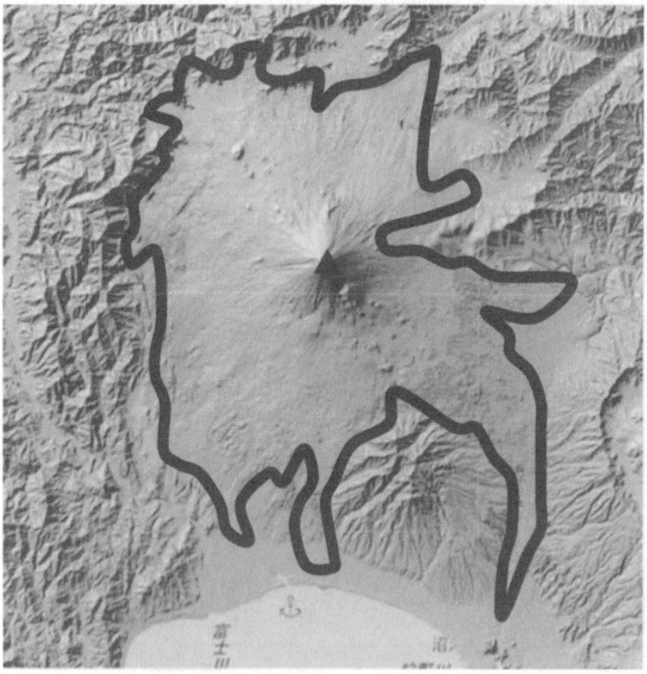

Ⅲ
(「富士山ハザードマップ(令和３年３月改訂)」・地理院地図より作成)

問５　徹さんは，1980年に東北地方において稲作が不作だったことを知り，資料を調べてみました。右の図は，東北地方における1980年10月15日の作況《さっきょう》指数を示したものです。徹さんはこの図の読み取りと，その原因についてまとめた説明文をつくりました。あとの(a)～(d)の問いに答えなさい。

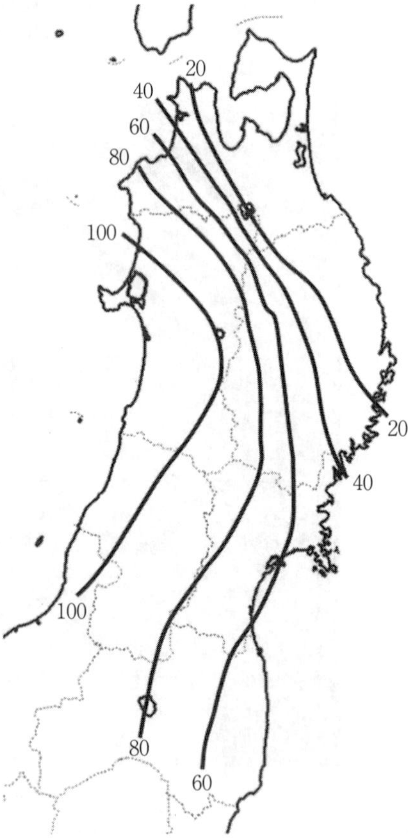

(国立研究開発法人　防災科学技術研究所
自然災害情報室　ウェブサイトより作成)

【図の読み取り】
太平洋側で不作になっている。
日本海側は不作になっていない場所もある。

【原因の説明文】
夏の時期に，[1]から吹いてくる[2]風が東北地方の太平洋側に吹いてきたため，平年より[3]状況になった。そのため稲の生育が悪くなり不作となった。しかし日本海側は，奥羽山脈を越えてきた風が[4]風になるため，日照時間や気温が平年並みとなり，太平洋側に比べて不作の状況はやわらぐこととなった。

(a)　説明文中の[1]にあてはまるものを，次の**ア**

～**カ**の中から１つ選び，記号で答えなさい。

ア　オホーツク海にある高気圧　　**イ**　オホーツク海にある低気圧
ウ　シベリアにある高気圧　　**エ**　シベリアにある低気圧
オ　太平洋にある高気圧　　**カ**　太平洋にある低気圧

(b)　説明文中の[2]にあてはまるものを，次の**ア**～**エ**の中から１つ選び，記号で答えなさい。

ア　乾《かわ》いた暖かい　　**イ**　乾いた冷たい
ウ　湿《しめ》った暖かい　　**エ**　湿った冷たい

(c)　説明文中の[3]にあてはまるものを，次の**ア**～**エ**の中から１つ選び，記号で答えなさい。

ア　日照時間が長く，気温が高い　　**イ**　日照時間が長く，気温が低い
ウ　日照時間が短く，気温が高い　　**エ**　日照時間が短く，気温が低い

(d)　説明文中の[4]にあてはまるものを，次の**ア**～**エ**の中から１つ選び，記号で答えなさい。

ア　乾いた暖かい　　**イ**　乾いた冷たい
ウ　湿った暖かい　　**エ**　湿った冷たい

【理　科】〈第２回試験〉（40分）〈満点：100点〉

1　次の文章を読んで，あとの(1)～(6)の問いに答えなさい。

皆《みな》さんは誕生日やクリスマスなどに，ケーキを囲んでお祝いをしたことはあるでしょうか。お店でケーキを買うことはあっても，自分で手作りすることはあまりないかもしれません。実は，意外に少ない材料でケーキをつくることができます。

よく見かけるショートケーキをつくる場合，スポンジケーキにクリームなどの飾《かざ》り付けをすれば完成です。スポンジケーキは①小麦粉と②卵，バターだけで，③ベーキングパウダーを使わなくてもつくることができます。クリームは④生クリームと⑤砂糖だけでもつくることができます。最後に⑥イチゴを飾ってみましょう。非常に簡単ですが，ショートケーキの完成です。

頑張《がんば》って自分でつくったお菓子《かし》には，お店で買ったお菓子とは違《ちが》った良さがあると思います。一度，試《ため》してみてはどうでしょうか。

(1)　下線部①について，次の(a)・(b)の問いに答えなさい。

(a)　小麦粉に含《ふく》まれる主な成分は何ですか。次の(ア)～(オ)の中から１つ選び，記号で答えなさい。

(ア)　炭水化物　　(イ)　タンパク質　　(ウ)　脂肪《しぼう》

(エ)　ビタミン　　(オ)　ミネラル

(b)　小麦粉はコムギのどの部分を粉末にしたものですか。次の(ア)～(オ)の中から２つ選び，記号で答えなさい。

(ア)　根　　(イ)　葉　　(ウ)　茎《くき》　　(エ)　胚《はい》　　(オ)　胚乳《はいにゅう》

(2)　下線部②について，次の(a)・(b)の問いに答えなさい。

(a)　普段《ふだん》，目玉焼きなどの料理をするときに使う卵は何の卵ですか。カタカナで答えなさい。

(b)　次の(あ)～(う)の図は，何の生物から産まれた卵を描《か》いたものですか。正しい組み合わせを，あとの(ア)～(カ)の中から１つ選び，記号で答えなさい。ただし，図の大きさの関係は実際とは異なります。

(あ)　　　　　　(い)　　　　　　(う)

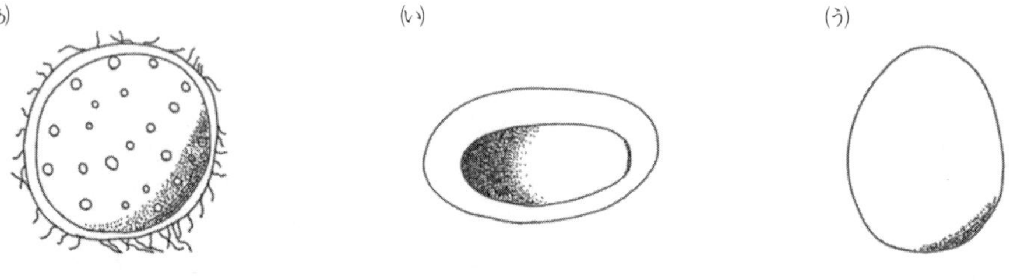

	(あ)	(い)	(う)
(ア)	ヤモリ	メダカ	カエル
(イ)	ヤモリ	カメ	カエル
(ウ)	メダカ	サケ	カエル
(エ)	メダカ	イモリ	カメ
(オ)	サケ	メダカ	カメ
(カ)	サケ	ヤモリ	カメ

(3)　下線部③について，ベーキングパウダーには小麦粉などでつくった生地《きじ》を膨《ふく》らませるはたらきがあります。生地を膨らませる方法には，このほかにも微生物《びせいぶつ》を使うものがあります。これについて，次の(a)～(c)の問いに答えなさい。

(a)　ベーキングパウダーには重曹《じゅうそう》が含まれています。ベーキングパウダーを生地に混ぜて水を加えると，重曹を生地に混ぜて加熱したときと同じように，気体が発生することによって生地が膨らみます。このとき発生する気体は何ですか。次の(ア)～(オ)の中から１つ選び，記号で答えなさい。

(ア)　酸素　　(イ)　水素　　(ウ)　窒素《ちっそ》

(エ)　二酸化炭素　　(オ)　アンモニア

(b)　パンの生地を膨らませるときは，微生物のはたらきで(a)の気体を発生させることがほとんどです。このとき使われる微生物は何ですか。最も適したものを，次の(ア)～(オ)の中から１つ選び，記号で答えなさい。

(ア)　大腸菌《だいちょうきん》　　(イ)　ミドリムシ　　(ウ)　酵母《こうぼ》

(エ)　乳酸菌《にゅうさんきん》　　(オ)　ゾウリムシ

(c)　(b)の微生物のはたらきで(a)の気体以外につくられるものを，次の(ア)～(オ)の中から１つ選び，記号で答えなさい。

(ア)　食塩　　(イ)　砂糖　　(ウ)　エタノール

(エ)　酢《す》　　(オ)　油

(4)　下線部④について，次の(a)・(b)の問いに答えなさい。

(a)　牛乳に含まれている成分のうち，ある成分の濃度《のうど》を大きくすると生クリームができます。その成分は何ですか。次の(ア)～(オ)の中から１つ選び，記号で答えなさい。

(ア)　炭水化物　　(イ)　タンパク質　　(ウ)　脂肪

(エ)　ビタミン　　(オ)　ミネラル

(b)　生クリームを容器に入れて強く振《ふ》り続けると何ができますか。次の(ア)～(オ)の中から１つ選び，記号で答えなさい。

(ア)　チーズ　　(イ)　バター　　(ウ)　マーガリン

(エ)　ヨーグルト　　(オ)　練乳

(5)　下線部⑤の砂糖などの炭水化物について，次の(a)・(b)の問いに答えなさい。

(a)　砂糖はサトウキビやテンサイなどからつくられます。サトウキビやテンサイのどの部分から砂糖はつくられますか。正しい組み合わせを，次の(ア)～(カ)の中から１つ選び，記号で答えなさい。

	サトウキビ	テンサイ
(ア)	根	根
(イ)	根	茎
(ウ)	葉	根
(エ)	葉	茎
(オ)	茎	根
(カ)	茎	茎

(b)　お茶碗一杯《ちゃわんいっぱい》分，約150gのご飯に含まれる炭水化物の量は約56gです。一般《いっぱん》的に150g中に含まれる炭水化物の量が最も多い果物を，次の(ア)～(オ)の中から１つ選び，記号で答えなさい。

(ア)　リンゴ　　(イ)　カキ　　(ウ)　バナナ　　(エ)　ブドウ　　(オ)　モモ

(6)　下線部⑥について，次の(a)・(b)の問いに答えなさい。

(a)　イチゴに近いなかまだと考えられる植物を，次の(ア)～(オ)の中から２つ選び，記号で答えなさい。

(ア)　ユリ　　(イ)　サクラ　　(ウ)　タンポポ　　(エ)　チューリップ　　(オ)　リンゴ

(b)　イチゴの１つの花の中には，たくさんの雌《め》しべがあります。食べる部分の表面の粒々《つぶつぶ》の数だけ雌しべがあるので，栽培《さいばい》するイチゴ１つ１つに人の手で花粉をつけることは非常に大変です。そのため，イチゴ農家のビニルハウス内には，花粉をつけるためにミツバチが放されていることがあります。

ビニルハウス内には複数の品種が植えられていることもあるため，異なる品種どうしで受粉をするものもあります。例えば，「品種Ａ」の花に「品種Ｂ」の花粉がつくこともありますが，その花から収穫《しゅうかく》されるイチゴは「品種Ａ」です。品種の混ざったイチゴが収穫されないのはなぜですか。その理由を簡単に答えなさい。

2　次の文章は，空気中の水蒸気についての聖《たかし》さん(以下，聖)とお父さん(以下，父)の間の会話です。あとの(1)～(5)の問いに答えなさい。

聖「お父さん，大変だ。外にでてみたら，まわりが(　あ　)で白くなってよく見えないよ。」

父「そうだね，今朝は寒いからね。もう少し視界がよくなると『もや』というよ。」

聖「へえー。」

父「(　あ　)や『もや』は，空気中の水蒸気が冷やされ，小さな水滴《すいてき》になって浮《う》かんでいる現象だよ。どちらも，暖かく湿《しめ》った空気が冷たい水面の上に移動してきたり，冷たい空気が暖かい水面の上に移動してきたりすると発生するよ。また，夜になって昼間温められた地面から①熱が放射され，地面とともに地面に近い空気が冷やされても発生するよ。」

聖「その現象は，『放射(　い　)』というんだよね。テレビで気象予報士のお姉さんが言っていたよ。」

父「よく知っているね。他にも，暖かい空気と冷たい空気が接触《せっしょく》する前線付近で，暖かい空気が冷やされても(　あ　)が発生したり，②山の斜面《しゃめん》を暖かい空気が上昇《じょうしょう》すると，ある高さで(　あ　)が発生したりもするんだよ。」

聖「色々なところで，(　あ　)は発生するんだね。」

父「地面に接しているところで発生すると(　あ　)や『もや』といい，地面に接していないところで発生すると雲というんだ。どれも空気中の水蒸気が冷やされて発生したものなんだ。そういえば，これらに似た現象として『かすみ』もあるね。」

聖「えっ？　『かすみ』って何？」

父「『かすみ』は，小さな水滴だけでなく，小さなちりや煙《けむり》が浮かんで，ぼんやりと白くなる現象だよ。ちなみに，(　あ　)や『もや』は天気予報で使われるけど，『かすみ』は使われないんだよ。」

(1)　(あ)にあてはまる言葉を答えなさい。

(2)　(い)にあてはまる言葉を答えなさい。

(3)　下線部①について，この現象は，赤外線とよばれる光のなかまが関係しています。赤外線の効果に関係するものはどれですか。次の(ア)～(エ)の中から１つ選び，記号で答えなさい。

(ア)　エアコンの温風で部屋を暖めた。

(イ)　非接触型体温計を額にかざして体温を測定した。

(ウ)　曇《くも》りの日でも海水浴で日焼けした。

(エ)　電子レンジで牛乳を温めた。

(4)　下線部②について，(あ)が発生する理由には，空気中に含《ふく》まれる水蒸気の量が関係しています。１m^3の空気中に存在できる水蒸気の最大の重さを飽《ほう》和《わ》水蒸気量といい，単位には[g/m^3]を使います。飽和水蒸気量は気温によって異なります。

　また，飽和水蒸気量に対して，１m^3の空気中に実際に含まれる水蒸気の重さを百分率で表したものを湿《しつ》度《ど》といいます。次のグラフは，飽和水蒸気量と気温の関係を表したものです。あとの(a)・(b)の問いに答えなさい。

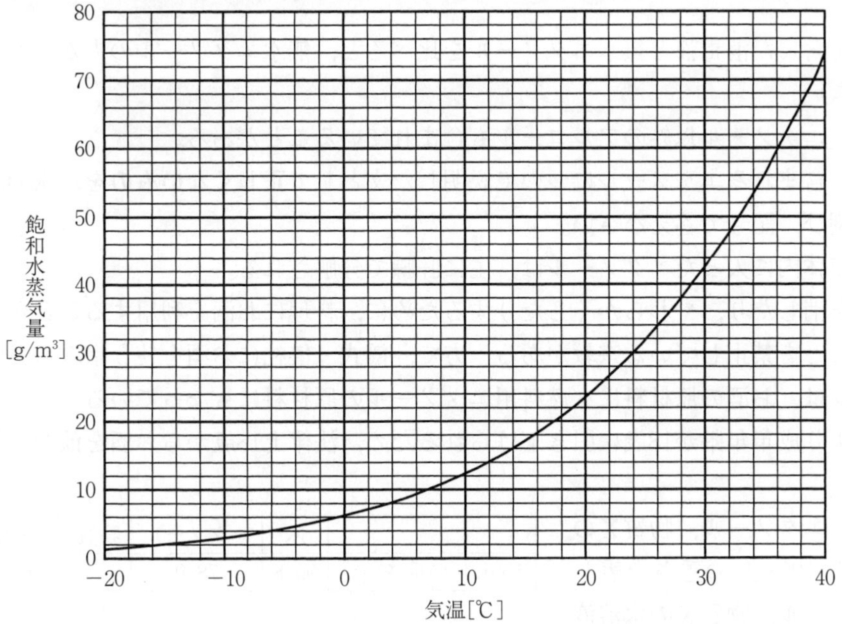

(a)　気温が24℃で，１m^3の空気中に実際に含まれる水蒸気の重さが10gであるとき，湿度は何%ですか。ただし，答えが割り切れない場合は，小数第１位を四捨五入して整数で答えなさい。

(b)　気温が20℃で，１m^3の空気中に実際に含まれる水蒸気の重さが14gであるとき，気温が何℃下がると，湿度が100%になり，水滴ができ始めますか。整数で答えなさい。

(5)　空気中に水滴が発生していないときは，高さが100m変わるごとに気温が１℃ずつ変わり，空気中に水滴が発生しているときは，高さが100m変わるごとに気温が0.5℃ずつ変わります。次の(a)・(b)の問いに答えなさい。

(a)　ある場所の気温が20℃で，１m^3の空気中に実際に含まれる水蒸気の重さが18gであるとき，空気が何m上昇すると，湿度が100%になり，水滴ができ始めますか。(4)のグラフを見て，最も適したものを，次の(ア)～(オ)の中から１つ選び，記号で答えなさい。

(ア)　220m　(イ)　440m　(ウ)　880m　(エ)　1100m　(オ)　1560m

(b)　標高2000mの山があります。標高1400mから山頂にかけて，雲がかかっています。山頂の気温が10℃であるとき，標高500mの登山口の気温は何℃ですか。

3　物質Ｘは白色の結晶《けっしょう》で，水に溶《と》けやすい性質があります。また，エタノールはアルコールの一種で，消毒液やお酒などに含《ふく》まれています。エタノール，水，物質Ｘについて，次の(1)～(4)の問いに答えなさい。

(1)　消毒液や，消毒液に含まれるエタノールについて説明した文として**正しくないもの**を，次の(ア)～(オ)の中から１つ選び，記号で答えなさい。

(ア)　エタノールを含む消毒液は，肌《はだ》への刺激《しげき》を抑《おさ》えるために，エタノール以外に保湿剤《ほしつざい》など様々な物質を含んでいるものもある。

(イ)　エタノールと水を混ぜてつくった，エタノールの濃度《のうど》が約60～80％の水溶液《すいようえき》は，純粋《じゅんすい》なエタノールと比べて蒸発しやすい。

(ウ)　エタノールは燃えやすく，エタノールを含む消毒液を使う際は火の取り扱《あつか》いに注意する必要がある。

(エ)　エタノールを含んだ消毒液と無水エタノールを比べると，無水エタノールの方がエタノールの濃度は大きい。

(オ)　消毒液には，エタノール以外のアルコールも含まれていることがある。

(2)　お酒や，お酒に含まれるエタノールについて説明した文として**正しくないもの**を，次の(ア)～(オ)の中から１つ選び，記号で答えなさい。

(ア)　お酒を飲んで体内に入ったエタノールは，主に肝臓《かんぞう》で分解される。

(イ)　素材の臭《くさ》みを消したり，やわらかくしたりするために，料理にお酒を利用することがある。

(ウ)　お酒を飲むことを禁止している宗教がある一方で，儀式《ぎしき》・儀礼《ぎれい》にお酒を使う宗教もある。

(エ)　トウモロコシは，お酒の原材料にも燃料用エタノールの原材料にもなっている。

(オ)　2022年４月より成年年齢が18歳《さい》に引き下げられるため，法律上18歳からお酒を飲むことが許される。

(3)　右の表は，水，エタノール，物質Ｘの水溶液，それぞれ100mLの重さを表しています。エタノール，物質Ｘの水溶液に，水を凍《こお》らせてつくった氷を入れた直後，氷はどうなりますか。最も適した組み合わせを，次の(ア)～(エ)の中から１つ選び，記号で答えなさい。ただし，エタノール，物質Ｘの水溶液はすべて20℃であるものとし，氷の温度は０℃であるものとします。

	水	エタノール	物質Ｘの水溶液
100mLの重さ[g]	99.8	78.9	114

	エタノール	物質Ｘの水溶液
(ア)	浮《う》く	浮く
(イ)	浮く	沈《しず》む
(ウ)	沈む	浮く
(エ)	沈む	沈む

(4)　次のグラフは，物質Ｘの溶解度《ようかいど》と液体の温度との関係を表したものです。溶解度は，水100gもしくは水とエタノールの混合液100gに溶かすことのできる，物質Ｘの最大の重さを表しています。例えば，40℃の水100gに，物質Ｘは40gまで溶かすことができますが，水70gとエタノール30gが混ざった40℃の混合液100gには，物質Ｘは10gまでしか溶かすことができません。つまり，混合液中のエタノールの割合が大きいほど，同じ温度における物質Ｘの溶解度は小さくなっています。あとの(a)～(d)の問いに答えなさい。ただし，水や混合液に溶

けきれなくなった物質Ｘは，すべて沈殿《ちんでん》するものとします。

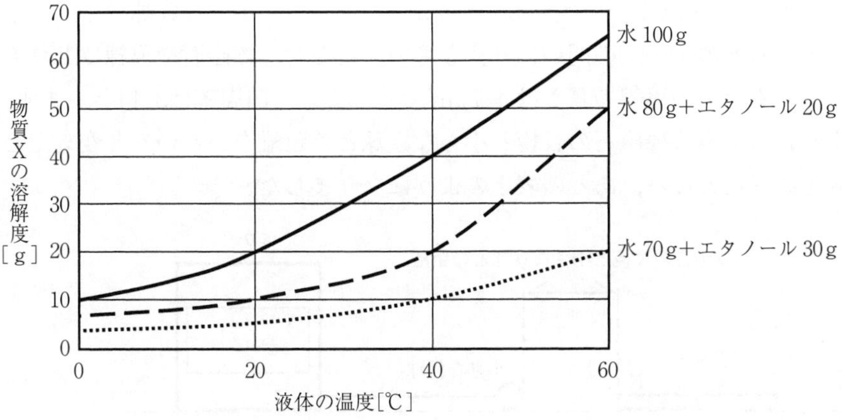

(a)　次の文章中の下線部①〜③の内容はそれぞれ正しいですか。正誤の組み合わせを，あとの(ア)〜(ク)の中から１つ選び，記号で答えなさい。

60℃の水 100g に物質Ｘを溶かせるだけ溶かし，物質Ｘの飽和《ほうわ》水溶液をつくりました。この飽和水溶液から物質Ｘを沈殿させるには「冷却《れいきゃく》する」，「水を蒸発させる」，「エタノールを入れる」の３つの方法があります。

物質Ｘの飽和水溶液を60℃から１℃ずつ０℃まで冷却した場合，水溶液の温度が１℃下がるごとに沈殿する物質Ｘの重さは①常に同じです。

物質Ｘの飽和水溶液を60℃に保ったまま，水を１g ずつ蒸発させた場合，水が１g 蒸発するごとに沈殿する物質Ｘの重さは②常に同じです。

物質Ｘの飽和水溶液を60℃に保ったまま，エタノールを１g ずつ入れた場合，エタノールが１g 入るごとに沈殿する物質Ｘの重さは③常に同じです。

	①	②	③
(ア)	正	正	正
(イ)	正	正	誤
(ウ)	正	誤	正
(エ)	正	誤	誤
(オ)	誤	正	正
(カ)	誤	正	誤
(キ)	誤	誤	正
(ク)	誤	誤	誤

(b)　水 144g とエタノール 36g が混ざった20℃の混合液に，物質Ｘは最大何 g 溶かすことができますか。

(c)　40℃の水 105g に物質Ｘ 40g を溶かしました。その後40℃を保ってエタノールを 45g 入れた場合，溶けきれなくなって沈殿する物質Ｘは何 g ですか。

(d)　60℃の水 300g に物質Ｘ 175g を溶かし，60℃の物質Ｘの水溶液をつくりました。この水溶液に水とエタノールが混ざった混合液 150g を入れたのち20℃まで冷却したところ，溶けきれなくなった物質Ｘ 130g が沈殿しました。入れた混合液中のエタノールは何 g ですか。

4　なめらかな床《ゆか》の上にある小さな鉄球が棒磁石や電磁石から引っ張られる力の大きさを，床に固定されたはかりで調べる［実験１］〜［実験６］をおこないました。小さな鉄球は糸ではかりにつなげられています。あとの(1)〜(7)の問いに答えなさい。ただし，棒磁石や導線はどれも同じもので，電磁石をつくるための導線の長さは4.71mです。また，円周率は3.14とします。

［実験１］　図１のように，１本の棒磁石のＮ極と小さな鉄球との距離《きょり》をいろいろと変えたときのはかりの値《あたい》を調べたところ，あとの表１のようになりました。

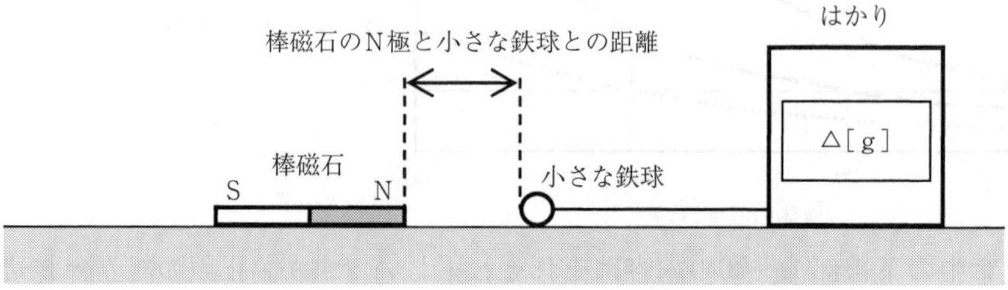

図１

表１

距離[cm]	1	2	3	4	5	6
はかりの値[g]	180	45	20	11.25	7.2	5

(1)　棒磁石のＮ極と小さな鉄球との距離が1.5cmのとき，はかりの値は何gですか。

［実験２］　図２のように，２本の棒磁石を重ねて固定し，棒磁石のＮ極と小さな鉄球との距離を2cmにして，はかりの値を調べました。

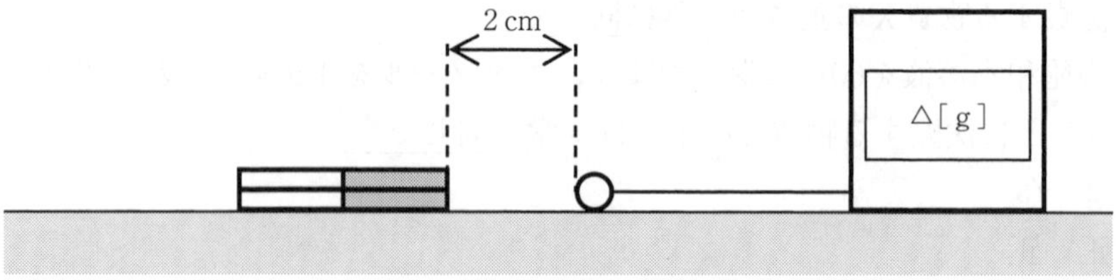

図２

(2)　はかりの値として最も適したものを，次の(ア)〜(オ)の中から１つ選び，記号で答えなさい。

(ア)　160g〜180gの範囲《はんい》にある値
(イ)　130g〜150gの範囲にある値
(ウ)　80g〜100gの範囲にある値
(エ)　40g〜60gの範囲にある値
(オ)　10g〜30gの範囲にある値

［実験３］　図３のように，２本の棒磁石をつなぎ，棒磁石のＮ極と小さな鉄球との距離を2cmにして，はかりの値を調べました。

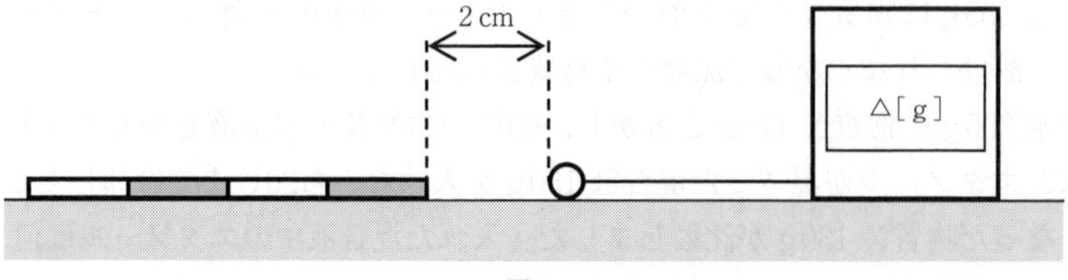

図３

(3) はかりの値の説明として最も適したものを，次の(ア)～(オ)の中から1つ選び，記号で答えなさい。

(ア) 左側の棒磁石のN極と右側の棒磁石のS極が打ち消しあうので，0gとなる。
(イ) 2本の磁石の強さが重なるが，45gの2倍の90gより小さくなる。
(ウ) 2本の磁石の強さが重なるので，45gの2倍の90gとなる。
(エ) 2本の磁石の強さが重なるが，45gの2倍の90gより大きくなる。
(オ) 2本の磁石の強さが重なり相乗効果で，45g×45gで2025gとなる。

［実験4］ 断面積0.785cm^2，長さ4cmの円柱形の鉄しんに，端《はし》から端まで間隔《かんかく》が均等になるように導線を60回巻いて電磁石をつくりました。図4のように，電磁石のN極と小さな鉄球との距離を2cmに固定して，電磁石に流れる電流の強さを変えたときのはかりの値を調べたところ，あとの表2のようになりました。

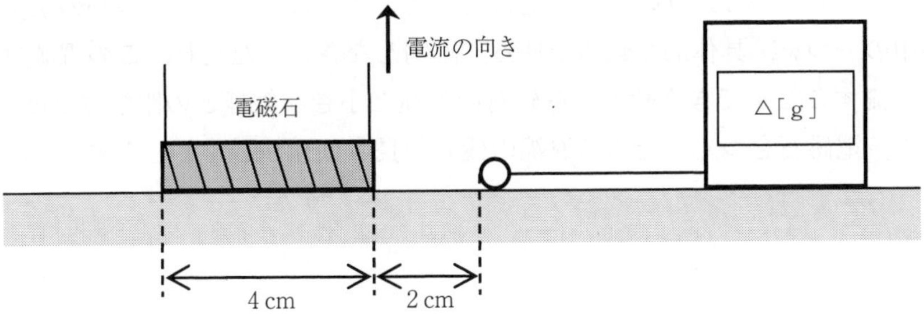

図4

表2

電流の強さ[アンペア]	0.24	0.32	0.52	0.58	0.64	0.68
はかりの値[g]	60	80	130	145	160	170

(4) 電磁石を，［実験1］で使った棒磁石と同じ強さの磁石にするには，電流の強さを何アンペアにすればよいですか。

［実験5］ 断面積0.785cm^2，長さ4cmの円柱形の鉄しんに，端から端まで間隔が均等になるように導線を120回巻いて電磁石をつくりました。図5のように，電磁石のN極と小さな鉄球との距離を2cmに固定して，電磁石に流れる電流の強さを変えたときのはかりの値を調べました。

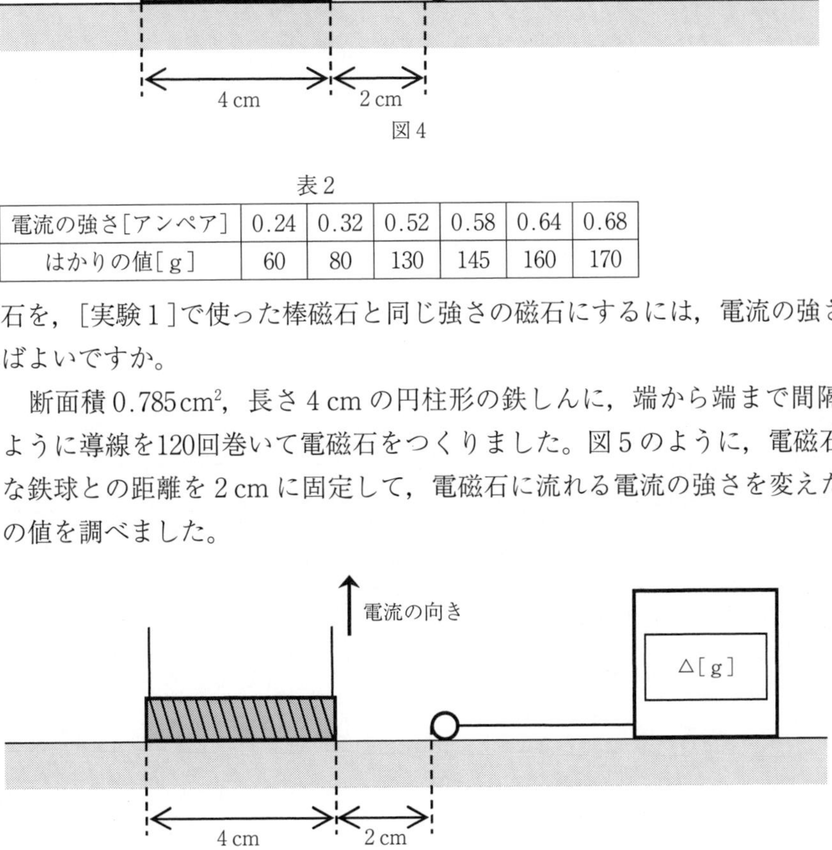

図5

(5) はかりの値が100gのとき，電流の強さは何アンペアですか。

［実験6］ 断面積0.785cm^2，長さ8cmの円柱形の鉄しんに，端から端まで間隔が均等になるように導線を120回巻いて電磁石をつくりました。図6のように，電磁石のN極と小さ

な鉄球との距離を２cm に固定して，電磁石に流れる電流の強さを変えたときのはかりの値を調べました。

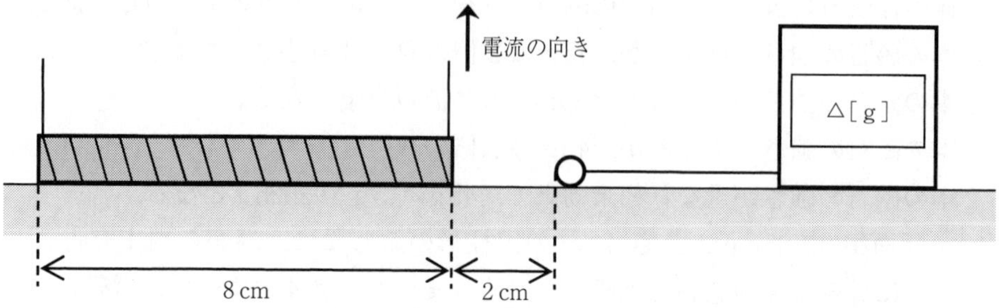

図６

(6)　電流の強さが0.6アンペアのとき，はかりの値は何 g ですか。

(7)　はかりの値が，(6)でのはかりの値の２倍になるようにするには，いくつかの工夫《くふう》が考えられます。その中の一つを，具体的な数値を使って説明しなさい。ただし，この電源は最大１アンペアまでしか流すことができません。電磁石のN極と小さな鉄球との距離は２cm のまま固定します。また，電磁石をつくるための導線の残りの長さは0.942m とします。

ア　ドビュッシーの作品を聴くと、深い感動とともに、その表現方法の重なりから、独特のタッチで描《えが》かれたモネの絵画が決まって頭に浮《う》かぶ。

イ　友人に誘《さそ》われたクラシックコンサートで、初めてモーツァルトの音楽を聴き、それぞれの楽章が緻密《ちみつ》に組み立てられていることに驚《おどろ》きを覚えた。

ウ　駅前でひたむきに演奏する無名のミュージシャンの姿が目にとまり、その音楽に彼女《かのじょ》の人生の喜怒哀楽《きどあいらく》が集約されているのを感じた。

エ　ピアノの発表会で、これから演奏する生徒の一礼が終わった後、物音一つしなくなったホールで、固唾《かたず》をのんで最初の一音に耳を澄《す》ませた。

オ　日曜の昼下がり、散歩の途中《とちゅう》で、近隣《きんりん》の学校の吹奏楽《すいそうがく》部が演奏する音楽が聞こえてきたため、しばし立ち止まってその優雅《ゆうが》な旋律《せんりつ》に耳を傾《かたむ》けた。

カ　オーケストラが演奏するベートーベンの『運命』を聴き、その構成や音楽性の美しさに感動し、彼のたどった数奇《すうき》な運命について考察する。

（注）＊1　第一主題…一曲を構成する部分の名称《めいしょう》。「第二主題」、「展開部」、「再現部」、「集結部」も同じ。
＊2　廁《かわや》…トイレのこと。
＊3　ワニス塗《ぬ》りの家具…ニスで塗られた家具。ここでは、ありふれた家具であることを表している。

問一　[A]・[B]にあてはまる言葉を、次のア～カの中からそれぞれ一つずつ選び、記号で答えなさい。
ア　依然《いぜん》　イ　反映　ウ　比例
エ　集大成　オ　反作用　カ　本末転倒《ほんまつてんとう》

問二　――線部①に「このような状態」とありますが、これはどのような状態ですか。四十字以内で説明しなさい。

問三　――線部②に「音楽を音楽として受け取ることのできない」とありますが、それはどういうことですか。その説明として最もふさわしいものを、次のア～オの中から一つ選び、記号で答えなさい。
ア　人間は、精神の糧《かて》としての音楽を聴《き》き分ける耳を失い、粗雑《そざつ》な音楽であっても立派なものとして受け取るようになったということ。
イ　人間は、音楽を鑑賞《かんしょう》することを通じて心を豊かにするという本来の目的を失っていき、日常で溢《あふ》れている音楽に満足するようになったということ。
ウ　人間は、音楽に個性を見出《みいだ》すことができなくなり、どの音楽も等しいものとして受け取るようになったということ。
エ　人間は、音楽を心の拠《よ》り所《どころ》として受け取る姿勢を失っていき、ただの音響《おんきょう》として受け取るようになったということ。
オ　人間は、聴くことのできる音楽の選択肢《せんたくし》が増えることによって、状況《じょうきょう》に応じて望んだ音楽を聴くようになったということ。

問四　――線部③に「皮肉にも彼《かれ》の夢は実現したのです」とありますが、それはどういうことですか。その説明として最もふさわしいものを、次のア～オの中から一つ選び、記号で答えなさい。
ア　演奏されていても人々の関心を引かないような音楽を作るというサティの試みは失敗したが、彼の死後まもなく、無個性な音楽が溢れる世界になってしまったということ。
イ　弱い音でひっそりと演奏するというサティの試みは失敗したが、彼の死後まもなく、たとえ音量を大きくして注意を引こうとしても、音楽が人々に届かなくなってしまったということ。
ウ　音楽と生活を結びつけようとする実験的なサティの試みは失敗したが、彼の死後まもなく、音楽が生活の中に溶《と》け込《こ》み、両者が切っても切り離《はな》せないものとなってしまったということ。
エ　自分の個性を消して無性格な音楽を作り出そうとする斬新《ざんしん》なサティの試みは失敗したが、彼の死後まもなく、作家は音楽に自分の個性を乗せることを重視しなくなってしまったということ。
オ　優《すぐ》れた自らの音楽をあえて目立たないように演奏するという逆説的なサティの試みは失敗したが、彼の死後まもなく、演奏技術の高い優れた音楽が世の中から失われてしまったということ。

問五　――線部④に「音楽の在り方が変わった」とありますが、それはどういうことですか。六十字以内で説明しなさい。

問六　――線部⑤に「眼《め》における瞼《まぶた》に相当するものをもたない」とありますが、それはどういうことですか。一行で説明しなさい。

問七　――線部⑥に「音楽の鑑賞」とありますが、ここでの「鑑賞」の態度としてふさわしい例を、次のア～カの中から二つ選び、記号で答えなさい。

なるかも知れません。

かつて、エリック・サティは、音楽があまり人々の注意を惹《ひ》かずに、ただ何となく聴こえている程度のものであることも面白《おもしろ》いという見解から「家具の音楽」という作品を書き、広い室の方々《ほうぼう》に演奏者が散らばって、室の内の客人《きゃくじん》がそれぞれ話の興に乗った頃合《ころあい》を見て、ごく目立たないように弱く演奏を始めるという計画を立て、これを実験したことがありますが、この天才の音楽は、どのように弱い音で演奏しても、その結果は、客人の話を止めさせるほどに印象的であったのです。この妙《みょう》な、彼《かれ》の計画は完全に失敗したのです。すなわち音楽は飽《あ》くまで音楽であって、終《つい》に、家具にはなれなかったのでした。この作家は一九二五年に死にましたが、彼が死んで幾《いく》年も経ないうちに③皮肉にも彼の夢は実現したのです。室内に置かれた大型のテレビから出続けている音は、もはや、近代人には単なる家具でしかないのです。もしその音に耳を傾けているとすれば、何か垢《あか》ぬけのしない音楽青年のようにさえ見えるのです。事実、私たちの注意を奪《うば》うような音楽が聴こえることは稀《まれ》であり、いたずらに無性格な音響が響《ひび》いているに過ぎないのです。このことは二つの意味をもっています。当時のサロンの客人は音楽を音楽として受け取り得たことと、作家が自分の個性を消し、無性格な単なる家具になろうと、自《み》ずから努力した場合でさえ、未《いま》だ人の話を、止めさせるに十分な何かを、いわば音楽性をもっていたということです。一方テレビから流れ出る昨今の作品は、できるだけ強烈《きょうれつ》な動かすべからざる決定的な印象を与《あた》えようとしながら、終に、＊3ワニス塗《ぬ》りの家具以上の印象を、与え得ないということなのです。これは、音楽自体にもその責任はありましょうが、④音楽の在り方が変わったことにその主たる原因があります。

原始時代にあっては、音楽は文学、詩、踊《おど》りと密接に結合し、いわば同一のものでさえあったのですが、まず舞踊《ぶよう》と離《はな》れ、次に文学と離れ、最後に宗教と離れ、やっと一人立ちのできる芸術となったのでした。しかしこの独立した音楽も、今までは、常にそれらしき雰囲気《ふんいき》の中で演奏されたのです。少なくとも、聴衆《ちょうしゅう》は何らかの音楽を聴こうという心構えをもって演奏に接したのでした。音楽作品が、たとえどのようなものであっても、その音は、常に音楽を望んでいる耳に入ったのです。しかし、今や、音楽はその雰囲気をも聴衆の心情をも完全に無視して、単独に鳴り響くのです。もちろん、音楽が自発的にその雰囲気を無視したのではなく、近代の機械文明がこれを勝手に切り離してしまったのです。一方、演奏会と呼ばれる未だに古典的な形態の下《もと》に、音楽が演奏される場合もありますが、私たちの生活にあって私たちが演奏会に用いる時間と、放送音楽に脅《おび》やかされる時間とでは、その量は比較《ひかく》にならないのです。すなわち、現代では音楽とは、なんらの精神的準備もないところに、突然《とつぜん》現われるのが、極《きわ》めて普通《ふつう》なこととなったのです。私たちの耳は、⑤眼《め》における瞼《まぶた》に相当するものをもたないので、これらの音楽を単に騒音《そうおん》として聴き流さざるを得ないことになるのです。したがって、強制的にこのように習慣づけられた耳を、再び音楽を理解する耳にすることは、かなり困難なことなのです。

このように音楽を聴き流すように慣習づけられた私たちが、今度は逆に、何か音楽作品を聴こうとする場合には、 B として、耳に聴こえてくる音響美の外に、何かいつもとは違《ちが》った意味を音楽からくみ取ろうとする方向に傾くのです。単に音楽が見事に構成されていると感ずるのみでは鑑賞とは考えられず、哲学的《てつがくてき》思索《しさく》とか、文学的連想とかを無理に作り出すことに努力し、終に、さきに述べた⑥音楽の鑑賞から遠のいていく結果を生むのです。

——伊福部《いふくべ》 昭《あきら》『音楽入門』による

（問題作成上の都合から一部原文の表記を改めた）

エ　志村さんに対して自分の知らないところで嫌がらせが行われていたことを知り、そんなことにも気付かなかった自分に罪悪感を覚えたから。

オ　志村さんの人知れぬ努力に目を向けず、彼女の演奏技術の進歩を認めようとしない同級生の態度に憤《いきどお》りを感じたから。

問七　――線部⑤に「二匹《ひき》の蝶《ちょう》が同時に舞《ま》い上がり、別々の方向に飛び去った」とありますが、これはどのようなことを表現していると考えられますか。一行で説明しなさい。

問八　――線部⑥に「そういう人に、女子の世界は分からない」とありますが、それはどういうことですか。六十字以内で説明しなさい。

四　**次の文章を読んで、あとの問いに答えなさい。**

私たちはかつては、農耕には農耕の歌を、漁《いさ》りには漁りの歌を、馬を追うには馬子唄《まごうた》を、また少年時代にはさまざまな遊びに伴《ともな》った童《わらべ》唄《うた》を、冠婚葬祭《かんこんそうさい》や年中行事にはそれに伴った多くの歌や音楽をもっていたのですが、近代の機械文明は、この私たちから、そのようなもののすべてを取り上げてしまったのです。

モーターやエンジンによる私たちの労働には、歌は全く必要なくなったのです。冠婚葬祭にあっても音楽の部分を除外していく傾《かたむ》きにあるのです。いわば、私たちの生活から生まれる音楽は徐々《じょじょ》に否定されてきているのです。

一方、機械文明の生んだレコード、ラジオ、映画、テレビ等によって、強制的に私たちの心境とはなんら関係のない音楽が、暴力的に私たちに朝から晩まで降りかかってくるのです。

少数の頭脳によって選定された曲目が画一的に街を満たすのです。作家がいかに芸術的な感動をもって書いた傑作《けっさく》であろうとも、私たちは＊1第一主題で煙草《たばこ》を買い、第二主題で釣銭《つりせん》を受け、展開部で知人と話をし、再現部で切符《きっぷ》を買い、集結部で電車に乗ることが可能なのです。また、「愛の歌」や、「小夜曲」の伴奏《ばんそう》で夫婦喧嘩《ふうふげんか》もできるし、＊2厠《かわや》の中で「神の栄光」を聴《き》くこともできるのです。いわば、音楽は私たちの生活を無視し始めているのです。

①このような状態では、私たちはもはや、音楽を精神の糧《かて》として受け取る態度を持《じ》することができなくなるのです。この度合は、今のところ機械文明に［　A　］しております。試みに輸入された映画を一見すれば明らかでありましょう。ハリウッドで作られるアメリカ映画は、ほとんど全部がいわゆる音楽で満たされています。なんらの意味も必要も効果もないところに、ただ音楽が詰《つ》め込まれているのですが、これは、一日中テレビをつけ放しにしている人々と同様に、無神経といわざるを得ません。このような無神経は、明らかに人間が機械に支配されていることを物語ります。これは音楽にとっても不幸なことであり、人類にとっても、たしかに嘆《なげ》かわしいことではないでしょうか。更《さら》にまた、この頃《ごろ》は自動車の中で音楽を鑑賞《かんしょう》する流行さえが現われ始めていますが、これは、もはや、②音楽を音楽として受け取ることのできない明瞭《めいりょう》な証拠《しょうこ》ということができます。

このように、私たちの周囲は実に音楽に溢《あふ》れているのではありますが、それに反比例して、私たちは真の音楽を聴き分ける心と耳を失いつつあるのです。また、見方を変えれば、音楽は単に音響《おんきょう》でさえあればよいという結果を生み、どんな粗雑《そざつ》な作品でも音楽として立派に通用するという現象が生まれます。このような状態からすぐれた音楽が生まれ、または正しい音楽の鑑賞が起こり得るとも考えられません。デ・ファリャが「スペインの庭の夜」に七年を投じ、ドビュッシーが「ペレアスとメリザンド」に十四年もの歳月《さいげつ》を用い、更に、バラキレフが第一交響曲《こうきょうきょく》に三十二年の歳月を費《つい》やしたことは、単なる昔話と

イ　曖昧《あいまい》にごまかした

ウ　物思いにふけった

エ　思わず言葉を失った

オ　不満げに口をとがらせた

問二　本文中には次の一文が入ります。その箇所《かしょ》として、最もふさわしいものを［ア］～［オ］の中から一つ選び、記号で答えなさい。

そんな日々が幻《まぼろし》だったかのように思えて、ふいに視界が揺《ゆ》らぐのを感じた。

問三　――線部①に「少しも迷わなかった」とありますが、それはどうしてですか。その説明として最もふさわしいものを、次のア～オの中から一つ選び、記号で答えなさい。

ア　小学校の吹奏楽部《すいそうがく》で初めて触《ふ》れたトランペットに夢中になっていたから。

イ　中学校でもトランペットを一緒《いっしょ》に吹《ふ》き、苦楽をともにする同志が欲《ほ》しかったから。

ウ　全国大会出場を目指す強豪《きょうごう》の吹奏楽部に身を置き、より自分の技術を磨《みが》きたかったから。

エ　楽器を早くやめてしまった兄に代わって母親の期待に応えたかったから。

オ　小学校の吹奏楽部では周囲の目を気にしていたが、中学校ではその必要がなくなったから。

問四　――線部②に「全身が粟立《あわだ》った」とありますが、このときの「僕《ぼく》」の心情を六十字以内で説明しなさい。

問五　――線部③に「志村《しむら》さんは目を伏《ふ》せ、シェイクの容器を両手で持った」とありますが、このときの志村さんの心情を説明した文として最もふさわしいものを、次のア～オの中から一つ選び、記号で答えなさい。

ア　中学に入学する前から努力を続けているにもかかわらず、周囲のレベルの高さに自信を失い、これからも部活動を続けるかどうか迷っている。

イ　かねてから憧《あこが》れていた「僕」が人知れず努力を重ねていることを聞き、これまでの自分の努力不足を痛感し、恥《は》ずかしくなっている。

ウ　自分なりに日々努力を重ねてきたが、なかなか他の人のレベルに追いつけそうもなく、どうしたらよいか分からず悩《なや》んでいる。

エ　周囲のレベルの高さに一度は自信を失ったが、厳しい現状を乗り越《こ》えステージに立つという目標に向かって、何とかがんばろうとしている。

オ　演奏技術に優《すぐ》れ、周囲から高い評価を受けている「僕」には、演奏がなかなか上達しない自分の悩みなど分かってもらえないとあきらめかけている。

問六　――線部④に「全身に鳥肌《とりはだ》が立った」とありますが、それはどうしてですか。その説明として最もふさわしいものを、次のア～オの中から一つ選び、記号で答えなさい。

ア　メンバーに選ばれるために十分に努力をせず、志村さんのめざましく向上した演奏技術を素直《すなお》に認めることもできない同級生に対して強い不満を覚えたから。

イ　同級生たちは志村さんの成長を認めていたわけではなく、彼《かの》女《じょ》に対して陰湿《いんしつ》な嫌《いや》がらせをしていたと分かって、衝撃《しょうげき》を受けたから。

ウ　メンバーに選ばれたころから志村さんが神経質になっていたことには気付いていたが、実際に彼女に嫌がらせが行われていたという事実を知り、激しく動揺《どうよう》したから。

た人がジョギングをしていた。大きな犬を連れた女の人の姿もあった。犬は気分が乗らないのか、やや引きずられ気味に堤防《ていぼう》を歩いている。かなりの距離があるにもかかわらず、飼い主が苦笑《くしょう》しているのが、なぜかはっきりと見て取れた。【ア】

「ねえ、菊池くん。去年、楽器屋で会ったときのこと、覚えてる？」

「もちろん覚えてるよ」

僕は大きく頷《うなず》いた。

「あのとき、わたしがいろいろ質問したら、菊池くん、お店で話そうかって誘ってくれたよね。わたし、すごいなって思った」

「すごい？」

話の終着点が見えてこない。僕は馬鹿みたいに、どういうこと？と尋《たず》ねた。

「二人でお店にいるところをもし同級生に見られていたら、あいつらは付き合ってるって、絶対に噂されたよ。からかわれたり、冷やかされたりしたと思う。そういうのって、すごく面倒《めんどう》くさいじゃない？でも、菊池くんは全然気にしないんだなあって。すごいなあって」

「別にすごくは――」

そのとき、近くの鉄橋を電車が通過した。凄《すさ》まじい音がして、僕たちは同時にC口をつぐんだ。朝の練習のときも、電車が川を渡《わた》る数秒間は休憩《きゅうけい》せざるを得なかった。【イ】音が完全に掻《か》き消され、自分の演奏すら聞こえなくなるからだ。トランペットを抱《かか》えたまま、二人でぼうっと電車を見送った。【ウ】

「すごいよ。誰に対しても公平で、わたしの朝練に付き合ってくれて、菊池くんの、どんな人も同じように見えているところ、本当にすごいと思う」

志村さんはもう僕を見ようとはしなかった。独り言のように、ぽつりぽつりと言葉を漏らした。

「でも、⑥そういう人に、女子の世界は分からないよ、きっと」

その発言を最後に、志村さんは土手に停《と》めた自転車に跨《また》がると、学校の方角へ去っていった。僕はしばらく指一本動かせなかった。【エ】しかし、今こそ練習をしなければなにかに負ける気がして、トランペットを無理矢理にケースから出した。【オ】そして、登校時間ぎりぎりまで吹いた。吹きまくった。

――奥田亜希子《おくだあきこ》『リバース&リバース』による

（問題作成上の都合から一部原文の表記を改めた）

（注）＊1　禄《ろく》…「僕《ぼく》」（菊池《きくち》）の名。

＊2　唾抜《つばぬ》き…管楽器の中にたまった唾液《だえき》などの水分を抜くこと。

問一　〰線部A「まどろみ」、B「コミカル」、C「口をつぐんだ」について、本文中における意味として最もふさわしいものを、あとのア～オの中からそれぞれ一つずつ選び、記号で答えなさい。

A「まどろみ」

ア　朝が早くて肌《はだ》寒い様子
イ　うとうとしている様子
ウ　冬の訪《おとず》れを感じさせる様子
エ　目が覚めてすっきりした様子
オ　気が抜けてぼんやりしている様子

B「コミカル」

ア　独特な振《ふ》る舞《ま》いで目を引く様子
イ　物事に熱中して周りが見えない様子
ウ　何を考えているか分からず不思議な様子
エ　愛嬌《あいきょう》があって放っておけない様子
オ　端《はた》から見ると滑稽《こっけい》な様子

C「口をつぐんだ」

ア　何かを言いかけて黙《だま》った

「どうしたの？」

「退部することにした」

志村さんは生気のない声で告げた。

「退部って……辞《や》めるの？」

「うん。先生にはもう話してあって、昨日の放課後、やっと認めてもらえたの。わたしのあとには、一年生の米田《よねだ》さんが入るから大丈夫《だいじょうぶ》。あの子、上手いし」

「えっ、ちょっと待ってよ。どういうこと？　せっかくメンバーに選ばれたのに」

「だからだよ。わたしが選ばれたことに、納得《なっとく》してない子がたくさんいるの。そんな中で、これ以上吹けない」

　何度も何度も彼女に問い質《ただ》し、僕は詳《くわ》しい経緯《けいい》を知った。顧問や先輩《ぱい》が志村さんの成長を認めるにつれ、同級生の部員の当たりがきつくなっていったこと。コンクールのメンバーに選ばれたのを機に、それが一気に激化したこと。すれ違いざまの舌打ちや悪口、無視は日常で、重要な連絡事項も伝えられず、もう限界だと、彼女はか細い声で言った。

「一週間前、楽譜《がくふ》を家に忘れて、わたし、先生から怒《おこ》られたでしょう？」

　この大事なときに、と、志村さんは顧問から厳しく叱《しか》られていた。おかしいとは思ったのだ。朝の練習の際、彼女が楽譜を見ていたような記憶があった。だが、すぐに自分の勘違《かんちが》いだったのだろうと思い直していた。

「あれ、本当は楽譜を盗《ぬす》まれたの。そうとしか考えられない。あの子たちがわたしの楽譜を狙《ねら》ってるのは分かっていたから、肌身離《はだみはな》さず持ち歩くように気をつけてたんだけど、ちょっと油断した隙《すき》にやられちゃった。証拠《しょうこ》はないし、訊《き》いたところで否定されると思うけどね」

「そんな……。全然気づかなかった」

　僕は愕然《がくぜん》とした。メンバー発表の日、フルートの女子が漏《も》らした、志村さんがメンバーだなんて信じられない、という台詞《せりふ》。あれは感嘆《かんたん》ではなく不満だったのだ。そのことにようやく思い至り、④全身に鳥《とり》肌《はだ》が立った。

「菊池くんは、そうだよね」

　志村さんは足元の石をひとつ摑《つか》み、川へと放り投げた。しかし、水面までは届かず、手前の草原にぼさりと落ちた。⑤二匹《ひき》の蝶《ちょう》が同時に舞《ま》い上がり、別々の方向に飛び去った。

「でも、どうして……。志村さんが選ばれたのは、絶対に実力だよ。贔屓《ひいき》でもずるでもなんでもない。そんなこと、ちゃんと聴けば分かるよ」

「それはね、菊池くん。わたしが不細工で、太ってるからだよ」

　志村さんは唇の端《はし》をかすかに歪《ゆが》ませた。

「内心ではずっと見下していた相手だから、先を越《こ》されたってことが認められないんだよ。先輩の優《やさ》しさにつけ込んだんだとか、親が先生にお金を積んだんじゃないかとか、散々言われた。あの子たち、わたしが実力で選ばれたなんて、少しも思ってない」

「だったら、言ってくれたらよかったのに」

「なにを？」

「そういうこと」

「菊池くんに？」

「力になれたかどうかは分からないけど、でも、相談して欲しかった」

　志村さんは目を細め、遠くの景色を眺《なが》めるかのように僕を見た。

「菊池くんに、女子の気持ちは分からないよ」

　その顔は、怒っているようにも泣いているようにも見えた。志村さんが対岸に視線を移す。僕もつられて目を向けた。黒いジャージを着

「あー、やっぱり練習量かあ」

②全身が粟立《あわだ》った。部活で楽器を演奏するようになってからは、男子なのに、と、からかうような視線とは無縁《むえん》でいられた。音楽の話ができる同性の仲間もできた。だが、誰《だれ》も彼《かれ》も僕の環境を羨《うらや》ましがった。母親がピアノ教室の講師であることを、自宅に防音室があることを、僕の技術の裏づけにしなかった人は初めてだ。胸の奥《おく》が熱くなった。

「志村さんは？」

「わたしは去年の冬から。中学校訪問ってあるじゃない？　小学六年生が、中学校に見学に行く行事。あれでうちの部の演奏を聴《き》いて、トランペットをやってみたいって思ったんだ。でも、まさか全国レベルの吹奏楽部だったなんて知らなかった。慌《あわ》てて親に頼《たの》んで、中学に入学するまでの三ヶ月間、駅前のトランペット教室に通わせてもらってたの」

「へえ。駅前にそんな教室があるんだ」

「でも、明らかにわたしだけレベルが違うよね。引退するまでのあいだに、一度でいいからステージに立つのが、今のわたしの目標」

③志村さんは目を伏《ふ》せ、シェイクの容器を両手で持った。ストローの内側を、シェイクの影《かげ》が駆《か》け上っていく。ずずず、と重たげな音がした。

「あの、さ」

「うん？」

「よかったら、練習、付き合おうか？」

「練習？」

「例えば、朝、登校前とか」

僕たちの中学校では、始業前の練習は基本的に認められていなかった。一部の保護者からの猛烈《もうれつ》な抗議《こうぎ》を受け、数年前に禁止になったともっぱらの噂《うわさ》だ。全国大会出場を期待されている吹奏楽部は、コンクール前の一週間だけ例外的に認められているものの、他校に比べ、朝の練習時間はかなり少なかった。

「でも、菊池くんの迷惑《めいわく》にならない？」

「ならないよ。むしろ僕は人に教えたことがないから、どのくらい力になれるかは分からないけど」

毎朝七時に、河川敷に集合することになった。誰にも知られたくないとの彼女の希望で、学校から充分距離《じゅうぶんきょり》を取ったところを練習場所に選んだ。志村さんの家のほうが遠かったはずが、彼女は必ず僕より先に着いていた。僕のつたないアドバイスも熱心に聞いてくれ、彼女はめきめき上手くなった。部活のレベルに無理をしてついていっていたのが、かえって上達を阻害《そがい》していたのだと思う。半年もすると、トランペットチームでも上から数えたほうが早いくらいの技量になった。

二年目の全国コンクールへの地区大会、彼女は見事メンバーに選ばれた。発表後、僕は同級生のフルートの女子から、志村さんがメンバーだなんて信じられないんだけど、と話しかけられた。みんなが志村さんの急成長ぶりに驚嘆《きょうたん》していることが嬉《うれ》しくて、頑張《がんば》ってたもんね、と応えた。もちろん僕もオーディションに合格し、翌朝は二人で缶《かん》ジュースを買って乾杯《かんぱい》した。

今思えば、このころから志村さんはぴりぴりし始めた。もともとほかの部員と積極的に喋るほうではなかったが、口数が極端《きょくたん》に減り、誰とも目を合わせたくないかのように俯《うつむ》いていることが増えた。演奏にもキレがなくなった。しかし、疲れているのだろうと、僕は深く考えなかった。僕たちはさらに三十分、朝の練習時間を増やしていた。部活もよりハードになり、自分のことで精いっぱいだった。

そして、地区大会の十日前。朝、いつもどおりに河川敷へ行くと、志村さんは手ぶらで立っていた。まさかトランペットを忘れた？　と、からかおうとして、彼女の顔が尋常《じんじょう》ではなく白いことに気づいた。

微笑《ほほえ》んだ。

九歳《さい》のときに小学校の吹奏楽部《すいそうがく》に入ったのがきっかけで、僕はトランペットに触《ふ》れた。三歳からピアノは習っていた。母親が自宅で教室を開いていたからだ。兄はすぐにやめてしまったが、僕の性《しょう》には合っていたらしく、練習が苦痛だったことは一度もない。母が、＊1禄《ろく》の好きにやればいいよ、という態度で接してくれていたのもよかったのだと思う。ただ、楽器をやっている男子は、小学校では敬遠されたり、軽く見られたりすることが多い。同志が欲《ほ》しいというのが、部活選びの最大の動機だった。そこで、似合いそうだからというよく分からない理由で任されたのが、トランペットだった。吹いてみると、ピアノとはまったく違《ちが》う、音階を自分で作り出せる喜びに興奮した。すぐに自分用のトランペットを買ってもらった。

中学校に進んだ僕は、またも吹奏楽部に入った。①少しも迷わなかった。公立校だったが、全日本コンクールの全国大会出場を目標として掲《かか》げている強豪《きょうごう》で、土日もゴールデンウィークも夏休みも、みっちり予定が組まれていた。部員は総勢百名超《ちょう》。大舞台《おおぶたい》で演奏するためには、顧問《こもん》によるオーディションを通過し、メンバーに選ばれる必要があった。

この吹奏楽部で、僕は志村愛美《まなみ》と知り合った。彼女《かのじょ》もまた、トランペット奏者だった。背が低く、少しふくよかで、額がニキビに覆《おお》われていた。楽器をケースから出したり、＊2唾抜《つばぬ》きしたりする仕草がBコミカルなほど一生懸命《いっしょうけんめい》で、わりと早く名前と顔が一致《いっち》したように記憶《きおく》している。気の強そうな女子が多い中、志村さんの余裕《よゆう》のなさはむしろ僕の目を引いた。演奏があまり上手《うま》くなかったことも、僕に強い印象を残していた。

だが、部活中の一年生の私語は、暗黙《あんもく》のうちに禁じられていた。挨《あい》拶《さつ》と連絡事項《れんらくじこう》以外はろくに口を利《き》けない環境《かんきょう》にあって、僕たちが初めてまともに喋《しゃべ》ったときには、入部から半年以上が経《た》っていた。その日は珍《めずら》しく部活が休みだった。前日に開かれたコンクールの支部大会で、僕たちは全国大会出場を僅差《きんさ》で逃《のが》した。来年に向けて気持ちを切り替《か》えるという名目で、顧問から三日間の休みを与《あた》えられたのだ。だが、遊びに行く気力はなく、僕は三駅先にある楽器店を一人訪《おとず》れた。

すると、そこに志村さんも来ていたのだった。僕を見ると、ショーケースに隠《かく》れそうになったが、すぐにぴょこんと顔を出し、

「コンクール、お疲《つか》れさまでした」

と、頭を下げた。

「ありがとう」

僕も同じくらいの角度で礼をした。一年目の全日本コンクールに、僕は地区大会から出場していた。一年生からメンバーに選ばれたのは五人だけで、トランペットでは僕が唯一《ゆいいつ》だった。

「菊池くんは、何歳からトランペットをやってるの？　どうしてそんなに上手なの？　家でも練習してるの？」

それぞれ手入れのための道具を買い、なんとなく並んで店を出ると、志村さんは堪《こら》えていたものを吐《は》き出すように質問を重ねた。僕は彼女をファストフード店に誘《さそ》った。話が長くなりそうだと思ったのだ。志村さんはしばらく迷っていたが、嫌《いや》ならいいけど、と僕が引くと、行きたい、行く、と声を張り上げた。僕たちは駅前の店に入った。

「さっきの質問だけど」

「うん」

「トランペットを始めたのは小四だよ。でも、ピアノは三歳からやってた」

「三歳って、随分《ずいぶん》早いね」

「母親がピアノの先生なんだ。だから家に防音室があって、部活以外の時間もそこで結構吹いてる」

二〇二二年度 聖光学院中学校

【国　語】〈第二回試験〉（六〇分）〈満点：一五〇点〉

［注意］字数指定のある問題では、句読点やカッコなども字数に含《ふく》みます。

一　次の①～⑤の文の――線部のカタカナを、それぞれ漢字に直しなさい。

① 彼女《かのじょ》は、いつも分け隔《へだ》てなく人と接することをシンジョウとしている。

② 社会の安定のためには、それぞれがキリツをきちんと守ることが肝要《かんよう》だ。

③ 文化祭の企画《きかく》に行き詰《づ》まってしまったので、ぜひ先生のお知恵《ちえ》をハイシャクしたいのです。

④ 隠《かく》してきた都合の悪い事実が、彼女によってカンパされてしまった。

⑤ 体育祭実行委員の生徒たちは、夏休みの前からその準備にヨネンがない。

二　次の①～⑤の文の□には、それぞれ色を表す漢字一文字が入ります。例にならって、□にあてはまる言葉を漢字一文字で答えなさい。

例
友達でも縁《えん》が切れてしまえば、□の□人も同然だ。
↓赤・他　↓〈答〉他

① プロジェクトリーダーとして、彼女《かのじょ》に□羽の□が立った。

② 歴史を振《ふ》り返ると、いつの時代にも権力者を陰《かげ》で操《あやつ》る□□が存在した。

③ いつもは元気な弟だが、父親にしかられ、□菜に□のようになっている。

④ 人気アイドルが会場から出てくると、少女たちは一斉《いっせい》に□色い□を上げた。

⑤ あの人は、□□の□袴《ばかま》といってもよいくらい、自分のことになると無頓《むとん》着《ちゃく》だ。

三　次の文章を読んで、あとの問いに答えなさい。

金管楽器の力強い音が、まだAまどろみの気配を残す朝の空気を切り裂《さ》いていく。淡《あわ》い水色の空と、足元から立ち上る朝露《あさつゆ》の匂《にお》い。僕《ぼく》はときどき志村《しむら》さんと目を合わせて、トランペットに吹《ふ》き込《こ》む息の強さを、速さを調整した。二人の音がぴたりと重なると、身体が浮《う》かび上がったかのように感じられた。痺《しび》れるような気持ちよさだった。

菊池《きくち》さんは、どんな中学生だったんですか。

仕事柄《しごとがら》だろう、後輩《こうはい》やモデルやデザイナーから、この手の質問をよく受ける。中学時代を思い出すとき、僕の脳裏《のうり》にまずよみがえるのが、朝の河原の光景だった。僕の生まれ育った茨城の街には、花火大会が催《もよお》されるほどの大きな川が流れている。僕と志村さんはその河川敷《かせんしき》で、一年間ほぼ毎日トランペットを練習した。雨や強風の日は鉄橋の下で吹いた。あの、真冬の屋外で金管楽器を演奏する辛《つら》さは、たぶん一生忘れられない。冷気はトランペットを伝って指に絡《から》みつき、ピストンを押《お》せなくする。唇《くちびる》も凍《こご》え、思い通りに息を吹き込めず、暖かくなるまで休みにしようと僕は何度も訴《うった》えたが、志村さんは頑《がん》として首を縦に振《ふ》らなかった。挙げ句の果てに、僕のぶんまでプラスチック製のマウスピースを買ってきて、これで少しはましになると思う、と

2022年度

聖光学院中学校 ▶解説と解答

算数 ＜第２回試験＞（60分）＜満点：150点＞

解答

1 (1) $1\frac{5}{6}$ (2) $21\frac{9}{11}$, $54\frac{6}{11}$ (3) 28個以上 **2** (1) **使ったカード**…385枚, **30のカードの枚数**…２枚 (2) 127 (3) 887 (4) **ア** 24 **イ** 23 **3** (1) $7\frac{1}{3}$cm^2 (2) $14\frac{2}{3}$cm (3) 2 cm (4) $\frac{2}{3}$cm **4** (1) ２分前 (2) １：２ (3) 午前８時８分15秒 (4) **ア** 5 **イ** 50 **5** (1) **図**…解説の図１を参照のこと。／**面積**…４cm^2 (2) $333\frac{1}{3}$cm^3 (3) **面の数**…12個, **体積**…375cm^3

解説

1 逆算, 時計算, 売買損益

(1) $\frac{1}{5}\div\left\{1\frac{4}{9}-(\square+1.5)\times\frac{3}{7}\right\}=12.6$より, $1\frac{4}{9}-(\square+1.5)\times\frac{3}{7}=\frac{1}{5}\div12.6=\frac{1}{5}\div\frac{126}{10}=\frac{1}{5}\times\frac{10}{126}=\frac{1}{63}$, $(\square+1.5)\times\frac{3}{7}=1\frac{4}{9}-\frac{1}{63}=1\frac{28}{63}-\frac{1}{63}=1\frac{27}{63}=1\frac{3}{7}$, $\square+1.5=1\frac{3}{7}\div\frac{3}{7}=\frac{10}{7}\times\frac{7}{3}=\frac{10}{3}$ よって, $\square=\frac{10}{3}-1.5=\frac{10}{3}-\frac{3}{2}=\frac{20}{6}-\frac{9}{6}=\frac{11}{6}=1\frac{5}{6}$

(2) 右の図１, 図２の２回ある。７時ちょうどに長針と短針がつくる大きい方の角の大きさは, 360÷12×７＝210(度)なので, １回目は７時ちょうどから長針が短針よりも, 210－90＝120(度)多く動いたときであり, ２回目は７時ちょうどから長針が短針よりも, 210＋90＝300(度)多く動いたときである。

図１

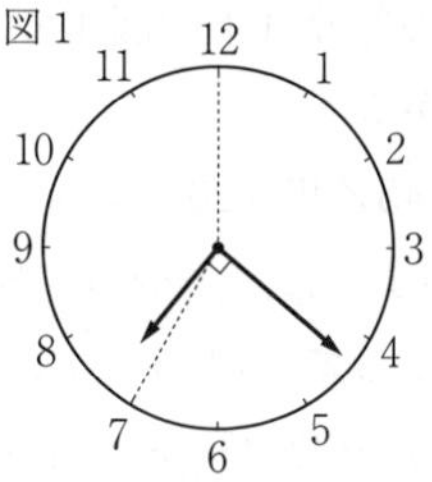

図２

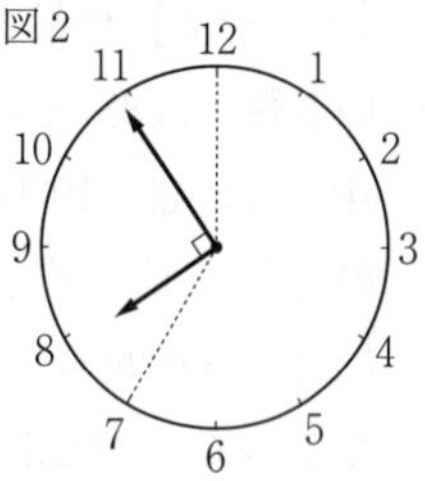

また, 長針は１分間に, 360÷60＝６(度), 短針は１分間に, 360÷12÷60＝0.5(度)動くので, 長針は短針よりも１分間に, ６－0.5＝5.5(度)多く動く。よって, $120\div5.5=21\frac{9}{11}$(分)より, １回目は７時$21\frac{9}{11}$分, $300\div5.5=54\frac{6}{11}$(分)より, ２回目は７時$54\frac{6}{11}$分と求められる。

(3) はじめに, それぞれの店で10個買うときの代金の差を求める。Ａ店では, 10個目までの値段は, 200×(１－0.12)＝176(円)なので, 10個買うときの代金は, 176×10＝1760(円)になる。また, Ｂ店では, ５個目までの値段は200円, ６個目からの値段は, 200×(１－0.17)＝166(円)なので, 10個買うときの代金は, 200×５＋166×(10－５)＝1830(円)と求められる。よって, 10個買うときの代金はＡ店の方が, 1830－1760＝70(円)安いことがわかる。次に, 11個目からの値段は, Ａ店では, 200×(１－0.15)＝170(円), Ｂ店では166円なので, Ｂ店の方が, 170－166＝４(円)安い。したがって, 70÷４＝17余り２より, 10個を超《こ》えた分の個数が17個まではＡ店で買う方が安いが, 18個以上になるとＢ店で買う方が安くなる。つまり, Ｂ店の方が安くなるのは, 10＋18＝28(個)以上買うときである。

2 図形と規則

(1) 【正方形A】をつくるのに必要なカードの枚数は$(A\times A)$枚なので，【正方形１】から【正方形10】までをつくるときに必要なカードの枚数は，$1\times1+2\times2+3\times3+4\times4+5\times5+6\times6+7\times7+8\times8+9\times9+10\times10=$385(枚)である。また，右の図①のように一番外側の１周を太線で区切ると，１つの区切りのカードの枚数は$(A-1)$枚になる。よって，$A=10$の場合，★$=(10-1)\times3=27$，☆$=(10-1)\times4=36$なので，30は１列目にあることがわかる。同様に，$A=9$の場合，★$=(9-1)\times3=24$，☆$=(9-1)\times4=32$だから，30は１列目にある。ところが，$A=8$の場合，☆$=(8-1)\times4=28$なので，30が１列目にくることはない(Aが７以下の場合も同様)。したがって，１列目にある30の枚数は２枚である。

図①

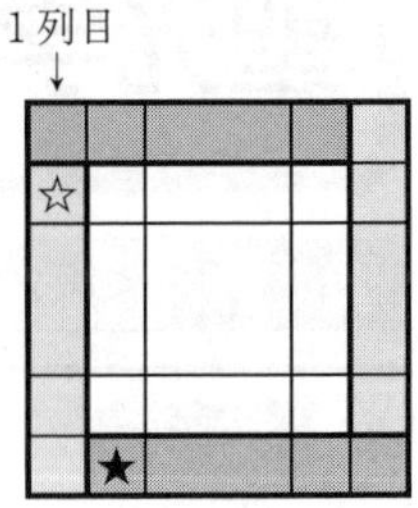

(2) 右の図②のcの値を求める。１つの区切りのカードの枚数は，$25-1=24$(枚)なので，$a=24\times4=96$とわかる。また，aからbまでの枚数は24枚なので，$b=96+24-1=119$となる。さらに，bからcまでの枚数は，$10-2+1=9$(枚)なので，$c=119+9-1=127$とわかる。

図②

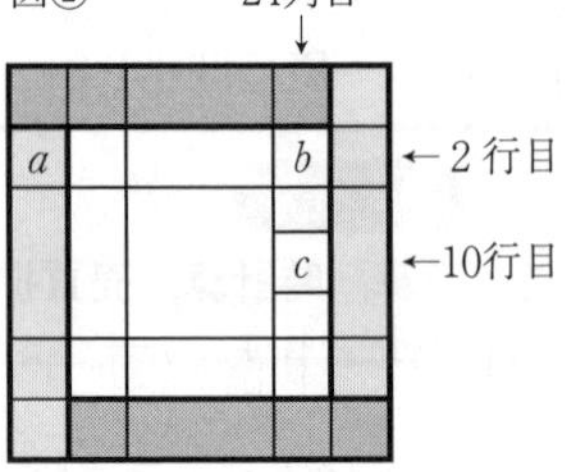

(3) 【正方形30】の最後に並べるカードは，$30\times30=900$である。また，Aの値が偶数《ぐうすう》のとき，下の図③のように，最後の４枚は$(A\div2)$行目の$(A\div2)$列目から時計回りに並べる(図③は$A=6$の場合)。よって，$30\div2=15$より，【正方形30】の最後の部分は下の図④のようになるので，14行目の16列目にあるカードに書かれている数字は887とわかる。

(4) $44\times44=1936$，$45\times45=2025$より，条件に合うのは【正方形45】とわかる。また，Aの値が奇数《きすう》のとき，下の図⑤のように，最後の１枚は$\{(A+1)\div2\}$行目の$\{(A+1)\div2\}$列目にある(図⑤は$A=5$の場合)。よって，$(45+1)\div2=23$より，【正方形45】の最後の部分は下の図⑥のようになるので，2022が書かれたカードは24行目の23列目にあることがわかる。

図③

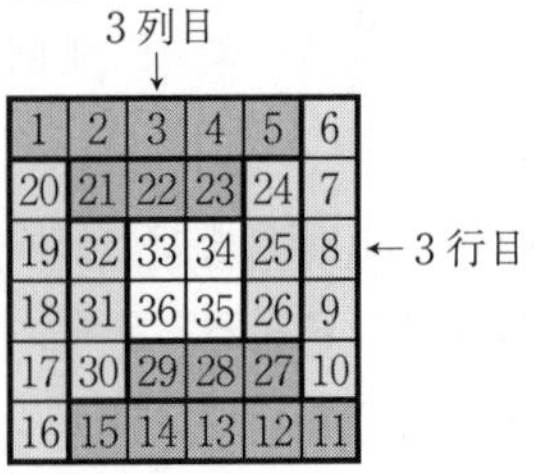

図④

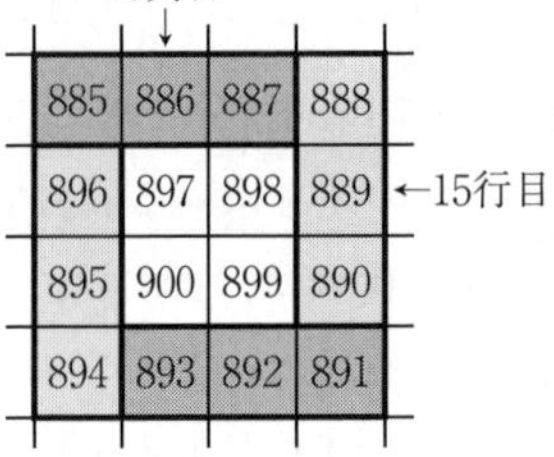

図⑤

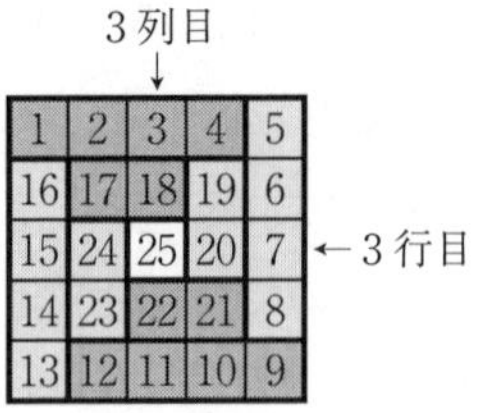

図⑥

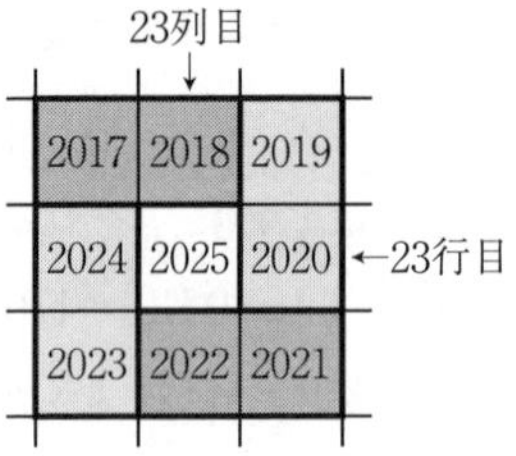

3 平面図形―相似，面積，長さ

(1) 下の図①で，三角形ABC，三角形QJC，三角形A′JIは相似である。また，三角形ABCの３つの辺の長さの比は，$6:8:10=3:4:5$だから，三角形QJCと三角形A′JIの３つの辺の長さの比も$3:4:5$となる。よって，$\mathrm{QJ}=4\times\frac{3}{4}=3$(cm)なので，$\mathrm{JA'}=4-3=1$(cm)，$\mathrm{IA'}=1\times\frac{4}{3}=\frac{4}{3}$(cm)となり，三角形A′JIの面積は，$1\times\frac{4}{3}\div2=\frac{2}{3}$(cm^2)と求められる。さらに，三角形

QPA′の面積は，4×4÷2＝8（cm^2）である。したがって，重なっている部分（四角形PIJQ）の面積は，$8-\frac{2}{3}=7\frac{1}{3}$（$cm^2$）とわかる。

図①

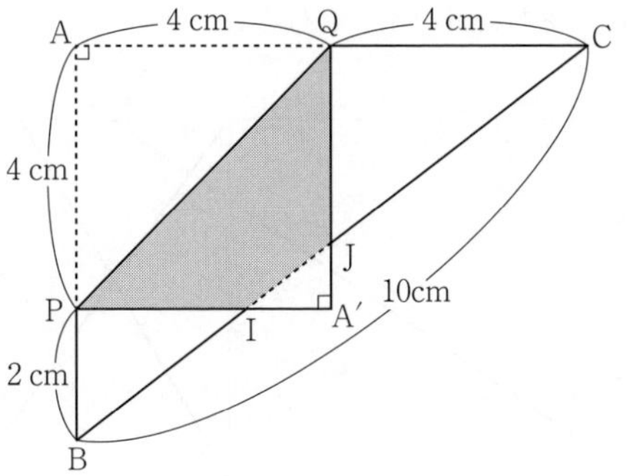

図②

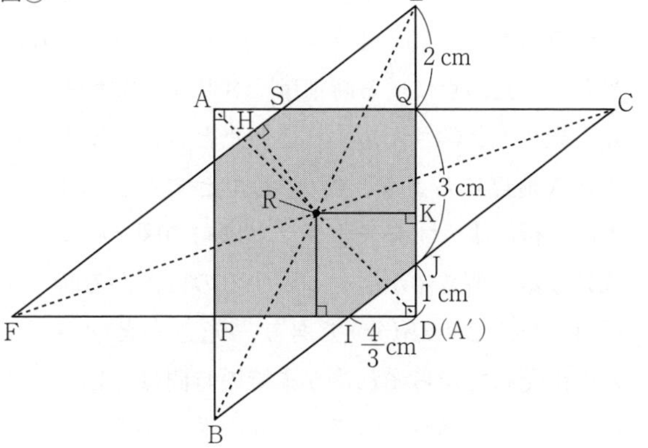

⑵　問題文中の図2の点Rは，図①の正方形APA′Qの対角線の交点と同じ位置にある。よって，三角形ABCを180度回転移動した後の図形は上の図②のようになる。図②で，$JI=1\times\frac{5}{3}=\frac{5}{3}$（cm），$PI=4-\frac{4}{3}=\frac{8}{3}$（cm）であり，重なってできる図形は点対称《たいしょう》な図形だから，周の長さは，$\left(3+\frac{5}{3}+\frac{8}{3}\right)\times2=14\frac{2}{3}$（cm）と求められる。

⑶　三角形DEFの面積は，8×6÷2＝24（cm^2）である。さらに，三角形DEFを三角形RDE，三角形REF，三角形RFDに分けると，三角形RDEの面積は，6×2÷2＝6（cm^2），三角形RFDの面積は，8×2÷2＝8（cm^2）なので，三角形REFの面積は，24−（6＋8）＝10（cm^2）とわかる。よって，三角形REFの高さ，つまり，RHの長さは，10×2÷10＝2（cm）と求められる。

⑷　RK＝RHより，直角三角形ERKと直角三角形ERHは合同とわかる。また，EK＝6−2＝4（cm）である。よって，EH＝EK＝4cmとなる。さらに，三角形QESは三角形ABCと相似だから，$ES=EQ\times\frac{5}{3}=2\times\frac{5}{3}=\frac{10}{3}$（cm）である。よって，$SH=4-\frac{10}{3}=\frac{2}{3}$（cm）と求められる。

4　旅人算

⑴　光さんと学さんがすれ違《ちが》った地点をB，光さんと聖さんがすれ違った地点をCとして，3人の進行のようすをグラフに表すと，右の図1のようになる。光さんと学さんの速さの比は4：5なので，A′B間とAB間の距離《きょり》の比は4：5とわかる。また，三角形アイウと三角形アエオは相似であり，相似比は，（4＋5）：4＝9：4だから，$エオ=4\frac{30}{60}\times\frac{4}{9}=2$（分）と求められる。したがって，聖さんがB地点を通過するのは，光さんと学さんが出会う2分前である。

図1

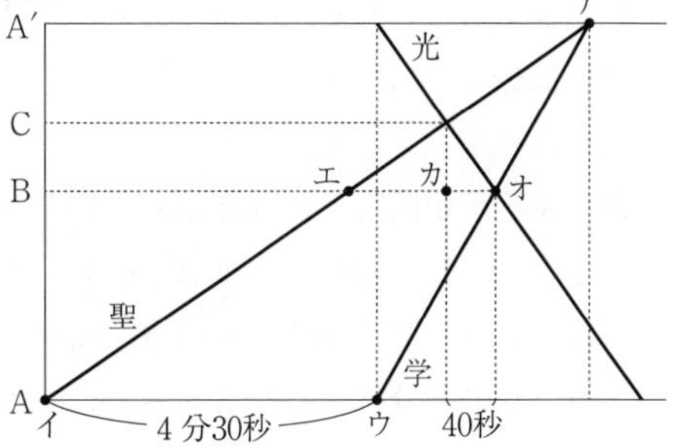

⑵　$エカ=2-\frac{40}{60}=\frac{6}{3}-\frac{2}{3}=\frac{4}{3}$（分）なので，$エカ：カオ=\frac{4}{3}：\frac{2}{3}=2：1$となる。つまり，聖さんと光さんがBC間を移動するのにかかる時間の比が2：1だから，聖さんと光さんの速さの比は，$\frac{1}{2}：\frac{1}{1}=1：2$とわかる。

⑶　光さん，学さんの速さをそれぞれ分速4，分速5とすると，聖さんの速さは分速，$4\times\frac{1}{2}=2$

となる。すると，聖さんが4.5分で移動する距離は，２×4.5＝９となるので，学さんが出発してから聖さんに追いつくまでの時間，つまり，学さんが池を１周するのにかかる時間は，９÷（５－２）＝３（分）と求められる。よって，池１周の距離は，５×３＝15となり，光さんが池を１周するのにかかる時間は，15÷４＝3.75(分)とわかる。これは，60×0.75＝45(秒)より，３分45秒となるので，光さんがＡ地点に戻《もど》る時刻は，８時４分30秒＋３分45秒＝８時８分15秒である。

(4)　光さんと学さんがすれ違ったときに，聖さんがＡ地点にちょうど到着《とうちゃく》したとすると，３人の進行のようすを表すグラフは右の図２のようになる。聖さんが池を１周するのにかかる時間は，15÷２＝7.5(分)であり，光さんと学さんが出発してからすれ違うまでの時間は，15÷（４＋５）＝$\frac{5}{3}$(分)なので，３人の進行が図２のようになるのは，聖さんが出発してから，7.5－$\frac{5}{3}$＝$5\frac{5}{6}$(分後)に光さんと学さんが出発するときである。これは，60×$\frac{5}{6}$＝50(秒)より，５分50秒後となるので，光さんと学さんが出発した時刻は，８時＋５分50秒＝８時５分50秒より前である。

図２

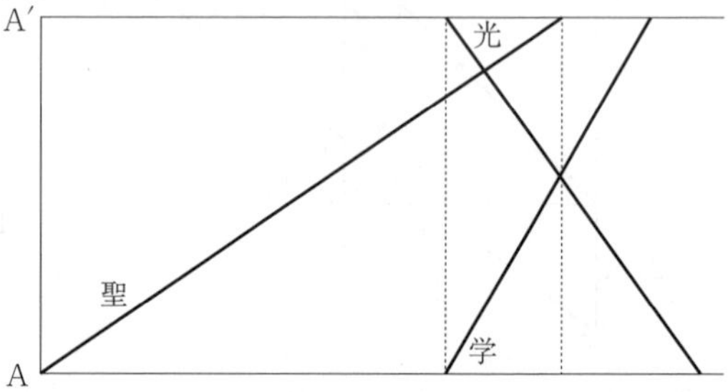

5　立体図形―図形の移動，体積

(1)　右の図１で，はじめにＸとＹは点線の位置にあり，このとき対角線の交点はＣの位置にある。また，Ｘの対角線の交点がＣからＢまで10cm移動するのにともなって，Ｘの面EFGHからの高さは，10÷２＝５(cm)高くなる。よって，Ｘの面EFGHからの高さが４cmになるのは，対角線の交点がＣからＢの方向へ，10×$\frac{4}{5}$＝８(cm)移動したときである。同様に，Ｙの面EFGHからの高さが４cmになるのは，対角線の交点がＣからＤの方向へ８cm移動したときである。したがって，ＸとＹが重なる部分は斜線《しゃせん》部分であり，その面積は，２×２＝４(cm^2)と求められる。

図１

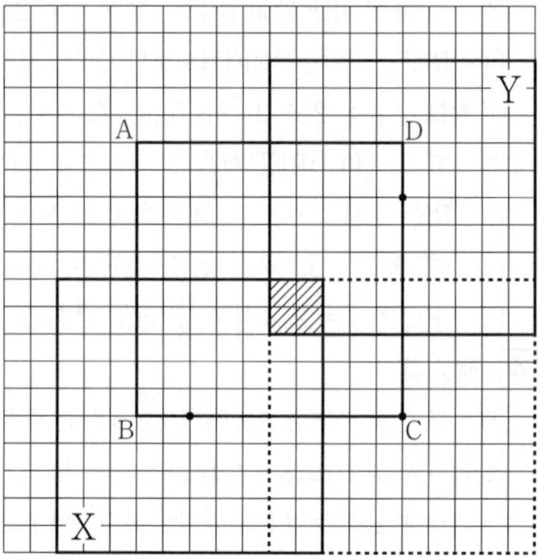

(2)　ＸとＹが同時に移動を始め，同じ速さで移動する場合の重なりの部分を考える。はじめに重なっているのは１辺の長さが10cmの正方形であり，ＸがＧからＰまで，ＹがＧからＱまで移動するのにともなって，重なりの正方形は小さくなる。また，面EFGHからの高さが５cmになったときに重なりの部分はなくなる。さらに，ＸがＰからＡまで，ＹがＱからＡまで移動するのにともなって，重なりの部分は再び正方形になり，ＸとＹがＡにあるとき，重なりの部分は１辺の長さが10cmの正方形になる。よって，ＸとＹがともに通過するのは，下の図２のような四角すいを２つ組み合わせた形の立体であり，その体積は，10×10×５×$\frac{1}{3}$×２＝$333\frac{1}{3}$(cm^3)と求められる。

(3)　立方体の内部でＸが通過する部分は，下の図３のように合同な六角柱を２つ組み合わせた形になるので，面の数は12個である。また，三角形IJPと三角形KJFは合同だから，JF＝５÷２＝2.5(cm)で，三角形KJFの面積は，５×2.5÷２＝6.25(cm^2)となる。よって，底面の六角形の面積は，

10×５－6.25×２＝37.5(cm^2)だから，六角柱１つの体積は，37.5×５＝187.5(cm^3)となり，通過する部分の体積は，187.5×２＝375(cm^3)とわかる。

図２

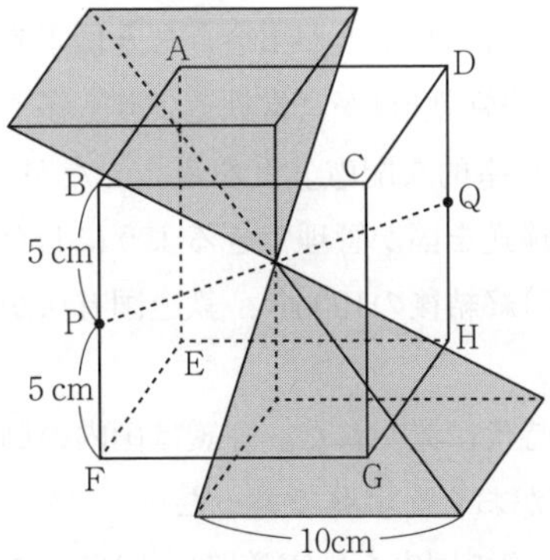

図３

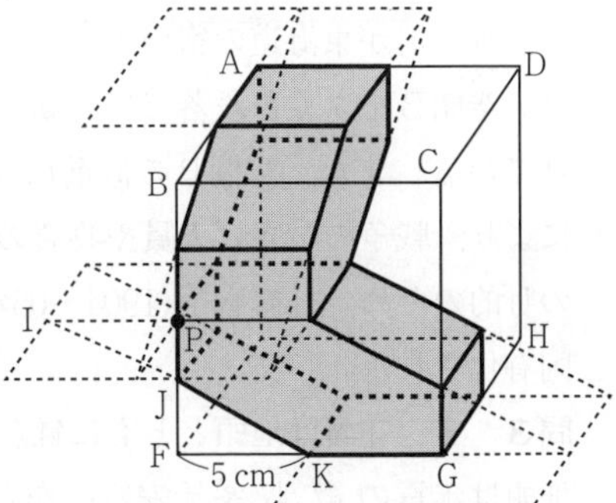

社 会　＜第２回試験＞（40分）＜満点：100点＞

解 答

1 問１　１　高輪ゲートウェイ　２　国会(帝国議会)　３　岩倉具視　問２　ウ　問３　イ　問４　イ　問５　ウ　問６　イ　問７　エ　問８　イ　問９　ウ　問10　エ　問11　ア　問12　(例)　東海道線の建設用の資材を武豊港から運ぶため。　**2** 問１　ア　問２　最高裁判所　問３　２　国会　３　弾劾　問４　表現(の自由)　問５　エ　**3** 問１　カ　問２　EU　問３　(a)　ネット専門の旅行予約サイト(オンライン旅行会社)　(b)　ア　問４　エ　問５　(a)　ア　(b)　ア　(c)　イ　**4** 問１　B　エ，コ　E　イ，カ　問２　１　ア　２　エ　問３　(a)　右の図　(b)　福岡(県)，佐賀(県)　(c)　長崎県…オ　鹿児島県…イ　問４　Ⅰ　イ　Ⅱ　ア　問５　(a)　ア　(b)　エ　(c)　エ　(d)　ア

解 説

1 **鉄道を題材とした各時代の歴史的なことがらについての問題**

問１　**１**　JR山手線の高輪ゲートウェイ駅は品川駅と田町駅の間に位置しており，その付近に高輪大木戸という江戸時代の門の跡がある。「ゲートウェイ」は「門」という意味の英語である。高輪築堤は，1872年に新橋―横浜間に最初の鉄道が開通したさいに，東京湾の浅瀬に蒸気機関車を走らせるために築かれた。　**２**　1890年，第１回衆議院議員選挙が行われ，初めて国会が開かれた。この国会(帝国議会)は衆議院と貴族院の二院制で，衆議院は国民による選挙で選ばれた議員で構成され，貴族院は皇族・華族や多額納税者などの議員によって構成されていた。　**３**　1871年，明治新政府は不平等条約改正の予備交渉《こうしょう》や視察のために，公家の岩倉具視《ともみ》を大使(団長)，大久保利《とし》通《みち》，木戸孝允《たかよし》，伊藤博文《ひろぶみ》らを副使とする使節団を欧米諸国に派遣した(岩倉使節団)。

問２　A　東海道は日本橋を起点とし，品川が１番目の宿場であった。新橋は品川よりも日本橋に近く，江戸時代から市街地となってにぎわっていた。また，横浜は開港後に急速に発展し，街が拡大していた。なお，横浜は日米修好通商条約(1858年)により，神奈川のかわりに開港された。これは，神奈川が東海道の宿場町で，外国人と日本人が出会うことによる混乱を避《さ》けるためであった。
Ｂ　空欄《くうらん》Ｂをふくむ段落では，私鉄(民営鉄道)が官営鉄道よりも多く建設されていたことが述べられている。また，空欄Ｂの直前に「軍事的な配慮《はいりょ》」とある。したがって，政府は「私鉄の国有化」により，戦争のときに人員や物資の輸送を国が管理できるようにしたのだと考えられる。なお，この目的のため，日露戦争(1904～05年)終結後の1906年，鉄道国有法が制定され，おもな私鉄17社が国有化された。

問３　ア　守護は地頭とともに鎌倉時代に置かれた。守護は国内の御家人の統率や軍事・警察など，地頭は年貢の徴収《ちょうしゅう》や治安維持などがおもな職務であった。　イ　古代律令制の時代(飛鳥時代後半から平安時代前半)には，都と全国の国府を結ぶ道路に約16kmごとに駅家《うまや》が置かれ，駅馬・宿泊・食事などを提供した。役人は馬を乗りついで，中央の政治命令を地方に伝達した。　ウ　古代律令制のもとで，農民は防人《さきもり》や衛士《えじ》などの兵役を課された。駅家は役人のための施設で，農民は装備や食料などを自分で負担しなければならなかった。　エ　参勤交代は江戸時代の制度である。なお，宿場町では，大名や公家・役人など身分の高い人々は本陣《ほんじん》，一般庶民《しょみん》は旅籠《はたご》に宿泊した。

問４　鉄器は，青銅器とともに弥生時代に朝鮮半島から伝わった。大量生産がしやすく，耐久《たいきゅう》性にすぐれているため，工具・農具・武器などとして用いられ，弥生時代後期には石器にかわって主力となった。卑弥呼《ひみこ》が邪馬台国《やまたいこく》の女王になったのは３世紀(弥生時代)のことなので，イが選べる。なお，アとウは古墳時代，エは縄文時代のできごと。

問５　ア　徳川家康が征夷《せいい》大将軍に任命されて江戸に幕府を開いたのは1603年，豊臣氏が大坂(大阪)の陣《じん》により滅亡《めつぼう》したのは1615年のことである。　イ　1639年，江戸幕府の第３代将軍徳川家光はポルトガル船の来航を禁止して鎖国体制を確立した。鎖国中は，キリスト教の布教を行わないオランダと清(中国)にかぎり，長崎を唯一《ゆいいつ》の貿易港として幕府と貿易することが認められた。また，朝鮮とは対馬《つしま》藩(長崎県)，琉球《りゅうきゅう》とは薩摩《さつま》藩(鹿児島県)，蝦夷《えぞ》地(北海道)とは松前藩(北海道松前)を仲立ちとした貿易が行われていた。　ウ　享保《きょうほう》の改革をすすめた江戸幕府の第８代将軍徳川吉宗は，幕府の財政難を改善するため，大名に領地１万石につき100石の米を差し出させるかわりに，参勤交代での江戸滞在《たいざい》期間を１年から半年に縮めた。この政策を上げ米の制という。　エ　大塩平八郎は天保《てんぽう》のききん(1833～36年)に対する幕府の処置を不満として，1837年に大坂で乱を起こした。田沼意次《おきつぐ》は天明のききん(1782～87年)のさいの老中である。

問６　一般的に，人は時速４km程度で歩くことができる。１日に８時間歩くと，４×８＝32(km)進めるので，500÷32＝15.625より，イが選べる。

問７　平安時代初め，唐(中国)で学んだ空海は帰国後，高野山(和歌山県)に金剛峯《こんごうぶ》(峰)寺《じ》を建てて真言宗を広めた。また，唐で学んだ最澄《さいちょう》は帰国後，比叡山《ひえいざん》(滋賀県・京都府)に延暦寺《えんりゃくじ》を建てて天台宗を広めた。このころ，貴族の教養として漢詩文をつくることがさかんになった。なお，アは奈良時代，イは平安時代中期，ウは鎌倉時代の説明。

問８　問２のＡの解説を参照のこと。なお，日米和親条約(1854年)により，江戸幕府は函館(箱館，北海道)と下田(静岡県)の２港を開いた。そして，日米修好通商条約では，すでに開港されていた函館(下田は閉鎖)のほか，神奈川，新潟，兵庫，長崎が開港地とされた。

問９　大正時代は1912～26年で，ウは「平民宰相《さいしょう》とよばれた原敬《はらたかし》」ではなく「加藤高明《たかあき》」が正しい。普通選挙法は，1925年に加藤高明内閣がエの治安維持法とともに成立させた。なお，アのワシントン海軍軍縮条約は1922年に結ばれた。イのシベリア出兵は1918～22年，米騒動《そうどう》は1918年のできごと。

問10　1894年，朝鮮南部で発生した甲午《こうご》農民戦争の鎮圧《ちんあつ》を朝鮮政府に求められた清が出兵したことにより，日本は清に宣戦布告し，日清戦争が始まった。翌95年，下関条約が結ばれ，日本は領土や賠償《ばいしょう》金を獲得《かくとく》したが，ロシア・フランス・ドイツによる三国干渉を受け，遼東《リャオトン》半島を返還させられた。なお，甲は北清事変(1900年)，Ａは日露戦争の講和条約であるポーツマス条約(1905年)の説明文。

問11　1960年に首相となった池田勇人《はやと》が打ち出した国民所得倍増計画により，経済は大きく発展し，1968年に日本のGNP(国民総生産)はアメリカについで世界第２位となった。なお，かつてはGNPが経済規模を示す数値として用いられていたが，現在はGDP(国内総生産)が用いられている。また，イについて，石油危機(オイルショック)が起こったのは1970年代，バブル景気が崩壊《ほうかい》したのは1990年代初めのことである。ウは「吉田茂《しげる》」ではなく「鳩山《はとやま》一郎」，エは「池田勇人」ではなく「佐藤栄作」が正しい。

問12　武豊《たけとよ》線は東海道線全通より早く開通していたとあり，終点の武豊駅周辺は港町だったと述べられている。また，武豊線と東海道線は大府《おおぶ》駅でつながっている。よって，東海道線の建設用の資材を武豊港で陸揚《りくあ》げし，それを武豊線で大府駅付近まで運んだと推測できる。

２　新聞記事と日本国憲法の条文についての問題

問１　高等裁判所は，おもに第二審を担当し(民事裁判の場合は第三審を担当することもある)，札幌(北海道)・仙台(宮城県)・東京・名古屋(愛知県)・大阪・広島・高松(香川県)・福岡の８か所に置かれている。

問２，問３　示されている日本国憲法第78条に「裁判官の懲戒《ちょうかい》処分は，行政機関がこれを行ふ《(う)》ことはできない」とあり，新聞記事中に「(１)から戒告の懲戒処分を受け」とあるので，１の機関は内閣(行政機関)ではなく国会(立法機関)か裁判所(司法機関)とわかる。また，国会が裁判官に対して行うのは罷免《ひめん》(辞めさせること)を求める弾劾《だんがい》裁判なので(第64条)，１の機関は国会でもない。よって，１の機関は裁判所で，その構成員である高裁判事の処分を行っているので，高等裁判所より上級の最高裁判所と推測できる。なお，Ａ判事の懲戒処分は，裁判官分限法にもとづいて行われた。

問４　「SNSの発信が問題」となっているので，表現の自由に関わっている。

問５　国家の政治権力を立法権，行政権，司法権に分け，それぞれを国会，内閣，裁判所の機関に担当させることによって，ほかの権力を抑《おさ》えあうしくみを三権分立という。新聞記事中の弾劾裁判は，国会が裁判所に対して持つ権限である。なお，アの財政民主主義は，国家が支出や課税などの財政活動を行うさいには国会での議決が必要であるという考え方。イの三審制は，第一審の判決に不服があるときは第二審に控訴《こうそ》し，第二審の判決にも不服の場合は第三審に上告することができるしくみ。ウの議院内閣制は，内閣が国会の信任にもとづいて成立し，国会に対して連帯責任を負うという制度である。

３　世界最初の旅行代理店を題材とした問題

問１　示されている衛星写真を見ると，中央で船が運河の岸壁《がんぺき》に引っかかっていることがわかる。これは，2021年３月にエジプトのスエズ運河で座礁《ざしょう》事故を起こした日本の大型コンテナ船で，運河は１週間近く通行不能になり，世界の物流に大きな影響が出た。スエズ運河は紅海と地中海を結んでおり，紅海はアラビア半島とアフリカ大陸の間，地中海はヨーロッパとアフリカ大陸の間に位置しているので，カが選べる。つまり，コースのインドからイギリスまでの部分は，インド→インド洋→紅海→スエズ運河(カ)→地中海→大西洋→イギリスとなる。

問２　「英国」「イギリス」「離脱《りだつ》」とあることから，EU(ヨーロッパ連合)とわかる。イギリスでは2016年に国民投票が行われ，2019年にEUから離脱することになっていたが，議会での合意が得られなかったため何度か延期され，2020年に離脱した。

問３　(a)　ネット専門の旅行予約サイト(オンライン旅行会社)はインターネット上だけで営業を行う旅行会社で，店舗《てんぽ》があって店員のいる旅行会社(旅行代理店)よりも家賃や人件費などを低く抑えられるため，旅行代金が安いことが多い。図１で「旅行会社のインターネット販売比率」が近年伸びていることや，図２で「ネット専門の旅行予約サイト」の数値が大きく増えていることからも判断できる。　(b)　ア　インターネットの普及《ふきゅう》にともない，一般の人々でも旅行先の情報を得やすくなったため，旅行代理店にたよらず，自分の希望や都合に合わせて旅行を計画する人が増加している。　イ　図２の「旅行会社のウェブサイト」の数値が2008年から2010年にかけて変化していないので，「う」は正しくない。　ウ　図２の「旅行会社のウェブサイト」「ネット専門の旅行予約サイト」「宿泊施設のウェブサイト」の数値の合計が2008年から2010年にかけて増えているので，「う」は正しくない。　エ～カ　アメリカ同時多発テロ事件は2001年のできごとなので，2019年のトーマス・クック社の倒産と直接的な関係はないと考えられる。また，図１より，エとオの「う」は正確でないといえる。

問４　自国の通貨が安いときには，外国の通貨が相対的に高くなるので，海外旅行がしにくくなる。たとえば，ポンド安のときにイギリス人が日本に旅行すると，円高により日本では物価が高くなるため買い物がしにくくなり，旅行費用の総額が高くなる。なお，アのようにポンド高のとき，イギリスでは輸入品の価格が安くなる。逆に，イのようにポンド安のとき，イギリスでは輸入品の価格が高くなる。

問５　(a)　ヨーロッパでは，イタリアやスペインを北緯40度線が通っているので，アのローマ(イタリア)が選べる。なお，イのオスロ(ノルウェー)は北緯60度付近，ウのロンドン(イギリス)は北緯51度付近，エのレイキャビク(アイスランド)は北緯64度付近に位置している。　(b)　地球は西から東に１時間あたり，360÷24＝15(度)の速さで自転しており，日本は兵庫県明石《あかし》市を通る東経135度の経線を標準時子午線としているので，$\left(135-12\frac{28}{60}\right)\div15=8.1\cdots$より，イタリアの現地時間は日本より８時間ほど遅《おく》れていると考えられる。よって，イタリア現地時間で，出発時刻は，12月24日14時30分－８時間＝12月24日６時30分頃《ごろ》なので，到着《とうちゃく》時刻は，12月24日６時30分＋13時間＝12月24日19時30分頃と求められる。なお，日本とイタリアの時差は，実際に８時間である。　(c)　示されている２枚の絵は，葛飾北斎《かつしかほくさい》の浮世絵《うきよえ》版画集「富嶽《ふがく》三十六景」に収められている。北斎は江戸時代の化政文化を代表する浮世絵師で，左の絵は「神奈川沖浪裏《なみうら》」，右の絵は「赤富士」ともよばれる「凱風《がいふう》快晴」である。なお，イ以外も化政文化を代表する浮世絵師で，アの歌川(安藤)広重《ひろしげ》は浮世絵版画集「東海道五十三次」，ウの喜多川歌麿《きたがわうたまろ》は美人画，エの東洲斎写楽《とうしゅうさいしゃらく》は役者絵で知られる。

4　日本の自然や地域の生活，自然災害についての問題

問１　**B**　中央高地の気候に属する地点である。グラフを見ると，降水量は７月と９月に多いものの，年間を通して少ない。これは，海からの季節風の影響が年間を通じて少ないためと考えられる。
E　南西諸島の気候に属する地点である。グラフを見ると，降水量は５～６月と８～９月に多く，８～９月は熱帯低気圧(台風)の影響があると考えられる。　なお，Aはオ・ケ，Cはア・キ，Dはウ・ク。

問２　**1**　山の斜面《しゃめん》のうち，周囲より高く，馬の背のようになった部分を尾根といい，尾根と尾根の間の，周囲より低くなった部分を谷という。等高線を比べると，尾根では線が頂上から突《つ》き出すように並び，谷では線が頂上に向かって食いこむように並ぶ。山間部では，河川は谷を流れ，尾根を越《こ》えて流れることがない。　**2**　日本列島には，全長1000キロメートル以上におよぶ巨大な断層帯である中央構造線が，九州地方から四国地方北部，紀伊半島を経て伊勢湾まで東西方向に通っている。中央構造線はその後，天竜川に沿って北上し，諏訪《すわ》湖付近でフォッサマグナにぶつかる。

問３　**(a)**　四国地方と同様に，尾根に沿って県境があると考えられるので，熊本県側(西)に流れている川と宮崎県側(東)に流れている川の間に，県境を書き入れる。　**(b)**　筑後《ちくご》川は九州地方北部をおおむね東から西へ向かって流れ，筑紫《つくし》平野を通る下流部は福岡・佐賀県境を形成し，有明海に注いでいる。　**(c)**　ア　熊本県はい草やトマトの生産量が全国第１位となっている。「大規模なカルデラ地形をつくっている火山」は阿蘇《あそ》山である。　イ，ウ　鹿児島県と宮崎県は畜産業がさかんで，肉類(肉用牛・豚・肉用若鶏《わかどり》)の供給量がとくに多い。宮崎県は，県の面積の約75%を山地が占《し》めるので，林野面積率が高いとあるウと判断できる。もう一方のイが鹿児島県である。　エ　大分県西部の八丁原《はっちょうばる》や大岳《おおたけ》などには地熱発電所があり，大分県の地熱発電は日本一の発電量をほこっている。また，筑後川の上流にある日田《ひた》はスギ材(日田スギ)の産地として知られる。　オ　長崎県は，造船業がさかんであるため，輸送用機械の出荷額が多い。また，人口の減少が著しい。　カ　福岡県は，自動車工業がさかんであるため，輸送用機械の出荷額が多い。また，九州地方(沖縄県はのぞく)では唯一，県の人口が増加している(2020年10月)。　キ　佐賀県は有田焼(伊万里《いまり》焼)や唐津《からつ》焼などで知られ，窯業《ようぎょう》(陶磁器《とうじき》などの製造業)の産地が県内にいくつも存在する。また，筑紫平野では稲作がさかんである。

問４　**Ⅰ，Ⅱ**　火山灰は，偏西《へんせい》風に乗って東へ移動し，東京都や千葉県にまでおよぶと考えられているので，図Ⅰはイとなる。また，火砕《かさい》流は，傾斜《けいしゃ》が急な北東方向と南西方向の到達距離が長くなると想定されているので，図Ⅱはアとなる。なお，富士山の溶岩《ようがん》は粘《ねば》り気が少なく，溶岩が流れ出す火口も多いため，到達距離が長いと考えられているので，図Ⅲはウとなる。

問５　**(a)～(d)**　1980年の東北地方における米の不作は，「やませ」が原因と考えられる。東北地方の太平洋側では，初夏から盛夏にかけて，オホーツク海にある高気圧から吹《ふ》き出す北東の風が，沖合を流れる寒流の千島海流(親潮)の上を通り，霧《きり》状の湿った冷たい風となって吹きつけることがある。この風を「やませ」といい，霧や雲が多く発生して日光をさえぎり，気温の上昇をさまたげるので，これが長く続くと稲の生育が遅れ，冷害の原因となる。一方，日本海側では，風が奥羽山脈を越えるときに雨を降らせて水分を減らすので，ふもとでは乾いた暖かい風となる。

理　科　＜第２回試験＞（40分）＜満点：100点＞

解　答

1 (1) (a) (ア)　(b) (エ), (オ)　(2) (a) ニワトリ　(b) (エ)　(3) (a) (エ)　(b) (ウ)　(c) (ウ)　(4) (a) (ウ)　(b) (イ)　(5) (a) (オ)　(b) (ウ)　(6) (a) (イ), (オ)　(b) (例) 食べる部分は，もとの品種の花たくが成長したものだから。　2 (1) 霧　(2) 冷却　(3) (イ)　(4) (a) 33％　(b) 8℃　(5) (a) (イ)　(b) 22℃　3 (1) (イ)　(2) (オ)　(3) (ウ)　(4) (a) (カ)　(b) 18g　(c) 25g　(d) 90g　4 (1) 80g　(2) (ウ)　(3) (イ)　(4) 0.18アンペア　(5) 0.2アンペア　(6) 150g　(7) (例) 導線の残りを鉄芯に巻くと，$\frac{0.942}{3.768}=\frac{1}{4}$より，巻き数は$\frac{5}{4}$倍になる。電磁石の力は巻き数と電流の大きさに比例するので，電流の大きさを，$0.6\times\left(2\div\frac{5}{4}\right)=0.96$(アンペア)にすればよい。

解　説

1 いろいろな食品やその成分についての問題

(1) (a) ケーキなどに使う小麦粉である薄力粉《はくりきこ》には，炭水化物が約76％，タンパク質が約８％，脂《し》肪《ぼう》が約２％，ビタミンとミネラルがわずかに含《ふく》まれている。　(b) 小麦粉はコムギの種子からつくられ，その種子には，発芽のための養分となる胚乳《はいにゅう》が約83％，芽や根となる胚が約２％，種皮が約15％含まれている。また，小麦粉は主に胚乳を粉末にしてつくられているが，胚乳と胚と種皮をすべて粉にしてつくる全粒粉《ぜんりゅうふん》とよばれる小麦粉もある。

(2) (a) 普段，料理をするときに使う卵は，ニワトリの卵が多い。ウズラの卵を使うときもあるが，一人あたりの年間消費量はニワトリの卵の$\frac{1}{30}$以下である。　(b) (あ) 図はメダカの卵と判断できる。メダカの卵は球形で，直径は１～1.5mmほどである。卵のまわりには細く短い毛と長い毛(付着毛)があり，付着毛で水草などにからみつく。卵を包む膜《まく》は透明《とうめい》で，内部には油の粒《つぶ》がちらばっている。なお，ヤモリはは虫類で，卵はやわらかく白い殻《から》におおわれている。また，サケの卵は球形で，イクラなどに加工される。　(い) 図はイモリの卵と判断できる。イモリは両生類で，卵が透明な寒天質(ゼリー状の物質)におおわれている。　(う) 図はカメの卵と判断できる。カメはは虫類で，やわらかく白い殻におおわれた卵を土や砂の中に産む。なお，カエルは両生類で，卵が透明な寒天質におおわれている。

(3) (a) ベーキングパウダー(膨《ふく》らし粉)の主成分の重曹《じゅうそう》(炭酸水素ナトリウム)は白色の固体で，加熱すると分解して二酸化炭素，水，炭酸ナトリウムになる。　(b), (c) パンの生地を膨らませるときには，酵母《こうぼ》(イースト)という微《び》生物を使う。酵母は，パンの生地に含まれる糖を分解して，二酸化炭素とエタノールをつくる。このとき発生した二酸化炭素によってパンの生地が膨らみ，エタノールはパンを焼くときにそのほとんどが蒸発する。なお，大腸菌《きん》は，主に大腸に生息している微生物である。乳酸菌は，糖を分解して乳酸をつくり出す微生物で，ヨーグルト・チーズ・漬《つ》け物・味噌《みそ》・醤油《しょうゆ》などの製造に関わっており，ヒトの体内にも存在する。ミドリムシとゾウリムシは，水中に生息するプランクトンである。

(4) (a) 牛乳には，炭水化物が約５％，タンパク質が約４％，脂肪が約５％，ミネラルが約１％，ビタミンがわずかに含まれている。牛乳のさまざまな加工品のうち，生クリームは乳脂肪分(脂肪の濃度《のうど》)を18.0%以上に高めることでつくられる。　(b)　生クリームを容器に入れて強く振《ふ》り続けると，脂肪の粒どうしがくっつきあってバターができる。なお，チーズは，牛乳などを乳酸などで発酵させて，固めたものである。マーガリンは，主にダイズやトウモロコシなどの植物から取った油をバター状に加工したものである。ヨーグルトは，牛乳などを乳酸菌を用いて固めたものである。練乳は，牛乳に砂糖を加えて煮詰《につ》めたものである。

(5)　(a)　サトウキビは，イネ科の植物でトウモロコシに似ており，茎《くき》をしぼった汁《しる》から砂糖がつくられる。テンサイは，ヒユ科の植物でサトウダイコンともよばれ，根をしぼった汁から砂糖がつくられる。　(b)　150g中に含まれる炭水化物の量は，リンゴが約22g，カキが約24g，バナナが約35g，ブドウが約24g，モモが約15gである。

(6)　(a)　イチゴはバラ科の植物なので，同じバラ科のサクラとリンゴが選べる。なお，ユリとチューリップはユリ科，タンポポはキク科の植物である。　(b)　イチゴの普段食べている部分は花たく(花びらやめしべがつく部分で，花床《かしょう》ともいう)が成長したものであり，表面についている粒は種子である。そのため，ビニルハウス内で品種Aの花に品種Bの花粉がつくと，種子は品種が混ざるが，花たくは品種Aのものなので，品種の混ざったイチゴは収穫されない。

2　空気中の水蒸気についての問題

(1)　空気中の水蒸気が冷やされ，小さな水滴《すいてき》になって地上近くに浮《う》かんでいるものを霧《きり》やもやといい，この現象が上空で起こっているものを雲という。なお，霧は水平方向に見通せる距離《きょり》が1km未満のもので，もやは1km以上のものである。

(2)　雲は赤外線を一時的に吸収して地表に返す性質があるため，夜にくもっていると，熱が宇宙に逃《に》げていかず，気温が下がりにくい。反対に，夜に晴れていると，赤外線を宇宙に逃がすため，朝の気温がとても低くなりやすい。この現象を放射冷却《れいきゃく》という。

(3)　(ア)　空気や水のように動きやすいものは，主に対流によって熱が伝わる。エアコンで部屋を暖めるときは，暖められた空気が軽くなって上昇《じょうしょう》し，そのあとに周りの空気が流れこむという動きをくり返しながら部屋全体が暖まっていく。　(イ)　非接触《せっしょく》型体温計は，体の表面から放射される赤外線を計測することで，体温を測定している。　(ウ)　太陽の光で日焼けするのは，太陽光に含まれている紫外線《しがいせん》のはたらきによる。　(エ)　電子レンジは，食品に含まれている水の分子などを，電波が振動《しんどう》させて熱を発生させる。

(4)　(a)　グラフより，24℃のときの飽和《ほうわ》水蒸気量は30g/m^3とわかる。湿度《しつど》(%)は，(空気中の水蒸気量)÷(飽和水蒸気量)×100で求められるので，10÷30×100＝33.3…より，33%となる。

(b)　グラフより，水滴ができ始める気温，つまり，飽和水蒸気量が14gになる気温は12℃とわかる。よって，気温が，20－12＝8(℃)下がると水滴ができ始める。

(5)　(a)　グラフより，飽和水蒸気量が18gになる気温はおよそ15.6℃とわかる。また，空気中に水滴が発生していないときは，高さが100m上がるごとに気温が1℃ずつ下がる。したがって，空気がおよそ，$100\times\frac{20-15.6}{1}=440$(m)上昇すると水滴ができ始める。　(b)　山頂(標高2000m)から下山する場合，標高1400mまでは雲があるため100mあたり0.5℃の割合で気温が上昇し，そこから登山口(標高500m)までは雲がないため100mあたり1℃の割合で気温が上昇する。よって，登山口の気温は，$10+0.5\times\frac{2000-1400}{100}+1\times\frac{1400-500}{100}=22$(℃)と求められる。

3 エタノール，密度《みつど》，ものの溶《と》け方についての問題

(1) (ア) エタノールを含む消毒液には，グリセリンなどの保湿剤《ざい》が入っていることがある。 (イ) 水はエタノールと比べて蒸発しにくいので，エタノールの濃度が約60～80％の水溶液《すいようえき》は，純粋《じゅんすい》なエタノールと比べて蒸発しにくい。 (ウ) エタノールは蒸発しやすく，常温でも引火する危険がある。 (エ) 無水エタノールの濃度は，体積の割合で99.5％以上であるが，エタノールを含んだ消毒液は，エタノールの濃度が70～80％に調整されているものが多い。これは，エタノールの濃度が大きすぎると，消毒の効果を発揮《はっき》する前にエタノールが蒸発してしまうからである。 (オ) 消毒液には，エタノール以外にイソプロパノールなどのアルコールも含まれていることがある。

(2) (ア) エタノールはアセトアルデヒドに変えられたのち酢酸になり，最終的には水と二酸化炭素に分解される。酢酸までの変化は主に肝臓《かんぞう》で行われる。 (イ) 料理に酒を入れることで，肉や魚などの臭《くさ》みを消したり，食材をやわらかくしたり，うま味や風味を増したりできる。 (ウ) イスラム教などでは酒を飲むことを禁止しているが，カトリックなどのキリスト教ではミサなどのさいに赤ワインを使う。 (エ) お酒のバーボンウイスキーは，原材料としてトウモロコシを51％以上使用している。また，バイオエタノールは，トウモロコシやサトウキビ，木材などの植物を発酵させてつくる。 (オ) 2022年４月より成年年齢《ねんれい》が18歳《さい》に引き下げられるが，飲酒・喫煙《きつえん》は20歳まで禁止のままとなっている。

(3) 同体積で重さを比べたとき，物体の方が液体より軽いと物体はその液体に浮《う》かび，物体の方が液体より重いと物体はその液体に沈《しず》む。また，水は氷になると体積がおよそ1.1倍になるので，99.8÷1.1＝90.72…より，氷100mLの重さはおよそ90.7ｇとなる。したがって，氷はエタノールに沈み，物質Ｘの水溶液には浮かぶ。

(4) (a) ① どのグラフも，液体の温度が高いときほど傾《かたむ》きが大きい。よって，物質Ｘの飽和水溶液を60℃から１℃ずつ０℃まで冷却した場合，水溶液の温度が１℃下がるごとに，沈殿《ちんでん》する物質Ｘの重さはしだいに小さくなる。 ② 以下では，水80ｇとエタノール20ｇが混ざった混合液を液Ⅰ，水70ｇとエタノール30ｇが混ざった混合液を液Ⅱとする。水100ｇを用いてつくった物質Ｘの飽和水溶液を60℃に保ったまま，水を１ｇずつ蒸発させると，その水に溶けていた物質Ｘが，65×$\frac{1}{100}$＝0.65(ｇ)ずつ沈殿する。また，これは液Ⅰ，液Ⅱを用いてつくった物質Ｘの飽和水溶液でも同様である。したがって，下線部②の内容は正しい。 ③ 説明文で述べられているように，混合液中のエタノールの割合が大きいほど，同じ温度における物質Ｘの溶解度は小さくなる。また，エタノールを１ｇずつ入れていく回数が非常に多くなると，混合液中のエタノールの割合が100％に近づく。よって，物質Ｘの飽和水溶液を60℃に保ったまま，エタノールを１ｇずつ入れた場合，物質Ｘは最初のうちは沈殿するが，やがて沈殿がほとんど増えなくなる。 (b) 水144ｇとエタノール36ｇが混ざった混合液，144＋36＝180(ｇ)に含まれるエタノールの割合は，36÷180×100＝20(％)なので，この混合液の濃さは液Ⅰと同じである。グラフより，20℃の液Ⅰの溶解度は10ｇなので，20℃の液Ⅰ180ｇに物質Ｘは最大，10×$\frac{180}{100}$＝18(ｇ)溶かすことができる。 (c) 水105ｇとエタノール45ｇが混ざった混合液，105＋45＝150(ｇ)に含まれるエタノールの割合は，45÷150×100＝30(％)なので，この混合液の濃さは液Ⅱと同じである。グラフより，40℃の液Ⅱの溶解度は10ｇなので，40℃の液Ⅱ150ｇに物質Ｘは最大，10×$\frac{150}{100}$＝15(ｇ)溶かすことができる。したがって，沈殿する物質Ｘは，40－15＝25(ｇ)である。 (d) この実験で使っている水とエタノール

は合計で，300＋150＝450（g）である。よって，20℃まで冷却したとき，この混合液100gには物質Xが，$(175-130)\times\frac{100}{450}=10$（g）溶けているので，グラフより，この混合液は液Ⅰとわかる。したがって，入れた混合液中のエタノールは，450×0.2＝90（g）と求められる。

4　磁石や電磁石の力についての問題

⑴　表１では，１×１×180＝180，２×２×45＝180，３×３×20＝180，…より，（距離）×（距離）×（はかりの値）＝180が成り立っている。よって，棒磁石のＮ極と小さな鉄球との距離が1.5cmのとき，1.5×1.5×（はかりの値）＝180より，はかりの値は，180÷（1.5×1.5）＝80（g）となる。

⑵　実験２のように，２本の棒磁石を同じ極同士を重ねて固定すると，それぞれの磁石のＮ極が鉄球を引きつけるので，はかりの値はおよそ２倍となる。また，表１より，１本の棒磁石では，棒磁石のＮ極と鉄球との距離が２cmのときのはかりの値は45gとわかる。したがって，実験２でのはかりの値はおよそ，45×２＝90（g）となるので，㋒が選べる。

⑶　実験３で，右側の棒磁石の力はなくならないので，はかりの値が０gになることはない。また，２本の磁石の強さは重なるが，左側の棒磁石による鉄球を引く力は右側の棒磁石が鉄球を引く力より小さいため，45gの２倍の90gよりは小さくなる。

⑷　表２では，60÷0.24＝250，80÷0.32＝250，130÷0.52＝250，…より，（はかりの値）÷（電流の強さ）＝250が成り立っている。よって，電磁石を，実験１で使った棒磁石と同じ強さ（距離が２cmで45gの力がはたらく）にするには，45÷（電流の強さ）＝250より，電流の強さを，45÷250＝0.18（アンペア）にすればよい。

⑸　電磁石１cmあたりの巻き数を求めると，実験４は，60÷４＝15（回），実験５は，120÷４＝30（回）となる。電磁石の磁力は電磁石１cmあたりの巻き数に比例するので，実験５の電磁石の磁力は実験４の電磁石の，30÷15＝２（倍）である。したがって，実験５ではかりの値が100gになるときと同じ強さの電流を実験４で流すと，はかりの値は，100÷２＝50（g）になるので，50÷（電流の強さ）＝250より，電流の強さは，50÷250＝0.2（アンペア）とわかる。

⑹　実験６の電磁石の１cmあたりの巻き数は，120÷８＝15（回）なので，実験６でも実験４と同様に，（はかりの値）÷（電流の強さ）＝250が成り立つ。よって，電流の強さが0.6アンペアのとき，（はかりの値）÷0.6＝250より，はかりの値は，250×0.6＝150（g）となる。

⑺　はかりの値が２倍になるようにするには，（巻き数）×（電流の強さ）が２倍になればよい。また，この電源は最大１アンペアまでしか流すことができないので，⑹の電流0.6アンペアの２倍は流せない。よって，巻き数も増やすことになる。電磁石をつくるための導線の残りの長さは0.942mなので，⑹で使った導線の長さは，4.71－0.942＝3.768（m）である。3.768：0.942＝４：１なので，残りの導線であと，$120\times\frac{1}{4}=30$（回）巻くことができ，巻き数は全部で，120＋30＝150（回）となり，すべての導線を巻くと，巻き数は，$150\div120=\frac{5}{4}$（倍）になる。すると，電磁石の強さを⑹の２倍にするためには，電流の強さを，$2\div\frac{5}{4}=1.6$（倍）にしなければならない。よって，電流の強さは，0.6×1.6＝0.96（アンペア）にすればよい。

国　語　＜第２回試験＞（60分）＜満点：150点＞

解　答

一　下記を参照のこと。　二　①　矢　②　幕　③　塩　④　声　⑤　屋

三　**問１**　A　イ　B　オ　C　ア　**問２**　ウ　**問３**　ア　**問４**　（例）　僕のめぐまれた環境を羨ましがるのでなく，練習量を認めてくれる人に初めて出会えたことで，おどろきと喜びがこみあげている。　**問５**　ウ　**問６**　イ　**問７**　（例）　同志だった二人の関係が，周囲の悪意でこわれてしまったこと。　**問８**　（例）　真っ直ぐで公平な菊池に，不細工なためにいじめられる女子の人間関係など理解できないだろうし，相談もできなかったということ。

四　**問１**　A　ウ　B　オ　**問２**　（例）　生活から生まれた音楽を機械文明が否定し，音楽が生活を無視して存在している状態。　**問３**　エ　**問４**　ア　**問５**　（例）　かつて音楽は人々が聴こうという雰囲気の中で演奏されたが，今は聴衆の心情を無視して突然鳴り響くようになっているということ。　**問６**　（例）　耳には閉ざすものがなく，どんな音も聞こえてしまうということ。　**問７**　イ，エ

●漢字の書き取り

一　①　信条　②　規律　③　拝借　④　看破　⑤　余念

解　説

一　漢字の書き取り

①　かたく信じて守っていることがら。　②　生活や行いのよりどころとなるきまり。　③　借りることをへりくだっていう言葉。　④　見破ること。　⑤「余念がない」は，よけいなことは考えず，一つのことに熱中すること。

二　色をふくむ慣用句の完成

①「白羽《しらは》の矢が立つ」は，神が人身御供《ひとみごくう》として望む少女の家の屋根に白羽の矢を立てたという伝承に由来し，“多くの中から犠牲《ぎせい》者として選び出される”ことを表す。そこから派生して，“多くの中から特に選ばれる”という意味で使う。　②「黒幕」は，もともとは歌舞伎《かぶき》で使う黒い幕。背景に用いて闇《やみ》を表したり舞台《ぶたい》上の人物を隠《かく》したりすることから，比喩《ひゆ》的に，“背後ではかりごとをめぐらし，指図する人”をいう。　③「青菜に塩」は，青菜に塩をかけるとしおれるように，“元気だった人がしょげたり生気を失ったりするようす”を表す。　④「黄色い声」は，女性や子どもが出す甲高《かんだか》い声。　⑤「紺屋《こうや》の白袴《しろばかま》」は，紺屋（染物屋）なのに染めていない袴をはいていることを表し，“他人のことで忙《いそが》しく，自分のことをする暇《ひま》がない”という意味。“できるのに放っておく”ことも表す。

三　**出典は奥田亜希子《おくだあきこ》の『リバース＆リバース』による。**

「僕《ぼく》」（菊池《きくち》）が小学校で始めたトランペットを中学でも続けたこと，志村《しむら》さんと自主練習をしていたときの充実《じゅうじつ》感，志村さんから退部を打ち明けられてショックを受けたことなどを回想している。

問１　A「まどろみ」は，短い間，浅く眠《ねむ》ること。活動が停滞《ていたい》していることにも使う。ここでは，朝早いため陽射しが弱く，人の活動も少ないようす。類義語に「夢うつつ」などがある。　B「コミカル」は，軽妙《けいみょう》で滑稽《こっけい》なようす。類義語に「ユーモラス」などがある。　C「口をつぐ

む」は，口を閉じる意味。類義語に「黙《だま》る」などがある。

問２　戻《もど》す一文に「そんな日々」とあるので，すぐ前では過去のできごとを回想していると推測できる。よって，空欄《くうらん》ウに入れると，二人で朝の練習を続けていた日々を回想する流れになり，文意が通る。

問３　ア　すぐ前の段落の内容と合う。　イ　小学校では音楽の同志はいなかったのだから，「中学校でも～同志が欲《ほ》しかった」はふさわしくない。　ウ　「公立校だったが」とあるように，中学校の吹奏楽部が強豪《きょうごう》だったのはたまたまなので，そこに「身を置き，より自分の技術を磨《みが》きたかった」は合わない。　エ　母親は「禄《ろく》の好きにやればいいよ，という態度」だったのだから，「母親の期待に応えたかった」はあてはまらない。　オ　「僕」が中学校で周囲の目を気にしなくなったのは，吹奏楽部に入った後のことである。

問４　同じ段落の「だが」以降で，「僕」の心情の中心部分が描《えが》かれているので，これを「今まではめぐまれた音楽環境《かんきょう》を羨《うらや》ましがられるばかりだったが，志村さんから初めて練習量を認められたのがうれしく，感動している」のようにまとめる。「僕」は音楽の「同志が欲しい」と思っていたのだから，そういう相手にめぐり会えて気持ちが高ぶったという内容でもよい。なお，「粟立《あわだ》つ」は，感動・嫌悪《けんお》・恐《おそ》れ・寒さなどのために毛穴が盛り上がって粟粒《つぶ》のようになることで，類義語に「鳥肌《とりはだ》が立つ」などがある。

問５　ア　志村さんは「引退するまでのあいだに，一度でいいからステージに立つのが，今のわたしの目標」と言っているので，「これからも部活動を続けるかどうか迷っている」は合わない。
イ　志村さんがトランペットを吹《ふ》いているのは「中学に入学するまでの三ヶ月間」と「入部から半年」ほどの短い期間であり，本人も「練習量」の不足を自覚しているが，それを「努力不足」とはいえない。　ウ　志村さんの「わたしは去年の冬から～駅前のトランペット教室に通わせてもらってたの」，「でも，明らかにわたしだけレベルが違《ちが》うよね～今のわたしの目標」という発言の内容と合う。　エ　「何とかがんばろう」という気持ちに，「目を伏《ふ》せ」という表現は合わない。
オ　志村さんが「僕」に「質問を重ねた」のは上達したいという気持ちがあったからなので，「『僕』には，演奏がなかなか上達しない自分の悩《なや》みなど分かってもらえない」という気持ちはふさわしくない。

問６　傍線《ぼうせん》部④をふくむ段落に「僕は愕然《がくぜん》とした」，「あれは感嘆《かんたん》ではなく不満だったのだ」とあるので，これらの内容をそれぞれ「衝撃《しょうげき》を受けた」，「成長を認めていたわけではなく～陰湿《いんしつ》な嫌《いや》がらせをしていた」と言い換《か》えているイが選べる。

問７　傍線部⑤は，「僕」と志村さんの間にへだたりができたことを暗示している。問４で見たように，「僕」にとって志村さんは音楽の「同志」である。また，志村さんにとっても，「僕」は朝の練習に付き合ってくれた恩人である。しかし志村さんは，公平で真っ直ぐな「僕」には，いじめのために自分が退部することなど「分からないよ」と言っている。以上のいきさつに加え，志村さんの投げた石が草原に落ちたことがきっかけで蝶《ちょう》が飛び去ったこともふまえて，「いじめのために，音楽の同志だった二人の間にへだたりができたこと」のようにまとめる。

問８　「そういう人」は，問７で見た「僕」の人物像を指す。志村さんには，周囲の目など気にもせず，一緒《いっしょ》に朝の練習をしようと言える真っ直ぐで公平な「僕」の姿が見えている。そんな「僕」に志村さんは，「不細工」なために見下されていじめが普通《ふつう》に起きる「女子の世界」について，相談することなどできなかったのである。これをふまえ，「女子部員たちのいじめを公平で真っ直ぐな菊池に相談しても，自分が退部を決めた気持ちは伝わらないだろうということ」のようにまとめる。

四　出典は伊福部《いふくべ》昭《あきら》の『音楽入門―音楽鑑賞《かんしょう》の立場』による。かつて歌や音楽とはどのようなものだったかを説明し，現代の人々と音楽の関係の変化について述べている。

問１　**A**　最初の五つの段落では，「機械文明」が発展するほど，「音楽を精神の糧《かて》として受け取る態度を持《じ》することができなくなる」ことが説明されている。よって，“一方が増えるにつれもう一方も同じ割合で増えること”を表す「比例」が入る。　**B**　私たちは「音楽を聴《き》き流すように慣習づけられ」ているので，逆に，意識して「音楽作品を聴こうとする場合」には，「意味を音楽からくみ取ろうとする」，つまり，聴き流せなくなるという文脈である。よって，“物体に働く力に対し同じ大きさの力が反対方向に働くこと”を表す「反作用」が選べる。

問２　最初の四つの段落では，「近代の機械文明」が「私たちの生活から生まれる音楽」を否定し，音楽が「私たちの生活を無視し始めている」ことが説明されている。よって，「音楽が生活から生まれるものではなくなり，生活を無視して存在しているような状態」のようにまとめられる。

問３　傍線部②をふくむ段落に「音楽を精神の糧として受け取る態度を持することができなくなる」とあり，直後の段落に「音楽は単に音響《おんきょう》でさえあればよいという結果を生み」とあるので，エがふさわしい。

問４　ア　サティは「あまり人々の注意を惹《ひ》か」ないような音楽をつくったが，「客人の話を止めさせるほどに印象的であった」ため「失敗」している。また，「一方テレビから流れ出る昨今の作品は，できるだけ強烈《きょうれつ》な～印象を与《あた》えようとしながら～ワニス塗《ぬ》りの家具以上の印象を，与え得ない」と述べられている。よって，あてはまる。　イ　「昨今の作品」が人々の注意を惹《ひ》かないのは「いたずらに無性格」だからであり，「音量」の問題ではない。　ウ　サティの「実験」は，「音楽と生活を結びつけようとする」ものではない。　エ　「昨今の作品は，できるだけ強烈な～印象を与えようとし」ているのだから，「作家は音楽に自分の個性を乗せることを重視しなくなってしまった」は合わない。　オ　本文では，「演奏技術」については述べられていない。

問５　傍線部④については，直後の段落でくわしく説明されている。かつて音楽は「それらしき雰《ふん》囲気《いき》の中で演奏され」，人々は「音楽を聴こうという心構え」で演奏に接したが，「今や，音楽はその雰囲気をも聴衆の心情をも完全に無視して，単独に鳴り響《ひび》く」ものになっており，人々は「突然《とつぜん》現われる」音楽を「単に騒音《そうおん》として聴き流さざるを得ない」と述べられているので，これを「かつて演奏は人々が音楽を聴こうという雰囲気の中で行われたが，いま音楽は聴衆を無視して現れるため聞き流す他ないということ」のようにまとめる。

問６　瞼《まぶた》を閉じれば，見たくないものは見なくてすむ。しかし，耳は瞼のように閉ざすものがないため，「突然現われる」音楽も聞こえてしまう。これをもとに，「閉ざすものがない耳は，聞きたくない音も聞こえてしまうということ」のようにまとめればよい。

問７　ア，ウ，カ　「何かいつもとは違った意味を音楽からくみ取ろうとする方向」は，「音楽の鑑賞から遠のいていく結果を生む」というのが筆者の考えなので，ふさわしくない。　イ，エ　「音楽を聴こうという心構え」で演奏に接し，「耳に聞こえてくる音響美」と向き合っているので，あてはまる。　オ　「音楽を聴こうという心構え」で演奏に接していないので，合わない。

Memo

Memo

2021年度　聖光学院中学校

〔電　話〕 (045) 621－２０５１
〔所在地〕 〒231-0837　神奈川県横浜市中区滝之上100
〔交　通〕 JR根岸線―「山手駅」より徒歩８分

【算　数】〈第１回試験〉 (60分) 〈満点：150点〉

1　次の問いに答えなさい。

(1)　次の計算の $\square$ にあてはまる数を答えなさい。

$$(\square \div 30-1.625)\div\frac{132}{224}-2\frac{7}{9}\times 0.1=\frac{1}{2}$$

(2)　３の倍数を順に，１桁《けた》ずつの数字の列として並べたもの，つまり，

　３，６，９，１，２，１，５，１，８，２，１，２，４，……

を考えます。

このとき，最初から数えて2021番目の数字を答えなさい。

(3)　光《ひかる》さんの家は10人家族です。光さんは貯《た》めていたお小遣《こづか》いを使って，お母さんの誕生日に家族全員分の10個のケーキを買い，代金4200円を支払《しはら》いました。買ったケーキは１個380円，420円，500円の３種類で，お母さんのケーキは他の９人のものとは違《ちが》う種類でした。

380円のケーキは合計何個買いましたか。考えられる個数をすべて答えなさい。

2　４桁の整数Mと４桁の整数Nがあります。この２つの整数について次の性質の一部，もしくは全部が成り立っています。

性質①　Mを４倍するとNになる。

性質②　Mの千の位とNの百の位は等しく，また，Mの百の位とNの千の位は等しい。

性質③　Mの十の位とNの一の位は等しく，また，Mの一の位とNの十の位は等しい。

このとき，次の問いに答えなさい。

(1)　性質①が成り立つとき，Mとして考えられる整数は何個ですか。

(2)　性質①と性質②が成り立つとき，Mの十の位以下を切り捨てた値《あたい》として考えられる整数をすべて答えなさい。

(3)　性質①と性質②と性質③が成り立つとき，Mとして考えられる整数をすべて答えなさい。

3　Ａ地点とＢ地点の間を，聖《たかし》さん，光さん，学《まなぶ》さんの３人が移動します。聖さんはＡ地点を午前８時３分に出発し，Ｂ地点へ向かいました。また，学さんと光さんは，この順にそれぞれ別の時刻にＢ地点を出発し，Ａ地点へ向かいました。すると，聖さんが出発してから７分30秒後に，聖さん，光さん，学さんの３人は，Ａ地点とＢ地点の間のＣ地点を同時に通過しました。

光さんは午前８時15分30秒にＡ地点に着いて，しばらく休憩《きゅうけい》したあとにＢ地点に向かって出発しました。また，聖さんはＢ地点に着いてしばらく休憩したあと，午前８時20分にＡ地点に向かって出発しました。２人が休憩した時間は，光さんより聖さんのほうが２分30秒だけ長かったことが分かっています。

光さんはＡ地点を出発してしばらくすると学さんとすれ違《ちが》い，さらにその３分36秒後に聖さ

んとすれ違い，午前8時26分にB地点に着きました。3人の速さはそれぞれ一定であるものとして，次の問いに答えなさい。

(1) 聖さんと光さんの速さの比を最も簡単な整数比で答えなさい。

(2) 聖さんがB地点に着いたのは，午前何時何分ですか。

(3) 光さんがB地点を出発したのは，午前何時何分何秒ですか。

(4) 学さんがB地点を出発したのは，午前何時何分ですか。

4 ある平面上を点Pが次の[規則1]にしたがって移動することを考えます。

[規則1]

① 点Pはまっすぐ3cm移動します。

② 点Pは，それまで進んでいた方向から反時計回りに90度回転した方向に4cm移動します。

③ 点Pは，それまで進んでいた方向から反時計回りに[ア]度回転した方向に5cm移動します。

④ 点Pは，それまで進んでいた方向から反時計回りに[イ]度回転した方向に3cm移動します。

⑤ 以降，点Pは②〜④の移動を繰《く》り返します。

すると，点Pは図1のような直角三角形ABCを描《えが》きます。

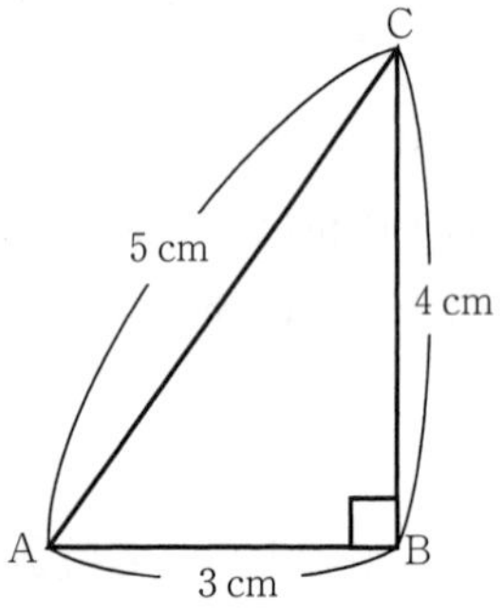

図1

このとき，次の問いに答えなさい。

(1) [ア]+[イ]の値《あたい》を答えなさい。

次に，同じ平面上を点Qが次の[規則2]にしたがって移動することを考えます。ただし，[規則2]の[ア]，[イ]と，[規則1]の[ア]，[イ]には，それぞれ同じ値が入るものとします。

[規則2]

① 点Qはまっすぐ4cm移動します。

② 点Qは，それまで進んでいた方向から反時計回りに90度回転した方向に3cm移動します。

③ 点Qは，それまで進んでいた方向から反時計回りに[ア]度回転した方向に5cm移動します。

④　点Ｑは，それまで進んでいた方向から反時計回りに［　イ　］度回転した方向に４cm移動します。
⑤　以降，点Ｑは②～④の移動を繰り返します。

　ここで，点Ｑが①の移動をする前にいた点をＡ，移動した後に着く点をＢ，②の移動を１回した後に着く点をC_1，２回した後に着く点をC_2，…，③の移動を１回した後に着く点をA_1，２回した後に着く点をA_2，…，④の移動を１回した後に着く点をB_1，２回した後に着く点をB_2，…，とすると，点Ｑは図２のような図形を描くことが分かります。

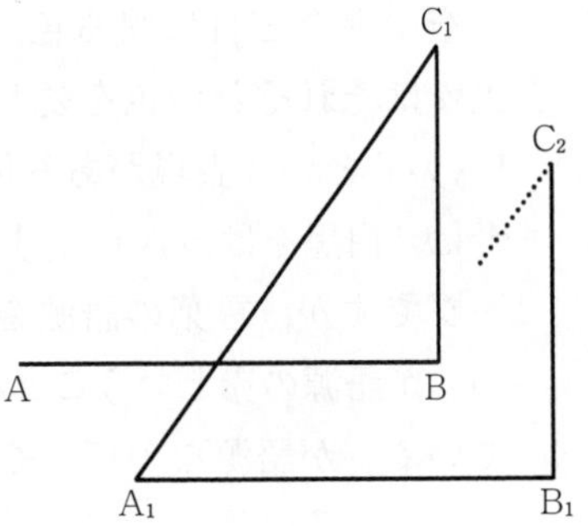

図２

(2)　直線BC_1と直線C_2A_2は点Ｄで交わります。BDの長さは何cmですか。

(3)　点C_1と点A_1を結ぶ直線上の点Ｅと，点C_2と点A_2を結ぶ直線上の点Ｆについて，EFの長さとして考えられる値のうち，最も小さいものは何cmですか。

(4)　点Ｑが点Ａを出発してから合計2021cm移動すると，点Ｑが描く図形によって，平面は何個の部分に分かれますか。
　たとえば，点Ｑが点Ａを出発してから点B_1まで移動すると，平面は三角形の内側と外側の２個の部分に分かれます。また，点Ｑが点Ａを出発してから点A_2まで移動すると，平面は５個の部分に分かれます。

5　右の図のような一辺が６cmの立方体ABCD-EFGHがあり，辺ADの真ん中の点をＭ，辺BCの真ん中の点をＮとします。この立方体を，３点Ｂ，Ｄ，Ｇを通る平面と，３点Ａ，Ｎ，Ｅを通る平面と，３点Ｍ，Ｃ，Ｇを通る平面で切断すると，この立方体は６つの立体に分かれます。このうち，辺AMを含《ふく》む立体Ｘについて，次の問いに答えなさい。

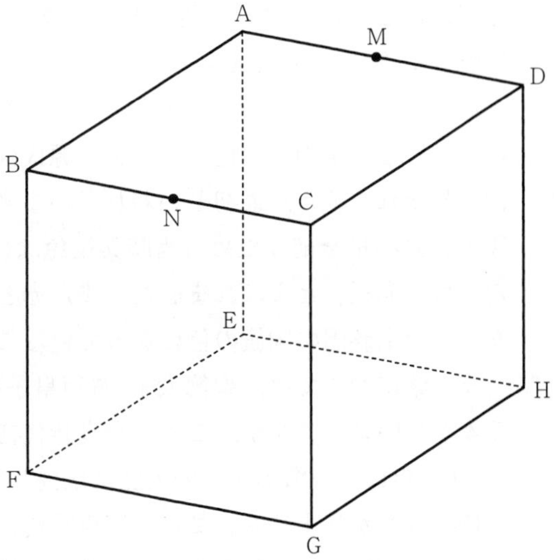

(1)　立体Ｘの面の数を答えなさい。

(2)　立体Ｘの体積は何cm^3ですか。

(3)　辺AE上にAP＝４cmとなる点Ｐをとり，点Ｐを通る面ABCDに平行な平面で立体Ｘを切断しました。このときの切り口を解答欄《らん》の図に斜線《しゃせん》で示し，その面積を求めなさい。ただし，解答欄のマス目の１目盛りは１cmとします。

【社　会】〈第１回試験〉（40分）〈満点：100点〉

〈編集部注：実物の入試問題では，写真と図はカラー印刷です。〉

1　次の文章を読んで，あとの問いに答えなさい。

みなさんは何色が好きですか？

空や海など目に映る色，花や果物の美しい色，鳥や昆虫《こんちゅう》などの鮮《あざ》やかな色など，古代の人々はそれぞれの色を愛し，名前をつけました。そうした色の中で，「白い」「黒い」など，「〜い」という表現がある色は，古くから日本人が好んで大事にしていた色と考えられます。今は「白黒をはっきりつける」・「①白黒テレビ」などの言い方で白と黒の２色は対照的なイメージですが，言葉の語源を考えると，黒は「暗い」が語源なので，本来対照的な色は「明るい」が語源の赤ということになります。一方，白は「明白」という言葉のように「はっきりしている」が語源なので，その反対は，「漠然《ばくぜん》とした」「ぼんやりしている」が語源の［　A　］でした。その後，［　A　］はさまざまな色の名に分かれ，やがて今使っている１つの色を指すようになりました。［　A　］を含《ふく》めた言葉の中には今とは違《ちが》う色を表現するものもあります。

次に古くからある色は，「黄色い」のように「色」を含めた表現の色です。たとえば平安時代初期，②嵯峨《さが》天皇は黄櫨染《こうろぜん》を天皇の*禁色《きんじき》と定めています。また「茶色い」という表現があり，麦茶やほうじ茶の色が本来の茶色にあたります。「お茶」といえば，緑色を想像する人が多いかもしれません。お茶は，臨済宗をひらいた（　１　）が鎌倉時代初期に中国から伝え，中世の日本では薬用として飲まれていましたが，③江戸時代初期に**山本嘉兵衛《かへえ》という人物が玉《ぎょく》露《ろ》の製法を発明し，当時の人々も従来のお茶と区別して緑茶とよびました。

また，「〜い」とか「〜色い」という表現のない色はさらに新しい時代に認識《にんしき》された色のようで，たとえば朱《しゅ》は「朱色」といいますが「朱色い」とはいいませんし，紫《むらさき》は「紫い」とも「紫色い」ともいいません。

赤と朱は同じ系統の色ですが，ほかにも紅があります。平安時代末期の武士団で，桓武平氏はこの紅を自軍の旗の色に，（　２　）源氏は白を旗の色にしたため，旗の色から④源平合戦は紅白に分かれて戦った最初といわれています。さらに昭和時代，⑤太平洋戦争が長期化するなか軍の兵力不足を補うため，当時兵役免除《へいえきめんじょ》の人々にも召集《しょうしゅう》令状を発行し，その多くが赤色だったため「赤紙」とよばれました。また赤といえば，中華人民共和国やかつての⑥ソビエト連邦《れんぽう》など社会主義国の国旗の色になっていることも有名です。

また紫については，聖徳太子（厩戸皇子）が603年に制定した（　３　）の最上位を紫色と紹介《しょうかい》する本が多いようですが，これは奈良時代初期に舎人親王《とねりしんのう》らが編纂《へんさん》した歴史書である『（　４　）』の，642年に蘇我蝦夷が子の入鹿に伝授した記事から江戸時代の学者が推測したものであって，正確にはわかりません。また，江戸時代初期に後水尾《ごみずのお》天皇が紫色の僧衣《そうい》を多くの高僧《こうそう》に与《あた》えたことが，1615年に幕府が定めた（　５　）に違反《いはん》しているとして咎《とが》められる紫衣《しえ》事件が起きています。

奈良県の⑦高松塚《たかまつづか》古墳は飛鳥時代後半に造られた，古墳としては非常に新しいものですが，その横穴式石室には有名な女官の絵以外に，朱雀《すざく》，玄武《げんぶ》，［　A　］龍《りゅう》，白虎《びゃっこ》という想像上の動物（四神）が四面の壁《かべ》に描《えが》かれています。玄武の玄は黒色のことです。この４色に黄色を加えると神社の「五不動」の色になります。不動信仰《しんこう》は⑧密教によるもので，江戸時代の江戸でも

5つの寺院は人々の信仰を集め，そのうち目黒と目白はJR山手線の駅名として知られています。

かつて絵の具やクレヨンなどの12色とか24色セットに「［ B ］色」という色がありましたが，2000年頃《ごろ》を境にその色の表記は少なくなりました。最近の商品では同じ色でも「うすだいだい色」「ペールオレンジ」などの名に変更《へんこう》されており，新しい色の名は統一されていないようです。時代の変化によって色の名が改められたことがわかります。

＊禁色：この場合，天皇以外の者がこの色の服を着用してはいけないという規則

＊＊山本嘉兵衛：老舗《しにせ》の海苔《のり》店「山本山」の創業者としても知られる

問1　文中の(1)～(5)にあてはまる語句を漢字で答えなさい。

問2　文中の［ A ］には，ある色の名が入ります。その名を含めた次の言葉の中から，二重下線部の「表現」とは異なるものを，次の**ア**～**エ**の中から1つ選び，記号で答えなさい。

ア　［ A ］虫　　**イ**　［ A ］果

ウ　［ A ］竹　　**エ**　［ A ］空

問3　文中の［ B ］色の名を答えながら，波線部のようにその色の名が改められた理由を1行で答えなさい。

問4　下線部①は，高度成長時代に家庭に普及《ふきゅう》した電化製品ですが，その時期に「三種の神器」とよばれた，白黒テレビ以外の2つの製品は何ですか。次の**ア**～**ク**の中から2つ選び，記号で答えなさい。

ア　携帯《けいたい》電話　　**イ**　クーラー

ウ　電気冷蔵庫　　**エ**　電子レンジ

オ　パソコン　　**カ**　ラジオ

キ　電気洗濯機《せんたくき》　　**ク**　自動車

問5　下線部②に関する文として正しいものを，次の**ア**～**エ**の中から1つ選び，記号で答えなさい。

ア　仏教の力で国家を安定させようとして国分寺建立の詔を発した。

イ　長男に天皇の位をゆずったのち，はじめて上皇として実権をにぎった。

ウ　壬申の乱で大友皇子をやぶって即位《そくい》し，律令国家の基礎《きそ》をきずいた。

エ　空海に東寺を下賜《かし》し，また三筆の一人とされるほど書道の達人だった。

問6　下線部③の時期に関する文として正しいものを，次の**ア**～**エ**の中から1つ選び，記号で答えなさい。

ア　徳川家康は征夷大将軍として諸大名を率い，大坂夏の陣で豊臣氏を滅《ほろ》ぼした。

イ　大名の中で，譜代大名の尾張・紀伊・水戸は御三家とされ別格とされた。

ウ　東南アジア諸国と朱印船貿易がおこなわれ，各地に日本町がつくられた。

エ　島原の乱を鎮圧《ちんあつ》した幕府は，すぐにスペイン船の来航を禁止した。

問7　下線部④とは関係のない人物を，次の**ア**～**エ**の中から1人選び，記号で答えなさい。

ア　平清盛

イ　平将門

ウ　源義経

エ　源義仲

問８　下線部⑤について，右の新聞記事（昭和20年３月11日）の見出しに関する説明文として内容の正しいものを，次の**ア～エ**の中から１つ選び，記号で答えなさい。

ア　日本海軍がハワイの真珠湾にある米軍基地を奇襲《きしゅう》したことを伝えるものである。

イ　米軍の爆撃《ばくげき》を受けた沖縄の日本軍が降《こう》伏《ふく》したことを伝えるものである。

ウ　米軍の東京大空襲《だいくうしゅう》によって多数の死者が出たが，そのことを報じていない。

エ　米軍が広島に原子爆弾《ばくだん》を投下した記事であるが，甚大《じんだい》な被害《ひがい》を報じていない。

朝日新聞
B29約百三十機、昨暁
帝都市街を盲爆
約五十機に損害　十五機を撃墜す
單機各所から低空侵入

（『朝日新聞』昭和20年３月11日）

問９　下線部⑥に関する文として**誤っているもの**を，次の**ア～エ**の中から１つ選び，記号で答えなさい。

ア　レーニンらが主導して第一次世界大戦中に起きた革命の結果，成立した。

イ　第二次世界大戦ではドイツと戦ったが，日本とは交戦しなかった。

ウ　第二次世界大戦後，アメリカとの対立関係は「冷戦」とよばれた。

エ　20世紀末に，経済の行《い》き詰《づ》まりなどによって連邦は崩壊《ほうかい》した。

問10　下線部⑦が造営された時期に一番近い内容の文を，次の**ア～エ**の中から１つ選び，記号で答えなさい。

ア　最大の前方後円墳である大山古墳が造られた。

イ　邪馬台国の卑弥呼が女王に選ばれた。

ウ　遣隋使として小野妹子が派遣《はけん》された。

エ　藤原京が大和三山の中心に造られた。

問11　下線部⑧に関する文として正しいものを，次の**ア～エ**の中から１つ選び，記号で答えなさい。

ア　加持祈禱《かじきとう》によって現世利益《げんぜりやく》をはかる信仰で，その世界観が曼荼羅《まんだら》で表された。

イ　座禅《ざぜん》による修行《しゅぎょう》で自らを鍛錬《たんれん》し，釈迦《しゃか》の境地に近づくことが主張された。

ウ　法然は旧仏教を批判し，阿弥陀如来《あみだにょらい》への信仰を説く真言宗をひらいた。

エ　最澄は和歌山県の高野山金剛峯寺を中心に天台宗をひらいた。

2　次の新聞記事を読んで，あとの問いに答えなさい。

「拘束《こうそく》されているときに『不協和音』の歌詞がずっと頭の中で浮《う》かんでいました」――。□の民主活動家で，□国家安全維持《いじ》法違反《いはん》の疑いで逮捕《たいほ》された（　　）氏が保釈《ほしゃく》後に発した一言をきっかけに，３年前に発表されたアイドルグループ欅坂《けやきざか》46の代表曲が再び注目されている。

（中略）

「不協和音」は，ここ数年で日本語で書かれた最も強いメッセージソング（中略）「僕《ぼく》はYes

と言わない」と，周りに対する抵抗《ていこう》と自由を歌う。

（中略）

コロナ禍《か》で「自由が無い」と言うけれど，□では表現の自由もない。曲の中に「まさか自由はいけないことか」という歌詞があります。

（中略）

彼女《かのじょ》は高校生の頃《ころ》から民主化運動に入り，2014年の雨傘《あまがさ》運動，今回の抗議《こうぎ》デモを経て，要求すればするほど圧力が高まった。そこで「不協和音」の歌詞が彼女の心に響《ひび》いたのでしょう。「最後の最後まで抵抗し続ける」という歌詞は彼女だけでなく，□で民主化運動をしている人たちの偽《いつわ》らざる本音でしょう。

（『朝日新聞』2020年8月20日朝刊より作成）

問1　新聞記事中の□にあてはまる地名を漢字2字で答えなさい。

問2　新聞記事中の(　)にあてはまる人名を答えなさい。ただし，表記は漢字でもカタカナでも構いません。なお，右の写真の人物がこの人物です。

（本人ツイッターより）

問3　新聞記事中の下線部「民主化運動」について，この運動の合い言葉の1つに「水になれ」という言葉があります。この言葉は，もともとブルース・リーという伝説的なアクションスター(俳優)が，困難に直面した時には臨機応変に対応すべきであるという趣旨《しゅし》で語ったものとして有名です。

また，これとは別に古代の思想家の荀子《じゅんし》という人も「水は舟《ふね》を載《の》せ又《また》舟を覆《くつがえ》す」という言葉を残していますが，この言葉も「民主化運動」の合い言葉と結びつけて現地では語られることもあるようです。では，この荀子の言葉に出てくる「水」とは何を指しているのでしょうか。漢字で答えなさい。

問4　新聞記事中の2か所の二重下線部では，それぞれ「自由」という言葉が使われています。もちろん「自由」は私たちの暮らす社会にとって，また私たち自身にとっても無くてはならない大切な権利です。一方で，その「自由」が否定的にとらえられて，この歌詞のように扱《あつか》われることも実際には少なくありません。そうした「自由」が否定的にとらえられている状況《じょうきょう》を，自分の経験をふまえて具体的に1つ，1行で説明しなさい。

問5　新聞記事中の波線部「表現の自由」について，日本国憲法では次のように規定しています。(1)・(2)にあてはまる語句を漢字で答えなさい。

> 第21条
> 第1項　集会，結社及び(　1　)，出版その他一切の表現の自由は，これを保障する。
> 第2項　検閲は，これをしてはならない。(　2　)の秘密は，これを侵してはならない。

3　次の文章を読んで，あとの問いに答えなさい。

私たちは常にいろいろなものを数えて生活しています。日頃《ひごろ》はあまり意識していないかもしれませんが，数や数字というものは，それらが無かったら私たちの生活が成り立たなくなるくらいに重要なものです。みなさんも，先程《さきほど》この問題冊子が何ページあるかを「①1，2，3，

４，５，６，７，８，９，10…」と数えたと思います。

この時，「１ページ，２ページ，３ページ…」と数えたり，「１枚，２枚，３枚…」と数えたりした人もいることでしょう。数えている時に頭に浮《う》かんだ「ページ」や「枚」という言葉を，②助数詞といいます。助数詞をつけることによって，どのようなものを数えているかをおおよそ示すことができます。たとえば，馬なら「１頭，２頭，３頭…」という具合に数えます。

しかし「馬１頭」だけでは，その馬の大きさや重さはわかりません。こうした「物の長さ・重さ」や「③時間の長さ」などをはかるために用いられるのが「単位」です。たとえば，昔の人は身体の一部を物差しとして物の長さを測っていました。ヨーロッパの④フート(フィートの単数形)やインチ，東アジアの尺や寸という単位はその代表的なものです。しかし，身体の大きさは人によってさまざまではないでしょうか。一つの伝承によれば，あるイギリス国王の足の大きさを１フート，その12分の１を１インチにしたということですが，実際に用いられる長さは時代と地域によってさまざまでした。そこでアメリカ合衆国やイギリスなどインチを用いている６カ国が1958年に協定を結び，１インチを25.4ミリメートルに統一することにしました。一方，⑤日本で伝統的に用いられてきた計量単位系を尺貫法《しゃっかんほう》といいます。現在では計量法という法律の制定によってその使用は大きく制限されていますが，日常生活の中にはそのなごりが多くみられます。

問１　下線部①に関する次の(a)・(b)の問いに答えなさい。

(a)　このように10種類の数字を用い，10倍ごとに位をあげていく表し方を10進法といいます。一方，古代ローマ以来用いられてきたローマ数字(Ⅰ・Ⅱ・Ⅲ・Ⅳ・Ⅴ・Ⅵ・Ⅶ・Ⅷ・Ⅸ・Ⅹ)には５進法の影響《えいきょう》がみられます。これら10進法や５進法はいずれも共通の「あるもの」を参考に考え出されたといわれています。この「あるもの」とは何か答えなさい。

(b)　日本の10進法では，１万以上の数字になると１万倍ごとに数字の呼び名が変わっていきます。右の表の空欄《くうらん》には2010年代に活躍《かつやく》したスーパーコンピュータの名称《めいしょう》ともなった数字の呼び名が入ります。その数字の呼び名を漢字１字で答えなさい。

数字	呼び名
10000	万
100000000	億
1000000000000	兆
10000000000000000	
100000000000000000000	垓《がい》

問２　下線部②について，次の(1)〜(3)を数える時に用いられる助数詞の組み合わせとして正しいものを，あとの**ア**〜**カ**の中から１つ選び，記号で答えなさい。

(1)　ウサギ

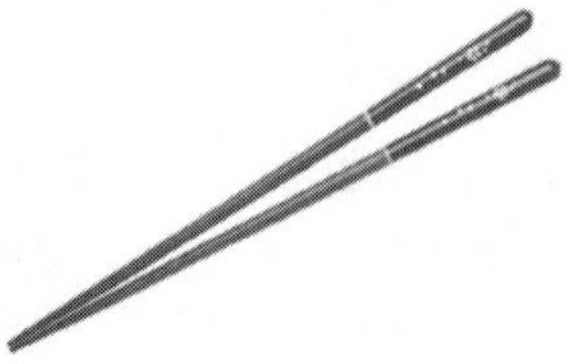
(2)　はし

(3)　カニ

ア　(1)　羽《わ》　(2)　棹《さお》　(3)　足《そく》　　**イ**　(1)　羽　(2)　膳《ぜん》　(3)　杯《はい》

ウ　(1)　羽　(2)　棹　(3)　杯　　**エ**　(1)　脚《きゃく》　(2)　膳　(3)　足

オ　(1)　脚　(2)　棹　(3)　足　　**カ**　(1)　脚　(2)　膳　(3)　杯

問３　下線部③について，「時間の長さ」をはかる時，私たちは秒・分・日・年といったさまざまな単位を用います。ところで，暦《こよみ》の１年(365日)は地球の公転周期とほぼ一致《いっち》していますが，実際に地球が太陽の周りを回るには約365.2422日かかります。この差を解消するために，４年に１回閏年《うるうどし》が設けられているわけですが，それでもまだ４年で約44分56秒(128年で１日)ほどの差が解消されずに残ってしまいます。そのため，現在多くの国で用いられているグレゴリオ暦《れき》では，閏年の回数を調整することによってこの差を解消しています。その方法として正しいものを，次の**ア**～**エ**の中から１つ選び，記号で答えなさい。

ア　西暦の年数が，100で割り切れるが，400では割り切れない年を閏年にしない。

イ　西暦の年数が，100で割り切れるが，400では割り切れない年を閏年にする。

ウ　閏年は４年に１回とするが，400年間に３回，４で割り切れない年を閏年とする。

エ　閏年は４年に１回とするが，400年間に３回，４で割り切れる年を閏年とする。

問４　下線部④に関係する次の(a)・(b)の問いに答えなさい。

(a)　次の文中の(１)・(２)にあてはまる語句を答えなさい。

18世紀末，フランスでは身体の一部を物差しとしてつくられた単位の使用をやめ，メートル法を採用しました。メートル法とは，(　１　)から(　２　)までの距離《きょり》の1000万分の１を１メートルとする長さの表記法です。

(b)　なぜ身体の一部を基準としてつくられた単位の使用をやめ，メートル法を採用したと考えられますか。本文を参考に１行で説明しなさい。

問５　下線部⑤に関する次の(a)・(b)の問いに答えなさい。

(a)　日本では，畳《たたみ》の大きさをもとにして部屋の大きさを表すことが一般的《いっぱんてき》です。次の部屋の大きさは約何畳《じょう》でしょうか。ただし，押《お》し入《い》れの面積は含《ふく》めません。

部屋は長方形で，南側に１間《けん》分の窓があり，窓の両側には半間分ずつ壁《かべ》がある。北側には間口１間分の押し入れと１間分の壁がある。西側は１間分の窓と半間分の壁，東側には半間分の大きさの出入り口があり，その両側は半間分ずつの壁である。

(b)　米の量は合《ごう》で表します。３合の米を炊《た》き，炊き上がったご飯を，写真のように150グラムずつ茶碗《ちゃわん》によそって分けました。全部で約何杯分のご飯となりますか。最もふさわしいものを，次の**ア**～**エ**の中から１つ選び，記号で答えなさい。

ア　３杯　　**イ**　７杯

ウ　15杯　　**エ**　20杯

4　地理好きの徹《とおる》さんは，日本の自然環境《かんきょう》や農業・人口について写真や図・表を使って調べてみました。それらに関連して，あとの問いに答えなさい。

問1　次の衛星写真から徹さんが調べたことについて，あとの(a)～(d)の問いに答えなさい。なお次の衛星写真は，日本とその周辺の陸地面と海底面のようすを示しています。

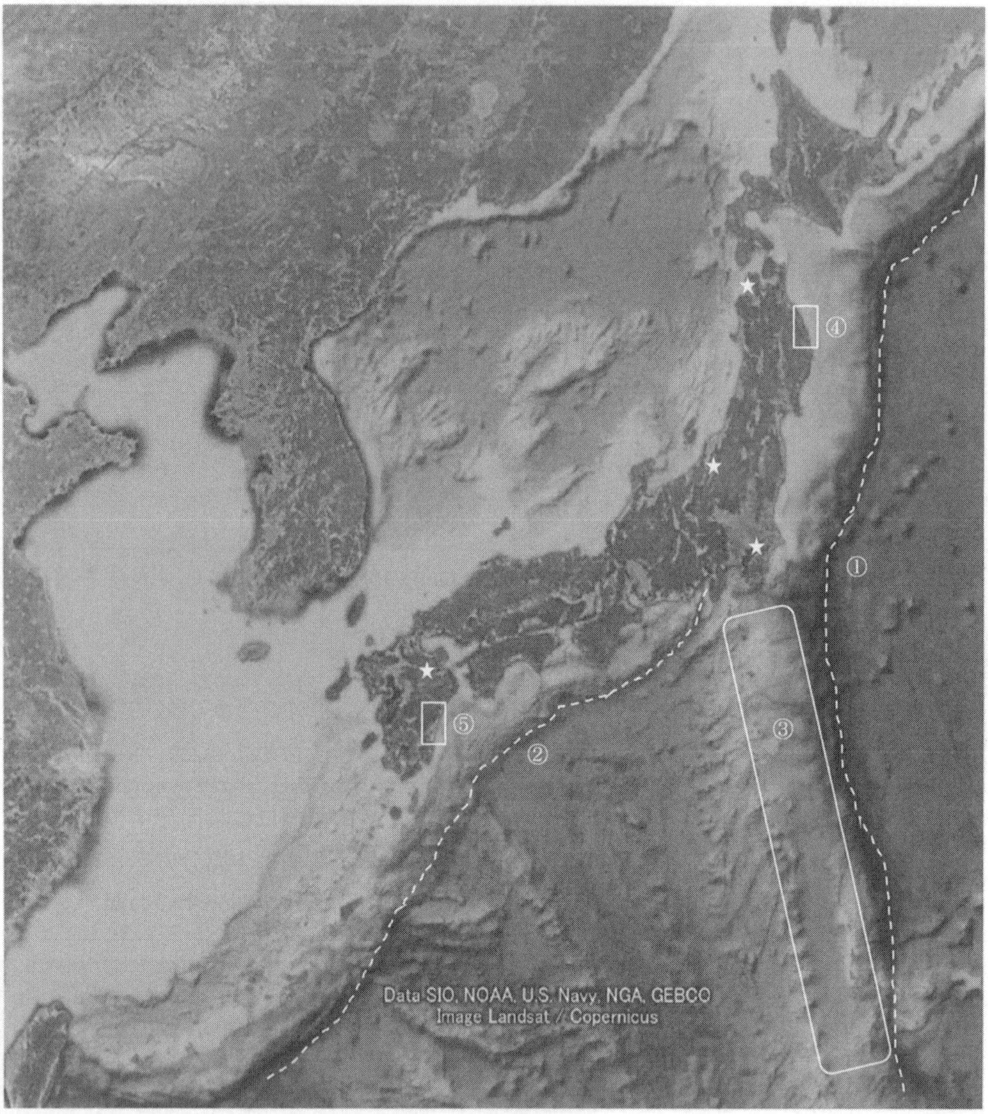

衛星写真　　(Google Earth より作成)

(a)　徹さんは，衛星写真中の点線①・②と次の図１・２について説明文を作りました。その説明文中の下線部**ア～カ**のうち，**誤りのあるもの**を２つ選び，記号で答えなさい。

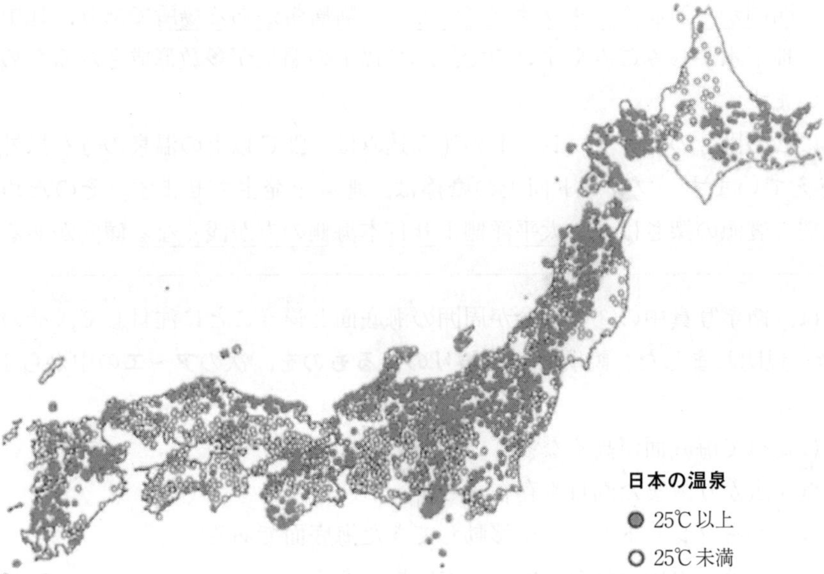

図１
（神奈川県温泉地学研究所　ウェブサイトより）

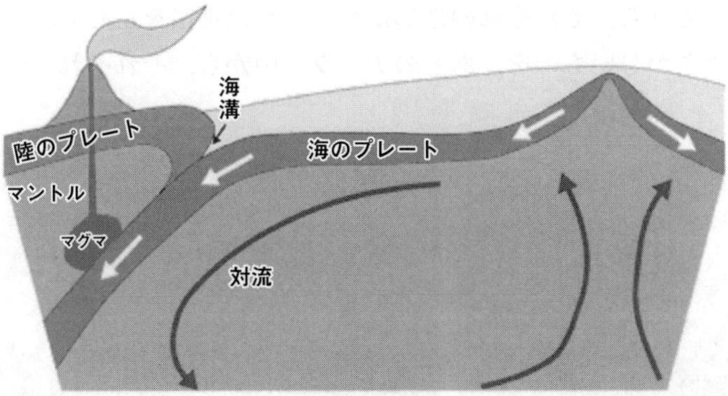

図２
（関西圏地盤情報ネットワーク　ウェブサイトより）

説明文

衛星写真中の点線①・②で示した色が濃《こ》い所は，ア水深が深い場所であり，プレートの境界です。このプレートの境界では，イ①では主に東から西の方向へ，②では主に南東から北西の方向へプレートが沈《しず》み込《こ》んでいます。

図１は日本の温泉の分布を示しており，なかでも25℃以上の温泉の分布は，主に北海道では東西方向，本州では日本海側，九州では北東から南西方向に帯状にみられています。

衛星写真中の点線①・②と，図１中の25℃以上の温泉の分布を見比べると，これらの方向性が似ていることがわかります。その原因は，図２のように，プレートの境界である海溝《かいこう》からプレートが沈み込む際に，プレート同士が摩擦《まさつ》を起こし，また沈み込んだプレートがウ一定の距離《きょり》を進むとマグマが活発に生成されると考えられているからです。そのためエ温度の高い温泉は，日本海側に比べ太平洋側には少ない傾向《けいこう》となるのです。また，九州では大分県で25℃以上の温泉の分布が多くみられます。これは，オ本州，四国から連なるフォッサマグナという断層帯がある場所であり，地中に亀裂《きれつ》が多く，地下水がしみこみやすいので，25℃以上の温泉が多数形成されるためと考えられています。

さらにこの図２のようなプレートの沈み込みは，25℃以上の温泉の分布以外にも影《えい》響《きょう》を与《あた》えています。プレート同士の摩擦は，地震《じしん》を発生させます。そのため，それらの地震の震源《しんげん》の深さは，カ太平洋側より日本海側の方が浅くなる傾向があるのです。

(b)　徹さんは，衛星写真中の③の部分が周囲の海底面と違《ちが》うことに注目して，その地域における特徴《とくちょう》を説明しました。説明として**誤りのあるもの**を，次の**ア**～**エ**の中から１つ選び，記号で答えなさい。

ア　周囲に比べて海底面が高くなっている。

イ　大陸棚《たいりくだな》が広がり，また潮目も存在する。

ウ　低緯度側からプレートとともに移動してきた海底面である。

エ　現在でも活発に火山活動をしている火山島がある。

(c)　徹さんは，衛星写真中の④・⑤でみられる海岸の地形のようすを表す写真１・２を手に入れました。Ａ～Ｆの文のうち，それぞれの地形がつくられた理由を正しく説明している文の組み合わせとしてふさわしいものを，あとの**ア**～**ク**の中から，それぞれ１つずつ選び，記号で答えなさい。

写真１

写真２

Ａ　海水面が上昇《じょうしょう》したことでつくられた。

Ｂ　海水面が低下したことでつくられた。

Ｃ　川に侵食《しんしょく》された山地が海に沈んでつくられた。

Ｄ　波に侵食されてできた谷が海に沈んでつくられた。

Ｅ　海底面で堆積《たいせき》してできた平坦《へいたん》な土地でつくられた。

Ｆ　海底面で侵食されてできた平坦な土地でつくられた。

ア　Ａ・Ｃ

イ　Ａ・Ｄ

ウ　Ａ・Ｅ

エ　Ａ・Ｆ

オ　B・C
カ　B・D
キ　B・E
ク　B・F

(d)　衛星写真中の４カ所の☆には，火力発電，水力発電，地熱発電，風力発電のいずれかの施設《しせつ》があります。そこで徹さんは，それぞれの発電方式の特徴を説明した文を作りました。水力発電・風力発電の施設の説明としてふさわしいものを，次の**ア**～**エ**の中からそれぞれ１つずつ選び，記号で答えなさい。

ア　施設は海岸部や見通しのよい山の山頂付近に多く，その場所の自然環境を利用して発電をおこなっている。大量の電力を作るためには，複数の施設とそれを設置する広い土地が必要となるため，電力の大消費地から遠くなる傾向がある。

イ　施設は海岸部に多く，発電に必要なエネルギー資源を輸入するために，貨物船が接岸できる施設などを併設《へいせつ》することがある。電力の大消費地に近い埋《う》め立《た》て地《ち》などに建設可能であり，送電の際の放電のロスを少なくすることができる。

ウ　施設は険しく高低差のある山中などに多く，その場所の自然環境を利用して発電をおこなっている。発電のための大きな施設を必要とし，施設の建設費も多額となる。発電のオン・オフを，他の発電方式より簡単におこなうことができる。電力の大消費地から遠くなるため，送電の際に放電のロスが生じる。

エ　施設は険しい山中などに多く，その場所の自然環境を利用して発電をおこなっている。発電に必要なエネルギーは，他の自然環境を利用する発電方式に比べ，天候に左右されず安定した供給がなされている。現在，同じ発電方式の新たな施設を建設することが，自然保護の観点から難しい場合が多くなっている。

問２　徹さんは次の２つの図と資料をみて，アスパラガスの国内産地と海外輸入について，考えてみました。あとの(a)～(c)の問いに答えなさい。

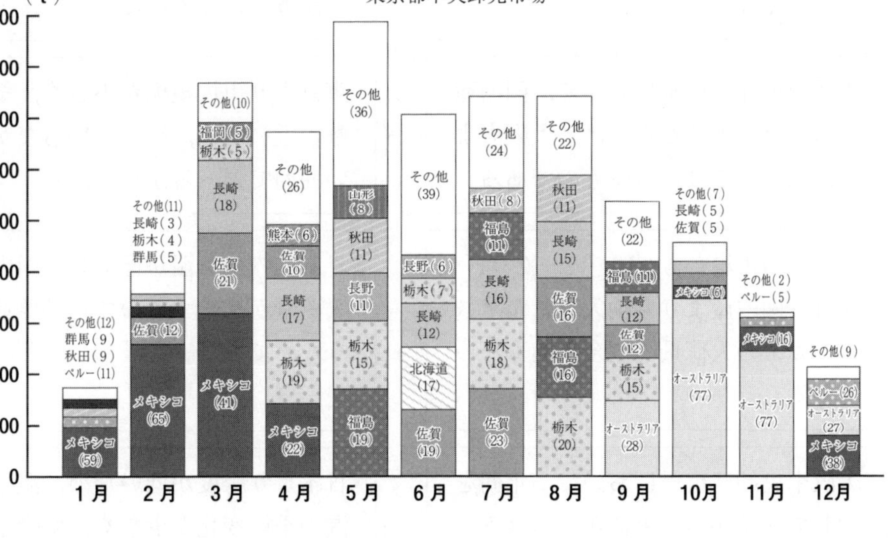

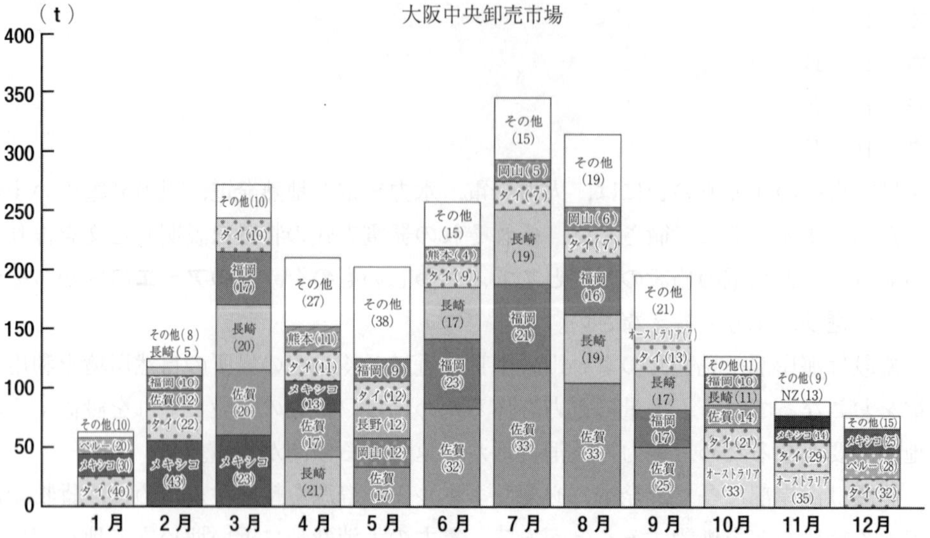

図　アスパラガスの月別入荷先とその割合(%)（2013～17年の平均）

（独立行政法人　農畜産業振興機構ウェブサイトより）

資料　アスパラガスの最適貯蔵条件

品目	貯蔵可能日数	貯蔵最適温度	適湿度
アスパラガス	14～21日	2.5℃	95～100%

（野菜茶業研究所「野菜の最適貯蔵条件」より作成）

(a)　徹さんは，【図や資料から読み取れたこと】と【その考察】を，それぞれカードに示しました。【図や資料から読み取れたこと】の内容や，【その考察】との組み合わせに**誤りのあるもの**を，次の**ア**～**オ**の中から２つ選び，記号で答えなさい。

	【図や資料から読み取れたこと】	【その考察】
ア	東京都中央卸売市場の入荷量は，すべての月において大阪中央卸売市場より多くなっている。	東京都より大阪府は周囲に畑作地が多く，農家の無人販売による直接販売が多いからである。
イ	大阪中央卸売市場において，国内産地の入荷量のほとんどは，大阪府より西側にある県からのものである。	東京より市場規模が小さく，また距離が近いため，鮮度を保ちながら短い期間で運べるからである。
ウ	どちらの市場とも，10・11・12・１・２月は国内産よりも輸入されたアスパラガスの入荷量の割合が高くなっている。	日本国内の気温が低下し，国内産の入荷量が減少するので，必要量を補うためである。
エ	大阪中央卸売市場において，年間を通じてタイからの入荷がみられる。	日本より緯度が低いため，温暖で気温の季節変化が少なく，生産可能な時期が長いからである。

オ	どちらの市場とも，12・1・2・3月はオーストラリアからの輸入量の割合が高くなっている。	日本と季節が反対のため，日本で生産量が少ない時期に生産が可能だからである。

(b)　徹さんは，アスパラガスの輸送について，温度管理が大切なことを知りました。収穫《しゅうかく》後から小売りまで低温で管理されて輸送・販売《はんばい》されるシステムのことを何といいますか。カタカナで答えなさい。

(c)　徹さんは，アスパラガスの輸入量が一番多い日本国内の輸入港を調べました。その輸入港の名称を答えなさい。

問3　徹さんは，都道府県別の耕地面積に対する樹園地《じゅえんち》，田，普通《ふつう》畑の割合を示し，なかでも樹園地の占《し》める割合が高い上位10都府県を次の表で示しました。またそれぞれの都府県の総面積に対する森林の占める割合を同時に示しました。表中のA～Dは，大阪府，東京都，長野県，和歌山県のいずれかです。表中のC・Dにあてはまる都府県名を，あとの**ア**～**エ**の中からそれぞれ1つずつ選び，記号で答えなさい。

（単位　%）

都道府県名	樹園地の割合	田の割合	普通畑の割合	森林の割合
A	63.6	29.2	7.2	76.5
山梨県	42.6	33.3	20.5	77.9
静岡県	40.6	33.5	23.7	63.9
愛媛県	40.4	46.1	12.7	70.1
B	23.1	3.8	72.2	36.0
神奈川県	18.6	19.5	61.8	39.2
奈良県	17.4	71.0	11.8	76.9
C	15.5	71.1	14.2	30.0
青森県	14.8	53.0	23.2	65.6
D	14.1	49.5	33.5	78.8

（二宮書店編『データブック オブ・ザ・ワールド 2020』・林野庁「都道府県別森林率・人工林率」より作成）

ア　大阪府　　**イ**　東京都　　**ウ**　長野県　　**エ**　和歌山県

問4　徹さんは，東京の人口の変化について調べてみました。次の図A～Cは，東京都の各区市町村における1955～1975年，1975～1995年，1995～2015年の期間の人口増減の比率を示したものです。A～Cの図を年代の古い順に並べたものとして正しいものを，あとの**ア**～**カ**の中から1つ選び，記号で答えなさい。

A

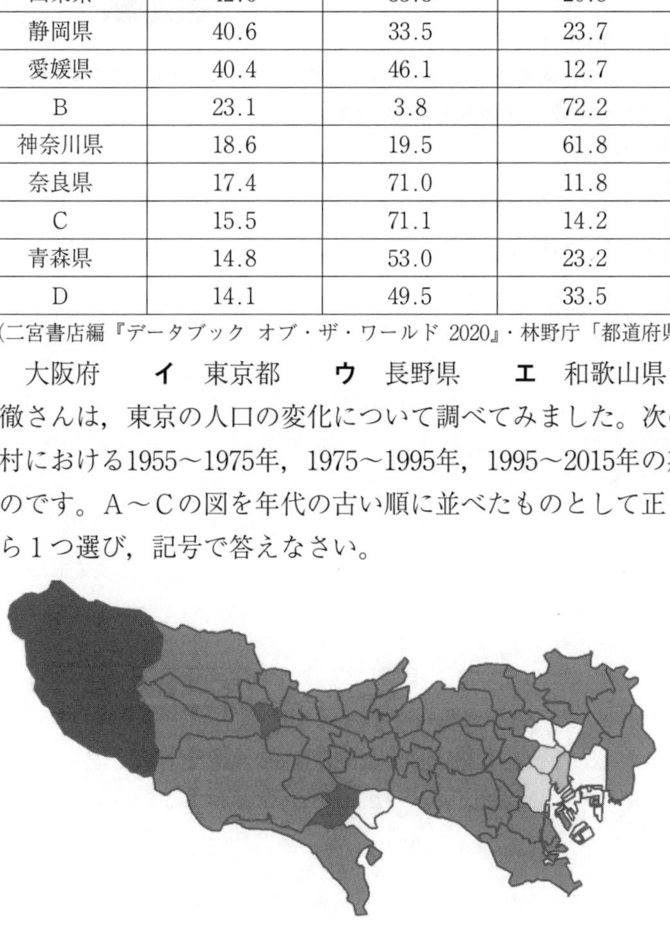

B

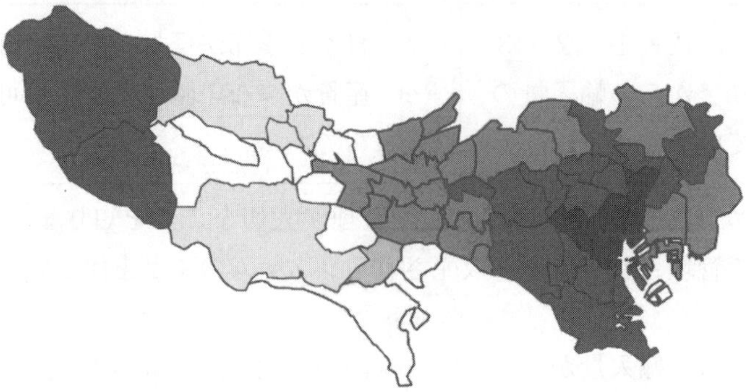

C

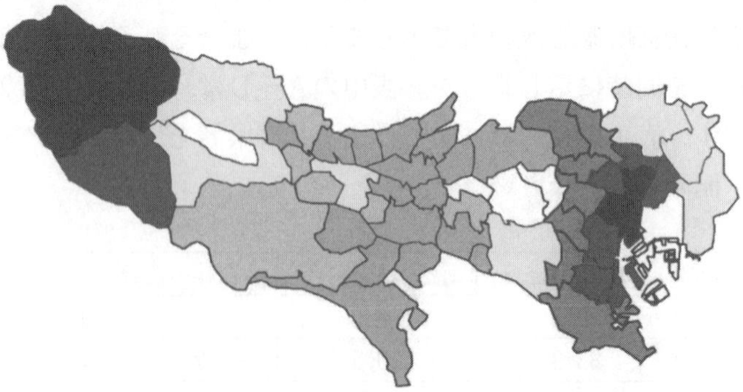

【凡例《はんれい》】
人口増減率（%）

	200〜
	100〜199
	50〜99
	25〜49
	0〜24
	−24〜0
	〜−25

＊市区町村と海岸線はいずれも現在のもの

（古今書院『東京学芸大学地理学会シリーズⅡ　東京をまなぶ』より作成）

※弊社ホームページにて，カラー印刷のものを掲載しています。

必要な方はアクセスしてください。

なお，右のＱＲコードからもアクセスできます。

ア　A→B→C　　**イ**　A→C→B

ウ　B→A→C　　**エ**　B→C→A

オ　C→A→B　　**カ**　C→B→A

【理　科】〈第1回試験〉（40分）〈満点：100点〉

1　次の文章を読んで，あとの(1)～(9)の問いに答えなさい。

生物を飼育することの好きな聖君《たかし》は，自宅で何種類かの生物を飼育しています。どの生物も，飼育をすることはそれほど難しくありません。聖君は小学生ですが，定期的に餌《えさ》やりや飼育かごの掃除《そうじ》をするなど，自分ひとりで生物の世話をしています。

カブトムシは，①近くの雑木林で捕《つか》まえてきたものを飼育しています。オスとメスをつがいで飼育しており，産卵《さんらん》するかどうかを楽しみにしています。②幼虫の世話をすることになったら，成長記録もつけようかと考えています。

メダカは，近くのペットショップで購入《こうにゅう》したものを飼育しています。昔，キンギョを飼育していた水槽《すいそう》を使っていますが，この水槽にはろ過装置がついているので，頻繁《ひんぱん》に水換《か》えをする必要がありません。ただし，③メダカが産卵したあとは親と卵とを分けなければならないため，毎日，ようすを観察しなければいけません。産卵したときに備えて，別の水槽も準備しています。

イシガメも，近くのペットショップで購入したオス1匹《びき》を飼育しています。「つがいで飼育して産卵をさせることは難しい」とペットショップの店員さんに聞いたので，繁殖《はんしょく》させようとしたことはありません。

アメリカザリガニは，近所の公園の池で捕まえてきたものを飼育しています。日本の公園で捕まえたのにアメリカザリガニと呼ばれていることは不思議でしたが，「④もともとは日本にいなかった生物だ」とお父さんに聞いて，納得《なっとく》しました。ウシガエルという食用の大きなカエルの餌用に日本に持ち込《こ》まれたものが，野生で増えてしまったため，日本にもともといたザリガニの生息域が減っているとのことです。同じように，イシガメもアメリカからきたミシシッピアカミミガメに生息域を奪《うば》われてしまっているとのことでした。メダカも，野生のものは少なくなっていると聞いた聖君は，生物を飼育することの大切さを感じるとともに，飼育をするときは，最期《さいご》までしっかり飼育しなくてはならないと感じました。

(1)　背骨のある生物はどれですか。次の(ア)～(エ)の中からすべて選び，記号で答えなさい。

(ア)　カブトムシ　　(イ)　メダカ　　(ウ)　イシガメ　　(エ)　アメリカザリガニ

(2)　エラで呼吸をする生物はどれですか。次の(ア)～(エ)の中からすべて選び，記号で答えなさい。

(ア)　カブトムシ　　(イ)　メダカ　　(ウ)　イシガメ　　(エ)　アメリカザリガニ

(3)　ていねいに飼育をした場合，寿命《じゅみょう》が最も短い生物はどれですか。次の(ア)～(エ)の中から1つ選び，記号で答えなさい。

(ア)　カブトムシ　　(イ)　メダカ　　(ウ)　イシガメ　　(エ)　アメリカザリガニ

(4)　ていねいに飼育をした場合，成体の大きさが最も小さい生物はどれですか。次の(ア)～(エ)の中から1つ選び，記号で答えなさい。

(ア)　カブトムシ　　(イ)　メダカ　　(ウ)　イシガメ　　(エ)　アメリカザリガニ

(5)　カブトムシとメダカについて，それぞれの生物の成体のオスとメスの見た目に違《ちが》いのある部位の名前を1つあげ，オスとメスで，それぞれどのようになっているかを説明しなさい。

(6)　下線部①について，関東南部ではカブトムシの成虫を野外で捕まえられる季節はいつですか。次の(ア)～(エ)の中から1つ選び，記号で答えなさい。

(ア)　春　　(イ)　夏　　(ウ)　秋　　(エ)　冬

(7)　下線部②について，カブトムシの幼虫を飼育するとき，こまめに交換《こうかん》しなければならないものは何ですか。次の(ア)～(エ)の中から１つ選び，記号で答えなさい。

(ア)　腐葉土《ふようど》　(イ)　砂　(ウ)　朽《く》ち木　(エ)　昆虫《こんちゅう》ゼリー

(8)　下線部③について，メダカが産卵したあとに親と卵とを分けなければならない理由を簡単に答えなさい。

(9)　下線部④の生物を外来種といいます。なかでも，日本にもともといる生物や環境《かんきょう》に影響《えいきょう》を与《あた》えている外来種は，侵略的《しんりゃくてき》外来種と呼ばれています。環境省と農林水産省が作成した「我が国の生態系等に被害《ひがい》を及《およ》ぼすおそれのある外来種リスト」に載《の》っている生物の組み合《わ》わせを，次の(ア)～(ケ)の中から１つ選び，記号で答えなさい。

(ア)	アライグマ	ホンドタヌキ	ニジマス	オオクチバス
(イ)	アライグマ	ホンドタヌキ	イワナ	オオクチバス
(ウ)	アライグマ	ホンドタヌキ	ヤマメ	イワナ
(エ)	ホンドタヌキ	ハクビシン	ニジマス	オオクチバス
(オ)	ホンドタヌキ	ハクビシン	イワナ	オオクチバス
(カ)	ホンドタヌキ	ハクビシン	ヤマメ	イワナ
(キ)	アライグマ	ハクビシン	ニジマス	オオクチバス
(ク)	アライグマ	ハクビシン	イワナ	オオクチバス
(ケ)	アライグマ	ハクビシン	ヤマメ	イワナ

2　台風について，次の(1)～(3)の問いに答えなさい。

(1)　地球温暖化により海水面の温度が上昇《じょうしょう》し，熱帯低気圧や台風の発生数が増えることが心配されています。暖かい海水が蒸発し，その水蒸気が上空で雲になるときに膨大《ぼうだい》なエネルギーが生まれ，巨大《きょだい》な渦巻《うずま》きを作るようになります。最近では，日本のすぐ南の海上でも，台風が発生することがあります。熱帯低気圧や台風が発生するときの海水面の温度は，何℃くらいですか。最も適したものを，次の(ア)～(オ)の中から１つ選び，記号で答えなさい。

(ア)　13℃　(イ)　20℃　(ウ)　27℃　(エ)　37℃　(オ)　42℃

(2)　次の［　　］にあてはまる言葉を答えなさい。

熱帯低気圧と台風は最大風速で区別されています。日本付近の北西太平洋や南シナ海で発生した熱帯低気圧のうち，最大風速が毎秒約17ｍ以上のものを台風と呼びます。一方，アメリカ周辺の北大西洋，カリブ海，メキシコ湾《わん》および北東太平洋で発生した熱帯低気圧のうち，最大風速が毎秒約33ｍ以上のものを［　　　　］と呼びます。

(3)　2018年９月の台風21号は非常に強い勢力のまま日本列島に上陸し，各地に被害《ひがい》が発生しました。特に大阪・神戸周辺では海水面の上昇により，大きな被害が発生しました。関西国際空港では滑走路《かっそうろ》が浸水《しんすい》し使用不能になるとともに，連絡橋《れんらくきょう》が破損したことも重なり，多くの人が孤立《こりつ》しました。地球温暖化にともない，このような台風被害は，将来増えていくと予想されています。

次の図１～図６は，９月３日から５日までの台風21号のようすを表す衛星写真です。あとの(a)～(e)の問いに答えなさい。

図１　９月３日 ３時

図２　９月３日 15時

図３　９月４日 ３時

図４　９月４日 15時

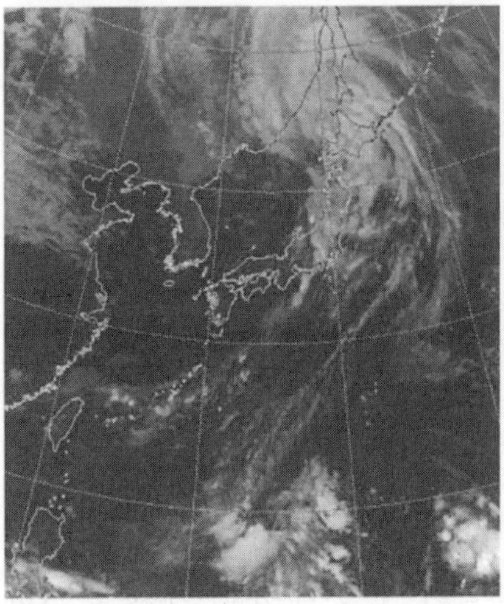

図５　９月５日 ３時

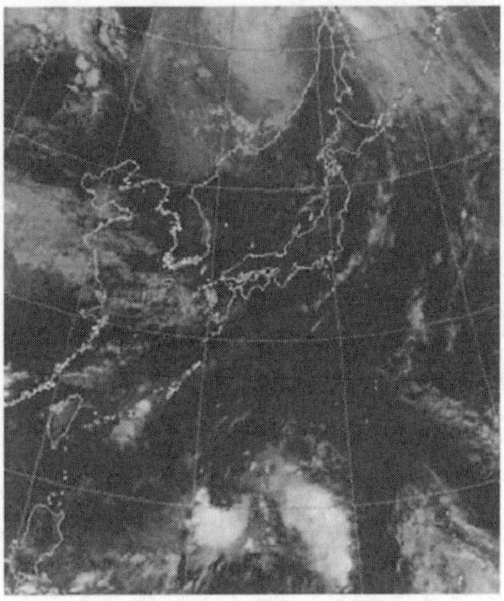

図６　９月５日 15時

気象庁 web サイト(https://www.jma.go.jp/jma/kishou/books/saigaiji/saigaiji_201904.pdf)による

(a)　台風21号は９月１日から５日にかけて，どのように進みましたか。この台風の経路を表したものを，次の(ア)～(エ)の中から１つ選び，記号で答えなさい。

(ア)

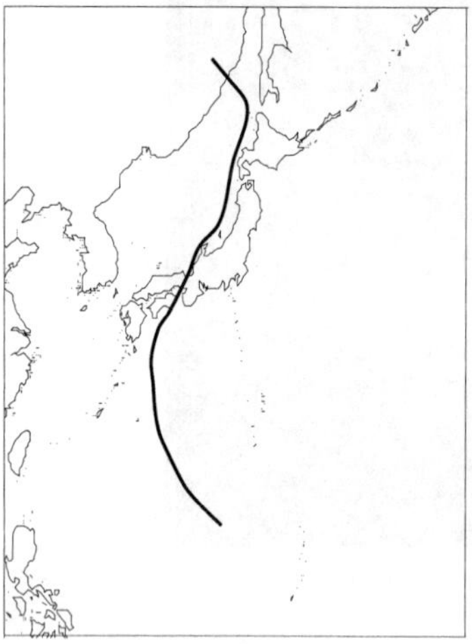

(イ)

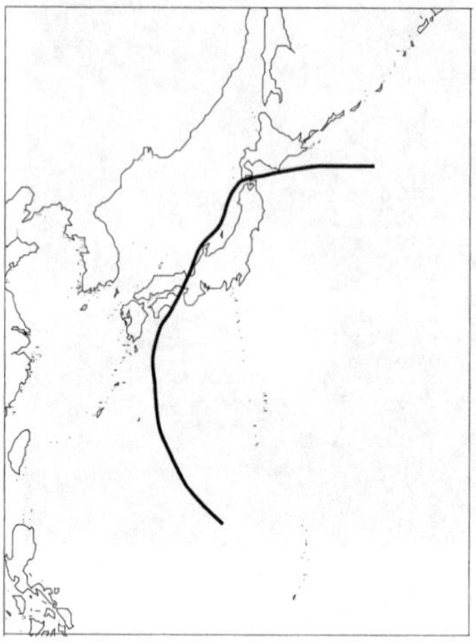

(ウ)

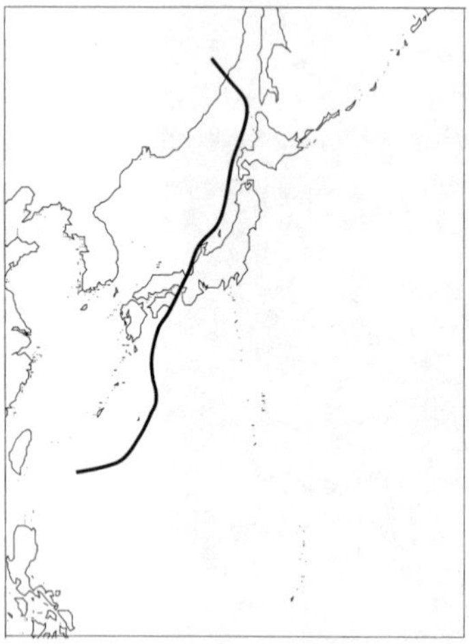

(エ)

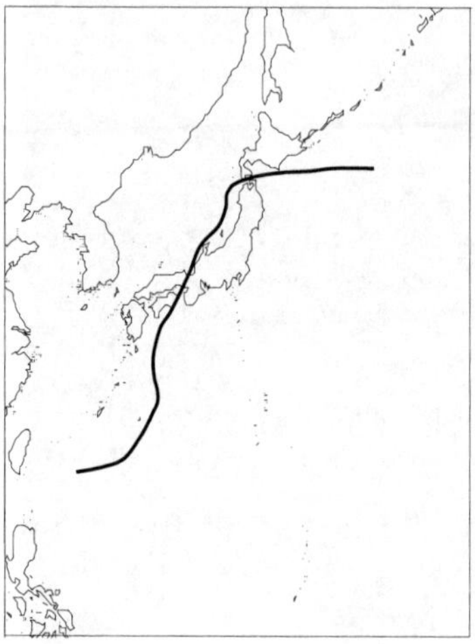

(b)　９月３日15時に，鹿児島市では，風はどの方角から吹いていましたか。次の(ア)～(エ)の中から１つ選び，記号で答えなさい。

(ア)　北東　　(イ)　北西　　(ウ)　南東　　(エ)　南西

(c)　台風の中心気圧は極端に低くなっています。９月４日の台風の中心気圧は，ふだんより５％低く950hPa(ヘクトパスカル)でした。このとき，台風の中心部分の海水面は，ふだんより何cm上昇していますか。ただし，気圧が１hPa下がると海水面は１cm上昇するものとし，風による影響《えいきょう》は考えないものとします。

(d)　台風や強い低気圧が接近すると海水面が上昇し，沿岸部で浸水などの被害が発生することがあります。台風や強い低気圧が接近することで，海水面が上昇する現象を何といいますか。漢字２文字で答えなさい。

(e)　図７は，９月４日の大阪《おおさか》湾沿岸の海水面の高さの変化を表したものです。13時から14時の間に海水面の高さが急に上がっているのはなぜですか。その理由として適したものを，あとの(ア)～(オ)の中から２つ選び，記号で答えなさい。ただし，平均の海水面の高さを０cmとしています。

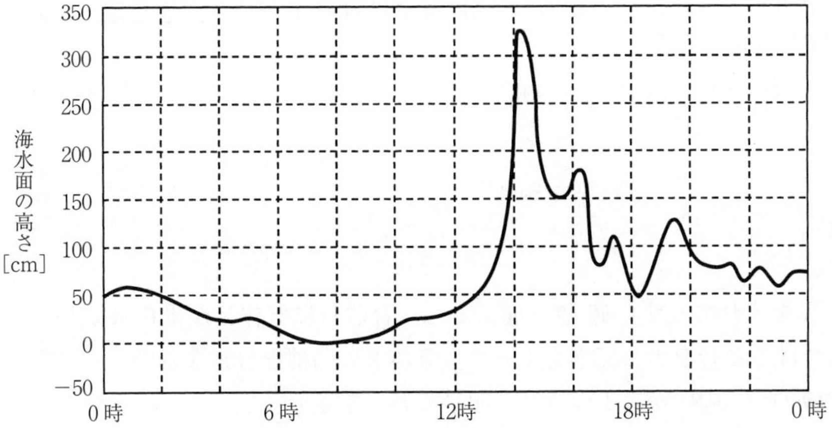

図7

(ア) 台風の接近で急に大雨になったから。

(イ) 風が沖合から沿岸に向かって強く吹いたから。

(ウ) 台風の中心がこの付近を通過したから。

(エ) 干潮の時間と重なったから。

(オ) ダムの放流により大量の水が大阪湾に流れ込《こ》んだから。

3 図1・図2は，江戸《えど》時代に宇田川榕菴《うだがわようあん》によって書かれた『舎密開宗《せいみかいそう》』という書物に載《の》っている図です。図1は，気体を発生させて集めるための装置を表しています。また，図2は，図1で気体を集めている容器Bの周辺を詳《くわ》しく表したものです。これについて，あとの(1)～(8)の問いに答えなさい。

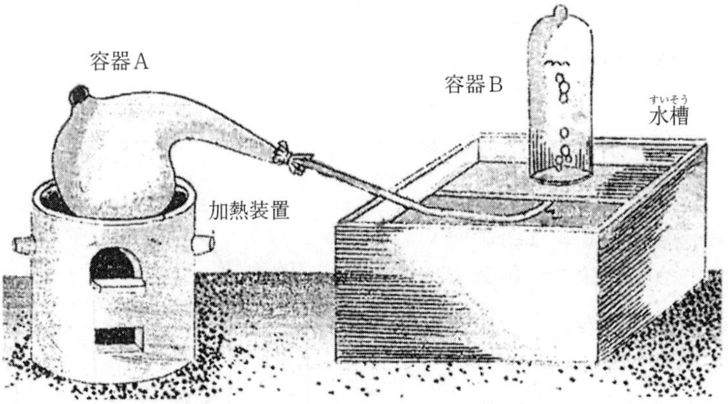

図1

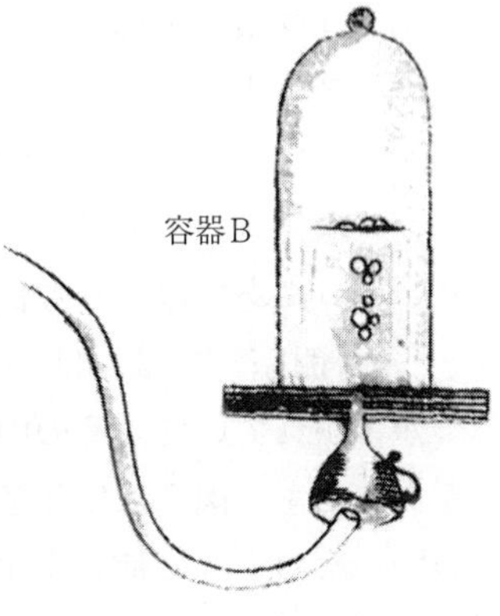

図2

国立国会図書館 web サイトによる

(1) 図2のような気体の集め方を何といいますか。次の(ア)～(エ)の中から1つ選び，記号で答えなさい。

(ア) 窒素置換《ちっそちかん》　(イ) 水上置換　(ウ) 上方置換　(エ) 下方置換

(2) 容器Aに二酸化マンガンを入れて強く熱すると，容器Bに気体Vが得られました。また，気体Vにはものを燃やすはたらきがありました。気体Vの名前を答えなさい。

(3) 気体Vは，二酸化マンガンにある液体を加えることでも得られます。この液体の名前を答えなさい。

(4)　気体Ｖについて説明したものを，次の(ア)～(カ)の中からすべて選び，記号で答えなさい。

(ア)　空気に約20％含《ふく》まれる

(イ)　空気にほとんど含まれない

(ウ)　においがある

(エ)　においがない

(オ)　空気より重い

(カ)　空気より軽い

(5)　容器Ａに固体Ｗを入れてうすい硫酸《りゅうさん》を加えると，容器Ｂに気体Ｘが得られました。また，気体Ｘは火を近づけると音を出して燃えました。気体Ｘの名前を答えなさい。

(6)　固体Ｗを，次の(ア)～(エ)の中から１つ選び，記号で答えなさい。

(ア)　木炭のかけら　　(イ)　銅のかけら　　(ウ)　鉄くず　　(エ)　卵のから

(7)　気体Ｖと気体Ｘを密閉容器に入れて反応させると，物質Ｙだけが生じました。次の表は，容器に入れた気体Ｖと気体Ｘの重さと，反応で生じた物質Ｙの重さとの関係を表しています。これについて，次の(a)～(c)の問いに答えなさい。

気体Ｖの重さ[ｇ]	3	3	3	3
気体Ｘの重さ[ｇ]	0.1	0.2	0.3	0.4
物質Ｙの重さ[ｇ]	0.9	1.8	2.7	（ あ ）

(a)　物質Ｙの名前を答えなさい。

(b)　物質Ｙがあることを調べる方法とその結果を，次の(ア)～(カ)の中から１つ選び，記号で答えなさい。

(ア)　青色リトマス紙をつけると，赤色に変化する。

(イ)　赤色リトマス紙をつけると，青色に変化する。

(ウ)　ヨウ素液を加えると，青紫《あおむらさき》色から褐《かっ》色に変化する。

(エ)　ヨウ素液を加えると，褐色から青紫色に変化する。

(オ)　塩化コバルト紙をつけると，青色から赤色に変化する。

(カ)　塩化コバルト紙をつけると，赤色から青色に変化する。

(c)　(あ)にあてはまる数値を答えなさい。

(8)　『舎密開宗』には，ほかにも気体を得る方法がいくつか書かれていて，その中の１つに気体Ｚを得る方法があります。図３は気体Ｚを得るための装置を表していて，次のように使います。

まず，同じ重さの鉄と硫黄《いおう》に水を加えて泥状《どろじょう》にして，水に浮《う》かべた小皿に入れます。次に，この小皿に容器Ｃをかぶせて１～２日経《た》つと，容器内の気体Ｖは泥状の混合物と反応して，容器内の気体の体積ははじめに比べておよそ５分の４になります。小皿を取り除いたあと，容器内に入っている気体は主に気体Ｚです。

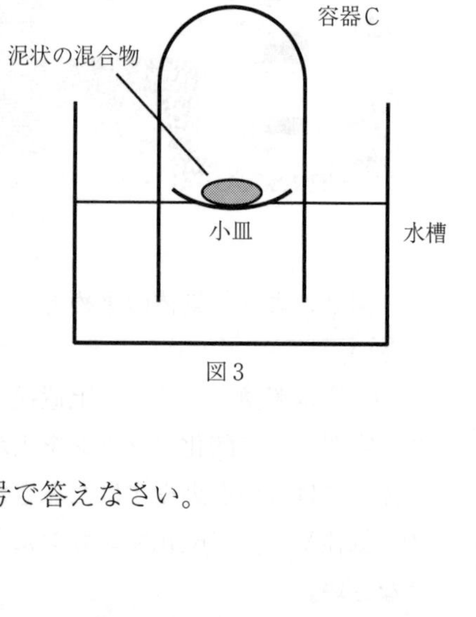

図３

気体Ｚは何ですか。次の(ア)～(オ)の中から１つ選び，記号で答えなさい。

(ア)　硫化《りゅうか》水素　　(イ)　二酸化炭素　　(ウ)　二酸化硫黄

(エ)　窒素　　(オ)　アンモニア

4　長さ60cmの細くて軽い棒，重さ40gのおもり，金属Aや金属Bでできたいくつかの物体を使って，［実験１］～［実験６］をおこないました。あとの(1)～(9)の問いに答えなさい。ただし，金属Aと金属Bの密度はそれぞれ5 g/cm^{3}と4 g/cm^{3}で，水の密度は1 g/cm^{3}とします。

［実験１］　図１のように，金属Aでできた１辺が5 cmの立方体の形をした物体①を水の中に沈《しず》めたときの，ばねばかりの示す値《あたい》を調べました。

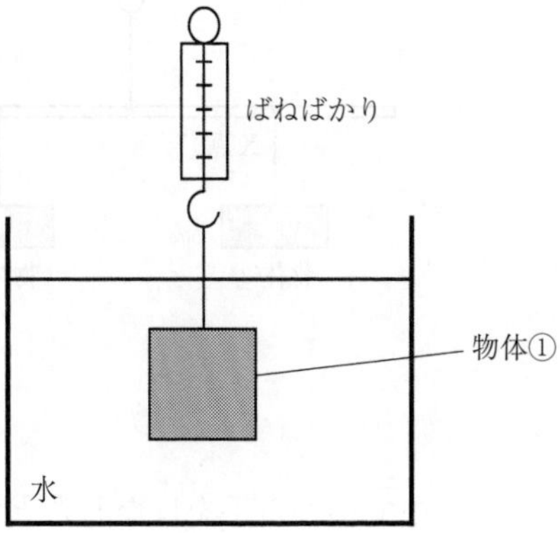

図１

(1)　ばねばかりの示す値は何gですか。

［実験２］　図２のように，金属Aでできた直方体の形をした物体②と，重さ40gのおもりをつり下げたところ，棒は水平になりました。このとき，物体②は棒の真ん中から10cmの場所に，おもりは棒の真ん中から20cmの場所に，ばねばかりは棒の真ん中に結び付けられていました。

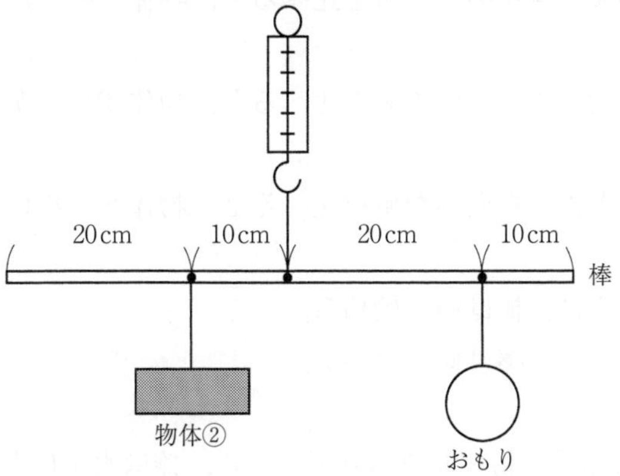

図２

(2)　物体②の体積は何cm^{3}ですか。

(3)　ばねばかりの示す値は何gですか。

［実験３］　図３のように，金属Bでできた直方体の形をした物体③と，重さ40gのおもりをつり下げたところ，棒は水平になりました。このとき，おもりは棒の真ん中から20cmの場所に，ばねばかりは棒の真ん中に結び付けられていました。また，物体③の体積は25cm^{3}でした。

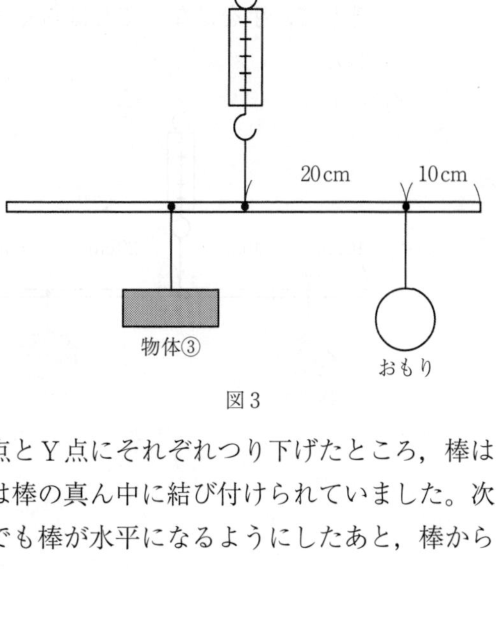

図３

(4)　物体③は，棒の真ん中から何cmの場所に結び付けられていますか。

［実験４］　図４のように，物体②と物体③を棒のX点とY点にそれぞれつり下げたところ，棒は水平になりました。このとき，ばねばかりは棒の真ん中に結び付けられていました。次に，棒を手で支えながら水に入れて，水中でも棒が水平になるようにしたあと，棒から手をはなしました。

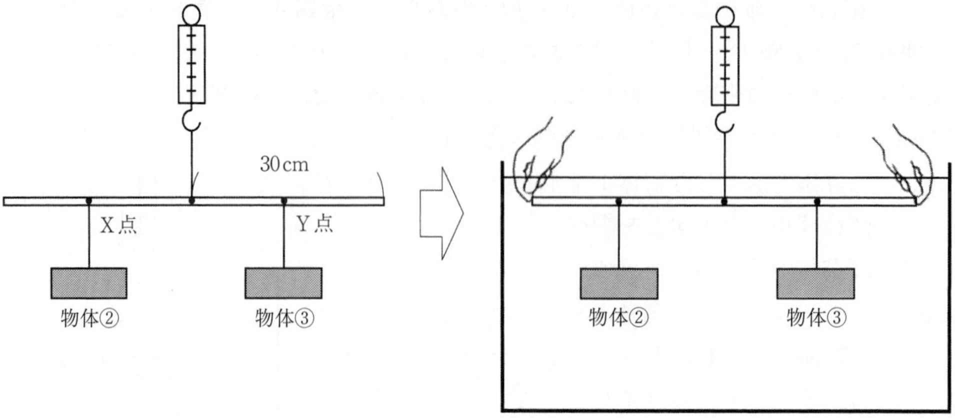

図４

(5)　水中で棒から手をはなしたときの，物体にはたらく力や棒の傾《かたむ》き方について，正しく説明しているものはどれですか。次の(ア)～(カ)の中から２つ選び，記号で答えなさい。

(ア)　空気中ではかった重さから浮力《ふりょく》の大きさを引いた値を比べると，物体②の方が物体③よりも大きい。

(イ)　空気中ではかった重さから浮力の大きさを引いた値を比べると，物体③の方が物体②よりも大きい。

(ウ)　空気中ではかった重さから浮力の大きさを引いた値を比べると，物体②と物体③とで同じである。

(エ)　棒のＸ点がＹ点よりも低くなるように，棒は傾き始める。

(オ)　棒のＹ点がＸ点よりも低くなるように，棒は傾き始める。

(カ)　棒は傾かないで水平のままである。

［実験５］　図５のように，重さ 80 g の物体④と物体⑤をつり下げたら，棒は水平になりました。このとき，どちらの物体も棒の真ん中から 20 cm の場所に，ばねばかりは棒の真ん中に結び付けられていました。次に，［実験４］と同様に棒を手で支えながら水に入れました。そして，手をはなしてしばらくすると，棒は止まり，物体⑤の一部は空気中に出ていました。

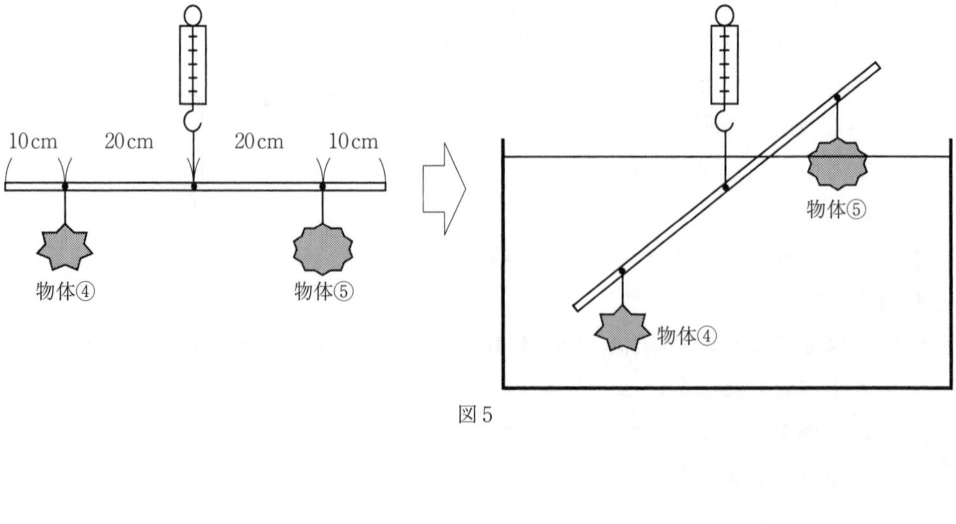

図５

⑹　物体④と物体⑤のうち一方は金属Aでできており，もう一方は金属Bでできています。この実験結果から，それぞれの物体がどちらの金属でできているかがわかります。その理由を説明した次の文章の(あ)～(う)にあてはまる言葉や記号を答えなさい。

物体⑤が浮いたことから，手で支えながら水に入れたとき，物体⑤にはたらく(あ)の方がより大きく，物体⑤の体積の方がより(い)とわかる。また，２つの物体の重さは等しいので，物体⑤が金属(う)でできていることがわかる。

⑺　物体⑤の空気中に出ていた部分の体積は何 cm^3 ですか。

［実験６］　［実験５］のあとに物体⑤を棒に結び付ける場所を左右どちらかに動かしたところ，図６のように物体④も物体⑤も水中に入り，しばらくすると棒は水平になりました。

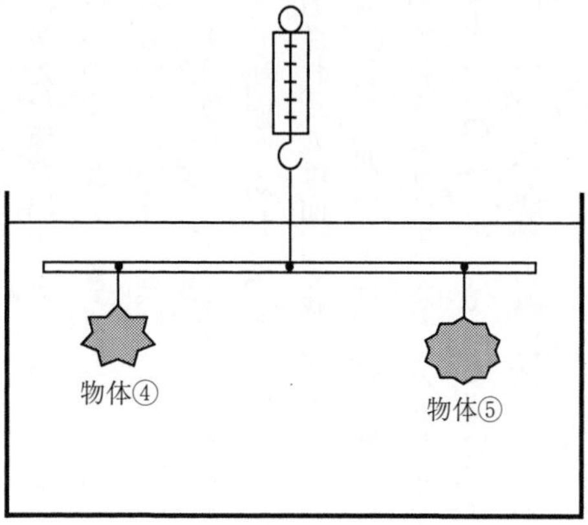

図６

⑻　物体⑤を棒に結び付ける場所は，左右どちらへ何 cm 動かしましたか。ただし，答えが割り切れない場合は，小数第２位を四捨五入して小数第１位まで答えなさい。

⑼　ばねばかりの示す値は何 g ですか。

見いだす。

エ　初めて同じクラスになった友達と、いつも一緒《いっしょ》に下校する。

オ　酸《す》っぱそうな梅干しを見るたびに、思わず唾液《だえき》がたくさん出てしまう。

問七　――線部⑥に「『ぎりぎり』の感覚が求められるのだ」とありますが、それはどういうことですか。その説明として最もふさわしいものを、次のア～オの中から一つ選び、記号で答えなさい。

ア　手が届きそうで届かないような難易度の問題を解く際に、答えを見つけ出せるかどうかという緊張《きんちょう》感を味わえる場合にのみ、人は面白く思えるものだということ。

イ　解けるかどうかわからないくらい難しい問題が、ようやく解けた時に得られる高揚《こうよう》感を繰り返し味わうことに、人は面白さを抱くものだということ。

ウ　容易には答えを見つけることができず、しかも後から考え直した時に、答えられてもおかしくなかっただろうと思える問題に対して、人は面白さを感じるものだということ。

エ　よくよく考えれば答えを導き出すことができたはずだと思うものの、自分では思いつくことができなかったという悔《くや》しさに、人は面白さを覚えるものだということ。

オ　事前に思いついた答えが間違《まちが》っていても、正解に手が届きかけていたと納得《なっとく》できる問題であれば、さらに難しい問題に挑《ちょう》戦《せん》する気持ちが刺激《しげき》され、人は面白く感じるものだということ。

問八　――線部⑦に「『突飛《とっぴ》』な『面白さ』は、『意外性』による『面白さ』とは、少し違っているように思える」とありますが、「『突飛』な『面白さ』を感じるのは、どのような場合ですか。六十字以内で説明しなさい。ただし、解答の際には「　」や『　』を使わないこと。

イ　大人になるとほとんどのことを知り尽《つ》くしてしまい、何事にも動じない境地に達してしまうが、子供にとってはすべてのことが新しく、感動の対象だから。

ウ　若者や子供は、利益を優先して考える大人と違《ちが》って、自分の得になるかならないかではなく、好奇心《こうきしん》を満たしてくれるかどうかが面白《おもしろ》さの基準だから。

エ　大人がやっていることに若者や子供が好奇心を持つのは、周りの人たちが知らない知識を先に身につけることで、誰《だれ》よりも有利な立場になれるという予感を持っているから。

オ　若者や子供は、大人とは異なり知識が少なく、新たに知識を得ることで他人よりも優位に立ち、また将来の可能性も広がるのではないかという感覚を抱《いだ》けるから。

問三　――線部②に「僕《ぼく》は、ミステリィを書いているので、これを常に意識している」とありますが、筆者が「これを常に意識している」のは、どうしてですか。二十字以内で説明しなさい。

問四　――線部③に「その意外性が、『面白さ』になる」とありますが、それはどうしてですか。その説明として最もふさわしいものを、次のア～オの中から一つ選び、記号で答えなさい。

ア　犬は予想外のことが生じた時にはがっかりしてしまうが、人は時に想定しない事態が起こってしまうという偶然《ぐうぜん》性に対して面白さを覚えるものだから。

イ　人にとって想定しないことが起きることは避《さ》けたいものであるが、その状況《じょうきょう》を前向きに捉《とら》えることで、事態を好転させることに面白さが存在するから。

ウ　自分が予想したことと違う状況に直面したときに人は戸惑《とまど》いを覚えることが多いが、思考力や知性によって、その戸惑いを解消していくことに面白さを感じるから。

エ　人は、あらかじめ予測していたこととは異なる事態が生じたときに驚《おどろ》きを感じるが、その事象に対して思考力を働かせることで、面白さが見えてくるものだから。

オ　犬は繰《く》り返し起こる現象に対してだけ面白さや楽しみを抱けるが、人はより高度な知性を働かせることで、未知なる面白さを求めることができるから。

問五　――線部④に「非常に不思議だ」とありますが、どういうことが「不思議だ」といえるのですか。その説明として最もふさわしいものを、次のア～オの中から一つ選び、記号で答えなさい。

ア　一つの事象に対して相反する印象を持つことで、より面白く感じられること。

イ　定番化されていく中で面白さが薄《うす》れていったものにも、まだ面白さが残っていること。

ウ　想定外であるか否《いな》かにかかわらず、面白いという共通した感情を抱いてしまうこと。

エ　かつて面白かったことでも、時間とともにその面白さが失われてしまう場合もあること。

オ　意外なことが起こったときに驚いたとしても、後に面白さを感じることもあること。

問六　――線部⑤に「同じことを繰り返して『面白さ』を感じるのは、どちらかというと動物的である」とありますが、「動物的である」といえる具体例として最もふさわしいものを、次のア～オの中から一つ選び、記号で答えなさい。

ア　初めて乗ったジェットコースターが気に入って、何度も乗りたくなる。

イ　通学路を歩きながら、日々変わりゆく季節の変化に気づく。

ウ　素振《すぶ》りを繰り返すことで、自分の理想とする打撃《だげき》フォームを

もなんともない。こういうありきたりの比喩は文字を無駄《むだ》に消費しているだけで役に立たない。これが、「捨てられたガムのように寂《さび》しかった」「三角錐《さんかくすい》みたいに切り立った星空だった」などとすると、読者の思考は一瞬《いっしゅん》そこで止まるだろう。「何なの、それ」と思うのが普通だ。だが、一部の人には、これが「面白い」と感じられるのである。

　これらは、突飛な「面白さ」といえるもので、「意外性」に含まれるようで、微妙《びみょう》に＊2ベクトルが違っている。相手に一瞬足を止めさせ、あるいは息を止めさせ、考えさせる、という機能では「意外性」と同じだが、予想さえさせないところが異なる。

　突飛なものに出合い、一瞬呆《あき》れたり、首を傾《かし》げたあと、「面白い」と感じるかどうかは、自分にそれが思いつけたか、と過去へ向かって予測し、遅《おく》れて「意外性」として評価される、というメカニズムといえる。

　「思いつかない」というのも、「面白さ」の中でも重要な＊3ファクタである。簡単にいえば「発想」だ。手法や計算で導かれるものではなく、直感的なもの、いうなれば思考のジャンプを見せられるような「面白さ」である。

――森《もり》　博嗣《ひろし》『面白《おもしろ》いとは何か？　面白く生きるには？』による

（問題作成上の都合から一部原文の表記を改めた）

（注）＊1　後述したい…本文に続く部分で書かれている。

＊2　ベクトル…ここでは、方向性という意味で用いられている。

＊3　ファクタ…要素。

問一　〰〰線部A「途方《とほう》に暮れる」、B「どんでん返し」について、これらの言葉を本文中と同じ意味で使っている文として最もふさわしいものを、あとのア～オの中からそれぞれ一つずつ選び、記号で答えなさい。

A「途方に暮れる」

ア　よく物忘れをする彼《かれ》は、途方に暮れる性格だと友達から言われている。

イ　どの道を進んでもゴールにたどり着くことができず、途方に暮れることになった。

ウ　途方に暮れる夕日を眺《なが》めながら、私たちはいつまでも語り合った。

エ　計画を立てて試験に臨《のぞ》んだために良い結果が出せて、思わず途方に暮れる。

オ　絶対に宇宙飛行士になるんだと、彼はいつも途方に暮れる夢を語っている。

B「どんでん返し」

ア　どんでん返しの性格である二人は、幸せな結婚《けっこん》生活を送った。

イ　これまで受けた恩に感謝の気持ちを持って、上司にどんでん返しをした。

ウ　短気な父親は、気に入らないことがあると、いつも食卓《しょくたく》をどんでん返しにする。

エ　風邪《かぜ》が治っていないのに公園で遊んだため、どんでん返しまでしてしまった。

オ　戦後の混乱期を生き抜《ぬ》いた彼の人生は、まさにどんでん返しの連続だったといえる。

問二　――線部①に「若者や子供は、新しいものに目を輝《かがや》かせる」とありますが、それはどうしてですか。その説明として最もふさわしいものを、次のア～オの中から一つ選び、記号で答えなさい。

ア　子供が大人になるためには多くの知識を身につける必要があり、大人がやっていることを身につけることで自分を成長させることができれば、将来の可能性を広げるものだと思えるから。

⑤同じことを繰《く》り返して「面白さ」を感じるのは、どちらかというと動物的である。何故なら、犬を観察していると、同じような遊びを繰り返すことが多い。ボールを投げれば、走っていき、それをくわえて持ってくる。何度もそれをしたがる。面白いと感じていることは確実だ。一方で、同じことに厭《あ》きてしまうのは、人間に多く見られる傾向《けいこう》といえるだろう。もっと違《ちが》う遊びがしたい、と人間の子供だったらいいそうだ。

ミステリィのトリックやBどんでん返しは、読者を楽しませるアイテムといわれている。ミステリィが好きな人は、「意外性」を求めて読むことが多い。本を読みながら、自分でも推理をしてみる。いわば、作中の探偵《たんてい》役に挑戦《ちょうせん》しているような形になる。そして、どちらかというと、自分の推理が当たっていた場合よりも、推理が外れて、意外な結末になった作品を「面白い」と評価する傾向にある。

簡単に結末がわかってしまうミステリィは、面白い作品だとはいわれない。ここが不思議なところで、問題が解けたという快感よりも、解けなかった方が「面白い」と感じるのだ。

もっとも、もう少し詳《くわ》しく考察すると、ただ謎《なぞ》が難しければ良い、ということでは全然ない。解けない問題はいくらでも作ることができる。だが、難問では、答《こたえ》を明かしたときに「意外性」を感じられない。「いくらなんでも、そこまでは考えられないよ」と思われては、「面白い」にはならない。

たとえば、犯行が不可能と思われた殺人事件の犯人が、透明《とうめい》人間だった、という小説ではお話にならない。これは「意外性」としては充分《じゅうぶん》にあるはずだが、認めてもらえない。思いもしないものだからといって、すべてが「面白い」わけではないのだ。答が明かされたときに、「ああ、そうか」という納得《なっとく》が得られなくてはいけないし、さらには「それは思いつかなかった。でも、いわれてみれば、そうだな」というように、手が届くところに答があったけれど、ちょっと方向がずれていた、というような⑥「ぎりぎり」の感覚が求められるのだ。野球でいえば、コースを大きく逸《そ》れた明らかなボールを投げても空振《からぶ》りは誘《さそ》えない。ぎりぎりストライクか、というボールを投げるから、三振《さんしん》が取れる、といったところだろうか。

誰も解けない難しい問題を作ることも、みんなが正解する易しい問題も、どちらも作るのは簡単だ。難しいのは、平均点が五十点になる問題である。「面白い問題だ」と感心させるには、平均点が三十点くらいが良いかもしれない。

「面白さ」の要素として「突飛《とっぴ》」なものがある。⑦「突飛」な「面白さ」は、「意外性」による「面白さ」とは、少し違っているように思える。

「意外性」は、なんらかの予測があるところに提示され、そのズレで面白さが誘発されるが、「突飛」というのは、もっと不意打ちに近いものだ。予測もしないところへ、まったく違った方向から飛んでくるようなものである。多くの人はあっけにとられ、ただ驚くばかりかもしれない。だが、人によっては「面白い」と感じる要因の一つとなりうる。

小説を書いているときによく感じるものでは、ちょっとした比喩《ひゆ》、あるいは言葉選びなどで、これが表れる。普通は使わないもの、全然関係のないものを突然《とつぜん》持ってきて、なんとなく説明してしまう。日本語には、「〜のような」「〜みたいな」という形容があるが、ここに全然無関係のものを入れて、連想を誘う。まったく別物なのに、なんとなく似ているし、感じが伝わることがある。

「蝶《ちょう》のように舞《ま》った」「花のように可憐《かれん》な」では、普通すぎて面白く

げるだろう。つまり、好奇心《こうきしん》とは自分が「成長」するイメージを伴《ともな》うものである。

この自身の「成長」が「面白い」と感じられるのは、躰《からだ》を鍛《きた》えたり、技《わざ》を磨《みが》くための練習が「面白い」ことにもつながる。いずれ得られる満足を予感させる「面白さ」といえるものだ。

これらの「新しさ」が、「面白さ」の鍵《かぎ》になることは、非常に重要なので、これについては、さらに掘《ほ》り下げて、＊1後述したい。

「新しさ」に含《ふく》まれるのかもしれないが、「意外性」というものも、「面白さ」を誘発《ゆうはつ》する要因、あるいは条件といえるだろう。②僕《ぼく》は、ミステリィを書いているので、これを常に意識している。

「意外性」というものが存在するのは、人間が未来を予測するからだ。人によって予想の範囲《はんい》や緻密《ちみつ》さはさまざまだが、誰《だれ》でも、今後どうなるのか、ということを意識的に、または無意識のうちに頭に思い描《えが》く。この行為《こうい》自体が、人間の特徴《とくちょう》でもある。

動物でも、この種のことはある。例を挙げよう。僕の奥様《おくさま》(若い頃《ころ》に苦労をかけたため、あえて敬称《けいしょう》で書かせていただいている)は、毎日、近所の夫婦《ふうふ》と犬が訪《おとず》れるのを待っている。うちにも犬が何匹《なんびき》かいるので、犬たちもこれを楽しみにしている。また、奥様は、そのときにビスケットをポケットから出して、犬たちにあげることにしているので、それを覚えた近所の犬は、うちへ来たくてしょうがない。近づくと、自分から庭園内に入ってくるようになった。うちの犬たちも、友達が来ることをとても喜んでいる。何故《なぜ》なら一緒《いっしょ》にビスケットがもらえるからだ。

最近、その様子を眺《なが》めていたら、近所の犬がまだ百メートルほど離《はな》れているのに、うちの犬たちは早くも発見し騒《さわ》ぎ始める。そして、大喜びして、奥様の前におすわりしてじっと顔を見る。一匹《いっぴき》は立ち上がって、奥様のポケットに鼻を突《つ》っ込《こ》む始末である。

最初の頃は友達の犬が来ることを楽しみにしていたのだが、今では、友達を歓迎《かんげい》するよりもビスケットの方が優先になった。犬でも、これくらい未来を予想している、ということだ。

「意外性」とは、その人が思い描いていない未来が訪れることだ。これは、普通《ふつう》は「面白い」ことではない。もし、ビスケットがもらえなかったら、犬はがっかりする。いったい何が起こったのか、とA途方《とほう》に暮れる結果になるだろう。人間の場合も、想定しない事態が発生することは、歓迎できる状況《じょうきょう》ではない場合が多い。特に、予期せぬトラブルなどは困る。というよりも、想定外の悪い事態をトラブルと呼ぶのである。

ところが、③その意外性が、「面白さ」になる。ここは、さすがに犬ではなく人間だから、といえるかもしれない。すなわち、「意外性」の「面白さ」を理解するには、ある程度の思考力や知性が要求される。

突拍子《とっぴょうし》もないことが起こると、人はまずは驚《おどろ》く。意外なことに対しては、びっくりするのが最初の反応だろう。しかし、それが「面白さ」に変化する。たとえば、ギャグの中には、この意外性がある。変なことを言うな、という驚きがある。もちろん、定番になって、来るぞ来るぞと期待したところへ出てくるギャグもあるが、慣れてしまうと、普通は笑えなくなるものだ。これは、意外性がなくなるからにほかならない。

「面白さ」というのは、このギャグからもわかるように、意外性のあるものに感じることもあれば、自分が思ったとおりになったときにも感じられる。両者は相反する条件なのに、いずれも「面白さ」がある、という点は、④非常に不思議だ。

問七　――線部⑥に「わたしの心は、決まった」とありますが、ここに至るまでの「わたし」の心情について説明した文として最もふさわしいものを、次のア～オの中から一つ選び、記号で答えなさい。

ア　先生や学生さんと話をする中で、山が好きだった昔の自分と冷静に向き合えるようになり、たとえ押《お》しつけがましくても家族に対して山の魅力《みりょく》を伝える決心がついた。

イ　自分らしさとは何かということに日々悩《なや》んでおり、家族のことでも苦悩《くのう》してきたが、自由に生きる先生と話すうちに、山に魅了される自分のことを家族に伝えようと思い始めている。

ウ　家族とどのように向き合えば良いかと困惑《こんわく》していたが、山を愛する先生の素直《すなお》な言葉を聞いて、家族に対する愛情を示すには率直《そっちょく》さが大切なのだと気づいた。

エ　心のつながりを感じるような先生と学生さんのやりとりを耳にすることで、自分もまた、うまくいっていなかった家族との間に同じような関係を築いていこうと思っている。

オ　家族にかける言葉が見つからないままであったが、山の素晴《すば》らしさを伝える先生の率直な言葉を聞いて、家族に山の魅力をありのままに伝えようと思った。

問八　――線部⑦に「ここを託《たく》すなら、あなたのような山好きの素人《しろうと》がいい」とありますが、「山小屋のご主人」が「わたし」に山小屋を譲《ゆず》ろうと考えたのはどうしてですか。六十字以内で説明しなさい。

問九　――線部⑧に「わたしは想像する」とありますが、このときの「わたし」の心情について説明した文として最もふさわしいものを、次のア～オの中から一つ選び、記号で答えなさい。

ア　山登りをする学生さんの達成感に満ちた表情を見て、晴彦《はるひこ》と一緒に山に登れば、晴彦もまた一人前に成長した姿を見せてくれるだろうと楽しみにしている。

イ　晴彦との関係性は必ずしも良いものではなかったが、山小屋という、家族とともに暮らす環境《かんきょう》を整えさえすれば、再び理想の家族を取り戻せるのではないかと夢見ている。

ウ　生き生きと山登りをしていた学生さんの姿を見て、晴彦も一度山に登りさえすれば、山小屋を買ったことを嬉《うれ》しく思ってくれるはずだと確信している。

エ　山への愛情を伝えることで、晴彦が山に興味を示してくれて、お互《たが》いの距離が縮まり、自分の生き方についても理解を示してくれるかもしれないと期待を抱いている。

オ　山の魅力を語るうちに晴彦が心を開いてくれて、ともに山小屋で働いてくれれば、これまでの自分の人生も少しは報《むく》われることになるだろうと信じている。

四　**次の文章を読んで、あとの問いに答えなさい。**

①若者や子供は、新しいものに目を輝《かがや》かせる。「面白《おもしろ》い」というよりも、「可能性」のようなものに惹《ひ》かれているのかもしれない。つまり、「面白そうだ」という感覚である。面白いかどうかは、試《ため》してみないとわからない。だから「試してみたい」との欲求である。

子供が、なにを見ても、「やらせて」とせがむのを、大人は知っている。逆に、大人になるほど、手を出してみても、自分の得にならない、という悟《さと》りを開いてしまうのだろう。

子供は「無知」であるから、知らないことが周囲に沢山《たくさん》ある。それらを知ることが、「面白い」のだ。おそらく、知識を得ることで自身が有利になれるとの「予感」があるためだろう。知らないよりも知ることは有利だ。他者との競争にも勝てるし、自身の将来の可能性を広

に打ち込《こ》んでいる先生に魅了《みりょう》され、先生のもとで研究を手伝いながらその生き方に触《ふ》れることで、自分の人生を充実《じゅうじつ》させたいと思っている。

イ　火山の研究が世界で一番面白《おもしろ》いと自信をもっている先生の生き方に感激し、その先生の近くで学ぶことを通じて、自分もまた、仕事を楽しみながら社会に貢献《こうけん》できるような人物になりたいと思っている。

ウ　医者の家系で落ちこぼれてしまったけれども、研究に一心に取り組む先生とともに歩んでいく中で、先生の言うように「火山の医者」にさえなれれば、家族に引け目を感じることなく生きていけるのではないかと思っている。

エ　医学部合格を目指して時間をかけて努力してきたが、先生のように自分のやっていることが一番面白いのだと思って研究に取り組めば、あまり労力をかけることなく、自分の思い描《えが》く人生を実現できそうだと思っている。

オ　受験に失敗してからはやりたいことも見つからず、ただ辛《つら》い思いをしながら仕事をするつまらない人生を送るだろうと思っていたが、先生と出会ったことで仕事に喜びを覚え、どんな仕事にも価値を見いだせるのではないかと思っている。

問四　――線部③に「頂上に立ち、深呼吸をするたびに、わたしはわたしに戻《もど》っていった」とありますが、どういうことですか。その説明として最もふさわしいものを、次のア～オの中から一つ選び、記号で答えなさい。

ア　ジロが死んでしまったことで心が沈《しず》んでいたが、山道を踏《ふ》みしめるうちに、ジロの世話をしていたときの思い出がよみがえり、今もジロが近くにいるような気持ちになれたということ。

イ　山の頂上に立って落ち着いて過去を振り返ると、ジロが亡《な》くなったことや家族に時間を奪《うば》われてきたことが思い出されて、いかに自分を犠牲《ぎせい》にしてきたかが再確認されたということ。

ウ　家族との関係性が悪くなっていく中で、心の支えであったジロが死んでふさぎこんでいたが、久しぶりに山に登るようになって、少しずつ本来の自分に立ち返ることができたということ。

エ　先生や学生さんとともに山頂の空気を吸うたびに、少しずつジロを失った悲しみが癒《い》やされる気がして、これからは自分らしい生き方を貫《つらぬ》いていこうと決意したということ。

オ　ジロが死んで山登りに熱中することで、これまでうまくいっていなかった家族のことを忘れることができ、かつての自分の記憶《きおく》や感情を次第《しだい》に取り戻してきたということ。

問五　――線部④に「さっきの話、先生に言っちゃダメですよ。あの人、すぐ調子に乗るんで」とありますが、「学生さん」がこのように言ったのはどうしてですか。四十字以内で説明しなさい。

問六　――線部⑤に「な？」とありますが、この表現について説明した文として最もふさわしいものを、次のア～オの中から一つ選び、記号で答えなさい。

ア　威圧《いあつ》するような強い口調で、相手に同意を求めていることを表している。

イ　親しげな言い回しで、相手の反応が初めからわかっていたことを表している。

ウ　短く言い切ることで、今の気持ちを相手に推《お》し量ってほしいということを表している。

エ　軽い調子の言い方で、相手との距離《きょり》を縮めようとしていることを表している。

オ　問いかけの形を用いて、相手の興味を引こうとしていることを表している。

もちろん、家族に伝えるのはこれからだが——。

わたしの話を聞き終えると、先生はまだ信じられないという表情で、ゆっくりかぶりを振った。

「ここ数年で聞いた中では、断トツで一番うらやましい話ですよ」

そこへ、学生さんが戻ってきた。派手なデザインのペットボトルを握《にぎ》っている。

「おい、今度、山へ行くぞ」先生が出し抜《ぬ》けに言った。

「は？　今下りてきたばっかだし」

「石採りじゃねーよ。この人の山小屋に泊まるんだ。南アルプス。最高だぞ」

学生さんは、何言ってんの、という顔で首をかしげ、ペットボトルのふたをねじ開けた。プシュッといい音が響《ひび》く。

学生さんは飲み口をくわえるようにして、勢いよくのどに流し込んだ。額の汗《あせ》が、夕日にきらきら輝《かがや》いている。若者らしい、いい顔だと思った。

⑧わたしは想像する。

晴彦は、わたしの山小屋に来てくれるだろうか。ぜえぜえ言いながらザックを下ろし、わたしが手渡《てわた》した水を飲みほして、あんな顔を見せてくれるだろうか。

そしたらわたしは、「山って、いいでしょ」と笑顔《えがお》で言ってやるのだ。「まあ、思ってたよりは」とでも答えたら、次はこう言ってみよう。「山小屋の仕事を手伝ってみない？」と。

——伊与原《いよはら》 新《しん》「山を刻む」（『月まで三キロ』所収）による

（問題作成上の都合から一部原文の表記を改めた）

（注）＊1　ニューF－1…カメラの名前。

＊2　リウマチ…病気の名称《めいしょう》。

＊3　ノウハウ…方法。

問一　[A]・[B]にあてはまる言葉を、次のア～オの中からそれぞれ一つずつ選び、記号で答えなさい。

ア　さぞ　　イ　さも　　ウ　さる

エ　さらに　　オ　さては

問二　——線部①に「火山の医者になれ」とありますが、この発言をしたときの「先生」の心情について説明した文として最もふさわしいものを、次のア～オの中から一つ選び、記号で答えなさい。

ア　医学部を目指していた学生と火山研究において手を取り合えば、今までになかった研究ができるのではないかと興奮を抑《おさ》えきれずにいる。

イ　火山の研究は人生をかけるほどの価値があるものであり、人生の目的が見つからず時間に余裕《よゆう》のある学生は、まさに研究に適した人材だと喜んでいる。

ウ　明るく振《ふ》る舞《ま》ってはいるものの、医者になってほしいという家族の期待に応えられずに傷ついている学生に対して、新しい目標を提示することで励《はげ》まそうとしている。

エ　かつて医学部を目指していた学生であれば、多くの人の命を救おうという志を抱《いだ》いて火山の研究に励《はげ》んでくれるだろうと期待を寄せている。

オ　人手不足だったため、自分の研究室に入ってほしいと思っており、「火山の医者」という大げさな表現をすることで、医者という言葉に弱い学生の心を揺《ゆ》さぶろうと思っている。

問三　——線部②に「あの人と一緒《いっしょ》にやってみるのが、一番確率高いっしょ」とありますが、このときの「学生さん」の心情について説明した文として最もふさわしいものを、次のア～オの中から一つ選び、記号で答えなさい。

ア　将来について確固とした目標がもてなかったが、好きなこと

わたしは「いえ」と小さく答えながら、発信履歴《りれき》にその番号を探す。また心が揺《ゆ》れないうちに、伝えてしまいたかった。

数回の呼び出し音のあと、向こうの受話器が上がった。電話に出たのは本人だった。ふた言ほど言葉を交《か》わしたあと、わたしは告げた。

「わたし、決めました。来週にでも、そちらに参ります」

先方の問いかけに二つほど答え、最後にわたしが「よろしくお願いします」と言って、通話はあっさり終わった。

ほっとしたわたしが微笑《ほほえ》みかけたので、訊いてもいいと思ったのだろう。先生が言った。

「何を決めたんですか?」

「山小屋を買うんです」

「え!?」先生が目を丸くする。「ど、どこの!?」

「南アルプス」

「なんでまた、そんなことに——」

あの日、クルマユリにレンズを向けていたわたしに声をかけてきたのは、山小屋のご主人だった。一人で来て、古いカメラで写真を撮《と》っているわたしに、興味を抱《いだ》いたらしい。

夕食のあと、食堂でご主人と話し込んだ。ご主人の年齢《ねんれい》は、七十五。アルバイトの学生を使いながらずっとご夫婦《ふうふ》で営んでいたそうだが、奥《おく》さまがその前年に亡《な》くなったという。ご主人も長年＊2リウマチに悩《なや》まされていて、そろそろ小屋を手放そうと考えているとのことだった。

基本的に、国立公園内に民間人が新たに山小屋を開くことはできない。古くからある山小屋だけが営業を認められているが、それは要するに既得《きとく》権益だ。実際、北アルプスや南アルプスの山小屋は、かなり儲《もう》かる。権利を買い取りたいという人や会社は、いくらでもあるだろう。

わたしがそう言うと、ご主人は「商売っ気だけの連中には、いくら積まれても譲《ゆず》らんよ」と首を横に振り、「⑦ここを託《たく》すなら、あなたのような山好きの素人《しろうと》がいい」と付け足した。「こんなところで写真を撮りながら暮らせたら、夢のようですけど」と受け流すわたしに、ご主人は「まあ、まずは何度かここへ足を運んでください」と真顔になって言った。

本気にしたわけではない。にもかかわらず、その年のうちに二度、引き寄せられるようにしてその山に登り、山小屋に泊まった。夏の終わりと、紅葉の時期だ。そのたびに小屋を受け継《つ》ぐという話になり、それがだんだん具体的になっていった。

わたしのどこを見込んでそんなことを持ちかけてくれたのか、ご主人に訊《たず》ねたことがある。ご主人はにやりとして、「あんたのカメラだよ」と言った。「ものを長く大事に使える人間でないと、山小屋の主人はつとまらんからね」と。

そして先月。四度目の訪問をした。あとはわたしの決心次第《しだい》ということで固まったプランは、こうだ。まず、この夏からご主人のもとで働き始め、経営の＊3ノウハウを学ぶ。三年で独り立ちするのが目標だ。ご主人は引退後もふもとの町で暮らす予定なので、何かあれば助けてもらうことはできる。

買い取りについては、あまり厳しいことは言われていない。その時点で払《はら》える額を頭金にして、あとは毎年の売り上げの何パーセントかを支払うという形でいいそうだ。

営業期間は、五月中旬《ちゅうじゅん》から十月下旬。一年の約半分、埼玉の家を空け、山にこもることになる。夫と晴彦には、自分のことは自分でやってもらう。誰かの世話が必要だとお義母《かあ》さんが言うなら、その間だけ義妹《いもうと》のところに行ってもらうしかない。義妹の住まいは大宮《おおみや》なのだから、大変でも何でもない。

ガサガサと草木をかき分けながら、先生が斜面を上ってきた。その姿を見た学生さんが、声をひそめる。

「④さっきの話、先生に言っちゃダメですよ。あの人、すぐ調子に乗るんで」

「わかってますよ」

登山道まで来た先生が、とがめるような目で学生さんとわたしの顔を見比べる。

「[A]、俺《おれ》の悪口言ってたな」

「他にどんな話題があるんすか」学生さんは[B]当然とばかりに言った。

谷を下り、笹原《ささはら》の中をしばらく行くと、大きな案内板が見えてきた。登山口はもうすぐだ。

緩《ゆる》やかな林道の道幅《みちはば》が、だんだん広くなる。わたしをはさんで先生と学生さん。三人横に並んで歩く格好になった。間もなく五時半。木々の隙間《すきま》から差し込《こ》む西日がまぶしい。

さっきからわたしは、歩みを緩めたくなる衝動《しょうどう》にかられている。一人だったら、そうしたかもしれない。

このまま山を下りてしまっていいのか。わたしはまだ、子どもたちにかけるべき言葉を、見つけられていない。

風が出てきた。わずかに湿《しめ》り気《け》を感じる。天気予報では、明日からまた梅雨空《つゆぞら》に戻ると言っていた。

ひときわ強く吹《ふ》きつけてきた風を正面に受け、わたしの左で学生さんが両手を広げる。

「あー、気持ちいいー」

疲《つか》れた体の芯《しん》から出たような声だった。わたしの右で先生が首を回す。

「⑤な?」

「何すか? な、って」

学生さんはわたしの頭越《ご》しに訊き返した。先生が、目尻《めじり》にしわを寄せて言う。

「山って、いいだろ」

聞いた瞬間《しゅんかん》、わたしの足だけが止まった。

山って、いいでしょ——。

その台詞《せりふ》を、わたしは言ったことがない。

なぜわたしは、今まで一度も、あの子たちを山に連れてきてやらなかったのか。なぜわたしは、自分の人生を生きているところを、あの子たちに見せてやらなかったのか。なぜわたしは、二人の前で、押《お》しつけがましいほどに山の魅力《みりょく》を語ってやらなかったのか。

わたしの一番大きな失敗は、きっとそれなのだ——。

先生と学生さんが、驚《おどろ》いた顔でこっちを見ていた。わたしは「すみません、何でもないんです」と言いながら、小走りで追いつく。

今からでも、間に合うだろうか。いや、間に合わせたい。説明などいらないのだ。あの子たちにかける言葉は、それだけでいい。

⑥わたしの心は、決まった。

菅沼登山口の駐車場《ちゅうしゃじょう》では、登山客たちが靴紐《くつひも》を解き、帰り支度《じたく》をしていた。

先生の車は、大きなタイヤの四輪駆動車《くどうしゃ》だった。トランクにザックをのせると、学生さんは「自販機《じはんき》探してきます。炭酸飲みたいんすよ」と言って茶屋のほうへ歩いていった。

わたしはザックの頭からスマホを取り出し、先生に言った。

「電話を一本かけてもいいですか」

「ご家族にですか」

「ほんとにね。がっかりよねえ、わたしみたいなおばさんばっかりで」

「なんで、みんなこぞって山に来るんですかねえ。子育ても終わったし、みたいな感じですか」

「わたしの場合は――それに加えて、犬が死んじゃったから、かな」

「もしかして、それですか」学生さんが、わたしのザックに付いたキーホルダーを指差した。舌を出したジロの写真が入っている。「さっきから気になってたんすよ」

「そう。御守《おまも》りのかわり。クマから守ってねっていう」

ジロが死んだのは、一昨年の春先。十五歳《さい》だったので、長生きしたほうだろう。

麻衣が小学生のとき、クラスメイトのところで生まれた三頭のうちの一頭だ。どうしても飼いたい、責任をもって世話をするとあの子が言うので、うちでもらうことになった。呼びかけるとこっちをジロリと見上げるから、ジロ。麻衣が名付けた。雑種だが、きれいなキツネ色の毛並《けなみ》をしていた。

子犬のころは、麻衣も晴彦もそれなりに世話をした。数年経《た》って子供たちが中高生になり、部活や塾《じゅく》で忙《いそが》しくなると、朝夕の散歩に連れていくのもエサをやるのも、すべてわたしの仕事になった。

ジロもまた、他の家族同様、わたしの愛を刻んだ。でもあの子は、誰よりわたしを純粋《じゅんすい》に求めてくれた。素直《すなお》に感情のやり取りをしてくれた。刻んだ傷を舐《な》めてくれた。

最期《さいご》は心臓を患《わずら》い、入院していた動物病院から引き取った帰りの車の中で、わたしの腕《うで》の中で死んだ。その喪失《そうしつ》感は、初めて味わうものだった。

よく同じ時間に犬の散歩をしていて親しくなった近所のお友だちが、登山のグループに入っていた。ふさぎこむわたしを見かねたのだろう。彼女《かのじょ》が山に誘《さそ》ってくれた。何度かそのグループの山行きに参加し、やがて一人でも登るようになった。

山道を踏《ふ》みしめ、木々の香りを嗅《か》いでいるうちに、わたしの中に眠《ねむ》っていたいろんな記憶《きおく》と感情が甦《よみがえ》ってきた。③頂上に立ち、深呼吸をするたびに、わたしはわたしに戻《もど》っていった――。

「先生と山に来るのは、何回目？」わたしは学生さんに訊いた。

「二回目です」

「やっぱり、好きになれませんか」

「石担《かつ》いで登ってるときは、もう二度と来ねえ、って思います。でも、下りてきてザックを下ろしたら、また来てもいいかなって――まあ、一ミリぐらいは思います」

人との出会いというのは、つくづく不思議なものだと思う。人生というルートの分岐点《ぶんきてん》は、初めから地図の上にあるのではない。人との偶然《ぐうぜん》の出会いが、気まぐれにそこに分岐を作るのだ。

この学生さんの、先生との出会いもそう。わたしの、この二人との出会いもまたそうなのかもしれない。

去年の夏。登山を再開して初めて、泊《とま》りがけで南アルプスに登った。単独行だ。甲斐駒ヶ岳《かいこまがたけ》と仙丈ヶ岳《せんじょうがたけ》にはさまれたその山は、イメージこそやや地味だが、高山植物の宝庫として知られている。眠っていた＊1ニューF－1を三十年ぶりに持ち出したのも、このときだ。

天気にも恵《めぐ》まれ、気持ちよく八合目までたどり着いた。その日はそこにある小さな山小屋に泊《と》まることにしていた。山小屋は、森林限界のすぐ上、凜《りん》とした岩稜《がんりょう》とハイマツが美しいカール地形を見上げることのできる素晴《すば》らしい場所に建っていた。

日暮れ近く、山小屋のそばに咲《さ》いていたクルマユリにレンズを向けていると、「懐《なつ》かしいカメラですね」と声をかけられた。それが、あの人との出会いだ――。

「まあ」学生さんは、小石を一つ、指ではじいた。「やめないと思いますよ。これ以上落ちこぼれたら、さすがにカッコつかないんで」

「落ちこぼれ？」

「僕《ぼく》、二浪《ろう》してるんですよ。ずっと医学部目指してて。じいちゃんも親父《おやじ》もいとこも、みんな医者なんで。いくら医者の家系でも、たまにはバカだって生まれるじゃないすか。弟が医学部に入ったんで、僕はもういいかなって」

「――そう」わたしはそっと言った。

「適当に今の大学に入って、適当に就職しようと思ってたんですけど、四年生になったら研究室に入って卒論やんなきゃなんないでしょ。ラクそうな研究室ないかなーって探してたら、あの先生につかまって。『お前、なんでそんなにやる気ねーんだ？』って訊《き》くから、軽くさっきみたいな話したら、大喜びしちゃって」

「なんで喜ぶの？」

「『お前のような学生を待っていた。うちの研究室に来て、①火山の医者になれ』って」

「火山の医者――」意味は何となくわかるが――。

「例えば、うちの先生はこの日光白根山《にっこうしらねさん》のホームドクターみたいなもんです。噴火《ふんか》史とか噴火のクセを誰《だれ》よりよく知ってる。で、『メスで人間を刻むかわりに、ハンマーで山を刻め。火山の医者になって、何十万、何百万の人々の命を救うんだ！』って、一人で盛り上がっちゃって」

「へえ、いいお話」

「いやいやいや」学生さんは大げさにかぶりを振《ふ》った。「あの人の口車に乗っちゃったのは、僕ぐらいですよ。不人気研究室で、誰でもいいから人手が欲《ほ》しかっただけ」

「そうなんですか」笑いながら言った。

「でもまあ、『命を救う』って言葉には、ぶっちゃけ僕も弱いし」

「医者の血ですね」

「それに――」学生さんが、もう一つ小石をはじく。「②あの人と一《いっ》緒《しょ》にやってみるのが、一番確率高いっしょ」

「確率？　何の？」

「将来、やっててよかったな、面白いな、と思える確率。だってあの人、自分のやってることが世界一面白いって、マジで思ってますからね。仕事なんて辛《つら》いもんだ、歯を食いしばってやるもんだ、なんて言うオヤジのもとで働いて、面白いわけないですもん」

「ふうん、面白い考え方」

「実際、好きなことだけやって生きてる大人、初めて見ましたから。そんな人、マジでこの世に存在するんだって、結構衝撃《しょうげき》で」

表現こそ若者らしいが、彼《かれ》の感じていることはわたしにもわかる気がする。つまるところ彼は、先生の生き方に感染《かんせん》したいのだ。そばで同じ空気を吸っていたいのだ。弟子《でし》にそう思われるのは、師匠《ししょう》として最高のことだろう。

それに比べて、親としてのわたしは――。

小さく息をついたとき、わかってしまった。

わたしはきっと、もう迷ってなどいない。覚悟《かくご》が足りないわけでもない。

わたしは、麻衣と晴彦に何をどう伝えるべきか、わからないでいるだけなのだ。あの子たちに何もわかってもらえないまま、勝手な親だと思われて終わるのが、怖《こわ》いのだ――。

すぐうしろの登山道を、中高年のグループががやがやと通り過ぎていく。

「にしても、どこにいるんすかね、山ガール」学生さんがぽつりと言った。

二〇二一年度 聖光学院中学校

【国語】〈第一回試験〉（六〇分）〈満点：一五〇点〉

［注意］字数指定のある問題では、句読点やカッコなども字数に含《ふく》みます。

一 **次の①～⑤の文の――線部のカタカナを、それぞれ漢字に直しなさい。**

① どれほど困難な事態に直面しても、彼《かれ》はセッソウを守り通した。

② 今年新しくシュウコウした豪華《ごうか》客船のチケットを、格安で入手した。

③ 初出場のチームであるにもかかわらず、ハチクの勢いで勝ち進んだ。

④ 厳しい状況《じょうきょう》の中での気の持ち方にこそ、その人のシンカがあらわれる。

⑤ ヘイゼイから食事をコントロールして、健康に気を付けている。

二 **次の①～⑤の文の〰〰線部は、（ ）内の意味を表す言葉です。例にならって、□にあてはまる言葉をひらがなで答えなさい。ただし、□には、「い」で終わる［ ］内の文字数のひらがなが入ります。**

例
湖のほとりでたたずんでいると、心地《ここち》□風が吹《ふ》き抜《ぬ》けた。（すがすがしい）［二］
→〈答〉よい

① 卒業式が終わり、名残《なごり》□気持ちで校門を出た。（別れることがつらい）［三］

② 新しくできた商業施設《しせつ》には、物見《ものみ》□人たちが集まってきた。（好奇心《こうきしん》が強い）［三］

③ いつも謙虚《けんきょ》な彼の奥《おく》□人柄《ひとがら》は、みんなの心をひきつけた。（慎《つつし》み深い）［四］

④ けがで実力が出し切れず、歯《は》□思いをした。（思うようにならずにじれったい）［三］

⑤ 何かと世知《せち》□都会の生活をやめ、故郷に戻《もど》った。（暮らしにくい）［三］

三 **次の文章は、伊与原新《いよはらしん》の「山を刻む」の一節である。「わたし」は専業主婦として家族のために尽《つ》くしてきたが、二人の子供、麻衣《まい》と晴彦《はるひこ》が成長するにつれて、「わたし」と家族との間に距離《きょり》が生じてきた。若いころ山が好きだった「わたし」は、山小屋の主人から話を持ちかけられて、山小屋を買うかどうか悩《なや》んでいるが、家族には伝えられずにいる。問題文は、家族との大事な予定を初めてすっぽかして登山に来た、その帰りの場面である。これを読んで、あとの問いに答えなさい。**

登山道の曲がり角から平らな岩が突《つ》き出ていたので、そこに学生さんと並んで腰《こし》を下ろした。木々の間から、ふもとの国道とその先の湖まで見通せる。あれが菅沼《すがぬま》だろう。

先生は、そそくさと斜面《しゃめん》を下り、林の中に消えていった。

「面白《おもしろ》い先生ですね」わたしは学生さんに言った。

「ギャグは超《ちょう》寒いですよ」

「何だかんだいって、いいコンビに見えますけど。研究室、やめたいわけじゃないんでしょう?」

2021年度

聖光学院中学校

▶解説と解答

算　数　＜第１回試験＞（60分）＜満点：150点＞

解　答

[1] (1)　62.5　(2)　7　(3)　2個，6個　[2] (1)　1500個　(2)　1700　(3)　1782

[3] (1)　2：3　(2)　午前8時15分　(3)　午前8時7分30秒　(4)　午前8時1分

[4] (1)　270　(2)　$\frac{2}{3}$cm　(3)　$1\frac{2}{5}$cm　(4)　503個　[5] (1)　7　(2)　87cm^3　(3)

図…解説の図３を参照のこと。／**面積**…$16\frac{2}{3}cm^2$

解　説

[1] 逆算，場合の数，つるかめ算

(1)　$2\frac{7}{9}\times0.1=\frac{25}{9}\times\frac{1}{10}=\frac{5}{18}$より，$(□\div30-1.625)\div\frac{132}{224}-\frac{5}{18}=\frac{1}{2}$，$(□\div30-1.625)\div\frac{132}{224}=\frac{1}{2}+\frac{5}{18}=\frac{9}{18}+\frac{5}{18}=\frac{14}{18}=\frac{7}{9}$，$□\div30-1.625=\frac{7}{9}\times\frac{132}{224}=\frac{11}{24}$，$□\div30=\frac{11}{24}+1.625=\frac{11}{24}+1\frac{5}{8}=\frac{11}{24}+\frac{13}{8}=\frac{11}{24}+\frac{39}{24}=\frac{50}{24}=\frac{25}{12}$　よって，$□=\frac{25}{12}\times30=\frac{125}{2}=62.5$

(2)　1桁《けた》の3の倍数は3，6，9の3個あり，これらに使われている数字の個数の合計は，1×3＝3(個)である。また，2桁の3の倍数は，3×4＝12から，3×33＝99までの，33－4＋1＝30(個)あり，これらに使われている数字の個数の合計は，2×30＝60(個)となる。同様に，3桁の3の倍数は，3×34＝102から，3×333＝999までの，333－34＋1＝300(個)あり，これらに使われている数字の個数の合計は，3×300＝900(個)とわかる。よって，2021番目の数字は，4桁の3の倍数の中で，2021－(3＋60＋900)＝1058(番目)にあらわれる数字となる。そして，この数字は，1058÷4＝264余り2より，4桁の3の倍数の中で，264＋1＝265(番目)の数の百の位の数字である。4桁で最も小さい3の倍数は1002だから，265番目の3の倍数は，1002＋3×(265－1)＝1794と求められ，その百の位の数字は7となる。

(3)　380円，420円，500円のケーキの個数をそれぞれ○個，□個，△個として図に表すと，右の図1のようになる。図1で，図形全体の面積が4200円だから，かげをつけた部分の面積は，

図1

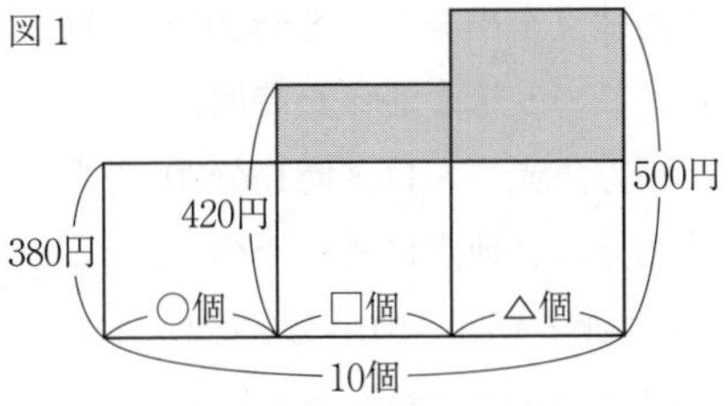

図2

	ア	イ	ウ
380円(○個)	6	4	2
420円(□個)	1	4	7
500円(△個)	3	2	1

4200－380×10＝400(円)とわかる。よって，(420－380)×□＋(500－380)×△＝400より，40×□＋120×△＝400となり，さらに等号の両側を40で割ると，1×□＋3×△＝10となる。したがって，考えられる{○，□，△}の組み合わせは右上の図2のようになる。さらに，アの場合は420円のケーキを，ウの場合は500円のケーキをお母さんに渡《わた》せば，「お母さんのケーキは他の9人のものとは違《ちが》う種類でした」という条件を満たすことができるが，イの場合は満たすことができない。以上よ

り，考えられる380円のケーキの個数は，アの場合の６個と，ウの場合の２個である。

2 条件の整理

⑴　性質①が成り立つときのMは，４倍すると４桁の整数Nになる(つまり，５桁にはならない)ので，10000÷４＝2500未満である。よって，Mは1000以上2499以下だから，Mとして考えられる整数は，2499－1000＋１＝1500(個)ある。

⑵　Mの百の位とNの千の位は等しいので，Mは1100以上となる。そこで，Mが1100以上2500以下である場合について，M×４を求めると下の図１のようになる。すると，性質①と性質②が成り立つのは，M×４が7100以上7199以下のときだけとわかる。これは，7100÷４＝1775，7199÷４＝1799.75より，Mが1775以上1799以下のとき(かげをつけた部分)なので，Mの十の位以下を切り捨てた値として考えられる整数は1700となる。

図１

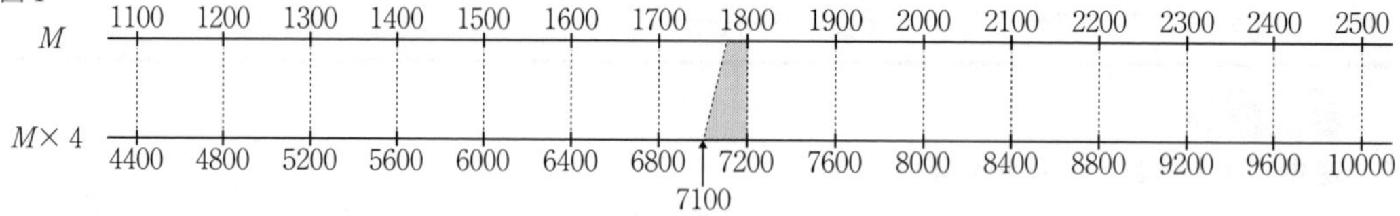

⑶　Mは1775以上1799以下だから，Mの十の位の数字は７，８，９のいずれかであり，性質①と性質②と性質③が成り立つとき，右の図２の㋐～㋒の場合が考えられる。一の位のかけ算に注目すると，可能性があるのは㋑でAを２または７にした場合だけになる。そして，1782×４＝7128，1787×４＝7148より，Mは1782だけとわかる。

図２

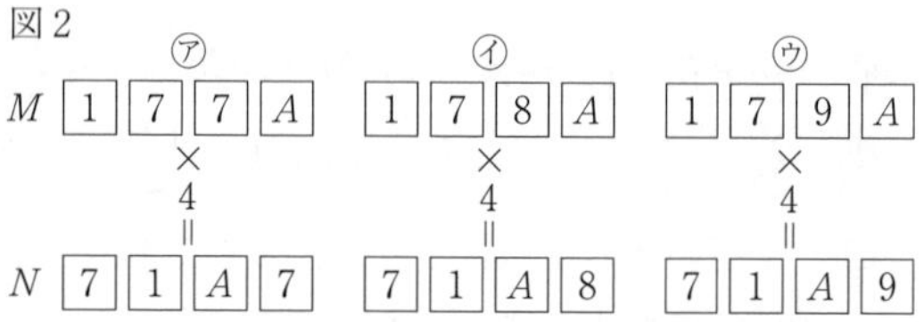

3 速さと比，旅人算

⑴　聖さんがAC間にかかった時間は７分30秒である。一方，光さんがＣ地点を通過した時刻は，８時３分＋７分30秒＝８時10分30秒であり，光さんがＡ地点に着いた時刻は８時15分30秒だから，光さんがCA間にかかった時間は，８時15分30秒－８時10分30秒＝５分とわかる。よって，聖さんと光さんがAC間にかかった時間の比は，７分30秒：５分＝7.5：５＝３：２なので，聖さんと光さんの速さの比は，$\frac{1}{3}:\frac{1}{2}$＝２：３と求められる。

⑵　聖さんは８時３分にＡ地点を出発して８時20分にＢ地点を出発したから，このときかかった時間は，20－３＝17(分)である。一方，光さんは８時15分30秒にＡ地点に着いて８時26分にＢ地点に着いたので，このときかかった時間は，26－15.5＝10.5(分)である。また，聖さんと光さんがAB間にかかった時間の比は３：２である。よって，光さんがＡ地点で休憩《きゅうけい》した時間を□分として図に表すと，上の図１のようになる。図１で，２人のかかった時間の差は，(③＋□＋2.5)－(□＋②)＝①＋2.5(分)であり，これが，17－10.5＝6.5(分)にあたるから，①は，6.5－2.5＝４(分)とわかる。したがって，聖さんがAB間にかかった時間は，４×３＝12(分)なので，聖さんがＢ地点に着いた時刻は，８時３分＋12分＝８時15分と求められる。

図１

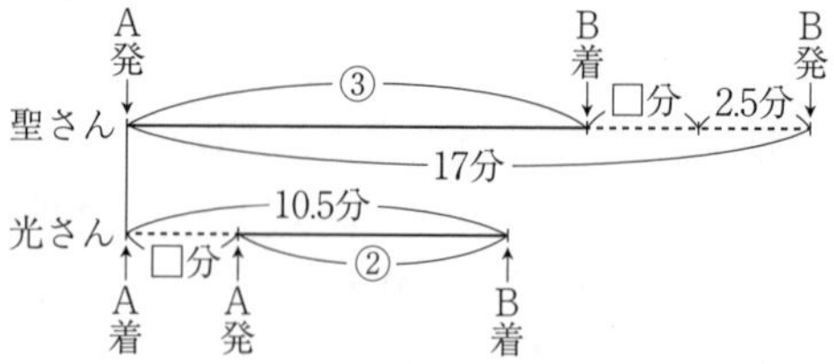

(3)　光さんがＡ地点に着いた時刻は８時15分30秒であり，光さんがBA間にかかった時間は，４×２＝８(分)だから，光さんがＢ地点を出発した時刻は，８時15分30秒－８分＝８時７分30秒とわかる。

(4)　光さんの休憩時間が，10.5－４×２＝2.5(分)，聖さんの休憩時間が，2.5＋2.5＝５(分)であることと，(1)～(3)でわかったことから，聖さんと光さんの進行のようすをグラフに表すと，右の図２のようになる(横軸《よこじく》は８時からの時間を表す)。ここで，聖さんと光さんの速さをそれぞれ毎分２，３とすると，AB間の距《きょ》離《り》は，２×12＝24となる。また，ア＝３×(20－18)＝６だから，イ＝24－６＝18となり，ウ＝18÷(２＋３)＝3.6(分)と求められる。これは，60×0.6＝36より，３分36秒なので，光さんが学さんとすれ違ってから聖さんとすれ違うまでの時間と一致《いっち》する。つまり，光さんが学さんとすれ違った時刻は８時20分なので，学さんの進行のようすは図の太点線のようになる。さらに，エ＝２×(10.5－３)＝15だから，学さんは，20－10.5＝9.5(分)で，15－６＝９進んだことがわかる。よって，学さんの速さは毎分，９÷9.5＝$\frac{18}{19}$だから，学さんがBC間を進むのにかかった時間は，(24－15)÷$\frac{18}{19}$＝9.5(分)と求められる。したがって，学さんがＢ地点を出発した時刻は，８時10.5分－9.5分＝８時１分である。

図２

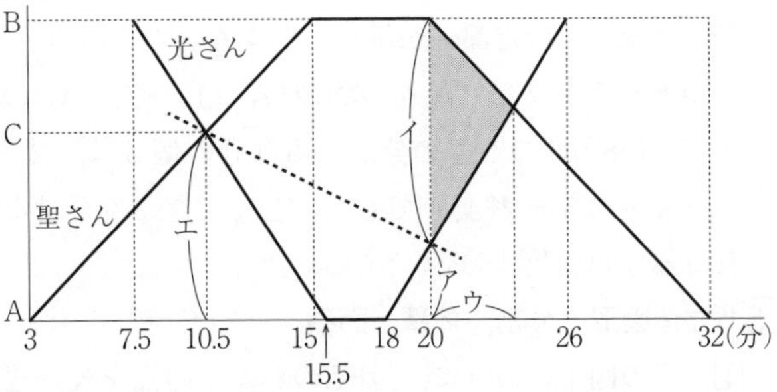

4　平面図形―角度，相似，図形と規則

(1)　下の図Ⅰで，●＋○＝180－90＝90(度)だから，ア＋イ＝(180－●)＋(180－○)＝180＋180－(●＋○)＝360－90＝270(度)とわかる。

(2)　１辺の長さが１cmの方眼上に表すと，下の図Ⅱのようになる。図Ⅰの三角形は３つの辺の長さの比が３：４：５の直角三角形なので，これと相似な三角形の３つの辺の長さの比も３：４：５になる。よって，斜線《しゃせん》をつけた三角形に注目すると，GD＝１×$\frac{4}{3}$＝$\frac{4}{3}$(cm)とわかるから，BD＝２－$\frac{4}{3}$＝$\frac{2}{3}$(cm)と求められる。

図Ⅰ

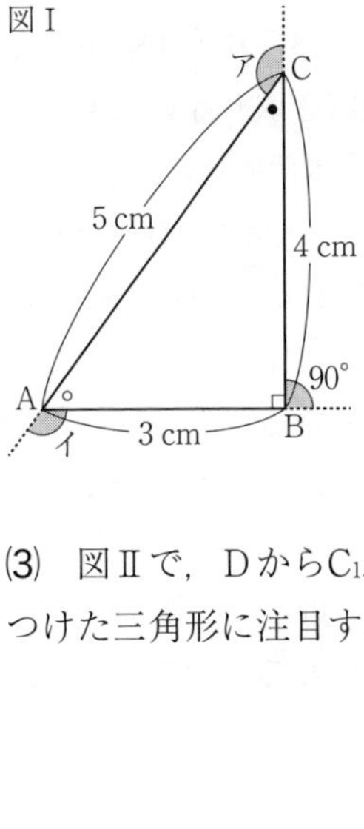

図Ⅱ

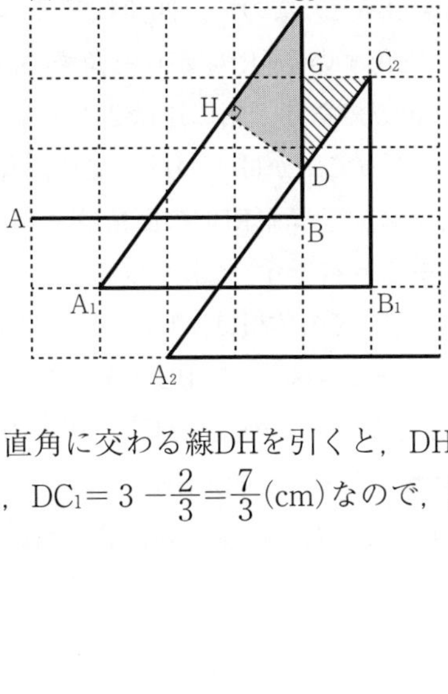

図Ⅲ

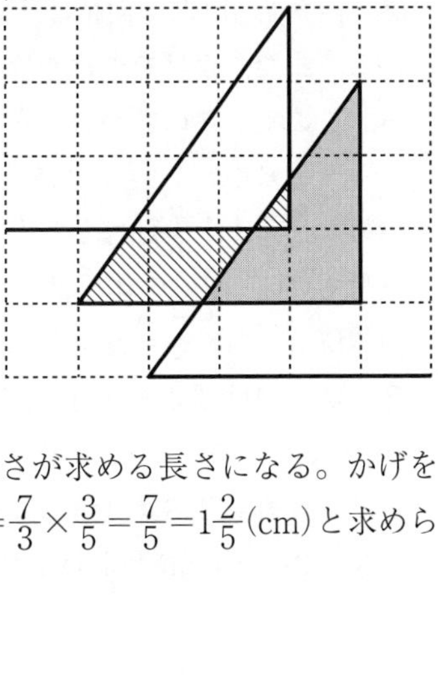

(3)　図Ⅱで，ＤからC_1A_1と直角に交わる線DHを引くと，DHの長さが求める長さになる。かげをつけた三角形に注目すると，DC_1＝３－$\frac{2}{3}$＝$\frac{7}{3}$(cm)なので，DH＝$\frac{7}{3}$×$\frac{3}{5}$＝$\frac{7}{5}$＝$1\frac{2}{5}$(cm)と求めら

れる。

(4)　4 cm→ 3 cm→ 5 cmの順に移動することを１周期とすると，１周期で移動する長さは，４＋３＋５＝12(cm)だから，2021÷12＝168余り５より，移動した長さが2021cmになるのは，168周期とさらに５cm移動したときとわかる。次に，周期が１つ増えるとき，上の図Ⅲのかげをつけた部分と斜線をつけた部分が新しくできるので，周期が１つ増えるごとに，分かれる部分の個数は３個ずつ増える。また，最初の周期(A→B→C_1→A_1)のとき，分かれる部分の個数は２個である。よって，168周期のときの分かれる部分の個数は，２＋３×(168－１)＝503(個)と求められる。さらに，最後に５cm移動しても，新しくできる部分はない。したがって，2021cm移動したときに分かれる部分の個数は503個である。

5 立体図形—分割，体積，面積

(1)　下の図１のように，辺FGの真ん中の点をK，辺EHの真ん中の点をLとする。はじめに，立方体ABCD－EFGHを，３点A，N，Eを通る平面と３点M，C，Gを通る平面で切断すると，四角形ANKEと四角形MCGLが切断面となり，底面が四角形GLEKで高さが６cmの四角柱Ｙができる。次に，立方体ABCD－EFGHを，３点B，D，Gを通る平面で切断すると，四角柱Ｙについては四角形QSGRが切断面となる。辺AMを含《ふく》む立体Ｘは，四角柱Ｙからかげをつけた立体を取り除いてできる立体(下の図２)であり，四角形AQRM，四角形QSGR，三角形SKG，四角形GLEK，四角形AELM，五角形AQSKE，四角形RGLMの７個の面がある。

図１

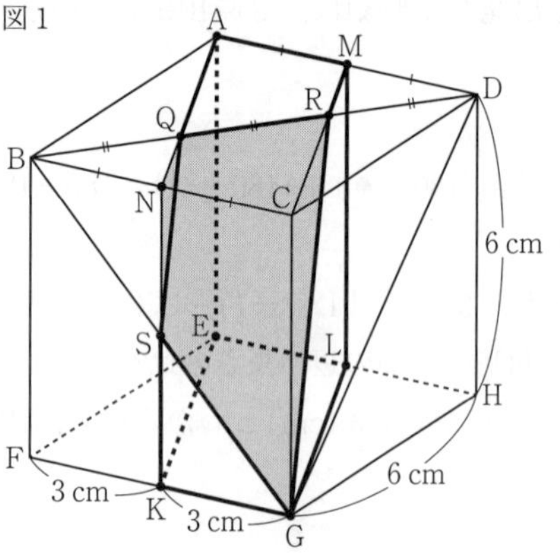

図２

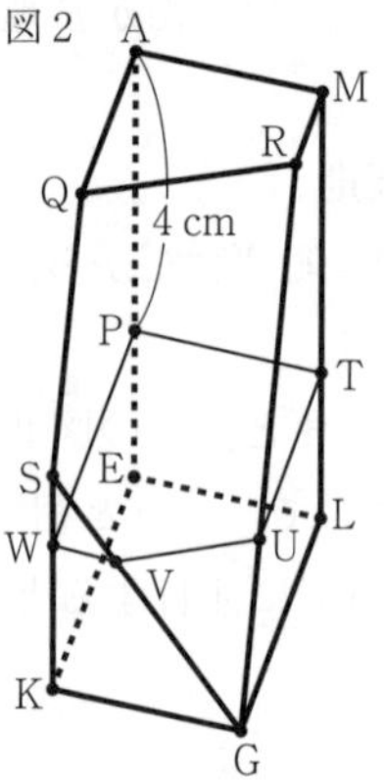

図３

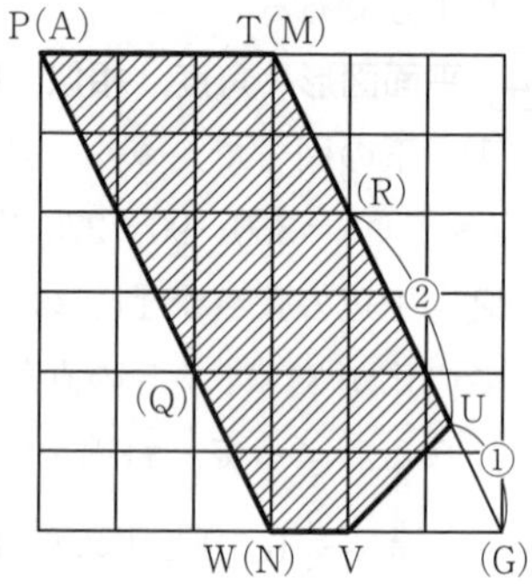

(2)　四角形GLEKの面積は，３×６＝18(cm^2)なので，四角柱Ｙの体積は，18×６＝108(cm^3)とわかる。また，かげをつけた立体は，三角すいG－RBCから三角すいS－QBNを取り除いたものである。ここで，この２つの三角すいは相似であり，相似比は２：１なので，体積の比は，(２×２×２)：(１×１×１)＝８：１となる。よって，かげをつけた立体の体積は，三角すいG－RBCの体積の，$\frac{8-1}{8}=\frac{7}{8}$(倍)とわかる。さらに，三角形RBCの面積は，$6\times6\div2\times\frac{2}{3}$＝12(cm^2)だから，三角すいG－RBCの体積は，12×６÷３＝24(cm^3)と求められる。したがって，かげをつけた立体の体積は，$24\times\frac{7}{8}$＝21(cm^3)なので，立体Ｘの体積は，108－21＝87(cm^3)となる。

(3)　切り口は図２の五角形PTUVWになる。図２で，PE＝６－４＝２(cm)だから，TL＝WK＝２cmとなる。また，AP：PE＝４：２＝２：１なので，MT：TL＝RU：UG＝２：１とわかる。さらに，三角形SKGは直角二等辺三角形だから，三角形SWVも直角二等辺三角形になり，WV＝SW＝３－２＝１(cm)と求められる。よって，切り口は上の図３の斜線部分になる。図３で，四角形

PW(G)Tの面積は，$3\times6=18(\mathrm{cm}^2)$である。また，三角形(R)V(G)の面積は，$2\times4\div2=4(\mathrm{cm}^2)$なので，三角形UV(G)の面積は，$4\times\frac{1}{1+2}=\frac{4}{3}(\mathrm{cm}^2)$とわかる。したがって，切り口の面積は，$18-\frac{4}{3}=\frac{50}{3}=16\frac{2}{3}(\mathrm{cm}^2)$と求められる。

社　会　＜第１回試験＞（40分）＜満点：100点＞

解　答

1 **問１** **1** 栄西　**2** 清和　**3** 冠位十二階　**4** 日本書紀　**5** 禁中並公家諸法度　**問２** エ　**問３** （例）特定の色を肌色とすることは，人種差別につながるから。　**問４** ウ，キ　**問５** エ　**問６** ウ　**問７** イ　**問８** ウ　**問９** イ　**問10** エ　**問11** ア　2 **問１** 香港　**問２** 周庭（アグネス＝チョウ）　**問３** （例）民衆　**問４** （例）自由な休みの日にゲームの時間を１時間と決められた。　**問５** **1** 言論　**2** 通信　3 **問１** (a) 指　(b) 京　**問２** イ　**問３** ア　**問４** (a) **1**，**2** 北極点，赤道　(b) （例）世界全体で長さの単位を統一する必要が生じたから。　**問５** (a) 6（畳）　(b) イ　4 **問１** (a) オ，カ　(b) イ　(c) **写真１**…ア　**写真２**…キ　(d) **水力**…ウ　**風力**…ア　**問２** (a) ア，オ　(b) コールドチェーン　(c) 成田国際空港　**問３** **C** ア　**D** ウ　**問４** カ

解　説

1 色を題材とした問題

問１ **1** 12世紀後半，宋(中国)にわたって禅《ぜん》宗を学んだ栄西《えいさい》は，師と問答することを重視し，座禅によってさとりをひらこうとする臨済《りんざい》宗を伝えた。また，宋から帰国するさい，薬草として茶を育てようと茶の種を日本に持ち帰って栽培し，茶の効能を説く専門書を書いた。　**2** 平安時代中期，地方におこった武士がまとまって武士団を形成し，なかでも桓武天皇の子孫を棟梁《とうりょう》(かしら)とする平氏と，清和天皇の子孫を棟梁とする源氏が有力であった。　**3** 聖徳太子は，能力のある豪族を役人にするために冠位《かんい》十二階の制を定め，身分や家柄《いえがら》にとらわれず，能力や功績に応じて位を与えることにした。役人の位は，紫(徳)・青(仁)・赤(礼)・黄(信)・白(義)・黒(智)の冠《かんむり》の色で示され，紫が最上位の色とされたと伝えられている。　**4** 奈良時代初めに成立した歴史書には『古事記』と『日本書紀』があり，「舎人親王《とねりしんのう》らが編纂《へんさん》した」とあるので，『日本書紀』と判断できる。『日本書紀』は，舎人親王らによって，中国の歴史書にならい，漢文・編年体(年代順にできごとを並べる書き方)によって書かれた。なお，『古事記』は，稗田阿礼《ひえだのあれ》が暗記していた神話や伝承を，太安万侶《おおのやすまろ》が書きとめてまとめたものである。　**5** 1615年，江戸幕府は大名を統制するため武家諸法度《しょはっと》を定め，ほぼ同時に，皇族や貴族を統制するため禁中並《きんちゅうならびに》公家《くげ》諸法度を定めた。

問２ 「四神《しじん》」は朱雀《すざく》，玄武《げんぶ》，青龍《せいりゅう》，白虎《びゃっこ》なので，Aには「青」が入る。古代に色を表す言葉として用いられていたのは四神に対応する赤・黒・青・白で，現在「緑」とされる色は「青」と表現されることが多かった。青虫，青果，青竹，青葉，青汁などがこれにあたるが，青空は現在使われ

ている青色を表現している。

問３　かつて絵の具やクレヨンには「肌色《はだ》」という色があったが，さまざまな肌の色を持つ人々がいるなかで，特定の色を「肌色」とすることは人種差別につながるという声が大きくなり，「うすだいだい色」や「ペールオレンジ」などの名に変更《へんこう》された。

問４　高度経済成長期(1950年代後半～1970年代初め)の前半には電気冷蔵庫・電気洗濯《せんたく》機・白黒テレビが各家庭に普《ふ》及《きゅう》して「三種の神器」とよばれ，後半にはカラーテレビ・カー(自動車)・クーラー(エアコン)が普及して「新三種の神器(３Ｃ)」とよばれた。

問５　嵯峨《さが》天皇は桓武天皇の皇子で，空海に密教の根本道場とするための東寺(教王護国寺)を与えた。また，書道の達人で，空海，橘逸勢《たちばなのはやなり》とともに三筆とよばれた。なお，アは聖武天皇，イは白河上皇，ウは天武天皇に関する文。

問６　江戸時代の初期，朱印状とよばれる幕府の海外渡航許可書を用いた東南アジア諸国との朱印船貿易がさかんに行われ，日本人の居留地である日本町が各地につくられた。なお，アの大坂夏の陣(1615年)のさいの征夷《せいい》大将軍は，第２代将軍徳川秀忠《ひでただ》であった。イは「譜代《ふだい》大名」ではなく「親藩」が正しい。エについて，江戸幕府がスペイン船の来航を禁止したのは1624年のことで，島原の乱(1637～38年)のあとの1639年にポルトガル船の来航が禁止された。

問７　平清盛が1180年に後白河法皇を閉じこめたことをきっかけに，源氏が平氏打倒の兵をあげ，源頼朝，源義経，源義仲《よしなか》も加わり，５年にわたって源平合戦が行われた。平将門《まさかど》は10世紀に関東地方で乱を起こした人物で，源平合戦とは関係がない。

問８　1945(昭和20)年３月10日，アメリカ軍のB29爆撃《ばくげき》機の東京大空襲《くうしゅう》により，東京の下町は火の海となって多数の死者・行方不明者が出たが，当時の日本政府は日本に不利な戦況を国民に知らせないようにしており，新聞などのメディアも検閲《けんえつ》されていたため，正確に報道されることはなかった。資料中の「帝都」は“皇居のある都”という意味で，東京の別称である。なお，アについて，日本海軍がハワイの真珠《しんじゅ》湾にあった米軍(アメリカ軍)基地を攻撃《こうげき》したのは1941(昭和16)年12月８日のこと。イの沖縄戦が行われたのは1945年の３～６月，エの原爆投下は，広島で1945年８月６日，長崎で８月９日に行われた。

問９　第二次世界大戦末期の1945年８月８日，ソビエト連邦(ソ連)は日ソ中立条約を一方的に破棄《はき》して満州や樺太《からふと》，千島列島に侵攻《しんこう》したので，イが誤っている。

問10　高松塚古墳(奈良県)は，古墳としては最もおそい７世紀末～８世紀初めに築かれたものなので，694年に藤原京(奈良県)がつくられたことと時期的に一番近い。なお，アは５世紀，イは３世紀，ウは７世紀初めのできごと。

問11　密教では，教えの核心部分は秘密とされ，呪文《じゅもん》をとなえ，仏の呪力を願う加持祈禱《きとう》につとめる。現世利益《げんぜりやく》(この世での幸せ)をはかる教えであったため，皇族や貴族からあつく信仰された。また，その世界観は曼陀羅《まんだら》(たくさんの仏や菩薩《ぼさつ》を模様のような絵図にしたもの)で表される。よって，アが正しい。なお，イは禅宗に関する文。ウ，エについて，空海は高野山(和歌山県)に金剛峯寺《こんごうぶじ》を建てて真言宗をひらき，最澄《さいちょう》は比叡山《ひえいざん》(滋賀県・京都府)に延暦寺《えんりゃくじ》を建てて天台宗をひらいた。

２ 民主化運動と自由についての問題

問１　2020年６月，中華人民共和国(中国)が香港《ホンコン》国家安全維持法案を可決したことにより，香港でのテロ活動や国家の安全をおびやかす行為《こうい》に対し，中国政府が直接取りしまり処罰することができるようになった。

問２　香港の民主活動家として知られる周庭(アグネス＝チョウ)は，香港の民主派団体「香港衆志」を創設した一員で，2019年６月に香港政府の逃亡犯条例改正案に抗議し，無許可で警察本部包囲デモに参加するようよびかけたとして翌20年８月に逮捕され，同年12月に実刑判決が下された。

問３　「水は舟を載《の》せ又《また》舟を覆《くつがえ》す」という言葉は，水を民衆や国民，舟を君主や政府にたとえていると考えられる。民衆は君主を支える一方，君主を倒すこともできるので，君主は民衆を大切にすべきだと荀子《じゅんし》は説いた。

問４　自由であることや自由な行動が，ほかの人や社会の迷惑《めいわく》になったり社会のルールに反したりする場合は，制限を受けることがある。日本国憲法でも，自由権などの基本的人権は，「公共の福《ふく》祉《し》」(国民全体の幸福や利益)に反するときには制限される。

問５　**１**　自分の考えを伝えたり発表したりすることができる権利を表現の自由といい，日本国憲法第21条１項で，「集会，結社及《およ》び言論，出版その他一切の表現の自由は，これを保障する」と定められている。　　**２**　日本国憲法第21条２項では，通信の秘密を侵《おか》してはならないことが定められており，手紙・葉書・電話・電子メールなどの内容をほかの人に知られない権利が保障されている。

３　数や単位についての問題

問１　(a)　人間の手の指は片手で５本，両手で10本あり，これらを折ったり伸ばしたりすることで，数を数えることができる。５進法や10進法は，これを参考に考え出されたといわれている。　(b)　京は兆の１万倍を表す数である。スーパーコンピュータ「京」は，国立研究開発法人理化学研究所により整備され，2012年９月から2019年８月まで運用されていたが，現在は後継《こうけい》の「富岳《ふがく》」が活躍《かつやく》している。

問２　うさぎや鳥は「羽」，はしやご飯は「膳《ぜん》」，カニや食材としてのイカは「杯《はい》」と数える。なお，「脚《きゃく》」はいすや机など，「棹《さお》」はたんすや旗など，「足」はくつを数えるときに使われる。

問３　グレゴリオ暦では，西暦年号が４で割り切れる年を閏年《うるうどし》としているが，それでもまだ差が残るため，西暦年号が100で割り切れて400で割り切れない年は平年とすると定められている。そのため，たとえば1900年や2100年は閏年とならないが，2000年や2400年は閏年となる。

問４　(a)，(b)　古代から国王など権力者の身体の一部が長さの単位と決められ，腕のひじ部分から指先までを１キュビット(約43～53cm)，足のつま先からかかとまでを１フィート(約30.5cm)，その12分の１を１インチ(約2.5cm)などとしていた。しかし，ヨーロッパで工業が発達すると，世界全体で長さの基準を統一する必要性が生じ，18世紀末にフランスでは，北極点から赤道までの距離の1000万分の１を１メートルとするメートル法が採用された。

問５　(a)　畳《たたみ》の長辺の長さは１間《けん》で，短辺の長さはその半分(半間)である。説明文の部屋は右の図のようになっており，大きさは約６畳となる。　(b)　１合の米の重さは約150グラムで，水の量などにもよるが，これを炊《た》くと約350グラムのご飯になる。よって，３合の米を炊くと，350×３＝1050(グラム)のご飯になるので，全部で約，1050÷150＝７(杯)分のご飯となる。

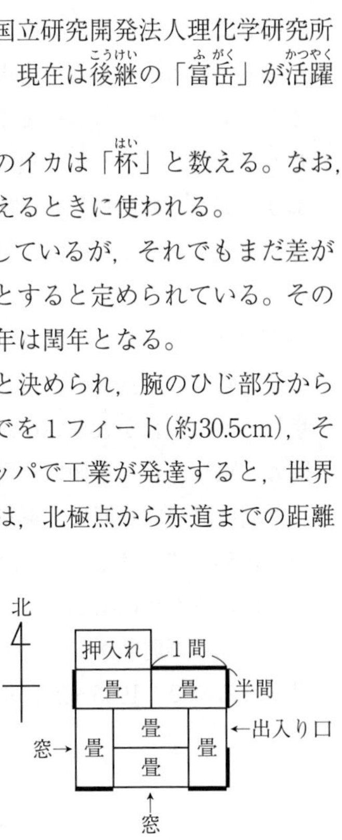

4　日本の自然環境，農業，人口についての問題

問１　(a)　オについて，フォッサマグナは本州の中央部を横切る断層帯で，西の縁は新潟県糸魚川《いといがわ》市と静岡県静岡市の間をほぼ南北に走っている。本州から四国・九州にかけて西日本を縦断する断層は中央構造線である。カについて，日本列島周辺では，太平洋側から日本海側に向かって海のプレートが陸のプレートの下に沈みこんでいくので，太平洋側から日本海側に向かって地震の震源は深くなる。　(b)　③は水深の深い伊豆小笠原海溝《おがさわらかいこう》のすぐ西側に位置しているので，陸地や島に沿って浅い海底が広がる大陸棚《だな》は存在しない。また，沖合で寒流と暖流がぶつかってできる潮目もない。　(c)　**写真１**　④は三陸海岸(青森県・岩手県・宮城県)の中部で，典型的なリアス海岸として知られる。リアス海岸は，かつて川に侵食された山地であったところが海水面の上昇によって海面下に沈みこみ，尾根であったところが半島に，谷であったところが入り江や湾になってできた海岸線の出入りの複雑な海岸地形である。　**写真２**　⑤は宮崎平野で，典型的な海岸平野として知られる。海岸平野は，海底面で堆積《たいせき》してできた遠浅で平坦《へいたん》な土地が，海底の隆起《りゅうき》または海水面の低下によって上昇し，海岸線に平行に形成された平野である。　(d)　アは海岸部や山頂付近に複数の風車を設置するための広い敷地《しきち》が必要なので風力発電，イは発電に利用するエネルギー資源(石炭・石油・液化天然ガス)を輸入していることから火力発電，ウは山中で高低差を利用して行われているので水力発電，エは天候に左右されず安定した供給ができることから地熱発電となる。

問２　(a)　アについて，【図や資料から読み取れたこと】は正しいが，【その考察】が誤っている。東京都中央卸売《おろしうり》市場の入荷量のほうが多いのは，東京をふくめた首都圏《けん》のほうが大阪をふくめた関西圏よりも人口が多いからだと考えられる。また，オについて，【図や資料から読み取れたこと】が誤っている。どちらの市場でもオーストラリアからの輸入量の割合が高いのは，10月，11月のみである。　(b)　低温のまま収穫後から販売まで管理されるシステムをコールドチェーンといい，鮮度が重要な野菜や魚介《ぎょかい》類などは冷蔵庫を備えたトラックで輸送される。　(c)　アスパラガスは鮮度を保つために飛行機で輸入され，東京都中央卸売市場に運ばれるものが多いので，千葉県にある成田国際空港が最も輸入量の多い貿易港と判断できる。

問３　まず，樹園地と森林の割合がともに大きいＡが，ミカンやウメの栽培がさかんで紀伊山地のある和歌山県，Ａよりもさらに森林の割合が大きいＤが高い山の多い長野県とわかる。残ったＢとＣが大阪府と東京都のどちらかであるが，田の割合の小さいＢはほとんど稲作が行われていない東京都，田の割合が大きいＣが大阪府となる。

問４　東京都は，東側に23区，西側および島しょ部に市町村が位置している。1955年ごろから始まった高度経済成長期に，東京都には多くの人口が流入し，特に地価の安い郊外で著しく増加したので，1955～75年はＣとなる。その後，地価の高騰《こうとう》などから都心部の人口はさらに減る一方，市部の人口はゆるやかに増加した(ドーナツ化現象)ので，1975～1995年はＢとなる。近年になり，都心部や臨海部の再開発が進み，通勤に便利な中央区・千代田区・港区に移り住む傾向《けいこう》(都心回帰現象)が見られるので，1995～2015年はＡとなる。

理　科　＜第１回試験＞（40分）＜満点：100点＞

解　答

1 (1) (イ), (ウ)　(2) (イ), (エ)　(3) (ア)　(4) (イ)　(5) **カブトムシ**…(例)　オスの頭部には角があるが，メスにはない。　**メダカ**…(例)　オスの背びれには切れこみがあるが，メスにはない。　(6) (イ)　(7) (ア)　(8) (例)　親メダカが卵を食べてしまうことがあるから。　(9) (キ)
2 (1) (ウ)　(2) ハリケーン　(3) (a) (ア)　(b) (ア)　(c) 50cm　(d) 高潮　(e) (イ), (ウ)
3 (1) (イ)　(2) 酸素　(3) 過酸化水素水　(4) (ア), (エ), (オ)　(5) 水素　(6) (ウ)　(7) (a) 水　(b) (オ)　(c) 3.375　(8) (エ)
4 (1) 500 g　(2) $16cm^3$　(3) 120 g　(4) 8 cm　(5) (イ), (エ)　(6) **あ** 浮力　**い** 大きい　**う** B　(7) $4\ cm^3$　(8) 右へ，1.3cm　(9) 124 g

解　説

1 生物の飼育と特徴《とくちょう》についての問題

(1) 背骨のある動物を脊椎《せきつい》動物，ない動物を無脊椎動物という。メダカなどの魚類，カエルなどの両生類，イシガメなどの爬虫《はちゅう》類，ハトなどの鳥類，イヌなどの哺乳《ほにゅう》類は脊椎動物に属する。カブトムシなどの昆虫《こんちゅう》類やアメリカザリガニなどの甲殻《こうかく》類と，クモ類，多足類(ムカデやヤスデなど)は無脊椎動物のうちの節足動物というグループに属し，背骨はなく体はかたい殻《から》で包まれている。

(2) 水中生活をするメダカとアメリカザリガニは，エラ呼吸を行っている。アメリカザリガニは特《とく》殊《しゅ》なエラを持ち，エラがぬれていれば陸上でもしばらくは呼吸ができる。昆虫類は，陸上で生活するカブトムシなどはもちろん，水中生活をするゲンゴロウやタガメなども気管呼吸を行っている。イシガメなどの爬虫類は肺呼吸を行う。

(3) ていねいに飼育をした場合，カブトムシは12～15か月，メダカは２～３年，イシガメは20～30年，アメリカザリガニは６～７年くらい生きる。

(4) メダカは３cmほど，カブトムシは３～５cmほど，イシガメは14～22cmほど，アメリカザリガニは８～12cmほどの大きさである。

(5) カブトムシのオスには，頭部に長い角があるが，メスにはない。メダカのオスの背びれには切れ込《こ》みがあるが，メスにはない。また，オスのしりびれは大きく平行四辺形に近い形をしているが，メスのしりびれは小さく三角形に近い形をしている。

(6) カブトムシの成虫がさかんに活動するようになる季節は夏である。カブトムシの成虫は，主にクヌギなどの雑木林の中にすみ，夜になると活動する。

(7) カブトムシの幼虫は，腐葉土《ふようど》に含《ふく》まれる成分を栄養素としてとり入れて育つ。また，腐葉土は幼虫のすみかでもあるので，適度なしめりけを保っておく必要がある。さらに，幼虫はその腐葉土の中にフンをするので，時間がたつとフンがたまってくる。そのため，腐葉土をこまめに交換《こうかん》する必要がある。

(8) メダカが産んだ卵をそのままにしておくと，親が食べてしまうことがある。そのため，卵を別の水槽《すいそう》に移したり，小さな穴を開けたプラスチックカップに分けたりして，親から離《はな》す必要がある。

(9) 生態系を乱し，日本の在来種の存在をおびやかすおそれのある外来種としては，アライグマ，ハクビシン，フイリマングース，リスザルなどの哺乳類や，オオクチバス（一般にブラックバスともいう），ブルーギル，グッピー，カダヤシ，ニジマスなどの魚類などがリストにあげられている。なお，ホンドタヌキ，イワナ，ヤマメは日本の在来種である。

２ 台風についての問題

⑴ 熱帯低気圧や台風が発生するためには，海水面の温度が26～27℃に上昇《じょうしょう》することが必要と考えられている。

⑵ 赤道近くの熱帯の海上で発生し，北西太平洋や南シナ海に存在する熱帯低気圧のうち，中心付近の最大風速が毎秒17.2m以上になったものを，台風という。また，カリブ海やメキシコ湾で発生し，西インド諸島やアメリカ合衆国の南部沿岸などの地域をおそうハリケーン，インド洋で発生し，インド，バングラデシュ，ミャンマーを直撃《ちょくげき》することがあるサイクロンなどは，台風と同種のものである。

⑶ (a) 台風の経路は，中心位置（目）がどのように動いたかによって示される。中心位置は，図１→図２では北西に，図２→図３では北に，図３→図４→図５では北東に，図５→図６では北西に動いているので，(ア)が選べる。 (b) 台風のまわりでは，中心に向かって反時計回りにうず状に風が吹《ふ》き込んでいる。図２で，鹿児島県のあたりに北東から南西にかけて筋状の雲が見られるので，９月３日15時の鹿児島市では，風が北東から吹いていたと考えられる。 (c) ふだんの気圧は，950÷（１－0.05）＝1000（hPa）なので，９月４日の台風の中心気圧はふだんより，1000－950＝50（hPa）低い。よって，海水面はふだんより，１×50＝50（cm）上昇している。 (d) 台風や低気圧によって海水面の高さが急に上がる現象を高潮《たかしお》という。高潮が発生すると堤防《ていぼう》などを越えて陸地に海水が浸入《しんにゅう》することがあり，満潮に重なると被害がさらに大きくなる。 (e) 風が沖合から沿岸に向かって強く吹くと，海水が吹き寄せられる。また，台風の中心が近づくと，気圧が低くなって海面が吸い上げられる。したがって，(イ)と(ウ)がふさわしい。

３ 気体のつくり方とその性質についての問題

⑴ 水を満たした容器Ｂの中に，発生した気体を導いて集めているので，気体を水と置き換《か》えて集める水上置換《ちかん》である。水上置換は，水にあまりとけない気体を集めるときに用いられる。集めた気体の体積を目で見て確かめられ，純粋《じゅんすい》な気体を集められるという利点がある。

⑵，⑶ 二酸化マンガンにうすい過酸化水素水を加えると，過酸化水素水にとけている過酸化水素が分解して，酸素と水ができる。このとき，二酸化マンガンは過酸化水素が分解するのを助けるはたらきをするだけで，それ自身は変化しない（このようなものを触媒《しょくばい》という）。また，二酸化マンガンを強く熱すると，酸素が発生する。酸素には，ものを燃やすはたらき（助燃性）がある。

⑷ 酸素は，空気中に体積の割合で約21％含まれており，においや色がなく，空気の約1.1倍の重さがある。

⑸，⑹ 気体Ｘは，火を近づけると音を出して燃えたことから，水素と考えられる。うすい硫酸《りゅうさん》にマグネシウムや亜鉛《あえん》，アルミニウム，鉄などの金属を加えると，とけて水素を発生する。なお，木炭や銅はうすい硫酸にとけず，気体も発生しない。卵の殻は，うすい硫酸にとけて二酸化炭素を発生する。

⑺ (a) 水素と酸素を反応させると，水ができる。水素を試験管に集めてマッチの火を近づけると，ポンと音を立てて燃え，試験管の口付近に水滴《すいてき》がつく。 (b) 塩化コバルト紙は水の検出によく

使われる試験紙で，水にふれると青色から赤色(うす赤色)に変わる。　(c)　気体Ｖと気体Ｘを入れて反応させると物質Ｙだけが生じたので，0.9ｇの物質Ｙが生じたときには，0.1ｇの気体Ｘと，0.9−0.1＝0.8(ｇ)の気体Ｖが反応している。このことから，３ｇの気体Ｖと反応する気体Ｘは，0.1×$\frac{3}{0.8}$＝0.375(ｇ)とわかり，このとき，３＋0.375＝3.375(ｇ)の物質Ｙができる。３ｇの気体Ｖと0.4ｇの気体Ｘを入れて反応させた容器では，3.375ｇの物質Ｙが生じて，気体Ｘの一部が残っている。

⑻　容器Ｃ内の空気から酸素(気体Ｖ)が除かれて体積がおよそ５分の４になったことから，気体Ｚは空気中に約80％含まれている窒素《ちっそ》と判断できる。

4　てんびんのつり合いと浮力《ふりょく》についての問題

⑴　金属Ａの密度《みつど》は５ｇ/cm^3で，１辺が５cmの立方体の体積は，５×５×５＝125(cm^3)なので，物体①の重さは，５×125＝625(ｇ)である。また，液体中にある物体は，物体が押《お》しのけた液体の重さに等しい上向きの力(浮力)を受けるので，図１のようにしずめて125cm^3の水が押しのけられたときには，１×125＝125(ｇ)の浮力が物体①にはたらく。よって，ばねばかりの示す値は，625−125＝500(ｇ)と求められる。

⑵　棒のつり合いは，棒を傾《かたむ》けるはたらき(以下，モーメントという)で考える。モーメントは，(加わる力の大きさ)×(回転の中心からの距離《きょり》)で求められ，左回りと右回りのモーメントが等しいときに棒はつり合って水平になる。物体②の重さを□ｇとすると，□×10＝40×20が成り立ち，□＝800÷10＝80(ｇ)となる。物体②は金属Ａでできているので，その体積は，80÷５＝16(cm^3)である。

⑶　ばねばかりには，物体②とおもりの重さの合計の，80＋40＝120(ｇ)の重さがかかる。

⑷　金属Ｂでできた体積25cm^3の物体③の重さは，４×25＝100(ｇ)である。物体③を棒の真ん中から□cmの場所に結び付けたとすると，100×□＝40×20が成り立ち，□＝800÷100＝８(cm)とわかる。

⑸　水中では物体②に，１×16＝16(ｇ)，物体③に，１×25＝25(ｇ)の浮力がそれぞれはたらき，水中での物体②と物体③の見かけの重さ(Ｘ点，Ｙ点にかかる重さ)はそれぞれ，80−16＝64(ｇ)，100−25＝75(ｇ)となるので，(イ)が正しい。また，図４で，棒の真ん中の点をＯ点とすると，80ｇの物体②と100ｇの物体③が空気中でつり合うことから，80×OX＝100×OYが成り立ち，OX：OY＝$\frac{1}{80}$：$\frac{1}{100}$＝５：４とわかる。よって，水中に棒を入れた場合は，Ｏ点を中心とする左回りのモーメントが，64×５＝320，右回りのモーメントが，75×４＝300になるので，(エ)も正しい。

⑹　図５の右側の図のように棒が左側に傾いたのは，実験４と同様に棒を水平にして水に入れたときに，物体⑤の方が体積がより大きく，はたらく浮力がより大きかったためだと考えられる。また，２つの物体の重さは等しい。よって，物体⑤の密度は物体④より小さいので，物体⑤は金属Ｂ，物体④は金属Ａでできている。

⑺　図５の右側の図で，物体④の体積は，80÷５＝16(cm^3)なので，物体④にはたらいている浮力は，１×16＝16(ｇ)である。よって，物体⑤にはたらいている浮力も16ｇなので，物体⑤の水中に入っている部分の体積は，16÷１＝16(cm^3)とわかる。また，物体⑤の体積は，80÷４＝20(cm^3)である。したがって，物体⑤の空気中に出ていた部分の体積は，20−16＝４(cm^3)と求められる。

⑻　図６で，物体④，物体⑤の水中での見かけの重さはそれぞれ，80−16＝64(ｇ)，80−１×20＝

60（g）である。よって，物体⑤をO点から右に□cmのところに結び付けたとすると，64×20＝60×□が成り立ち，64×20÷60＝21.33…より，□は21.3cmとなる。したがって，物体⑤を棒に結び付ける場所は実験５の位置から右へ，21.3−20＝1.3（cm）動かしている。

⑼　ばねばかりには，物体④と物体⑤の水中での見かけの重さの合計の，64＋60＝124（g）の重さがかかる。

国　語　＜第１回試験＞（60分）＜満点：150点＞

解　答

一　下記を参照のこと。　　二　①　おしい　②　だかい　③　ゆかしい　④　がゆい　⑤　がらい　　三　**問１**　**A**　オ　**B**　イ　**問２**　イ　**問３**　ア　**問４**　ウ　**問５**　（例）　先生の生き方にあこがれ，共に研究したいという本心を知られるのが，はずかしいから。　**問６**　イ　**問７**　オ　**問８**　（例）　ものを長く大事に使える人間でなければ，山小屋を任せることはできないが，「わたし」のカメラを見て適性があると思ったから。　**問９**　エ

四　**問１**　**A**　イ　**B**　オ　**問２**　オ　**問３**　（例）　意外性はミステリィの面白さの要素だから。　**問４**　エ　**問５**　ウ　**問６**　ア　**問７**　ウ　**問８**　（例）　予測もしないことに不意打ちをくらって驚いたあと，自分には思いつかなかった思考のジャンプの意外性を直感的に評価できた場合。

●漢字の書き取り

一　①　節操　②　就航　③　破竹　④　真価　⑤　平生

解　説

一　漢字の書き取り

①　正しいと信じる主義や意見などをかたく守って変えないこと。　②　できあがった船や飛行機などが，初めて海や空へ出ていくこと。　③「破竹の勢い」は，竹の一節を割ると一気に割れていくことから，止められないほどの激しい勢いを表す。　④　本当の値うち。　⑤　ふだん。つね日ごろ。

二　ことばの知識

①「名残《なごり》惜《お》しい」は，“心がひかれて，別れにくい”という意味。　②「物見高い」は，何でもめずらしがって見たがるようす。　③「奥《おく》ゆかしい」は，上品でなんとなく深みがあるさま。　④「歯がゆい」は，思うようにならず，いらいらするようす。　⑤「世知がらい」は，打算的で人情がうすく，暮らしにくいさま。

三　出典は伊《い》予《よ》原新《はらしん》の『月まで三キロ』所収の「山を刻む」による。家族との約束をすっぽかして山にきた「わたし」が，先生，学生さんの二人連れと共に下山しながら，大事な決心をする場面である。

問１　**A**　すぐ後に「俺《おれ》の悪口言ってたな」とあるので，“原因が何なのかがわかったぞ”という気持ちを表す「さては」がよい。　**B**　すぐ後に「当然」とあるので，“いかにも”という意味を表す「さも」が合う。

問２　すぐ前で，学生さんの「やる気」のなさが描《えが》かれている。また，少し後に，先生は「自分のやってることが世界一面白《おもしろ》いって，マジで思ってます」とある。よって，学生さんの「やる気」のなさを「人生の目的が見つからず」と表し，先生の思いを「火山の研究は人生をかけるほどの価値がある」と表しているイが選べる。イ以外は，学生さんの「やる気」のなさをとらえていないので，ふさわしくない。

問３　ア　続く部分に，「将来，やっててよかったな，面白いな，と思える」，「彼《かれ》は，先生の生き方に感染《かんせん》したいのだ。そばで同じ空気を吸っていたいのだ」とあるので，あてはまる。　イ　学生さんが「社会に貢献《こうけん》できるような人物になりたい」と積極的に考えているようすは描かれていない。　ウ　学生さんが「家族に引け目を感じることなく生きていける」ことにこだわっているようすは描かれていない。　エ　後のほうで，学生さんは「石担《かつ》いで登ってるときは，もう二度と来ねえ，って思います」と言っており，「労力」をかけているので，「あまり労力をかけることなく」は合わない。　オ　先生に勧誘《かんゆう》される前の学生さんは，「適当に今の大学に入って，適当に就職しようと思って」おり，「ただ辛《つら》い思いをしながら仕事をするつまらない人生を送るだろう」といった考え方はしていない。

問４　前書きに，「二人の子供，麻衣《まい》と晴彦《はるひこ》が成長するにつれて，『わたし』と家族との間に距離《きょり》が生じてきた」とあることに注意する。　ア，エ　「家族」にふれられていないので，ふさわしくない。　イ　「わたし」は「家族との間に距離が生じてきた」ことが問題だと考えており，「家族に時間を奪《うば》われてきたこと」を悔《く》やんではいない。　ウ　「わたし」と家族やジロとの関係の描《びょう》写《しゃ》や，すぐ前の回想と合う。　オ　「わたし」は「家族のことを忘れ」ようとはしていない。

問５　「さっきの話」とは，問３で見た，「彼は，先生の生き方に感染したいのだ。そばで同じ空気を吸っていたいのだ」という話を指す。また，学生さんは，先生と面と向かっているときは，問１で見たような軽口をきいている。学生さんは，先生の生き方にあこがれ，共に研究したいという気持ちでいるが，その本心を先生に知られるのははずかしいと感じているのである。

問６　「あー，気持ちいいー」という学生さんの言葉を受けて，先生は「な？」，「山って，いいだろ」と続けているので，「相手の反応が初めからわかっていた」とあるイが選べる。

問７　ア　昔だけでなく，今も「わたし」は山が好きである。　イ　伝えたいのは「自分のこと」ではなく，山の魅力《みりょく》である。　ウ，エ　山の魅力を語ろうという決意が盛りこまれていない。　オ　少し前の「山って，いいでしょ――」，「なぜわたしは，二人の前で，押《お》しつけがましいほどに山の魅力を語ってやらなかったのか」と合う。

問８　前後の主人の言葉からわかる。主人は，「商売っ気だけの連中には，いくら積まれても譲《ゆず》らん」という意志を持ち，「山好きの素人《しろうと》」である「わたし」のような人間がいいと思っている。また，決め手となったのは「わたし」の「カメラ」で，「ものを長く大事に使える人間」なら「山小屋の主人」がつとまると判断している。

問９　ア　「晴彦は，わたしの山小屋に来てくれるだろうか」とあるように，「わたし」は「晴彦と一緒《いっしょ》に山に登」ることではなく，晴彦を山小屋に迎《むか》え入れる場面を想像している。　イ　「わたし」は，「自分の人生を生きているところを，あの子たちに見せて」やるべきだと考えているが，「理想の家族を取り戻《もど》」したいとは考えていない。　ウ　「『まあ，思ってたよりは』とでも答えたら」とあるように，「わたし」は晴彦が「山小屋を買ったことを嬉《うれ》しく思ってくれるはずだ」とまで期待してはいない。　エ　続く部分の描写と合う。　オ「わたし」は「自分の人生」が「報《むく》われること」を意識していない。

四　出典は森博嗣《もりひろし》の『面白いとは何か？　面白く生きるには？』による。面白さにはどんなものがあるか，新しいもの，意外なもの，突飛《とっぴ》なものをとりあげて，その面白さを考察している。

問１　**Ａ**「途方《とほう》に暮れる」は，どうしたらよいかわからなくなること。　**Ｂ**「どんでん返し」は，形勢や立場などが逆転すること。歌舞伎《かぶき》の舞台装置が語源で，背景を描いた大道具が後ろへ倒《たお》れ，床《ゆか》に伏《ふ》せてあった背景が立ち上がって一瞬《いっしゅん》のうちに場面が転換《てんかん》する。

問２　ア，エ「新しいもの」は，「大人がやっていること」に限らない。　イ，ウ　本文では，「新しいもの」を知りたくなるのは自分が「成長」して「満足」や「有利」な立場を得られる「予感」があるからだと説明されている。よって，「感動」，「好奇心《こうきしん》」という解釈《かいしゃく》だけでは不足している。　オ　二つ後の段落の内容と合う。

問３「これ」は，直前の一文の「『意外性』というものも，『面白さ』を誘発《ゆうはつ》する」ことを指す。筆者はミステリィ作家なので，「作品を面白くするため意外性が必要だから」のようにまとめられる。また，筆者は本文の後半で「読者を楽しませるアイテム」である「ミステリィのトリックやどんでん返し」や「意外性」について考察しているので，読者を想定して「ミステリィの読者は意外性を好むから」のようにまとめてもよい。

問４　直前の段落で，「『意外性』とは，その人が思い描いていない未来が訪《おとず》れることだ」と説明されている。また，傍線《ぼうせん》部③をふくむ段落に，「『意外性』の『面白さ』を理解するには，ある程度の思考力や知性が要求される」とある。さらに，次の段落で，「突拍子《とっぴょうし》もないこと」に人はまず驚《おどろ》いて，それが「面白さ」に変化すると説明されている。つまり，予想していなかった意外なことに人はまず驚き，思考力や知性によって面白いと感じるのだから，エが合う。なお，ア，イは，「思考力や知性」の働きが入っていない。ウは，意外なことへの「戸惑《とまど》いを解消」するという内容が本文にない。オは，「犬は繰《く》り返し起こる現象に対してだけ面白さや楽しみを抱《いだ》ける」とは述べられていない。

問５　直前に，「意外性のあるもの」にも，逆に「思ったとおりになったとき」にも「面白さ」が感じられるとあるので，「想定外であるか否《いな》かにかかわらず，面白い」とあるウが選べる。

問６　続く部分で，犬はボール遊びを繰り返すが，人間は「同じことに厭《あ》きてしまう」と述べられている。よって，同じことを厭きずに自分の意志で繰り返しているアがふさわしい。なお，イ～エは，同じことを自分の意志で繰り返すことで，変化を発見している例。オは，自分の意志とは関係なく繰り返してしまう反射運動の例である。

問７　直前で述べられているように，「思いつかなかった」が「いわれてみれば，そうだな」という「ぎりぎり」の線上で人は面白さを感じるので，ウが合う。なお，アの「緊張《きんちょう》感」，イの「高揚《こうよう》感」，エの「悔《くや》しさ」，オの「さらに難しい問題に挑戦《ちょうせん》する気持ち」と「面白さ」の関係については，本文では述べられていない。

問８「『意外性』による『面白さ』」と比較《ひかく》しながら整理する。「意外性」は「予測」からズレる面白さ，突飛さは「予測もしない」不意打ちの面白さである。ただし，「相手に一瞬足を止めさせ，あるいは息を止めさせ，考えさせる」ところは共通している。また，突飛さは，「一瞬呆《あき》れたり，首を傾《かし》げたあと」，「自分にそれが思いつけたか，と過去へ向かって予測し，遅《おく》れて『意外性』として評価」できた場合，つまり，その「思考のジャンプ」や「発想」を「直感的」にとらえられた場合に面白さが感じられる。これらをもとに，「予測外のことに一瞬あっけにとられたあと，自分には思いもつかなかった思考のジャンプの意外さ，発想の意外さを評価できた場合」のようにまとめる。

2021年度　聖光学院中学校

〔電　話〕(045) 621－２０５１
〔所在地〕〒231-0837　神奈川県横浜市中区滝之上100
〔交　通〕JR根岸線―「山手駅」より徒歩８分

【算　数】〈第２回試験〉(60分)〈満点：150点〉

1　次の問いに答えなさい。

(1)　13.1を2.69で割ったときの商を四捨五入して，小数第２位まで求めなさい。

(2)　黒と白の碁石《ごいし》がたくさんあり，黒石と白石の個数の比は２：３です。この碁石をＡ，Ｂの２つの袋《ふくろ》に分けて入れたところ，Ａの袋の中の碁石とＢの袋の中の碁石の個数の比は 17：18 となり，Ａの袋の中の白石とＢの袋の中の白石の個数の比は 11：10 となりました。また，Ａの袋の中の黒石の個数は48個ありました。このとき，２つの袋の中の白石はあわせて何個ありますか。

(3)　直線道路に沿った線路があります。聖《たかし》さんはこの道路を時速４km で歩いていたところ，反対側から電車Ｐが来て，電車の先頭から最後尾《さいこうび》が通り過ぎるまで18秒かかりました。もし，聖さんが自転車に乗り，時速 12km で進んでいたとすると，電車の先頭から最後尾が通り過ぎるまで15秒かかります。

このとき，電車Ｐの長さは何ｍですか。ただし，電車Ｐの速さは一定であるものとします。

2　次の図のような同じ大きさの正方形でできたマス目があり，点Ｘは点Ｂから点Ｄまで，点Ｙは点Ｃから点Ａまで，遠回りせず移動します。点Ｘと点Ｙは同時に出発し，それぞれ辺上を同じ速さで移動するとき，下の問いに答えなさい。

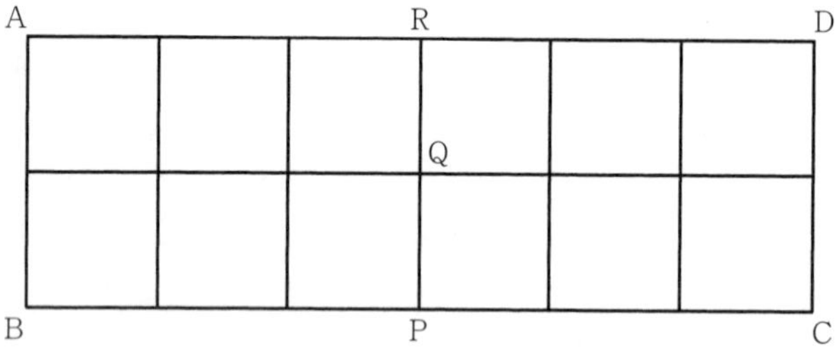

(1)　点Ｘの移動経路と点Ｙの移動経路の組み合わせは全部で何通りありますか。

(2)　点Ｘは２点Ｐ，Ｑを通過するが点Ｒを通過せず，点Ｙは２点Ｑ，Ｒを通過するが点Ｐを通過しないものとします。このとき，点Ｘの移動経路と点Ｙの移動経路の組み合わせは全部で何通りありますか。

(3)　２点Ｘ，Ｙは同時に点Ｐを通過するが，同時に点Ｑを通過することはないものとします。このとき，点Ｘの移動経路と点Ｙの移動経路の組み合わせは全部で何通りありますか。

3　底面が[あ]cm^2，高さが32cmの直方体の空の容器に水を入れていくことを考えます。

毎秒192cm^{3}の割合で水を入れていき，底面から[い]cmまで水位が上がったところで，水を入れる量を毎秒120cm^{3}の割合に変えたところ，水を入れ始めてから満水になるまでに１分41秒かかりました。また，空の同じ容器に毎秒192cm^{3}の割合で水を入れていき，底面から[い]cmまで水位が上がったところで，水を入れる量を毎秒48cm^{3}の割合に変えたところ，水を入れ始めてから満水になるまでに３分５秒かかりました。

このとき，次の問いに答えなさい。

(1)　[あ]，[い]にあてはまる数をそれぞれ答えなさい。

空の同じ容器に毎秒192cm^{3}の割合で水を入れていき，底面から[う]cmまで水位が上がったところで，水を入れる量を毎秒48cm^{3}の割合に変えたところ，水を入れ始めてから満水になるまでに３分20秒かかりました。

(2)　[う]にあてはまる数を答えなさい。

空の同じ容器に毎秒192cm^{3}の割合で水を入れていき，底面から[え]cmまで水位が上がったところで，水を入れる量を毎秒120cm^{3}の割合に変え，その後，底面から[お]cmまで水位が上がったところで，水を入れる量を毎秒48cm^{3}の割合に変えました。このとき，水を入れ始めてから満水になるまでに１分44秒かかりました。

(3)　[え]と[お]がともに１以上31以下の整数であるとき，それぞれにあてはまる整数の組を([え]，[お])の形ですべて答えなさい。

4　図１のような，半径が２cmである円Cがあり，この円Cに沿って，いくつかの図形を反時計回りに回転させることを考えます。このとき，次の問いに答えなさい。ただし，円周率は3.14とします。

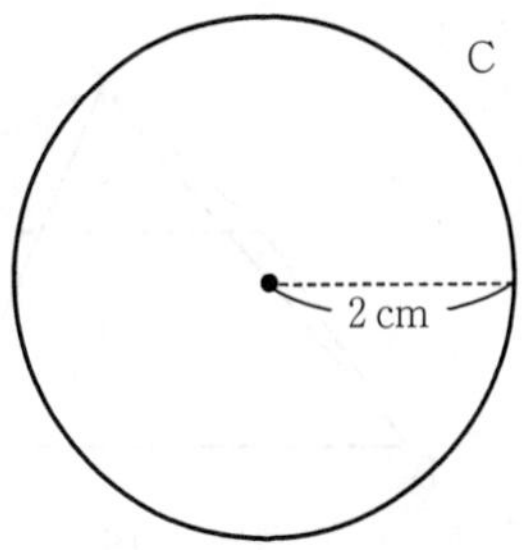

図１

(1)　図２のように，半径が４cmである円Dを，その中心が常に円C上にあるように反時計回りに回転させます。

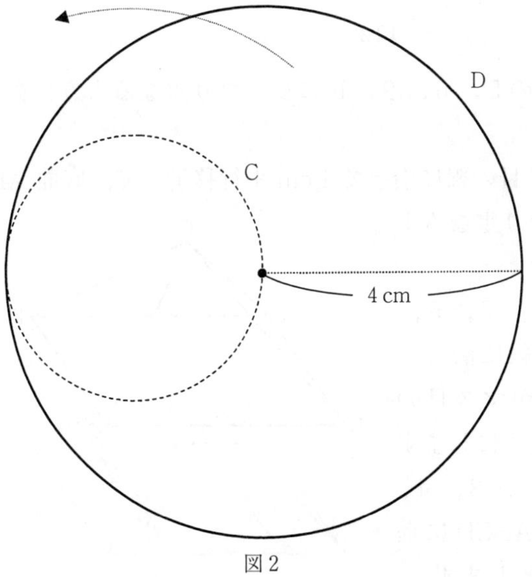

図２

(ア)　円Ｄの中心が円Ｃの周上を１周するとき，「円Ｄの周」が通過する部分の面積は何 cm^2 ですか。

(イ)　円Ｄの中心が円Ｃの周上を半周(１周の半分だけ移動)するとき，「円Ｄの周」が通過する部分について，その図形の面積は１辺が 4 cm の正三角形２つ分よりも(　　　×3.14) cm^2 だけ大きくなります。　　にあてはまる数を答えなさい。

(2)　図３のように，半径が 1 cm の半円Ｅを，その中心が円Ｃ上にあるように，かつ，その直径の一部が円Ｃの半径と重なるようにおきます。その後，半円Ｅの向きを変えることなく，中心が常に円Ｃ上にあるように，反時計回りに回転させます。

半円Ｅの中心が円Ｃの周上を１周するとき，「半円Ｅの周および内部」が通過する部分を解答欄《らん》にかきいれ，斜線《しゃせん》で示しなさい。また，その図形の「周り」の長さは何 cm ですか。ただし，内部がくりぬかれた図形の「周り」については，内側の周り，外側の周り，いずれも含《ふく》むものとします。

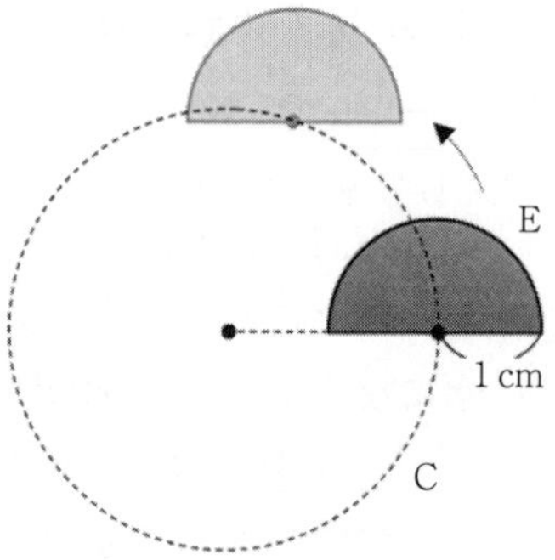

図３

5　図１のような，１辺の長さが 2 cm の正方形 ABCD を底面とし，高さが 1 cm，OA＝OB＝OC＝OD である正四角すい O−ABCD があります。底面の正方形の対角線の交点をＭとします。この正四角すいを，図２のような，１辺の長さが 1 cm の正方形でできたマス目を使って移動させることを考えます。

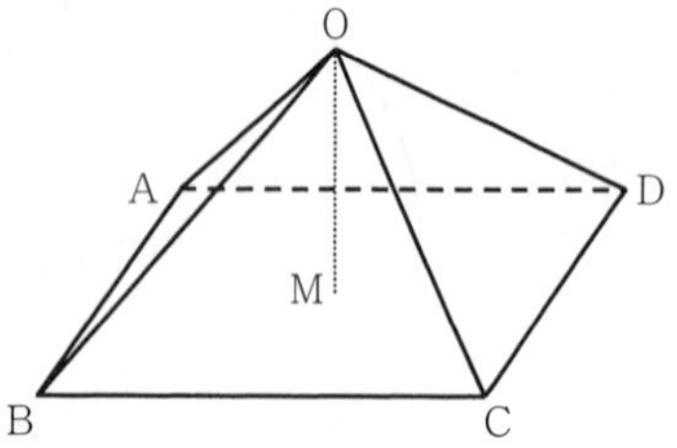

図１

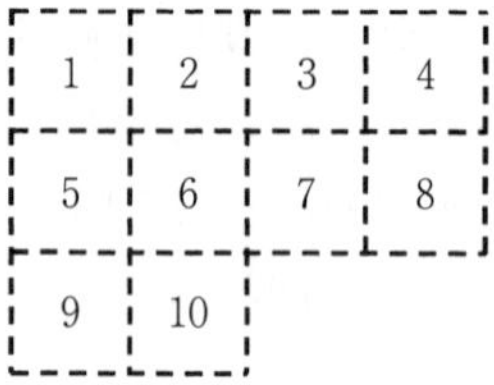

図２

最初，正四角すいは底面 ABCD がマス目の５，６，９，10にぴったり重なるように置かれています。

（移動１）　最初の状態から正四角すいをマス目の線に沿って 1 cm 平行移動して，底面 ABCD がマス目の１，２，５，６にぴったり重なるようにします。

（移動２）　次に，底面 ABCD がマス目の１，２，５，６に置かれた状態から，マス目の線に沿って 2 cm 平行移動して，底面 ABCD がマス目の３，４，７，８にぴったり重なるようにします。

（移動３）　最後に図３のように，底面 ABCD が３，４，７，８に置かれた状態から，底面 ABCD に垂直で，Ｏと同じ方向に 1 cm 平行移動します。

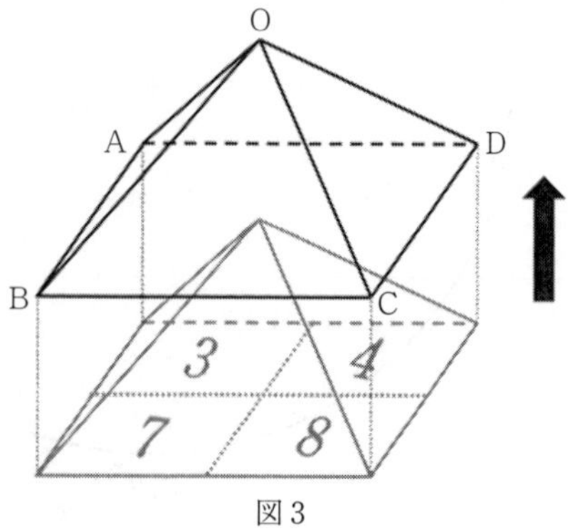

図３

(1)　(移動１)で，正四角すいが通過した部分の体積は何 cm^3 ですか。

⑵　（移動１）と（移動２）を続けておこなった場合，正四角すいが通過した部分の体積は何 cm^3 ですか。

⑶　（移動１）と（移動２）と（移動３）を続けておこなった場合，正四角すいが通過した部分の，図４の㋐の方向から見た様子を下の例にしたがって解答欄《らん》の図にかきいれなさい。また，その通過した部分の体積は何 cm^3 ですか。ただし，解答欄のマス目の１目盛りは１cm とします。

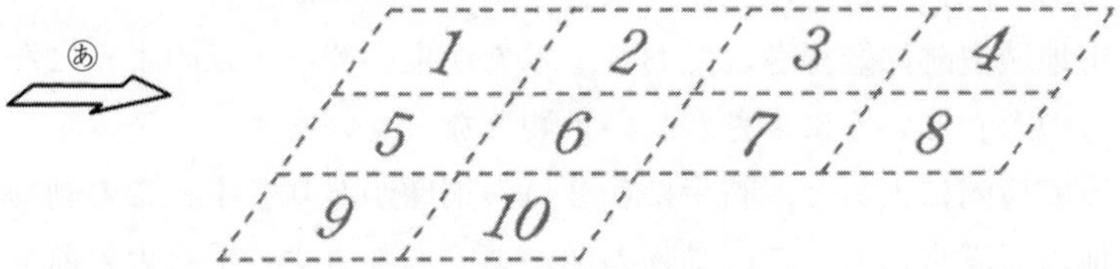

図４

例：底面 ABCD が３，４，７，８に置かれた状態から，（移動３）をおこなった場合，㋐の方向から見た様子は図５のようになります。

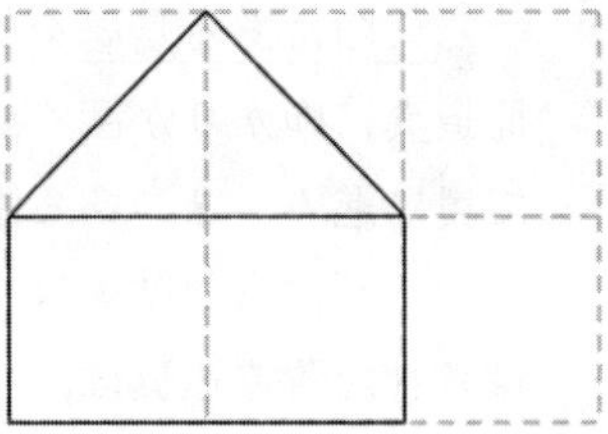

図５

【社　会】〈第２回試験〉（40分）〈満点：100点〉

〈編集部注：実物の入試問題では，写真と図の多くはカラー印刷です。〉

1　史跡《しせき》や博物館・美術館に関する，以下の問題**Ａ**・**Ｂ**に答えなさい。

Ａ　史跡に関する次の文章を読んで，あとの問いに答えなさい。

学問の神様とよばれる①菅原道真をまつっている天満宮《てんまんぐう》は，学業成就《じょうじゅ》の御利益《ごりやく》があるとされています。天満宮は各地にあり，横浜市港南区にも永谷《ながや》天満宮があります。

永谷天満宮の境内《けいだい》は横浜市地域史跡に登録されており，木々が生《お》い茂《しげ》って森のようになっているさまは，まさに「(1)の森」というにふさわしい景観となっています。

②入口にある鳥居をくぐって境内に入ると，右手に(2)の銅像があります。この動物は菅原道真にゆかりが深く，各地の天満宮にも，この動物の像がよくあります。手水舎《ちょうずしゃ》の前を通って奥《おく》に進み，２つある階段を上ると本殿《ほんでん》に着きます。

永谷天満宮の歴史は，平安時代にさかのぼります。朝廷内の権力争いの結果，③大宰府に左《さ》遷《せん》された菅原道真は，④鏡を見て自らの像を３体作り，そのうちの１体を，息子《むすこ》の淳茂《あつしげ》に与《あた》えました。淳茂が永谷に移り住んだ際，この道真像を持参して拝んだのが，信仰《しんこう》の始まりです。道真像は，⑤室町時代には，付近一帯を治めていた上杉乗国《うえすぎのりくに》が所有していました。ある日，上杉乗国は夢の中で菅原道真のお告げを受け，道真像をまつる神社を創建しました。これが永谷天満宮の始まりとされています。上杉乗国の子孫は，戦国時代には⑥北条氏(後北条氏)に仕え，北条氏の滅亡《めつぼう》後は⑦徳川家康に仕えて，旗本となりました。

江戸時代に，永谷天満宮の道真像は江戸の深川八幡宮に＊出開帳《でがいちょう》し，像を江戸まで運んだ神輿《みこし》は，⑧田沼意次の紹介《しょうかい》によって，江戸城で将軍徳川家治に披露《ひろう》されたと伝わっています。この神輿は，現在神輿庫で保管されています。

また，本殿の裏山の山頂は，永谷に住んだ菅原淳茂が毎朝登って，大宰府にいる父親に思いを馳《は》せていた場所とされ，その場所には菅秀塚《かんしゅうづか》が作られています。山頂には浅間社《せんげんしゃ》もあり，天気が良いと，ほぼ真西の方角に⑨富士山を見ることができます。

みなさんの身近な神社にも，色々な歴史があることでしょう。ぜひ一度，近所の神社の歴史を調べてみましょう。

＊出開帳：寺の本尊などを寺院外の場所に移して公開すること

問１　文中の(１)には，「地域を守る神様」を意味する語句が入ります。その語句を漢字２字で答えなさい。

問２　文中の(２)にあてはまる動物を漢字で答えなさい。

問３　下線部①が894年に中止を提案した外交使節の名称《めいしょう》を漢字３字で答えなさい。

問４　下線部②の鳥居が作られたのは1864年です。次の文章は，この1864年に起きた，ある藩に関する出来事について述べたものです。この藩の名称を漢字で答えなさい。

> 尊王攘夷派の藩士たちが京都の池田屋で新撰組《しんせんぐみ》に襲撃《しゅうげき》されると，京都に出兵して禁《きん》門《もん》の変(蛤御門《はまぐりごもん》の変)を起こしたが幕府方に敗北した。
>
> また，前年に実行した攘夷への報復として，イギリス・アメリカ・フランス・オランダの連合艦隊《かんたい》の攻撃《こうげき》を受け，完敗した。

問５　下線部③について述べた文として**誤っているもの**を，次の**ア**～**エ**の中から１つ選び，記号で答えなさい。

ア　外交の窓口として，律令政府にとって重要な役所であった。

イ　桓武天皇の時代に，征夷大将軍の坂上田村麻呂によって作られた。

ウ　大宰府近くで開催《かいさい》された「梅花の宴《えん》」が『万葉集』に記録されている。

エ　平安時代に，藤原純友が率いる反乱軍によって攻《せ》め落《お》とされている。

問６　下線部④の鏡は，銅鏡と考えられます。銅鏡について述べた文として正しいものを，次の**ア**～**エ**の中から１つ選び，記号で答えなさい。

ア　実際には青銅製で，平面をつるつるになるまで磨《みが》き上《あ》げて作られている。

イ　縄文時代の前方後円墳を発掘《はっくつ》調査すると，しばしば副葬品《ふくそうひん》として出土する。

ウ　漢の皇帝《こうてい》から卑弥呼に100枚贈《おく》られたことが中国の歴史書に記されている。

エ　奈良時代には，所有している枚数に応じて官位が与えられる制度が作られた。

問７　下線部⑤の時代の文化について述べた文として正しいものを，次の**ア**～**エ**の中から１つ選び，記号で答えなさい。

ア　足利義政が，書院造の様式を用いて，京都北山の別荘《べっそう》に銀閣を建てた。

イ　千利休が，水を用いずに石と砂で自然の風景を表現する枯山水を創始した。

ウ　観阿弥・世阿弥親子が，きらびやかな衣装で勇壮《ゆうそう》に舞《ま》う歌舞伎を大成した。

エ　狩野正信・元信親子が，水墨画と大和絵の技法を融合《ゆうごう》して狩野派をひらいた。

問８　下線部⑥について述べた文として正しいものを，次の**ア**～**エ**の中から１つ選び，記号で答えなさい。

ア　相模国の小田原城を本拠地《ほんきょち》として，関東各地に勢力を広げていった。

イ　フランシスコ＝ザビエルに，領内でのキリスト教布教を許可した。

ウ　長篠の戦いで織田信長の鉄砲隊の前に大敗し，多くの家臣を失った。

エ　豊臣秀吉の命令で朝鮮半島に出兵したが，勝手に撤退《てったい》して処罰《しょばつ》された。

問９　下線部⑦について，江戸時代に，旗本と大名は持ち高によって区別されていました。このことについて述べた次の文中の□に入る，数字を含めた語句を答えなさい。なお，文中の□には同じ語句が入ります。

原則として，持ち高□以上が大名，□未満が旗本である。

問10　下線部⑧が中心になって実施《じっし》した政治について述べた文として正しいものを，次の**ア**～**エ**の中から１つ選び，記号で答えなさい。

ア　足高の制や定免法を採用するなどの諸改革をおこなった。

イ　株仲間を広く公認《こうにん》し，また，商工業の活性化をはかった。

ウ　ぜいたくを禁じる倹約令を出し，出版物には厳しい統制を加えた。

エ　上知令を出して，江戸や大坂の周辺を幕府の直轄地《ちょっかつち》にしようとした。

問11　下線部⑨について述べた文として**誤っているもの**を，次の**ア**～**エ**の中から１つ選び，記号で答えなさい。

ア　日本で一番高い山で，山梨県と静岡県にまたがっている活火山である。

イ　江戸時代に山の中腹付近から大噴火し，その火口が今も残っている。

ウ　21世紀になって，UNESCOが定める世界自然遺産に登録された。

エ　大噴火した場合，火山灰で首都圏が大きな被害《ひがい》を受けるおそれがある。

B　博物館・美術館に関する，以下の問いに答えなさい。

問12　東京都文京区にある「印刷博物館」は，印刷の歴史的役割や意義を伝えるためにさまざまな取り組みをしている博物館です。

図１のような装置は，印刷の需要《じゅよう》の高まりとともに普及《ふきゅう》していきました。それまでは手で書き写す写本などによって書物は作られてきましたが，図１の装置に文字が反転して刻まれたもの（図２）を組《く》み込《こ》み，それを紙に押《お》し付《つ》けることで大量印刷が可能になりました。木版を用いた印刷が一枚の板を使用して印刷しているのに対し，この印刷方法では，文字の１つ１つが別々にできているため，組み直すことで新たな版を容易に作ることができる利点がありました。

この図２のような字型のことを「◯字」といい，今では印刷された文字もこのようによばれています。○にあてはまる漢字を，あとの**ア**～**エ**の中から１つ選び，記号で答えなさい。

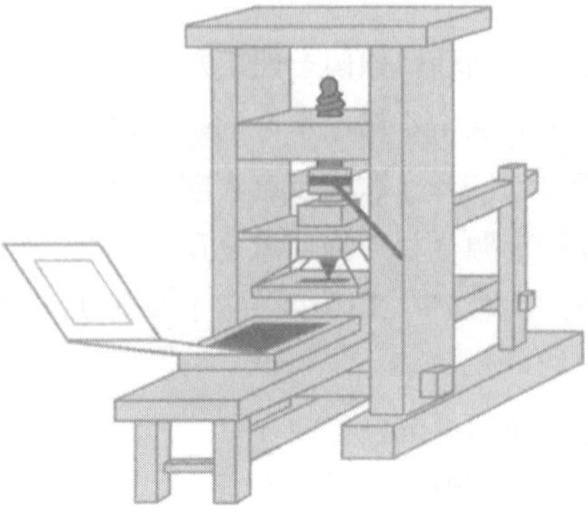

図１

図２

ア　印

イ　彫

ウ　版

エ　活

問13　東京都千代田区にある「東京国立近代美術館」における企画《きかく》展や所蔵品に関する次の(a)・(b)の問いに答えなさい。

(a)　2019年11月１日～2020年２月２日におこなわれた「窓展」は，窓にまつわる絵画や写真などの美術品を集めた企画展でした。次の説明文は，その展示会の図録に掲載《けいさい》されたものです。説明文中の□にあてはまる語句を答えなさい。なお，説明文中の□には同じ語句が入ります。

> 19世紀初頭，大判の板ガラスの工場生産が可能になります。19世紀を通して街の近代化がすすめられたパリでは，商店で大きなガラスの□の使用が広まりました。
>
> □が登場する以前，買い物は，店に入って欲《ほ》しい品物を店員に出してもらう，という方式で行われていました。つまり単なるひやかしはむずかしかったのです。

しかし□は，買う気はないけれど何となく商品をながめながら街をぶらぶらする，という新しい楽しみを人々にもたらしました。

（東京国立近代美術館編『窓展』平凡社より）

(b)　次の絵画は，川瀬巴水《かわせはすい》の『東京十二題』のうちの１つである「品川沖《おき》」という作品です。巴水はこの作品の中に，徳川幕府がペリー来航時に急ごしらえに作った人工島である□を描いています。巴水は□の青い芝生《しばふ》と，その手前を進む船の白帆《しらほ》，そしてその手前に位置する黒色の杭《くい》に興味を持ったといわれています。□にあてはまる語句を答えなさい。

（川瀬巴水「品川沖」（『東京十二題』より）　国立美術館所蔵作品総合目録より）

問14　「川崎市岡本太郎《おかもとたろう》美術館」は，川崎市にある美術館です。岡本太郎は「芸術は爆発《ばくはつ》だ」という言葉で知られている川崎市生まれの芸術家ですが，彼《かれ》の代表作である「太陽の塔《とう》」は，20世紀後半に大阪でおこなわれた日本万国博覧会のシンボルタワーとして有名です。20世紀後半に起こった出来事**ア**～**オ**の中から，日本万国博覧会以前に起こった出来事を**すべて**選び，記号で答えなさい。

ア　第１次石油危機

イ　東京オリンピック

ウ　阪神・淡路大震災

エ　日本の国際連合加盟

オ　ベルリンの壁崩壊《かべほうかい》

問15　埼玉県蕨《わらび》市にある「河鍋暁斎《かわなべきょうさい》記念美術館」は，幕末から明治中期にかけて活躍《かつやく》した絵師である河鍋暁斎の作品を所蔵している美術館です。次の画像は，その河鍋暁斎の「暁斎百鬼《ひゃっき》画談《がだん》」という作品で，そこにはたくさんの妖怪《ようかい》が登場しています。日本には古来，「物にも命が宿る」という考え方があり，ここに描《えが》かれている右端《みぎはし》の妖怪も，もともとは「物」でした。この妖怪のもととなった「物」の名前を漢字で答えなさい。

(国際日本文化研究センターウェブサイトより)

2 日本国憲法第52条～第54条の条文を読んで，あとの問いに答えなさい。

第52条　国会の常会は，毎年１回これを召集する。

第53条　内閣は，国会の臨時会の召集を決定することができる。いづれかの議院の総議員の４分の１以上の要求があれば，内閣は，その召集を決定しなければならない。

第54条

第１項　衆議院が解散されたときは，解散の日から40日以内に，衆議院議員の総選挙を行ひ，その選挙の日から30日以内に，国会を召集しなければならない。

第２項　衆議院が解散されたときは，参議院は，同時に閉会となる。但し，内閣は，国に緊急の必要があるときは，参議院の緊急集会を求めることができる。

第３項　前項但書の緊急集会において採られた措置は，臨時のものであつて，次の国会開会の後10日以内に，衆議院の同意がない場合には，その効力を失ふ。

問１　憲法第52条に関連して，国会法第２条では「常会は，毎年◯月中に召集するのを常例とする。」と規定しています。この○にあてはまる数字を答えなさい。

問２　憲法第54条の下線部について，この時に召集される国会で，憲法第67条の規定に基《もと》づき，他のすべての案件に先だっておこなわれるのは「◯◯◯◯◯◯の指名」です。○○○○○○にあてはまる漢字６字を答えなさい。

問３　憲法第53条に関連して，次の新聞記事を読んで，あとの(a)～(d)の問いに答えなさい。

憲法53条に基づき野党が臨時国会の召集を求めたのに対し，安倍内閣が３カ月間応じなかったことが憲法違《い》反《はん》にあたるかが問われた訴訟《そしょう》の判決が10日，那覇地裁であった。

山口和宏裁判長は，安倍内閣の対応が違憲《いけん》か否《いな》かの結論は出さなかった一方，内閣は召集する法的義務を負う，との判断を示した。

原告側弁護団によると，臨時国会召集について定めた憲法53条に関する司法判断は初めて。判決は，要求に応じなかった場合は「違憲と評価される余地がある」とも指摘《してき》した。野党議員ら原告側が国に求めた損害賠償《ばいしょう》の訴《うった》えは退けた。

（中略）

沖縄県選出の国会議員と元国会議員計４人の原告側は2017年６月22日，森友《もりとも》学園・加《か》計《け》学園を巡《めぐ》る問題を審議《しんぎ》するため，憲法53条に基づき，衆参双方《そうほう》で４分の１以上の議員の連名で臨時国会召集を要求した。これに対し，安倍内閣が召集したのは98日後の９月28日で，審議に入る前の冒頭《ぼうとう》，衆院を解散した。

（中略）

国側は召集について「高度に政治性を有する」ため司法審査権《しんさけん》は及《およ》ばないと主張していたが，判決は，内閣が義務を果たさない場合「□派の国会議員の意見を国会に反映させる」という憲法53条の趣旨《しゅし》が失われ，国会と内閣のバランスが損《そこ》なわれる恐《おそ》れがあるとして，司法が判断する必要性が高いとした。

（『朝日新聞』2020年６月11日朝刊より作成）

(a)　新聞記事中の□にあてはまる語句を漢字２字で答えなさい。

(b)　新聞記事中の下線部に関連して，このように国家機構が相互《そうご》に抑制《よくせい》と均衡《きんこう》の関係を保持して民主主義が損なわれないようにするための大原則を何といいますか。漢字４字で答えなさい。

(c)　憲法第53条の規定に基づく，野党の臨時国会召集要求は一見すると拒否《きょひ》のしようがありません。しかしその憲法第53条には，ある事柄《ことがら》が書かれていないため，政府与党《よとう》はその要求を直ちに受ける必要はないと考えたようです。では，この憲法第53条に書かれていない「ある事柄」とは何でしょうか。**2**の冒頭に記載《きさい》された他の条文を参考に，次の文の○○にあてはまる語句を漢字２字で答えなさい。

臨時会召集を内閣が決定する○○が書かれていない。

(d)　(c)のように，憲法条文に細かい記載がないために発生する問題を解消するには，憲法の改正が必要であると考える向きもあります。一方で，憲法を改正しなくても，こうした問題に対応する方法もあります。その具体的な方法を10字以内で答えなさい。

3　次の文章を読んで，あとの問いに答えなさい。

昨年2020年は新型コロナウィルス一色の一年でした。４月に入って政府から緊急《きんきゅう》事態宣言が出されると，「ステイ・ホーム」という呼びかけのもと不要不急の外出が制限され，多くの人々が自宅にとどまることを余儀《よぎ》なくされました。人によっては数週間から数か月にわたって１日のほとんどを自宅で過ごすことになったのです。また，飲食店をはじめとして，しばらく営業を自粛《じしゅく》する店舗《てんぽ》もありました。

自宅で長い時間を過ごすようになったことで，テレビを見る時間やパソコン・スマートフォン等を使用する時間が増えた人も多かったようです。メディアが伝える新型コロナウィルス関連の情報も，何が正しく何が誤っているのかの判断が難しい場面もありました。今は，テレビ・ラジオ・新聞といった伝統的なメディアに加えて，不特定多数の人が情報を発信・共有する「(Ⅰ)メディア」全盛の時代です。そうしたメディアから流れてくる情報のなかにはデマや「(Ⅱ)ニュース」が含《ふく》まれていることもあり，研究機関や調査団体が情報の信憑性《しんぴょうせい》を評価する「(Ⅲ)チェック」の重要性が高まっています。

一方，時間ができたことで本をよく読んだ人もいるようです。①ある調査によれば，本離《ばな》れが進んでいるといわれるなか，2020年上半期は本の売上額が前年に比べて軒並《のきな》み上がったとのことです。特にコミックの売上が大きく伸《の》び，ここでも「巣ごもり」生活のなかで娯楽《ごらく》を求めたようすがうかがえます。

学校や会社に行けなくなったために，学校ではオンライン授業，会社ではテレワークが導入されるところも増えました。そのため，パソコンやタブレットおよび周辺機器を急きょそろえる必要がでてきた家庭も少なくなかったようです。そうしたネットワーク接続に対応した機器を無線(ワイヤレス)接続するための Wi-Fi《ワイファイ》環境《かんきょう》が，今後②社会インフラの１つとして必須《ひっす》のものになることを予感させました。

また，自宅生活をさらに快適にするために，新たにベッド・ソファー・椅子《いす》などの家具やインテリアを購入《こうにゅう》する家庭が増えたとニュースで報じられていました。これらの購入にあたっては，③新型コロナウィルス感染症《かんせんしょう》緊急経済対策の一環《いっかん》として，国民１人当たり一律10万円支給された特別定額給付金も後押《あとお》ししたといわれています。

不要不急の外出自粛が求められるなかで，３月から４月にかけて経済活動は停滞《ていたい》して④株価も下がり，戦後最大の不況《ふきょう》といわれるまでになりました。2021年はどのような状況《じょうきょう》になるでしょうか。以前のように，好きな時に好きな場所に行って好きなことをする日々が戻《もど》ってくることが望まれます。

問１　文中の(Ⅰ)・(Ⅱ)・(Ⅲ)に入る言葉の組み合わせとして正しいものを，次の**ア**～**エ**の中から１つ選び，記号で答えなさい。

ア　(Ⅰ)：マス　(Ⅱ)：フェイク　(Ⅲ)：ファクト

イ　(Ⅰ)：マス　(Ⅱ)：ファクト　(Ⅲ)：フェイク

ウ　(Ⅰ)：ソーシャル　(Ⅱ)：フェイク　(Ⅲ)：ファクト

エ　(Ⅰ)：ソーシャル　(Ⅱ)：ファクト　(Ⅲ)：フェイク

問２　下線部①について，右の表は2020年１月初めから６月末まで，国内で実店舗を構える書店でどれだけ書籍《しょせき》・雑誌・コミック類が売れたかを，対前年比(2019年同月に比べてどれだけ売れたか)で示したものです。この表について述べた次の文章中の［ A ］と［ B ］にあてはまる語句や文を書きなさい。

国内約1700軒の実店舗を構える書店を対象にした調査

月	対前年(2019年)比
１月	101.9%
２月	105.0%
３月	100.8%
４月	93.9%
５月	111.2%
６月	102.6%

(日販調べ)

> 2020年上半期は本の売上が対前年比で軒並み伸びたが，４月だけ100%を割り込んでいるのは緊急事態宣言が出されたことによって，多くの書店が［　　A　　］ことによる影響が大きいと考えられる。しかし，国全体でみたときに４月にどれだけ本が売れたかを知るためには，［　　B　　］のデータも併《あわ》せて検討してみる必要がある。

問３　下線部②に関連して，「社会インフラ」とは本来どういう意味の言葉ですか。それを説明した次の文中の[C]と[D]にあてはまる語句や文を書きなさい。ただし，[C]には具体的な例を１つ書きなさい。

「社会インフラ」とは，[C]など[D]となるものを意味する言葉である。

問４　下線部③について，この給付金支給は，雇用《こよう》の維持《いじ》・事業の継続《けいぞく》・生活の下支えをすることで経済再生を図《はか》るために，政府が閣議決定したものです。このような面から考えた場合，給付金の使い方として**適切とはいえないもの**を，次の**ア**～**エ**の中から１つ選び，記号で答えなさい。

ア　自宅や地元の公園で遊ぶことに飽《あ》きてきた子どもを，かねてから行きたいと願っていた人気の遊園地に連れていく。

イ　今後社会がどのような事態を迎《むか》えるかわからずに心配なので，生活には余裕《よゆう》があるが貯金にあてて老後資金の一部にする。

ウ　地元の老舗《しにせ》高級レストランが新たにお弁当販売《はんばい》を始めたので，昼食は奮発してそのレストランのお弁当を買うことにする。

エ　会社の残業時間短縮で給料が減るなか，自宅のマンションや車のローンがまだ残っているので，そうしたローン返済にあてる。

問５　下線部④について，株価は一般的《いっぱんてき》に会社の業績や業績予想(期待)を反映して上下します。次のグラフは，家具店・家電量販店《りょうはんてん》・化粧品《けしょうひん》メーカー・ドラッグストアの４業界それぞれを代表する大手１社いずれかの株価推移のようすを示したものです(2020年１月初めから６月末まで)。これらのグラフを比較して，Ａ社がどの業界に属するかを，あとの**ア**～**エ**の中から１つ選び，記号で答えなさい。

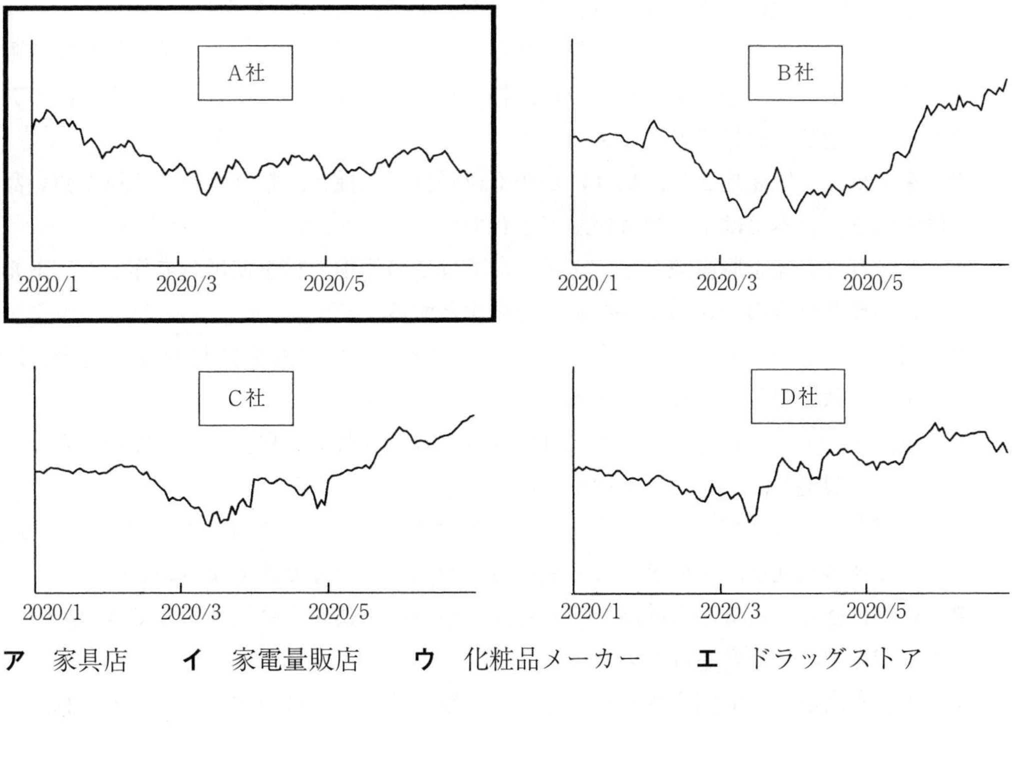

ア　家具店　　**イ**　家電量販店　　**ウ**　化粧品メーカー　　**エ**　ドラッグストア

4 次の文章を読んで，あとの問いに答えなさい。

古来，人々はさまざまな方法で移動したり，物を運んだりしてきました。①人々は移動を繰《く》り返《かえ》し，世界の隅々《すみずみ》にまで居住地を広げてきたのです。

徒歩ではじまった移動は，やがて動物を利用しておこなわれるようになりました。②牛馬などには荷車を引かせたり，直接乗ったり，といった利用方法があります。現代では自動車が普《ふ》及《きゅう》しています。このことを，（　1　）といいます。日本では高度経済成長の頃《ころ》に，マイカーブームが到来《とうらい》したことが（　1　）にあたります。しかし，自動車の普及は便利さと同時に，③排気《はいき》ガスによる大気汚染《おせん》の問題や，道路の渋滞《じゅうたい》や騒音《そうおん》などの環境《かんきょう》問題も引き起こしました。

陸上では通常，道路を移動します。道路は，けもの道のような踏《ふ》み跡《あと》からはじまり，しだいに石畳《いしだたみ》などで舗装《ほそう》されるようになっていきました。現代では，石畳の舗装も残存していますが，広く④アスファルト舗装が用いられています。陸上の移動には鉄道も用いられ，古くは蒸気機関車，現代では，電車やリニアモーターカーなど，さまざまな方式がとられています。

水上の移動は，人力や風力を動力としていました。近代以降，蒸気機関や内燃機関の実用化によって，より効率的な輸送が可能になっています。世界の国々は，それぞれが特色ある品目を生産し，それを貿易によってやりとりしています。また，日本国内の輸送においても，貨物輸送の３割は船舶《せんぱく》によっておこなわれ，⑤日本の工業を支えています。

さらに，空を移動することも可能になりました。気球や飛行船にはじまり，⑥現代では飛行機が人や物の移動に大きな役割を果たしています。世界には人や物の中継《ちゅうけい》地点となる大規模な⑦空港があり，このような空港のことを（　2　）空港とよんでいます。

私たちも，日常の通勤・通学での移動，旅行での移動をします。新たな移動手段が開発されたり，⑧新たな道路がつくられたりして，移動方法は発展を続け，私たちの生活が便利なものとなっているのです。

問１　文中の（１）・（２）にあてはまる語句をカタカナで答えなさい。

問２　下線部①に関連して，人々の移動に合わせ，さまざまな作物も原産地を離《はな》れて移動をし，世界各地に根付いています。それらの作物のうち，小麦について述べた文を，次の**ア**～**エ**の中から１つ選び，記号で答えなさい。

ア　東アジアを原産地とし，粘《ねば》りけが弱く粒《つぶ》が長い品種と，粘りけが強く粒が短い品種に分けられる。日本では主に後者が栽培《さいばい》されている。

イ　アメリカ大陸を原産地とし，メキシコではこの作物の粉を使用して作った，トルティーヤという薄焼《うすや》きのパンのようなものを主食とする。

ウ　西アジアを原産地とし，気候に応じて秋に種をまいて初夏に収穫《しゅうかく》する場合と，春に種をまいて秋に収穫する場合がある。

エ　東南アジアを原産地とし，主に暑い地域で栽培される。現在はこの作物からバイオエタノールを製造し，燃料として利用することもさかんである。

問３　下線部②に関連して，人々はさまざまな動物を家畜《かちく》として利用してきました。豚《ぶた》の特徴《とくちょう》について述べた文を，次の**ア**～**エ**の中から１つ選び，記号で答えなさい。

ア　乾燥《かんそう》に強く，古くから砂漠《さばく》を旅する商人が荷物を運ぶために利用してきた。現在でも乾燥地域を中心に飼育されている。

イ　主に食肉用として飼育される。イスラム教では食べてはいけない動物とされ，イスラム教の信者が多い地域では飼育されない。

ウ　食肉としたり，乳を得たりするために飼育される。また，農業の機械化の進んでいない地域では耕作のために使役《しえき》される。

エ　食用とされることは極《きわ》めてまれで，他の家畜を誘導《ゆうどう》したり，狩猟《しゅりょう》の際に人間の補助をつとめたりする。

問４　下線部③について，環境問題は自動車に関連するものだけではありません。環境問題やその対策などについて述べた文として**誤っているもの**を，次の**ア**～**エ**の中から１つ選び，記号で答えなさい。

ア　工業用水などに利用するために地下水をくみ上げすぎることによって，地盤沈下《じばんちんか》を引き起こした例がある。

イ　海洋をただようプラスチックゴミの大半はレジ袋《ぶくろ》であり，有料化により海洋ゴミの減少が期待されている。

ウ　温室効果ガスの排出抑制《はいしゅつよくせい》のために，ハイブリッド車や電気自動車の開発が進んでいる。

エ　世界の熱帯雨林では農地の開発などにより，森林の破壊《はかい》が進み，貴重な動植物が失われている。

問５　下線部④に関連して，アスファルトは石油精製の過程で生産される重質の成分を指すものです。石油をはじめとするエネルギー資源について述べた文として正しいものを，次の**ア**～**エ**の中から１つ選び，記号で答えなさい。

ア　近年，オイルサンドの開発がさかんになったが，採掘《さいくつ》コストが高いことが問題視されている。

イ　日本近海の海底にはメタンハイドレートが埋蔵《まいぞう》されており，日本の天然ガス需要《じゅよう》の多くをまかなっている。

ウ　自然エネルギーを利用した発電は急速に発展し，現在では日本で供給される電力の中心となっている。

エ　石炭は豊富な埋蔵量を誇《ほこ》り，燃焼《ねんしょう》時の環境負荷《ふか》も低いため，将来的にも発電の燃料の中心と考えられている。

問６　下線部⑤に関連して，日本国内では複数ある工業地帯や工業地域において，産業に違《ちが》いがみられます。日本の工業地帯や工業地域について説明した文として正しいものを，次の**ア**～**エ**の中から１つ選び，記号で答えなさい。

ア　北九州工業地域は塩田や軍用地の跡地《あとち》を利用して石油化学コンビナートなどが建てられて発展した。

イ　瀬戸内工業地域では掘《ほ》り込《こ》み式港湾《こうわん》がつくられ，製鉄所や石油化学工業を中心に発展した。

ウ　中京工業地帯は陶磁器《とうじき》製造から発展し，現在は自動車製造などがさかんである。

エ　京浜工業地帯は繊維業《せんいぎょう》から発展し，戦前は日本最大の工業地帯であった。

問７　下線部⑥に関連して，海外への出国者数は伸《の》びる時期や，停滞《ていたい》・減少する時期があります。次ページのグラフは，日本人の海外への出国者数を示したものです。2003年の大幅《おおはば》な減少の原因として正しいものを，あとの**ア**～**エ**の中から１つ選び，記号で答えなさい。

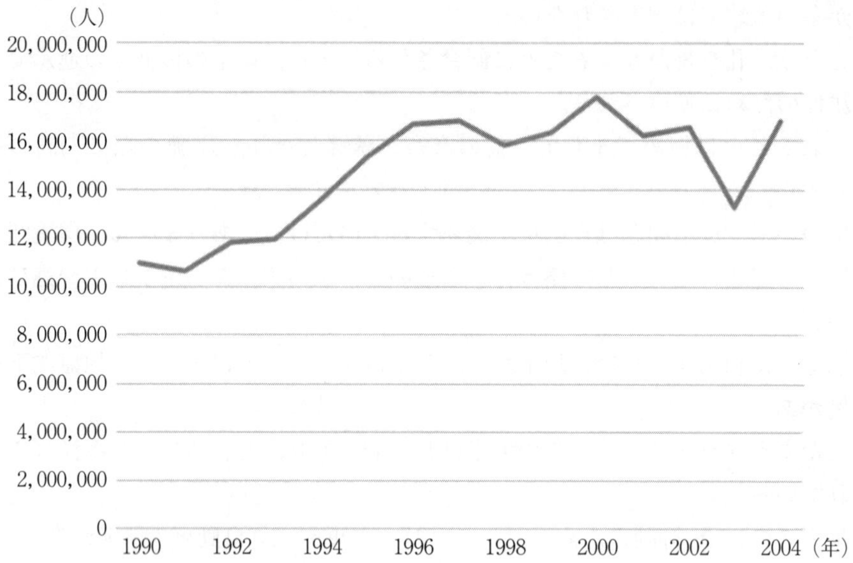

(日本旅行業協会ウェブサイトより作成)

ア　バブル景気の破綻《はたん》により，景気が悪化したから。

イ　第２次石油危機により，原油価格が高騰《こうとう》し旅行費用が上昇《じょうしょう》したから。

ウ　リーマンショックにより，世界的に景気が低迷《ていめい》したから。

エ　イラク戦争の影響《えいきょう》により，海外旅行を控《ひか》える動きになったから。

問８　下線部⑦に関連して，空港がある日本国内の都市の中から，松本・富山・高松・宮崎・那覇の雨温図を示しました。松本と宮崎の雨温図として正しいものを，次の**ア**～**オ**の中からそれぞれ１つ選び，記号で答えなさい。

ア

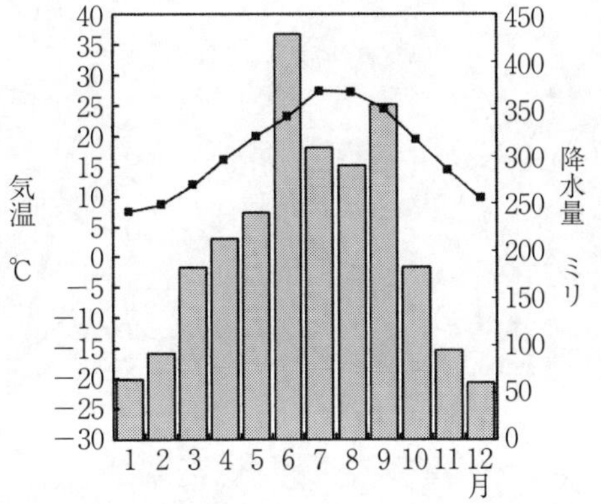

イ

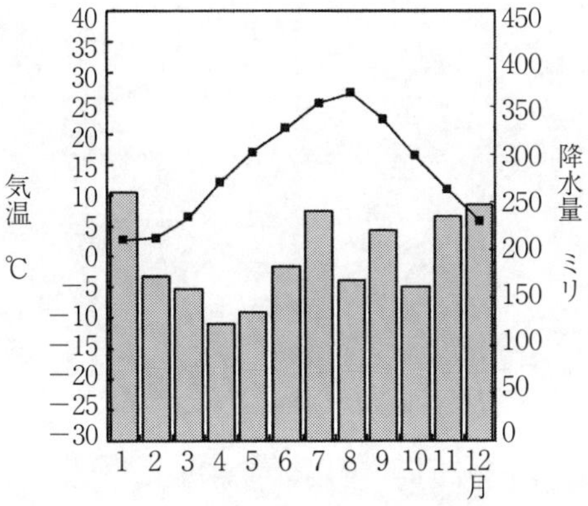

ウ

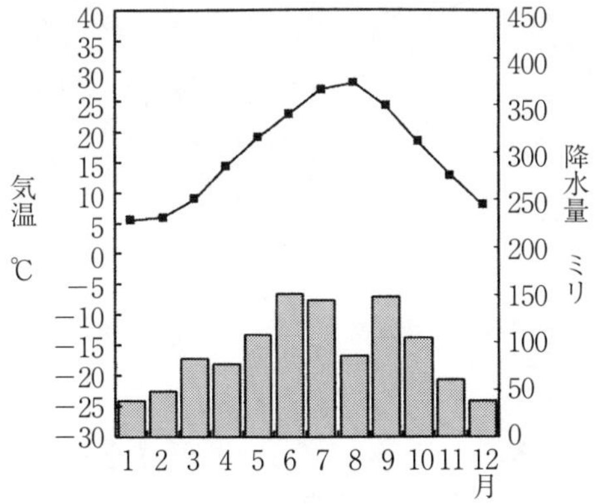

エ

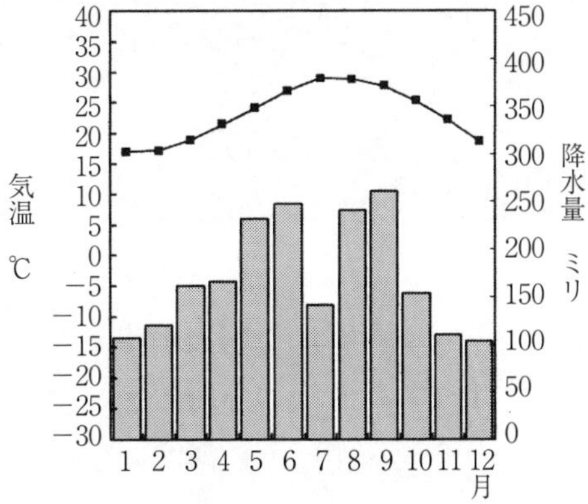

オ

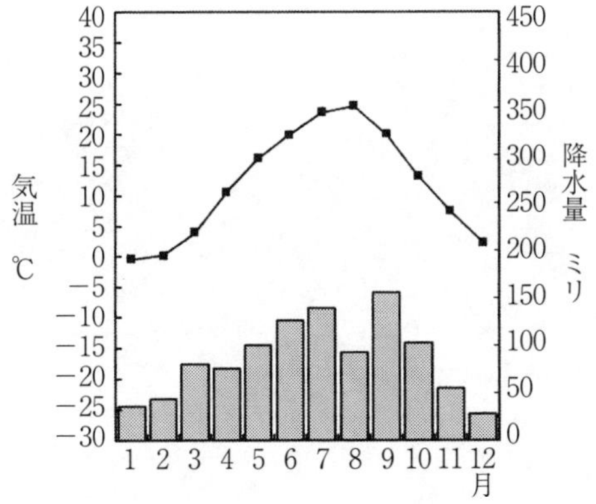

（二宮書店編『データブック
オブ・ザ・ワールド 2020』より作成）

問９　下線部⑧に関連して，私たちの暮らしている街も，時代と共に変化をしています。次ページの図Ⅰ・Ⅱは，1947年と現在の川崎市中原区から横浜市港北区にかけての同じ場所を示した図です。これらの図から読み取れることとして**誤っているもの**を，あとの**ア**～**エ**の中から１つ選び，記号で答えなさい。

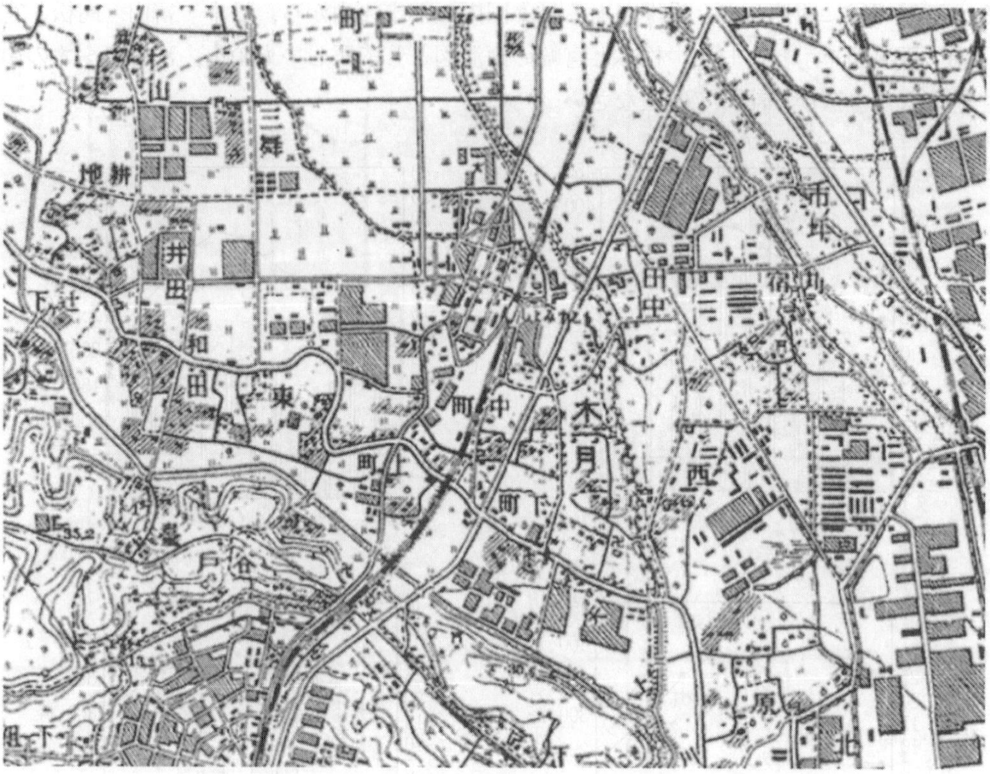

図Ⅰ

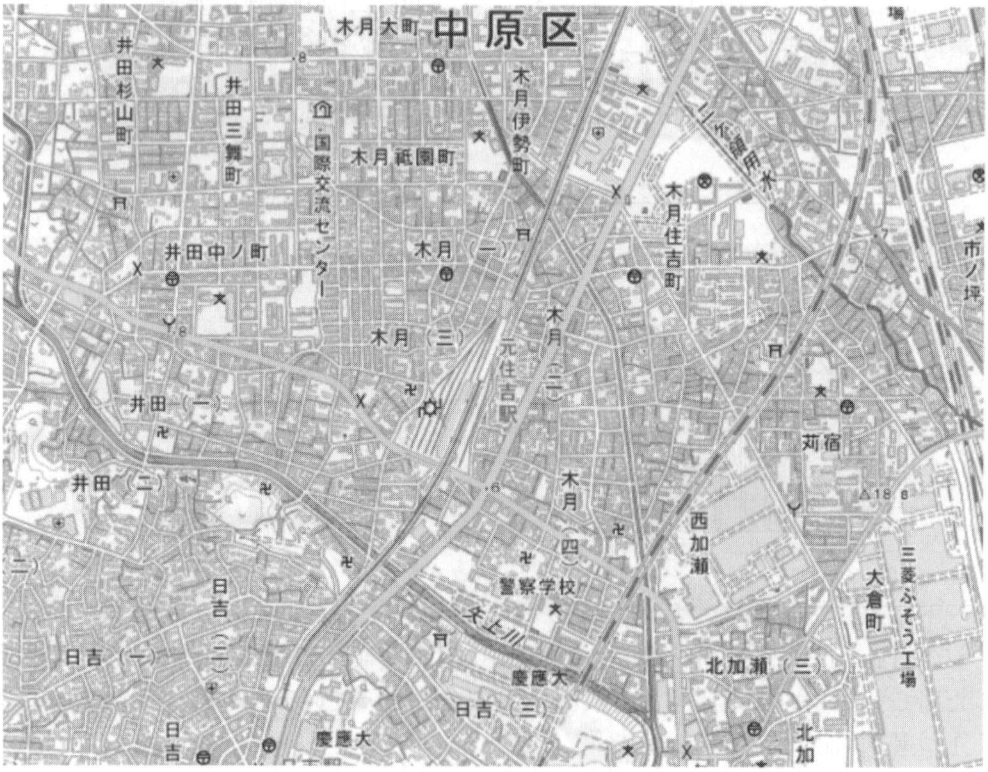

図Ⅱ

（今昔マップ on the web より作成）

ア　図Ⅱには，図Ⅰでは見られない西加瀬《にしかせ》付近を通る線路があり，その線路上を南に向かって進むと，慶應《けいおう》大付近でトンネルに入る。

イ　図Ⅱでは，元住吉《もとすみよし》駅から線路上を北に進むと，線路とほぼ並行して走る道路が東側にある。そこには交番があり，その東に図Ⅰでは見られない病院がある。

ウ　図Ⅱの「木月《きづき》四丁目」の表示から西北西へ進むとカーブがある。そのカーブは図Ⅰよりもゆるくなっているが，図Ⅱでも旧道の名残《なごり》が見られる。

エ　図Ⅱでは，元住吉駅付近に図Ⅰには見られない車両基地がある。

問10　波線部について，現在，日本ではリニア中央新幹線の建設計画がすすめられており，東京・名古屋間の一部では工事がはじまっています。リニア中央新幹線が東京から名古屋まで開通すれば，既存《きそん》の鉄道よりも短時間での移動が可能になるといった利点が考えられます。移動時間の短縮という利点のほかに，どのような利点が考えられるでしょうか。次の地図も参考にしながら，解答欄《らん》の書き出しに続けて，40字～60字で論じなさい。

（Yahoo！ニュース　2013年８月16日より）

【理　科】〈第２回試験〉（40分）〈満点：100点〉

1　次の文章を読んで，あとの(1)～(6)の問いに答えなさい。

2021年の節分は，２月２日でした。節分は，もともとは各季節の変わり目のことをいい，年に４回あります。旧暦《きゅうれき》では新年は春から始まったので，春の始まりである（ あ ）の日の前日は一年の終わりにあたる日でした。そのため，（ あ ）の日の前日の節分が重要とされ，江戸《えど》時代以降は節分といえばこの日とされるようになりました。天文学的に（ あ ）は，太陽が１年中で最も（ い ）に寄った所から昇《のぼ》る日である（ う ）と，真（ え ）から昇る日である（ お ）の中間の日です。ちなみに，2020年の節分は２月３日でしたが，これは（ あ ）の日が２月４日だからです。

季節の変わり目には邪気《じゃき》が生じると考えられていたので，それを追い払《はら》うために邪気除《よ》けの行事がおこなわれてきました。今でも節分の日の夕暮れには豆まきがおこなわれたり，（ か ）の枝に（ き ）の頭を刺《さ》したものを戸口に立てておいたりします。

(1)　(あ)・(う)・(お)にあてはまる言葉を，それぞれ漢字２文字で答えなさい。

(2)　(い)・(え)にあてはまる方位を，次の(ア)～(エ)の中からそれぞれ１つずつ選び，記号で答えなさい。

(ア)　東　　(イ)　西　　(ウ)　南　　(エ)　北

(3)　(あ)の日について，次の(a)・(b)の問いに答えなさい。

(a)　2021年から2057年までは，西暦《せいれき》を４で割ったときに余りが１になる年は，(あ)の日が２月３日になります。2021年の次に節分が２月２日になる年は，西暦何年ですか。

(b)　1901年から2020年までは，(あ)の日が２月３日になることはありませんでしたが，1882年から1900年までは，西暦を４で割ったときに余りが１になる年は，(あ)の日が２月３日でした。2021年よりも前で最後に節分が２月２日だった年は，西暦何年ですか。

(4)　下線部について，関東地方では豆まきでダイズの種子を使います。次の(a)～(e)の問いに答えなさい。

(a)　ダイズの種子が未成熟な状態で収穫《しゅうかく》し，食用としているものを何とよびますか。次の(ア)～(エ)の中から１つ選び，記号で答えなさい。

(ア)　納豆《なっとう》　　(イ)　花豆　　(ウ)　枝豆　　(エ)　小豆《あずき》

(b)　成熟したダイズの種子の特徴《とくちょう》を説明した文を，次の(ア)～(エ)の中から１つ選び，記号で答えなさい。

(ア)　有胚乳《はいにゅう》種子で，たん白質を多く含《ふく》む。　　(イ)　有胚乳種子で，でんぷんを多く含む。

(ウ)　無胚乳種子で，たん白質を多く含む。　　(エ)　無胚乳種子で，でんぷんを多く含む。

(c)　ダイズが発芽したあとのようすはどれですか。次の(ア)～(エ)の中から１つ選び，記号で答えなさい。ただし，図の大きさの関係は実際とは異なります。

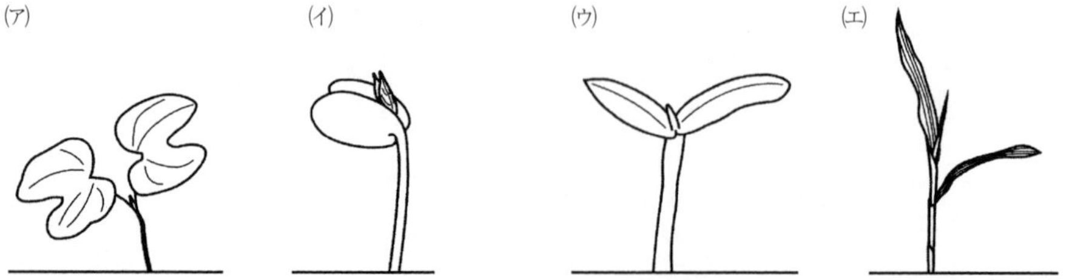

(d)　ダイズの花はどれですか。次の(ア)～(エ)の中から1つ選び，記号で答えなさい。ただし，図の大きさの関係は実際とは異なります。

(ア)

(イ)
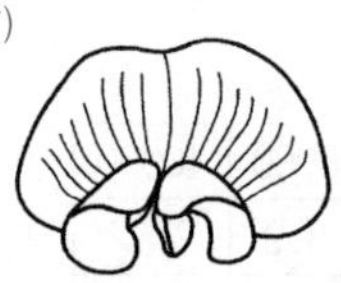
(ウ)
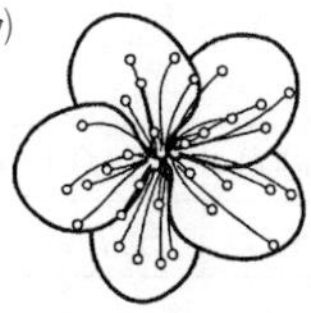
(エ)

(e)　地域によっては，豆まきにダイズではなくラッカセイを使うところがあります。豆まきに使うラッカセイは，どのようにしてできますか。次の(ア)～(カ)の中から1つ選び，記号で答えなさい。

(ア)　根の先端《せんたん》がふくれて地上に伸《の》びてできる。

(イ)　根の先端がふくれて地下にできる。

(ウ)　茎《くき》の先端が落下して地面の表面にできる。

(エ)　茎の先端が伸びて地下にできる。

(オ)　花が咲《さ》いたあと，花が落下して地面の表面にできる。

(カ)　花が咲いたあと，花の一部が伸びて地下にできる。

(5)　(か)にあてはまる植物の葉の縁《ふち》には鋭《するど》い棘《とげ》があります。その棘が鬼《おに》の目を刺すので戸口から鬼が入れなくなるといわれています。この植物は何ですか。次の(ア)～(オ)の中から1つ選び，記号で答えなさい。

(ア)　アジサイ　　(イ)　カエデ　　(ウ)　ツバキ　　(エ)　バラ　　(オ)　ヒイラギ

(6)　(き)にあてはまる魚は，以前は海で多く獲《と》れていたので，畑の肥料に使っていたこともありました。この魚は油を多く含み，焼くと煙《けむり》がたくさん出て匂《にお》いがするので鬼が近寄らないといわれています。この魚は何ですか。次の(ア)～(オ)の中から1つ選び，記号で答えなさい。

(ア)　アユ　　(イ)　イワシ　　(ウ)　ドジョウ　　(エ)　ヒラメ　　(オ)　マグロ

2　人工衛星の軌道《きどう》について書かれた次の文章を読んで，あとの(1)～(3)の問いに答えなさい。ただし，人工衛星や惑星《わくせい》の公転の軌道は，円として考えるものとします。

　惑星は，太陽のまわりを公転していて，一周するのにかかる時間を公転周期といいます。例えば，地球の公転周期は約365日，火星の公転周期は約687日で，公転周期は太陽の中心と惑星の中心との距離《きょり》によって決まっています。多くの人工衛星は地球のまわりを公転していて，その公転周期も，地球の中

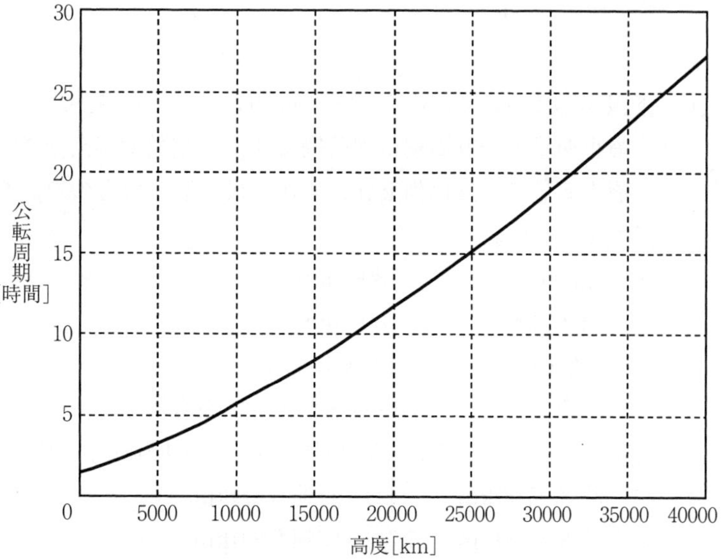

図1

心と人工衛星との距離によって決まっています。

図１と次の表は，地球のまわりを公転する人工衛星の高度(地球の表面と人工衛星との距離)と公転周期との関係を表したものです。

高度[km]	400	1000	5000	10000	20000	30000	40000
公転周期[時間]	1.5	1.7	3.3	5.7	11.7	18.9	27.2

地上から見上げたとき，いつでも同じ場所に見える人工衛星を静止衛星といい，静止衛星は赤道上空を公転しています。①地球の自転周期と衛星の公転周期が同じであるため，静止衛星はいつ見ても同じ場所に見えます。通信衛星や気象衛星の多くは静止衛星であり，軌道上は混雑しています。このほか，軌道上には②使用済みの人工衛星や故障した人工衛星，それらから放出された部品，爆発《ばくはつ》や衝突《しょうとつ》で発生した破片《はへん》などが存在していて，運用中の衛星と衝突する危険性があります。

国際宇宙ステーション(ISS)は人工衛星の１つで，高度と公転周期の関係は図１で表された関係と同じです。図２のように，③国際宇宙ステーションは，高度が約400kmで，地球の赤道に対して51.6°傾《かたむ》いた軌道を公転しているので，静止衛星ではありません。

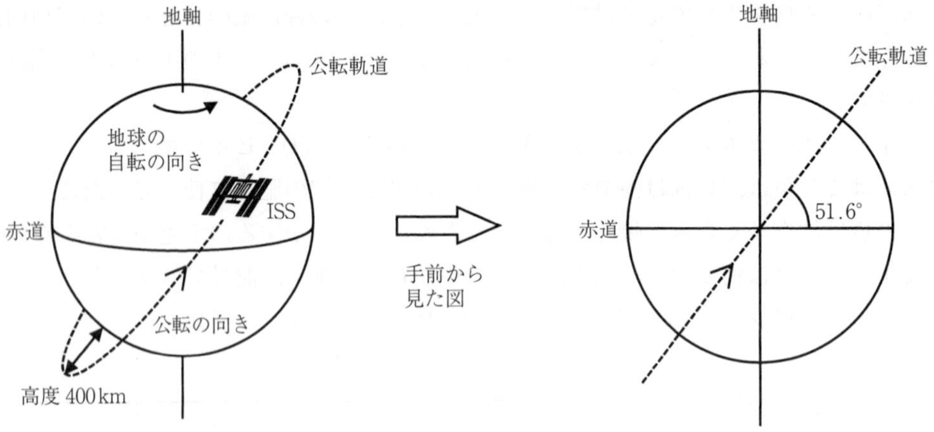

図２

(1)　下線部①について，次の(a)～(c)の問いに答えなさい。

(a)　静止衛星の公転周期は何時間ですか。整数で答えなさい。

(b)　静止衛星の高度は何kmですか。最も適したものを，次の(ア)～(カ)の中から１つ選び，記号で答えなさい。

(ア)　12000km　　(イ)　18000km

(ウ)　24000km　　(エ)　30000km

(オ)　36000km　　(カ)　42000km

(c)　静止衛星が公転している速さとして最も適したものを，次の(ア)～(カ)の中から１つ選び，記号で答えなさい。ただし，地球の半径は6400km，円周率は3.14とします。

(ア)　時速1700km　　(イ)　時速6400km

(ウ)　時速8000km　　(エ)　時速9400km

(オ)　時速11100km　　(カ)　時速12700km

(2)　下線部②のような，宇宙にただようゴミを「スペース□」といいます。□にあてはまる言葉をカタカナ3文字で答えなさい。

(3) 下線部③について，次の(a)～(c)の問いに答えなさい。

(a) 図3の(ア)～(オ)の都市のうち，国際宇宙ステーションが真上を通過する可能性があり，最も北にあるものはどれですか。1つ選び，記号で答えなさい。

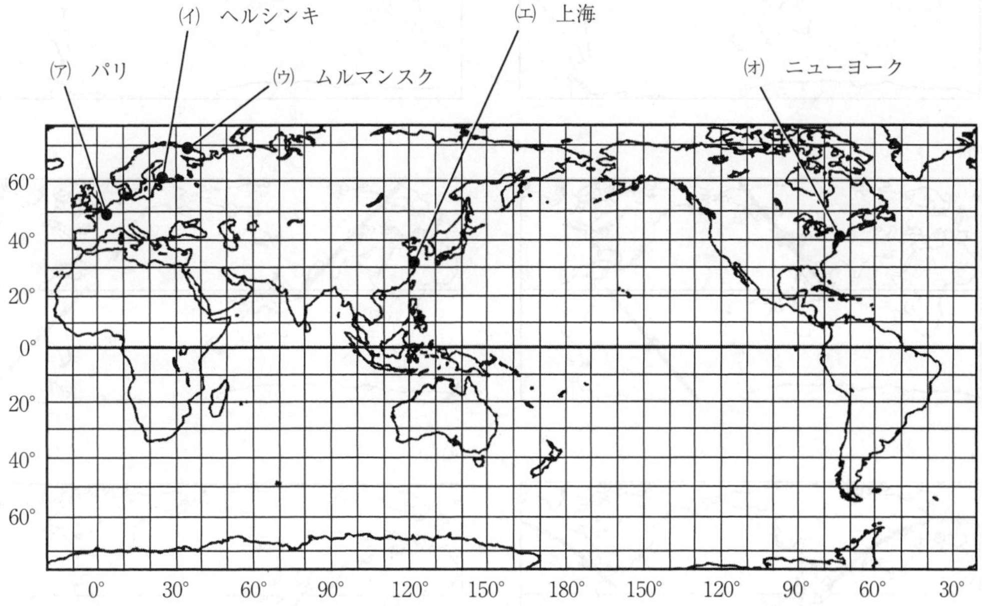

図3

(b) 国際宇宙ステーションがシンガポールの真上を通過したあと地球を一周したとき，国際宇宙ステーションは地球上のどの地点の真上にありますか。最も適したものを，図4の(ア)～(キ)の中から1つ選び，記号で答えなさい。

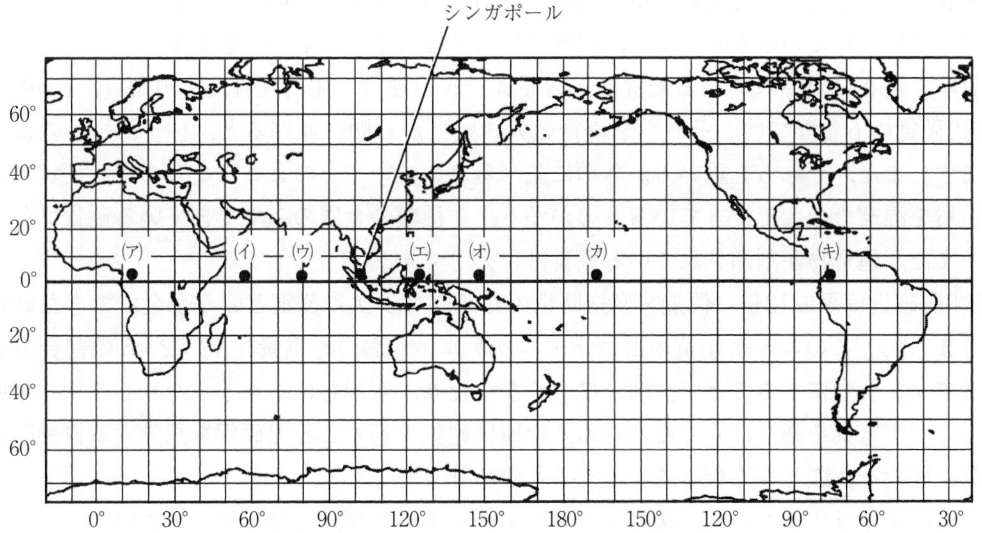

図4

(c) 国際宇宙ステーションがシンガポールの真上を通過したあと地球を半周する間に，国際宇宙ステーションが真上を通過する地点を線で結ぶとどのようになりますか。最も適したものを，次の(ア)～(カ)の中から1つ選び，記号で答えなさい。

(ア)

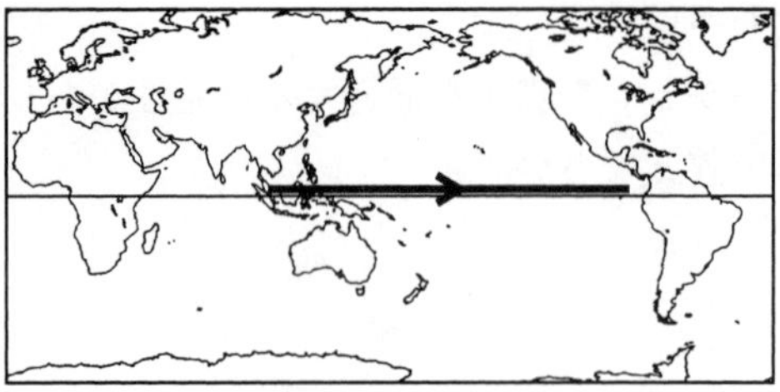

(イ)

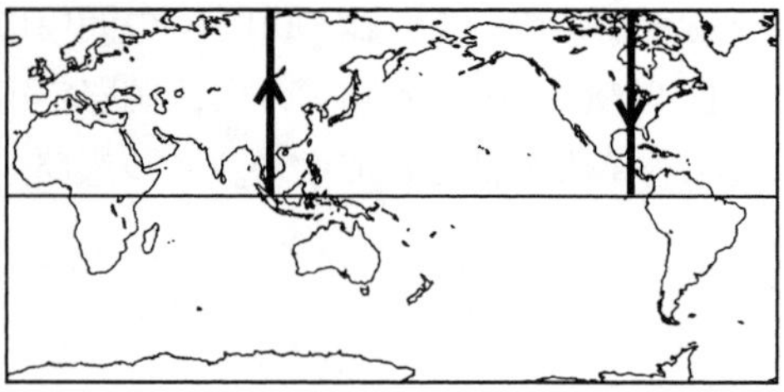

(ウ)

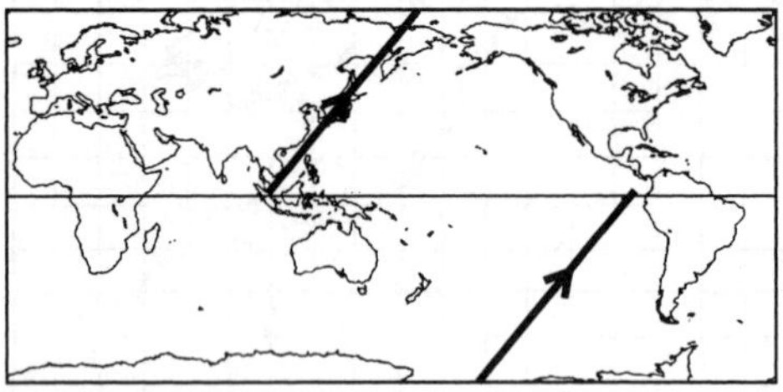

(エ)

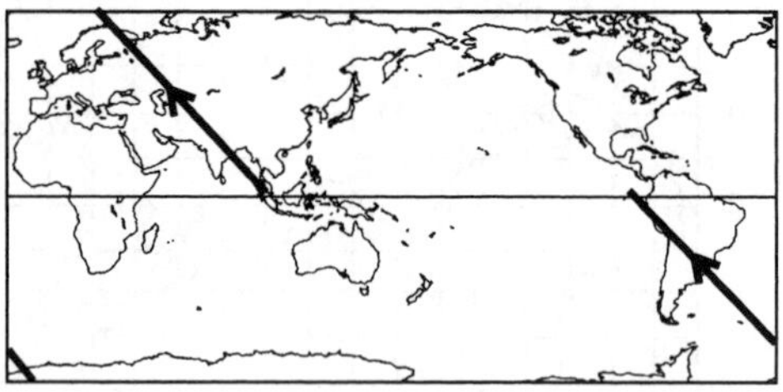

(オ)

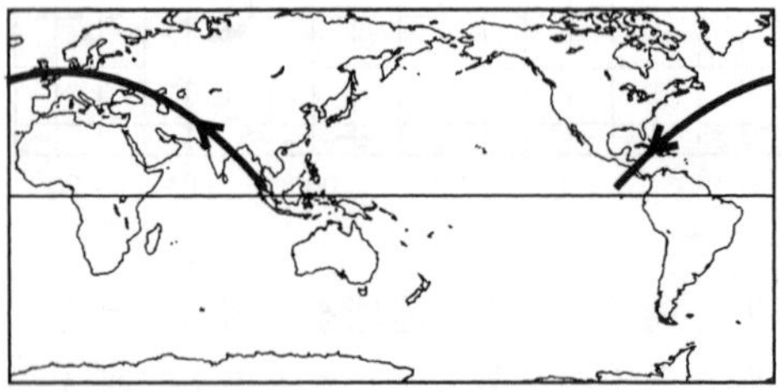

(カ)

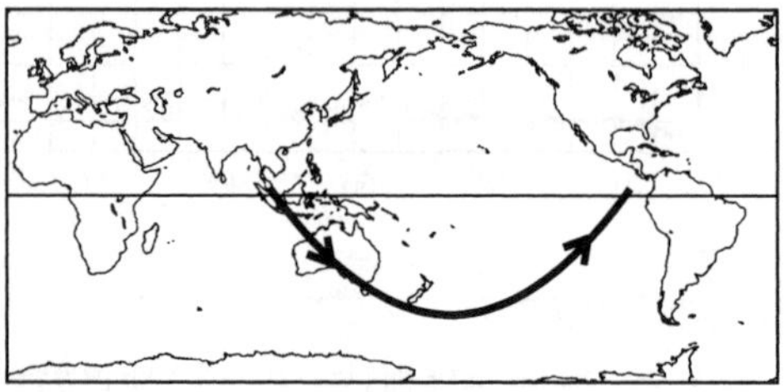

3　硬貨《こうか》について書かれた次の文章を読んで，あとの(1)～(7)の問いに答えなさい。ただし，硬貨は現在発行されているものであり，記念硬貨などは含まないものとします。

日本で現在発行されている硬貨は１円硬貨，５円硬貨，10円硬貨，50円硬貨，100円硬貨，500円硬貨の６種類です。それらを直径の大きい方から順に並べると，(　あ　)のようになります。また，それらを重い方から順に並べると(　い　)のようになります。硬貨は，複数の金属を混ぜた合金でできているものが多く，１種類の金属のみでできている硬貨は(う)です。また，建造物が刻印されている硬貨は(え)です。

500円硬貨は平成12年に偽造《ぎぞう》・変造防止のため，ニッケル黄銅という合金でできた硬貨に変わりました。このニッケル黄銅とは銅・ニッケル・(お)を重量比18：2：5の割合で混ぜた合金です。合金にすることで，錆《さ》びにくくなったり，変形しにくくなったりします。金属は錆びることで電気を通しにくくなるため，金属に電気を通すことで硬貨を認識《にんしき》する自動販売《はんばい》機《き》は，錆びた硬貨を認識しなくなってしまうことがあります。

(1)　(あ)にあてはまるものを，次の(ア)～(カ)の中から１つ選び，記号で答えなさい。

(ア)　500円硬貨＞100円硬貨＞50円硬貨＞10円硬貨＞５円硬貨＞１円硬貨

(イ)　500円硬貨＞100円硬貨＞10円硬貨＞50円硬貨＞５円硬貨＞１円硬貨

(ウ)　500円硬貨＞100円硬貨＞10円硬貨＞５円硬貨＞50円硬貨＞１円硬貨

(エ)　500円硬貨＞10円硬貨＞100円硬貨＞50円硬貨＞５円硬貨＞１円硬貨

(オ) 500円硬貨＞10円硬貨＞100円硬貨＞５円硬貨＞50円硬貨＞１円硬貨

(カ) 500円硬貨＞10円硬貨＞５円硬貨＞100円硬貨＞50円硬貨＞１円硬貨

(2) (い)にあてはまるものを，次の(ア)〜(カ)の中から１つ選び，記号で答えなさい。

(ア) 500円硬貨＞100円硬貨＞50円硬貨＞10円硬貨＞５円硬貨＞１円硬貨

(イ) 500円硬貨＞100円硬貨＞10円硬貨＞50円硬貨＞５円硬貨＞１円硬貨

(ウ) 500円硬貨＞100円硬貨＞10円硬貨＞５円硬貨＞50円硬貨＞１円硬貨

(エ) 500円硬貨＞10円硬貨＞100円硬貨＞50円硬貨＞５円硬貨＞１円硬貨

(オ) 500円硬貨＞10円硬貨＞100円硬貨＞５円硬貨＞50円硬貨＞１円硬貨

(カ) 500円硬貨＞10円硬貨＞５円硬貨＞100円硬貨＞50円硬貨＞１円硬貨

(3) (う)にあてはまるものを，次の(ア)〜(オ)の中から１つ選び，記号で答えなさい。

(ア) １円硬貨　(イ) ５円硬貨

(ウ) 10円硬貨　(エ) 50円硬貨

(オ) 100円硬貨

(4) (え)にあてはまるものを，次の(ア)〜(カ)の中から１つ選び，記号で答えなさい。

(ア) １円硬貨　(イ) ５円硬貨

(ウ) 10円硬貨　(エ) 50円硬貨

(オ) 100円硬貨　(カ) 500円硬貨

(5) (お)にあてはまる金属を，次の(ア)〜(オ)の中から１つ選び，記号で答えなさい。

(ア) 金　(イ) 銀　(ウ) 白金

(エ) 亜鉛《あえん》　(オ) 鉛《なまり》

(6) 純粋《じゅんすい》な銅は空気中の酸素や二酸化炭素，水蒸気などと反応します。その結果，緑青《ろくしょう》とよばれる青緑色の錆びが銅の表面にできます。緑青はその色が美しいことや内部を保護するはたらきがあることから，あえて緑青を銅表面に生成させた建造物も存在します。これについて，次の(a)・(b)の問いに答えなさい。

(a) ある建造物の屋根は純粋な銅で覆《おお》われています。この建造物の屋根の表面に，面積 $1000m^2$，厚さ 0.01mm の緑青が生成したとき，生成した緑青の重さは何 g ですか。ただし，緑青の密度を $3.4g/cm^3$ とします。

(b) (a)で生成した緑青に含まれている炭素がすべて二酸化炭素から供給されたものとしたとき，この緑青が生成するためには何 g の二酸化炭素が反応する必要がありますか。ただし，この緑青は銅・水素・炭素・酸素が重さの比 575：9：54：362 でできていて，二酸化炭素は炭素と酸素が重さの比３：８でできているものとします。

(7) 10円硬貨１枚の平均の体積と密度を求めるために，次の実験をおこないました。(①)・(②)にあてはまる数値を答えなさい。ただし，答えが割り切れない場合は小数第３位を四捨五入して小数第２位まで答えなさい。

［実験］ 10円硬貨５枚の重さを測ったところ，合計 22.5g でした。次に，メスシリンダーの 50mL の目盛りに合わせて水を入れ，この10円硬貨５枚を入れてメスシリンダーの水面の目盛りを読むと，53.3mL でした。このことより，実験に用いた10円硬貨１枚の平均の体積は(①)cm^3 であり，平均の密度は(②)g/cm^3 であることがわかります。

4 光の進み方について，次の(1)～(3)の問いに答えなさい。

(1) 図1は，水中から空気へ向かう光のようすを表しています。図の中の矢印は入射光線を，実線は空気と水との境界線をそれぞれ表していて，点線はこの境界線に対して垂直です。また，入射光線と点線とのなす角度を入射角といいます。次の(a)～(d)の問いに答えなさい。

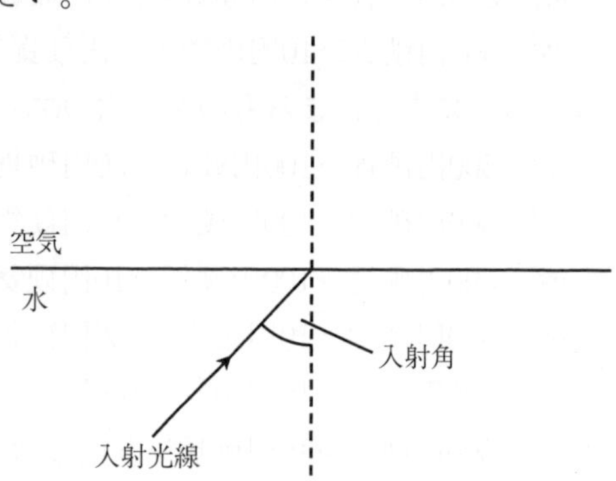

図1

(a) 図1の光が境界線まで進んできたあと，光はどのように進みますか。次の図の(ア)～(カ)の中から2つ選び，記号で答えなさい。

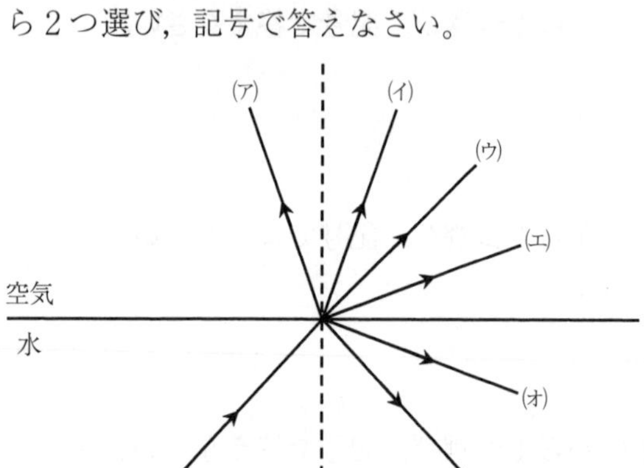

(b) 図1の入射角を，0°から徐々《じょじょ》に大きくなるように光の進む方向を変えました。すると，入射角がおよそ48°になったとき，屈折《くっせつ》角は90°になり，それ以上の入射角では全反射が起こりました。このことから，入射角や屈折角についてわかることを，次の(ア)～(カ)の中からすべて選び，記号で答えなさい。

(ア) 光が水中から空気へ向かう場合，入射角は50°より大きくなることがない。
(イ) 光が水中から空気へ向かう場合，屈折角は50°より大きくなることがない。
(ウ) 光が水中から空気へ向かう場合，屈折角は50°より大きくなることがある。
(エ) 光が空気中から水へ向かう場合，入射角は50°より大きくなることがない。
(オ) 光が空気中から水へ向かう場合，屈折角は50°より大きくなることがない。
(カ) 光が空気中から水へ向かう場合，屈折角は50°より大きくなることがある。

(c) 図2は，透明《とうめい》な川の中にいる魚と川岸にいる漁師のようすを描《えが》いたものです。図の中の漁師の目と魚の目を結んだ直線と水面との交点を点Aとします。角度(あ)は50°です。このとき，漁師と魚がそれぞれ水面を見たとき，どのように見えますか。次の(ア)～(エ)の中から1つ選び，記号で答えなさい。ただし，

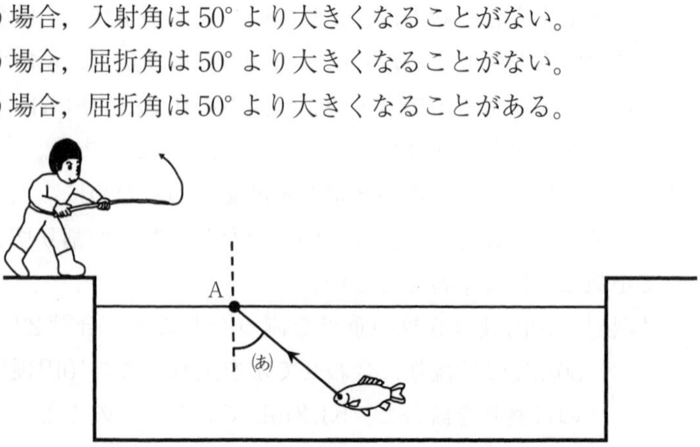

図2

点線は水面に垂直な線を表しています。

(ア) 漁師には魚が見えて，魚にも漁師が見える。

(イ) 漁師には魚は見えないが，魚には漁師が見える。

(ウ) 漁師には魚が見えるが，魚には漁師は見えない。

(エ) 漁師には魚は見えず，魚にも漁師は見えない。

(d) 図３のように，(い)と(う)の角度が50°になるときの水面の場所を点Ｂと点Ｃとします。点Ｂと点Ｃとの距離《きょり》は80cmでした。この水面にある大きさの木の板を浮《う》かべると，空気中のどこから見ても魚を見えなくすることができます。次の(ア)～(カ)の板の中で，魚を見えなくすることができて面積が最も小さいものを１つ選び，記号で答えなさい。

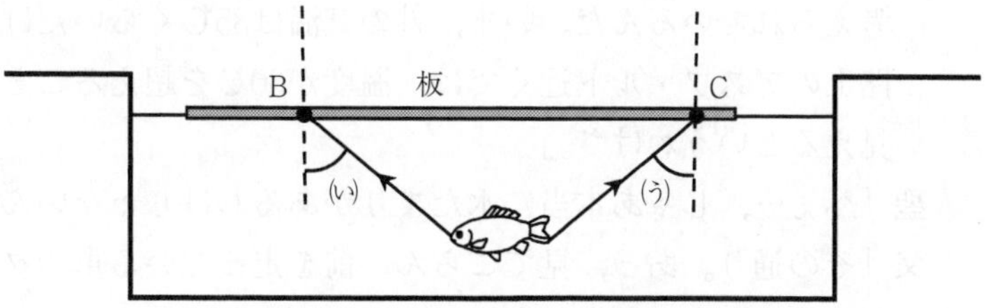

図３

(ア) 一辺が40cmの正方形の板　　(イ) 一辺が80cmの正方形の板

(ウ) 一辺が40cmの正三角形の板　　(エ) 対角線の長さが80cmと160cmのひし形の板

(オ) 半径が80cmの円形の板　　(カ) 半径が40cmの円形の板

(2) 光が水中から空気へ向かうときのように，異なる物質へ光が向かうと全反射が起こる場合があります。ところが，同じ物質であっても全反射が起こる場合があります。１つの例として，低温の空気から高温の空気へ光が向かう場合が挙げられます。

図４は，10℃の空気の層，30℃の空気の層，50℃の空気の層があり，10℃の空気の層の中から30℃の空気の層へ向かう光のようすを表しています。30℃，50℃の空気の層の中を屈折光はどのように進みますか。その特徴《とくちょう》を表すものとして最も適したものを，次の(ア)～(エ)の中から１つ選び，記号で答えなさい。

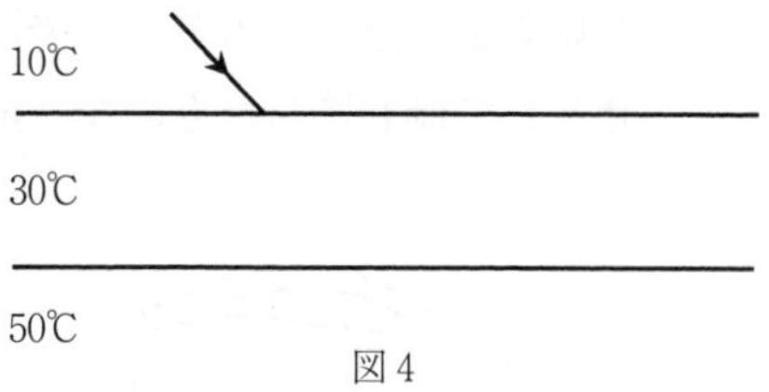

図４

(ア)

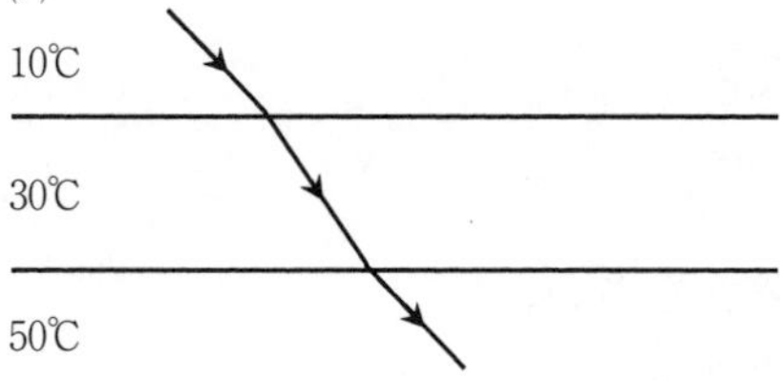

(イ)

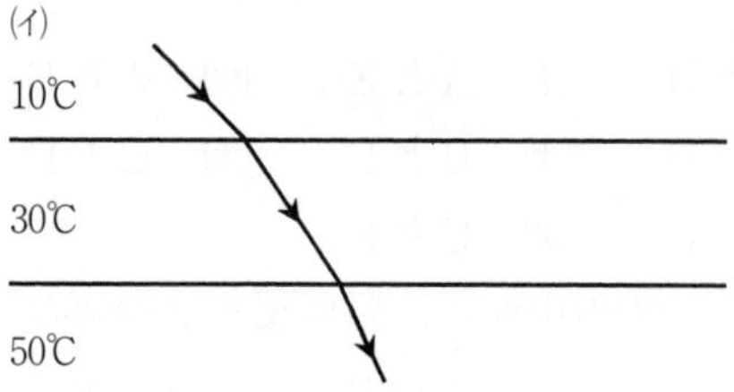

(ウ)

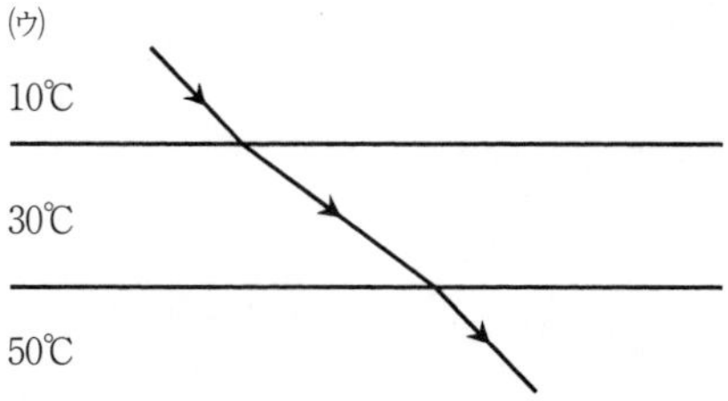

(エ)

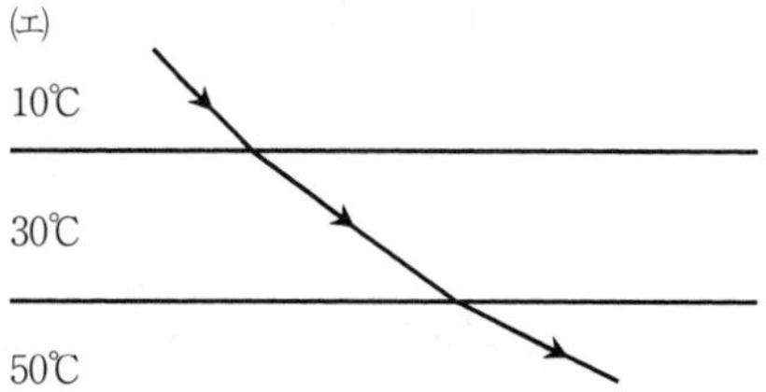

(3) 夏休みに聖《たかし》さん(以下，聖)とお父さん(以下，父)は，車を利用して九州の有明海近くに住んでいるおばあちゃんの家に向かっていました。次の文章は，高速道路を走っているときの２人

の会話のようすです。これを読んで，あとの(a)～(c)の問いに答えなさい。

聖「ねぇ，お父さん。雨が降っているわけではないのに，前に水たまりができているよ。さっきから気になっていたけど，その水たまりにたどり着けないんだよね。」

父「あれはね，水たまりではないんだよ。(あ)といって，蜃気楼《しんきろう》の１つなんだ。蜃気楼っていうのは，温度が異なる空気の中だと起こりやすくて，光の屈折や全反射が関係していると考えられているんだ。いま，外の気温は35℃くらいだけど，夏の日差しに照らされた高速道路上のアスファルト近くでは，温度が60℃を超《こ》えることもあるんだって。だから，(あ)が見えるというわけさ。」

聖「へぇー，じゃあ本当に水たまりがあるわけじゃないんだね。」

父「その通り。あっ，見てごらん。前を走っている車のタイヤが，(あ)の中にぼんやり映っているように見えるよ。見えるかい？」

聖「ほんとうだ。」

父「車が上下逆さまになって(あ)の中に見えることもあるんだ。」

聖「へぇー。ほかにも蜃気楼ってあるのかなー!?」

父「ほかにもいくつかあるよ。その中の１つは，運が非常に良ければおばあちゃんの家の近くでも見えるんだよ。」

聖「お父さん，早くおばあちゃんの家に行こう!!」

(a)　(あ)にあてはまる現象の名前を，ひらがな４文字で答えなさい。

(b)　下線部について，車と人とが図５のような位置関係であった場合，逆さまになった車の像が見えました。このとき，光はどのように進みましたか。その特徴を表した光線の組み合わせとして最も適したものを，あとの(ア)～(ク)の中から１つ選び，記号で答えなさい。

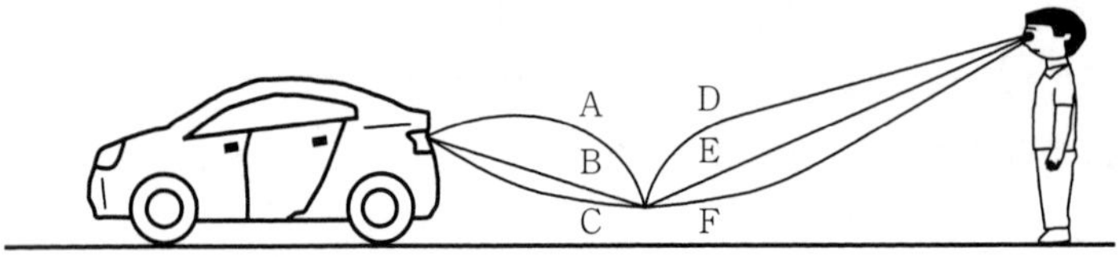

図５

(ア)　ＡとＤ　(イ)　ＡとＥ　(ウ)　ＡとＦ

(エ)　ＢとＤ　(オ)　ＢとＦ　(カ)　ＣとＤ

(キ)　ＣとＥ　(ク)　ＣとＦ

(c)　次の(ア)～(カ)の中から，蜃気楼を２つ選び，記号で答えなさい。

(ア)　島浮き　(イ)　御神渡《おみわた》り　(ウ)　ダイヤモンドダスト

(エ)　不知火《しらぬい》　(オ)　オーロラ　(カ)　グリーンフラッシュ

りはじめて整うものであり、計画的に自然をコントロールしなければ、松茸の生育はうまくいかないものである。

ウ　松茸の栽培を目的として環境をコントロールすることは難しく、人間によって手が加えられ、結果として土壌が貧しくなってしまった森林でのみ松茸は生育する可能性がある。

エ　松茸は、共生した木を傷つけてしまう一方で、その木がより安全に栄養を摂取《せっしゅ》できるようにして生育しており、その厳しい共生関係は人間のコントロールなど到底《とうてい》及《およ》ばないものである。

オ　松茸は、生育をコントロールするのが難しく、人間が長年取り組んできた土壌改良の努力を断念して人間との関わりが失われた森林において、偶然《ぐうぜん》生育することがある。

問七　自然と人間のあり方について、筆者はどのように考えていますか。文章全体を踏《ふ》まえて六十字以内で説明しなさい。

イ　環境に関する研究会で発言したが、自信がないため、声が自然と小さくなった。

ウ　都会で暮らすと、自然に触《ふ》れる機会が少なくなるのもあたりまえだ。

エ　この洞窟《どうくつ》は、海水が岩を削《けず》る過程で、自然にできたものだ。

オ　自然と向き合って生きる姿勢を持つことが、今後の人類にとって大切だ。

カ　火山の噴火《ふんか》で滅亡《めつぼう》したポンペイは、自然によって滅《ほろ》ぼされたと言える。

問三　――線部③に「ハゲタカはウジ虫を焼き魚と見る」とありますが、筆者はこのことをどのような例として用いていると考えられますか。その説明として最もふさわしいものを、次のア～オの中から一つ選び、記号で答えなさい。

ア　人間には食べられないものでも、別の動物には必要不可欠な栄養を補給する貴重な食材なのだという例として用いている。

イ　ハゲタカのような獰猛《どうもう》な鳥は、ウジ虫でも焼き魚でも、食べ物として区別することはないという例として用いている。

ウ　人間と異なり、厳しい自然環境の中で生きる動物は、食事の味付けや風味などを選んでいる余裕《よゆう》はないという例として用いている。

エ　ハゲタカは普段《ふだん》、ウジ虫にありつける機会は少ないが、たまにそれを口にすると、この上ないごちそうだと感じるという例として用いている。

オ　人間にとって食べ物として違和感《いわかん》のあるものも、異なる種にとってはおいしい食事になるという例として用いている。

問四　――線部④に「完全にトナカイに変身してしまう」とありますが、それはどういうことですか。四十字以内で説明しなさい。

問五　――線部⑤に「私たちの社会についても異なるものの見方を示している」とありますが、それはどういうことですか。ユカギールの事例に即《そく》して説明した文として最もふさわしいものを、次のア～オの中から一つ選び、記号で答えなさい。

ア　ユカギールの生き方における自然との共生に注目することが、私たちの都合だけで環境をコントロールしようとする都市生活への警鐘《けいしょう》となっているということ。

イ　トナカイを大切にするユカギールの生活を知ることは、都市の中に暮らす私たちが身近な自然を発見し、それを保全しようとする姿勢につながるということ。

ウ　ユカギールの暮らしと異なり、一見して自然と無縁《むえん》に思える都市生活においても、自然に興味を持って知識を増やすことが私たちの認識《にんしき》を変えるはずだということ。

エ　都市生活を営む私たちも、ユカギールのように自然豊かな環境の中で暮らせば、狩猟《しゅりょう》や採集を通じて、動植物とより深い関係を築くことができるということ。

オ　ユカギールとトナカイの関係について考えることは、それまで気づかなかった、都市生活を送る私たちと自然とのつながりに目を向けさせてくれるということ。

問六　――線部⑥に「日本人は松茸《まったけ》を自国で栽培《さいばい》しようと試行錯誤《しこうさくご》をくり返し、ことごとく失敗してきたのだ」とありますが、人間と松茸の関係について説明した文として最もふさわしいものを、次のア～オの中から一つ選び、記号で答えなさい。

ア　松茸の生育には人間が土壌《どじょう》改良を通じて森林環境を整えることが前提となるが、そのコントロールが難しいため、松茸の栽培は採算に合わず、商業化は困難と考えられている。

イ　松茸の生育環境は、適度に人間が自然に介入《かいにゅう》することによ

ては実現されていない。そんななか、中国＊10雲南省《うんなんしょう》では、人間によるナラの伐採《ばっさい》や松葉の収集などによって「偶然《ぐうぜん》」松茸の生産がもたらされた。そこでは、松茸の採集が一大ビジネスとなり、日本の消費者とのあらたなつながりを生んでいるという。ここに人間どうしのグローバルなつながりが松茸とその他の種の関係に媒介《ばいかい》されているのだ。

　このように人間が自然をどう認識し、分類するかではなく、種間のかかわりあいという観点から人間と自然の関係を見つめなおす最近の研究は、他者だけでなく、私たちの社会についても語っている。私たちの生活は犬、カラス、キノコ、など複数種との関係によってこそ成立する。その複雑な絡《から》みあいを解きほぐすことは、一つの自然を守る「地球市民」ではなく、多様な動植物や事物とのやりとりのなかでしか生きられない具体的な存在として、みずからをとらえなおすことでもあるのだ。

——中空《なかぞら》　萌《もえ》「自然と知識——環境《かんきょう》をどうとらえるか？」
（松村圭一郎《まつむらけいいちろう》ほか『文化人類学の思考法』所収）による

（問題作成上の都合から一部原文の表記を改めた）

（注）＊1　コンクリンの民族誌…コンクリン（アメリカの人類学者）による、フィールドワークを通じた先住民についての研究。コンクリンは、フィリピンの先住民であるハヌノオに関する研究などで知られている。

＊2　普遍的…いつでもどこでも成立するということ。

＊3　カテゴリー…分類。

＊4　前節で紹介したような議論…本文の前半部分（この段落より前）の内容。

＊5　アイデンティティ…ここでは、自己認識のこと。

＊6　情動的…感情をともなっているということ。

＊7　グローバルなつながり…地球規模で結びついていること。直後の「グローバリゼーション」も、ここでは同じ。

＊8　撥水性…水をはじく性質。

＊9　菌蓋…キノコの傘《かさ》。

＊10　雲南省…中国南西部の地域の名称《めいしょう》。

問一　——線部①に「潮流」とありますが、それはどういうことを指していますか。その説明として最もふさわしいものを、次のア～オの中から一つ選び、記号で答えなさい。

ア　文化や人間と対比すべきものとして自然を位置づける見方に対して、それをあたりまえだとは考えない姿勢が世の中に広まりつつあること。

イ　様々な学問領域の中で、自然科学だけが自然についての唯一《ゆいいつ》絶対の知識ではないはずだという考え方が世の中に広まりつつあること。

ウ　自然と文化をはっきり別のものとして捉《とら》え、それに基《もと》づいて自然に関する研究を進めていく考え方が世の中に広まりつつあること。

エ　海流に関する調査を通じて、人間の生活が自然に与《あた》える影《えい》響《きょう》について研究し、環境《かんきょう》問題に取り組もうとする姿勢が世の中に広まりつつあること。

オ　自然と人間を相容《あいい》れないものとする考えを前提として、自然に対する人間の側の分類が十分ではなかったとする考え方が世の中に広まりつつあること。

問二　——線部②に「古い意味と新しい意味」とありますが、「自然」という言葉を「古い意味」で使っている文を、次のア～カの中から二つ選び、それぞれ記号で答えなさい。

ア　自然に囲まれた暮らしは、この国ではかつてほど手に入りやすくはない。

＊4前節で紹介《しょうかい》したような議論はきわめて抽象的《ちゅうしょう》だ。それらの議論を前提にしたうえで、認識人類学のように具体的な自然と人間の関係、とりわけ身の回りの動植物と人間がどうかかわりあうのかを見ていこうとする人類学者の仕事もある。

たとえばシベリアのユカギールの狩猟《しゅりょう》採集民の世界では、人、動物、モノは魂を備え、同じ理性的能力をもつ［ウィラースレフ　二〇一八］。ヴィヴェイロス＝デ＝カストロの描いた南米の神話世界と同じように、それぞれが異なって思考するのは、種ごとに固有の身体をもっているためだ。狩猟の場において狩人《かりゅうど》は、獲物《えもの》であるトナカイの真似《まね》をして移動し、匂《にお》いを嗅《か》ぎ、音を出すことで、同族となって彼らを惹《ひ》きつけようとする。ただしそこで④完全にトナカイに変身してしまうと、人間に戻《もど》れなくなってしまう（そのような危険な事例もたくさんある）。人間としての＊5アイデンティティを維持《いじ》したまま、一時的かつ不完全なかたちで動物の身体を身にまとい、その視点を獲得することが重要なのである。

注目すべきは、こうした自然と文化、人間と他種の関係を問いなおすさまざまな最近の研究は、遠く離《はな》れた「他者の現実」について語っているのみならず、⑤私たちの社会についても異なるものの見方を示していることだ。考えてみれば、自然を人間の生活から分離した「手つかずの」実体ではなく、人間と他種との具体的なやりとり・交渉《こうしょう》の場ととらえるならば、たとえ都市生活のなかでも自然はある。

私たちの多くは、決して自然豊かな環境のなかに住んでいない。また、コンクリンの描いたハヌノオの人たちのように植物種の名前をたくさん知っていて、自然についての体系化された知識をもっているわけではない。しかしそんな私たちでも、具体的な生きものや事物と絶えずやりとりしていることには変わりがない。私たちはペットと＊6情動的《じょうどう》な関係を築く［ハラウェイ　二〇一三］。そこで、ユカギールの人たちと変わらず、犬になりきった声真似をして飼い犬を呼んだり、飼い主として自分と犬を差異化したりする。その一方で私たちの生活は「愛せない他者」との関係のなかにもある。たとえば私たちは、ゴミ捨て場に集まるカラスにゴミを荒《あ》らされないようにゴミ袋《ぶくろ》をきっちり縛《しば》ったり、新聞紙でゴミ袋の中身を見えなくしたりする。一時期の東京では、増えつづけるカラス対策として、カラス肉からミートパイをつくって売り出すという案まであったという。

さらに人間どうしの＊7グローバルなつながりも、じっさいには多種間の入り組んだ歴史的な関係のなかにある。たとえばアナ・ツィンは、松茸《まつたけ》という種に注目してグローバリゼーションを描きなおしている［Tsing 2015］。日本人にとっての秋の味覚・高級食材として有名な松茸が、じっさいにはその大部分を海外からの輸入に頼《たよ》っていることはよく知られている。⑥日本人は松茸を自国で栽培《さいばい》しようと試行錯誤《しこうさくご》をくり返し、ことごとく失敗してきたのだ。

そもそも松茸はどう育つのか？　松茸は木から栄養を摂取《せっしゅ》するものであり、松茸菌《きん》は木の根と結合することによって、菌根《きんこん》という構造を作り出す。その共生関係は決して穏《おだ》やかなものではないという。松茸は菌として成長することで、根の一部を腐《くさ》らせてしまう。その一方で松茸は、強い酸を分泌《ぶんぴつ》して、岩や土から無機物を溶《と》かすことで、木に栄養を届ける。また＊8撥水《はっすい》性の厚い＊9菌蓋《きんがい》を作り、他の菌類やバクテリアの進出を防ぐ役目も果たしている。

注目すべきは、こうした松茸と松の木の「共生」関係は、ある程度貧しい土壌《どじょう》でこそ成り立つということだ。良い土壌で競合する種が多い場合、松茸は死に絶えてしまうからだ。つまり松茸は、人間による持続的な森林への介入《かいにゅう》の結果、生育する。それでも松茸があるということは、その森が完全には壊滅《かいめつ》していないことを意味している。この微妙《びみょう》なバランスは、今のところ人間による意図的なデザインによっ

でいる。

つまり、日本のことを考えても、人間の文化の影響を受けていないありのままの自然環境、という意味での「自然」は、西欧《せいおう》からの輸入によって成立している。それはせいぜいここ一五〇年くらいの発明であって、まったくもって「あたりまえ」ではない。一九八〇年代から九〇年代にかけての人類学は、各地の「自然と文化」という＊3カテゴリーに大まかに対応する概念《がいねん》を詳細《しょうさい》に検討した[ストラザーン　一九八七]。そして、「(人間の外側にある)自然と(人間のつくりだした)文化」という分け方自体が、西洋の文化が構築したものであって、普遍的なものではないということを示していった。

こうしたなか、自然や文化との関係を普遍的なものととらえない視点に立ちながら、概念の検討ではなく、認識人類学と同じように動植物と人間の関係に注目した人類学者として、エドゥアルド・ヴィヴェイロス＝デ＝カストロがいる。彼《かれ》は、南米の先住民の神話を分析《ぶんせき》して、そこで広くみられるコスモロジーを描こうとした[Viveiros de Castro 1998]。西欧では自然がまずあり、そこから文化へ移行する(動物が人間へと進化する)と考えるのに対し、先住民の神話世界はその逆である(人間的な状態がまずあり、そこから動物が差異化される)。だからこそそこでは、あらゆる動物は人間同様の魂《たましい》をもつと考えられている。そして動物たちはみずからを人間だと考え、人間としての生活を営む。そしてみずからの生息地を村、巣窟《そうくつ》を家、飲み物をビールとみなす。ただし、それぞれ身体が異なるため、何を村、家、食べもの、ビールとみなすのかはそれぞれ異なっている。たとえば、ジャガーは人間の血をビールと見る、③ハゲタカはウジ虫を焼き魚と見る、バクは泥《どろ》だまりを儀礼《ぎれい》の場と見る。南米の先住民の世界は、こうした単一の精神(魂)のもと、異なる身体をもつ複数の存在によって成り立っている。すなわちこの世界は、生物学的な身体をすべての種に共通のものとする一方で、精神的な世界、つまり文化に多様性を認める西洋世界とは対照的である。ヴィヴェイロス＝デ＝カストロはこの南米先住民のコスモロジー(世界観)を、私たちになじんだ多文化主義という考え方(単一の自然と多元的な文化)に照らしあわせて、「多自然主義(単一の文化と多元的な自然)」と名づけた。

このヴィヴェイロス＝デ＝カストロの仕事は、コンクリンの民族誌のような特定社会についての詳細な記録ではないし、現地の理解という観点からはいろいろと問題の多い著作である。一方で、「自然をめぐってどこに差異と多様性があるのか」について、認識人類学とは違《ちが》うあらたな視点をうまく提示していることは確かだ。

自然に対する分類の多様性というとき、自然を分類する(唯一精神をもった)人間という想定がある。そこには、自然を人間の生活から分離《ぶんり》した「手つかずの」実体と見る見方が潜《ひそ》んでいるのかもしれない。はたして誰《だれ》にとっても、人間以外の種はただ人間に認識され、分類されるのを待っている「考えるのに適した」存在なのだろうか[cf. レヴィ＝ストロース　一九七六]。むしろ人間と動物のあいだに魂の連続性を見る人たちの立場からは、動物は身体のやりとりをつうじて人間と「ともに生きる」存在であり行為《こうい》主体なのではないか[cf. ハラウェイ　二〇一三]。こうした視点から、他の種を認識し、分類する人間の知識ではなく、種間のかかわりあいに焦点《しょうてん》を合わせる民族誌が、あらためて今、注目を集めている。

近年の人類学は、自然をめぐる文化的知識の多様性を示すだけでなく、私たちのもつ自然のイメージ自体が特定の社会に固有のものなのではないかと疑うようになってきた。それは、ひとつの自然にたいする複数の文化という前提自体をひっくり返す視点の転換《てんかん》だった。

エ　自分は弱いから泣いているのだと考えていたが、いつもは強くて頼りになる祖母の悲しそうな姿を見て、強い弱いはあくまでも相対的なものにすぎず、自分の中で強い気持ちを持ち続けることが大切だと気づいた。

オ　自分は他の子と違《ちが》って弱い人間だからこそ泣き虫なのだと悩《なや》んでいたが、自分のために泣いてくれる祖母の姿を目のあたりにし、周りの大人にも泣き虫の人がいるのだと知り、少し気持ちが軽くなった。

問七　――線部⑤に「悲しそうな祖母がそこにいた」とありますが、空哉は後になって、その悲しみの原因は何だと考えるようになりましたか。二十字以内で説明しなさい。

問八　――線部⑥に「密《ひそ》かなお守りになった」とありますが、どういうことですか。それについて説明した次の文の□にあてはまる内容を、二十字以内で答えなさい。

心に秘《ひ》めた、祖母を守ろうという誓《ちか》いが、□になったということ。

問九　――線部⑦に「そう一言伝えられたらいいのに、と思った」とありますが、空哉は、祖母に対して、どういうことを伝えたいと思ったのですか。四十字以内で説明しなさい。

四　**次の文章を読んで、あとの問いに答えなさい。**（筆者は、参考にした論文の著者名と発行年度を[柳父《やなぶ》　一九七七]、[Viveiros de Castro 1998]、[cf. レヴィ＝ストロース　一九七六]などと表しています。）

認識《にんしき》人類学の研究は、自然についての文化的に多様な分類知識を描《えが》くことで、自然科学だけが自然についての唯一《ゆいいつ》絶対の知識ではないことを示してきた。その一方で、そういう研究の自然に対する人間の側の分類、自然についての文化的知識という前提を疑う①潮流もある。

*1コンクリンの民族誌を材料の一つとして『野生の思考』（原著《げんちょ》初版一九六二年）を書いたクロード・レヴィ＝ストロースは、「自然／文化」を二分する発想自体は*2普遍《ふへん》的だとした。そして、植物や動物はそれに対する分類をとおして人間の思考について「考えるのに適した」素材だと述べた。しかし、ほんとうにそうなのか？　一九八〇年代以降さかんになったのは、自然をどう分けるかの文化的多様性だけでなく、自然と文化をどう分けるかの多様性を見つめる研究である。

試《ため》しにまず日本のことを考えてみよう。私たちは「自然」と言うとき、「手つかずの自然」「自然の脅威《きょうい》」などと表現する。ここにはたしかに、人間の文化の影響《えいきょう》を受けていない自然環境《かんきょう》、ありのままの動物や植物、山や川などの姿がイメージされているようだ。しかし翻訳《ほんやく》研究者の柳父章《やなぶあきら》によると、日本語の「自然」ということばは、明治以降に英語の nature の翻訳語として使われるようになって初めてこのような意味を獲得《かくとく》したという[柳父　一九七七]。明治以前には、自然という語は「おのずからそうなっているさま、天然のままで人為《じんい》の加わらぬさま」という意味で用いられていた。この古典的な自然の意味は、「人為」と対置されているという意味で nature と共通している。この共通点ゆえにこの語が翻訳語として選ばれた。しかし、日本語の「自然」はもともと副詞や形容詞として使われ、人為の加わらない「状態」を示していた。つまり、名詞として自然環境そのものを表すようなことばではなかった。今でも私たちが使う「自然」ということばには、②古い意味と新しい意味が混ざりあっている。私たちは、リラックスした、飾《かざ》らない状態でテレビに出る芸能人を「あの人は自然体でいい」と賞賛する。その一方で、「手つかずの大自然」「自然の脅威」などという意味での新しい「自然」も、すっかり私たちに馴染《なじ》ん

に感じていたが、同年代の空哉が現れ、どんな困難でも乗り越《こ》えられる気がするから。

イ　同じ気持ちを共有できる空哉と一緒にいることで、死に向かう祖母と一人で向き合わなくてはならない辛《つら》さが軽くなるから。

ウ　祖母の世話をしなくてはならないが、一人ではとても扱《あつか》いきれず、年寄りの扱いに慣れている空哉がいてくれると助かるから。

エ　かつて祖母から魔女《まじょ》の話を一緒に聞いた空哉と話していると、もしかして祖母が助かる可能性があるのではないかと思えるから。

オ　頼《たよ》りにしていた祖母の死後を想像すると、その喪失《そうしつ》感とどのように向き合ったらよいか不安だったが、空哉とたわいない会話をしているとその不安を忘れられるから。

問四　――線部②に「話をそらす」とありますが、どうして空哉はこのようにしたのですか。二十字以内で説明しなさい。

問五　――線部③に「買いに行くのに」とありますが、この表現から読み取れる空哉の心情について説明した文として最もふさわしいものを、次のア～オの中から一つ選び、記号で答えなさい。

ア　祖母と白猫《しろねこ》の病気を治す薬があるのならば、何を差し置いても手に入れたいと思っているが、昔から祖母の会話によく出てくる魔女の存在をどうしても信じることができず、今はただ祖母との懐《なつ》かしい記憶《きおく》に浸《ひた》り、現実から逃《のが》れようとしている。

イ　たとえ一瞬《いっしゅん》であっても祖母と言葉を交《か》わすことを可能にしてくれる魔法の薬は、この世界のどこかにあるのかもしれないが、祖母に残された時間を考えると、祖母が亡《な》くなるまでにそれを入手するのは難しいのではないかと思い始めている。

ウ　魔法の薬が実在したら、祖母の病状を回復させて思いを伝えることができるし、白猫の苦しみも和《やわ》らげてあげられるため、それを買いに行きたいところだが、現実にはそのような薬は存在しないと思い、あきらめかけている。

エ　祖母や白猫の病気を治す魔法の薬があるのなら、何としても手に入れたいと強く願う一方で、そのようなものが存在し得ないこともわかっており、大人として生きる強さを手に入れるため、現実を受け入れようとしている。

オ　目の前で苦しんでいる白猫の姿がシロタと重なり、かつて陸緒と一緒にシロタを助けたように、この白猫も、そして祖母も、魔女の薬によって救うことができるのではないかと一筋の光明を見いだしている。

問六　――線部④に「そのとき、ふと視界の端《はし》に、鏡が見えた」とありますが、この場面における空哉の心情の変化を説明した文として最もふさわしいものを、次のア～オの中から一つ選び、記号で答えなさい。

ア　自分は祖母のように強くなることなど到底《とうてい》できないと思い込《こ》んでいたが、鏡に映った頼りなげな祖母の姿を見たことで、強くなることはそこまで難しいことではないのではないかと思えるようになった。

イ　自分が悲しい目にあっても優《やさ》しい祖母が慰《なぐさ》めてくれるという甘《あま》えを持っていたが、はかなげな祖母の姿を見たことで、いつか祖母に頼れなくなる日のことを思い、自分で強くならなくてはならないと考えを変えた。

ウ　自分が泣き虫であることを何とかしたいと考えて、それを解決してくれるものを求めていたが、悲しそうな祖母の姿を目《ま》のあたりにしたことで、祖母を悲しませないような強い自分にならなくてはならないと思い直した。

「まあ何が出てくるか楽しみにして、任せておけよ」
台所から追い出されてしまった。
祖母はあれきり寝ているし、すると空哉にはできることがなかった。庭にぽつんと佇《たたず》んでいる、お腹《なか》を空《す》かせた白猫と見つめあうしかなく、すると切なくなるばかりで。
「――よし、薬を探しに行ってやろう」
何げなく猫にいうと、白猫は不思議に輝《かがや》くまなざしで、空哉を見上げ、見つめた。

駅前の繁華街《はんかがい》を離《はな》れ、港のそばへと歩いていく。通りの名前は三日月《みかづき》町の三日月通り。ひとけのない裏通りの、寂《さび》れた街角の。
子どもの頃に祖母に聞いたその場所のことを思い返しながら、夕暮れてきた街にひとり歩《ほ》を進める。
六月の街は、公園や庭先、店先のそこここに、紫陽花の花を咲かせていて、美しかった。
その様子は、青や紫の光がそこに射しているようで、紫の陽の花とはよく名付けたものだなと空哉は思った。
歩いているうちに、ふと思う。
十年前のあのときの鏡の中の祖母の悲しげな表情のわけを。
おとなになったいまだから、わかるような気がした。
(もしかしたら、孫がかわいそうだったからじゃなく――)
そんな孫をうまく力づけることができない自分が不甲斐《ふがい》なかったから、だったのかも知れない。腕の中にいる孫を守ってやりたくても、励《はげ》ましたくても、やりかたがわからなくて、自分の無力さが悲しかったのかも。
「――ありがとう」
歩きながら、空哉はそっと呟《つぶや》いた。
自分の長い影《かげ》が、路上に映っている。その影を踏むようにしながら、もう一度呟く。
「おばあちゃん、ありがとうね」
そうきっと、自分は薬が必要だったわけじゃなく、泣き虫の弱虫でもなかったのだ。
あのひとがそういった通りに。
唇に笑みを浮かべ、空哉は夕方の空を見上げる。
もう泣くことなんて、滅多《めった》にない。悲しい映画やニュースを見たり、小説を読んだときくらいのものだろう。
「ぼくは、もう泣かないんだよ。強いから」
⑦そう一言伝えられたらいいのに、と思った。
そんな奇跡があればいいのに――。

――村山早紀《むらやまさき》『魔女《まじょ》たちは眠《ねむ》りを守る』による

(問題作成上の都合から一部原文の表記を改めた)

問一　〰〰線部A「か□□て」、B「た□□て」とありますが、□にはそれぞれひらがな一文字が入ります。そのひらがなを解答欄《らん》の形に合わせて答えなさい。

問二　□にあてはまる表現として最もふさわしいものを、次のア～オの中から一つ選び、記号で答えなさい。
ア　砂漠《さばく》のオアシス　　イ　湖面に映《は》える夕日
ウ　水底にある小石　　エ　真昼の月
オ　深海を漂《ただよ》うプランクトン

問三　――線部①に「空哉《そらや》、おまえがいまここにいてよかったよ」とありますが、陸緒《りくお》がこのように感じているのはどうしてですか。その説明として最もふさわしいものを、次のア～オの中から一つ選び、記号で答えなさい。
ア　家族の中で自分だけが病気の祖母と一緒《いっしょ》に過ごすことを重荷

た。名前を知らない花と甘い蜂蜜《はちみつ》の味がするお茶が。

ガラスのポットで入れて、ガラスの器《うつわ》に注いでくれる香草《こうそう》のお茶は、レモンを入れると黄昏《たそがれ》の空の優しい紫《むらさき》色に色を変えた。

まるで魔法のように。

祖母の家の庭には、もったりとした紫陽花《あじさい》が咲《さ》いている。あの六月にも咲いていた。

黄昏の空の色みたいだ、と思ったのを、思い出した。

記憶《きおく》は、□のようだと思った。ふだんは見えないし、忘れているけれど、水の中を静かにのぞき込《こ》んでそっと手を入れれば、ひとつひとつ拾い上げることができるようにそこにあるのだ。大切なことは忘れないのだ、きっと。

（ああ、そうか、それでか――）

空哉はひとり、うなずいていた。

（あれがきっかけだったのか）

あの日、祖母の悲しげな表情を見たとき、大好きなひとにこんな表情をさせてはいけない、自分のせいなんだ、と思ったとき、頑張ろうと思ったのだ。

自分はもう泣いてはいけない、と。

こんなに優しい綺麗《きれい》なひとを、貴婦人のような綺麗なひとを泣かせてはいけない、と。

祖母が好きで、本棚《ほんだな》に並んでいた、外国の妖精《ようせい》物語に出てくる騎士《きし》たちが貴婦人を守るように、ぼくはおばあちゃんを守る騎士になろう、と。

それは心の奥底にそっとしまい込んだ誓《ちか》いだった。誰にいうこともなかった。さすがに騎士だの貴婦人だの、誰かに話せるようなことでもない。けれど、心の中にその誓いがあるということは、いつだって⑥密《ひそ》かなお守りになった。

（たぶん、ひとは自分だけのためには強くなれないんだ。いや、それでも戦える勇者はいるのかも知れないけれど、少なくともぼくはだめだった。背中にかばえる誰かがいないと、強くなれなかった）

学校で、いじめっ子や性格のきつい子たちにからまれ、つつかれて泣きそうになっても、心の中にいるおばあちゃんの泣きそうな顔を思い出すと、頑張れた。顔を上げ、涙を飲み込んで、うまく受け流すことができた。

そのうちにいつの間にか、泣かなくなった。

（お客様がいるときと同じなのかも）

ふと思う。店にいるとき、多少の災害や事故があっても、万が一不《ふ》審者《しんしゃ》がやってきたとしても、空哉は自分や店の仲間たちが勇者のように振《ふ》る舞《ま》えることを知っている。

お客様の無事を守り、できうる限り、店も守ること。ひとりならば慌《あわ》てふためき、逃《に》げたくなるようなときも、お客様がそこにいれば、空哉は頑張ることがきっとできる。

大切なものを守る、騎士のように。

空哉は母に、祖母の現状について連絡《れんらく》した。母はすぐに駆《か》けつけてくれるという。父もあとから来るそうだ。学会に出かけている叔父《おじ》もそのうちに帰宅する予定の時間になる。叔母《おば》が診察《しんさつ》室にいる病院もそろそろ閉まる時間になるので、夕食の時間の頃には、みんな揃《そろ》うだろう、という話になった。

陸緒は夕食の準備を始めた。この家での大人数の食事は久しぶりだと楽しげだった。

「きっとおばあちゃん喜ぶだろうな」

空哉も手伝おうとしたのだけれど、

た。

(『魔女の家』なんて、ほんとにあるはずが)

あればいいと思うけれど。

もしそんなお店があって、魔女がいるのなら、自分は訪ねていくけれど。

たとえば、一瞬でいい、祖母と言葉を交《か》わすことができる、そんな奇跡を起こせる薬を。

そして、いま目の前にいるこの哀《あわ》れな白猫が元気になって、美味《おい》しいものを食べられるようになる、そんな魔法の薬を。

③買いに行くのに、と思った。

懐かしい家にいて、空気の匂《にお》いを嗅《か》ぎ、窓越しに鳥たちの声や風の音を聴《き》いて、いとこと話しているうちに、少しずつ、水が満ちてくるように、あの頃のいろんな会話や言葉を思い出していた。

六月のある日、空哉は祖母に願ったのだ。

祖母の部屋で。久しぶりに梅雨空《つゆぞら》から陽《ひ》が射《さ》した日で、午後の光が部屋に満ちていたのを覚えている。祖母の部屋には古く大きな姿見があるのだけれど、鏡面が光を B た□□ていたのも覚えている。

「おばあちゃん、ぼく泣き虫を治す薬が欲しい。『魔女の家』に探しに行けばあるのかな?」

涙を止める薬が欲しいと思ったのだ。何があっても泣かなくなるような薬があれば。

もっと強くなりたいと思った。誰からも虐《いじ》められないようになりたくて。

祖母は、優しく微笑んでいった。

「空哉には何のお薬も必要じゃないのよ。だってあなたは強い子だもの」

そんなことはない、と思った。

ぼくはこんなに泣き虫なのに、と。そう思った途端《とたん》に、涙が溢《あふ》れてきた。

祖母は空哉を優しく抱《だ》きしめて、背中をトントンと叩《たた》いてくれた。

空哉は祖母のからだのあたたかさを感じながら、自分はこんなに小さい子みたいじゃだめだ、とも同時に思っていた。もっと強く、ちゃんとした人間になりたい、と。もう十一歳《さい》なのだから。どうして自分はこんなに弱いのだろう、と。

④そのとき、ふと視界の端《はし》に、鏡が見えた。

祖母に抱きしめられて力なく泣いている、五年生にしてはか弱く線が細い自分と、そして——⑤悲しそうな祖母がそこにいた。

祖母のそんな表情は見たことがなかった。果てしなく悲しそうな、泣きたいような目で、腕《うで》の中の孫のことを見つめていた。

それはいつも溌剌《はつらつ》とした、明るい祖母とは別人のような、ほっそりとして、優しくて儚《はかな》げなおばあさんの姿だったのだ。

(ああ、ぼくはこんなじゃだめだ)

そのとき、空哉は強く思ったのだった。

(ぼくのことを大好きで、ぼくに優しいおばあちゃんに、こんな顔をさせちゃだめだ)

(そんなかっこ悪いこと、ぼくは許せない)

自分に甘えるものか、と歯を食いしばった。

ここで踏《ふ》みとどまるんだ。おばあちゃんを悲しませないために。心配させないために。

おばあちゃんの朗《ほが》らかな声が、頭上に降ってきた。

「空哉、お茶を飲みましょうか。『魔女の家』で買ってきたお茶を。幸せになれるお茶だって、魔女はいっていたわ」

そう、祖母のいれてくれる、空色のお茶があの頃の空哉は好きだっ

「友達だってたくさんいるって、おばあちゃんに話して、安心させてあげたくて」

一言お礼をいいたいと思った。大丈夫だといいたかった。おばあちゃんに、あの頃《ころ》のこの家での暮らしが、あの六月の日々は素敵《すてき》だったと伝えたかった。

（ぼくは、なんでもっと早く、帰ってこなかったんだろう）

そう思うと、たまらなくなった。

もっと言葉が通じるうちに。いまの、夢の世界を生きているような祖母ではなく、現実の世界で呼吸している祖母に、目と目を合わせ、感謝の言葉を伝えたかった。

（なんでもっと早く――）

忙《いそが》しさにＡか□□ているうちに、楽しい日々を送っているうちに、あっという間に時間が過ぎていた。一瞬《いっしゅん》のうちに時が流れたように。

（『後から悔《く》やむから後悔《こうかい》っていうんだよ』、なんて言葉、お客様から聞いたことがあったっけ）

ほろ苦く思い出した。

ガラス越《ご》しに見えた白猫《しろねこ》は、ひとの気配を求めたのか、台所の掃《は》き出し窓に寄ってきていた。陸緒が少しだけ窓を開けるとひとなつこい感じで寄ってくる。

ひとめでわかるほどに痩《や》せ衰《おとろ》えていた。口元からは口内炎の猫の証拠《しょうこ》のように、血の混じったよだれが流れていた。ふわりと生臭《なまぐさ》いにおいが漂《ただよ》ってきた。

空哉が身をかがめると、喉を鳴らしながら、手が届くほどそばにやってきたけれど、持っていたティッシュで口元を拭《ふ》いてやろうとしたら、首を引くようにした。

「さわられると痛いんだろう」

静かに陸緒がいった。「昔のシロタと同じで、まだ若い猫なんだけどね。それこそ奇跡を起こせる魔女の薬でもなければ、このまま弱っていくだけだと思う。たぶん猫エイズからの口内炎なんだ。ひとの手では治せない病気だから」

痩せた猫は、澄《す》んだ瞳《ひとみ》をして、困ったような顔をして、空哉と陸緒を見つめていた。喉を鳴らし、食べ物と救いを人間に求めながら、自分の口の痛みに耐《た》えていた。

こんな風に、シロタも自分たちを見つめていたなあ、と空哉は思い出した。

あのとき、空哉は訊いたのだ。

「おばあちゃん、シロタは助からないの？」

そばで陸緒も祖母を見上げていた。泣きそうな顔をして。きっと自分もあんな表情をしていただろうと空哉は思う。

自分たちはまだ子どもで、なんの力も知識もなく、願うこと頼《たよ》ることしかできなくて。だから一心に祖母を見つめたのだ。

「魔女にお願いしてみましょうか」

祖母は笑《え》みを浮《う》かべ、静かにいったのだ。

「『魔女の家』は、ちょっと不思議な場所にあるから、行きたいと思っても、行けるときと行けないときがあるんだけど、おばあちゃん、頑張って行ってみるわね」

あの六月の、自分がこの家にいる間には、猫のシロタは元気にならなかった、と思う。

でもそのあと持ち直して長生きしたというのなら、自分が両親のもとに帰ってから、祖母は『魔女の家』に辿《たど》り着き、薬を買って帰ったのだろうか――。

そんなことをぼんやりと思い、それから空哉はゆっくりと首を振《ふ》っ

三　次の文章を読んで、あとの問いに答えなさい。

祖母は眠《ねむ》りにつき、空哉《そらや》は陸緒《りくお》に誘《さそ》われて、部屋の外に出た。

祖母の部屋の扉《とびら》の外で、いとこは目を伏《ふ》せて、空哉にいった。

「少しずつ現実がわからなくなっていくのって、俺《おれ》はけっこう救いなんじゃないかと思うときがあるよ。空哉はおばあちゃんにかわいがられてたから、いまの様子を見てると辛《つら》いかも知れないけど、調子を合わせて流してやって欲《ほ》しいんだ。否定されると混乱するから。

魔女《まじょ》の家なんてあるはずないとか、おばあちゃんずっと寝《ね》ててどこにも行ってないだろうとか、そんなこと俺もいわないから」

「大丈夫《だいじょうぶ》、わかってる」

空哉は小さく微笑《ほほえ》んだ。大丈夫。お年寄りの扱《あつか》いなら慣れてるし、お客様に介護職《かいごしょく》の方もいて、愚痴《ぐち》交じりの話はよく聞いてもいるのだから。

そんな話をとりとめもなく小さな声でふたりは話した。懐《なつ》かしさを感じる台所で、陸緒がいれてくれた熱い紅茶を飲みながら。

ふと見ると、陸緒はティーカップに角砂糖をふたつも入れて溶《と》かそうとしていて、甘《あま》いものが好きなのは、昔から変わらないんだな、と、空哉はスプーンで角砂糖をつついているいとこの手元を見つめていた。

「①空哉、おまえがいまここにいてよかったよ。ほら俺きょうだいいないしさ。こんな状態、さすがにちょっときついもの。この先、おばあちゃんどんどん悪くなっていくのかな、とか考えるとさ。年齢《ねんれい》的には奇跡《きせき》は起こらないってわかってるからさ。

昔、シロタの面倒《めんどう》を二人でみてたじゃない？　あのとき空哉がいてくれてよかった、だから頑張《がんば》れたんだ、なんてこと、すごく久しぶりに思い出したよ。

生きているものはみんな、病《や》むし、いずれは死んでいなくなる。その繰《く》り返しだってわかってて、頭では理解してるのに、辛いものだよな」

空哉はそっと唇《くちびる》を噛《か》んだ。そして半ば②話をそらすような感じでいとこに訊《き》いた。

「なあ、『魔女の家』って、ほんとうにあるのかなあ。病気を治してくれる不思議な薬を作ってくれる魔女が、この街にはほんとうに住んでいるんだろうか？」

昔、おばあちゃんが聞かせてくれたように。

「さあねえ」

いとこは優《やさ》しい目をして、そっと笑う。

「昔、おばあちゃんはシロタの口内炎《こうないえん》の薬を買いに行って、それでシロタは元気になったことがあるけどね。でもほんとうに魔女に会って薬を買ったかどうかは、おばあちゃんしか知らないことだから。存在するかしないかは、誰《だれ》にもわからないんだよね」

「魔女の薬があれば、おばあちゃんは元通りになるのかな」

「――もう年だからね。どうしたって、そんなに長くもないんだろうと思うよ」

忘れたかい、といとこは笑う。

「おばあちゃん、いってたじゃん。さすがの魔女も死者を生き返らせることはできない。寿命《じゅみょう》を延ばし、死すべきさだめのものを永久に生きながらえさせることはできないんだ、ってさ」

わかっている。覚えている。だけど。

空哉は、言葉を絞《しぼ》り出すようにした。

「それでもぼくは、せめて一言、おばあちゃんにお礼をいいたくてさ。それに、伝えたくて。知っていて欲しくて。――もういまのぼくは泣き虫じゃなくて、明るく元気に生きていて」

話しているうちに、喉《のど》の奥《おく》が痛くなってきて、空哉はぎゅっと涙《なみだ》をこらえた。

二〇二一年度 聖光学院中学校

【国語】〈第二回試験〉（六〇分）〈満点：一五〇点〉

［注意］字数指定のある問題では、句読点やカッコなども字数に含《ふく》みます。

一 **次の①～⑤の文の――線部のカタカナを、それぞれ漢字に直しなさい。**

① 私の兄弟子《でし》は、そのコウケツな人柄《ひとがら》ゆえに、誰《だれ》からも一目置かれる存在だ。

② 小学生のころ、泣き虫だった私は、祖母にはひとかたならぬフタンをかけた。

③ そのリストには、大臣をヒットウに、著名な政治家たちが名を連ねていた。

④ 真田《さなだ》幸村《ゆきむら》は、一癖《くせ》も二癖もある勇士たちをタバねていたという伝説がある。

⑤ 大人になったら、介護《かいご》施設《しせつ》で働く姉のように、社会にエキする仕事をしたい。

二 **次の①～⑤の文A・Bの□には、それぞれ同じ漢字一文字が入ります。例にならって、Bの□にあてはまる言葉をひらがなで答えなさい。ただし、□には〔　〕内の文字数のひらがなが入ります。**

例

A 祖父は家族を養うため、□を粉にして働いた。
↓
身

B □に□がない疑いをかけられた。〔三〕
↓
身 おぼえ

↓〈答〉おぼえ

①
A 母は出かけていたが、□し方《がた》、帰ってきたところだ。
B 庭の桜は、春の訪《おとず》れを□や□と待ち焦《こ》がれているかのようだ。〔三〕

②
A 買い物を頼《たの》まれてコンビニに行き、□のついでに漫画《まんが》の新刊が出ているかを確認《かくにん》した。
B 試験に遅刻《ちこく》しそうだったが、親の車で送ってもらって□□を得た。〔二〕

③
A その青年が□おじせずに意見を言う姿勢は好感がもてた。
B 辛酸《しんさん》をなめたあの日々を思えば、現在の苦境など□の□ではない。〔二〕

④
A 師匠《ししょう》の栄光の陰《かげ》には、□知れぬ努力の積み重ねがあった。
B 知り合って日も浅く、彼《かれ》の□と□を知らない。〔二〕

⑤
A 気になっていたことが解決し、□おきなく新しいプロジェクトに取り組める。
B 発言が□□も彼を傷つけることになってしまったのが悔《く》やまれる。〔三〕

2021年度

聖光学院中学校 ▶解説と解答

算　数　＜第２回試験＞（60分）＜満点：150点＞

解　答

[1] (1)　4.87　(2)　168個　(3)　200m　[2] (1)　784通り　(2)　９通り　(3)　84通り　[3] (1)　**あ**　480　**い**　18　(2)　16　(3)　(28，29)，(24，30)，(20，31)
[4] (1)　(ア)　100.48cm²　(イ)　$21\frac{1}{3}$　(2)　**図**…解説の図⑤を参照のこと。／**周りの長さ**…$25\frac{2}{75}$cm　[5] (1)　$2\frac{1}{3}$cm³　(2)　$4\frac{1}{3}$cm³　(3)　**図**…解説の図⑥を参照のこと。／**体積**…８cm³

解　説

[1] 四則計算，比の性質，旅人算，速さと比

(1)　13.1÷2.69＝4.869…より，小数第３位を四捨五入すると4.87となる。

(2)　A，Bの袋《ふくろ》の中の碁石《ごいし》の個数の比が17：18であることから，それぞれの個数を[17]個，[18]個とすると，全体の個数は，[17]＋[18]＝[35](個)となる。次に，黒石と白石の個数の比が２：３であることから，黒石の個数は，[35]×$\frac{2}{2+3}$＝[14](個)，白石の個数は，[35]－[14]＝[21](個)とわかる。よって，右の図のように表すことができ，イ：エ＝11：10より，イ＝[21]×$\frac{11}{11+10}$＝[11](個)，ア＝[17]－[11]＝[6](個)となる。これが48個にあたるので，[1]にあたる個数は，48÷６＝８(個)であり，白石の個数の合計は，[21]＝８×21＝168(個)と求められる。

	黒石	白石	合計
A	ア	イ	[17]
B	ウ	エ	[18]
合計	[14]	[21]	[35]

(3)　電車の長さは，{(歩く速さ)＋(電車の速さ)}×18(秒)，または，{(自転車の速さ)＋(電車の速さ)}×15(秒)と表せる。これが等しいから，{(歩く速さ)＋(電車の速さ)}：{(自転車の速さ)＋(電車の速さ)}＝$\frac{1}{18}$：$\frac{1}{15}$＝15：18＝５：６とわかる。また，この差は自転車と歩きの速さの差に等しいので，時速，12－４＝８(km)である。よって，(歩く速さ)＋(電車の速さ)は時速，８÷(６－５)×５＝40(km)と求められる。これを秒速に直すと，40×1000÷60÷60＝$\frac{100}{9}$(m)になるから，電車の長さは，$\frac{100}{9}$×18＝200(m)とわかる。

[2] 場合の数

(1)　下の図１より，点Xの移動経路は28通りあることがわかる。同様に，点Yの移動経路も28通りある。よって，点Xと点Yの移動経路の組み合わせは，28×28＝784(通り)と求められる。

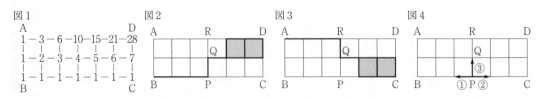

図１
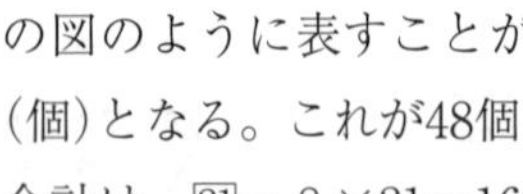

図２
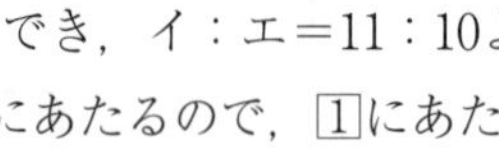

図３
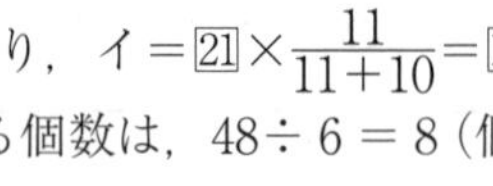

図４
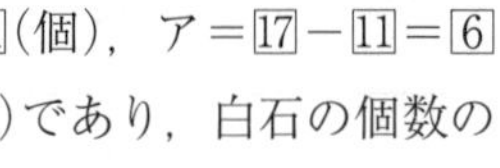

⑵　点X，Yは，それぞれ上の図２，図３の太線部分だけを移動する。図１より，かげをつけた部分の移動経路は３通りあることがわかるので，点X，Yの移動経路はどちらも３通りである。よって，点Xと点Yの移動経路の組み合わせは，３×３＝９(通り)とわかる。

⑶　点Pまでの移動経路はどちらも１通りだから，点Pから先の移動経路について考える。上の図４で，点Pから先の移動経路は，ア{Xが②，Yが①}，イ{Xが③，Yが①}，ウ{Xが②，Yが③}の３つの場合が考えられる。図１を利用すると，アの場合のその先の移動経路はどちらも６通りとわかるので，点Xと点Yの組み合わせは，６×６＝36(通り)となる。また，イの場合のその先の移動経路は，点Xは４通り，点Yは６通りだから，点Xと点Yの組み合わせは，４×６＝24(通り)とわかる。さらに，ウの場合のその先の移動経路は，イと同様に24通りである。よって，点Xと点Yの移動経路の組み合わせは全部で，36＋24＋24＝84(通り)と求められる。

3　比の性質，つるかめ算

⑴　１分41秒＝101秒，３分５秒＝185秒より，右の図１のように表すことができる。図１で，イとウの部分の容積は等しく，イとウの部分に水を入れた割合の比は，120：48＝５：２だから，イとウの部分に水を入れた時間の比は，$\frac{1}{5}:\frac{1}{2}$＝２：５となる。この比の，５－２＝３にあたる時間が，185－101＝84(秒)なので，比の１にあたる時間は，84÷３＝28(秒)であり，イの部分に入れた時間は，28×２＝56(秒)と求められる。よって，イの部分の容積は，120×56＝6720(cm^3)とわかる。また，アの部分に入れた時間は，101－56＝45(秒)だから，アの部分の容積は，192×45＝8640(cm^3)であり，容器の容積は，6720＋8640＝15360(cm^3)となる。したがって，あは，15360÷32＝480(cm^2)，いは，8640÷480＝18(cm)と求められる。

図１

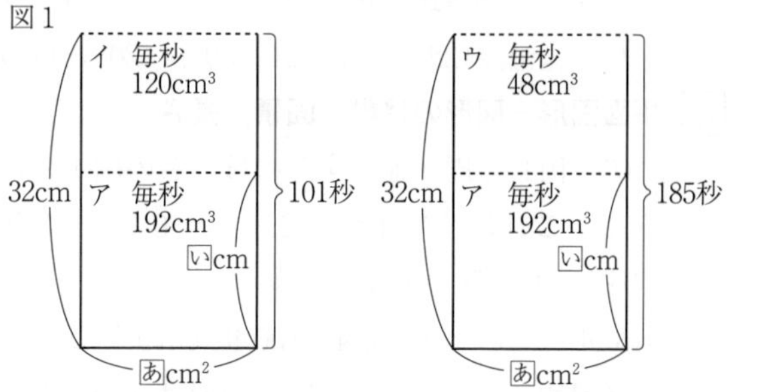

⑵　３分20秒＝200秒より，右の図２のようにまとめることができる。毎秒48cm^3の割合で200秒入れたとすると，48×200＝9600(cm^3)しか入らないので，実際よりも，15360－9600＝5760(cm^3)少なくなる。また，毎秒48cm^3のかわりに毎秒192cm^3の割合で入れると，１秒あたり，192－48＝144(cm^3)多く入る。よって，毎秒192cm^3の割合で入れた時間は，5760÷144＝40(秒)だから，そのとき入れた水の体積は，192×40＝7680(cm^3)となり，水面の高さは，7680÷480＝16(cm)と求められる。

図２

毎秒192cm^3 ｝合わせて
毎秒 48cm^3 ｝200秒で15360cm^3

⑶　毎秒192cm^3，毎秒120cm^3，毎秒48cm^3の割合で入れた時間をそれぞれ○秒，□秒，△秒として図に表すと，１分44秒＝104秒より，右の図３のようになる。図３で，図形全体の面積が15360cm^3にあたるから，かげをつけた部分の面積は，15360－48×104＝10368(cm^3)となる。よって，(192－48)×○＋(120－48)×□＝10368より，144×○＋72×□＝10368となり，さらに等号の両側を72で割ると，２×○＋１×

図３

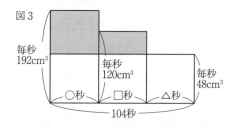

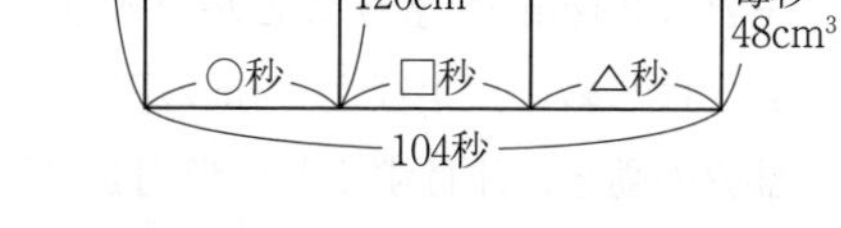

□＝144となる。次に，毎秒192cm^{3}の割合で入れた部分の水面の高さは，$(192\times○)\div480=\frac{2}{5}\times○$(cm)と表すことができるので，これが整数になるためには，○は５の倍数である必要がある。同様に，毎秒120cm^{3}の割合で入れた部分の水面の高さは，$(120\times□)\div480=\frac{1}{4}\times□$(cm)と表すことができるから，これが整数になるためには，□は４の倍数である必要がある。したがって，考えられる{○，□，△}の組み合わせは上の図４のようになる。Ⅰの場合，毎秒192cm^{3}の割合で入れた部分の水面の高さは，$\frac{2}{5}\times70=28$(cm)，毎秒120cm^{3}の割合で入れた部分の水面の高さは，$\frac{1}{4}\times4=1$(cm)なので，[え]＝28，[お]＝28＋１＝29となる。同様にして求めると，Ⅱの場合は，$\frac{2}{5}\times60=24$，$\frac{1}{4}\times24=6$より，[え]＝24，[お]＝24＋６＝30，Ⅲの場合は，$\frac{2}{5}\times50=20$，$\frac{1}{4}\times44=11$より，[え]＝20，[お]＝20＋11＝31，Ⅳの場合は，$\frac{2}{5}\times40=16$，$\frac{1}{4}\times64=16$より，[え]＝16，[お]＝16＋16＝32となる。これらのうち，[え]と[お]がともに１以上31以下の整数である組は，([え]，[お])＝(28，29)，(24，30)，(20，31)の３通りである。

図４

毎秒192cm^3(○秒)	70	60	50	40
毎秒120cm^3(□秒)	4	24	44	64
毎秒 48cm^3(△秒)	30	20	10	0
	Ⅰ	Ⅱ	Ⅲ	Ⅳ

4　平面図形─図形の移動，面積，長さ

(1)　(ア)　円Ｄの周が通過するのは，右の図①のかげをつけた部分である。これは，半径が，２＋４＝６(cm)の円から，半径が２cmの円を取り除いたものなので，面積は，$6\times6\times3.14-2\times2\times3.14=(36-4)\times3.14=100.48$(cm^2)となる。　(イ)　円Ｄの周が通過するのは，右下の図②のかげをつけた部分である。はじめに，図形全体の面積を求める。太線の上側は，半径が６cmの半円だから，面積は，$6\times6\times3.14\times\frac{1}{2}=18\times3.14$(cm^2)となる。また，太線の下側は，半径が４cmで中心角が，180－60＝120(度)のおうぎ形２個と，１辺が４cmの正三角形１個を合わせたものなので，１辺が４cmの正三角形の面積をPcm^{2}とすると，$4\times4\times3.14\times\frac{120}{360}\times2+P=\frac{32}{3}\times3.14+P$(cm^2)となる。よって，図形全体の面積は，$18\times3.14+\frac{32}{3}\times3.14+P=\frac{86}{3}\times3.14+P$(cm^2)と表すことができる。次に，白い部分の面積を求める。太線の上側は，半径が４cmで中心角が60度のおうぎ形２個の面積の和から，１辺が４cmの正三角形の面積をひいて求めることができるので，

図①

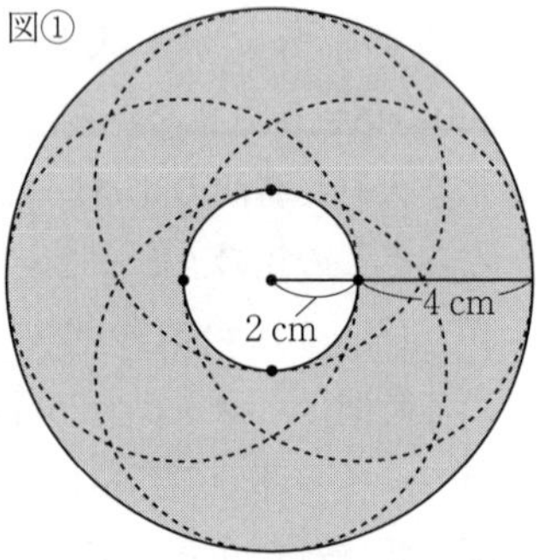

図②

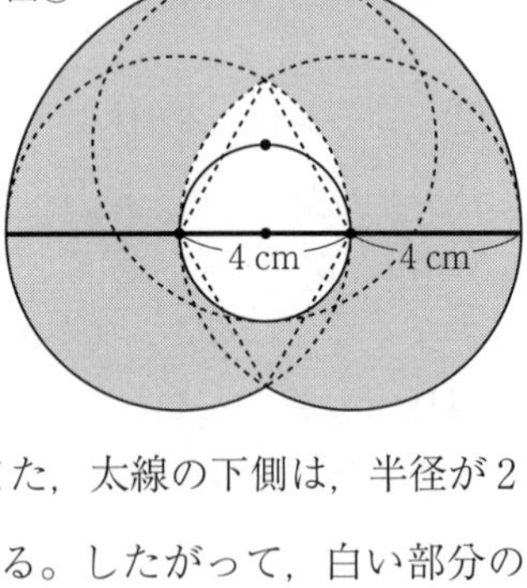

面積は，$4\times4\times3.14\times\frac{60}{360}\times2-P=\frac{16}{3}\times3.14-P$(cm^2)となる。また，太線の下側は，半径が２cmの半円だから，面積は，$2\times2\times3.14\times\frac{1}{2}=2\times3.14$(cm^2)とわかる。したがって，白い部分の面積は，$\frac{16}{3}\times3.14-P+2\times3.14=\frac{22}{3}\times3.14-P$(cm^2)と表すことができる。以上より，円Ｄの周が通過する部分の面積は，$\left(\frac{86}{3}\times3.14+P\right)-\left(\frac{22}{3}\times3.14-P\right)=\frac{86}{3}\times3.14-\frac{22}{3}\times3.14+P+P=\frac{64}{3}\times3.14+P\times2$(cm^2)と表すことができる。つまり，□にあてはまる数は，$\frac{64}{3}=21\frac{1}{3}$である。

(2)　はじめに，半径が１cmの円を回転させると，下の図③のようになる。図③で，かげをつけた部分の動きに注目すると，半円Ｅの周および内部が通過するのは，下の図④のかげをつけた部分になることがわかる。よって，必要な部分だけをかきいれると，下の図⑤の斜線《しゃせん》部分になる。次に，

図③

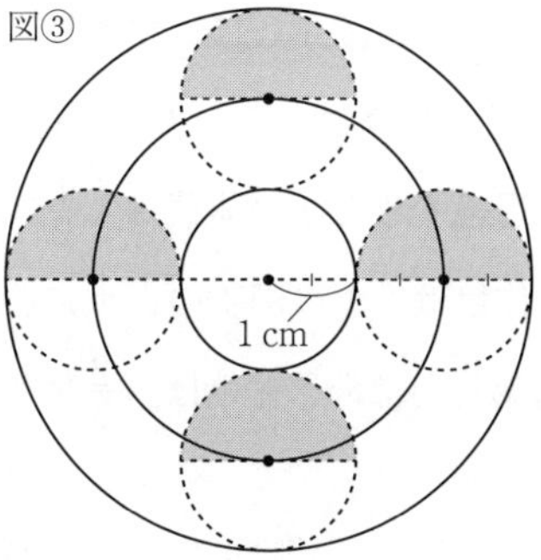

図④

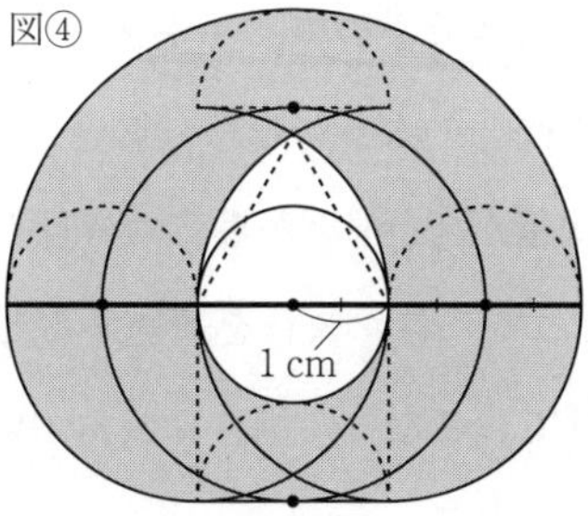

図⑤

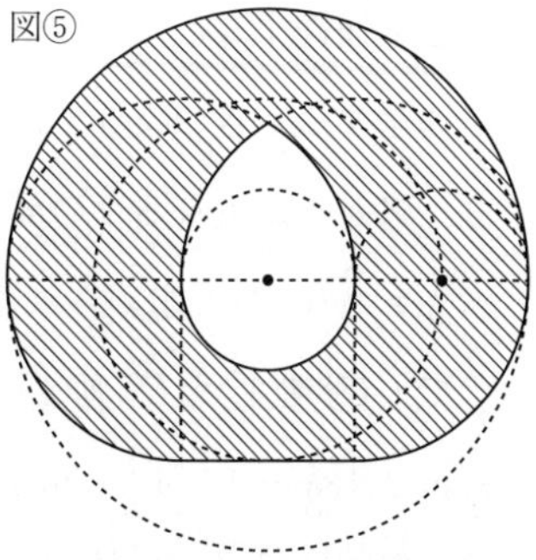

図④のかげをつけた部分の外側の周りの長さを求める。太線の上側は，半径が3 cmの半円の弧《こ》だから，長さは，$3\times2\times3.14\times\frac{1}{2}=3\times3.14$(cm)となる。また，太線の下側は，半径が2 cmの四分円の弧2個と長さ2 cmの直線1本を合わせたものなので，長さは，$2\times2\times3.14\times\frac{1}{4}\times2+2=2\times3.14+2$ (cm)となる。したがって，外側の周りの長さは，$3\times3.14+2\times3.14+2=5\times3.14+2$ (cm)と求められる。さらに，内側の周りの長さは，太線の上側は半径が2 cmで中心角が60度のおうぎ形の弧2個分であり，太線の下側は半径が1 cmの半円の弧だから，合わせて，$2\times2\times3.14\times\frac{60}{360}\times2+1\times2\times3.14\times\frac{1}{2}=\frac{4}{3}\times3.14+1\times3.14=\frac{7}{3}\times3.14$(cm)とわかる。以上より，半円Eの周および内部が通過する部分の周りの長さは，$5\times3.14+2+\frac{7}{3}\times3.14=\frac{22}{3}\times3.14+2=\frac{22}{3}\times\frac{314}{100}+2=23\frac{2}{75}+2=25\frac{2}{75}$(cm)と求められる。

5 立体図形—図形の移動，体積

⑴ 四角すいがマス目の線に沿って平行移動するときのようすを横から見ると，右の図①のようになる。図①で，両端《りょうはし》の斜線部分の体積は，四角すいの体積の半分だから，どちらも，$2\times2\times1\times\frac{1}{3}\times\frac{1}{2}=\underline{\frac{2}{3}(\text{cm}^3)}$となる。

図①

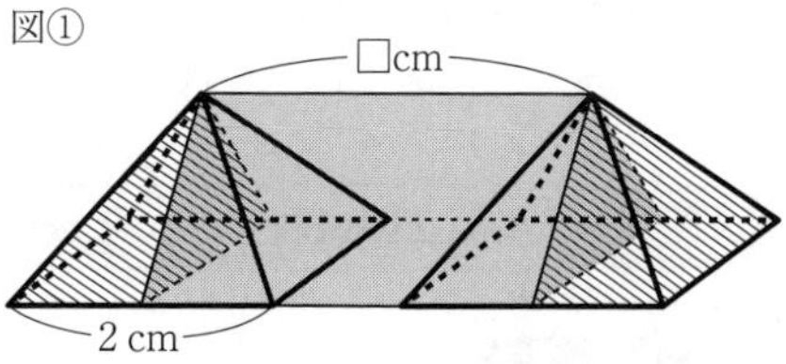

また，かげをつけた部分は，底面積が，$2\times1\times\frac{1}{2}=1$ (cm^2)で高さが□cmの三角柱である。(移動1)の場合は，□＝1になるので，かげをつけた部分の体積は，$1\times1=\underline{\underline{1(\text{cm}^3)}}$とわかる。よって，(移動1)で四角すいが通過した部分の体積は，$\frac{2}{3}\times2+1=\frac{7}{3}=2\frac{1}{3}$ (cm^3)と求められる。

⑵ 各マス目について，四角すいが通過する部分の体積を求める。はじめに，マス目の9と10，および4と8を通過するときの体積は⑴の＿であり，マス目の3と7を通過するときの体積は⑴の＝である。次に，マス目の1，2，5，6に重なるときのようすは，下の図②のようになる。マス目の5および2を通過するときの体積は，＝の半分だから，$1\div2=\frac{1}{2}$ (cm^3)となる。また，マス目

図②

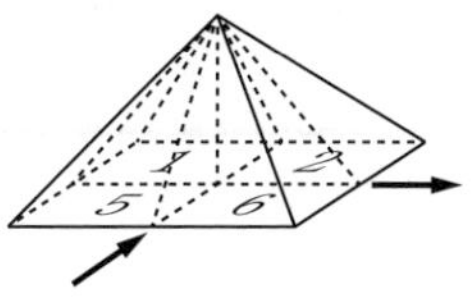

図③

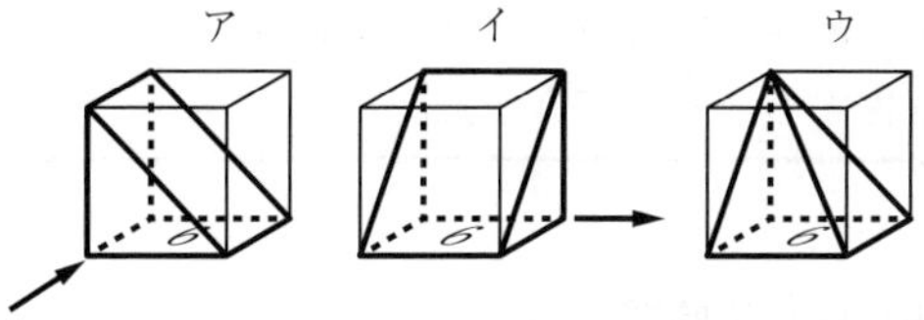

図④

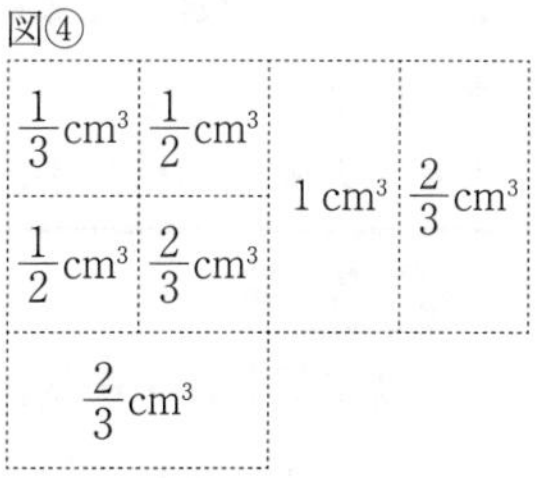

の１を通過するときの体積は，__の半分なので，$\frac{2}{3}\div 2=\frac{1}{3}$(cm^3)とわかる。さらに，マス目の６を通過するときのようすは，上の図③のようになる。図③で，アとイの体積はどちらも$\frac{1}{2}$cm^{3}であり，アとイが重なるウの部分の体積が$\frac{1}{3}$cm^{3}だから，マス目の６を通過するときの体積は，$\frac{1}{2}\times 2-\frac{1}{3}=\frac{2}{3}$(cm^3)と求められる。よって，各マス目を通過するときの体積は，上の図④のようになるので，（移動１）と（移動２）を続けておこなった場合に四角すいが通過した部分の体積は，$\frac{2}{3}\times 3+\frac{1}{2}\times 2+\frac{1}{3}+1=4\frac{1}{3}$(cm^3)と求められる。

(3)　最初は右の図⑤のⅠのように見え，（移動１）をおこなうとⅡの位置まで移動する。また，（移動２）をおこなっても見え方は変わらず，（移動３）をおこなうとⅢの位置まで移動する。よって，通過した部分を㋐の方向から見たようすは，右の図⑥のようになる。次に，問題文中の図３からわかるように，（移動３）で通過する部分の体積は，たて２cm，横２cm，高さ１cmの直方体の体積と四角すいの体積の和になるので，$2\times 2\times 1+2\times 2\times 1\times\frac{1}{3}=\frac{16}{3}$(cm^3)と求められる。したがって，各マス目を通過するときの体積は右の図⑦のようになるから，（移動１）と（移動２）と（移動３）を続けておこなった場合に四角すいが通過した部分の体積は，$\frac{2}{3}\times 2+\frac{1}{2}\times 2+\frac{1}{3}+\frac{16}{3}=8$(cm^3)である。

図⑤

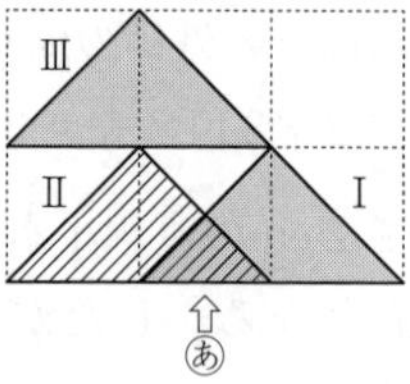

図⑥

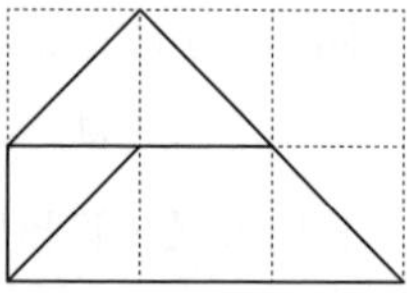

図⑦

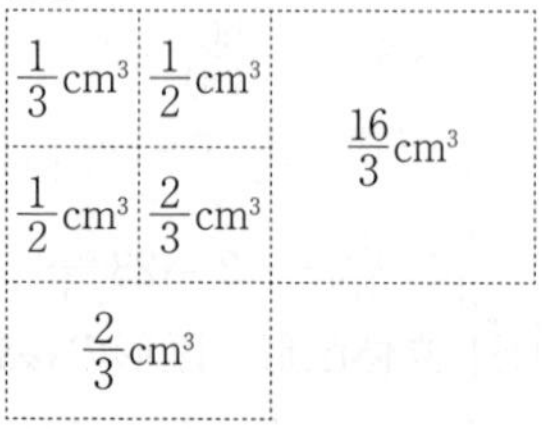

社　会　＜第２回試験＞（40分）＜満点：100点＞

解　答

1　**問１**　鎮守　**問２**　牛　**問３**　遣唐使　**問４**　長州（藩）　**問５**　イ　**問６**　ア　**問７**　エ　**問８**　ア　**問９**　１万石　**問10**　イ　**問11**　ウ　**問12**　エ　**問13**　(a)　ショーウインドウ　(b)　台場　**問14**　イ，エ　**問15**　琵琶　**2**　**問１**　１　**問２**　内閣総理大臣　**問３**　(a)　少数　(b)　三権分立　(c)　期限　(d)（例）法律を制定する。　**3**　**問１**　ウ　**問２**　**A**（例）休業した　**B**（例）オンライン書店　**問３**　**C**（例）道路　**D**（例）社会生活の基盤　**問４**　イ　**問５**　ウ　**4**　**問１**　**1**　モータリゼーション　**2**　ハブ　**問２**　ウ　**問３**　イ　**問４**　イ　**問５**　ア　**問６**　ウ　**問７**　エ　**問８**　**松本**…オ　**宮崎**…ア　**問９**　イ　**問10**（例）（新たにリニア中央新幹線が開通することで，）災害や事故などが起きて東海道新幹線が不通になった場合でも，東京・名古屋・大阪間の移動手段を確保することができる点。

解　説

1　**史跡や博物館・美術館を題材にした問題**

問１　特定の地域を守る神様やその神様をまつった神社を鎮守《ちんじゅ》といい，その周りにある樹林を「鎮守の森」という。

問２　各地の天満宮には，伏《ふ》せている牛の像が置かれていることが多い。

問３　894年，朝廷は数十年ぶりに遣唐使を派遣することを決定し，菅原道真《すがわらのみちざね》を遣唐大使に任命したが，道真は航海が危険であることと唐(中国)の国内が乱れていることなどを理由に派遣の中止を提案し，認められた。

問４　1863年，長州藩(山口県)は攘夷《じょうい》(外国勢力を排除し，外国人を日本から追い払うこと)を実行するため，関門海峡を通る外国船を砲撃した。その報復として，翌64年，イギリス・アメリカ(合衆国)・フランス・オランダの４か国連合艦隊が下関の砲台を攻撃・占領した。同じころ，長州藩は京都での力を取り戻《もど》すために京都に出兵し，幕府方の会津《あいづ》藩(福島県)や薩摩《さつま》藩(鹿児島県)と戦ったが敗れた。これを禁門の変(蛤御門《はまぐりごもん》の変)という。

問５　大宰府《だざいふ》(福岡県)は，桓武天皇が在位した平安時代ではなく，飛鳥時代に設置された。663年に白村江《はくすきのえ》の戦いで唐・新羅《しらぎ》の連合軍に敗れた日本は，防備の必要から水城《みずき》を築き，沿岸部の守りを固める中で大宰府もつくられたと考えられている。奈良時代になると，外交や九州の支配・防衛を行うようになり，「遠《とお》の朝廷《みかど》」とよばれた。イは胆沢《いさわ》城・志波《しわ》城(いずれも岩手県)について述べた文である。

問６　ア　銅鏡は弥生時代に用いられた青銅器の一つで，権威《けんい》の象徴《しょうちょう》や魔除《まよ》けとして用いられた。鏡面は，カタバミやザクロなどを用いて，つるつるになるまで磨き上げられた。　イ　前方後円墳がつくられたのは，古墳時代のことである。　ウ「漢」ではなく「魏《ぎ》」が正しい。　エ　奈良時代には，和同開珎《かいちん》などの貨幣《かへい》を所有している枚数に応じて官位を与える制度があった。

問７　ア　室町幕府の第８代将軍足利義政は，京都の北山ではなく東山の別荘に，書院造の様式を用いて銀閣(慈照《じしょう》寺)を建てた。なお，第３代将軍足利義満は，京都の北山の別荘に，寝殿造と禅宗様(唐《から》様)の様式を用いて金閣(鹿苑《ろくおん》寺)を建てた。　イ　千利休《せんのりきゅう》は，安土桃山時代に茶の湯を大成した。なお，枯山水《かれさんすい》は室町時代に発達した庭園様式で，龍安寺《りょうあんじ》(京都府)の石庭などが知られている。　ウ　観阿弥《かんあみ》・世阿弥《ぜあみ》父子が大成したのは，静かに舞《ま》う能である。歌舞伎《かぶき》は安土桃山時代に出雲《いずも》(島根県東部)の阿国《おくに》とよばれる女性が始めた歌舞伎踊《おど》りに起源を持つ芸能で，江戸時代に演劇として完成した。　エ　狩野《かのう》派の説明として正しい。

問８　相模《さがみ》国(神奈川県)の小田原城を本拠《ほんきょ》地として関東地方に勢力を広げた戦国大名の北条氏は，15世紀末の北条早雲《そううん》を祖とし，５代にわたって栄えたが，1590年に豊臣秀吉によって滅《ほろ》ぼされた。この北条氏は，鎌倉時代の執権《しっけん》北条氏とはつながりがないため，これと区別して「後北条氏」，「小田原北条氏」ともいわれる。なお，イは大内義隆《よしたか》や大友義鎮《よししげ》(宗麟《そうりん》)など，ウは武田勝頼《かつより》について述べた文。エについて，豊臣秀吉による２度にわたる朝鮮出兵(1592～93年の文禄《ぶんろく》の役と，1597～98年の慶長《けいちょう》の役)は，北条氏が滅んだあとのできごとである。

問９　江戸時代の大名は，石高１万石以上の領地を与えられた者で，徳川将軍家の一族である親藩，関ヶ原の戦い(1600年)以前より徳川家につかえていた譜代《ふだい》大名，関ヶ原の戦い以後に徳川家に従った外様《とざま》大名の３種類に区別され，統制された。また，将軍直属の石高１万石未満の家臣(武士)のうち，将軍には直接会うこと(お目見え)ができない身分を御家人，将軍に会うことができる身分を旗本といった。

問10　ア　享保《きょうほう》の改革を行った江戸幕府の第８代将軍徳川吉宗は，農民からの年貢を豊作・凶作《きょうさく》に関係なく定率で徴収する定免《じょうめん》法を採用し，それまでの四公六民を五公五民とする大増税を行った。また，足高《たしだか》の制を実施して，経費の節約と人材の登用をはかった。　イ　田沼意次《おきつぐ》は，18世紀後半に老中になると，商人の経済力を利用するために，商工業者の組合である株仲間の結成を積極的に認め，そのかわりに税を取り立てて幕府の収入を安定させようとした。また，銅や海産物の輸出をさかんにし，千葉県北部の印旛《いんば》沼・手賀《てが》沼の干拓や鉱山の開発をすすめた。　ウ　倹約《けんやく》令や出版物の統制令は，江戸時代を通じて繰《く》り返し出された。吉宗のほか，寛政《かんせい》の改革を行った老中松平定信や，天保《てんぽう》の改革を行った老中水野忠邦《みずのただくに》なども出している。　エ　水野忠邦は上知(上地)令を出したが，大名たちの反発を買って失敗した。

問11　富士山(静岡県・山梨県)は，かつてUNESCO《ユネスコ》(国連教育科学文化機関)の世界自然遺産への登録を目指していたが，開発がすすみすぎていることや，ゴミが大量にあって景観を損ねていることなどの理由で断念し，世界文化遺産への登録を目指すことに切りかえて活動した結果，2013年，「富士山─信仰の対象と芸術の源泉」として世界文化遺産に登録された。

問12　図２のような字型のことを活字といい，活字を組み合わせてつくった版を用いて印刷する図１のような印刷方式を活版印刷という。日本では，明治時代に本格的に活版印刷が始まった。

問13　(a)　商店やデパートなどに設置されている，商品を並べて通行人にみせるためのガラス張りの大きな窓をショーウインドウという。また，商品をながめながら街をぶらぶらすることを，ウインドウショッピングという。　(b)　1853年，アメリカの東インド艦隊《かんたい》司令長官ペリーが４隻《せき》の軍艦を率いて浦賀《うらが》(神奈川県)に来航。開国を要求するアメリカ大統領の国書を江戸幕府の役人に手渡した。ペリーの来航に危機感を持った幕府は，大砲をつくって品川沖に築いた５つの台場(砲台)にすえた(～54年)。

問14　1970年，大阪で日本万国博覧会(大阪万博)が開かれた。これ以前のできごとは，1964年の東京オリンピックと，1956年の日本の国際連合加盟である。なお，アは1973年，ウは1995年，オは1989年のできごと。

問15　資料の絵の右端の妖怪《ようかい》の顔は，琵琶になっている。琵琶は，西アジアからシルクロードを経て中国に伝わり，そこから日本にもたらされたといわれる弦楽器で，弦をはじくことで音が出る。『平家物語』などの語りの伴奏や，雅楽《ががく》の演奏のさいの合奏楽器の一つなどとして，幅広く用いられてきた。

2　日本国憲法第52条～第54条についての問題

問１　常会(通常国会)は，毎年１月から150日間にわたって開かれる国会で(１回に限り延長可能)，おもに次の年度の予算について話し合われる。

問２　下線部の国会は特別会(特別国会)。特別会が召集《しょうしゅう》されると，それまでの内閣が総辞職し，日本国憲法第67条の規定により，内閣総理大臣が国会議員の中から国会の議決で指名される。

問３　(a)　政権を担当する多数派の政党を与党，それ以外の政党を野党という。憲法第53条の規定では，野党の要求でも国会開催を可能にするために，召集の要件を「総議員の４分の１以上」としているが，与党で構成された内閣が国会を召集しないのであれば，少数派の国会議員の意見を国会に反映させる機会が失われてしまう。　(b)　日本では，法律をつくる立法権は国会が，法律にもとづいて実際に政治を行う行政権は内閣が，法律にもとづいて裁判を行う司法権は裁判所が受け持っている。これを三権分立といい，国民の自由や権利を守るため，相互に抑制《よくせい》して行き過ぎのないようにおさえ合うしくみをとっている。　(c)　憲法第54条１項では，特別会は総選挙の日から30日以内に召集しなければならないと定められているが，憲法第53条では，臨時会の召集を決定することのみが書かれ，“○○日以内”という期限が規定されていない。　(d)　国の最高法規である憲法は，政治の根本を定めたものなので，その詳細や具体的なことがらについては，法律によって決めればよい。

3　新型コロナウィルスの影響についての問題

問１　Ⅰ　インターネット上の不特定多数の人々の間で情報の共有・拡散が生まれるメディア(情報媒体《ばいたい》)を，ソーシャルメディアという。「ソーシャル」は，「社会的な」という意味の英語である。また，インターネット上で多くの人々が自由に情報の発信を行うことで，双《そう》方向のコミュニケーションができるサービスを総称してSNS(ソーシャル・ネットワーキング・サービス)といい，Twitter《ツイッター》やYouTube《ユーチューブ》のほか，LINE《ライン》，Instagram《インスタグラム》，Facebook《フェイスブック》，TikTok《ティックトック》などが知られている。ソーシャルメディアには，上記のSNSのほか「食べログ」(飲食店の評判を共有するサイト)などもふくまれる。なお，新聞，雑誌，テレビ，ラジオなどは，多くの人(マス)に情報を伝達するメディアであることから，マスメディアとよばれる。　Ⅱ　「偽《にせ》の」という意味の英語をフェイクといい，いかにも本当のように見せかけているが事実ではないニュースを「フェイクニュース」という。
Ⅲ　「事実」という意味の英語をファクトといい，情報をうのみにするのではなく事実であるかどうかを確認する「ファクトチェック」が重要になっている。

問２　**A**　2020年４月に緊急《きんきゅう》事態宣言が発令されると，生活必需《ひつじゅ》品を販売する店舗《てんぽ》以外は休業を要請《ようせい》され，多くの店がそれに従った。　**B**　緊急事態宣言の発令期間中，国民の多くは不要不急の外出を控《ひか》えるよう求められたため，インターネットで商品を購入する人が増えた。したがって，国全体でみたときに４月にどれだけ本が売れたかを知るためには，オンライン書店のデータも併《あわ》せて検討してみる必要がある。

問３　人々が日常生活を送るための基盤となる設備や施設のことを(社会)インフラストラクチャー(インフラ)という。道路，鉄道，港湾，空港，通信網《もう》，上下水道，電気，ガス，病院などがこれにあたる。

問４　特別定額給付金は，緊急事態宣言の発令により停滞《ていたい》した経済活動を支援するために支給された。つまり，この給付金で物やサービスを買って経済を回すことが求められているので，イのように貯金することは適切とはいえない。

問５　４社とも2020年３月ごろに最安値をつけ，これ以降，A社以外は上昇傾向《けいこう》にあるが，A社は株価が戻っていない。このA社は，人々の外出の機会が減ったことにより需要《じゅよう》も減った化粧《けしょう》品メーカーだと考えられる。

4　移動を題材にした問題

問１　**1**　自動車が広く一般国民に普及《ふきゅう》し，生活必需品になることをモータリゼーションといい，日本では1970年代に自動車の普及率が急激に増加した。モータリゼーションにより生活様式に変化がもたらされ，郊外が発展する一方，交通渋滞《じゅうたい》や大気汚染《おせん》が引き起こされている。　**2**　地域の中心を担って放射状に多くの路線を持ち，乗りかえや貨物の積みかえの拠点《きょてん》として機能する空港を，ハブ空港という。その空港からほかの空港へ航空路が放射状に広がるようすが，自転車の車輪のハブ(中心部分)とスポーク(ハブと外周をつなぐ金属棒)のようにみえることから，このように名づけられた。イギリスのロンドン・ヒースロー空港，アメリカのシカゴ・オヘア国際空港，シンガポールのチャンギ国際空港などが知られている。

問２　小麦は西アジアを原産地とする穀物で，秋に種をまく冬小麦と春に種をまく春小麦がある。寒さや乾燥に強く，世界の広い地域で生産されている。なお，アは米，イはトウモロコシ，エはサトウキビについて述べた文。

問３　豚はイノシシを家畜化したもので，イスラム教では宗教上の理由で豚肉を食べることが禁じられている。なお，アはラクダ，ウは牛，エは犬について述べた文。

問４　レジ袋は国内で年間に出るプラスチックゴミの２％程度とみられており，海洋をただようプラスチックゴミに占《し》める割合が少ないと考えられるので，イが誤っている。

問５　ア　石油成分をふくむ砂岩をオイルサンドといい，おもにカナダやベネズエラで産出されている。一時は開発がさかんになったが，採掘《さいくつ》コストが高いことや環境への悪影響が問題となり，期待がうすれつつある。　　イ　海底や永久凍土《とうど》の下などに存在する，メタンと水が混じった氷状の物質をメタンハイドレートという。火を近づけると燃えるので，「燃える氷」ともよばれる。西日本の太平洋側の沖合や上越沖などで存在が確認されており，新しいエネルギー源として期待されているが，採掘に高度の技術を要することや，メタンが温室効果ガスでもあることなどから，課題も多い。なお，天然ガスはメタンなどを主成分とする気体で，日本は天然ガスを輸入にたよっている。　ウ　日本の電力の中心は火力発電である。　　エ　石炭は，燃焼時に多くの二酸化炭素を排出するので，環境負荷が高い。

問６　ア　「北九州工業地域」ではなく「瀬戸内工業地域」が正しい。なお，北九州工業地域は，官営の八幡製鉄所の設立をきっかけに，鉄鋼業を中心として発展した。　　イ　瀬戸内工業地域に掘《ほ》り込《こ》み式港湾はつくられていない。なお，掘り込み式港湾としては，鹿島臨海工業地域にある鹿島港(茨城県)や，苫小牧《とまこまい》港(北海道)，新潟東港(新潟港の東港区)などが知られている。　　ウ　中京工業地帯は，愛知県瀬戸市や岐阜県多治見《たじみ》市を中心とする陶磁器《とうじき》製造から発展した。現在は，愛知県豊田市を中心とする自動車製造がさかんで，工業生産額は全工業地帯・地域の中で最も多い。　エ　「京浜工業地帯」ではなく「阪神工業地帯」が正しい。

問７　2003年，国連の安全保障理事会においてアメリカとイギリスは，イラクが大量破壊兵器を保有しているとしてイラクへの即時《そくじ》攻撃を主張し，同年３月，国連決議を得ないままイラクへの武力攻撃にふみきった(イラク戦争)。この戦争の影響により，日本人の海外への出国数は大幅に減った。なお，アのバブル景気の破綻《はたん》は1991年，イの第２次石油危機は1979年，ウのリーマンショックは2008年のできごと。

問８　松本(長野県)は中央高地(内陸性)の気候に属し，夏と冬の気温差が大きく，年間を通して降水量が少ないので，オとなる。また，宮崎は太平洋側の気候に属し，梅雨前線や台風の影響を受けて夏の降水量が多いので，アとなる。なお，イは富山，ウは高松(香川県)，エは那覇《なは》(沖縄県)の雨温図。

問９　図Ⅱで，元住吉駅を通る線路の東側にほぼ並行して走る道路には，交番(Ｘ)がある。そして，その東には学校(⊗)があり，病院(⊕)は北にある。よって，イが誤っている。

問10　2011年に発生した東日本大震災により，災害に備えることの重要性が再認識された。日本の三大都市圏《けん》の機能を麻痺《まひ》させないためにも，東海道新幹線と別ルートで東京・名古屋・大阪を結ぶリニア中央新幹線のはたす役割は大きいと考えられている。

理 科 ＜第２回試験＞（40分）＜満点：100点＞

解 答

1 ⑴ **あ** 立春 **う** 冬至 **お** 春分 ⑵ **い** (ウ) **え** (ア) ⑶ (a) 2025年
(b) 1897年 ⑷ (a) (ウ) (b) (ウ) (c) (イ) (d) (イ) (e) (カ) ⑸ (オ) ⑹ (イ)
2 ⑴ (a) 24時間 (b) (オ) (c) (オ) ⑵ デブリ ⑶ (a) (ア) (b) (ウ) (c) (カ)
3 ⑴ (オ) ⑵ (イ) ⑶ (ア) ⑷ (ウ) ⑸ (エ) ⑹ (a) 34000 g (b) 6732 g
⑺ ① 0.66 ② 6.82 **4** ⑴ (a) (エ), (カ) (b) (ウ), (オ) (c) (エ) (d) (カ)
⑵ (エ) ⑶ (a) にげみず (b) (ク) (c) (ア), (エ)

解 説

1 節分についての問題

⑴, ⑵ 旧暦《きゅうれき》では春が始まる日を立春といい，節分は立春の前日にあたる。立春は，冬至《とうじ》(2020年は12月21日)と春分(2021年は３月20日)のちょうど中間の日である。また，冬至は太陽が１年のうちで最も南寄りの方角から昇《のぼ》る日で，春分は太陽が真東から昇る日である。

⑶ (a) ４で割ったときに余りが１になる年は，４年ごとにあらわれる。よって，2021年の次に節分が２月２日になる年は，西暦，2021＋４＝2025(年)である。 (b) 1901年から2020年までは，立春の日が２月３日になることはなかったと述べられている。また，1900年は４で割り切れる年なので，その３年前は，４で割ったときに余りが１になる年である。したがって，2021年よりも前で最後に節分が２月２日だった年は，西暦，1900－３＝1897(年)と求められる。

⑷ (a) まだ熟していないダイズをさやごと切り取ったものを枝豆という。なお，納豆《なっとう》は納豆菌《きん》のはたらきでダイズの種子をゆでて発酵《はっこう》させたもの。花豆はベニバナインゲンの別名で，大形の豆を食用とする。小豆《あずき》は小形の豆で，つぶあん，こしあんなどの原料となる。 (b) ダイズは胚乳《はいにゅう》のない無胚乳種子であるため，発芽に必要な養分は子葉にたくわえられている。また，養分にはたん白質が多く含《ふく》まれている。 (c) ダイズの種子が芽生えると，根が伸《の》びて種子を地中から持ち上げる。その後，種皮が落ちて２枚の子葉の間から本葉が伸びてくる。 (d) ダイズの花は左右対称《たいしょう》な形をしていて，中央がくびれた紫色《むらさきいろ》をしている１枚の花びらと，白い小さな４枚の花びらからできている。 (e) ラッカセイは，花が咲《さ》くと花の根元が伸びて先端《せんたん》が地面の中に突《つ》き刺《さ》さる。その後，地下でさやがふくらみ，中に種子ができる。

⑸ ヒイラギの葉は，縁《ふち》に鋭《するど》い棘《とげ》があり，表側の面がつやつやしている。なお，クリスマスのときに飾《かざ》るリースに使われるのはセイヨウヒイラギで，ヒイラギとよく似ているが別種である。

⑹ 節分の風習として，節分の日の夕方，葉のついたヒイラギの枝に焼いたイワシの頭を刺したもの(柊鰯《ひいらぎいわし》)を家の入り口に立てておくというものがある。なお，江戸時代には，うるし，茶，こうぞ，藍《あい》，紅花，綿，麻《あさ》，たばこなどが商品作物(商品として売る作物)として栽培《さいばい》され，イワシを干した「干鰯《ほしか》」や，菜種や大豆から油を搾《しぼ》ったあとの搾りかすである「油かす」などの金肥《きんぴ》(お金で買い求める肥料)が，おもに商品作物の肥料として広く用いられるようになった。

2 人工衛星についての問題

⑴ (a) 静止衛星は，赤道上空にあって，つねに同じ位置にいるように地球の自転にあわせて地球のまわりを回っている。つまり，地球の自転周期と同じ24時間で公転する。 (b) 図１で，公転周期が24時間のときの高度を読み取ると，およそ36000kmとなる。 (c) 静止衛星が公転する軌《き》道《どう》の直径はおよそ，(6400＋36000)×２＝84800(km)なので，静止衛星が公転している速さは時速およそ，84800×3.14÷24＝11094.6…(km)となる。よって，(オ)が選べる。

⑵ 人工衛星を打ち上げたときに使用したロケットの残がいや部品，役割を終えて使われなくなった人工衛星など，地球のまわりの宇宙空間にただようゴミはスペースデブリとよばれる。

⑶ (a) 図２の右側の図より，国際宇宙ステーション(ISS)が観測者の真上を通る地点は，緯度《いど》が０度(赤道上)から南北に51.6度までの範囲《はんい》になる。したがって，図３でこの範囲にあり，北緯51.6度に最も近いパリがあてはまる。 (b) ISSの高度は約400kmなので，図１のあとの表より，公転周期は1.5時間である。そして，ISSが地球を西から東に１周する1.5時間の間に，地球は西から東に，360÷24×1.5＝22.5(度)自転する。よって，シンガポールから西に経度が22.5度離《はな》れている(ウ)がふさわしい。 (c) (a)で述べたように，ISSが観測者の真上を通る地点は，緯度が０度(赤道上)から南北に51.6度までの範囲になる。また，(b)より，ISSが地球を西から東に半周する間に，地球は西から東に，22.5÷２＝11.25(度)しか自転しないので，地球からISSを見ると，西から東に移動する。したがって，(カ)が選べる。

3 硬貨《こうか》についての問題

⑴〜⑶ 日本で現在発行されている硬貨の直径，重さ，材質は，右の表のようになっている。

	直径	重さ	材質
1円	20 mm	1 g	アルミニウム
5円	22 mm	3.75 g	黄銅(銅と亜鉛の合金)
10円	23.5mm	4.5 g	青銅(銅と亜鉛とスズの合金)
50円	21 mm	4 g	白銅(銅とニッケルの合金)
100円	22.6mm	4.8 g	白銅(銅とニッケルの合金)
500円	26.5mm	7 g	ニッケル黄銅(銅と亜鉛とニッケルの合金)

⑷ 10円硬貨には，平等院鳳凰《ほうおう》堂(京都府)が刻印されている。

⑸ 銅と亜鉛《あえん》の合金を黄銅(真鍮《しんちゅう》)といい，これにニッケルを加えた合金を貨幣《かへい》の分野ではニッケル黄銅という。

⑹ (a) 1 m^2は，100×100＝10000(cm^2)で，0.01mmは，0.01÷10＝0.001(cm)なので，生成した緑《ろく》青《しょう》の体積は，1000×10000×0.001＝10000(cm^3)である。また，緑青の密度《みつど》(1 cm^3あたりの重さ)は3.4 g/cm^3とある。よって，生成した緑青の重さは，3.4×10000＝34000(g)と求められる。 (b) (a)で生成した緑青には，$34000\times\frac{54}{575+9+54+362}=1836$(g)の炭素が含まれているので，この緑青が生成するためには，$1836\times\frac{3+8}{3}=6732$(g)の二酸化炭素が反応する必要がある。

⑺ ① 10円硬貨５枚の体積は，53.3−50＝3.3(mL)で，1 mL＝1 cm^3だから，実験に用いた10円硬貨１枚の平均の体積は，3.3÷５＝0.66(cm^3)と求められる。 ② 10円硬貨１枚の平均の重さは，22.5÷５＝4.5(g)だから，4.5÷0.66＝6.818…より，10円硬貨１枚の平均の密度は6.82 g/cm^3となる。

4 光の進み方についての問題

⑴ (a) 光が水中から空気中に斜《なな》めに進むとき，(エ)のように，光は水面に近づくように屈折《くっせつ》して進む。また，光が反射するとき，反射面に垂直に引いた線と入射光線，反射光線がつくる角度をそれ

ぞれ入射角，反射角といい，(カ)のように，入射角と反射角が等しくなる。　**(b)**　図1の入射角が0度のとき，屈折角も0度となる(つまり，光は直進する)。その後，入射角を徐々《じょじょ》に大きくしていくと，屈折角も徐々に大きくなっていく。そして，入射角がおよそ48度になったときに，屈折角が90度になる。よって，(ア)，(イ)は誤っていて，(ウ)は正しい。(ア)は，光が水中から空気中へ向かう場合とあるため，光が空気中に出ていかずに全反射する場合の入射角も含むものとする。また，光は進んできた道筋をたどって逆方向に進むことができるという性質(逆進性)があるので，光が空気中から水中に進むとき，屈折角は最小は0度で最大で48度となる。したがって，(エ)，(カ)は誤っていて，(オ)は正しい。　**(c)**　(b)より，入射角がおよそ48度よりも大きいときは，全反射が起こる。よって，図2の魚が上の方向を見ると，空気中の部分のうち，真上やその周辺の部分(入射角がおよそ48度よりも小さくなる部分)は見えるが，その外側の部分では全反射が起こる。したがって，入射角が50度である点Aでは全反射が起こるので，魚には漁師は見えない。また，(b)で述べた光の逆進性により，漁師にも魚は見えない。　**(d)**　(c)より，魚の真上やその周辺の部分を隠《かく》せば，魚からは空気中の部分がすべて見えなくなり，逆に，空気中のどこから見ても魚が見えなくなる。よって，半径が，80÷2＝40(cm)の円形の板を魚の真上に浮《う》かべると，最小の面積で，空気中のどこから見ても魚を見えなくすることができる。

(2)　同じ体積で比べると，温度の高い空気の重さは冷たい空気よりも軽くなる。そのため，光が温度の低いところから高いところに斜めに入るときには，光が水中から空気中に斜めに進むときと同じように，境界面に近づくように屈折する。したがって，光は(エ)のように，連続して境界面に近づくように屈折して進む。

(3)　**(a)**　風のない暑い日に，アスファルトの道路などで，遠くに水たまりがあるかのように見える現象を，逃《に》げ水という。近づくと水たまりが逃げるように見えることから，この名がつけられている。　**(b)**　図5で，車から出た光は，(2)の(エ)のように，Cの経路を通って道路に近づく。また，光が道路から離れるときには，空気の温度がしだいに低くなり，連続して境界面から遠ざかるように屈折して進むので，光はFのような経路を通る。　**(c)**　(ア)の島浮き(浮島)は，海岸や湖で遠くの島などが海面や湖面から浮き上がっているように見える蜃気楼《しんきろう》で，逃げ水と同じように，水面近くの空気が暖かく，上空の空気が冷たいときに起こる。また，(エ)の不知火《しらぬい》は，九州の有明海や八代《やつしろ》海で見られる蜃気楼で，夜間に沖合で漁をする漁船がたく火の明かりが海岸までとどく間に複雑に屈折し，無数のまたたく火として海岸から見えるものである。なお，(イ)の御神渡《おみわた》りは，全面結氷した湖面の一部が盛り上がる現象で，諏訪《すわ》湖(長野県)のものがよく知られている。(ウ)のダイヤモンドダストは，冬の非常に寒いときに，空気中の水分がこおってキラキラと輝《かがや》きながら浮かぶ現象。(オ)のオーロラは，太陽から飛んできた電気を帯びた粒子《りゅうし》が，地球の北極や南極近くで磁力に引かれて空気の粒子にぶつかることで，薄《うす》く光る現象。(カ)のグリーンフラッシュは，太陽が沈《しず》む直前や昇った直後に，緑色の光が一瞬《いっしゅん》だけ輝く現象である。

国語 ＜第２回試験＞（60分）＜満点：150点＞

解答

一 下記を参照のこと。

二 ① おそし ② なき ③ かず ④ なり ⑤ ならず

三 **問１** **A** （か）まけ（て） **B** （た）たえ（て） **問２** ウ **問３** イ **問４** （例） 祖母に迫る死を認めるのが辛かったから。 **問５** ウ **問６** ウ **問７** （例） 孫を力づけられない自分の不甲斐なさ。 **問８** （例） 頑張って泣かずに強くなるための心の支え **問９** （例） ぼくはもう泣き虫の弱虫じゃなく，大切なものを守るためなら頑張れるんだということ。

四 **問１** ア **問２** イ，エ **問３** オ **問４** （例） 人間としてのアイデンティティを失い，視点も思考も完全にトナカイのものになること。 **問５** オ **問６** ウ **問７** （例） 多様な動植物や事物とのやりとりのなかで生きる人間と，自然との関係を，種間のかかわりという観点からとらえ直すべきである。

●漢字の書き取り

一 ① 高潔 ② 負担 ③ 筆頭 ④ 束 ⑤ 益

解説

一 漢字の書き取り

① 損得で動かない潔いようす。 ② 重すぎる仕事や責任。 ③ 名前を書きつらねた中で第一番にくるもの。 ④ 音読みは「ソク」で，「結束」などの熟語がある。 ⑤ 役に立つこと。ためになること。

二 ことばの知識

① A 「今し方」は，“ほんの少し前”，“ついさっき”という意味。 B 「今や遅《おそ》しと」は，早くそうなることを待ち望むようす。 ② A 「事のついで」は，ほかのことを行う中で一緒《いっしょ》に処理するようす。 B 「事なきを得る」は，“大きな事故や面倒《めんどう》な事態にならずにすむ”という意味。 ③ A 「物怖《ものお》じする」は，“恐《おそ》れてしりごみする”という意味。 B 「物の数ではない」は，“数え上げるほどの値打ちもない”，“問題にする必要もない”という意味。 ④ A 「人知れぬ」は，人に知られることがないようす。 B 「人となり」は，その人に生まれつき備わった性質。 ⑤ A 「心おきなく」は，安心してできるようす。 B 「心ならず（も）」は，本心ではなく，やむをえずそうなるようす。

三 出典は村山早紀《むらやまさき》の『魔女《まじょ》たちは眠《ねむ》りを守る』による。空哉《そらや》はいとこの陸緒《りくお》の家を訪ねて祖母の容体が悪いことを知り，十年前の祖母の姿を思い返す。

問１ **A** 「かまける」は，“一つのことに心を取られて，ほかがおろそかになる”という意味。 **B** 「たたえる」は，“あふれるほど満たす”という意味。ここでは，午後の光が満ちた部屋で，そのいっぱいの光が鏡に差して反射するようすを表している。

問２ 続く部分に，「水の中を静かにのぞき込《こ》んでそっと手を入れれば，ひとつひとつ拾い上げることができるようにそこにある」とあるので，「水底にある小石」がふさわしい。なお，オも「水の中」にあるものだが，プランクトンは一般《いっぱん》には非常に小さいので，「拾い上げる」という表現には合わない。

問３　ア　陸緒は祖母が死に向かっていることを「辛《つら》い」と感じているが，「重荷に感じて」はいない。　イ　陸緒は，具合が悪かった猫《ねこ》のシロタの面倒を二人でみていた昔のことを思い出し，空哉がいたから「頑張《がんば》れた」と言っている。同様に，これから「どんどん悪く」なるばかりの高齢《こうれい》の祖母に寄りそっている「きつい」状態のところへ，空哉が来てくれてよかったと思っているので，あてはまる。　ウ　陸緒の辛さは精神的なものが原因であり，「祖母の世話」が原因ではない。エ　陸緒は「年齢的には奇跡《きせき》は起こらないってわかってる」と言っており，「祖母が助かる可能性があるのではないか」とは考えていない。　オ　陸緒が「頼《たよ》りにしていた祖母の死後を想像」しているようすは描《えが》かれていない。

問４　「話」とは，すぐ前で陸緒が言った「生きているものはみんな，病《や》むし，いずれは死んでいなくなる。その繰《く》り返しだってわかってて，頭では理解してるのに，辛いものだよな」のこと。これをふまえ，「祖母の死が迫《せま》る現実が耐《た》えがたかったから」のようにまとめる。

問５　「魔女の家」や「魔法の薬」が実在しないことを，空哉は理解している。それでも，“魔女や薬が実在すれば，祖母や白猫の病状がよくなるのに”と思っているのだから，ウがよい。なお，イとオは，魔女や薬の実在を信じている内容だから，ふさわしくない。また，アの「今はただ祖母との懐《なつ》かしい記憶《きおく》に浸《ひた》り」や，エの「現実を受け入れようとしている」にあたる描写《びょうしゃ》はない。

問６　ア，エ　「いつも溌剌《はつらつ》とした，明るい祖母」という表現はあるが，祖母の「強」さは描かれていない。　イ　空哉が「いつか祖母に頼れなくなる日のことを思」っているようすは描かれていない。　ウ　続く部分の内容と合う。　オ　空哉は祖母を「泣き虫」だとは思っていない。

問７　最後の大段落に，空哉が「十年前のあのときの鏡の中の祖母の悲しげな表情のわけ」を考える場面がある。「孫をうまく力づけることができない自分が不甲斐《ふがい》なかったから，だったのかも知れない。腕《うで》の中にいる孫を守ってやりたくても，励《はげ》ましたくても，やりかたがわからなくて，自分の無力さが悲しかったのかも」と空哉は推測しているので，これをもとに，「孫を励ますやり方がわからない不甲斐なさ」や，「孫を力づけることができない自分の無力さ」のようにまとめる。

問８　続く部分に，「たぶん，ひとは自分だけのためには強くなれないんだ」，「心の中にいるおばあちゃんの泣きそうな顔を思い出すと，頑張れた」とあるので，「泣かないで強くなろうと頑張る心の支え」のようにまとめる。

問９　空哉が祖母に伝えたい「一言」とは，すぐ前の「ぼくは，もう泣かないんだよ。強いから」という言葉である。問８で見たように，十年前に空哉は祖母を守るため自分は「強く」なると決め，いつの間にか泣かなくなった。そして今，空哉は，祖母が言った通り自分は「泣き虫の弱虫でもなかった」こと，「大切なものを守る」ためなら「頑張ること」ができることを知っている。これをふまえ，「大切なものを守るときの自分は，祖母が言った通り弱虫ではなかったということ」のようにまとめる。

四　**出典は松村圭一郎《まつむらけいいちろう》・中川理《なかがわおさむ》・石井美保《いしいみほ》編の『文化人類学の思考法』所収の「自然と知識―環境《かんきょう》をどうとらえるか？（中空萌《なかぞらもえ》著）」による。**自然と人間との関係をどう考えるかについて，人類学の立場から説明している。

問１　直前に，「そういう研究の自然に対する人間の側の分類，自然についての文化的知識という前提を疑う」とあるので，「文化や人間」と「自然」についての以前の見方を疑っているアが選べる。なお，ア以外は「文化」，「人間」，「自然」のどれかが欠けているので，ふさわしくない。

問２　前の部分に，「日本語の『自然』はもともと副詞や形容詞として使われ」，「名詞として自然環境そのものを表すようなことばではなかった」とあるので，「古い意味」は副詞や形容詞，「新しい意味」は名詞である。また，副詞はものごとの動きなどをくわしく説明する言葉，形容詞はようすをあらわす言葉，名詞はものの名前をあらわす言葉である。イとエは副詞，ほかは名詞の意味で「自然」が使われている。

問３　南米の先住民の神話では，「動物たちはみずからを人間だと考え，人間としての生活を営む」のだから，ハゲタカにとってのウジ虫は，人間にとっての焼き魚，つまり，普通の食べ物になる。よって，ウジ虫が「おいしい食事になる」と述べているオがよい。

問４　直後に「人間に戻《もど》れなくなってしまう」とあり，その後に「人間としてのアイデンティティを維持《いじ》したまま，一時的かつ不完全なかたちで動物の身体を身にまとい，その視点を獲得《かくとく》することが重要」だとある。また，前には「それぞれが異なって思考するのは，種ごとに固有の身体をもっているためだ」とあるので，これらをふまえ，「人間のアイデンティティや思考を失うほどまで，トナカイの身体を完全に真似《まね》ること」のようにまとめる。

問５　続く部分に，「人間と他種との具体的なやりとり・交渉《こうしょう》の場ととらえるならば，たとえ都市生活のなかでも自然はある」とあるので，「やりとり・交渉」を「つながり」と言い換《か》えながら説明しているオが選べる。

問６　ア　松茸《まつたけ》は中国で「一大ビジネス」になっているのだから，「商業化は困難」は合わない。イ，エ　松茸が生育する森について，「この微妙《びみょう》なバランスは，今のところ人間による意図的なデザインによっては実現されていない」と述べられているので，「人間が自然に介入《かいにゅう》することによりはじめて整う」や，「人間のコントロールなど到底及《とうていおよ》ばない」はふさわしくない。　ウ　二つ後の段落の前半の内容から，あてはまる。　オ　「松茸は，人間による持続的な森林への介入の結果，生育する」のだから，「人間との関わりが失われた森林において，偶然《ぐうぜん》生育することがある」は合わない。

問７　最後の段落で筆者は，「種間のかかわりあいという観点から人間と自然の関係を見つめなお」し，人間を「多様な動植物や事物とのやりとりのなかでしか生きられない具体的な存在として，みずからをとらえなおす」べきだと述べているので，この内容をまとめる。

Memo

Memo

出題ベスト10シリーズ

①国語読解ベスト10

②漢字合格の2790題

③計算合格の820題

④図形問題ベスト10

■過去の入試問題から出題例の多い問題を選んで編集・構成。受験関係者の間でも好評です！

有名中学入試問題集

●男子校編

●女子校編

■中学入試の全容をさぐる!!

■首都圏の中学を中心に、全国有名中学の最新入試問題を収録!!

※表紙は昨年度のものです。

算数の過去問25年分

■筑波大学附属駒場

■麻布

■開成

○名門３校に絶対合格したいという気持ちに応えるため過去問実績No.1の声の教育社が出した答えです。

都立中高一貫校 適性検査問題集

■都立一貫校と同じ検査形式で学べる！

●自己採点のしにくい作文には「採点ガイド」を掲載。

●保護者向けのページも充実。

●私立中学の適性検査型・思考力試験対策にもおすすめ！

当社発行物の無断使用は固くお断りいたします。御使用の前はまずご相談ください。

当社発行物には500点余の首都圏中・高過去問をはじめ、６点の学校案内、そのほかいくつかの情報誌などがございます。その多くが年度版で、限られたスタッフが来るべき受験シーズン前に余裕を持って受験生へ届けられるよう、日夜作業にあたり出版を重ねております。

その中で、最近、多くの印刷物やネット上において当社発行物からの無断使用が見受けられ、一部で係争化しているところもございます。事例といたしましては、当社の新刊発行を待ち、それを流用して毎年ネット上に新改訂として掲載していたＡ社、当社過去問から三百箇所をはぎ合わせ「自社制作につき無断転載禁止」とし、集客材としてホームページに掲載していたＢ社、当社版誌面を無断スキャンし、記述式解答は一部殆ど丸取りして動画を制作していた家庭教師グループＣ社、当社発行物の表紙を差し替え、内容を複製し配布していた塾のＤ社などほか数社がございます。

当社発行物の全部もしくは一部を無断使用することは固くお断りいたします。

当社コンテンツの中にはリーズナブルな設定でご提供している事例もたくさんございますので、ご利用されたい方はまずは、お気軽にご相談くださいますようお願いします。同時に、当社発行物を無断で使用している媒体などにつきましての情報もお寄せいただければ幸いです（呈薄謝）。

株式会社 声の教育社

スーパー過去問の 解説執筆・解答作成スタッフ（在宅）募集！ ※募集要項の詳細は、10月に弊社ホームページ上に掲載します。

2025年度用
中学スーパー過去問

■編集人 声の教育社・編集部
■発行所 株式会社 声の教育社
〒162-0814 東京都新宿区新小川町8-15
☎03-5261-5061(代) FAX03-5261-5062
https://www.koenokyoikusha.co.jp

※本書の内容についての一切の責任は当社にあります。内容・解説・解答・その他は当社ホームページよりお問い合わせ下さい。

東京都／神奈川県／千葉県／埼玉県／茨城県／栃木県ほか

2025年度用
声の教育社版

中学受験案内

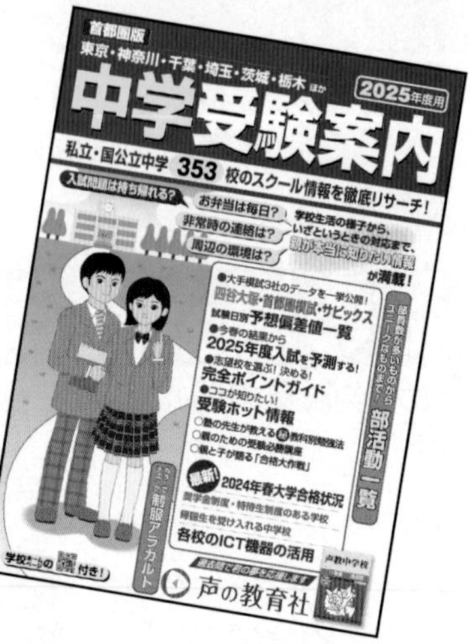

■全校を見開き2ページでワイドに紹介！

■中学～高校までの授業内容をはじめ部活や行事など、6年間の学校生活を凝縮！

■偏差値・併願校から学費・卒業後の進路まで、知っておきたい情報が満載！

私立・国公立353校掲載

Ⅰ 首都圏（東京・神奈川・千葉・埼玉・その他）の私立・国公立中学校の受験情報を掲載。

合格情報
近年の倍率推移・偏差値による合格分布予想グラフ・入試ホット情報ほか

学校情報
授業、施設、特色、ICT機器の活用、併設大学への内部進学状況と併設高校からの主な大学進学実績ほか

入試ガイド
募集人員、試験科目、試験日、願書受付期間、合格発表日、学費ほか

Ⅱ 資 料
(1)私立・国公立中学の合格基準一覧表（四谷大塚、首都圏模試、サピックス）
(2)主要中学早わかりマップ
(3)各校の制服カラー写真
(4)奨学金・特待生制度，帰国生受け入れ校，部活動一覧

Ⅲ 大学進学資料
(1)併設高校の主要大学合格状況一覧
(2)併設・系列大学への内部進学状況と条件

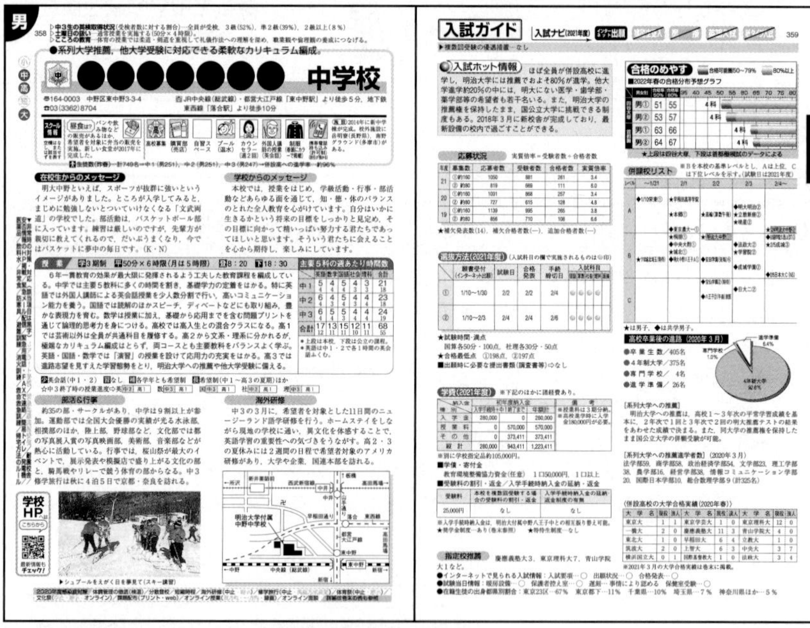

志望校・併願校をこの１冊で選ぶ！決める!!

過去問で君の夢を応援します
声の教育社
〒162-0814　東京都新宿区新小川町8-15
TEL.03-5261-5061　FAX.03-5261-5062
https://www.koenokyoikusha.co.jp

カコを追いかけ
ミライをつかめ
「今の説明、もう一回」を何度でも
web過去問
ストリーミング配信による入試問題の解説動画
もっと古いカコモンないの?
カコ過去問
「さらにカコの」過去問をHPに掲載(DL)
声の教育社
詳しくはこちらから

よくある解答用紙のご質問

01

実物のサイズにできない

拡大率にしたがってコピーすると，「解答欄」が実物大になります。配点などを含むため，用紙は実物よりも大きくなることがあります。

02

A3用紙に収まらない

拡大率164％以上の解答用紙は実物のサイズ（「出題傾向＆対策」をご覧ください）が大きいために，A 3に収まらない場合があります。

03

拡大率が書かれていない

複数ページにわたる解答用紙は，いずれかのページに拡大率を記載しています。どこにも表記がない場合は，正確な拡大率が不明です。

04

1ページに2つある

1ページに2つ解答用紙が掲載されている場合は，正確な拡大率が不明です。ほかの試験回の同じ教科をご参考になさってください。

聖光学院中学校

【別冊】入試問題解答用紙編

禁無断転載

解答用紙は本体からていねいに抜きとり、別冊としてご使用ください。

※　実際の解答欄の大きさで練習するには、指定の倍率で拡大コピーしてください。なお、ページの上下に小社作成の見出しや配点を記載しているため、コピー後の用紙サイズが実物の解答用紙と異なる場合があります。

●入試結果表

年　度	回	項　目	国　語	算　数	社　会	理　科	４科合計	合格者
2024	第１回	配点(満点)	150	150	100	100	500	最高点
		合格者平均点	109.9	110.9	83.7	78.0	382.5	445
		受験者平均点	97.2	93.1	76.8	69.4	336.5	最低点
		キミの得点						360
	第２回	配点(満点)	150	150	100	100	500	最高点
		合格者平均点	93.7	115.6	81.0	77.1	367.4	406
		受験者平均点	82.8	83.6	74.1	69.8	310.3	最低点
		キミの得点						349
2023	第１回	配点(満点)	150	150	100	100	500	最高点
		合格者平均点	94.9	105.3	76.8	73.4	350.4	428
		受験者平均点	81.9	81.5	69.8	66.2	299.4	最低点
		キミの得点						325
	第２回	配点(満点)	150	150	100	100	500	最高点
		合格者平均点	98.0	112.1	76.6	56.8	343.5	386
		受験者平均点	86.9	86.1	69.5	46.9	289.4	最低点
		キミの得点						322
2022	第１回	配点(満点)	150	150	100	100	500	最高点
		合格者平均点	95.3	106.4	77.6	76.8	356.1	434
		受験者平均点	83.8	85.1	70.7	68.8	308.4	最低点
		キミの得点						330
	第２回	配点(満点)	150	150	100	100	500	最高点
		合格者平均点	100.6	94.9	69.8	79.5	344.8	392
		受験者平均点	86.4	72.0	63.7	71.9	294.0	最低点
		キミの得点						326
2021	第１回	配点(満点)	150	150	100	100	500	最高点
		合格者平均点	105.1	96.3	67.5	83.7	352.6	428
		受験者平均点	94.7	72.5	61.1	78.4	306.7	最低点
		キミの得点						320
	第２回	配点(満点)	150	150	100	100	500	最高点
		合格者平均点	93.0	98.5	72.0	62.2	325.7	422
		受験者平均点	80.4	77.0	62.1	53.2	272.7	最低点
		キミの得点						304

※　表中のデータは学校公表のものです。ただし、４科合計は各教科の平均点を合計したものなので、目安としてご覧ください。

声の教育社

２０２４年度　　聖光学院中学校

算数解答用紙　第１回

番号		氏名		評点	／150

1	(1)	(2)
	(3) 日目	
2	(1) ア：イ＝　：	(2) 個
	(3) 個	
3	(1) cm³	
	(2) ア　イ	ウ
	(3) cm²	
4	(1) 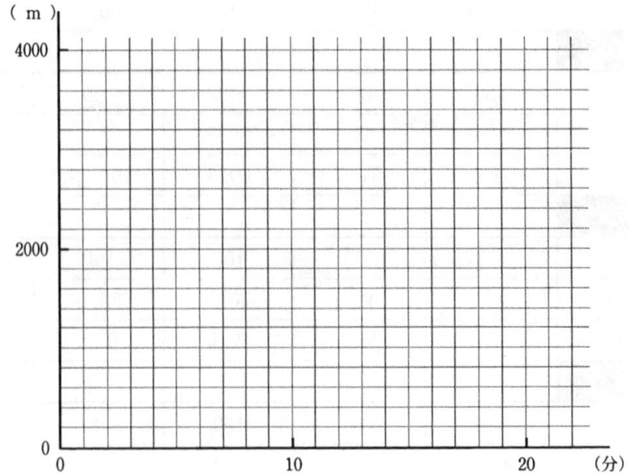	
	(2) 分	(3) ア　イ
5	(1) ①　②　③　④　⑤　⑥	
	(2) ①　②　③　④　⑤　⑥	
	(3) ①　②　③　④　⑤　⑥	
	(4) ①　②　③　④	
	(5) ①　②　③　④	

（注）この解答用紙は実物を縮小してあります。Ｂ５→Ａ３（163％）に拡大コピーすると、ほぼ実物大の解答欄になります。

〔算　数〕150点（推定配点）

1 各８点×３　2 (1)，(2) 各８点×２　(3) ９点　3 (1)，(2) 各８点×３＜(2)は各々完答＞　(3) ９点　4 (1)，(2) 各８点×２　(3) ９点＜完答＞　5 (1)，(2) 各８点×２　(3)～(5) 各９点×３＜各々完答＞

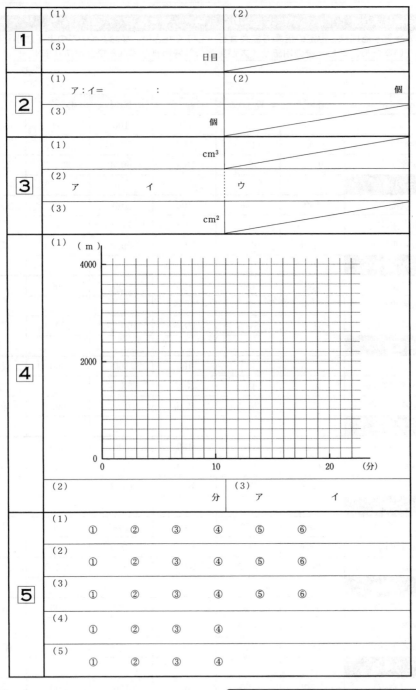

２０２４年度　聖光学院中学校

社会解答用紙　第１回

番号		氏名		評点	／100

1

問1		問2					問3	

問4										10
										20

2

問1	(1)	(2)	(3)	(4)

問2				問3		問4		問5		問6	

問7		問8		問9		問10		問11	

3

問1	その範囲内に

問2		問3			問4	だいこん	ほうれんそう

問5		問6		問7		問8	E	F

4

問1	

問2	(a)		25		35
	(b)				

問3	A	D

問4	

（注）この解答用紙は実物を縮小してあります。Ｂ５→Ａ３（163%）に拡大コピーすると、ほぼ実物大の解答欄になります。

〔社　会〕100点（推定配点）

1　問１〜問３　各３点×３　問４　４点　2　問１　各２点×４　問２〜問11　各３点×10　3　問１　５点　問２　３点　問３　４点＜完答＞　問４　各２点×２　問５〜問７　各３点×３　問８　各２点×２　4　問１　３点　問２　（ａ）　５点　（ｂ）　３点　問３　各２点×２　問４　５点

2024年度　聖光学院中学校

理科解答用紙　第1回　No.1

番号		氏名		評点	／100

1

(1)			
（あ）	（い）	（う）	（え）

(2)			(3)	(4)
（お）	（か）	（き）		

(5)	(6)の(a)

(6)の(b)

(6)の(c)	
処理	条件

(7)	(8)	(9)

2

(1)	(2)	(3)	(4)

(5)の(a)	(5)の(b)	(5)の(c)	(6)

3

(1)	(2)	(3)	(4)	(5)
			g	

(6)	(7)
g	

理科解答用紙　第１回　No.２

4

(1)	(2)	(3)の(a)	(3)の(b)	(3)の(c)
	通り	g		個

(4)の(a)	(4)の(b)	(4)の(c)	(4)の(d)
g/cm³			g

(4)の(e)	(5)

（注）この解答用紙は実物を縮小してあります。Ｂ５→Ｂ４（141％）に拡大コピーすると、ほぼ実物大の解答欄になります。

〔理　科〕100点(推定配点)

1 (1) 各２点×４ (2)～(4) 各３点×３＜各々完答＞ (5) ２点 (6), (7) 各３点×４＜(6)は各々完答＞ (8), (9) 各２点×２ 2 (1)～(4) 各２点×４ (5), (6) 各３点×４ 3 (1) ２点 (2)～(7) 各３点×６＜(2), (5), (7)は完答＞ 4 (1)～(3) 各２点×５ (4) （ａ）～（ｃ） 各２点×３ （ｄ），（ｅ） 各３点×２ (5) ３点

２０２４年度　聖光学院中学校

国語解答用紙　第一回

番号　　氏名　　評点 ／150

一　①　②　③　④　⑤

二　①　②　③　④　⑤

三
問一　A　B　C
問二　問三　問四
問五　20
問六　問七
問八　20　40　60
問九　20　30

四
問一　A　B　C　D
問二　問三　問四　問五
問六　20　40　60
問七　20　40　60　80

（注）この解答用紙は実物を縮小してあります。Ｂ５→Ａ３（163%）に拡大コピーすると、ほぼ実物大の解答欄になります。

〔国　語〕150点(推定配点)

一, 二　各３点×10　三　問１　各４点×３　問２, 問３　各５点×２　問４～問７　各６点×４　問８　10点　問９　８点　四　問１　各３点×４　問２～問４　各６点×３　問５　４点　問６　10点　問７　12点

２０２４年度　聖光学院中学校

算数解答用紙　第２回

番号		氏名		評点	／150

1	(1)	(2) m
	(3) 個	
2	(1) (a) 通り	(b) 通り
	(2) (c) 通り	(d) 通り
3	(1) 秒後	(2) 秒前
	(3) ア　イ　ウ　エ	
4	(1) 倍	(2) 倍
	(3) 秒後	(4) 回　秒後
5	(1) 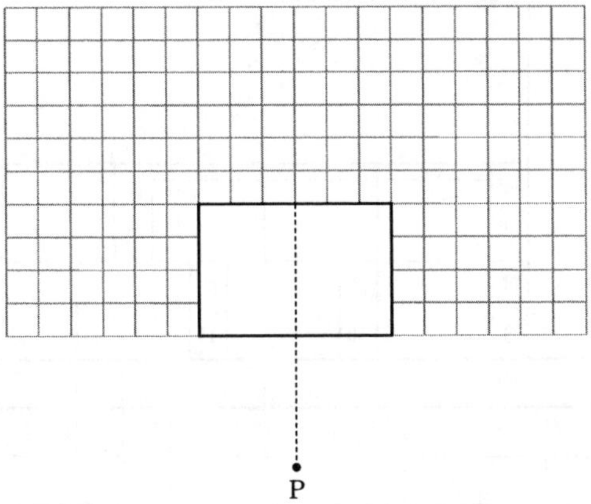 cm²	
	(2) cm²	

(注) この解答用紙は実物を縮小してあります。Ｂ５→Ｂ４(141%)に拡大コピーすると、ほぼ実物大の解答欄になります。

〔算　数〕150点(推定配点)

1 各８点×３　2 (1) 各８点×２　(2) 各９点×２　3 (1), (2) 各８点×２　(3) 各４点×４　4 (1), (2) 各８点×２　(3), (4) 各９点×２＜(4)は完答＞　5 (1) 図…８点, 答え…９点　(2) ９点

2024年度　聖光学院中学校

社会解答用紙　第2回

番号		氏名		評点	／100

1

問1		問2						問3	

問4										10
										20

2

問1	(1)	(2)	(3)	(4)
問2				

問3		問4		問5		問6	
問7		問8		問9		問10	

3

問1	(1)	(2)	(3)	(4)
	(5)			

問2		問3		問4	(a)	(b)	問5	

問6

問7	(a)	(b)	(c)	問8	
問9		問10		問11	

問12																				20
																				40
																				60

（注）この解答用紙は実物を縮小してあります。Ｂ５→Ａ３（163%）に拡大コピーすると、ほぼ実物大の解答欄になります。

〔社　会〕100点（推定配点）

1　問１～問３　各２点×３　問４　４点　2　問１　各２点×４　問２　４点　問３～問10　各３点×８　3　問１　各２点×５　問２～問11　各３点×13　問12　５点

2024年度　　聖光学院中学校

理科解答用紙　第2回　No.1

番号		氏名		評点	／100

1

(1)		
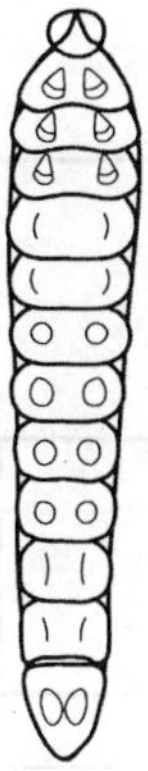	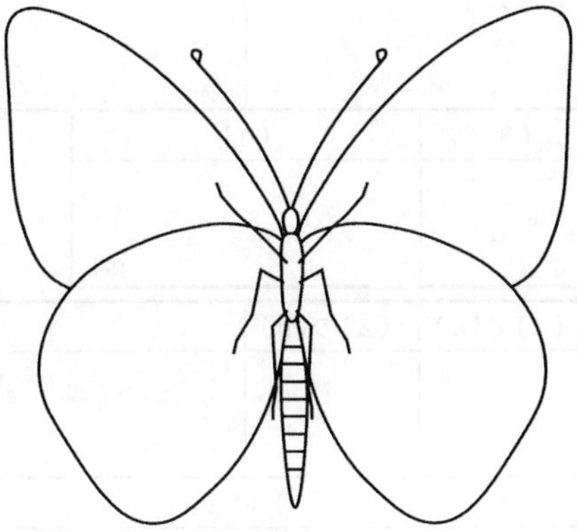	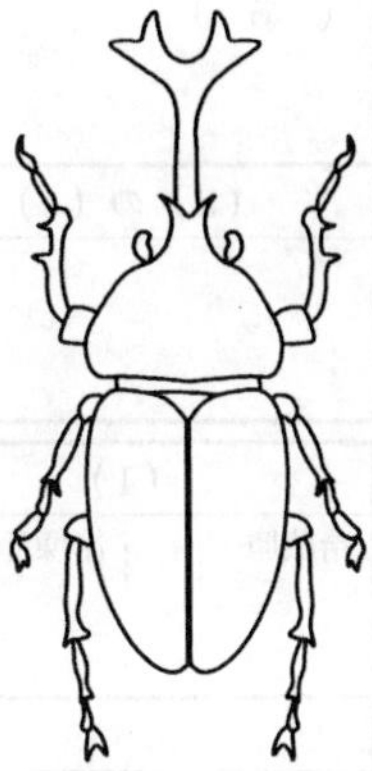

(2)			
(あ)	(い)	(う)	(え)

(2)		(3)
(お)	(か)	

(4)				(5)	(6)
(a)	(b)	(c)	(d)		

(7)の(a)	(7)の(b)	(7)の(c)	(7)の(d)	(8)
		回		

2

(1)の(a)	(1)の(b)	(2)	(3)

(4)

(5)	(6)	

２０２４年度　聖光学院中学校

理科解答用紙　第２回　No.２

3

(1)		(2) の (a)	(2) の (b)
(あ)	(い)		g

(2) の (c)	(3)	(4)
L		g/L

4

(1)		(2)の(a)	(2)の(b)	(3)	(4)
冷蔵庫	冷凍庫				

(5) の (a)

(5) の (b)	(6)	(7)
	g より大きく　g より小さい	

(8)

（注）この解答用紙は実物を縮小してあります。Ｂ５→Ｂ４(141%)に拡大コピーすると、ほぼ実物大の解答欄になります。

〔理　科〕100点(推定配点)

1　(1)～(3)　各２点×10　(4)　３点＜完答＞　(5)～(7)　各２点×６　(8)　３点＜完答＞　**2**　(1)（ａ）　３点＜完答＞　（ｂ）　２点　(2)　２点　(3)　３点＜完答＞　(4)　４点　(5)，(6)　各３点×２＜(6)は完答＞　**3**　(1)～(3)　各２点×６　(4)　３点　**4**　(1)　３点＜完答＞　(2)　各２点×２　(3)　３点＜完答＞　(4)　２点　(5)　（ａ）　４点　（ｂ）　２点　(6)～(8)　各３点×３＜(6)は完答＞

2024年度　聖光学院中学校

国語解答用紙　第二回　No. 1

番号		氏名		評点	/150

一

①	②	③	④	⑤

二

	A	B
①		
②		
③		
④		
⑤		

三

問一　A　B　C

問二　20

問三

問四　20

問五

問六

問七　20　40　60

問八

問九　20

問十　20　40

2024年度　聖光学院中学校

国語解答用紙　第二回　No. 2

四

問一　A　B

問二　20　40

問三

問四

問五　20　40　60

問六

（注）この解答用紙は実物を縮小してあります。B5→B4（141%）に拡大コピーすると、ほぼ実物大の解答欄になります。

〔国　語〕150点(推定配点)

一, 二　各3点×10＜二は各々完答＞　三　問1　各4点×3　問2〜問5　各6点×4　問6　8点　問7　10点　問8, 問9　各6点×2　問10　8点　四　問1　各4点×2　問2　8点　問3, 問4　各6点×2　問5　10点　問6　各4点×2

２０２３年度　聖光学院中学校

算数解答用紙　第１回

番号		氏名		評点	／150

1	(1)	(2) 分 秒
	(3)	
2	(1)	
	(2)	
	(3) ① cm²	② cm
3	(1) 通り	(2) 通り
	(3) 通り	(4) 通り
4	(1) 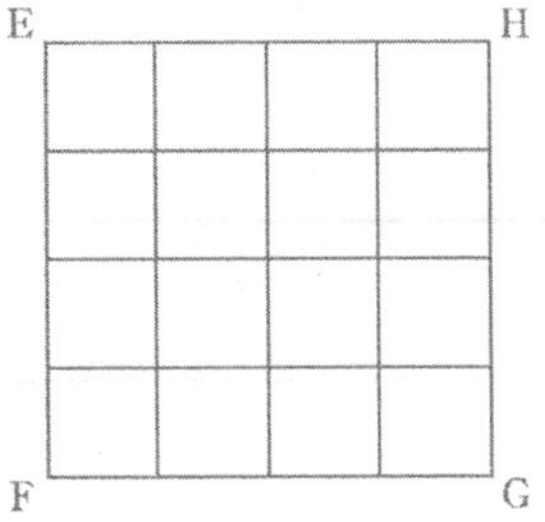	(2) 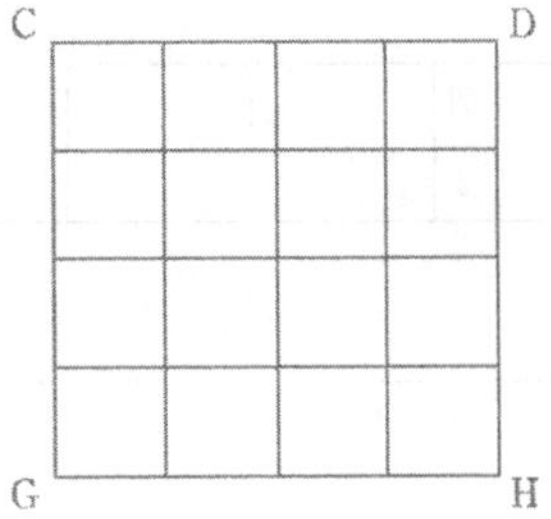 面積 cm²
	(3) cm³	
5	(1) 分	(2) 倍
	(3)	(4)

（注）この解答用紙は実物を縮小してあります。Ｂ５→Ｂ４（141％）に拡大コピーすると、ほぼ実物大の解答欄になります。

〔算　数〕150点（推定配点）

1　(1)，(2)　各８点×２　(3)　９点＜完答＞　2　(1)　８点　(2)　９点＜完答＞　(3)　各８点×２　3　各８点×４　4　(1)　８点　(2)　図…４点，面積…４点　(3)　８点　5　各９点×４

２０２３年度　聖光学院中学校

社会解答用紙　第１回

番号		氏名		評点	／100

1

問1		問2	(1)	(2)	問3	

問4（20字×2行　20・40）

2

問1	(1)	(2)	(3)	(4)
	(5)	問2		

問3		問4		問5		問6		問7		問8		問9	

3

問1		問2		問3		問4		問5		問6	シラカバ	ヒノキ

問7	(1)	(2)	(3)

4

問1		問2	

問3

問4　選んだ図

（注）この解答用紙は実物を縮小してあります。Ｂ５→Ａ３（163%）に拡大コピーすると、ほぼ実物大の解答欄になります。

〔社　会〕100点(推定配点)

1　問1～問3　各3点×3<問2は完答>　問4　5点　2　問1　各3点×5　問2　4点　問3～問9　各3点×7　3　各3点×10　4　問1，問2　各3点×2<問2は完答>　問3，問4　各5点×2

2023年度　聖光学院中学校

理科解答用紙　第1回　No. 1

番号		氏名		評点	／100

1

(1)	(2)	(3)
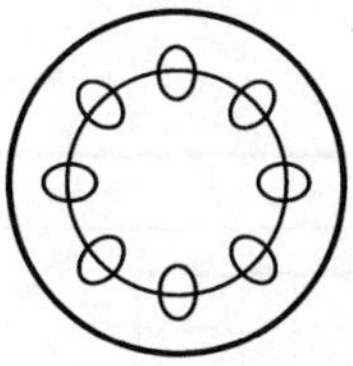		

(4)

(5)

葉の表側

葉の裏側

(6)		
(あ)	(い)	(う)

(7)

(8)

2

(1)	(2) の (a)		(2) の (b)	(2) の (c)
			分	

(3)		(4)	(5) の (a)	(5) の (b)
(あ)	(い)			枚

3

(1)		(2) の (a)

(2) の (b)					
(あ)	(い)	(う)	(え)	(お)	(か)

(2) の (b)		(2) の (c)	(2) の (d)
(き)	(く)		g

２０２３年度　　聖光学院中学校

理科解答用紙　第１回　No.２

4

(1)の(a)	(1)の(b)	(1)の(c)

(2)の(a)

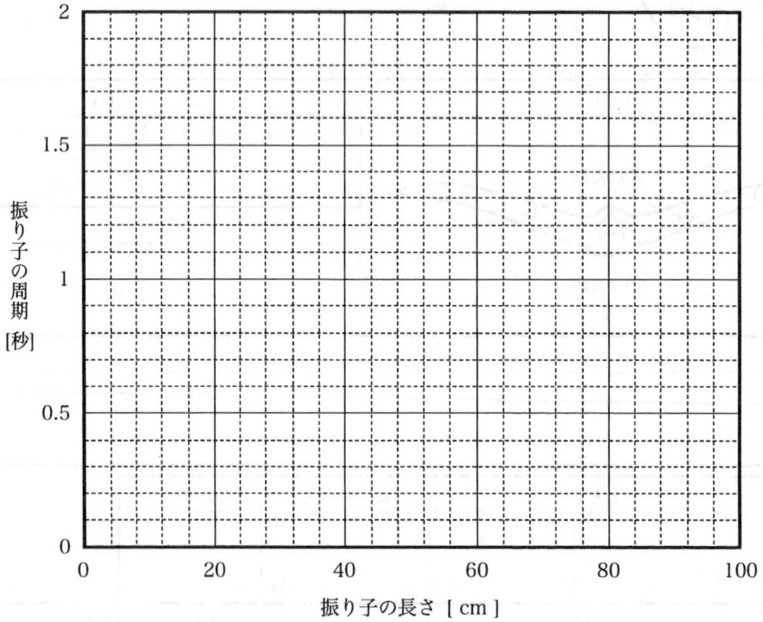

(2)の(b)

(3)の(a)	(3)の(b)	
時速　　km	(　あ　)	(　い　)

(注) この解答用紙は実物を縮小してあります。Ｂ５→Ｂ４(141%)に拡大コピーすると、ほぼ実物大の解答欄になります。

〔理　科〕100点(推定配点)

1　(1)～(5)　各３点×5＜(3)は完答＞　(6)　(あ)，(い)　各２点×2　(う)　３点　(7)，(8)　各３点×2　2　各３点×10　3　(1)　３点＜完答＞　(2)　(ａ)　３点　(ｂ)　(あ)～(え)　３点＜完答＞　(お)・(か)　３点＜完答＞　(き)・(く)　３点＜完答＞　(ｃ)，(ｄ)　各３点×2　4　各３点×7＜(3)の(ｂ)は完答＞

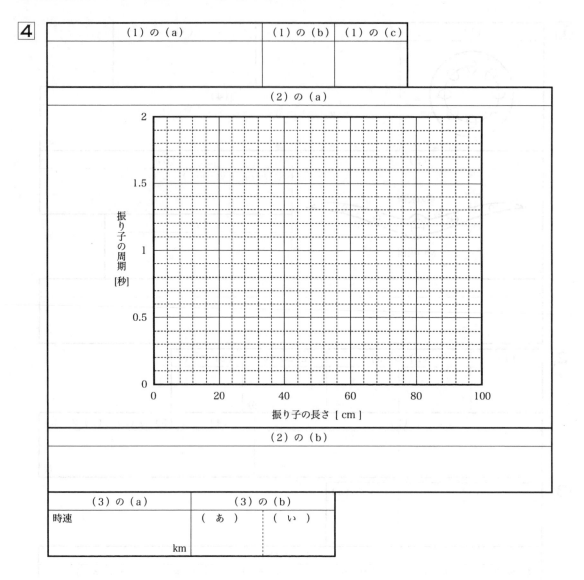

二〇二三年度　聖光学院中学校

国語解答用紙　第一回

番号		氏名		評点	/150

一　①　じる　②　③　④　⑤

二　①　②　③　④　⑤

三　問一　A　B　問二　問三

問四　20　40

問五　問六　問七

問八　20　30

問九　20　40　60　80

四　問一　A　B　問二　問三　問四

問五　20

問六

問七　20　30

問八　20　40　60　80

（注）この解答用紙は実物を縮小してあります。B5→A3（163%）に拡大コピーすると、ほぼ実物大の解答欄になります。

〔国　語〕150点（推定配点）

一，二　各3点×10　三　問1　各4点×2　問2，問3　各5点×2　問4　10点　問5～問7　各5点×3　問8　8点　問9　12点　四　問1　各4点×2　問2～問4　各5点×3　問5　6点　問6　5点　問7　8点　問8　15点

２０２３年度　　聖光学院中学校

算数解答用紙　第２回

番号		氏名		評点	／150

1	(1)	(2)
	(3) 通り	
2	(1) 分後	
	(2) 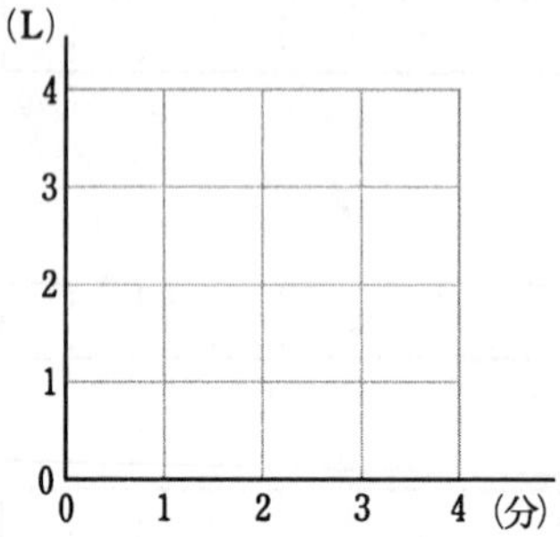	(3) 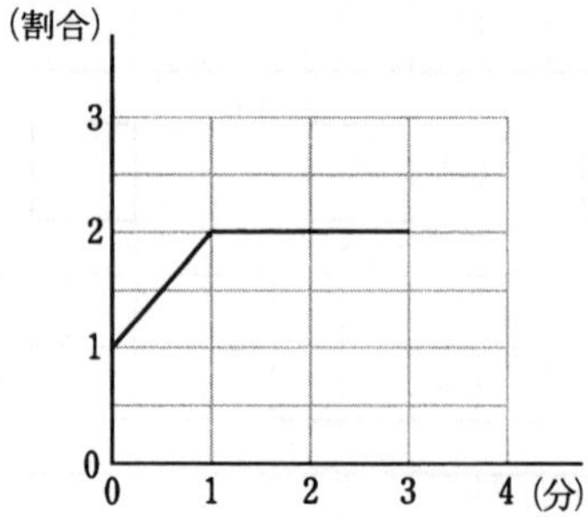
	(4)	
3	(1)	
	(2) 度	(3) 倍
4	(1) 枚目	(2)
	(3)	
	(4)	
5	(1) ① cm^3	② cm^3
	(2) cm^3	

(注) この解答用紙は実物を縮小してあります。Ｂ５→Ｂ４(141%)に拡大コピーすると，ほぼ実物大の解答欄になります。

〔算　数〕150点(推定配点)

1　各８点×３　2～5　各９点×14<2の(4)，4の(3)，(4)は完答>

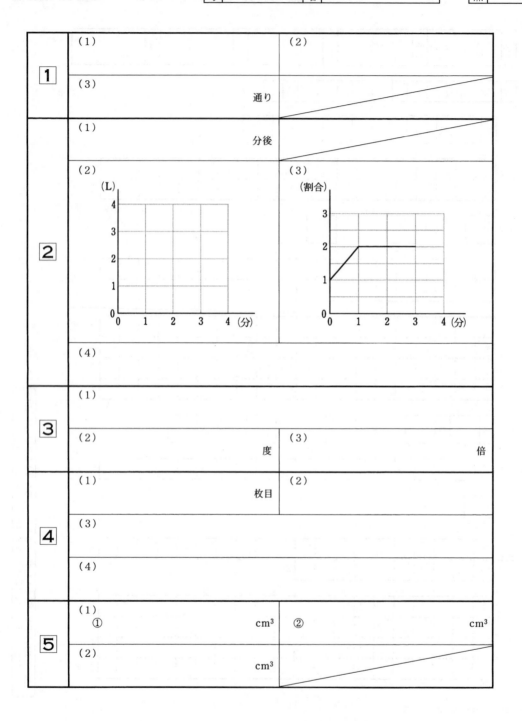

２０２３年度　聖光学院中学校

社会解答用紙　第２回

番号		氏名		評点	／100

1

問1		問2		問3	

問4	(20) (40)

2

問1	(1)	(2)	(3)	(4)

問2		問3		問4		問5		問6		問7		問8	

問9		問10	

3

問1	(1)	(2)	問2		問3		問4	

問5		問6		問7		問8		問9	

問10	町では、 (20) (40) (60) (80)

4

問1		問2	アフガニスタン	ウクライナ

問3	

問4		問5	(a)	(b)

問6	

（注）この解答用紙は実物を縮小してあります。Ｂ５→Ａ３（163%）に拡大コピーすると、ほぼ実物大の解答欄になります。

〔社　会〕100点（推定配点）

1　問１～問３　各３点×３　問４　４点　2　問１　各３点×４　問２～問９　各２点×８　問10　３点　3　問１　各３点×２　問２～問９　各２点×８　問10　８点　4　問１，問２　各３点×３　問３　４点　問４，問５　各３点×３　問６　４点

2023年度　聖光学院中学校

理科解答用紙　第2回　No.1

番号		氏名		評点	／100

1

(1)	(2)	(3)	(4)	(5)	(6)	(7)の(a)

(7)の(b)	(7)の(c)	(8)の(a)	(8)の(b)	
		月　日		

(8)の(c)	
(え)	

2

(1)	(2)	(3)
g		g

(4)	(5)
＞　＞　＞	g

(6)			(7)
ショ糖 g	クエン酸 g	塩化ナトリウム g	倍

3

(1)	(2)	(3)	(4)				
ミリアンペア	倍	種類					

(5)	(6)					(7)
種類						倍

4

(1)	(2)	(3)	(4)	(5)	(6)
色					

２０２３年度　聖光学院中学校

理科解答用紙　第２回　No.２

(7)

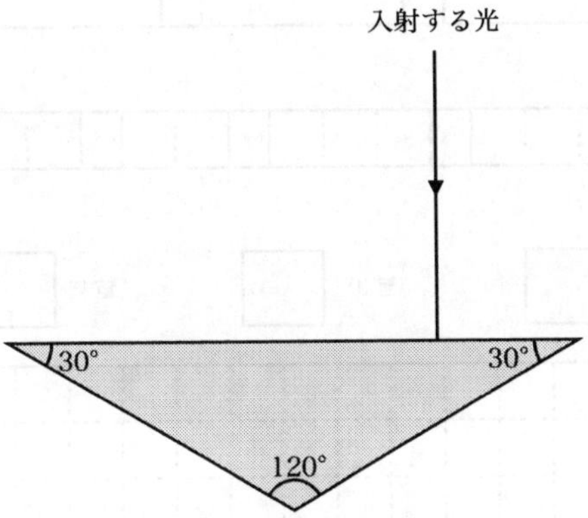

(8)

(注) この解答用紙は実物を縮小してあります。Ｂ５→Ｂ４(141%)に拡大コピーすると、ほぼ実物大の解答欄になります。

〔理　科〕100点(推定配点)

1　(1)～(6)　各３点×６　(7)　各２点×３　(8)　(ａ), (ｂ)　各３点×２＜(ｂ)は完答＞　(ｃ)　各２点×２　2～4　各３点×22＜2の(2), (4), (6)は完答＞

二〇二三年度　聖光学院中学校

国語解答用紙　第二回

番号　　氏名　　評点　/150

一　①　②　③　④　⑤

二　①　②　③　④　⑤

三
問一　問二　問三　問四
問五　20　40　60　80
問六
問七　20　40　60　80
問八

四
問一　A　B　C　問二　X　Y
問三
問四
問五　問六
問七　20　40　60

(注) この解答用紙は実物を縮小してあります。B5→A3(163%)に拡大コピーすると、ほぼ実物大の解答欄になります。

〔国　語〕150点(推定配点)

一, 二　各3点×10　三　問1～問4　各6点×4　問5　10点　問6　6点　問7　12点　問8　各5点×2　四　問1, 問2　各4点×5　問3　6点　問4　8点　問5, 問6　各6点×2　問7　12点

２０２２年度　聖光学院中学校

算数解答用紙　第１回

番号		氏名	

評点	／150

1	(1)	(2) ア　イ
	(3) 分間	
2	(1) 個	(2) 個
	(3) 個	(4) 個
3	(1) ア　イ	(2) ウ　エ
	(3) オ	
4	(1) 通り	
	(2) (ア) 通り	(イ) 通り
	(3)	
5	(1) (ア)	
	(イ)	
	(2) (ウ) cm²	(エ)

(1) (ア)

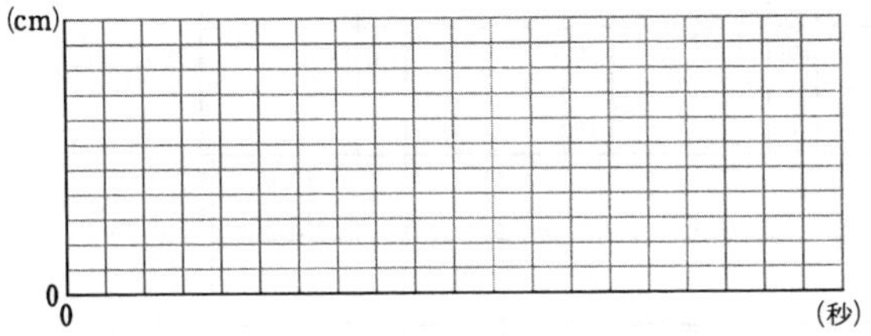

(イ)

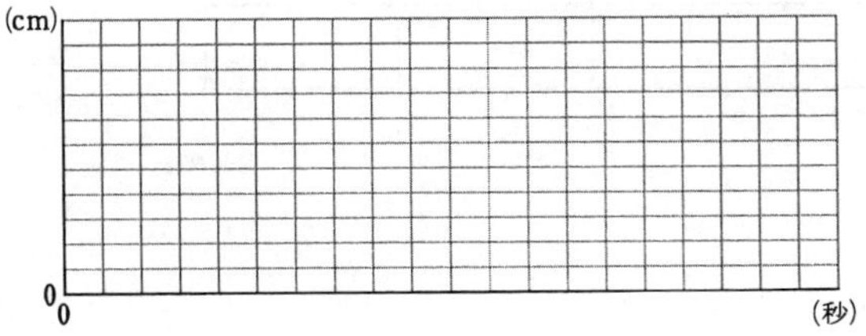

（注）この解答用紙は実物を縮小してあります。Ｂ５→Ａ３（163%）に拡大コピーすると、ほぼ実物大の解答欄になります。

〔算　数〕150点（推定配点）

1, 2　各８点×7＜1の(2)は完答＞　3　(1)，(2)　各８点×2＜各々完答＞　(3)　９点＜完答＞　4　(1)，(2)　各８点×3　(3)　９点＜完答＞　5　各９点×4＜(2)の(エ)は完答＞

２０２２年度　　聖光学院中学校

社会解答用紙　第１回

番号		氏名		評点	／100

1

問1	(1)	(2)	(3)	(4)

問2		問3		問4		問5		問6		問7		問8	

問9		問10	

2

問1		問2		問3		問4	

問5		問6	

3

問1		問2		問3		問4		問5	

4

問1	(1) 国	(2) 県

問2		問3		問4		問5		問6	

問7		問8		問9		問10		問11	

問12

問13　10　20　30

（注）この解答用紙は実物を縮小してあります。Ｂ５→Ａ３(163%)に拡大コピーすると、ほぼ実物大の解答欄になります。

〔社　会〕100点(推定配点)

1　問１　各３点×４　問２～問10　各２点×９　2　問１～問５　各３点×５　問６　４点　3　問１～問４　各３点×４　問５　４点　4　問１　各３点×２　問２～問11　各２点×10　問12　４点　問13　５点

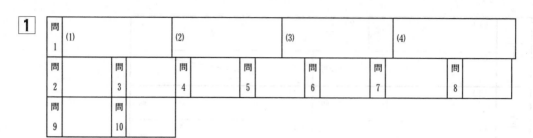

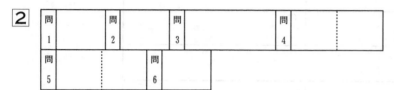

2022年度　聖光学院中学校

理科解答用紙　第１回　No.1

番号		氏名		評点	／100

1

(1)	(2)	(3)	(4)
			km

(5)			(6)
(け)	(こ)	(さ)	

(7)	(8)

2

(1)		(2)	(3)	(4)の(a)	
				(あ)	(い)

(4)の(b)	
記号	理由

(5)の(a)	(5)の(b)

3

(1)	(2)	(3)	(4)

(5)	(6)	(7)	(8)

4

(1)の(a)	(1)の(b)	(2)	(3)の(a)	(3)の(b)
g	cm		g	装置

(3)の(c)	(4)の(a)	(4)の(b)
cm		kg

２０２２年度　　聖光学院中学校

理科解答用紙　第１回　No.２

（4）の（c）

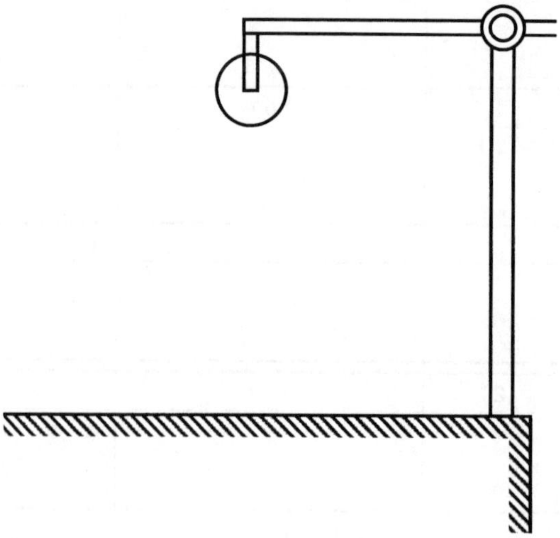

（注）この解答用紙は実物を縮小してあります。Ｂ５→Ｂ４(141%)に拡大コピーすると、ほぼ実物大の解答欄になります。

〔理　科〕100点(推定配点)

1　(1)～(4)　各３点×4　(5)　各２点×3　(6)～(8)　各３点×3　2　(1)～(3)　各３点×3＜(1)は完答＞　(4)　（ａ）　各２点×2　（ｂ）　３点＜完答＞　(5)　各３点×2　3，4　各３点×17

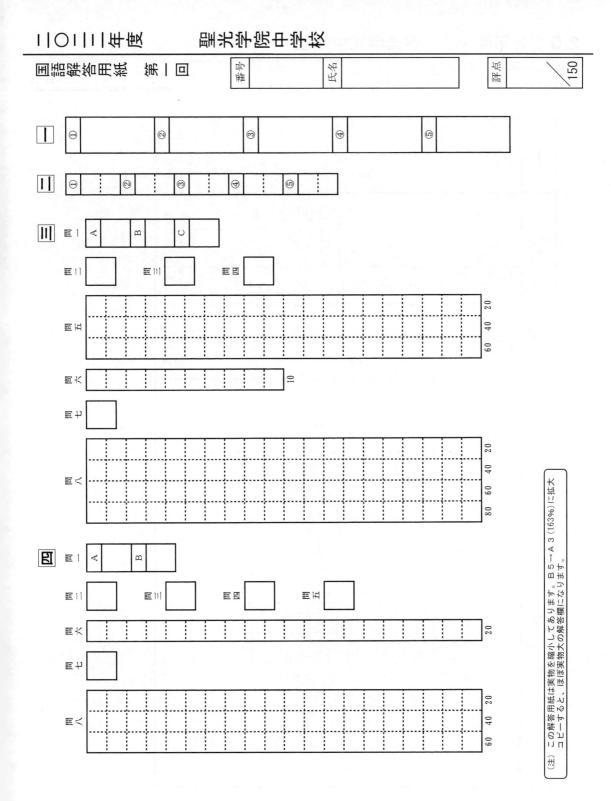

二〇二三年度　聖光学院中学校

国語解答用紙　第一回

番号　　氏名　　評点　／150

一　①　②　③　④　⑤

二　①　②　③　④　⑤

三
問一　A　B　C
問二　問三　問四
問五（20・40・60）
問六（10）
問七
問八（20・40・60・80）

四
問一　A　B
問二　問三　問四　問五
問六（20）
問七
問八（20・40・60）

（注）この解答用紙は実物を縮小してあります。B５→A３（163%）に拡大コピーすると、ほぼ実物大の解答欄になります。

〔国　語〕150点(推定配点)

一, 二　各３点×10　三　問１　各４点×３　問２～問４　各６点×３　問５　10点　問６, 問７　各６点×２　問８　12点　四　問１　各４点×２　問２～問５　各６点×４　問６　８点　問７　６点　問８　10点

２０２２年度　　聖光学院中学校

算数解答用紙　第２回

番号		氏名		評点	／150

1	(1)	(2)
	(3) 個以上	
2	(1) 使ったカード　枚	30のカードの枚数　枚
	(2)	(3)
	(4) ア　イ	
3	(1) cm^2	(2) cm
	(3) cm	(4) cm
4	(1) 分前	(2) (聖さん)：(光さん)＝　：
	(3) 午前８時　分　秒	(4) ア　イ
5	(1)	

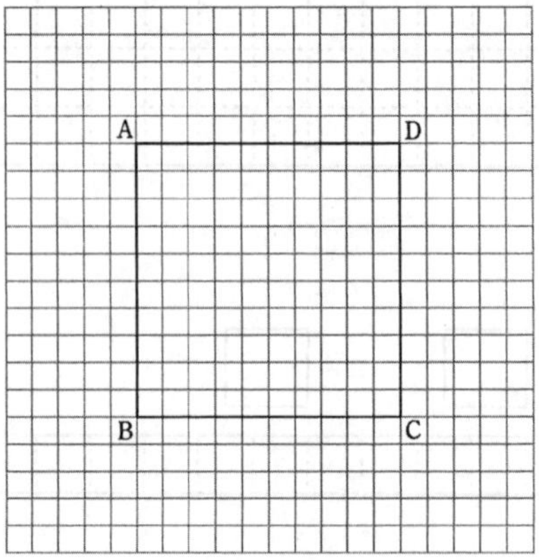

5		面積 cm^2
	(2) cm^3	
	(3) 面の数　個	体積 cm^3

（注）この解答用紙は実物を縮小してあります。Ｂ５→Ａ３（163%）に拡大コピーすると、ほぼ実物大の解答欄になります。

〔算　数〕150点(推定配点)

1, 2　各７点×8＜1の(2), 2の(4)は完答＞　3　(1), (2)　各７点×2　(3), (4)　各８点×2　4　各８点×4＜(4)は完答＞　5　(1)　各４点×2　(2), (3)　各８点×3

２０２２年度　聖光学院中学校

社会解答用紙　第２回

番号		氏名		評点	／100

1

問1	(1)	(2)	(3)

問2		問3		問4		問5		問6	
問7		問8		問9		問10		問11	

問12	

2

問1		問2	(1)	問3	(2)	(3)

問4	の自由	問5	

3

問1		問2	

問3	(a)	(b)	

問4		問5	(a)	(b)	(c)

4

問1	B読み取り	B理由	E読み取り	E理由

問2	(1)	(2)

問3

(a)

(b)

県	県

(c)

長崎県	鹿児島県

問4	Ⅰ	Ⅱ

問5	(a)	(b)	(c)	(d)

（注）この解答用紙は実物を縮小してあります。Ｂ５→Ａ３（163%）に拡大コピーすると、ほぼ実物大の解答欄になります。

〔社　会〕100点（推定配点）

1　問１　各３点×３　問２～問11　各２点×10　問12　３点　2　問１　３点　問２～問５　各２点×５　3　問１，問２　各２点×２　問３，問４　各３点×３　問５　各２点×３　4　問１～問３　各３点×８<問１は各々完答，問３の（ｂ）は完答>　問４，問５　各２点×６

２０２２年度　聖光学院中学校

理科解答用紙　第２回

番号		氏名	

評点	／100

1

(1)の(a)	(1)の(b)	(2)の(a)	(2)の(b)

(3)の(a)	(3)の(b)	(3)の(c)	(4)の(a)	(4)の(b)	(5)の(a)	(5)の(b)

(6)の(a)		(6)の(b)

2

(1)	(2)	(3)	(4)の(a)
			%

(4)の(b)	(5)の(a)	(5)の(b)
℃		℃

3

(1)	(2)	(3)	(4)の(a)	(4)の(b)
				g

(4)の(c)	(4)の(d)
g	g

4

(1)	(2)	(3)	(4)
g			アンペア

(5)	(6)
アンペア	g

(7)

(注) この解答用紙は実物を縮小してあります。B５→B４(141%)に拡大コピーすると、ほぼ実物大の解答欄になります。

〔理　科〕100点(推定配点)

1　(1), (2)　各２点×4＜(1)の(b)は完答＞　(3)～(5)　各３点×7　(6)　(a)　３点＜完答＞　(b)　４点　2, 3　各３点×14　4　(1)～(6)　各３点×6　(7)　４点

二〇二二年度　聖光学院中学校

国語解答用紙　第二回

番号　　氏名　　評点　／150

一　①　②　③　④　⑤

二　①　②　③　④　⑤

三
問一　A　B　C
問二
問三
問四　20　40　60
問五
問六
問七
問八　20　40　60

四
問一　A　B
問二　20　40
問三
問四
問五　20　40　60
問六
問七

（注）この解答用紙は実物を縮小してあります。B5→A3（163%）に拡大コピーすると、ほぼ実物大の解答欄になります。

〔国　語〕150点（推定配点）

一, 二　各3点×10　三　問1　各4点×3　問2, 問3　各6点×2　問4　10点　問5, 問6　各6点×2　問7　7点　問8　10点　四　問1　各4点×2　問2　8点　問3, 問4　各6点×2　問5　10点　問6　7点　問7　各6点×2

２０２１年度　聖光学院中学校

算数解答用紙　第１回

番号		氏名		評点	／150

1	(1)	(2)
	(3)	
2	(1) 個	
	(2)	
	(3)	
3	(1) (聖さん)：(光さん)＝　：	(2) 時　分
	(3) 時　分　秒	(4) 時　分
4	(1)	(2) cm
	(3) cm	(4) 個
5	(1)	(2) cm^3
	(3) P 	
		面積　cm^2

（注）この解答用紙は実物を縮小してあります。Ｂ５→Ｂ４(141%)に拡大コピーすると、ほぼ実物大の解答欄になります。

〔算　数〕150点(推定配点)

1　各８点×３＜(3)は完答＞　2～4　各９点×11＜2の(2)，(3)は完答＞　5　(1)，(2)　各９点×２　(3)　図…４点，面積…５点

２０２１年度　　聖光学院中学校

社会解答用紙　第１回

番号		氏名		評点	／100

1

問1　(1)　(2)　(3)　(4)　(5)

問2

問3

問4　問5　問6　問7

問8　問9　問10　問11

2

問1　問2　問3

問4

問5　(1)　(2)

3

問1　(a)　(b)　問2　問3

問4　(a)　(1)　(2)

(b)

問5　(a)　畳　(b)

4

問1　(a)　(b)　(c)　写真１　写真２　(d)　水力　風力

問2　(a)　(b)　(c)

問3　C　D　問4

（注）この解答用紙は実物を縮小してあります。Ｂ５→Ａ３（163％）に拡大コピーすると、ほぼ実物大の解答欄になります。

〔社　会〕100点（推定配点）

1　問１，問２　各２点×６　問３，問４　各３点×２＜問４は完答＞　問５～問11　各２点×７　2　各３点×６　3　問１～問３　各２点×４　問４，問５　各３点×４＜問４の（ａ）は完答＞　4　問１　各２点×７　問２　（ａ）　各２点×２　（ｂ），（ｃ）　各３点×２　問３，問４　各２点×３

２０２１年度　聖光学院中学校

理科解答用紙　第１回

番号		氏名	

評点	／100

1

(1)	(2)	(3)	(4)

(5)
カブトムシ
メダカ

(6)	(7)	(8)	(9)

2

(1)	(2)	(3) の (a)	(3) の (b)	(3) の (c)
				cm

(3) の (d)	(3) の (e)

3

(1)	(2)	(3)

(4)	(5)	(6)

(7) の (a)	(7) の (b)	(7) の (c)	(8)

4

(1)	(2)	(3)	(4)
g	cm^3	g	cm

(5)	(6) の (あ)	(6) の (い)	(6) の (う)

(7)	(8)	(9)
cm^3	へ　cm	g

（注）この解答用紙は実物を縮小してあります。Ｂ５→Ａ３(163%)に拡大コピーすると、ほぼ実物大の解答欄になります。

〔理　科〕100点(推定配点)

[1] (1)～(4)　各２点×4＜(1), (2)は完答＞　(5)　各３点×2　(6), (7)　各２点×2　(8)　３点　(9)　２点 [2] (1)　２点　(2)　３点　(3)　(ａ), (ｂ)　各２点×2　(ｃ), (ｄ)　各３点×2　(ｅ)　各２点×2 [3] (1)～(6)　各３点×6＜(4)は完答＞　(7)　(ａ)　３点　(ｂ), (ｃ)　各２点×2　(8)　２点 [4] (1)～(4)　各３点×4　(5), (6)　各２点×5　(7)～(9)　各３点×3

二〇二二年度　聖光学院中学校

国語解答用紙　第一回

番号　　氏名　　評点　／150

一　①　②　③　④　⑤

二　①　②　③　④　⑤

三
問一　A　B
問二
問三
問四
問五　20　40
問六
問七
問八　20　40　60
問九

四
問一　A　B
問二
問三　20
問四
問五
問六
問七
問八　20　40　60

（注）この解答用紙は実物を縮小してあります。B５→A３（163%）に拡大コピーすると、ほぼ実物大の解答欄になります。

〔国　語〕150点(推定配点)

一, 二　各4点×10　三　問1〜問4　各5点×5　問5　8点　問6, 問7　各5点×2　問8　10点　問9　5点　四　問1, 問2　各5点×3　問3　7点　問4〜問7　各5点×4　問8　10点

2021年度　聖光学院中学校

算数解答用紙　第2回

番号		氏名		評点	／150

1	(1)	(2) 個
	(3) m	
2	(1) 通り	(2) 通り
	(3) 通り	
3	(1) あ　　い	(2) う
	(3)	
4	(1) (ア) cm²	(イ)
	(2)	

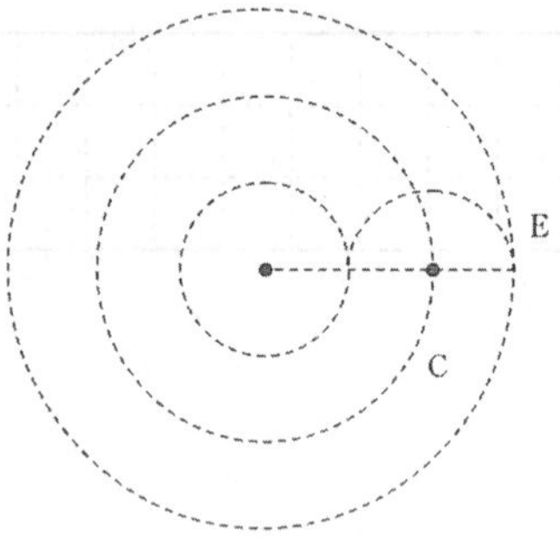

周りの長さ　　cm

5	(1) cm³	(2) cm³
	(3)	

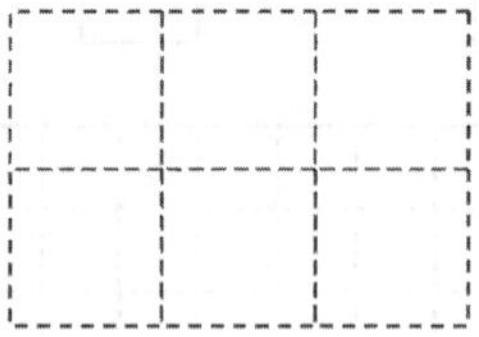

体積　　cm³

（注）この解答用紙は実物を縮小してあります。Ｂ５→Ａ３(163%)に拡大コピーすると、ほぼ実物大の解答欄になります。

〔算　数〕150点(推定配点)

1～3　各９点×10＜3の(3)は完答＞　4　(1)　各10点×2　(2)　図…４点，周りの長さ…６点　5　(1)，(2)　各10点×2　(3)　図…４点，体積…６点

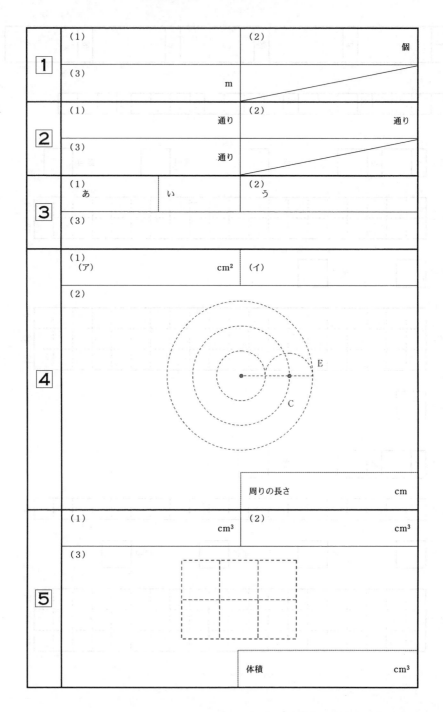

２０２１年度　　聖光学院中学校

社会解答用紙　第２回

番号		氏名	

評点	／100

1

問1			問2		問3				問4	藩

問5		問6		問7		問8		問9	

問10		問11		問12		問13	(a)

問13	(b)	問14		問15	

2

問1		問2						

問3	(a)		(b)				(c)	
	(d)							10

3

問1		問2	A	B

問3	C	D	問4		問5	

4

問1	(1)	(2)	問2		問3	

問4		問5		問6		問7		問8	松本	宮崎	問9	

問10

新たにリニア中央新幹線が開通することで，

														15
														30
									40					45
														60

（注）この解答用紙は実物を縮小してあります。Ｂ５→Ａ３（163%）に拡大コピーすると、ほぼ実物大の解答欄になります。

〔社　会〕100点（推定配点）

1 問１〜問12　各２点×12　問13〜問15　各３点×４＜問14は完答＞　2 各３点×６　3 問１　２点　問２，問３　各３点×４　問４，問５　各２点×２　4 問１　各３点×２　問２〜問９　各２点×９　問10　４点

2021年度　聖光学院中学校

理科解答用紙　第2回

番号		氏名		評点	／100

1

(1)の(あ)	(1)の(う)	(1)の(お)

(2)の(い)	(2)の(え)	(3)の(a)	(3)の(b)
		年	年

(4)の(a)	(4)の(b)	(4)の(c)	(4)の(d)	(4)の(e)

(5)	(6)

2

(1)の(a)	(1)の(b)	(1)の(c)	(2)
時間			

(3)の(a)	(3)の(b)	(3)の(c)

3

(1)	(2)	(3)	(4)	(5)

(6)の(a)	(6)の(b)
g	g

(7)の①	(7)の②

4

(1)の(a)	(1)の(b)	(1)の(c)	(1)の(d)

(2)	(3)の(a)	(3)の(b)	(3)の(c)

（注）この解答用紙は実物を縮小してあります。Ｂ５→Ａ３(163%)に拡大コピーすると、ほぼ実物大の解答欄になります。

〔理　科〕100点(推定配点)

1 (1), (2)　各２点×５　(3)　各３点×２　(4)　各２点×５　(5), (6)　各３点×２　**2**　各３点×７　**3** (1), (2)　各３点×２　(3)～(5)　各２点×３　(6), (7)　各３点×４　**4**　(1)　(ａ)　各２点×２　(ｂ)～(ｄ)　各３点×3＜(ｂ)は完答＞　(2), (3)　各２点×５

二〇二二年度　聖光学院中学校

国語解答用紙　第二回

番号

氏名

評点　／150

一　①　②　③　④　⑤

二　①　②　③　④　⑤

三

問一　A　か　て　B　た　て

問二

問三

問四　20

問五

問六

問七　20

問八　20

問九　20　40

四

問一

問二

問三

問四　20　40

問五

問六

問七　20　40　60

（注）この解答用紙は実物を縮小してあります。Ｂ５→Ａ３（163%）に拡大コピーすると、ほぼ実物大の解答欄になります。

〔国　語〕150点（推定配点）

一，二　各４点×10　三　問１〜問３　各５点×４　問４　７点　問５，問６　各５点×２　問７，問８　各７点×２　問９　９点　四　問１〜問３　各５点×４　問４　９点　問５，問６　各５点×２　問７　11点

Memo

大人に聞く前に解決できる!!

基本から応用まで全受験生対応!!

定価1980円（税込）

中学スーパー過去問　抜群の解説・解答!!　声の教育社版

合格必需品

定価2,200円～2,970円（税込）

都立中高一貫校
適性検査問題集

定価1,320円（税込）

首都圏版
中学受験案内

定価2,310円（税込）

「今の説明、もう一回」を何度でも
web過去問
ストリーミング配信による入試問題の解説動画

もっと古いカコモンないの?
中学 カコ過去問
「さらにカコの」過去問をHPに掲載（DL）

①優秀な解説・解答スタッフが執筆!!　②くわしい出題傾向分析と対策　③解答用紙が別冊、自己採点ができる!!

●東京都
ア 23 青山学院中等部
2 麻布中学校
73 足立学園中学校
51 跡見学園中学校
54 郁文館中学校
65 穎明館中学校
113 江戸川女子中学校
8 桜蔭中学校
98 桜美林中学校
76 鷗友学園女子中学校
45 大妻中学校
122 大妻多摩中学校
131 大妻中野中学校
12 お茶の水女子大附属中学校
カ 19 海城中学校
3 開成中学校
150 開智日本橋学園中学校
94 かえつ有明中学校
38 学習院中等科
20 学習院女子中等科
61 吉祥女子中学校
149 共栄学園中学校
48 暁星中学校
44 共立女子中学校
130 共立女子第二中学校
5 慶應義塾中等部
55 京華中学校
56 京華女子中学校
77 恵泉女学園中学校
71 光塩女子学院中等科
136 工学院大附属中学校
34 攻玉社中学校
91 麴町学園女子中学校
69 佼成学園中学校
97 佼成学園女子中学校
31 香蘭女学校中等科
70 国学院大久我山中学校
118 国士舘中学校
121 駒込中学校
99 駒沢学園女子中学校
4 駒場東邦中学校
サ 135 桜丘中学校
126 サレジアン国際学園中学校
79 サレジアン国際学園世田谷中学校
139 実践学園中学校
24 実践女子学園中学校
35 品川女子学院中等部
27 芝中学校
87 芝浦工業大附属中学校
95 芝国際中学校
103 渋谷教育学園渋谷中学校
40 十文字中学校
86 淑徳中学校
93 淑徳巣鴨中学校
124 順天中学校
30 頌栄女子学院中学校
117 城西大附属城西中学校
85 城北中学校
25 昭和女子大附属昭和中学校
7 女子学院中学校
90 女子聖学院中学校
127 女子美術大付属中学校
49 白百合学園中学校
41 巣鴨中学校
89 聖学院中学校
60 成蹊中学校
21 成城中学校
75 成城学園中学校
132 青稜中学校
82 世田谷学園中学校
タ 105 高輪中学校
83 玉川学園（中）
106 玉川聖学院中等部
64 多摩大附属聖ケ丘中学校
134 多摩大目黒中学校
120 中央大附属中学校
108 千代田国際中学校
11 筑波大附属中学校
1 筑波大附属駒場中学校
88 帝京中学校
151 帝京大学中学校
78 田園調布学園中等部
14 東京学芸大世田谷中学校
13 東京学芸大竹早中学校
50 東京家政学院中学校
115 東京家政大附属女子中学校
26 東京女学館中学校
100 東京成徳大中学校
160 東京大学附属中等教育学校
112 東京電機大中学校
119 東京都市大等々力中学校
80 東京都市大付属中学校
145 東京農業大第一高校中等部
59 桐朋中学校
109 桐朋女子中学校
28 東洋英和女学院中学部
58 東洋大京北中学校
33 トキワ松学園中学校
110 豊島岡女子学園中学校
53 獨協中学校
153 ドルトン東京学園中等部
ナ 128 中村中学校
133 日本工業大駒場中学校
129 日本学園中学校
92 日本大第一中学校
68 日本大第二中学校
84 日本大第三中学校
52 日本大豊山中学校
116 日本大豊山女子中学校
ハ 147 八王子学園八王子中学校
144 広尾学園中学校
152 広尾学園小石川中学校
74 富士見中学校
63 藤村女子中学校
9 雙葉中学校
32 普連土学園中学校
146 文化学園大杉並中学校
57 文京学院大女子中学校
101 文教大付属中学校
62 法政大中学校
148 宝仙学園中学校理数インター
42 本郷中学校
マ 114 三田国際学園中学校
143 明星学園中学校
46 三輪田学園中学校
16 武蔵中学校
96 武蔵野大学中学校
104 明治学院中学校
72 明治大付属中野中学校
123 明治大付属八王子中学校
43 明治大付属明治中学校
66 明星中学校（府中）
125 目黒学院中学校
22 目白研心中学校
ヤ 140 八雲学園中学校
102 安田学園中学校
29 山脇学園中学校
ラ 37 立教池袋中学校
67 立教女学院中学校
36 立正大付属立正中学校
ワ 17 早稲田中学校
18 早稲田実業学校中等部
81 早稲田大高等学院中学部
47 和洋九段女子中学校
【東京都立・区立６年制中高一貫校】
161 九段中等教育学校
162 白鷗高校附属中学校
163 両国高校附属中学校
164 小石川中等教育学校
165 桜修館中等教育学校
166 武蔵高校附属中学校
167 立川国際中等教育学校
168 大泉高校附属中学校
169 三鷹中等教育学校
170 富士高校附属中学校
171 南多摩中等教育学校
●神奈川県
320 青山学院横浜英和中学校
304 浅野中学校
301 栄光学園中学校
332 神奈川学園中学校
343 県立相模原・平塚中等教育学校
316 神奈川大附属中学校
328 鎌倉学園中学校
322 鎌倉女学院中学校
331 カリタス女子中学校
344 市立川崎高校附属中学校
314 関東学院中学校
339 公文国際学園中等部
321 慶應義塾湘南藤沢中等部
6 慶應義塾普通部
311 サレジオ学院中学校
325 自修館中等教育学校
315 湘南学園中学校
336 湘南白百合学園中学校
327 逗子開成中学校
303 聖光学院中学校
323 聖セシリア女子中学校
337 清泉女学院中学校
310 洗足学園中学校
341 中央大附属横浜中学校
335 鶴見大附属中学校
302 桐蔭学園中等教育学校
318 東海大付属相模高校中等部
317 桐光学園中学校
330 藤嶺学園藤沢中学校
306 日本女子大附属中学校
309 日本大中学校（日吉）
340 日本大藤沢中学校
10 フェリス女学院中学校
308 法政大第二中学校
347 聖園女学院中学校
312 森村学園中等部
313 山手学院中学校
342 横須賀学院中学校
307 横浜共立学園中学校
305 横浜国立大横浜・鎌倉中学校
326 横浜女学院中学校
345 市立南中学校
346 市立横浜サイエンスフロンティア中学校
324 横浜翠陵中学校
333 横浜創英中学校
319 横浜富士見丘学園中学校
329 横浜雙葉中学校
●千葉県
352 市川中学校
361 光英VERITAS中学校
355 国府台女子学院中学部
360 芝浦工業大柏中学校
354 渋谷教育学園幕張中学校
369 秀明八千代中学校
365 昭和学院中学校
362 昭和学院秀英中学校
363 西武台千葉中学校
359 専修大松戸中学校
364 千葉県立千葉・東葛飾中学校
368 千葉市立稲毛国際中等教育学校
356 千葉日本大第一中学校
357 東海大付属浦安高校中等部
351 東邦大付属東邦中学校
358 麗澤中学校
353 和洋国府台女子中学校
●埼玉県
413 浦和明の星女子中学校
418 浦和実業学園中学校
415 大妻嵐山中学校
416 大宮開成中学校
406 開智中学校
425 開智未来中学校
414 春日部共栄中学校
428 川口市立高校附属中学校
424 埼玉県立伊奈学園中学校
412 埼玉栄中学校
419 さいたま市立浦和中学校
427 さいたま市立大宮国際中等教育学校
401 埼玉大附属中学校
407 埼玉平成中学校
404 栄東中学校（A・東大Ⅰ）
426 栄東中学校（B・東大Ⅱ）
417 淑徳与野中学校
402 城西川越中学校
422 昌平中学校
411 城北埼玉中学校
403 西武学園文理中学校
405 聖望学園中学校
421 東京農業大第三高校附属中学校
410 獨協埼玉中学校
409 星野学園中学校
420 本庄東高校附属中学校
408 立教新座中学校
●茨城県
452 茨城中学校
458 茨城キリスト教学園中学校
459 茨城県立中等教育学校・中学校
451 江戸川学園取手中学校
455 常総学院中学校
454 土浦日本大中等教育学校
456 水戸英宏中学校
453 茗溪学園中学校
●栃木県
503 国学院大栃木中学校
504 作新学院中等部
501 佐野日本大中等教育学校
502 白鷗大足利中学校
●兵庫・鹿児島県
601 灘中学校
602 ラ・サール中学校
●算数の過去問25年分
701 筑波大附属駒場中学校
702 麻布中学校
703 開成中学校

声の教育社　〒162-0814 東京都新宿区新小川町8-15
https://www.koenokyoikusha.co.jp
TEL 03（5261）5061(代)　FAX 03（5261）5062